古籀滙編

徐文鏡編

上卷

人民美術出版社
北京

《古籀汇编》重印说明

雒三桂

中国的古文字研究肇始于汉代。秦朝统一中国后，出于文化上的考虑，大力推行小篆，秦代以前古文字渐渐湮没，隶书的风行又使得小篆也仅使用于少数正式场合，变成一般读书人不懂的东西，先秦古文字更是如此。由此而引发的对儒家经典的解读也出现了很大的歧异，引发了中国学术史上最大规模的争议，形成今文经学与古文经学。东汉许慎之撰著《说文解字》，就是从文字源头弥合两派学术的一种努力。清代学者孙星衍在《重刊宋本说文序》中说：『唐虞三代五经文字，毁于暴秦，而存于《说文》。《说文》不作，几于不知六义；六义不通，唐虞三代古文不可复识，五经不得其本解。《说文》未作以前，西汉诸儒得壁中古文《书》不能读，谓之「逸十六篇」。《礼记》，七十子之徒所作，其释《孔悝鼎铭》「兴旧耆欲」及「对扬以辟之，勤大命」，或多不词，此其证也。许叔重不妄作，其九千三百五十三字，即史籀、大篆九千字，故云「叙篆文，合以古籀」。既并《仓颉》《爰历》《博学》《凡将》《急就》以成书，又以壁经、鼎彝古文为之左证，得重文一千一百六十三字。其云「古文」「籀文」者，明本字篆文；其云「篆文」者，本字即籀、古文。』许慎在《说文解字叙》中说：『及宣王太史籀著大篆十五篇，与古文或异。至孔子书六经，左丘明述《春秋传》，皆以古文，厥意可得而说。其后诸侯力政，不统于王，恶礼乐之害己，而皆去其典籍。分为七国，田畴异亩，车涂异轨，律令异法，衣冠异制，言语异声，文字异形。秦始皇帝初兼天下，丞相李斯乃奏同之，罢其不与秦文合者。』『今虽有尉律，不课，小学不修，莫达其说久矣。』『郡国亦往往于山川得鼎彝，其铭即前代之古文，皆自相似。虽叵复见远流，其详可得略说也。而世人大共非訾，以为好奇者也。故诡更正文，向壁虚造不可知之书，变乱常行，以耀于世。诸生竞说字解经谊，称秦之隶书为仓颉时书，云父子相传，何得改易？乃猥曰「马头人为长，人持十为斗」「虫者，屈中也」。廷尉说律至以字断法，「苛人受钱，苛之字止句也」。

若此者甚众，皆不合孔氏古文，谬于《史籀》。俗儒鄙夫，玩其所习，蔽所希闻，不见通学，未尝睹字例之条，怪旧艺而善野言，以其所知为秘妙，究洞圣人之微旨。又见《仓颉篇》中「幼子承诏」，因号：「古帝之所作也，其辞有神仙之术焉。」其迷误不谕，岂不悖哉！《书》曰：「予欲观古人之象。」言必遵修旧文，而不穿凿。孔子曰：「吾犹及史之阙文，今亡也夫！」盖非其不知而不问。人用己私，是非无正，巧说邪辞，使天下学者疑。盖文字者，经艺之本，王政之始，前人所以垂后，后人所以识古。故曰：「本立而道生。」「知天下之至啧而不可乱也。」』许慎的努力获得了极大的成功，并极大地影响了后代，为中国文化的发展做出了杰出的贡献。今天我们研读汉代乃至秦代以前的出土钟鼎彝器简帛文字，都因为有了《说文解字》的传承而使得这种研究读解成为可能。尽管《说文解字》也存在部分谬误，但并不妨碍它承先启后的重大作用。因此，许慎应该是中国文字学的真正奠基人。

从汉末至宋初，古文字学研究相对沉寂。到宋代，随着钟鼎古文出土的日渐增多，相关研究也日渐兴盛，并出现了几部有代表性的著作，如王俅《啸堂集古录》、王厚之《钟鼎款识》、王黻《博古图》、吕大临《考古图》、薛尚功《历代钟鼎彝器款识法帖》、郭忠恕《汗简》、夏竦《四声韵》等。而元、明两代，学问空疏，士子很少用心于此，因此也没有产生什么像样的文字学研究著作。

至清代，古文字研究迎来又一个高峰。特别是乾隆、嘉庆以后，金石小学研究进入极度发达的时期，大批学者倾注于古文字学研究，尤以阮元、赵魏、张廷济、徐同柏、吴荣光、吴式芬、吴大澂、吴云、陈介祺、叶志诜、刘喜海、刘心源、潘祖荫、端方、孙诒让等学者成果最为丰硕。各家皆手自摹录考释，诂训文字，订正经史。如吴大澂所言，人生秦燔书数百千年之后，何以能识三代文字？曰幸有钟鼎彝器款识，皆秦以前物也；人生周、孔千数百年之后，何以能读周、孔时之钟鼎彝器？曰幸有《经典释文》，多古书字为之证也。故清代学者的研究著作成就远超前代，古文字学在这些学者中得到发扬光大。如吴大澂所著《说文古籀补》，陈介祺就推为仓圣许氏之功臣。清末安阳殷墟商代甲骨文出土之后，古文字研究又进入一个新的时期，罗振玉、刘鹗、王国维、邹安、方若、林义光、容庚、商承祚、郭沫若、叶玉森、徐中舒等一大批学者在甲骨文及金文研究方面做出了杰出的贡献。除因文释字外，摹录文字而撰为字书者则有吴大澂《说文古籀补》、汪西亭《钟鼎字源》、丁佛言《说文古籀补补》、容庚《金文编》、罗福颐《古玺文字征》、商承祚《殷墟文字类编》等。这些著作集历代研究之大成，一编在手，商周秦汉文字嬗变之迹即可了然于胸。但各书内容分散，未能综合条贯，并不便于初学，因此又有学者发愿尽取诸书，汇为一编，而《古籀汇编》一书因之产生。

《古籀汇编》的编纂者徐文镜，是一位优秀的金石文字学家，用功于此多年。虽然学术成就不如以上各家，然亦别有心得。徐文镜说自己『夙嗜篆籀，每思将各家摹录辑为一篇，犹许氏所谓「今叙篆文」合以古籀，稽撰其说，将以理群类，解谬误，晓学者，达神旨，以之合综条贯，沿津讨源，而上追籀史也。』为编纂此书，徐文镜下了很大的功夫。而在二十世纪三十年代，编纂这样的字书，全靠条分缕析，剪刀加浆糊，仔细考索，分别部居，其难度之大可以想象。《古籀汇编》一书编成于一九三四年，该书汇集了作者所能搜集到的商代甲骨文、商周钟鼎金文、石鼓文、秦汉青铜器吉金文字，以及古玺印、古陶、古币、古兵器铭文等各种古代文字遗存，裁贴各书，按照各位文字学家的释读纂成一编，按照孔子『述而不作，信而好古』的原则，不加增损，更不附臆说。其分别部居，悉依许慎《说文解字》；各家解释不同者，均照原释次列，概不删改；图象文字与形声不可识者，考释未确，别为附录；依《说文解字》分为十四卷，篇首编检字一篇，以楷书笔画多寡区分，以便检录。全书依《说文》提行之字共二千四百四十五字，《说文》重文为七百零二字，古籀重文为二万二千七百七十二字，《说文》所无提行之字为五百九十字，《说文》所无古籀重文为一千二百五十二字，数量堪称甚夥，不仅极大地方便了普通书法爱好者的使用，专业文字研究者也得到检索的方便。徐文镜编纂此书的本意并非为了书法爱好者使用，但实际上为广大书法爱好者提供了一部极其方便的古文字工具书。

《古籀汇编》付梓多年，海内流传稀少。一九四九年后虽有个别出版社加以影印，但市面上流传甚少，踪迹难觅。为了方便广大书法爱好者查阅使用，人民美术出版社特根据此书初版加以影印出版，对其中内容未加任何改动，版面设计也尽量保留初版原貌。

二〇一二年四月

古籀文字尼于七國亡于秦興于漢昌明于宋盛于清而發皇于當代許氏說文解字敘曰及宣王太史籀著大篆十五篇與古文或異至孔子書六經左丘明述春秋傳皆以古文厥意可得而說其後諸侯力政不統于王惡禮樂之害己而皆去其典籍分爲七國田疇異畮車涂異軌律令異法衣冠異制言語異聲文字異形桂未谷注今所傳刀布文不合古籀者皆列國之異形此古籀文字尼于七國者也許敘又曰秦始皇帝初兼天下丞相李斯乃奏同之罷其不與秦文合者斯作倉頡篇中車府令趙高作爰歷篇太史令胡毋敬作博學篇皆取史籀大篆或頗省改所

謂小篆者也是時秦燒滅經書滌除舊典大發吏卒興役戍官獄職務繁初有隸書以趣約易而古文由此絕矣段懋堂注按小篆既省改古文大篆隸書又爲小篆之省秦時二書兼行而古文大篆遂不行故曰古文由此絕秦時刻石皆用小篆漢初人不識科斗其證也此古籒文字亡于秦者也許敘又曰孝宣時召通倉頡讀者張敞從受之涼州刺史杜業沛人爰禮講學大夫秦近亦能言之徵禮等百餘人令說文字未央庭中以禮爲小學元士黃門侍郎楊雄采作訓纂篇凡倉頡以下十四篇凡五千三百四十字羣書所載略存之矣及亡新

居攝使大司空甄豐等校文書之部自以爲應制作頗改定古文時有六書一曰古文孔子壁中書也二曰奇字即古文而異者也徐楚金注曰臣鍇按前所言自秦興隸書古文從此絶矣故此古文是魯恭王壞孔子宅所得世間無之又云臣鍇按蕭子良云籀書即大篆新臣甄豐謂之奇字史籀增古文爲之故與古文異也敘又曰壁中書者魯恭王壞孔子宅而得禮記尚書春秋論語孝經又北平侯張倉獻春秋左氏傳郡國亦往往於山川得鼎彝其銘即前代之古文皆自相似雖叵復見遠流其詳可得略說也漢書藝文志曰武帝時魯恭王壞孔子宅

欲以廣其宮而得古文尚書及禮記論語孝經凡數十篇皆古文也許叔重作説文解字所録重文一千一百六十三字多古籀文字也此古籀文字興于漢者也至宋任城王子弁俅作嘯堂集古録諸暨王順伯厚之作鐘鼎款識王黼作博古圖汲郡呂與叔大臨作考古圖錢塘薛用敏尚功作歷代鐘鼎彝器款識法帖而歐陽永叔修趙德父明誠翟伯壽耆年輩攷文辨俗引義博聞古籀文字益復大明此外如郭恕先忠恕有汗簡之作夏子喬竦有四聲韻之編此古籀文字昌明于宋者也此後古代器物出土日多迄於清代朝野相尚清宮有西清古鑑續鑑

寧壽鑑古之編而阮芸臺元錢獻之坫趙晉齋魏張叔未廷濟徐籀莊同柏吳荷屋榮光吳子苾式芬吳清卿大澂吳平齋雲陳簠齋介祺葉東卿志詵劉燕庭喜海劉幼丹心源潘伯寅祖蔭端匋齋方孫仲容詒讓諸家皆有摹錄攷釋賴以詁經訓字四庫提要謂鐘鼎款識義通乎六書制兼乎三禮阮芸臺謂國邑大夫之名可補經傳偏旁篆籀之字可補說文吳愙齋謂人生秦燔千數百年之後何以能識三代文字曰幸有鐘鼎彝器款識皆秦以前物也人生周孔千數百年之後何以能讀周孔時之鐘鼎彝器曰幸有經典

釋文多古書字爲之證也而愙齋所撰說文古籀補陳簠齋推爲倉聖許氏之功臣及清末葉豫之安陽古殷虛出土古代龜甲獸骨甚多皆刻有文字劉氏鐵雲購之歸而有鐵雲藏龜之刊孫氏仲容據之作契文舉例與名原二書後出土日多而攷釋亦日眾王氏靜安羅氏叔言皆致力于是援古正今推嬗靡遺此古籀文字盛于清者也輓近邃古之學迥逾前輩上虞羅叔言振玉杭縣鄒適廬安定海方藥雨若閩侯林藥園義光東莞容希白庚番禺商錫永承祚丹徒葉洪漁玉森諸君研精闡微著述纂刊傀奇蓬勃粲然大觀廢絕二千餘年之古籀

文字乃得發皇于今日豈其緐晦有時歟然自來著錄鐘鼎如薛氏法帖阮氏款識筠清金文窓齋集古甲骨如劉氏藏龜孫氏舉例羅氏書契等書類皆圖象通詮因文釋字而摹錄文字撰作字書者唯汪西亭之鐘鼎字源吳愙齋之說文古籀補丁佛言之說文古籀補補容希白之金文編羅子期之古璽文字徵商錫永之殷虛文字類編摹寫既精搜羅又富古籀文字可謂集厥大成矣昔之倉頡爰歷博學訓篹凡將諸篇世無傳書其詳不可得而聞今讀汪吳丁容諸書已可憬然于殷商周秦文字遞嬗變遷之迹矣予夙嗜篆籀每思將

各家摹拳録計爲一篇猶許氏所謂今叙篆文合以古籀稽譔其説將以理羣類解謬誤曉學者達神恉以之合綜條貫沿津討源而上追籀史也顧飢驅南北迄無暇晷壬申之歲備員豫府與同事柴君小梵言之小梵甚以爲然且力慫恿遂從行篋出諸書相與商討纂計公餘之暇擂書索字翦裁黏貼一鐙如穗風雨三更不倦也自春徂秋得三卷焉時予病書中輟烋杪南下賃居西湖旋得易君茱生之助繼續篹纂計越歲癸酉之夏完成十四卷方編檢字之際而易君服官去不暇助予感兹卷帙緐重非一手一足之烈所能蒇事乃不逾旬而李君

錫之來相爲助翻書讐校雞頭終日弗稍息也及歲除檢
字成予乃竭旬日之力以寫正之數年蓄志食時而成良
朋之助尤足感也至各書說解部居一仍其舊不敢詭更
正文鄉壁虛造孔子曰述而不作信而好古又曰其於所不知
蓋闕如也大雅宏達正而教之斯爲幸甚茲將壽石爰述
厓略如是
中華民國二十有三年臨海徐文鏡識于古杭

古籀彙編凡例

一本編萃集甲骨刻辭鐘鼎款識周宣石鼓秦漢吉金及古鉢古匋古幣古兵器各文字依諸家之解釋㠯彙纂爲一編不爲增損不坿臆說孔子曰述而不作信而好古此本書編纂之指也

二許氏說文解字敘曰宣王太史籀著大篆十五篇與古文或異至孔子書六經左丘明述春秋傳皆㠯古文厥意可得而說又曰壁中書者魯恭王壞孔子宅而得禮記尚書春秋論語孝經又北平矦張倉獻春秋左氏傳郡國亦往往於山川得鼎彝其銘卽前代之古文羅振玉殷商貞卜文字考正

名弟二曰卜辭中所載文字汰其重複殆不逾千而就此千字中㠯考許書所得至巨知史籀大篆即古文非别有創改文曰今試㠯許書所載之籀與古或異之字證㠯刻辭文字往往古籀本合姑舉數字如許書載四之古文作𦉭籀文作亖今卜辭中四字正作亖許書載匚之籀文作𠤬而卜辭中已有𠤬字許書載登籀文作𤼷今卜辭中已有𤼷字許書載糸籀文作𢇁而卜辭中已有𢇁字許書載妣籀文省从匕作𠤏而卜辭中書妣已省作匕許書載子籀文作𢀇今卜辭中子字皆作𢀇與𢀇畧同故羅君曰籀文即古文鏡按卜辭中與許書所載古文合者如許書載得

古文作㝵而卜辭中有𢔶字許書載御古文作馭而卜辭中有[illegible]字許書載齒古文作𠚕而卜辭中有𠚕字許書載友古文作㕛而卜辭中有[illegible]字許書載箕古文作𠀠而卜辭中有𠀠字許書載矦古文作𥎦而卜辭中有𥎦字許書載麓古文作𪋯而卜辭中有𪋯字許書載邦古文作𡵨而卜辭中有𡵨字許書載時古文作旹而卜辭中有旹字許書載席古文作𠩄而卜辭中有[illegible]字許書載淵古文作㘿而卜辭中有㘿字許書載州古文作𡿧而卜辭中有𡿧字許書載續古文作賡而卜辭中有賡字許書載野古文作壄而卜辭中有埜字吕此觀之卜辭中與許書籀文相

合者是籀文未變古文也卜辭中與許書古文相合者是卜辭蓋當時之古文也本編依上條類集各文字堪以古籀二字賅括之故定名曰古籀彙編

三　分別部居悉依許書每字提行說文之重文依次序列次以汪立名之鐘鼎字原次以吳大澂之說文古籀補次以丁佛言之說文古籀補補次以容庚之金文編次以羅福頤之古璽文字徵次以商承祚之殷虛文字類編咸以各書初刻精印本裁貼景印一如原迹庶無彙殼度之差魯魚之誤

四　本編以彙計汪吳等書所采錄古籀文字為增華而以說文冠其首古籀無則許書之字不載故說文各部建首或

列或闕欲詳知某字屬於某部仍須檢討說文原本

五 裁貼各書者仍於原書字下注一宋體字以資識別鐘鼎字原注源字說文古籀補注吳字說文古籀補補注丁字金文編注編字古璽文字徵注徵字殷虛文字類編注殷字各書雖經割裂一加復按均得本來面目

六 丁佛言古籀補補乃補錄吳愙齋所撰古籀補未收之字而對吳補正編改釋者五十餘字于字下必注原書釋某或曰原書以爲某字又吳補入坿錄而丁已爲釋定收入正編者五十餘字于字下必注原書入坿錄云云其所稱原書者係指吳愙齋說文古籀補也

七　古璽文字徵采用諸家譜集凡四十種其原書著于每種譜集用一楷字注于文下占爲識別如顧氏集古印譜用顧字集古印章用集字無名氏印譜用無字漢銅印叢用叢字凡四十字皆爲引用書著名之略假如本編弟一卷弟十六葉王字下王[illegible]盤王鉩鐵王珍郭王旺伏等字盤者盤室所藏印鉩也鐵者鐵雲藏印也郭者鄦申堂續齊魯印攈也伏者伏廬藏印也

八　殷虛文字類編引計各書著于文下皆注明原書之卷數葉數所注卷幾弟幾葉者係指羅振玉殷虛書契歬編一書之卷數葉數而言所注後編上或後編下卷幾弟幾

葉者係指羅振玉殷虛書契後編一書之卷數葉數而言所注藏龜弟幾葉者係指劉鶚鐵雲藏龜一書之葉數而言所注藏龜之餘卷幾弟幾葉者係指羅振玉鐵雲藏龜之餘一書之卷數葉數而言所注龜甲獸骨卷幾弟幾葉者係指日本林泰輔龜甲獸骨文字一書之卷數葉數而言

九鐘鼎字原緣本循聲韻隸字每于平聲之字于上聲緟出上聲之字于去聲緟出此韻之字于彼韻緟出如支韻之治陌韻之易于眞韻緟出員韻之鐔于隊韻緟出寒韻之寏先韻之縣于霰韻緟出寒韻之單于銑韻緟出豪韻之號皓韻之

造好于號韻緟出陽韻之亡于虞韻緟出庚韻之盛于敬韻緟出蒸韻之雁鐙于徑韻緟出侵韻之臨溪于沁韻緟出覃韻之㬔于勘韻緟出鹽韻之猒于豔韻緟出潸韻之綰于練韻緟出養韻之享于庚韻緟出寘韻之𧶠于文韻緟出叉于元韻緟出翰韻之𦑞于寒韻緟出漾韻之量相于陽韻緟出漾韻之上于養韻緟出徑韻之聽于青韻緟出陌韻之畫于卦韻緟出今另說文分部隸屬故緟出者均不錄

十鐘鼎字原緐目音義相同之字每目二字或三字毋穿而列㕣古籀重之目爲古爲一字也今視古籀形象迹畫之別異譌可分隸于各字者則分隸之如原書目供共爲一字茸般爲

一字攸鋚爲一字義誼爲一字又有爲一字今均分隸兩部又㠯呼乎爲一字今列于呼字下主丶爲一字今列于丶字下乃卤爲一字今列于乃字下歷曆爲一字今列于曆字下益依原書者例也又如恭龔共爲一字而列于龔字下唯隹爲一字而列于隹字下溫昷爲一字而列于溫字下恐于義有未明仍將原書者懊提楷字連冊列帖俾閱者一目了然此外如說文古籀補㠯謀誨古爲一字今㠯謀字列于誨字下㠯㦸戟古爲一字今㠯㦸字列于戟字下則原書有說解附焉

十二凡說文所無之字依古籀補金文編古璽文字徵殷虛文字類編各書之例列于各部之末

十三古籀以兩字合文如亖匹為四匹合文列四字下八十為八十合文

五十為五十合文列十字下一人為一人合文列一字下小子為小子合文

文小臣為小臣合文列小字下各原書均有說解

十四各家解釋不同者如帝隆矛之帝吳書釋帝丁書釋丕召

伯虎敦之周吳書釋周丁書釋琱毛公鼎之日由虢季子

伯盤之由日吳書釋庸丁書釋莊古匋文之蔓吳書釋

薦丁書釋曹散氏盤之㝬吳書釋克丁書釋嗀古璽

文之㣈吳書釋遷謂說文所無丁書釋遼信陵君左錢

之訆吳書釋計丁書釋信叔向敦之共吳書釋共容書者

釋收毛公鼎之鄙吳書釋鄙謂說文所無丁書釋鼻丁

未𢦏商角之𢦏畢仲敦之𢦏吴書釋伐丁書釋𢦏容書亦釋𢦏散氏盤之𢦏𢦏𢦏𢦏吴書釋竟丁書釋眉相作父丁觶之叀孟鼎之叀且子鼎之叀公違鼎之叀禹攸比鼎之叀吴書釋相丁書釋眉容書亦釋眉娟氏鼎之叀洼書釋專號姜敦之叀洼書釋惠尹叔敦之叀吴書釋惠禹攸比鼎之叀丁書釋叀號叔鐘之叀蔡姞敦之叀禹攸比鼎之叀仲叀父敦之叀容書釋叀龍節之叀吴書釋惠丁書釋𠻘師㙯敦之叀洼書釋惠彔伯戒敦之叀毛公鼎之叀叀卣之叀容書釋叀謂𡥆乳爲惠韓仲侈壺之䜌吴書釋韓丁書

釋觴容書亦釋觴古鉢文之𥮾吳書釋荼丁書釋荼

部鐘之嚴吳書釋嚴丁書釋虞古鉢文之虞吳書釋

遠丁書釋去召仲考父壺之饗潌書釋饗靜敦之饗吳

書亦釋饗丁書釋合拍槃之亯吳書釋亯丁書釋

亯釋墉容書釋亭古匋文之齊吳書釋齊丁書釋

櫅古匋文之補吳書釋補謂說文所無丁書釋禣古鉢

文之槢吳書釋槢謂說文所無丁書釋榻古鉢文之降

文降之降吳書釋降丁書釋隆叔氏鼎之賻丁書

釋賻賈鼎之賻容書釋貧謂說文所無古鉢文之鄙吳

書釋鄙丁書釋鄙格伯敦之游丁書釋游容書釋旅

謂說文所無𠂤陽首圜足幣之𠂤吳書釋安丁書釋

家古鉨文之㾈吳書釋㾈謂說文所無丁書釋疲頌

敢之冊冊冊冊冊冊吳書釋帶衰槃之帶丁書

亦釋帶容書釋帶齊侯鎛鐘之冉寅簋盂之冉淮書

釋扁冉尊之冉王孫鐘之冉豐姞敢之冉吳書亦釋

扁容書釋偏敢氏槃之偏吳書釋邦丁書釋兄卯敢之

旨吳書釋鑄容書釋頁王孫鐘之旨吳書釋明丁

書釋甸伮垣幣之伮伮吳書釋襄丁書釋敬古

鉨文之旨旨吳書釋畢丁書釋首畢乍生敢之夌夌乍敢之

夌夌夌淮書釋乍𣪘鐘之夌乍姞敢之夌乍姬彝

之彖吳書者釋龐容書者釋蔡叔家父簠盍之䵼丁書者釋
㳄容書者釋䵼謂說文所無古匋文之苟吳書者釋葸謂
說文所無丁書者釋悁古匋文之恖吳書者釋恖謂說文所
無丁書者釋懌齊侯甗之淅吳書者釋清容書者釋瀞
散氏槃之沽古鉥文之沽吳書者釋湖丁書者釋沽容書亦釋
沽古鉥文之涓吳書者釋涓謂說文所無丁書者釋洵古
鉥文之渻吳書者釋渻謂說文所無丁書者釋洞石鼓之鯀洼
書者釋鯀謂說文所無吳書者釋鮊馭方鼎之陳吳書者
釋諫丁書者釋闌己亥鼎之玥毛公鼎之玥玌父辛彝
之玥吳書者釋奉丁揚卣之玥封敦之玥玥揚鼎

之𢓊乁𢓊乁揚敦之𢓊乁容書者釋揚杞伯父敦之𥝌杞
伯敏父鼎之𥝌𥝌𥝌杞伯敏父壺之𥝌邾皆父鬲
之𥝌吳書者釋妹容書者釋𡜷謂說文所𩟐孟姜敦之乁
𥢶權𥢶斤之乁洼書者釋久毛公鼎之乁宗周鐘之乁
虢叔鐘之乁格伯敦之乁乁女尊之乁師害敦之乁
周公敦之乁農卣之乁封敦之乁𥢶公敦之乁彔伯敦之
乁師寰敦之乁容書者釋𡰥虢季子伯盤之戒吳書者釋
俘丁書者釋戠古鉥文之𡍮吳書者釋聖丁書者釋堅商方
鼎之𢁉吳書者釋師容書者釋餗謂說文所𩟐乇子子
舊皆釋子容書者釋巳距末之𡯂吳書者釋右容書者釋

差所自達敦之明吳書釋敦丁書釋其陳侯因資敦之祀吳書釋將鼎肩侯敦之祀丁書釋祭容書亦釋祭曾鼎之某吳書釋龜容書釋柬諸如此類未能備舉均照各書原釋次列槩不删易

十四各書以圖象文字與形聲不可識者考釋未塙者別爲坿錄本思將各書坿錄及殷虛文字待問編依各書之例坿于卷末唯吳書坿錄丁書入正編者五十餘字容書入正編者又若干字丁書坿錄容書入正編者若干字此書坿錄而見彼書正編此書正編而入彼書坿錄者不一而足故擬續輯別錄茲於本編不坿

十五說文原本十四篇敘目一篇宋徐鉉等重校乃每卷各分上下爲二本編依說文分卷爲十四篇每卷分爲上下遺者補于卷末又編檢字一篇冠于首㠯爲檢討之便

十六說文始一終亥部居秩然各字分部有非初學所能知者徐鼎臣所謂偏旁奧密不可意知尋求一字往往終卷者也本書首檢字㠯楷書筆畫多寡分區分說文之重文全錄例如一在一畫一之重文作弌在四畫二在二畫二之重文作弍在五畫三在三畫三之重文作弎在六畫甲在五畫甲之重文作命在七畫己在三畫己之重文作王在五畫子在三畫子之重文作𢀈在六畫又子之重文作𡿺在十七畫寅在十畫寅之重文

作𩇔在二十一畫雲在十二畫雲之重文作云在四畫又雲之重

文作〇〜在一畫靁在二十三畫靁之重文作䨓在三十八畫又

靁之重文作𩂣在十四畫又靁之重文作𤳳在三十畫又如隸

變今體或體別體俗體各字與說文筆畫不同者例

如毌隸變作串俗又作丳則毌在四畫串在七畫丳在八畫秊

隸變作年則秊在八畫年在六畫靁今字作雷則靁在二十三畫

雷在十三畫𡳐今字作履則同在十五畫按畫尋求一檢

即得

十七本書檢字雖㠯筆畫多寡分別檢討甚易唯分畫之

中偏旁遺見初覺蕪雜本思㠯字典偏旁類次叜眉眉

目唯說文部首爲五百四十部許氏所謂方以類聚物以羣分同牽條屬共理相貫雜而不越據形系聯引而申之以究萬原者也而康熙字典偏旁爲二百十四部分裂說文部凡爲楷書點畫改併聚非其類分不以羣無條可屬無理可貫殊失六書本旨茲舉數字如甲篆作中說文建首一部訓東方之孟陽气萌動从木戴孚甲之象一曰人頭空爲甲按與田字義無近也而字典收于田部丁篆作个說文建首一部訓夏時萬物皆丁實象形丁承丙象人心按與一字義無近也而字典收于一部庚篆作㡴說文建首一部訓位西方象秋時萬物庚庚有實也庚承己象人齎按

與广字義無近也而字典收于广部庸篆作𢉩說文用部
訓用也从用从庚庚庚事也易曰先庚三日按與广字義橆
近也而字典收于广部康篆作𥻨爲穅重文說文禾部
訓穀皮也从禾从米庚聲𥻨穅或省按與广字義橆近
也而字典收于广部奉篆作𡴀說文収部訓承也从手从
収丰聲按與大字義無近也而字典收于大部失篆作𡗝
說文手部訓縱也从手乙聲按與大字義橆近也而字典收
于大部如此之類不勝枚舉吕之聚類覺有非安此外如
嗌之重文作𦏸爲之重文作𦥮厷之重文作ㄙ及之重文作乁
共之重文作𢀩雲之重文作𠃒乚之重文作𡆧民之重文作𢀙

曲之重文作𠃊陳之重文作𨸏癸之篆文作𥎆申之重文作𢀓
非之重文作非非等字皆屬無類可次故于分畫之中仍身
說文部凡編次蓋此意也
十八說文重見之字如口部之吹于欠部重見口部之吁于亐部重見
口部之否于不部重見口部之右于又部重見放部之敖于出部
重見豈部之愷于心部重見水部之涅于土部重見艸部之
蘸于火部重見火部蘸爲然重文見部之㝵于彳部重
見彳部㝵爲得重文革部之鞈于鼓部重見鼓部鞈爲
鼛重文刀部之劃于畫部重見畫部劃爲畫重文欠部之
歖于喜部重見喜部歖爲喜重文禾見人部又見子部人

部糸爲係重文子部禾爲孟重文手部之巩手于丮部重見丮部
巩手爲巩重文攴部之嫩于口部重見口部嫩爲呦重文水部之
涶于口部重見口部涶爲唾重文心部之悊于口部重見口部悊
爲哲重文𨸏部之院于宀部重見宀部院爲寏重文木部之
櫌于金部重見金部櫌爲鑁重文刀部之劇于攴部重見攴
部劇爲𣪠重文足部之踞于尸部重見尸部踞爲居重文
柅于木部兩見重見之柅爲杘重文許印林所謂通校全
篇凡四百廿五字可謂眾矣而葉煥彬謂說文解字一書
所㠯合古文大小篆揚雄甄豐之舊說㠯集文字之大成者
也其中師說各異故訓不同本非一家之私言又非一人之作者

許君但有折衷初無刪消凡各部所有重見字歷六朝唐宋人鈔刻經眾手校定而未嘗毅然刪定豈不㠯眾本具在鐵案難逡故遂相沿而不敢擅改歟又曰字或用不同或義不同可㠯前後互見之比也本編檢字凡說文重見之字先後並錄唯注明此篆爲說文重見庶于許書本指不失

凡六籍舊文相承傳寫多求便俗漸失本原乃至隸變行而篆體廢今字行而本字廢如覍重文作弁隸變作弁今弁行而覍弁俱廢丞隸變作丞今丞行而丞廢秊隸變作年今年行而秊廢戎隸變作戎今戎行而戎廢𠧧隸變作西今西行而𠧧廢𠚕隸變作曲今曲行而𠚕廢靁今字作雷

今雷行而靁廢自今字作堆今堆行而自廢毋今字作毋今毋行而毌廢𣞤𣠮今字皆作無今無行而𣞤𣠮俱廢者不可勝計此外如或體別體俗體各字見於典籍而錄於各字書者亦難遺棄本編檢字以說文爲主體推及隸變今體或體別體俗體之字均收益之俾用宏而檢易

二十本編說文提行之字爲二千四百四十五字說文重文爲七百二字古籀重文爲二萬七千七百七十二字說文所無提行之字爲五百九十字說文所無古籀重文爲一千二百五十二字

三十一本編篆彙計先後得柴君小梵易君茉生李君錫之之助

獲觀厥成良爲盛意殊爲銘感爰謹識之

古籀彙編檢字

一畫

二畫

厂 九下五、五
乂 十二下二十二、九
匚 十二下三十九、十
𠙴 十二下四十一、十一 甾重文
二 十三下四十二
力 十三下二十四、七
㐅 十四下十一、九 五重文
七 十四下十三、三
九 十四下十三、十一
丁 十四下二十五、一

三畫

上 一上三、八 篆本作丄
下 一上五、十一 篆本作丅
三 一上十四、十
乞 一上二十、十二 篆作气
士 一上二十一、二
小 二上一、三
口 二上十三、十一
干 三上二、六
千 三上五、九
廾 三上二十六、十一 篆作𠬞
𠃑 三下十五、十 及重文
幺 四下四、一
丌 五上八、八
工 五上十一、四
亏 五上十九、七 今字作于
于 篆作亏見上
久 五下三十三、八
才 六上二十、九
囗 六下十八
夕 七上二十一、十一
巾 七下三十五、四
尸 八上三十六、十一
山 九下一、三
大 十下三、九

夨 十下六、五 或作夭
川 十一下二、十一
女 十二下一、三 又補遺
弋 十二下二十三、三

也 十二下二十三、四
亾 十二下三十五、十二
弓 十二下四十三、一
夂 十三上四、十二 終重文或作弁

凡 十三下六、八
土 十三下六、十
勺 十四上十三、八
且 十四上十四、九 同且

己 十四下二十八、四
子 十四下三十五、五
巳 十四下四十七、九
[illegible] 十四下五十二、三 申重文本作𦥔

四畫

方 八下六、五　允 八下七、八　旡 八下十三、十二 篆作兂　㒫 旡重文見上

文 九上八、四　厄 九上十三、十一　卬 九上十四、二　勻 九上十八、六

勺 九上十九、八　勿 九下九、六　冄 九下十、七 今字作冉　犬 十上十一、十一

火 十上十九、五　夨 十下六、五 篆作夨　夭 十下七、六　亢 十下十一、十 俗作肮吭

夫 十下十三、十二　甴 十下十六、四 囟重文　心 十下十七、一　水 十一上一、三

太 十一上十八、七 泰重文本作夳　巜 十一下三、五　川 十一下四、四 州重文　仌 十一下九、四

云 十一下十二、九 雲重文　孔 十二上一、三　不 十二上一、九　戶 十二上五、七

手 十二上十一、九　毋 十二下二十一、八　刈 十二下二十二、九 乂重文　氏 十二下二十三、六

戈 十二下二十五、一　无 十二下三十七、十二 𣠮重文　丏 十二下三十八、二 篆作𠀀　匹 十二下三十九、五

弓 十二下四十五、五 亦彈重文　𠔀 十三上四十、十二 終重文又作夂　斤 十四上十六、十　斗 十四上十八、九 俗別作阧陡

升 十四上二十、四　三 十四下九、十一 四重文　五 十四下十一、九　六 十四下十二、五

壬 十四下三十三、十二　丑 十四下四十三、三　午 十四下五十、十一

五畫

丕 一上三、三　丄 一上三、八 丄重文　丅 一上五、十一 丅重文　示 一上六、五

玨 一上十五、一 王重文　玉 一上十七、十二 篆作王　必 二上六、六　釆 二上七、七 釆重文

半 二上八、三　召 二上十七、四　台 二上十九、十　右 二上二十、十 此篆說文又部重出

正 二下一、三　疋 二下三十一、八　冊 二下三十三、八 篆作冊　句 三上三、十二

古 三上四、六　世 三上七、七　㐰 三上十一、十一 信重文　右 三下十九 今作佑 此篆說文已見口部

反 三下十七、三 反重文　叏 三下十七、十二　史 三下二十三、八　聿 三下二十七、二

皮 三下三十五、一　占 三下五十一、四　用 三下五十一、九　目 四上一、七

白　四上八、三　此亦自字與白異
幼　四下四、三
玄　四下六、十一
歺　四下十二、七

𣦵　歺重文見上
刊　四下二十、八
左　五上十、五　今作佐
巧　五上十一、十

巨　五上十一、十一
甘　五上十二、十
𠄎　五上十五、八　乃重文
可　五上十八、一

乎　五上十八、十一
平　五上二十一、五
皿　五上三十三、三
去　五上三十九、一

主　五上四十六、十二、字下
日　五下一、三　丹重文
仝　五下十五、四
矢　五下十六、一　又作旲

同　五下二十一、六　冂重文
市　五下二十一、九　與市異
央　五下二十二、一
本　六上五、九

末　六上六、四
匝　六下三、八　篆作帀
出　六下四、十
朿　六下五、十二

生　六下七、五
回　六下十、十一　囘重文
因　六下十二、十一
𡵂　六下二十八、五　邑重文

邛　六下三十九、十一　坿
邶　六下四十、十　坿
旦　七上六、十二
外　七上二十二、十一

外　外重文見上
由　篆作甹繇
禾　七上三十四、十
朮　七上三十六、七　秫重文

瓜 七下二、三
宂 七下十八、二
冃 七下三十二、九 网重文
布 七下三十七、七

白 七下三十八、九
𡰥 八上三、四 仁重文
他 八上六、十一 篆作佗
付 八上八、四

代 八上十一、三
𠑹 八上十六、八 眞重文
北 八上十八、十一
丠 八上十九、六 今字丘

丘 篆作丘見上
兄 八下八、四
弁 八下九、九 覍重文隸變作弁
弁 覍重文本作弁見上

皃 八下十三、十二 隸變作皃
㐱 九上七、十
司 九上十、二
令 九上十二、六

印 九上十四、五
卯 九上十五、八 與十二辰之丣字異
厈 九下五、五 厂重文
石 九下七、一

𠑷 九下七、十一 長重文
冄 九下十、七 篆作冄
𢁽 九下十、十二 豕重文與亥重文同
立 十下十四、九

𥃦 十一上十三、八 涿重文
太 十一上十八、七 泰重文省作太
𣲲 十一上二十二、二 坿
汉 十一上二十二、五 坿

永 十一下五、九
冬 十一下九、五
尼 十二上五、九
扔 十二上十六、十二

母 十二下七、十一
妣 十二下九、十二 妣重文
奴 十二下十一、九
伖 奴重文見上

六畫

弎 一上十四、十 三重文
丟 一上十七、十二 玉重文
𠁧 一上二十一、九 中重文
艸 一下二、五

艾 一下四、五
臾 一下八、十一 蕢重文
芀 一下十一、三
牝 二上十、二

名 二上十四、六
吉 二上三十一、七
吐 二上二十四、十
吃 二上二十四、十一 篆作吃

吒 二上二十五、三 今別作咤
叩 二上二十五、四 或作呷
各 二上二十五、六
舌 二上二十六、十一 本作𠯑與舌異

此 二上三十九、四
𤴓 二下一、三 正重文
行 二下二十七、八
冊 二下三十三、八 今字作冊

𠯑 三上二、四 與舌異
屰 三上二、九
芇 三上四、四 篆作[illegible]
𠦃 三上七、三 今字作卅

辛 三上二十二、五
丞 三上二十七、四 篆作丞
共 三上三十六、四 又三上三十六、十 龔字下
𤓯 三下六、一 爲重文

𠬤 三下二十二、二 坿
聿 三下二十七、九
臣 三下三十、四
役 三下三十三、三 坿

𢁹 三下三十三、五 殺重文
寺 三下三十三、十二
兆 三下五十一、八 𠧪重文
用 三下五十一、九 用重文

自 四上六、七
百 四上十六、十一
羊 四上二十二、十
再 四下三、六

𢆶 四下四、五
𡴀 四下五、五 叀重文
𢆯 四下六、十一 玄重文
死 四下十三、二 篆作𣦸

冎 四下十三、八 今俗作剮
肌 四下十三、十
肎 四下十七、三 俗作肯
列 四下二十、七

利 四下二十一、十二 坿
朹 五上二、八 簋重文
匭 五上三、二 簋重文
甘 五上六、四 箕重文

𢀜 五上十一、四 工重文
𠄎 五上十五、八 乃重文
吁 五上二十一、四
旨 五上二十二、一

血 五上三十九、九
荆 五下三、五
合 五下十二、七
仓 五下十四、二 倉重文

全 五下十五、四 仝重文
目 五下二十六、十 良重文
㠯 良重文見上
朱 六上五、十一

休 六上十四、四
叒 六下一、三
回 六下十、十一 俗作徊迴
因 六下十二、九

邦 六下二十九、六
邛 六下三十三、二
邗 六下三十八、二 坿
郘 六下四十一、三 篆作䣝

早 七上二、六
㫃 七上八、四
㫒 七上十一、五 旅重文本作𣄴
有 七上十九、一

夙 七上二十三、二 篆作𡖋
多 七上二十四、二
夕夕 多重文見上
朿 七上二十九、二

年 七上三十八、五 篆作秊
米 七上四十四、十二
臼 七上四十六、二
宅 七下三、六

厇 宅重文見上
向 七下四、十
安 七下五、十二
守 七下十三、八

同 七下三十一、三
网 七下三十二、九
𤓽 八上二、四 保重文與孟重文同
企 八上三、八

仲 八上四、二
伊 八上四、十
份 八上五、三 俗別作斌
伍 八上九、六

任 八上十一、五
伐 八上十三、六
㐆 八上二十三、十
衣 八上二十四、五

老 八上二十九、十一
考 八上三十三、十一
舟 八下一、十
先 八下九、十

次 八下十三、二
后 九上九、十二
归 九上十四、十
旬 九上十八、八

匈 九上十九、十 今字作胷
而 九下十六、九 俗別作髵
丽 十上十、五 麗重文或作丽
炗 十上二十四、二 隸變作光

光 篆作炗見上
夸 十下五、二
夷 十下五、三
亦 十下五、十一 俗作腋

吳 十下六、九
交 十下八、七
囟 十下十六、四 俗作䪿顖
忍 十下二十二、十一

存 十四下四十、四
辰 十四下四十六、六 辰重文
戌 十四下六十三、一 與戌異
亥 十四下六十四、三

七畫

㫄 一上五、六 旁重文
玖 一上二十、三
壯 一上二十一、八
每 一下一、八 篆作毐

㞯 一下一、十二
芒 一下六、四
折 一下十七 斮重文
芑 一下十一、四

芉 一下十二、二 坿
芃 一下十二、八 坿
余 二上六、九
釆 二上七、七

牡 二上九、三
牢 二上十、十一
告 二上十三、四
吾 二上十四、九

君 二上十五、五
𠮩 君重文見上
启 二上十九、十一
呈 二上二十、九

周 二上二十二、十二 周重文
吃 二上二十四、十一 今省作吃
呷 二上二十五、四 本作叩
吝 二上二十五、五 俗作恡悋

否 二上二十六、五 此篆說文不部重出
𠯑 二上二十六、十一 隸變作舌與舌異
吺 二上二十六、十二
局 二上二十七、三

走 二上三十一、六
𨑹 二上三十二、五 起重文
步 二上三十八、一
辵 二下三、六

肝 四下十四、二
肖 四下十五、三
肎 四下十七、三 肎重文
利 四下十七、九

信 四下二十、三 剛重文
㓷 四下二十、十一
角 四下二十二、八
𠀠 五上六、四 箕重文

佐 五上十、五 又八上十六、二 坿 篆作左
巫 五上十二、五
𠥓 五上十三、六 甚重文
㫚 五上十五、一 曶重文

甹 五上十七、五
乎 五上二十一、五 乎重文
舌 五上二十二、一 旨重文
豆 五上二十五、九

盆 五上三十八、四 坿
彤 五下一、七
阱 五下二、十一
皀 五下三、十一

厌 五下十八、二 厌重文
亨 五下二十三、十一 亯重文本作享
良 五下二十六、十
夋 五下三十、六

条 五下三十一、六 坿
夅 五下三十一、七 坿
弟 五下三十二、十二
弟 弟重文見上

夆 五下三十三、五
杏 六上一、七
李 六上一、八
杍 李重文見上

杜 六上二、一
杉 六上三、二 篆作樧
杞 六上四、一
枼 六上八、七

杠 六上八、九
㧘 六下八、六 𣏟重文
東 六下九、八
貝 六下十四、六

忎八上三、四 仁重文
伯八上三、十二
佗八上六、十一 隸變作他
何八上七、二

位八上七、七
作八上九、十
佃八上十二、十
佋八上十五、五

佇八上十五、十一 俗作竚
佐八上十六、二 坿 又五上十、五 篆作左
免八上十六、二 坿
身八上二十三、五

求八上二十八、八 裘重文
孝八上三十五、九
尾八下一、三
汸八下六、五 方重文

兑八下八、二
皃八下九、七
見八下十、九
部九上十三、八

抑九上十四、十 归重文
序九下三、二
厎九下五、十一
豕九下十、十二

㣇九下十三、二 𢑑重文又作帚
豸九下十四、十
金十上七、十 灋重文
尨十上十二、六

狾十上十二、十 别作猘
狃十上十二、十二
狂十上十五、三 篆作狌
忹狌重文篆作性見上

狄十上十五、六
狴十上十七、一 坿
灸十上二十二、九
赤十下一、八

夾十下四、十
奎十下五、八 坿
吭十下十一、十 篆作亢
志十下十七、八

忻 十下十九、二
忒 十下二十一、十一
忐 十下二十二、四
忌 十下二十二、八

忎 十下二十三、七 恐重文
沔 十一上二、十
汾 十一上三、三
沇 十一上三、七 今俗作兖

汭 十一上七、十一
汪 十一上八、九 篆作溎
沖 十一上八、十一
囦 十一上十、二 淵重文

沙 十一上十一、三
沚 沙重文見上
沈 十一上十三、九
泪 十一上二十、一 坿

汊 十一上二十、五 坿
汱 十一上二十一、三 坿
泌 十一上二十一、八 坿
巠 十一下三、三

谷 十一下八、十一
𣅀 十一下九、五 冬重文
冶 十一下九、七
否 十二上二、八 此篆說文已見口部

至 十二上二、十二 至重文
卤 十二上三、十 鹵重文
耴 十二上九、二
匠 十二上十一、五

戺 十二上十一、七 配重文
扶 十二上十三、三
妘 十二下五、四
妊 十二下七、七

妣 十二下九、十二
㚩 十二下十四、五 俗作姌
妌 十二下十五、三
妝 十二下十六、六 俗作糚糚粧

妨 十二下十六、十一
妥 十二下十七、十 坿
𡚾 十二下十八、九 坿
妓 十二下十八、十 坿

妟 十二下十八、十一 坿
娀 十二下二十、五 坿
㚰 十二下二十、七 坿
𢦏 十二下二十九、五

我 十二下三十三、五
𢦐 我重文見上
匬 十二下四十一、五 坿
弦 十二下四十四、六 篆作弦

系 十二下四十六、十一
亙 十三下五、五 恆重文
均 十三下八、二
㞷 十三下十、七 封重文 此篆說

文與㞷部㞷字同
𡊄 亦封重文見上
坏 十三下十四、六 俗作坯
里 十三下十六、十一

𪓉 十三下十九、一 鼂重文
甸 十三下十九、六
男 十三下二十四、一
助 十三下二十四、十一

阧 十四上十八、九 篆作斗
車 十四上二十、五
阪 十四下四、四 或作坂
坂 篆作阪見上

防 十四下六、五
阯 十四下六、六
址 阯重文見上
𨸝 十四下八、四 坿

阱 十四下八、八 坿
𨸛 十四下八、十 坿
𨹔 十四下九、二 坿
𠇒 十四下二十一、七 甲重文

戌 十四下二十七、二
辛 十四下三十、十
丣 十四下四十五、十二 今作卯
長 十四下四十六、六

酉 十四下五十三、六
丣 酉重文見上
亙 補遺

八畫

迓 三上十五、十二 訝重文　呵 三上十七、十二 篆作訶　咰 三上十八、十二 篆作詾　妾 三上二十三、七

拜 二上二十六、十一 収重文　奉 三上二十七、二 俗別作俸捧　丞 三上二十七、四 今字作丞　倂 三上二十八、十二 兵重文

弃 兵重文見上　具 三上二十九、六　𢦒 三下九、四　肱 三下十、一 厷重文

秉 三下十六、九　叔 三下十八、二　取 三下二十、二　𦫳 三下二十一、四 友重文

卑 三下二十三、二　事 三下二十五、二　臤 三下二十九、七　玟 三下三十二、十一 坿

𡰥 三下三十五、一 皮重文　牧 三下四十六、七　𢽬 三下四十八、六 敎重文　𠧞 三下五十一、八

隹 四上十二、十二　羌 四上二十五、十一　朋 四上二十七、六 鳳重文篆作𠌬　於 四上三十六、十二 烏重文

𢽎 四下二、十一 𠭖重文　叀 四下五、五　放 四下七、八　受 四下九、二

肩 四下十四、九 肩重文　肯 四下十七、三 篆作肎　初 四下十八、六　刻 四下二十、六

制 四下二十一、二　券 四下二十一、九　刺 四下二十一、十 與刺異　其 五上六、四 箕重文篆作其

邶 六下二十九、五
郘 六下二十九、七
邲 六下二十九、八
祁 六下二十九、十一

邯 六下三十、三
邴 六下三十二、十一
邳 六下三十四、六
郇 六下三十五、六

邱 六下三十五、九
郱 六下三十六、四 坿
⿰夗阝 六下三十七、一 坿
⿰冊阝 六下三十八、三 坿

⿰車阝 六下三十八、九 坿
⿰弗阝 六下三十八、十一 坿
⿰白阝 六下三十九、一 坿
⿰左阝 六下三十九、二 坿

旹 七上二、一 時重文
⿸厂日 七上三、二 隸變作昃
昃 篆作⿸厂日見上
昏 七上三、七 又作昬

昌 七上三、九
昔 七上五、九
昆 七上六、二
昉 七上六、三

昇 七上六、七
⿱廾从 七上十一、五 旅重文或作米
明 七上十九、十一 朙重文
夜 七上二十二、三

⿰亻西 七上二十三、三 夙重文
⿻毌卄 七上二十四、九 篆作毌
肣 七上二十五、四 圅重文
函 篆作圅見上

亝 七上二十八、四 卽齊字
𠅱 七上三十三、四 克重文
录 七上三十四、五
秊 七上三十八、五 隸變作年

臽 七上四十六、六
厇 七下三、六 宅重文
定 七下五、十
宓 七下七、一

⿱余水 八下十三、八 㱃重文
匊 九上十八、四 俗作掬
𠣬 九上十八、八 旬重文
𦙄 九上十九、十 匈重文今字變作胷

⿹勹由 九上二十、二 坿
⿱凶山 九下一、八 嶽重文今作岳
岳 嶽重文本作⿱凶山見上
岡 九下一、十

⿱必山 九下一、十二 篆作密
⿱山弟 九下二、三
府 九下二、六
長 九下七、十一

𠑹 長重文見上
㣇 九下十三、二
⿱𠂊希 㣇重文見上 又作⿱𠂊希
兕 九下十五、四 𤉡重文

易 九下十五、十
法 十上七、十 灋重文
⿱一丽 十上十、五 麗重文
丽 麗重文本作⿱一丽見上

狗 十上十二、五
狀 十上十二、十一
狐 十上十六、十一
犾 十上十七、十

苂 十上二十四、二 炏重文
炅 十上二十五、二
炈 十上二十五、十二 坿
炋 十上二十六、三 坿

炎 十上二十六、四
炙 十下一、七
奄 十下四、十二
⿰口亦 十下六、九 吳重文

㚔 十下十、三
肮 十下十一、十 篆亢作亢
昊 十下十二、八 篆作昦
並 十下十六、二 篆作竝

忠 十下十八、五
念 十下十八、七
怡 十下十九、十
怸 十下二十一、一

姓 十二下二、四
妻 十二下六、二
姁 十二下九、四
姑 十二下九、五

姊 十二下十、十一
妹 十二下十、十二
始 十二下十三、一
姌 十二下十四、五 篆作姌

委 十二下十四、七
⿰女之 十二下十五、六
⿰女只 十二下十八、四 坿
⿰女白 十二下十八、六 坿

妥 十二下十八、十二 坿
⿱⺕女 十二下十九、一 坿
⿱甶女 十二下十九、二 坿
或 十二下二十八、十

𢦏 十二下三十、一
武 十二下三十、三
戔 十二下三十二、二
直 十二下三十五、九

⿷匸吉 十二下四十一、四 坿
⿷匸𦍌 十二下四十一、九 坿
甾 十二下四十二、一 篆本作甶
弩 十二下四十五、四

⿰弓古 十二下四十五、十二 坿
⿱弗西 十二下四十六、六 弻重文
竺 十三下六、七
坤 十三下七、八

坡 十三下七、十一
堂 十三下九、四 堂重文
坿 十三下十三、十二
坯 十三下十四、六 篆作坏

協 十三下二十六、二
金 十四上一、三
斧 十四上十七、二
斨 十四上十七、五

所 十四上十七、十二
栀 十四上二十三、一 篆作輗
官 十四上二十五、五 篆作官
𨸏 十四下一、三 隸變作阜

九畫

郁 六下二十八、四
郇 六下三十、五
郅 六下三十、六
⿰米阝 六下三十二、一
郶 六下三十四、一
郘 坿 六下三十六、六
郊 坿 六下三十七、三
郱 坿 六下三十九、十二
⿰口邪 坿 六下四十、九
巷 六下四十二、二 𨞟重文篆本作⿱共邑
眜 七上二、七
昭 七上二、八
昏 七上三、七 篆作昬
昴 七上三、八
昱 七上四、三
昶 七上六、四
映 七上六、五
斿 七上十、四 篆作游
星 七上十四、九 曐重文
朏 七上十七、九
卣 七上二十六、八 隸變作卣
秏 七上三十六、十二 俗作耗
采 七上三十七、一
秌 七上四十一、十二 今字作秋
秋 篆作秌見上
香 七上四十四、十 篆作⿱黍甘
耑 七下一、八
室 七下三、十
宣 七下四、六
宦 七下十三、三
宥 七下十四、一
客 七下十六、九
⿱宀戋 坿 七下二十、二
⿱宀車 坿 七下二十、三
穿 七下二十二、十三
⿱宀毛 坿 七下二十三、十一
疥 七下二十六、五 俗別作蚧螺
疢 七下二十六、十 俗作⿸疒尔
⿸疒外 坿 七下二十七、六
⿸疒方 坿 七下二十八、十

疾 七下三十六、三 坿
冑 七下三十一、十二
罘 七下三十三、十一 篆作罯
帥 七下三十五、五

𠪿 七下三十七、三 席重文
保 八上二、四 本作保
𠆭 八上三、八 企重文
𡰥 八上四、十 伊重文

侸 八上八、六 别作住
侵 八上十、十一 篆作侵
俗 八上十一、六
倂 八上十二、四 或作𠈰𠈰今作媵

係 八上十三、四
俘 八上十四、九
倀 八上十六、四 坿
𢗂 八上十八、十

重 八上二十二、二
耇 八上三十六、十
屋 八上三十七、五
𡰴 八上三十七、七 坿

俞 八下二、四 篆作兪
𢒼 八下二、八
頁 九上一、三
面 九上四、八

首 九上四、十
彦 九上八、三
𩠐 九上十八、三
茍 九上二十、三

𢎘 九上二十二、六 畏重文
畏 篆作畏見上
𠩺 九下六、三 坿
𠪖 九下六、十一 坿

昜 九下九、十二
兔 十上十一、六 俗别作菟
狢 十上十七、六 坿
𤜵 十上十七、八 坿

㹜 十上十八、四 坿
忽 十下一、三 篆作忽
奔 十下八、四 篆作奔
奓 十下十一、七 奢重文

括 十二上十七、一
姜 十二下二、七
姞 十二下四、六
姚 十二下五、一

𡜊 十二下六、二 妻重文
威 十二下九、八
娙 十二下十一、五
娀 十二下十二、五

𡛷 十二下十二、十
姝 十二下十三、九
𡛶 十二下二十一、六 坿
𡰥 十二下二十二、一 民重文

𢦔 十二下二十六、七 今字作戎
匽 十二下三十九、一
弭 十二下四十三、十
紀 十三上二、一

紆 十三上三、十
約 十三上四、一
紉 十三上七、六
𦊃 十三上八、九 緦重文

𧈝 十三上十八、三
虹 十三上十九、一
𧈜 虹重文又作𧊔見上
虵 十三下一、十 它重文篆本作蛇

亟 十三下五、三
恒 十三下五、五
垣 十三下八、十一
封 十三下十六、七

𡎺 十三下十二、十二 俗作型
型 篆作𡎺見上
垍 十三下十四、一
垔 十三下十四、四 别作𨸟陻

𨸟 同垔見上
𡋀 十三下十五、三 坿
畍 十三下十九、九 今字作界
界 篆作畍見上

勁 十三上二十五、三
勈 十三下二十五、十一 今字作勇
𢧢 勈重文見上
勇 篆作勈見上

金 十四上二、三 金重文
俎 十四上十五、十一
斪 十四上十七、七
軍 十四上二十三、五

動 十四上二十四、十二 坿
官 十四上二十五、五 今省作官
限 十四下四、六 俗作㫦㿾
㿾 篆作限見上

降 十四下五、五
陞 十四下九、三 坿
陵 十四下九、七 坿
禹 十四下十九、九

禼 禹重文見上
胥 十四下二十四、十一 坿
戚 十四下二十七、二 戌重文
癸 十四下三十四、六 癸重文

孨 十四下四十、十
𦥔 十四下五十二、三 申重文
酋 十四下五十七、十一

十畫

旁 一上五、六 篆作旁
祜 一上六、十
祐 一上八、十一
神 一上九、五

祖 一上十一、七
祠 一上十二、六
祝 一上十二、十一
祩 一上十四、八 坿

皇 一上十六、十一 今字作皇
班 一上二十、十一
芗 一下四、十二 芰重文
荆 一下五、九 篆作荊

刻 荆重文見上
茲 一下六、五 與茲異
茨 一下七、七
芻 一下九、一

俸 三上二十七、二 篆作奉
𢍏 三上三十、四 共重文
鬲 三下二、八
釜 三下三、十一 鬴重文

鬥 三下九、八
𡩱 三下十三、二 叜重文
叟 篆作叜見上
𠬶 三下二十六、十二 叚重文

書 三下二十八、三 篆作書
殺 三下三十三、五
尃 三下三十四、九
效 三下三十七、十一 俗别作傚

敆 三下三十九、九
陣 三下三十九、十 篆作敶
敀 三下四十八、一 坿
罘 四上二、三

䀠 四上四、五
翌 四上十二、九
倠 四下二十六、二 坿
羔 四上二十四、六

烏 四上三十、十二 俗别作鳴
冓 四下三、四
兹 四下七、二 與兹異
殃 四下十二、十一

殆 四下十三、一
脅 四下十四、八
胅 四下十七、五 坿
剛 四下二十六、三

笋 五上一、四 篆作箭
巺 五上六、四 巽重文
差 五上十二、一 篆作𢀩
矩 五上十一、十一 巨重文篆本作榘

寘 五上十二、四 篆作寘
迺 五上十五、八 篆作卣
𠧪 五上十六、十 今字作逌
豈 五上二十五、七

虔 五上二十八、八
虒 五上三十二、四 坿
盌 五上三十四、二 俗作椀碗
盉 五上三十五、十一

⿰里阝 六下三十一、七
郢 六下三十一、八
郜 六下三十二、十二
郤 六下三十三、七

郭 六下三十五、四 別作埻俗又作渤
埻 篆作郭見上
⿰求阝 六下三十五、十
⿰巠阝 六下三十六、十一 坿

⿰尚阝 六下三十七、六 坿
⿰非阝 六下三十八、七 坿
鄟 六下四十、一 坿
⿰甚阝 六下四十、七 坿

⿰⿱日土阝 六下四十一、一 坿
時 七上二、一
晋 七上二、十一 篆作晉
⿰旨日 七上六、十 坿

旂 七上九、六
旃 七上十、一
⿺辶孚 七上十、四 游重文
旅 七上十一、五

旅 七上十四、一 坿
旋 七上十四、八 坿
朔 七上十七、七
𠈐 七上二十三、二 夙重文

圅 七上二十五、四 俗作函
栗 七上二十七、九 篆作㮚
⿱占小 七上三十三、四 克重文
秫 七上三十六、七

耗 七上三十六、十一 篆作秏
秦 七上四十二、五
秤 七上四十二、十二 篆作稱
秭 七上四十三、三

⿰禾兄 七上四十三、四 坿
兼 七上四十三、七
家 七下二、四
院 七下五、三 寏重文或作院

此篆說文𠂤部重出
院 寏重文本作院見上
宴 七下七、二
容 七下七、十二

𡧪 七下十四、三 宐重文

宰 七下十三、四

宵 七下十五、一

㝲 七下十五、十 寑重文篆本作𡪢

𡨚 七下十六、四

害 七下十七、十一

宮 七下二十一、二

躬 七下二十二、五 躳重文

突 七下二十二、十一

疾 七下二十四、七

蚧 七下二十六、五 篆作疥

㾓 七下二十六、九

𤵢 七下二十六、十 篆作疢 又七下二十八、十二 坿

疫 七下二十六、十二

㾆 七下二十七、四 坿

𤶖 七下二十七、十 坿

𤴮 七下二十八、九 坿

𤵽 七下二十九、九 坿

㾖 七下三十、九 坿

罟 七下三十三、二

置 七下三十三、十二

帨 七下三十五、五 帥重文

㿉 七下三十、一 坿

𢈈 七下三十七、三

帢 七下三十八、二

㡀 七下三十九、四 篆作㡀

珮 八上三、十 篆作佩

倗 八上六、三

俶 八上六、九

倚 八上八、二

敳 八上九、七

俾 八上十一、八

倌 八上十二、三

傷 八上十三、二

倃 八上十五、三

倠 八上十五、四

竚 八上十五、十一 篆作佇

眞 八上十六、八

幷 八上十八、五 今作幷

豢 十下五、九 坿
奔 十下八、四 俗作奔
皋 十下十二、七
奚 十下十二、十一

竘 十下十五、六
⿰立召 十下十五、九 坿
竝 十下十六、一 俗作並
息 十下十七、六

恭 十下十九、九 又三上三十、十 龔字下
急 十下二十、九 篆作⿱宀急
恁 十下二十一、七

悒 十下二十一、八
悝 十下二十二、六
悔 十下二十三、一
恐 十下二十三、七

悑 十下二十三、八
⿱杒心 十下二十四、二 坿
涂 十一上二、四
涇 十一上二、五

浪 十一上二、九
海 十一上六、十
⿰氵㞷 十一上八、九 今作汪
浩 十一上八、十二

浮 十一上九、三
涌 十一上九、六 俗作湧
湼 十一上十、十一
浥 十一上十一、二

浴 十一上十六、七
泰 十一上十八、七
淏 十一上十九、六 坿
湅 十一上二十、四 坿

浧 十一上二十、六 坿
溲 十一上二十二、四 坿
流 十一下一、三 㴠重文
涉 十一下一、四 𣸈重文

原 十一下五、六 𠫐重文本作原
⿱西王 十二上五、一 坿
厞 十二上五、十二
耼 十二上九、三 俗作聃

畔 十三下十九、八　留 十三下二十、六 本作畱　畜 十三下二十、十　畱 十三下二十一、四

䂴 十四上十一、五 篆當作鉈　陡 十四上十八、九 篆作斗　料 十四上二十、二　軒 十四上二十一、十二

㬅 十四下四、六 篆作限　陟 十四下四、九　𨸝 十四下六、五 防重文　陘 十四下六、七

除 十四下七、七　陸 十四下八、十一 坿　阱 十四下八、十二 坿　隋 十四下九、一 坿

陓 十四下九、五 坿　陎 十四下九、六 坿　叕 十四下三十四、六　𣈆 十四下四十一、一 晉重文

非 十四下四十五、十二 丣重文　辱 十四下四十七、八　酒 十四下五十四、七　酎 十四下五十五、十二

配 十四下五十六、四　酉 十四下五十七、十 坿　雫 補遺

十一畫

祭 一上九、八　莓 一下一、八 篆作苺　莊 一下二、九　荼 一下十一、五 今别作茶

苢 一下十二、三 坿　蒁 一下十二、九 坿　莫 一下十二、十 篆作萛俗又作暮　莽 一下十三、四 篆作莾

訧 三上十九、五 坿 又三上十九、十二 坿
章 三上二十一、七
竟 三上二十二、一
捧 三上二十七、二 篆作奉
䙴 三上三十二、二 篆作[illegible]
[illegible] 三上三十三、二 今字作要
衅 三上三十四、九 篆作釁
勒 三下二、一
貟 三下七、八 坿
孰 三下八、十一 篆作[illegible]
[illegible] 三下九、三 巩重文 此篆說文手部重出
傁 三下十三、二 叜重文
曼 三下十三、九 俗作漫
彗 三下二十六、六
叔 三下二十二、五 坿
晝 三下二十九、三
[illegible] 三下三十一、十一 坿
殳 三下三十二、四
毆 三下三十二、六
般 三下三十二、九 坿
[illegible] 三下三十三、五 殺重文
將 三下三十四、四
專 三下三十四、五 俗作塼甎
啟 三下三十五、六
敏 三下三十六、八
[illegible] 三下三十九、一
敕 三下三十九、五
救 三下四十、二
[illegible] 三下四十、三
敗 三下四十四、二
寇 三下四十四、四
敳 三下四十五、二
[illegible] 三下四十五、三
敔 三下四十五、五
敘 三下四十六、五
敦 三下四十七、五 坿
教 三下四十八、六
庸 三下五十三、十二
葡 三下五十四、二
爽 三下五十四、十二

眚　四上五、十二　今字作省
𥄉　眚重文見上
臭　坿　四上八、一
帛　坿　四上八、二

習　四上十二、三
翊　四上十二、八　字又作翍翌
翍　篆作翊見上
翌　篆作翊見上

琟　四上十九、七
羗　四上二十五、十一　羌重文
馬　四上三十一、十
畢　四下一、五　篆作畢

敖　四下七、九　又六下五、九　篆作敖又俗别作遨　此篆說文出部重出
敢　四下十、十一
𣪊　敢重文隸變作敢見上

⿰夕肉　四下十二、十二
剮　四下十三、八　篆作咼
脬　四下十四、三
⿸疒朿　四下十五、八　膌重文

脯　四下十六、三
脩　四下十六、四
制　四下二十一、二　制重文
劄　坿　四下二十一、十一

笵　五上二、三
匧　五上二、八　篋重文
笭　五上四、六
第　坿　五上五、十一

𠀠　五上六、四　箕重文今字作其
曹　五上十五、三　篆作𣍘
逌　五上十六、十　篆作卣
虘　五上二十九、一

虖　五上二十九、三
⿸虍人　五上二十九、五　今字作虐
盒　五上三十七、三　篆作盦
⿱占皿　坿　五上三十八、三

旣　五下四、七
飤　五下十、一　俗作飼
侖　五下十五、四　仝重文
亯　五下二十三、十一　亯重文俗作享亨

啚 五下二十八、二
啚 啚重文見上
夌 五下二十九、十二
亲 六上一、十

桺 六上三、九 或作柳
條 六上六、九
桹 六上六、十一 俗別作榔
釫 六上九、四 𣏖重文

梩 六上九、六 梠重文
耜 篆作梠見上
梁 六上十二、四
採 六上十二、十 篆作采

[木甫] 六上十五、十二 坿
桿 六上十六、一 坿
[木貝] 六上十六、七 坿
[叒巴] 六下一、三 叒重文

敖 六下五、九 又四下七、九 篆作𢾕 此篆說文已見放部
産 六下八、二
桼 六下九、五

國 六下十一、三
貨 六下十五、八
責 六下二十一、二
[貝方] 六下二十三、三 坿

貧 六下二十三、四 坿
邑 六下二十八、五
部 六下二十九、四
郰 六下三十四、四 或作鄹

鄐 六下三十四、五
郭 六下三十四、十二 篆作𩫏別作廓
郳 六下三十五、二
郃 六下三十五、十一

邯 六下三十六、五 坿
郻 六下三十六、八 坿
邸 六下三十八、五 坿
邪 六下四十、三 坿

晤 七上二、十
旋 七上十一、一
族 七上十三、五
旜 七上十三、十二 本作旃 坿

屋 八上三十七、五 屋重文
兪 八下二、四 隸變作俞
兟 八下九、六 坿
㒵 八下九、九 皃重文
覓 八下十一、十二 坿
欲 八下十二、七 俗別作慾
歖 八下十三、七 坿
彫 九上八、二
卿 九上十六、十 坿
掬 九上十八、四 篆作匊
𠣾 九上十九、十一 匔重文
𦍋 九上二十、三 茍重文
崟 九下一、十一
密 九下一、十二 別作峃
崔 九下二、四
岓 九下二、五 坿
𢊁 九下二、十二 廄重文
底 九下三、十一
庿 九下四、六 廟重文
庰 九下五、三 坿
厝 九下六、四 坿
厦 九下六、五 坿
𠩞 九下六、六 坿
殸 九下七、五 磬重文
毫 九下十三、四 篆作豪
豚 九下十四、二 𧱓重文
影 十上一、三 馬重文
鹿 十上八、二
猊 十上九、十一 篆作麑
猗 十上十二、九
𤞞 十上十七、九 坿
焂 十上二十五、九 坿
悤 十下一、三 俗作怱
烾 十下一、八 赤重文
燱 十下八、十一 坿
壷 十下八、十二 同壺
執 十下十、七
奉 十下十一、十二 篆作𡙁
𢽥 十下十二、六 奏重文
悊 十下十九、三 又二上十四、十一 哲重

文同此篆說文重出

惟 十下二十、六
意 十下二十、八 意重文
悆 十下二十一、九

𢚩 十下二十四、七 坿
𢘓 十下二十五、三 坿
悏 十下二十五、五 坿
悚 十下二十五、七 坿

息 十下二十五、十 坿
㤉 十下二十五、十一 坿
添 十一上三、四 篆作沾
深 十一上三、十一

淮 十一上四、一
淦 十一上六、七
漳 十一上七、六 今字作潮
減 十一上八、七

淑 十一上九、十一
清 十一上十、一
淖 十一上十、十
淒 十一上十三、四

涿 十一上十三、八
淊 十一上十四、四
涸 十一上十四、六
淡 十一上十五、八

液 十一上十五、九
淳 十一上十七、十二 篆作滜
渫 十一上十八、二 本作渫
淄 十一上十九、四 坿

㳿 十一上十九、十一 坿
淑 十一上二十、八 坿
漕 十一上二十一、十一 坿
原 十一下五、六 原𠫐重文 隸省作原又別作源

羕 十一下八、九
雪 十一下十、十二 篆作䨮
扃 十一下十二、一
雩 十一下十二、四

魚 十一下十二、十一
鹵 十二上五、二
閈 十二上六、八
閉 十二上七、九

閃 十二上八、十二 坿
聑 十二上九、三 䎕重文
聃 篆作䎕見上
𠦬 十二上十一、九 手重文

拜 十二上十二、二 㨜重文今作拜
掄 十二上十三、十一
娸 十二下五、八
婚 十二下五、九

婦 十二下六、六
𡜊 十二下七、一 篆作妃
婢 十二下十一、八
婐 十二下十四、八

娷 十二下十七、四
婡 十二下十八、五 坿
㛖 十二下十九、七 坿
閔 十二下二十一、四 坿

戛 十二下二十七、二 戟字下
域 十二下二十八、十 或重文
戚 十二下三十三、四
羛 十二下三十四、九 義重文

爽 十二下三十五、八 瑟重文
望 十二下三十七、十
區 十二下三十八、十一
匿 十二下三十八、十二

𠥊 十二下四十一、二 坿
𢏬 十二下四十三、十 弭重文
張 十二下四十三、十二
紿 十三上二、四

紹 十三上三、六
絅 十三上四、九
終 十三上四、十二
絁 十三上五、九 篆作纚

紳 十三上六、七
組 十三上六、八
紽 十三上十四、十 坿
率 十三上十七、一

𧉗 十三上十九、一 虹重文本作蚼
蛇 十三下一、十 它重文俗別作虵
基 十三下八、九
堂 十三下九、四

埽 十三下九、六 俗作掃
掃 篆作埽見上
堅 十三下十四、二
堋 十三下十四、七
堇 十三下十五、六
野 十三下十七、十二
埜 野重文本作壄見上
時 十三下十九、十
𤆼 十三下二十三、二 黃重文
動 十三下二十五、五
恿 十三下二十五、十一 勈重文
勴 十三下二十六、一 坿
處 十四上十四、二 処重文
斛 十四上十八、十二
較 十四上二十二、七 今字作較
軛 十四上二十三、一 篆作軶
軟 十四上二十四、十一 坿
堆 十四上二十五、一 篆作𠂤
陵 十四下一、六
陰 十四下二、一
陸 十四下三、十
陮 十四下四、七
陳 十四下六、十
陴 十四下七、八
陲 十四下七、十二
陯 十四下八、一
[illegible] 十四下二十四、十二 坿
[illegible] 十四下二十八、十一
[illegible] 十四下三十三、十 坿
羞 十四下四十三、十
寅 十四下四十四、六
[illegible] 十四下五十二、三 申重文或作[illegible]
丣 十四下五十三、六 亦酉重文
酌 十四下五十六、八 别作酙
酗 十四下五十六、十二 篆作䣱
莤 十四下五十七、二
酓 十四下五十七、九 坿
陶 補遺

遒 二下七、五
逮 二下十八、十 俗作迨
逭 二下十三、五
逌 二下十八、二 坿
進 二下十八、四 坿
復 二下二十、二
假 二下二十二、五
馭 二下二十四、四 御重文
距 二下三十一、六
㗊 三上一、三
商 三上三、二 商重文各本皆作商
博 三上六、九
𧦥 三上十、九 謀重文
詔 三上十二、十
詁 三上十三、四
詠 三上十五、八
評 三上十五、九
訶 十上十七、十二 俗別作呵
訴 三上十八、三
詘 三上十八、十
詢 三上十八、十二 詬重文俗作呴
訢 三上十九、六 坿
訹 三上十九、十一 坿
說 三上二十、二 坿
善 三上二十六、五 篆作譱 善
童 三上二十三、四
業 三上二十五、十
𢍁 三上二十七、十二 弇重文
異 三上三十一、五
飦 三下四、六 鬻重文
爲 三下六、一
埶 三下八、一 別作蓺俗又作藝
期 三下九、六 坿
𦘔 三下十三、十二 尹重文
習 三下二十一、四 友重文
肄 三下二十七、三 隸重文今作肆
肅 三下二十七、七 肅重文
畫 三下二十八、八
晝 三下二十九、三 晝重文
傚 三下三十七、十一 篆作效

敦 三下四十八、十二 篆作𢾾
敳 三下四十八、二 坿
智 四上十、八 篆作𥏼
皕 四上十一、十二

雇 四上十九、二
隻 四上十九、十二 坿
𨾴 四上二十、一 坿
集 四上二十七、二 雧重文

舄 四上三十一、六
畢 四下一、五 今作畢
棄 四下二、十一 𢍰重文本作棄
幾 四下五、三

惠 四下五、九
舒 四下七、六
𤔔 四下八、十一
𤔔 𤔔重文見上

𣪊 四下十、十二 𢽾重文
敢 𢽾重文篆本作𣪊 見上
腎 四下十四、一
脽 四下十五、二

隋 四下十五、十
胾 四下十六、七
散 四下十六、十 篆作𢿰
腏 四下十七、一

䐄 四下十七、二
脊 四下十七、四
副 四下十九、九 則重文
割 四下二十、十

劓 四下二十二、六
𠛱 四下二十二、二 坿
剌 四下二十二、三 坿
奧 四下二十三、五 衡重文

筍 五上一、四 俗作笋
筎 五上一、十一 篆作筡
𥳑 五上二、七 籃重文
策 五上四、七

笡 五上五、八 坿
𢁉 五上九、八 巺重文
巽 亦巺重文見上
奠 五上九、九

貳 六下十九、一　貿 六下二十一、一　買 六下二十一、十二　貴 六下二十二、九
貽 六下二十二、十二　貼 六下二十三、二 坿　貟 六下二十三、五 坿　都 六下二十六、八
鄙 六下三十、十二　鄂 六下三十一、十二 篆作鄂　鄄 六下三十三、一　渤 六下三十五、四 篆作郣
郄 六下三十五、十二 又作郄　鄀 六下三十六、一 坿　[illegible] 六下三十七、八 坿　鄛 六下三十九、四 坿
郵 六下三十九、五 坿　鄉 六下四十二、三 篆作𨞠　腊 七上五、九 昔重文　朝 七上七、四 篆作𦩍
游 七上十、四 省作斿俗作遊　旃 七上十四、五 坿　胃 七上十七、十 霸重文　期 七上十八、九
盟 七上二十一、四 本从血作盟　粟 七上二十八、二 篆作𠧪　棘 七上二十九、三　稷 七上三十六、四 稷重文
程 七上四十三、二　黍 七上四十三、八　𣏟 七下一、三　冢 七下二、四 家重文
寏 七下五、三　寍 七下五、九　寔 七下五、十一　富 七下七、七
寚 七下八、四 寶重文俗作寚　寑 七下十五、十 篆作寢　寓 七下十七、五　庽 寓重文見上

駡 九上十五、四　象 九上十六、八　影 十上一、三 馬重文　馮 十上五、一

秋 十上十三、一　猶 十上十五、八 或作猷　[illegible] 十上十七、二 坿　[illegible] 十上十七、三 坿

尞 十上十九、九 篆作尞　然 十上二十、九 俗别作燃　閃 十上二十一、九　焚 十上二十三、二 篆作燓

焦 十上二十三、十 [illegible]重文　[illegible] 十上二十三、十一 煙重文　[illegible] 十上二十五、七 坿　黑 十上二十六、十

腋 十下五、十一 篆作亦　喬 十下七、十　壺 十下八、十二 亦作壼壷　壹 十下九、十二

報 十下十一、四　奢 十下十一、七　[illegible] 十下十二、四　[illegible] 十下十二、六 奏重文

悳 十下十七、十一　[illegible] 悳重文見上　[illegible] 十下二十一、六　愉 十下二十一、十二

惕 十下二十二、五 别作婸　婸 篆作惕見上　悲 十下二十三、三　惎 十下二十三、九

[illegible] 十下二十四、九 坿　愕 十下二十四、十一 坿 又二上二十八、九 篆作咢　愈 十下二十五、二 坿

渭 十一上二、七　湘 十一上三、十　湧 十一上九、六 篆作涌　淵 十一上十、二

無 十二下三十七、十二 篆作𣞤 又六上十八、一 篆作橆
筐 十二下四十、二 匡重文
發 十二下四十五、九

弻 十二下四十六、六 今字作弼
弼 篆作弻見上
紘 十三上一、十二 織重文
絍 十三上一、十二 紝重文別作鵀

結 十三上四、七
給 十三上四、十
絑 十三上五、十一
絬 十三上七、五

絹 十三上十五、二 坿
総 十三上十五、四 坿
綵 十三上十六、六
䖵 十三下一、三

亀 十三下三、四 龜重文
蛛 十三下四、八 鼄重文
堵 十三下九、一
陻 十三下十四、四 篆作垔

場 十三下十四、八
堹 十三下十五、二 坿
堯 十三下十五、五
𤰟 十三下十九、一 今作疇

畮 十三下十九、四
畯 十三下十九、十二
畱 十三下二十、六 或作留
𤲞 十三下二十一、二 坿

黃 十三下二十三、一
勝 十三下二十五、四
鈞 十四上八、六
鈁 十四上十八

銑 十四上十一、三
鈇 十四上十一、十二
鈌 十四上十二、一
鈚 十四上十三、二 坿

釿 十四上十七、八
斯 十四上十八、二 俗作撕
斝 十四上十九、一
軹 十四上二十二、十二

十三畫

亶 五下二十七、十二
嗇 五下二十八、二 篆作嗇
𡕾 五下三十一、一 夏重文
梄 六上二、五

椶 六上二、十一 俗作棕
楊 六上三、七
楮 六上三、十二
榆 六上四、七

𣡕 六上五、九 本重文
楨 六上七、十一
榦 六上八、二 篆作榦
橡 六上八、六

栁 六上八、十一 篆作桺
楞 六上十三、五 篆作棱
稜 篆作棱見上
楬 六上十五、六

[illegible] 六上十六、四 坿
楚 六上十九、六
𣛭 六上二十、一
𠦜 六下三、十 師重文

𩏑 六下四、九 坿
𢿱 六下五、九 又四下七、九 今字作敖俗別作遨 此篆說文已見放部
𠌶 六下八、八 俗作花

賁 六下十六、一
賈 六下二十一、四
賃 六下二十二、四
貸 六下二十三、六 坿

賮 六下二十三、七 坿
鄔 六下二十九、十
鄒 六下三十三、六
𢧵 六下三十五、八

𨝌 六下三十五、十二 本作郃
鄎 六下三十六、十 坿
鄩 六下三十七、十一 坿
郳 六下三十八、四 坿

鄉 六下四十一、五 篆作𨞨
巷 六下四十二、三 𨞑重文今字變作巷
遊 七上十、四 篆作游
𥁰 七上二十一、四 或从皿作盟

歇 八下十二、二
款 八下十二、六 歀重文
⿱今食 八下十三、八 㱃重文
飲 篆作㱃⿱今食見上

頌 九上一、十
項 九上三、五
⿰爻頁 九上九、十一 髮重文
辟 九上十六、十一

敬 九上二十、六
廄 九下二、十二 篆作廏
廚 九下四、十二 坿
厰 九下五、七 今字作厰別又作⿸厂⿰呂又

⿸厂⿰呂又 篆作厰見上
肆 九下九、三 篆作⿰镸隶
豢 九下十一、十一
豦 九下十二、四

豪 九下十二、八 本作𧰽
貉 九下十五、二
麀 十上十、八
菟 十上十一、六 篆作兔

逸 十上十一、十
猷 十上十五、八 篆作猶
⿰犭留 十上十六、十二 坿
⿱大頁 十上十九、九 今作奡

煨 十上二十二、四
煙 十上二十三、十一
煌 十上二十四、一
壺 十下八、十二 同壼

睪 十下十、五
頏 十下十一、十 亢重文
⿰立沓 十下十五、十 坿
⿰立長 十下十五、十一 坿

⿰立奇 十下十五、十二 坿
愼 十下十八、二
愙 十下二十、九 今字作恪急
愍 十下二十三、五

⿱亘心 十下二十三、六
愈 十下二十三、十二 坿
憝 十下二十四、四 坿
慼 十下二十四、八 坿

溫 十一上二、三 又五上三十七、八 昷字下
溥 十一上六、十一
滔 十一上七、九

滂 十一上八、八
滑 十一上十、六
滋 十一上十一、一
湛 十一上十三、三 湛重文

溓 十一上十四、五 或作濂
溼 十一上十四、八
溜 十一上二十、二 坿
滜 十一上二十一、四 坿

源 十一下五、六 𠩴𤂝重文本作原
雷 十一下十、四 篆作靁
電 十一下十、八
零 十一下十一、十一

閟 十二上六、十二 閉重文
閘 十二上七、二
閒 十二上七、二 間重文本作閒
聖 十二上九、六

聘 十二上十、六
𦗟 十二上十一、四 坿
搏 十二上十三、六
敭 十二上十四、十一 揚重文

嫂 十二下十一、四 篆作姟
媾 十二下十一、六
粧 十二下十六、六 篆作妝
媿 十二下十七、五

愧 媿重文見上
賊 十二下二十七、六
戢 十二下三十一、六
戠 十二下三十一、八

𢧐 十二下三十二、六 坿
𢧢 十二下三十二、七 坿
義 十二下三十四、九
瑟 十二下三十五、八

㮚 十二下三十五、九 直重文
𧇊 十二下四十五、三 弛重文
經 十三上一、九
綷 十三上五、三 繒重文

綈 十三上五、四
緐 十三上七、十二 俗作繁
緶 十三上八、三
綏 十三上九、一

練 十三上十四、七
綢 十三上十四、九 附
綵 十三上十四、十一 附
緫 十三上十五、六 附

蜀 十三上十八、五 俗別作蠋
黽 十三下四、一
塙 十三下八、五
塍 十三下八、七

塤 十三下十、六 篆作壎
㙐 十三下十四、四 垔重文
毀 十三下十四、五
蓳 十三下十五、六 堇重文

畹 十三下十九、七
當 十三下十九、十一
畺 十三下二十一、五
勥 十三下二十五、一

𨔵 十三下二十五、五 動重文
勤 十三下二十五、七
煅 十四上五、八 篆作鍛
鈴 十四上八、九

鉦 十四上八、十二
鉈 十四上十一、五 別作鍦⿰矛它
鉅 十四上十二、三
鈺 十四上十二、十 附

新 十四上十八、四
輅 十四上二十二、五
較 十四上二十二、七 篆作較
載 十四上二十三、二

⿰車𠂤 十四上二十四、八 附
隗 十四下四、八
⿰亻步 十四下四、九 陟重文
⿰阝尃 十四下八、三 附

陸 十四下八、七 附
禽 十四下十四、十二
萬 十四下十五、三
亂 十四下二十三、八

皋 十四下三十二、六
𣪊 十四下三十八、二
𣊭 十四下四十二、一
酬 十四下五十六、九 醻重文

十四畫

福 一上七、七
𡔷 一上二十、八 玒重文
熏 一下二、二 篆作熏
蒲 一下三、十二
蒯 一下四、三 篆作蔽
𦱥 一下五、一 蘜重文
蒼 一下六、八
蒸 一下十、一
𣂪 一下十、七 斮重文
𦵏 一下十三、五 今作葬
𠎘 二上六、九 余重文
𠷎 二上三十、十一 附
趙 二上三十二、十二
趣 二上三十四、五 附
述 二下五、九 述重文
還 二下七、一
邁 二下八、七
遣 二下十一、二
遲 二下十一、十二 遟重文
逋 二下十三、六 逋重文
遹 二下十三、八 遂重文
遠 二下十五、十二
衛 二下二十九、十二 附
跽 二下三十一、二
商 三上三、二 商重文
𦬀 三上四、四 俗作卉
語 三上九、三
誨 三上十、九
誋 三上十二、七
誥 三上十二、九
誓 三上十二、十一
諫 三上十三、六

誤 三上十六、九
謚 三上十七、十 訟重文
愬 三上十八、三 訴重文
諲 三上十九、四 坿

對 三上二十四、二 篆作對對
僕 三上二十五、十二
與 三上三十二、四
晨 三上三十三、三

㒸 三下七、七 坿
漫 三下十三、九 篆作曼
攎 三下十四、八 篆作獻
逮 三下十五、十 及重文

𣪠 三下二十二、三 坿
臧 三下三十一、四
[illegible] 三下三十三、五 殺重文
塼 三下三十四、五 篆作專

鞁 三下三十五、五
肇 三下三十六、三
敷 三下三十八、十一 俗作敷
酘 三下四十七、六 坿

𧦝 三下四十八、六 教重文
爾 三下五十四、九
鼻 四上十一、十
翟 四上十二、六

翜 四上十二、十一
[illegible] 四上十九、七 [illegible]重文
琟 四上二十、四 坿
蒦 四上二十、七

鳳 四上二十七、六
鳴 四上三十、四
叀 四下六、二
[illegible] 四下十二、三

睿 四下十二、五 叡重文
膏 四下十四、四
𦙶 四下十五、五 胤重文
膌 四下十五、八 篆作膌 俗又作瘠

罰 四下二十一、三
[illegible] 四下二十二、一 坿
耤 四下二十二、七
觲 四下二十三、四 篆作觲

箙 五上四、九
箕 五上六、四
箕 五上九、二 典重文
差 五上十一、二 差重文省作差

榘 五上十一、十一 巨重文或省作矩
寧 五上十七、七
嘗 五上二十二、六
嘉 五上二十四、三

覷 五上三十二、五 坿
盡 五上三十六、十一 俗别作儘
盪 五上三十八、七 坿
飼 五下十、一 篆作飤

鍚 五下十九、五 或作鍚
婦 五下十九、十二 坿
亭 五下二十二、二 亦高亭字
享 五下二十五、二 享重文

舞 五下三十一、八 别作儛
墓 五下三十一、十 韋重文
槃 五下三十三、十 篆作桀
榮 六上四、五

寀 六上四、九 松重文
槑 六上四、十二 某重文
尌 六上五、二 樹重文
榔 六上六、十一 篆作桹

稾 六上七、八 俗作槁
槁 篆作稾見上
榦 六上八、二 俗作幹
鋘 六上九、四 又十四上十二、七 篆作茉 坿

槃 六上九、九
榜 六上十、十 俗作牓封幫
牓 篆作榜見上
綵 六上十二、十 篆祇作采

榭 六上十五、八 本作擻
檄 六上十五、九 坿
樵 六上十六、五 坿
隆 六下八、三 隸變作隆

圖 六下十、十二
賭 六下十八、八 篆作貯
賓 六下十九、三
賓 賓重文見上

⿰貫刂 六下二十三、八 坿　鄙 六下二十七、六　鄘 六下三十二、六　鄞 六下三十二、十

郻 六下三十七、四 坿　鄭 六下三十七、九 坿　都 六下三十八、一 坿　⿰魚阝 六下三十九、八 坿

⿰基阝 六下四十、十一 坿　⿱吅巴 六下四十一、三 隸變作鄂　㬎 七上五、八　旗 七上九、二

⿰㫃申 七上十三、十二 或作⿰㫃申 坿　星 七上十四、九 曐重文　⿱日㐱 七上十四、十一 曑重文俗作參　盟 七上二十一、四 盟重文或从皿

夤 七上二十二、十　⿱夕寅 夤重文見上　夢 七上二十四、八　齊 七上二十八、四 又作亝

種 七上三十五、八　稱 七上四十二、十二 俗作秤　⿱宀康 七下五、八　察 七下七、四

實 七下七、十　窆 七下十四、三 ⿱宀乏重文　寡 七下十六、六 篆作⿱宀頒　膂 七下二十一、十二 呂重文

躳 七下二十二、五　窻 七下二十三、四 本作窗　⿰爿矢 七下二十四、七 疾重文　瘍 七下二十五、九

痟 七下二十五、十二　⿸疒寽 七下二十八、一 坿　瘠 七下二十九、六 坿　⿸疒皇 七下三十、二 坿

𩊚 七下三十一、十二 冑重文　網 七下三十二、九 网重文　罳 七下三十四、五　裳 七下三十六、二 常重文

幕 七下三十六、五
韍 七下三十七、十 市重文俗作紱
僚 八上五、四
僑 八上五、十
僟 八上六、十
僞 八上十三、一
僰 八上十五、十
聚 八上二十七、七
朢 八上二十一、二
監 八上二十二、十一
褌 八上二十七、四
蓑 八上二十七、八 篆衹作衰
褮 八上二十七、十二 坿
壽 八上三十一、一 篆作𠷎
𦨶 八下三、三 或作朕隸變作朕
⿸广⿰舟寸 八下六、三 坿
兢 八下九、五 篆作兢
貌 八下九、七 皃重文
歀 八下十二、六 省作款
歌 八下十二、八
嘔 八下十二、九 篆作歐
歗 八下十二、十
領 九上二、五
碩 九上二、十
彰 九上八、二
⿰犮首 九上九、十一 髮重文
𠣜 九上十九、十一
䰟 九上二十二、一 鬼重文
廏 九下二、十二 本作廏
⿸广悤 九下三、七
厰 九下五、七 篆作厰
豨 九下十二、三
⿱希豕 九下十二、八 或作⿱希豕俗又作⿱希豕
豩 九下十二、十
豪 九下十三、四 篆作豪
⿰月⿱豕巾 九下十四、二
駁 十上四、四
⿰火馬 十上七、五 坿
瑪 十上七、六 坿
⿱兔廾 十上十一、一

獏 十上十七、七 坿　獄 十上十七、十二　獄 十上十八、二　熊 十上十八、九

熙 十上二十五、六　滕 坿 十上二十五、八　熒 十下一、六 俗作螢　赫 十下二、五

𡗒 十下十一、十二 今作奔　端 十下十五、三　竭 十下十五、八　竝 坿 十下十六、三

脺 十下十六、四 囟重文　愻 十下二十、四　悤 坿 十下二十四、六　慁 坿 十下二十四、十

漢 十一上二、八　㵄 漢重文見上　漸 十一上三、九　溉 十一上五、十二

演 十一上八、四　滴 坿 十一上二十、十一　滲 坿 十一上二十一、七　涼 坿 十一上二十一、十

溴 坿 十一上二十二、一　霝 十一下十、四 靁重文　零 十一下十一、十　廓 篆作霩郭

漁 十一下十六、四 𩺰重文　閞 十二上六、十二 今作開　闋 十二上七、十　𢝊 十二上八、三 閔重文

闌 坿 十二上八、十　閣 坿 十二上八、十一　聞 十二上十、四　䎽 聞重文見上

聝 十二上十、八　聟 坿 十二上十一、二　捧 十二上十二、二　㛎 坿 十二下十九、八

嬐 十二下二十六 坿
肈 十二下二十六、一
戟 十二下二十七、二 今省作戟俗又作撠
戩 十二下二十九、十一

⿱罒單 十二下四十二、一
⿸虍甾 十二下四十二、三
𢇍 十三上二、七 同繼
⿱卲糸 十三上三、六 紹重文

綰 十三上六、二
⿰糸畀 十三上六、五
綦 ⿰糸畀重文見上
縱 十三上六、十二

維 十三上七、十
綢 十三上八、十二
𢇍 十三上九、八 㡭重文
⿰糸足 十三上十四、十二 坿

⿰糸命 十三上十五、三 坿
綽 十三上十六、三 繛重文
蜼 十三上十八、十
⿰享亘 十三下八、十一 垣重文本作⿰亯亘

墐 十三下九、五
墉 十三下十三、九
毀 十三下十四、五 毀重文
⿰亻垔 十三下十五、四 坿

董 十三下十五、六 菫重文本作苐
暖 十三下二十、十二 篆作曈
畽 篆作曈見上
銅 十四上三、十二

銕 十四上四、二 鐵重文
銑 十四上四、六
鉶 十四上六、四 俗作鉶銒
鉶 本作鉶見上

銖 十四上七、十
銞 十四上八、六 鈞重文
鋘 十四上十二、七 坿 又六上九、四 篆作茉
魁 十四上二十、三

輔 十四上二十四、三
輊 十四上二十四、七 坿
𨸏 十四下一、三 自重文
⿰阝曼 十四下八、五 坿

綴 十四下十、十一
疑 十四下四十、五 今作疑
疑 篆作疑見上
毓 十四下四十一、三 育重文

酷 十四下五十六、一
酭 十四下五十六、八 同酭
植 補遺

十五畫

璋 一上十九、四
薰 一下二、二 今作熏
蓮 一下五、三
蔡 一下六、十二

蔥 一下十、十一 今作蔥
蓨 一下十二、一 坿
暮 一下十二、十 篆作莫
審 二上七、十二 宷重文

犕 二上十一、八
犛 二上十三、一
毀 二上二十七、十一
毀 毀重文見上

趣 二上三十一、十一
趞 二上三十二、一
趛 二上三十二、六
趠 二上三十三、三

趡 二上三十三、六
撐 二上三十四、十二 篆作堂
達 二下三、十
適 二下五、十一

遬 二下七、八 速重文
遷 二下十、五
遳 二下十八、九 坿
德 二下十八、十二

徲 二下二十二、十二
衛 二下二十八、十 篆作衞
齒 二下三十、三
買 三上一、八 囂重文

𢀩 五上十二、一 今作差
𤼷 五上二十六、五 俗作豋與登異
𧇊 五上二十九、十 虎重文
號 五上三十一、五

蓋 五上三十八、八 坿
餈 五下九、七
養 五下九、十二
𦎫 五下二十五、二

畗 五下二十六、一
亶 五下二十六、三 𩫏重文
嗇 五下二十八、二 𤲃重文
憂 五下三十、十二

韍 五下三十二、十一 坿
虢 六上二、七 俗作椃
樘 六上八、四 俗作橕撐
撐 篆作樘見上

槩 六上九、八 今字作槪
槪 篆作槩見上
盤 六上九、九 槃重文
幫 本作幫篆作榜紼

樂 六上十二、一
槱 六上十四、一
楫 六上十五、十 坿
𢉖 六上二十、八 坿

𧶠 六下十、七 坿
賢 六下十五、十
賫 六下十六、二 篆作齎
賚 六下十七、六

賞 六下十七、十
賜 六下十八、一
質 六下二十、十一
賓 六下二十一、六

賦 六下二十二、三
賣 六下二十二、五 篆作𧶠與𧷓異
貴 六下二十三、九 坿
鄰 六下二十七、五

鄭 六下二十八、十
鄲 六下三十、四
鄦 六下三十、七 篆作𣞤
鄧 六下三十一、四

履 本作履見上
⿰爭見 八下十一、十 坿
慾 八下十二、七 篆作欲
歐 八下十二、九 俗別作嘔

歙 八下十三、八 隸變作飲
頡 九上三、六
䭫 九上六、一
髮 九上九、十一

⿰每刃 九上十九、十二 坿
廡 九下二、十
廚 九下二、十一 俗作厨
廏 九下二、十二 亦作廄俗又作廐

廣 九下三、三
廢 九下四、四
廟 九下四、六 篆作庿
厲 九下五、十二

⿸广𣖾 九下六、十二 坿
⿸厂巠 九下七、五 磬重文又作硜
⿰镸隶 九下九、二 隸變作肆
⿰豕肙 九下十二、十二 坿

駒 十上三、九
駕 十上四、十
駟 十上四、十二
敺 十上五、三 驅重文

駈 篆作驅見上
⿸广㚇 十上十、九 坿
⿰敝卒 十上十四、三 篆作獘
⿱能皮 十上十九、四 羆重文

熬 十上二十二、八
⿰𢦏火 十上二十五、一 熾重文
⿱罒夭 十下十三、五 本作⿱罒大
⿰奚戉 十下十三、八 坿

頤 十下十六、四 篆作囟
慧 十下十九、二
慶 十下十九、十一
⿱既心 十下二十一、一 㤅重文

慕 十下二十一、五
惷 十下二十二、二
憐 十下二十三、十
潭 十一上三、十二

蓄 十三下二十、十 畜重文
細 十三下二十一、三 坿
勤 十三下二十五、二
鋚 十四上四、四 別作鞗

鋗 十四上六、七
鋁 十四上七、八 篆作鑪
鋝 十四上七、十二
鏞 十四上九、五 鐘重文

劉 十四上十二、二 本作劉篆作鐂
鉼 十四上十三、三 坿
鍕 十四上十三、七 坿
撕 十四上十八、二 篆作斯

範 十四上二十三、十一
輦 十四上二十四、二
嘼 十四下十九、十二 又作萬
萬 本作嘼見上

辥 十四下三十三、五
醆 十四下五十六、七
醬 十四下五十七、七 今俗作醬

十六畫

璜 一上十九、三
蕫 一下四、九 亦作董
蕈 一下五、五
蕡 一下八、十一

藏 一下十八、十一 坿
樴 二上十二、八 坿
諤 二上二十八、九 篆祇作咢
噩 篆作咢見上

歷 二上三十五、六
豋 二上三十六、十二 登重文
選 二下十一、一
遲 二下十一、十二

遹 二下十二、四
遺 二下十三、七
達 二下十五、八
遠 二下十五、十二 遠重文

翰 四上十二、五
雜 四上十九、六 篆作雜
奮 四上二十、六
霍 四上二十六、七 篆作靃

鳴 四上三十、一 或作雎
雝 四上三十一、六 鳥重文隸變作鸛
蕙 四下五、九 恵重文本作蕙
叡 四下十二、五

膳 四下十五、十一
散 四下十六、十 今字作散
剸 四下十九、九 剸重文
劓 四下二十一、六 劓重文

劒 四下二十二、五
衡 四下二十三、五
簸 五上二、六 篆作箬
巽 五上十二、五 巫重文

曆 五上十三、二 或作曆
歖 五上二十二、九 喜重文 此篆說文欠部重出
虧 五上三十二、三

盧 五上三十四、十一
儘 五上三十六、十一 篆作盡
盦 五上三十七、三 俗别作盒
盥 五上三十七、十

靜 五下二、一
餐 五下十、十二
館 五下十一、十一 篆作館
餓 五下十二、二 坿

餂 五下十二、四 坿
餳 五下十九、五 本作餳
廩 五下二十七、五 㐭重文
嗇 五下二十八、二 今字作嗇

儛 五下三十一、八 篆作舞
樵 六上四、八
樹 六上五、二
樸 六上七、十 别作璞

璞 篆作樸見上
築 六上八、二
樽 六上八、四 篆作樘
槃 六上九、三

褢 八上二十六、三
褱 八上二十六、五
褻 八上二十六、八 隸作䙝褻
褮 八上二十八、三 坿
頯 八下九、七 見重文
親 八下十一、七
頭 九上一、八
頸 九上二、四
頵 九上二、八
頲 九上三、二
縣 九上七、四
匔 九上十八、二
⿱山辠 九下二、二 別作嶵
嶵 篆作⿱山辠見上
⿸厂𦎫 九下六、八 坿
磬 九下七、五
磿 九下七、十 篆作䃺
髵 九下十、九 篆作而
𢑚 九下十三、五
⿰𦘒㣇 𢑚重文見上
駱 十上四、三
駪 十上五、九
⿰馬缶 十上六、九 坿
麋 十上九、七
⿱敝火 十上十四、二 俗作⿰火敝
燃 十上二十、九 篆作然
燔 十上二十、十
熹 十上二十二、五
⿱棥火 十上二十三、二 今作焚
⿱宀⿰垔火 十上二十三、十一 煙重文
𤐫 十上二十四、二 光重文
熾 十上二十五、一
⿱炏⿻大火 十上二十五、十 坿
黔 十上二十七、二
黕 十上二十七、三
螢 十下一、六 篆作熒
⿱𥫗執 十下十一、五 籒重文或作⿱𥫗匋
⿱𥫗匋 篆作⿱𥫗執見上
⿱㗊夨 十下十三、五 或作⿱罒⿱罒夨
巤 十下十六、六

古籀彙編

賸六下十六、八 俗作剩
賣六下二十二、五 篆作𧶠
賻六下二十三、一
鄹六下三十四、四 篆作郰又同鄒

鄦六下三十七、十 坿
𨟠六下三十八、十 坿
䣞六下四十、四 坿
䣥六下四十、五 坿

𨟬六下四十二、四 坿
曡七上十四、九
曑七上十四、十一
盟七上二十一、四 盟重文或从皿

穗七上三十七、一 采重文
穅七上三十七、四 篆作穅
𪏽七上四十四、十 今字作香
竂七下二十三、一 俗作寮

癈七下二十五、五
𢿢七下四十七、一
儥八上十六、十二 篆作儥今作覿
償八上十一、一

儯八上十六、五 坿
冀八上十九、五
臨八上二十三、三
褶八上二十六、一 篆當作龍衣

襄八上二十六、十
褻八上二十七、一
䙴八上二十八、四 坿
𠷎八上三十一、一 今字作壽

謌八下十二、八 歌重文
顏九上二、六
頪九上三、八
辥九上十七、十

嶽九下一、八
廡九下二、十 廡重文
𢋍九下五、四 坿
𠪚九下六、九 坿

彌九下九、五 篆作镾亦通作彌
豪九下十三、四 𧰯重文 今省作豪俗又作毫
𩤙十上六、十二 坿
䮷十上七、四 坿

十八畫

鎬 十四上六、五
鐪 十四上六、十二
鎮 十四上七、六
鎛 十四上十、九

鎗 十四上十、十 别作鏘
鎦 十四上十二、二 本作鐂
鉼 十四上十二、四 坿
隯 十四下八、九 坿

醫 十四下五十七、一
醬 十四下五十七、七 篆作𤖉
鐏 十四下五十八、二 篆作𢍜俗又作樽

十九畫

簿 一下七、四 篆作薄
蹯 二上七、九 篆作番
[illegible] 二上十三、三
嚳 二上二十七、五 坿

趩 二上三十二、八
[illegible] 二上三十四、二 坿
[illegible] 二上三十四、七 坿
邋 二下十五、五

邊 二下十七、六 篆作邊
識 三上十一、一
[illegible] 三上十四、十一 今字作謝
䜌 三上十六、二

譌 三上十七、三 俗作訛
韻 三上二十二、三 或作韵
攀 三上三十、一 𠬜重文
[illegible] 三下一、十一

羹 三下四、九 鬻重文
藝 三下八、一 篆作埶
𦏧 三下八、十一 今字作孰
[illegible] 三下四十一、十二 今字作敦

鶉 四上十九、六 篆作[illegible]
羶 四上二十六、二 羴重文
鵬 四上二十七、六 鳳重文篆作[illegible]
鵻 四上二十九、八

麕 十上九、七 麇重文
麑 十上九、十二 俗作猊
麗 十上十、五
類 十上十五、五

羆 十上十九、四
顖 十下十六、四 篆作囟
懷 十下二十、七
瀞 十一上十五、一

瀕 十一下二、二 篆作頻
䨮 十一下十、十二 今字作雪
霩 十一下十二、二 篆作霩鄺別作廓
鯞 十一下十五、十一 又十一下十五、五 坿 篆作鮊

𩙣 十一下十九、二 坿
鹽 十二上五、六 今字从皿作盬
闢 十二上七、十一

㜏 十二下五、四 妘重文
繯 十三上四、五
繮 十三上八、二 俗作韁
繴 十三上八、四

纞 十三上十六、九 篆本作䜌
蠆 十三上十八、四 篆作萬
蠋 十三上十八、五 篆作蜀
鼀 十三下四、八

疇 十三下十九、一 篆作㽬
疆 十三下二十一、五 畺重文
黈 十三下二十三、十二 坿
鐡 十四上四、二 鐵重文

鏡 十四上五、九
鏘 十四上十、十 篆作鎗通作將
鍯 十四上十、十二
鏐 十四上十一、八

隯 十四下八、二 坿
獸 十四下二十、六
辭 十四下三十三、七
孼 十四下四十、三 俗作孽

醰 十四下五十六、三
醆 十四下六十四、一 坿

二十畫

鞸 五下三十二、三
鏵 六上九、四 篆作苿
畾 六上十、八 櫑重文
[illegible] 六上十六、十 坿

𩫏 六下三十四、十二 今字作郭
𨛜 六下四十二、三 隸變作鄉
旟 七上九、四
糴 七上四十五、八

寶 七下八、四
癩 七下二十六、六 篆作癘
鬒 九上七、十 㐱重文
龐 九下三、八

騶 十上五、八
驊 十上五、十二
麢 十上十、八 麀重文
[illegible] 十上十一、三 坿

獻 十上十四、七
[illegible] 十上二十五、十一 坿
懿 十下十、二 今作懿
[illegible] 十一上十四、六 涸重文

鯾 十一下十四、八
鯿 鯾重文見上
鰋 十一下十四、十一 [illegible]重文
鮁 十一下十五、五 篆作鮊

繼 十三上二、七 或作𢇍
纁 十三上五、十二
[illegible] 十三下一、六 蠽重文
鐙 十四上六、九 俗作燈

爐 十四上六、十 篆作鑪
鐘 十四上九、五
鐓 十四上十一、六 本作錞
鐂 十四上十二、二 又作鎦別作劉劉

鐖 十四上十二、五 坿
[illegible] 十四下三、十 陸重文
孼 十四下四十、三 篆作孽
醴 十四下五十五、九

醵 十四下五十六、十一

二十一畫

霸七上十七、十　䵼七上三十二、一　坿　字亦作將鼎　𡫳七下十七、九　今字作塞　竈七下二十二、九　竈重文本作竈
儥八上十、十二　省作儥今作覿　襲八上二十五、六　褎重文　屬八下一、五　覽八下十一、六
顏九上一、九　顏重文或作顔　靧九上四、九　坿　又十一上十五、十二　同類沫重文　巍九上二十三、十二　俗作魏
厲九下五、十二　厲重文　镾九下九、五　今作彌　豩九下十三、一　坿　騽十上四、六
䮂十上四、八　驂十上四、十一　驅十上五、三　俗別作駈　⿰馬軼十上六、十一　坿
灋十上七、十　⿰阝黨十上二十七、四　坿　夓十下二十四、一　坿　⿰涉頁十一下二、二　隸變作瀕又省作頻
露十二下十二、三　鯀十二下十四、四　鰟十二下十四、九　魴重文　龔十二下十八、十一
闌十二上六、九　⿰女離十二下二十一、五　坿　𣞤十二下三十七、十二　隸變作無　甗十二下四十二、四　俗別作巘巘
盭十二下四十六、十　纇十三上二、三　續十三上二、十一　纏十三上四、四
⿰萬虫十三上十八、四　蠆重文　鐸十四上九、一　⿱𦥑金十四下四十四、六　寅重文　醻十四下五十六、九　篆作醻

二十二畫

鑺 十四上十二、十一 坿
轙 十四上二十、五 車重文

二十三畫

蘿 一下五、四
𧾩 二上三十二、二
𨘩 二下三、十二 邁重文或作𨘩
讎 三上九、十二

譄 三上十九、三 坿
龔 三上三十、十
韅 三下一、九 篆作韅
雝 四上十九、六 今省作雝又別作鶅

饜 五上十三、四 篆作猒
贙 五上三十二、十
鹽 五上三十八、十一 坿
𩟄 五下九、七 餈重文

𩟨 五下九、九 饎重文本作𩛾
籑 五下九、十一
𦉢 五下十五、十一
欒 六上三、十一

𪗆 七上三十三、三 坿
竈 七下二十二、九 竈重文今字作竈
癰 七下二十六、三
皪 七下三十八、八 坿

襲 八上二十六、二 別作褶
舊 八下十一、四 觀重文又作舊
顯 九上三、十
𧄿 十上二十、九 然重文 此篆說文與艸部

難字重出或作難
𤎩 然重文本作𤎩見上
𥷐 十下十一、五 隸作鞫
靁 十一下十、四 今字作雷

𩅰 十一下十二、八 坿
聾 十二上十、七
嬻 十二下十八、二 坿
巘 十二下四十二、四 篆作甗

蠱 十三下一、七

囏 十三下十六、三 艱重文

鑢 十四上七、八 俗作𨷲鋁

𨷲 篆作鑢見上

𨭐 十四上十一、六 今省作錞或又作鐓

二十四畫

靈 一上二十、四 𤫊重文

𡾰 二上二十八、四 巖重文本作𡾰

𨗲 二下十三、五 追重文

讓 三上十八、五

彏 三下四、六

𤎩 三下四十七、十一 坿

鷹 四上十七、三 雁重文本作𪆫

靃 四上二十六、七 俗作霍

難 四上二十九、[illegible] 鷬重文

盡 五上四十、九

𩟗 五下十二、六 坿

贛 六下十七、五 今別作贑

贛 贛重文見上

贛 篆作贛見上

𨞇 六下三十五、五 今省作郭

𪔂 七上三十二、一 坿 字亦作𪔂篆作鬵

𪛁 七上四十六、十二 秌重文

礳 九下七、十 今省作磨

𩦠 十上六、十 坿

𡅆 十下十三、六 今省作𡅆

鹽 十二上五、四 篆从血

𤮐 十二下四十二、三 盧重文

甗 十二下四十二、四 篆作甗

𩫨 十三下十三、一 城重文省作𩫨

鑪 十四上六、十 俗作爐

二十五畫

𧾊 二上三十二、三

𧾈 二上三十三、四

釁 三上二十四、九 俗別作衅

釁 坿 三上二十四、十一

𤖹 五下二十八、十一 牆重文

𣟴 六上十三、二 篆作橫

𨞰 六下三十七 今字作鄉

𦌾 坿 七下三十四、九

觀 八下十一、四

𥌭 觀重文本作雚囧見上

驠 坿 十上七、三

鱮 十一下十四、十

𩼜 十一下十六、四

鹽 十二上五、四 今字从皿

繫 十二下四十六、十一 系重文

纘 十三上三、三

𢇍 十三上五、九 俗別作絕

蠻 十三上十八、十一

鼉 十三下四、四

鑮 十四上九、二

𩫯 十四下七、八 陴重文今省作𩫨

二十六畫

𩰪 三下四、九

𩰫 𩰪重文見上

𪆿 四上十七、三 雁重文今字作鷹

彠 四上二十六、七 蒦重文

𣫌 七上四十六、一

𩫝 十三下八、十一 垣重文省作𩫖

𩫬 十三下九、一 堵重文省作𩫬

𨏶 十四上二十二、九 又作𨏭

⿰車夒 本作轗見上

二十七畫

⿲弓⿱䜌鬲弓 三下五、三

⿱𥫗難 四上二十九、十 鷬重文

⿰埶⿱虍鳥 四上三十、十一 坿

饔 五下九、六

⿱鹵⿰鹵鹵 七上二十六、八 卤重文

鑾 十四上十一、十

二十八畫

雧 四上二十七、二

鬱 五下六、十二

⿱⿱卥⿰卥卥木 七上二十七、九 㮚重文

⿱雥灬 十上二十三、十

二十九畫

⿱雨⿰𩫏阝 十二下十二、二 今省作霩

⿰𩫏庸 十三下十三、九 墉重文 篆本作𩫏

⿱⿰𦥑⿱同爨 三上三十二、二 興重文

爨 三上三十四、四

鸛 四上二十、十 篆作雚

⿰⿱朋朋鳥 四上二十七、六 鳳重文今作鵬

⿱䍧𢖽 五上三十九、八 坿

驪 十上三、十二

厵 十二下五、六

⿵門⿰𢆶𢆶 十二上八、八 坿

[金囂]十四上十三、五
坿

三十畫

[齊𩟽]一上九、七
齋重文

[畾回]十一下十、四
靁重文

三十一畫

[爿𣡌回]五下二十八、十二
牆重文

𣡽七上二十七、九
㮚重文本作[卥卥卥木]

三十二畫

[㬎革]三下一、九
今俗作韅

[畾畾缶]六上十、八
櫑重文

三十三畫

[雥冃]四上二十六、十二

𣡽七上二十八、二
㮚重文

麤十上十、十

鱻十一下十五、八

三十八畫

䨻 十一下十、四 靁䨻重文

四十畫

龘衣 八上二十六、一 龘衣重文

一

古籀彙編第一上

臨海徐文鏡編

惟初太始道立於一造分天地化成萬物凡一之屬皆从一

於悉切

古文一

文姬匜

源

盂鼎

師遽方尊

吳

一 盂鼎

毛公鼎

散盤

師遽尊

釁朕鼎

盂鼎一人二字合文

毛公鼎

編

元

古金文一二三字均與此同說文解字一二三之古文作弌弍弎乃晚周字錢先生大昕汗簡跋云作字必先簡而後繁有一二三然後有从弋之弌式弎而叔重注古文于弌式弎之下以是知許所言古文之別字非弌古于一也 殷

始也从一从兀徐鍇曰元者善之長也故从一愚袁切

許子鐘

齊侯鎛鐘

乍敢

師毀敢

谷口甬

綏和壺

注水匜

上林滎宮鐙

梁山錡 源

虢叔鐘

曾伯霥簠

沇兒鐘

曆鼎 吳

天

番匊生壺
曶鼎
古鉢元歲
[丁]
元號叔鐘
曶鼎

師虎敦
師酉敦
番生敦
曾伯簠
晉鼎
王孫鐘
沇兒鐘

邾公華鐘
余義編鐘
秦公敦
番匊生壺
黃韋俞父盤
鵙公殘劍
[編]

卷四第二十一葉
同上
[殷]

顚也至高無上从一大他前切
盄和鐘
齊侯鎛鐘
齊侯鐘
大夫始鼎

師秦宮鼎
穆公鼎
邿敨
石鼓
豐樂錢
[源]

人所戴也天體圜故从●許氏說
天大地大人亦大故大象人形盂鼎

彔伯戎敦

頌鼎頌敦 从一大

歸夆敦

無㠱敦蓋天子
古文奇字也

吳

毛公鼎

同齊侯壺

克盨

豆閉敦

石鼓

丁

天盂鼎

毛公鼎

周公敦

楕伯敦

彔伯敦

克盨

無㠱敦

頌鼎

虢叔鐘

齊侯壺

編

天赫

徵

天 卷一一第二二葉 天 第一一十七葉

天 卷四第十八葉

說文解字天從一大卜辭中有从二者二卽上字大象人形人所戴爲天天在人上也許書从一猶帝示諸字从二亦从一矣 殷

大也从一不聲數悲切

古丕字 孟鼎 不字重文

宋公佐戈 丕陽 吳

聃敔不顯考文王

原書以為帝字愚案當是丕不丕帝三字形義皆近不謂鄂跗詩言鄂不丕帝即從鄂不處以次拓張故古或以不為丕謪丕為帝也或謂丕即今所謂蓓蕾又云丕胚古今字姚華云古文丕上下兩注皆象形中兼指事明示鄂不之所起止許書說不丕皆後起非造文初意丕隆矛原名帝降矛

古鉨㐁本敬當釋為毋不敬

古匋甕陽南里人丕白

丁

丕不从一頌鼎不

丄

字重文 編

高也此古文上指事也凡上之屬皆从上 時掌切

上 篆文上

丄 盄和鐘

二 師旂尊

上 上林鼎 源

二 古上字毛公鼎虢叔鐘同 吳

上 古鉨敬上

丄 古鉨明上

二 古鉨郏上志

上 一二古下字所以明示其為上也晚周文字多異形古鉨中此類屢見古鉨王之上士

上 古鉨上賢事能

丄 古匋上公

上 古匋 丁

二 上宗周鐘

二 虢叔鐘

二 盂上父壺

上 上官登

二

二

毛公鼎上下二字合文 編

二 二沓待

丄

上 鞍凝

丄

上 凝

上

上 公鼎

郭上

上 鞍凝

丄

壴凝 丄 王立 王士 舉 王 撒 郵 徵 二卷四第二十七葉（二）同上（二）

後編上第二十八葉

卜辭中上字下橫畫上仰者以示別于一二之二也 殷

諦也王天下之號也从丄朿聲都計切

古文帝古文諸丄字皆从一篆文皆从二二古文上字辛示辰龍童音章皆从古文上

盄和鐘

齊侯

鎛鐘

齊侯鐘

師隚敦

秦權 秦斤

萬歲錢

源

周愙鼎帝字如此

聃敦喜帝文王

寡子卣

戰狄鐘

▼己且丁父癸鼎諸侯不祖天子此器獨於祖父上加▼字其為帝字無疑如

花之有蒂果之所自出也

▽ ▽己且丁父癸卣　帝降矛　吳　仲師父鼎　寍敢　丁

帝　周寍鼎　𤞞狄鐘　寡子卣　仲師父鼎　秦公敦

𤔲敦　宗周鐘　上帝二字合文　周公敦　編　卷一第二十二葉

第三十一葉　第五十葉　卷二第十八葉

第二十一葉　第二十四葉　卷四第十七葉　周

上　卷六第二十一葉　後編上第四葉　第二十

八葉 第二十六葉 同上 藏龜第二葉 龜

甲獸骨卷一第十一葉 同上

說文解字帝古文作注古文丄字皆从一篆文皆从二二古文上字辛言示辰龍童音章从古文上今觀卜辭或从一或从二殆無定形古金文亦多从二二不如許說也又卜辭中帝字亦用爲禘祭之禘 殷

諦也从二䦉方聲步光切

古文帝

亦古文帝

籀文

仲駒父敨

尹卣

源

下

皆从冃从方方古方字小篆作旁 旁肇鼎

旁尊

吴

旁 周旁旁尊

旁鼎

伐鯉母敦

編

冃方 卷一第二三葉

後編下第二十七葉

說文解字旁溥也从二闕方聲古文作㫄㫄籀文作𩁹古金文作 旁肇鼎 旁尊 並从冃从方或从冃即冃之省或从井又冃之變也

殷

底也指事 胡雅切

篆文下

盂和鐘

秦權 秦斤

蓮勺鑪

源

古下字 毛公鼎 虢叔鐘同

吴

古鉨 西閑下

古匋

丁

下 虢叔鐘

番生敦

魚匕

編

示

丅〔古文〕樂丅〔古文〕凝 丅〔古文〕古 丅〔古文〕古 〔古文〕鐵 〔徵〕二卷四第二

十七葉（一）同上

段先生玉裁注說文解字改正古文之丄丅二字爲二二段君未嘗肆力於古金文而冥與古合其精思至可驚矣卜辭中上下字及上下二字連文者皆合書之古金文亦然 〔殷〕

天垂象見吉凶所以示人也从二（二古文上字）三垂日月星也觀乎天文以察時變示神事也凡示之屬皆从示 〔古文〕（古文示）〔古文〕（古文以爲祁字示字空首）

祜　祿

㡀

祁下重文

吳

示卷一第一葉　二同上　三同上　丅同上

丅同上　工同上　示同上　王後編上第十葉　于龜甲

獸骨卷一第十九葉

殷

上諱臣鉉等曰此漢安帝名也福也當从示古聲候古切

祜　司寇匜

源

祜　祜　同曾子簠

丁

祜

祜　曾子簠　古示伯其父簠　段爲簠

編

福也从示录聲盧谷切

伯碩父鼎

仲駒敦

𨿅姜敦

茂敖 鬲

源

頌敦通彔永令 彔下重文

吳

彔伯戎 敦

彔作乙 公敦

頌鼎

多父 槃

古鉥王 祿

古鉥賈 祿

兩鉥文字皆 在周秦間

丁

祿不从示 頌鼎彔字重文

編

卷六第一葉 後編下第十

二一葉

說文解字祿从示彔聲古文皆不从示彔敦作

頌敦作卜辭中彔字从此又變作

與古金文略同

殷

福

祐也从示畐聲方六切

遲父鐘

盄和鐘

齊侯鎛鐘

齊侯鐘

史頌父鼎

師淮父卣

虢姜𣪘

張仲簠

姬寏豆

冀師槃

源

徐同柏曰古福字 畐父辛爵

曾伯霥簠

多父盤

弡中簠

齊侯甗

克簋

猶鐘

吳

彤姑𣪘

宗婦鼎

不𡢁𣪘

周公彝

曾子簠

曾子簠重文殷商古文福皆从酉从尊畐畐畐畐皆酉尊之譌此从酉最古為鼎彝中僅見之文字

丁

福不从示 叔氏鐘

畐字重文 鐘文 𠂔叔氏 鼎 公伐郘 鐘 公伐郘 鐘 虢叔 鐘 宗周

鄀嫛敦 簠 曾伯 克盨 猶鐘 周公敦 不㝬敦

國差𦉜 曾子簠

編

卷四第二十二葉 同上 同

上 同上 同上 同上 同上 第二十一葉

葉 卷五第四十二葉 後編下第十二葉 第十四

葉 第十七葉 龜甲獸骨卷一第十九葉 同上

从兩手奉尊于示前或省廾或並省示即後世之福字在商則爲祭名祭象持肉福象奉尊周禮膳夫凡祭祀之致福者注福謂諸臣祭祀進其餘肉歸胙于王晉語必速祠而歸福注福胙肉也今以字形觀之福爲奉尊之祭致福乃致福酒歸胙則致祭肉故福字从酉胙字从肉矣（胙亦作祚詩既醉釋文胙本一作祚）許君謂福畐聲非也古金文中父辛爵福作畐弭仲簠福字亦从畐周公敦福作福从畐均象尊形 殷

祐

助也从示右聲于救切

又 卷一第二十葉 又 卷五第二十一葉 又 卷二第二十一葉 又 卷二第二十八葉 祐 龜甲獸骨卷一

禓

第十葉 後編下第十八葉

王徵君國維曰說文解字差籀文从二作差此作𠂇以差例之乃左右之右字其說甚確文曰王受又卽許書之祐彼爲後起之字矣卜辭中左右之右福祐之祐有亾之有皆同字𠂇又爲又之異體也

殷

天神引出萬物者也从示申聲食鄰切

齊安鑪

壺

丞相府漏

神宝鑑

源

宗周鐘

吳

神 宗周鐘

陳財敦

編

齋 祭

戒潔也从示齊省聲側皆切

籀文齋从䕘省䕘音禱

齊侯鎛鐘

齊侯鐘

［源］

祭祀也从示以手持肉子例切

夏鉤帶

尹卣

［源］

史喜鼎祭字如此

古陶器

亦古陶器文从手从示置肉于豆間以祭前代始為飲食之人也

［吳］

陳侯午敦作皇妣孝大妃祭器鎛錞

竹鄦侯敦作皇妣□君中妃祭器

祭中爵

古匋

［丁］

祭義楚耑

邾王義楚耑

邾公華鐘

史喜鼎

祭仲爵

陳侯因資敦

鄦侯敦

陳侯午敦

［編］

卷一第二葉

第四葉

第五葉

[illegible] 第十九葉 [illegible] 同上 [illegible] 第四十一葉 [illegible] 卷一第二

十八葉 [illegible] 卷四第十九葉 [illegible] 同上 [illegible] 同上 [illegible] 同上

[illegible] 同上 [illegible] 同上 [illegible] 第十六葉 [illegible] 後編上第一葉 [illegible]

同上 [illegible] 第八葉 [illegible] 同上 [illegible] 同上 [illegible] 第十八葉 [illegible]

同上 [illegible] 第十九葉 [illegible] 同上 [illegible] 第二十葉 [illegible] 同上

[illegible] 第二十一葉 [illegible] 下第三十二葉 [illegible] 同上 [illegible] 龜甲

祀

獸骨卷二第二十五葉

此字變形至夥然皆象持酒肉于示前之形（象肉乂持之點形不一皆象酒也或省示或並省又篆文从手持肉而無酒古金文亦然

殷

祭無巳也从示巳聲詳里切

禩 祀或从異

乙酉父丁彝

彝

巳酉戍命彝

兄癸卣

尹卣

召仲考父壺

源

古祀字 吳尊

伐鄁彝

郑公鐘

師遽敦

吳

盂鼎

曶鼎

畢仲孫子敦

祀 鄦侯彝 丁 杞孟鼎 舲尊 段敦 趩尊 戊辰敦

宰椃角 聃敦 秦公敦 邾公華鍾 鄦侯敦 伯舟

師遽敦 沇兒鍾 邾公釛鍾 吳尊 㽙鼎 編 卷二第

二十七葉 第二十八葉 丁 卷四第十九葉 同上

第二十葉 卷五第四十七葉 卷二第二十八葉

祚案文曰隹王二祀隹王五祀卷三第二十七第二十八葉作巳者與上文同故知即祀之省 殷

祖

始廟也从示且聲則古切

文戊祖丁尊

祖戊尊

孟祖辛彝

祖庚史卣

祖乙卣

祖辛卣

祖乙爵

祖丙爵

盄和鐘

齊侯鎛鐘

祖

齊侯鐘

文王命癘鼎

穆公鼎

僕弓角

[illegible]敦

師毀敦

源

祖

齊侯鎛祖字如此 且字重文

吳

祖不从示 孟鼎且字重文

祖

齊鎛

編

卷一第一葉

第九葉

同上

第十一葉

第十二葉

同上

同上

第十八

秕　祠

葉 且 第十九葉 且 同上 且 後編上第二葉 且 第二

十葉

說文解字祖从示且聲此與古金文均不從示惟

齊子仲姜鎛始作祖 【殷】

以豚祠司命从示比聲漢律曰祠秕司命卑履切

秕 齊侯鎛鐘 【源】

秕 古文以為妣字 妣字下重文 齊侯鎛 【吳】

秕 秕通妣 齊鎛皇秕聖姜 【編】

春祭曰祠品物少多文詞也从示司聲仲春之月祠不用犧牲用圭璧及皮幣似茲切

司 卷二第十四葉 司 卷四第二

祼 祝

十七葉 同 第一二十八葉

祚 案此即祠祀之祠字省示耳與祖之作且意同

殷

灌祭也从示果聲古玩切

陳侯因資敦 諸侯祼薦

魯侯角 徐同柏說古祼字祼之言灌也或作淉或作果攷工記玉人注 吳

祭主贊詞者从示从人口一曰从兌省易曰兌為口為巫之六切

邾敦

石鼓 源

太祝禽鼎 祝字如此 吳

石鼓 丁

祝 大祝禽鼎

禽

敦 編

卷四第十八葉

同上

卷七第二十一

葉卷上八第二葉第十六葉後編上第十九葉

下第二十二葉龜甲獸骨卷二第二十五葉

第三字與大祝禽鼎同第二字从示者殆从丁从川川象灌酒於神前非示有示形也第一字从象手下拜形

祚案或又省示作其作者殆亦祝字之變體象跽于神前而灌酒也 殷

求福也从示斤聲渠稀切

遟父鐘

齊侯鎛鐘

尌液鼎

𤕰夜鼎

伯碩父鼎

史頌父鼎

晉姜鼎

召仲考父壺

伯囧父敲

虢姜敲

姬寏豆

邛仲槃

源

古祈字从止从單从斤

頌敦

齊侯壺省單

齊侯壺

邾公鐘

或从旂从言

白旂敦

太師虘豆用旂多福从旂省亦古祈字

王孫鐘

歸夆敦

吳

尨姞敲

追敲

同頌敦

丁

祈从旂从單蓋戰時禱于單旂之下

會意羅振玉說王孫鐘用旂釁壽猶詩行葦以祈黃耇賓之初筵以祈爾爵也

頌鼎

禪

頌敦

陳侯簠

陳公子甗

畢鮮敦

子林父敦

蔡姞敦

棐伯敦

𢑴季良父壺

旂伯敦

蔡

大師鼎

封仲敦

伯侯父盤

虞司寇壺

𩰫邵鐘

遣簋

追敦

齊侯鼎

其次句鑃

歸父盤

𢑴君簠

邾公釛鐘省單

旂字重文

大師虘豆用旛

多福从㫃从言

伯旛敦

从旂从言

編

虢姜敦

源

祭天也从示單聲時戰切

[示喬]説文所無
邸侯敦
編

[示史]卷六第五十一葉

祚案王徵君曰此疑史字从示與祝同意
殷

三天地人之道也从三數凡三之屬皆从三穌甘切
弎古文三从弋
三

晉姜鼎
源
三
盂鼎
吳
三
三頌鼎
三
散盤
三
盂鼎
三
周公敦
三

呂鼎
三
中鼎
編
三卷二二第一葉
三書契菁華第一葉
殷

王

天下所歸往也董仲舒曰古之造文者三畫而連其中謂之王三者天地人也而參通之者王也孔子曰一貫三爲王凡王之屬皆从王 李陽冰曰中畫近上王者則天之義雨方切

古文王

商鐘

父乙鼎

王伯鼎

魯公鼎

仲𢁥父鼎

癸亥父己鬲鼎

南宮中鼎

季嬇鼎

公緘鼎

伯碩父鼎

穆公鼎

召公尊

戠敦

張仲簠

石鼓

源 大也盛也从二从𡈼𡈼古火字地中有火其氣盛也火盛曰王德盛亦曰王 盂鼎

格

仲尊

者沪鐘

丁子尊

商方尊

克鼎

姑馮句鑃此晚周文字與古鉢相類

古鉢文

古鉢文

古鉢文

吴

同毛公鼎

曶鼎

聃敔

古鉢王虎

古鉢王績

古鉢王陟

古匋王料

丁

王祖子鼎

戊寅鼎

艅尊

宰峀敦

般甗

趠鼎

盂鼎

楕伯敦

散盤

無叀鼎

師寰敦

剌鼎

聃敦

公伐郤鼎

善夫克鼎

攻吴監

王孫鐘

王人甗 王 頌敦 王 鄀斆敦 王 龍節 王 姑口句鑃 王 者沔鐘 編 王

王罍 王 王鐵 王 王 鄦 王 王 伏 徵 王 卷一第一葉 王 第二一葉

王 同上 王 第七葉 王 同上 王 同上 王 卷二第二十八葉 王 卷

王 第十四葉 王 第十九葉 王 第二十葉 王 第二十一葉 王

卷七八第二十葉 王 卷七第一十七葉 王 後編下第十八葉

說文解字王古文作𤣪金文作王 盂鼎 王 格仲尊 王 者沔鐘

均與說文所載古文同卜辭从丄从𠫓 刀筆 郘 僅

閏 皇

能成其匡郭耳並與同吳中丞釋爲古火字是也卜辭或徑作王徵君謂亦王字其說甚確蓋王字本象地中有火故省其上畫誼已明白且據編中所載諸文觀之無不諧也又皇字从王古金文或从王或从土土非土地字即王也又卜辭中或作作則亦但存火亦得示盛大之誼矣 殷

閏

餘分之月五歲再閏告朔之禮天子居宗廟閏月居門中从王在門中周禮曰閏月王居門中終月也如順切

書言府弩鐖

源

皇

大也从自自始也始皇者三皇大君也自讀若鼻今俗以始生子爲鼻子胡光切

盄和鐘

齊侯鎛鐘

齊侯鐘

文王命癘鼎

公緘鼎

伯碩父鼎

微欒鼎

伯姬鼎
穆公鼎
寰鼎
孟皇父匜
虢姜𣪕
邿𣪕

師毀𣪕
牧𣪕
秦權 秦斤
萬歲錢
源
大也日出土則光大日為君

象故三皇稱皇頌敦
厖姞敦
師龢父敦
陳侯因脊敦
齊侯鎛

王孫鐘
亦王孫鐘文
吳
無㠱𣪕
齊侯槃
鄦侯𣪕

召尊
古鉨皇昇
古鉨皇口
丁
皇毛公鼎

函皇父敦
善夫克鼎
鄀公鉦
頌鼎
仲戲父敦

王

虢叔鐘　畢鮮敦　叔氏鐘　無㠱敦　吳尨父敦　豐兮敦

函皇父匜　叔向敦　宗周鐘　仲師父鼎　彔伯敦　杜伯簋

叔角父敦　齊鎛　禾敦　齊陳曼簠　秦公敦

邾公華鐘　陳侯因資敦　叔皮父敦　師嫠敦　齊鎛氏鐘

沇兒鐘　王孫鐘　邾王義楚耑　鄘侯敦

編

皇 鐵 皇 郭

徵

石之美有五德潤澤以温仁之方也䚡理自外可以知中義之方也

其聲舒揚尃以遠聞智之方也不撓而折勇之方也銳廉而不技絜之方

也象三玉之連丨其貫也凡玉之屬皆从玉陽冰曰三畫正均如貫玉也魚欲切

古文玉

伯玉盉

王氏錠

源

玉以一貫三玉象形

毛公鼎

吳

古鉩陳玉

古匋

丁

玉

毛公鼎

齊侯壺

番生敦

王

邵鐘

楷妃敦

玉黃

魚匕玉魚

乙亥敦玉十丰羅振玉釋玉謂猶不騣敦之田十田也

編

王卷一第十二葉丰

卷十八第十八十五葉丰後編上第一一十十八葉

璧 環

說文解字王象三玉之連丨其貫也古文作𤣩卜辭亦作丰丨或露其兩端也知丰即玉者卜辭地名有瓊字从王或从丰又玨字後編下第十二葉从王亦从丰作𤔲卷一第二十六又豐字从玨亦从丰其證矣至古金文皆作王無作𤣩者

殷

瑞玉圜也从玉辟聲比激切

許氏說璧瑞玉圜也 齊侯壺

齊侯壺異文

亦齊侯壺字

吳

召伯虎敦

古鉨

丁

璧 齊侯壺

召伯敦

編

璧也肉好若一謂之環从玉睘聲户關切

戠敢

源

肉好若一謂之環古環字象形𡆧教

或从玉从睘 小篆作環

璜　璋　瑁

師遽方尊

吳

毛公鼎

番生敦

豆閉敨

丁

環不从玉　番生敦

睘字重文

毛公鼎

師遽尊

編

半璧也从玉黃聲户光切

璜　召伯虎敦

編

剡上爲圭半圭爲璋从玉章聲禮六幣圭以馬璋以皮璧以帛琮以錦琥以繡璜以黼諸良切

从玉从章　子璋鐘

吳

子璋鐘

子璋編鐘

古鉨璋宗郿　徒信鉨

丁

璋　子璋鐘

編

諸侯執圭朝天子天子執玉以冒之似犂冠周禮曰天子執瑁四寸从玉冒冒亦聲莫報切

古文省

古瑁字不从玉　魯公伐邻鼎

吳

瑕

玉小赤也从玉叚聲乎加切

古鉨文

吳

琱

治玉也一曰石似玉从玉周聲都寮切

琱戈

大夫始鼎

伯姬鼎

宰辟父敦

師毁敦

源

召伯虎敦琱生陳簠齋以為琱圭俗作雕許氏說治玉也一曰石似玉原書釋周

丁

琱

褱盤

師嫠敦

師至父鼎

休盤

函皇父敦

召伯敦

編

珍

寶也从玉㐱聲陟鄰切

卷六第二十一葉

同上

卷四第二十八葉

龜甲獸骨卷一第七葉

玖　靈　琖　珂

从勹貝乃珍字也篆文从王此从貝者古从玉之字或从貝如許書玩亦作貦是其例也勹貝爲珍乃會意篆文从王㐱聲則變會意爲形聲矣 殷

玖　石之次玉黑色者从玉久聲詩曰貽我佩玖讀若芑或曰若人句脊之句舉友切

豐鼎

茂敖鬲

源

靈　靈巫以玉事神从玉霝聲郎丁切　靈或从巫

齊侯鎛鐘

齊侯鐘

源

琖　玉爵也夏曰琖殷曰斝周曰爵从玉戔聲或从皿阻限切

南宮中鼎

楚王彝

源

珂　玉也从玉可聲苦何切

符

徵

瓊

卷二第二十八葉

同上

第十一葉

同上

殷

珏

二玉相合爲一珏凡珏之屬皆从珏 古岳切

瑴 珏或从㱿

後編下

第四十三葉

祚案以玉作丰丰徵之則此當爲珏字

殷

班

分瑞玉从珏从刀 布還切

敔 敲

源

班

口公孫班鎛

弭叔簋

吳

气

雲气也象形凡气之屬皆从气 去既切

公緘鼎

源

气隸變作乞

齊

士

侯壺 洹子孟姜用乞嘉命

編

事也數始於一終於十从一从十孔子曰推十合一爲士凡士之屬皆从士 鉏里切

士 盂和鐘

源

士 子璋鐘

吳

士 古鉢行士之鉢

丁

士 沇兒鐘

士 克鐘

士 魯士簠

士 師寰敦

士 秦公敦

編

士 士坓

鐵

士 士王 士止 舉

士 士孱 鐵

徵

壻

夫也从士胥聲詩曰女也不爽士貳其行士者夫也讀與細同穌計切

婿 壻或从女

壻 古鉢王壻

壻 說文壻或

壯 中

从女古
鉥膌堉

丁

大也从士爿
聲側亮切

古鉥文

古鉥文

吳

古鉥王壯

丁

和也从口丨上
下通陟弓切

古文
中

籀文
中

中
爵

許子
鐘

齊侯
鎛鐘

南宮
中鼎

牧敦

父乙
甗

石鼓

建光
卮

源

正也兩旗之中立必
正也頌敦頌鼎

邦敦如此象
旗斿向左形

子禾子
釜中刑

中都
幣

吳

盂鼎金文中正中和作伯仲
作中視許書及古匋鉥等有別

鄦侯敔

兮仲敲 石鼓 古鉨左中
軍司馬 古鉨中𥢶 古鉨中辛
信鉨

古鉨嵩中 古鉨中年 古鉨 古鉨中壹

古匋中蒦陽
里貞 古匋中□
陽里漸

丁

中凡中正字皆从口从 伯仲
字皆作中無斿形史字所
从之中作中許書中正之中作中
殆傳寫譌也羅振玉說沇兒鐘 鐸文 頌敦

寰盤 中伯御
人鼎 中伯
壺 伯中父
敦 無叀
鼎

中子
化盤 子禾
子釜 孟鼎 卯敦

編

待 集

郭 待 聲 舉 郵 符 鐵

鐵 舉 鐵 符 待 凝 【徵】 卷

一第十六葉 卷二第二十一葉 卷四第一十七葉

同上 第二十七葉 同上 卷十六第四十九葉

卷七第二十一葉

說文解字中古文作 籀文作 古金文及卜辭

皆作 或作 斿或在左或在右斿蓋因風而左

右偃也無作中者斿不能同時既偃于左又偃于右矣又卜辭凡中正字皆作中从口从卜伯仲字皆作中無斿形史字所从之中作中三形判然不相淆混惟中丁之中曾見作中者乃偶用叚字也

殷

古籀彙編弟一下

臨海徐文鏡編

屯

難也象屮木之初生屯然而難从屮貫一一地也尾曲易曰屯剛柔始交而難生陟倫切

古文以爲純字頌敦

遲敦屯魯字如此

屯留幣

邢人鐘

[吳]

不嬰敦

井人鐘

遲簋

屯留幣

共屯赤金員幣

[丁]

屯孳乳爲純頌敦

善夫克鼎

井人鐘

虢叔鐘

克鐘

叔氏鐘

芇伯敦

秦公敦

不𡢁敦

師望鼎

遅簋 屯魯

編

艸盛上出也从屮母聲臣鉉等案左傳原田每每今別作莓非是武罪切

穆公鼎

源

古文以爲敏字 杞伯敏父鼎

敏下重文

古文以爲母字 亞形母癸鼎

母下重文

吴

十三年戈

古鉩長敏案即許書古民字與母毋

每敏古通

丁

每䢁敦

舀鼎

杞伯敦

杞伯鼎

杞伯壺

杞伯盂

編

菌共地蕈叢生田中从屮六聲力竹切

籀文共从三共

古鉩次共佳鉩許氏說菌共地蕈叢生田

聲籀文共中从屮六从三共此上从屮六省下

熏

作三屮正合許氏叢生之說一者地也

古鉩

丁

火煙上出也从屮从黑中黑熏象也許云切

張仲簠

齊安鑪

源

纁字重文

毛公鼎

吳

番生敦

吳尊

丁

熏彝乳爲纁爾雅釋器三染謂之纁毛公鼎熏裏

吳尊

師兌敦

番生敦

編

艸

百艸也从二屮凡艸之屬皆从艸倉老切

古匋

古匋許氏說百艸也

从二屮屮下云艸木初生也竊案說文屮艸二篆當是後世寫誤蓋凡艸木初生皆作一芒如許氏說象丨出形後乃分出枝莖然其左右恒參差

莊

不相對此於之止等篆尚可取證又貞卜文字中林作𣏟亦可互相發明後世因圖篆寫便宜遂整齊之作屮艸以至失形而古匋中之卄亦因而與艸同釋殊有乖古人體物制字之初意也 丁

上諱 臣鉉等曰此漢明帝名也从艸从壯未詳側羊切

古文莊

毛公鼎

虢季子伯槃二字原書以為古肅字案與召伯虎敦之石鼓之皆不類當是古莊字爿其所从非用泑莊為敬畏古亦作嚴在毛鼎當讀為唯天嚴集乃命弟二字當讀為弗及邦罶嚴在虢槃當讀為壯武於戎工盞莊古又與壯通也

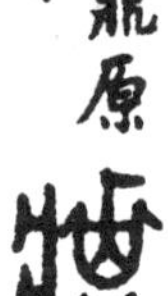
宋遇亥鼎原書入附錄

古鉨武關莊鉨

古鉨墨莊都山 丁

蘇

桂荏也从艸穌聲素孤切

古蘇字从木史頌敦

史頌敦

蘇甫人匜

古鉨文

古鉨文

吳

史頌鼎

蘇衛妃鼎

古鉨蘇臯

古

鉨蘇臯

古鉨蘇文

丁

蘇不从艸　蘇公敦穌字重文

寡兒鼎

編

墨

集

凝

鐵

遯

徵

蘆

蘆菔也一曰薺根从艸盧聲落乎切

古匋吳愙齋以為蘆字

丁

藼

令人忘憂艸也从艸憲聲詩曰安得藼艸況袁切

或从煖

或从宣

古鉨鄭藼

丁

香艸也从艸闌聲落干切

注水匜

源

馬莓也从艸母聲武辠切

古鉨莓隊許氏說馬莓也

古匋从民非从女古民毋為一字

丁

菅也从艸矛聲莫交切

古鉨文

古鉨文

吳

古匋

丁

莞屬从艸閵聲良刃切

古藺字藺人幣

古鉨文

吳

古鉨藺口

古鉨藺余

丁

水艸也可以作席从艸浦聲薄胡切

首山宮鐙

源

古蒲字蒲子幣

蒲坂幣

吳

古鉨蒲芭

丁

艸也从艸中聲陟宮切

芏侯作登敦

丁

芏从茻

芏侯敦

編

艸也从艸㪿聲臣鉉等案說文無㪿字當是㪿字之省而聲不相近未詳苦怪切

蔽仲敦

源

艸也南陽以爲麤履从艸包聲布交切

古鉨

丁

冰臺也从艸乂聲五蓋切

師𣡽敦

敔敦

源

古艾字孟鼎

己侯敦

吳

封敦

周公彝

丁

蒺藜也从艸齊聲詩曰牆有薺疾咨切又徂礼切

古鉨文 吳

古鉨公孫薺古匋有練薺二字篆與此同皆周秦閒

文字 丁

鼎董也从艸童聲杜林曰藕根多動切

古鉨文

古鉨文

古鉨文

古鉨文 吳

古鉨董口

古鉨董克

古鉨董農

古鉨董口

古鉨 丁

蘐也从艸支聲奇記切

杜林說芰从多

古鉨蔆也許氏引杜林說芰从多 丁

蘜

日精也以秋華从艸𥶊省聲居六切

蘜或省

古鉨文

吳

古鉨蘜攷芠左古文與𥶊𥷚蘜互借

古鉨蘜義

丁

蓮

芙蕖之實也从艸連聲洛賢切

蓮勹

鑪

源

蘿

莪也从艸羅聲魯何切

古蘿字从艸从网从樵省古鉨文

吳

蕈

桑蕈从艸覃聲慈衽切

古匋楚城遷蕈里㚿吳愙齋釋蘜丁少山釋鄿姚華以為西字之繁文愚案當是蕈字在匋文為鄿之借字

許氏說鄿國也齊桓公之所滅此曰蕈里者或其地為鄿故墟或鄿滅後其國人就所遷之地名其里以示不忘故國之意與

荆

楚城遷蒦里口 下或从木

城陽蒦里㘴

楚城遷蒦里郘

表杠攸㗰陽

蒦里㘴

𨐍蒦口

丁

楚木也从艸刑聲舉卿切

古文荆

古鉨文

吳

荆說文楚木也从艸刑聲古文作艸刅二即艸傳寫者誤分爲二故作刅 其从艸者蒙上文小篆之荆而誤既云楚木不當从艸方濬益說貞𣪊貞從王伐荆

过伯𣪊过伯從王伐反荆二从井

𢦏𣪊𢦏馭從王南征伐楚荆

師虎𣪊左右戲緐荆

編

葉

艸木之葉也从艸枼聲与涉切

商鐘

齊侯鎛鐘

齊侯鐘

源

古文葉不从艸

葩 芒 茲

拍盤

枼字重文 吳

王孫鐘

齊侯鎛

𩁹鼎 丁

葉不从艸

拍舟葉字重文 編

華也从艸𢀖聲普巴切

古鉩葩克苟

集均同葩 丁

艸耑从艸亡聲武方切

侍 徵

艸木多益从艸玆省聲子之切

說文艸部茲艸木多益玄部玆黑也春秋傳曰何故使吾木茲今經典二字多通用石鼓 吳

茲不从艸

彔伯敦

玆字重文 編

芮　蒼　萃　苛　蔡

芮芮艸生皃从艸内聲讀若汭而銳切

芮不从艸　芮伯壺內字重文

徵

艸色也从艸倉聲七岡切

太宮　壺

源

聲　漢　無

徵

艸皃从艸卒聲讀若瘁秦醉切

古鉥文

吳

古鉥曰庚都萃車馬字見原書未知與此是否出同一鉥業萃當為倅之借字

王莽友云長笛賦李注引箋遂倅字如此說文無倅當作萃夏官射人乘王之倅車注戎車之副也

丁

小艸也从艸可聲乎哥切

古鉥文

吳

古鉥苛㩦

丁

艸也从艸祭聲蒼大切

古鉥文

古鉥文

吳

蔡魏三字石經古文作　故得定為蔡字

蔡 薄 苑

大師鼎

蔡子口匜

蔡姞敦

伯尊

𠭯編鐘

蔡侯匜

蔡侯戈

編

艸之可食者从艸采聲蒼代切

同格伯敢錢獻之以為菜字

丁

林薄也一曰蠶薄从艸溥聲旁各切

迫也博伐迫而伐之也从干尃聲經典通用薄虢季子白盤博伐玁允

師寰敦今敢博乃眾博與傳薄通

吳

不嬰敢同傳與博通博女休大女休也

古鉥易戚同博省鉥

丁

所以養禽獸也从艸夗聲於阮切

古鉥苑鼏

丁

茨 蓋 若

以茅葦蓋屋从艸次聲疾茲切

古鉩王茨 許氏說以茅葦蓋屋業左下从市省義取市徧也 丁

苫也从艸盍聲古太切

汾陰宮鼎

孝成鼎

好畤鼎

上林鼎

齊安鑪

脊山宮鐙 源

古鉩蓋遂 丁

擇菜也从艸右右手也一曰杜若香艸而灼切

若癸鼎

齊侯鐘

尨敦

師𢓊敦

牧敦 源

華之茂者枝葉緐生春字从此後人以若為艸非盂鼎

散氏盤芓如此 吳

文母敦

毛公鼎

若義為順象人席坐兩手理髮之形取其順也

師虎敦  古録孫若 丁  若从艸从又唐蘭謂說文訓擇菜殆即詩芣苢薄言有之=有後世誤若爲若而若之音義俱晦散盤地名

編  卷二第二十七葉  卷四第十一葉  第二十七葉  第四十一葉  卷五第二十葉

 同上  第二十四葉  同上  第二十葉  卷七第二十八葉  卷八第十一葉  後編下第二十八葉

殷

說文解字若擇菜也从艸右右手也又諾譍也从言若聲案卜辭諸若字象人舉手而跽足乃象諾時巽順之狀古諾與若爲一字故若字訓爲順古金文若字與此畧同擇菜之誼非其朔矣 殷

苴

履中艸从艸且聲子余切

後編上第十八葉 殷

从茻䖒聲䖒即且殂即孟子驅龍蛇而放之菹之菹

蕢

艸器也从艸貴聲求位切

臾 古文蕢象形論語曰有荷臾而過孔氏之門

臾 古鉨事蕢

蕢 古鉨蕢

丁

刈艸也象包束艸之形叉愚切

上林鼎

[源]

芻古鉨文

[吴]

古鉨王芻

古鉨齊芻

古鉨婢將酉匠芻信鉨

古匋

[丁]

卷一第十一葉

卷二第六葉

卷四第五十二葉

卷八第四葉

後編上第九葉

龜甲獸骨卷二第二十葉

从又持斷艸是芻也散盤有字與此同古陶文騶字从芻漢騶四朱小方錢騶字从芻古鉨印亦然均尚存古遺意矣

[殷]

茭

苣

乾芻从艸交聲一曰牛蘄艸古肴切

茭

古鉥鞠敀茭左費誓峙乃芻茭此或古積芻茭之官鉥 丁

束葦燒从艸巨聲臣鉉等曰今俗別作炬非是其呂切

 卷二第二十七葉  後編上第十四葉  下第三十七葉  第三十九葉 殷

祚案此象人執炬火丨爲木之省八象火燄上騰之狀與賁作米同誼當爲炬之本字說文解字苣束葦燒也段先生曰後漢書皇甫嵩傳束苣乘城俗作炬以此爲苣藤蒿苣字許君殆未見炬之專字而借苣爲炬段君則直刺炬爲俗作抑何疏與

殷

薶

折衂中斷也从艸乑聲賁乃切

或省大

師㙯敔

源

瘞也从艸貍聲莫皆切

卷一第二十一葉

卷二第四葉

卷六第二十九葉

卷七第三葉

後編上第二十三葉

同上

下第四葉

同上

殷

周禮大宗伯以貍沈祭山林川澤此字象掘地及泉貫牛于中當爲貍之本字貍爲借字或又从犬卜辭云貞三犬尞五犬五豕卯四牛卷七第三葉貍牛曰貍犬曰實一字也

殷

折

斷也从斤斷艸譚長說食列切

籀文折从艸在仌中仌寒故折

篆文折从手

象杖之折許氏說从斤斷艸毛公鼎

師寰敦折首執

訊折从二屮與小篆同

虢季子白盤

吳

古鉩𠧟一字鉩多悊字此亦悊之省文

丁

斬不嬰敦

兮甲盤

師寰敦

虢季子白盤

毛公鼎

舉乳為誓齊侯壺誓于大嗣命

丁

蔥

菜也从艸悤聲倉紅切

古蔥字象形禮三命赤韍蔥衡青謂之蔥也許氏說繱帛青色从糸後人所加毛公鼎

吳

番生敢

大克鼎

古鉩周蔥臣姚華曰蔥之或體从艸从囪囪之古文

丁

蔥不从艸毛公鼎悤字

重文 編

王芻也从艸彔聲詩曰菉竹猗猗力玉切

來獸敦 丁

艸也从艸乃聲如乘切

艿从茻 散盤

伯艿 敄

姬艿母 鬲 編

白苗嘉穀从艸己聲驅里切

古鉥文 吳

苦荼也从艸余聲同都切臣鉉等曰此即今之茶字

古茶字古鉥文

古鉥文或从竹

疑亦茶之緐文古鉥文 吳

推也从艸从日艸春時生也屯聲昌純切

商鐘

楚王彝 源

荀

艸也从艸旬聲臣鉉等案今人姓荀氏本郇侯之後宜用郇字相倫切

荀伯伊之鉨荀國名周武王子所封在晉地本為郇後人以邑為姓說文新附字

古鉨

丁

藏

匿也臣鉉等案漢書通用臧字从艸後人所加昨郎切

古鉨症藏

古鉨余藏說文新附字徐鉉謂漢書通用臧字从艸後人所加案後世俗書合乎古籀文者其例甚多藏匿字从艸較臧為有意義鉨在漢前可信古有是字恐漢人亦借臧為藏耳

丁

[艹戠]

敔 敨

源

茖

說文有萁字無茖字古鉨文

吳

萺
說文所無古鉩文
吳

芉
說文有芋字無芉字古鉩文
吳

莒
說文所無古鉩文
吳

芯
說文所無古鉩文
吳

萊
夢
徵

艹磬
磬
待
徵

苕 苃 蓬 莫

鄦

徵

夢

古

徵

左𦨶 待

徵

日且冥也从日在茻中莫故切又慕各切

商鐘

楚王彝

源

晉公盦

散氏盤

古鉢文

吳

散盤

晉邦盦

編

無

待

徵

卷四第九葉

後編上第十四葉

下第

一一葉

从日在𣛧中从𣛧與許書从茻同卜辭从茻从𣛧多不別如圍字作𡈽亦作圖相字作𥃩亦作𣏟其例也

殷

莽

南昌謂犬善逐兔茻中爲莽从犬从茻茻亦聲謀朗切

齊莽史鼎

石鼓

源

葬

藏也从死在茻中一其中所以薦之易曰古之葬者厚衣之以薪則浪切

後編下第二十葉

殷

補案王徵君釋葬然說文莊之古文作𦾓形與此近

[illegible]

克鼎 說文所無

吳

小

古籀彙編弟二上

臨海徐文鏡編

物之微也从八丨見而分之凡小之屬皆从小私兆切

丁亥父乙尊

齊侯鎛鐘

齊侯鐘

季娟鼎

宰辟父敦

師毀敦

師楂敦

父乙甗

仲先彝

漢小錢

源

古文小少為一字 靜敦

小子師敦

毛公鼎

吳

盂鼎

散氏槃

丁

小學乳為少

盂鼎 靜敦 宅敦 趞叔敦 令鼎 農卣 小臣鼎 師嫠敦

曾寠伯鼎 小 芾伯敦 散盤 毛公鼎小大二字合文 小子 散盤

小子𣪘敦 小子射鼎 毛公鼎 叔向敦 宗周鐘

不𡠧敦 師望壺 晉邦盦 秦公敦 緣卣小臣 艅尊

克鼎 守敦 𢉅生鼎

編

小卷七第六葉 小同上 小第十

六葉 小同上 小龜甲獸骨卷二第二十五葉 小後編上第二

十四葉第二十八葉

祚案小卜辭作三點示微小之意與古金文同許君訓从八丨見而八分之殆非初誼矣 殷

不多也从小丿聲書沼切

少 鄦侯敦 編

卷四第五十五葉龜甲獸骨

卷一第十四葉

寰盤沙字作从小與此同 殷

別也象分別相背之形凡八之屬皆从八博拔切

兄癸卣

楚公鐘

分

伯碩父鼎 源

齊太僕歸父盤

函皇父敦 吳

邵鐘

伯晨鼎

旂僕鼎

齊侯壺 丁

八 旂鼎

善夫克鼎

函皇父敦

䢅侯鼎

鄧伯氏鼎

鄦侯敦

戎叔鼎

歸父盤

馭八卣 編

卷一第四十六葉

卷二第二十二葉

卷二第二葉 殷

別也从八从刀刀以分別物也甫文切

商鐘 源

己侯敦

禹攸比鼎 吳

朱公牼鐘

品分鼎

古匋 匋分□ □蒦陽□ 丁

分 禹攸比鼎

曾

邾公牼鐘
己侯敦
梁鼎
大梁鼎
編
卷五第四十五

葉
藏龜第二十八葉
殷

詞之舒也从八从曰四聲昨稜切

曾侯鐘
陀鼎
甘泉上林宮行鐙
源

曾伯霥簠
呂伯孫敦
吳

僕兒鐘
楚曾侯鐘
宓伯鼎

古鉥曾亓里鉥
丁

曾孳乳為鄫
鄫伯簠
余義編鐘
曾宓伯鼎

叔姬簠
段敦
曾子簠
編

尚

曾也庶幾也从八向聲時亮切

南宮中鼎

召仲考父壺

源

陳侯因資敦

賓鈃

梁當鍰幣

梁幣當字如此

吳

曶鼎

陳公子甗

古鉥右尚麋鉥

古鉥尚佋鉥

古鉥王尚

古鉥

古鉥

古鉥

古鉥

丁

尚孳乳為常詩閟宮魯邦是常箋守也說文常下帬也或从衣作裳是常乃衣常衣本字經典以常為尚以裳為常陳公子甗子孫是尚

喪史賓鈚永寶是尚

陳侯因資敦永為典尚

曶鼎

編

凝

夢

壺

鄭

夢

鐵

符

郵

吉

箋

郵

㒸

[徵]

从意也从八豕聲徐醉切

隤也小篆作㒸亦作隊許氏說從高隊也今俗作隊毛公鼎

彔伯戎敦

頌鼎世家借㒸為家字

趩尊八

師望鼎

師寰敦盨

師寰敦器

[吳]

周公彝

㪤伯彝

[丁]

㒸孳乳為隊毛公鼎女毋敢㒸

周公敦不敢㒸

師寰敦

彔伯敦

克鐘

趩尊八

師望鼎不敢不㒸不𡜲

[編]

介

畫也从八从人人各有介古拜切

商鐘

[源]

師奎父鼎用匄眉壽今經典通用介匄字重文

[吳]

𠔁

介

古匋許印林以為介字

丁

介 卷一第二十七葉 介 第四十二葉

介 第四十五葉 介 第四十六葉 介 同上

象人着介形介聯革爲之或从川者象聯革形

殷

分也从重八八別也亦聲孝經說曰故上下有別兵列切

𠔁

古鉢番𠔁古文別字如此許氏說分也从重八八別也亦聲孝經說曰故上下有別

丁

𠔁 卷二一第四十五葉

祚案說文解字𠔁分也从重八孝經說曰故上下有別段先生云此卽今之兆字其作𠔁者非古也

今徵之卜辭亦有𠔁字與許書从重八正合卜部𠧞灼龜坼也古文作兆則𠔁之本誼爲分別而𠧞則爲卜𠧞之專字今則借兆爲𠧞而𠧞廢矣段先生謂𠔁爲兆之初字以誼繩之殆有所誤矣 殷

平盦从八从厶音司八猶背也韓非曰背厶爲公古紅切

宋公鐘

楚公鐘

盄和鐘

魯公鼎

乙公鼎

趠鼎

穆公鼎

文王鼎

召公鼎

召公尊

石鼓

宜君公鑑 源

公違鼎

盂鼎

𦾔公甬

晉公盦

敚卣

魯公伐郘鼎

古鉨文 吳

郘鐘
伯晨鼎
毛公鼎
叔角父敨
古鉩公卌二國鉩
古鉩公孫權

古鉩公軾胥
古鉩丁公之鉩
古鉩公孫索
古鉩公孫文
古鉩端公囗鉩
古鉩

古匋
古匋上公
古匋戳公
古匋丘齊囗里公孫綴
丁
公旅鼎

盂鼎
公史敦
䊷伯敦
毛公鼎
彔敦
賀鼎

鄀公鉦
畢鮮敦
公伐郐鼎
邾公釛鐘
公違敦
鄀嬰敦

秦公敦
楚公鐘
叔角父敦
虢文公鼎
剌鼎
彔敦

鄦公華鐘 叉卣 應公鼎 伯作大公鼎 蘇公敦 鵬公殘劍

編

谷舒 凝 谷舒 鐵 谷舒 徐 谷舒 無 谷舒 蘭 待 谷舒 舉 谷 上

鄭 谷 微 鄭 谷 清 鄭 谷舒 鐵

徵

卷七 第二

葉八口 目上

說文解字公从八厶八猶背也此與古金文均从八从口

殷

分極也从八弋弋亦聲卑吉切

張仲簠

源

攷工記天子圭中必錢宮詹說必通繂 小篆作韗

觳也所以蔽前 鄦惠鼎

寰盤

吳

古鉨交仁必可

丁

必 寰盤

無叀鼎

休盤

編

語之舒也从八舍省聲以諸切 二余也讀與余同

商鐘

盉和鐘

晉姜鼎

尨𣪘

師棓𣪘

寅簋

石鼓

源

盂鼎

邵鐘

僕兒鐘

齊侯鎛

吳

同毛公鼎

古鉨余濼

古鉨余業

古鉨余藏

古鉨[illegible]余

古匋

丁

余為

余之古文余字从此說文余从八舍省聲非孟鼎

毛公鼎

不娶敦

宗周鐘

散盤

師寰敦

召伯敦

師嫠敦

王孫鐘

者沔鐘

郘鐘

邾公華鐘

齊鎛

余義鐘

邻口句鑃

秦公敦

大保敦

編

磬

鐵

舉

侍

徵

卷一第十二葉

同上

卷七第二十六葉

卷八第十四葉

說文解字余語之舒也从八舍省聲孟鼎作與此同

殷

釆

辨別也象獸指爪分別也凡釆之屬皆从釆讀若辨 蒲莧切

古文釆

古鉢釆昜 古司馬

釆陵緒 左廩鉢寀同上一字 皆番之借字古鉢

古鉢

丁

番

獸足謂之番从釆田象其掌附袁切

番或从足从煩

古文番

番君鬲

吴

番生敦

番匊生壺

番壺

丁

番魯侯鬲

番匊生壺

番君鬲

番生敦

編

宷

悉也知宷諦也从宀从釆徐鍇曰宀覆也釆別也包覆而深別之宷悉也式荏切

篆文宷从番

古鉢㕡審

古鉢

半

牛

審詁

丁

物中分也从八从牛牛爲物大可以分也凡半之屬皆从半 博幔切

漢吳王濞半兩錢

源

古半字从八从千千爲成數中分之則半也或曰从八从升小篆从牛失古義矣宋半釿幣

虞半釿幣

安邑半釿幣

吳

半

秦公敦

盤

鄣

鄣

徵

大牲也牛件也件事理也象角頭三封尾之形 凡牛之屬皆从牛

徐鍇曰件若言物一件二件也封高起也語求切

瞿祖丁卣

源

師寰敦

曶鼎

吳

古鉩牛㝵

古鉩千牛全羊

丁

牛 曶鼎

卯敦

師寰敦

友

敦

編

鄭

罄

凝

凝

罄

鐵

徵

卷一第二十九葉

第十葉

卷四第二十八葉

卷五第四十六葉

同上

藏龜第十一葉

後編上第二十四葉

下第五葉

龜甲獸骨卷二第十六葉

牡

說文解字告牛觸人角著橫木所以告人也卜辭中牛字或从二或从乚乃象著橫木之形其文曰十牛卷五第四十六葉曰兕牛上同知亦爲牛字矣

殷

畜父也从牛土聲莫厚切

牡 刺鼎

吳

牡 刺鼎

編

卷一第二十葉 第二十八葉 第二十九葉 第三十四葉 卷六第四十七葉 後編上第二十五葉 卷七第十七葉

說文解字牡畜父也从牛土聲此或从羊或从犬牡既爲畜父則从牛从羊从犬得任所施矣

祚案王徵君曰其从鹿从士與从牛从士同意鹿
牝者謂之麀牡者謂之麈也 殷

犅

特牛也从牛岡聲古郎切 □ 小篆从牛岡此从牛从剛省當即古犅字靜敦 吳 □ 古鉥□犅錫收 □車之鉥 □ 古鉥

□□ 丁 □ 犅从牛从剛省 靜敦 編 □ 卷一第十七葉 □ 同上

□ 同上 □ 第十八葉 □ 同上 □ 同上 □ 卷四第二

十葉 □ 後編上第二十二葉 □ 第十二葉

說文解字犅特牛也从牛岡聲此从剛省聲靜敦
亦有□字與卜辭正同大中敢華犅字又作□卜

辭文有作者

殷

畜母也从牛匕聲易曰畜牝牛吉毗忍切

卷一第九葉　第二十二葉　第二十四葉　卷五第四十四葉　第四十二葉　卷六第四十六葉　同上　後編上第一十五葉　同上　同上　下第五葉　第二十六葉

說文解字牝畜母也从牛匕聲卜辭中有牝牡二字合書作者似卜兼用牝牡或仍是牝字疑不

牡 

能明也母畜對牡而稱牝殆猶母對父而稱匕羊豕亦有牝故或从羊或从豕或从犬或从馬詩麀鹿之麀乃牝之从鹿者與⿰羊匕⿰豕匕⿰犬匕⿰馬匕諸字同因諸字皆廢而麀僅存後人不識爲牝之異體而別搆音讀蓋失之矣

殷

牛完全从牛生聲所庚切

 牲 盂鼎

編

閑養牛馬圈也从牛冬省取其四周帀也魯刀切

 貉子卣

 貉子卣

吳

 古鉩旅牢

丁

 牢 貉子卣

編

 舉

徵

 卷一第五葉

 第十葉

同上同上第十一葉同上第十二葉同上第十七葉第四十葉卷二第一十四葉卷四第十六葉同上同上同上

第十五葉卷五第二十九葉後編下第二葉

第五葉第四十葉同上藏龜第七十八葉

龜甲獸骨卷一第十二葉

牢爲獸闌不限牛故其字或从羊冂或變作冂或變作冂遂與今隸同矣其从冂者亦見貉子卣 殷

犕

易曰犕牛乘馬从牛葡聲平祕切

[glyph] 葡盛矢器也小篆从牛作犕今經典通用服服犕古通許氏說葡具也毛公鼎簟弼魚葡

[glyph] 北征葡 吳

[glyph] 犕不从牛毛公鼎葡字重文 編

牼

牛厀下骨也从牛巠聲春秋傳曰宋司馬牼字牛口莖切

[glyph] 郳公牼鐘

[glyph] 又一郳公牼鐘鄧尉山寺所藏 吳

[glyph] [glyph] 郳公牼鐘 編

犀

南徼外牛一角在鼻一角在頂似豕从牛尾聲先稽切

[glyph] 犀 犀伯鼎 編

[glyph] [glyph] 凝 徵

物

萬物也牛爲大物天地之數起於牽牛故从牛勿聲文弗切

卷六第四葉　第一十一葉

第五十四葉　卷四第二十五葉　卷五第二十九葉

後編上第三葉　第十九葉　同上　龜甲獸骨

卷一第十八葉　第一十一葉　卷一第十六葉

祚案詩小雅三十維物傳齊其色而別之凡爲色三十也然卜辭屢曰物牛以誼考之物當是雜色牛之名或又省牛作勿

殷

犆

樴

疑 疑

徵

卷一第二十一葉同上

說文解字無此字卜辭中又有戠㦸二文卷四第四葉此从戈與㦸殆一字故知此字从牛从戠考說文解字埴注黏土也从土直聲禹貢厥土赤埴墳釋文埴鄭作戠是古戠與直通禮記王制大夫以犆牛周禮小胥釋文特本作犆由此推之知樴卽犆犆卽特也然由卜辭觀之樴當爲牛色與𦍩字同例後人以特釋犆或非初誼矣

殷

犛 氂 告

西南夷長髦牛也从牛𠩺聲凡犛之屬皆从犛 莫交切

古鉥犛市 許氏說西南夷長髦牛也

丁

彊曲毛可以箸起衣从犛省來聲洛哀切

古文氂省

古鉥氂敖

丁

牛觸人角箸橫木所以告人也从口从牛易曰僮牛之告凡告之屬皆从告 古奧切

𢦏敦

敔敦

源

毛公鼎

父丁告田觶

盂鼎

吳

鬲攸比鼎

召伯虎敦

丁

毛公鼎告

作且乙敦

𢼊 口 嗌

曶鼎 召伯敦 盂鼎 父丁觶 [編] 卷一第二葉 第二十六葉 卷二第二十七葉 卷七第十四葉 [殷]

𢼊鬲 [源]

人所以言食也象形凡口之屬皆从口 苦后切

谷口甬 [源]

咽也从口益聲伊昔切

籀文嗌上象口下象頸脈理也

古鉩王益邦 [丁]

哆 嚌 嘆 呼 名

哆 張口也从口多聲丁可切
古鉨李哆
丁

嚌 嘗也从口齊聲周書曰大保受同祭嚌在詣切
古鉨
古鉨東嚌
䐶鉨
丁

嘆 南陽謂大呼曰嘆从口夷聲以之切
古鉨口嘆許氏說南陽謂大呼曰嘆从口夷聲夷平也增土取平義
丁

呼 外息也从口乎聲荒烏切
盂和鐘
文王命鬲鼎
南宮中鼎
㐌敦

邾敦
牧敦
源
呼不从口與許通頌鼎乎字重文
編

名 自命也从口从夕夕者冥也冥不相見故以口自名武并切
盂和鐘
窖磬
父乙甗
源
召伯

吾　悊

虎敦

名　召伯敦

編

卷十八第一葉

从口从夕

殷

我自稱也从口五聲五乎切

古文以為斁斁之斁　毛公鼎干吾即斁斁之省　敔字重文

石鼓文吾字　从辵从午

吳

古鉩吾　武

丁

吾　毛公鼎以乃族干吾王身

編

知也从口折聲陟列切

悊或从心

古文悊从三吉

智也从斲从心小篆从折口或从心　曾伯霥簠

叔家父簠

克鼎

師望鼎

王孫鐘

吳

番生敦克誓乃德　案古文从口之字亦或从心从言　或謂

君

析哲誓古通

大克鼎天子明哲

古鉨哲官

古鉨

古鉨哲鉨

古鉨悊官

古鉨湖哲

丁

說文哲知也重文作悊又心部悊敬也王引之以伯虔字子析證之則心部乃悊字非悊字殆傳寫之譌曾伯簠

師望鼎

克鼎盨悊氒德

叔家父匡

王孫鐘

番生敦克悊氒德从言

〔編〕

尊也从尹發號故从口舉云切

古文象君坐形

齊侯鎛鐘

威君鼎

宋右君鼎

宋君夫人鼎

君季鼎

晉姜鼎

屈生敨

父乙甗

石鼓

宜君公鑑

源

古文以爲羣字
史頌敦

君夫敦

邾公鐘

庸夜君鼎

樊邑君簠

古鉢文

吳

郘鐘

毛公鼎

史頌敦

召伯虎敦

鄦侯敦

散氏槃

召尊

稍妃彝

番生鬲

古鉢韓
富昌

古鉢
埋君

丁

君
天君鼎

君夫
敦

叔䨘父
敦

豆閉
敦

散盤

(周)君
鼎

郘鐘

番君
鬲

邾公釗
鐘

白者君
盤

夜君
鼎

鄦侯
敦

叔單
鼎

召伯
敦

命

番君簠

樊君簠

邛君壺

史頌敦

楷妃敦

緻嫠君鉼

交君簠

編

墉郭

蝕鐵

鐵

陸

待

徵

使也从口从令眉病切

夏鉤帶

商鐘

冊命鼎

父乙鼎

己酉戌命

彝

盄和鐘

齊侯鎛鐘

齊侯鐘

南宮中鼎

季娟鼎

䵼敦

虢姜敦

宰辟父敦

邾敦

師㥄敦

姬寏豆

父乙甗

源

古文命令為一字 齊太僕歸父盤

齊侯壺

師酉敦

陳猷釜

師望鼎

伊敦

吳

毛公鼎

不嬰敦

伯晨鼎

古鉥毋敬命鉥

古鉥敬命

古鉥敬命

古鉥敬命

古鉥命[illegible]

丁

命不从口 免盤令字重文

毛公鼎

善夫克鼎

不嬰敦

齊鎛

師奎父鼎

豆閉敦

師望鼎

師酉敦

[illegible]侯鼎

秦公敦

滕虎敦

伊敦

齊侯壺

歸父盤

陳猷釜

子禾子釜

龍節

魚匕

編

凝

舉

馨

馨

徵

謀事曰咨从口次聲即夷切

洛字空首幣

吳

評也从口刀聲直少切

商鐘

召夫鼎

冊命鼎

文王命癘鼎

南宮中鼎

召公尊

召仲考父壺

召父彝

牧敦

張仲簠

父乙甗

源

古文名 名伯鼎

匽侯作名伯鼎

召伯虎敦　召或从卩召王敦　召王鼎　太史友甗　伯憲盉　召仲鬲　吳

召伯虎敦原書寫誤　召伯虎敦召字重文　大敦

季召肇彝　丁　召鉌尊　伯害盉

大史友甗　克鐘　師害敦　召仲鬲　召口父匜

大敦　害鼎　召伯虎敦　編　卷二第

二十一葉　同上　第二十二葉　同上　同上

問

同上

第二十二葉

同上

同上

同上

同上

第二十四葉

第二十六葉

後編上

第十二葉

龜甲獸骨卷二第二十九葉

𤔲案與古金文同

殷

訊也从口門聲亡運切

問

古鉩王重問

鄦

徵

後編下第九葉

殷

唯

諾也从口隹聲以水切 語辭也小篆作唯 散氏盤

君夫敦

或省口 盂鼎

石鼓

衛公叔敦

格伯敦

鄀公敦

子璋鐘

善鼎

師奎父鼎

吳

虘鐘

曶鼎

戈叔鼎

且子鼎

師褕父敦蓋

白中父敦

盂爵

曾伯霝簠

周公彝隹三月王令艾眔內史

貉子卣

古匋城陽唯

丁

唯不从口 頌敦隹字重文

毛公鼎

不𡢁敦

王命明公尊

君夫敦

段敦

封敦

咊

呂鼎　賢觥　旂鼎　曶鼎　曾寏伯鼎

鄂侯鼎　由公罍　豆閉敦　師嫠敦　善鼎　伯其父簠

辂子卣　散盤　叔單鼎　甾仲艾匜　編

相譍也从口禾聲户戈切　古鉢章太和　古鉢匽和　古鉢宜民和眾　古鉢　丁

和从木陳肪敦　借為盉史孔盉　編　遯　伏

續　待　凝　待　徵

哉 咠 吕 启

言之開也从口𢦔聲祖才切

穆公鼎

十

師楷敨

[源]

橋祀敦

赤橋祀敦文

僕兒鐘

殘戈文

[吳]

哉 邾公華鐘

鄀侯敦

余義編鐘

者沪鐘

[編]

聶語也从口从耳詩曰咠咠幡幡七入切

古鉨

[吳]

詞也从口吕聲与之切

古文以為吕字 陳侯因資敦

吕下重文

[吳]

台 王孫鐘吕字重文

[編]

開也从户从口康礼切

卷一第四十二葉

卷五第二十一葉

卷六第九葉

同上

同上

後編下第二十一葉

第四十

咸

三葉 藏龜第二百四十五葉

启或从又象有自名以評門者往以又启之也

殷

皆也悉也从口从戌戌悉也胡監切

盄和鐘

齊侯鎛鐘

伯咸鼎

尹卣

師㿖敦

源

貉子卣

晉公盦

盂鼎

吳

馭方鼎

史懋壺

丁

咸

咸口鼎

般甗

史獸鼎

盂鼎

趩尊

晉邦盦

史懋壺

秦公敦

國差𦉜

編

卷一第四十二葉

第四十四葉 同上 同上 後編上第十九葉

說文解字咸皆也悉也从口从戌戌悉也卜辭與古金文盂鼎及𣪘子卣皆从戌

殷

平也从口壬聲直貞切

古鉨呈志

古鉨呈志

丁

助也从口从又徐鍇曰言不足以左復手助之子救切

夏鉤帶

齊侯鎛鐘

齊侯鐘

宋右君鼎

穆公鼎

高克尊

伯映彝

師楷敦

師毀敦

牧敦

封比干墓銅槃

石鼓

源

師虎敦

晉公盦

丁

豆閉敦

師虎敦

同散氏槃

古鉩右鐵冶官

古鉩右廩楚㝬糈鉩

庚都右司馬古鉩

釆陽右司馬古鉩

古鉩右司馬敀

古鉩右牧

古鉩右攻尹鉩

古鉩右敀軍遷

右里敀鎣

古匋

丁

明字刀

編

語時不啻也从口帝聲一曰啻諟也讀若鞮施智切

啻適古通之也詩曰王事適我師酉敦嗣乃且啻官

師虎敦先王既命乃且考事啻官

吳

啻孳乳為適師酉敦嗣乃且適官

師虎敦

剌鼎

買敦皇祖適考

又孳乳為敵公伐郘鼎攻戰克敵

公伐郘鐘

編

吉

善也从士口居質切

吉 商鐘

吉 許子鐘

吉 楚卭仲南和鐘

吉 齊侯鐘

吉 圜宝鼎

吉 宰辟父敨

吉 師嫛敨

吉 方宝甗

吉 冀師槃

源

吉 沇兒鐘

吉 陳侯鼎

吉 公姞敦

吉 吉 吉 空首幣

吉 古鉢文

吉 古鉢文

吳

吉 邵鐘

吉 旂僕鼎

吉 仲子化槃

吉 召尊

吉 古鉢

吉 古匋

丁

吉 吉旂鼎

吉 毛公鼎

吉 沇兒鐘

吉 齊鎛

吉 虢季子白盤

吉 賢觥

吉 師寰敦

吉 簣鼎

吉 攻吳監 吉 格伯作晉姬敦 吉 陳侯鼎 吉 黃韋俞父盤 吉 𠭯敦 吉 口朩伯敦

吉 中子化盤 [編] 吉 二吉 季 吉 凝 吉 鄀 吉 吕大吉舉 吉 鄀 [徵] 吉 卷

一第四十四葉 吉 同上 吉 同上 吉 第二十葉 吉 卷四第十

九葉 吉 第二十九葉 吉 卷五第五葉 吉 第六葉 吉 第

十五葉 吉 第十六葉 吉 同上 吉 同上 吉 同上 吉 同上 吉 同

上 吉 同上 吉 第十七葉 吉 卷八第七葉 吉 卷十八第四

十葉□第四十二葉□卷七第二十九葉□第十六葉

說文解字吉从士口卜辭中吉字異狀最多惟第十字與許書合作古古者與空首幣文合又卜辭多以大吉弘吉二字合爲一字書之大吉二字合書作□卷五第十六葉弘吉二字合書作□卷五第十五葉□第六葉□第十五葉偶有分二字書之作□吉者卷二第二十二葉

殷

周

密也从用口職留切

□ 古文周字从古文及

□ 伯𨚕父鼎

□ 仲偁父鼎

□ 趠鼎

□ 季娟鼎

伯庶父敨

伯囧父敨

宰辟父敨

郱敨

師楷敨

牧敨

石鼓

周陽侯鐘

平周鈕

周陽侯甗

源

史頌敦

函皇父敦

鄦惠鼎周廟如此

公中鼎宗周如此

兮敦

魯公伐郤鼎

克鼎

或从目古鉨文

古鉨文

或从貝古鉨文

古鉨文此六國時奇字也

吳

鬲攸比鼎

散氏槃

周公彝

古鉨周戲

古鉨周昌

古鉨周豎

古鉢 周沽

古匋

古匋

皆平周幣

丁

周不从口說文云从用非

弜敦 公仲在宗周

免簠 在周

免敦

義仲鼎 周季

周𡚬旁尊

無叀鼎 周廟

公伐郘鼎

周公敦

善夫克鼎

散盤

盂鼎

史頌敦

虢季子白盤

史獸鼎

彔伯敦

毛公鼎

曾[illegible]伯鼎

格伯敦

盂爵

編

[illegible] 徵

[illegible] 無

徵

卷十八第六十二葉

卷十五第十五葉

卷

四第二十一葉囲藏龜第二二十六葉

祚案知𤰔即周者金文公伐郐鼎周作唐又省口作囲兕簋王在周亦作𤰔是以知之

[殷]

大言也从口庚聲徒郎切

古文唐从口昜

齊侯鎛鐘

齊侯鐘

父乙甗

[源]

唐子且乙爵

[吳]

古鉩梩唐信鉩

[丁]

唐

唐子且乙爵

[編]

卷一第四十七葉

卷四第十二葉

龜甲獸骨卷一第十一葉

說文解字唐古文作啺

雒案卜辭庚亦作□見十四部庚字則□乃唐字之未刻全者

殷

誰也从口𠷎又聲𠷎古文疇直由切

𠷎不从又

豆閉敦用錫𠷎壽

彔伯敦華𠷎敦

吳式芬釋疇

𤔲叔敦

編

寫也从口土聲他魯切

拍盤

吳

言蹇難也从口气聲居乙切

古匋

丁

語相訶歫也从口歫辛辛惡聲也讀若櫱五葛切

卷四第二十八葉

卷五第二十一

吒 㕧 吝 各

葉各 卷十八第二十九葉各第三十四葉各後編下第十

葉 殷

噴也叱怒也从口乇聲陟駕切

吒 書曰王三宿三祭三咤孔疏云咤爲奠爵許氏說詫奠爵酒也今周書作咤吒即咤之省舉咤爵 吳

唸㕧呻也从口尸聲馨伊切

㕧 㕧从尸从米詩板民之方殿屎說文引作民之方唸㕧或釋敉从人陳侯因資敦 編

恨惜也从口文聲易曰以往吝臣鉉等曰今俗別作悋非是良刃切

吝 古文吝从彣

吝 後編下第十二葉 殷

異辭也从口夂夂者有行而止之不相聽也古洛切

各 石鼓

源

各 至也今經典通作格師奎父鼎

各 敔鼎

各 師虎敦

庚罴卣
師遽敦借客為各
吴
無惠鼎
師𩛥父敦
庚罴卣
丁
各孳乳為洛為格方言洛至也洛說文所無經典通用格書堯典格于上下傳格至也頌鼎王各大室
虢季子白盤
頌敦
豆閉敦
趩鼎
宰椃角
師嫠敦
師酉敦
吳尊
師兌敦
師奎父鼎
貉子卣
免簠
趩尊
敔敦
克鼎
趞曹鼎
新尊
秦公敦
善鼎
無叀鼎
師虎敦
从彳
庚嬴卣
从辵
編
徵

卷五第二十四葉　同上　同上　同上　後

編下第十九葉

說文解字各異辭也从口夊夊者有行而止之不相聽也案各从夊象足形自外至从口自名也此爲來格之本字

殷

否

不也从口从不方九切

夏鉤帶

商鐘

乙酉父丁彝

齊侯鎛鐘

師秦宮鼎

師𣪘敦

寅簋

石鼓

源

哀 嗀 咼 𠯑 吠

毛公鼎 吳

哀 閔也从口衣聲烏閑切

哀 穆公鼎

哀 師㮎敔

源

嗀 歐皃从口殸聲春秋傳曰君將嗀之許角切

嗀 鄂侯鼎 設

丁

咼 口戾不正也从口冎聲苦媧切

咼 古鉨周咼

咼 古鉨原書以爲高字案當是咼

丁

咼 鐵

徵

𠯑 塞口也从口氒省聲氒音厥古活切

𠯑 古文从甘

𠯑 古匋吳愙齋曰說文𠯑字古文从甘作𠯑

吳

吠 犬鳴也从犬口符廢切

吠 古鉨韓吠

吠 古鉨左吠

丁

局　[illegible]　[illegible]

[glyph] 書契菁華第十一葉 [glyph] 卷五第四十七葉 [glyph] 第四十六葉 殷

促也从口在尺下復局之一曰博所以行棊象形徐鍇曰人之無涯者唯口故口在尺下則爲局博局外有垠堮周限也渠綠切

[glyph] 古鉨夆局棊字从厂从[glyph]从口厂疑古尺字於尺下有句曲糾繚之形又重之以口與許氏局博之說尤爲切合 丁

[glyph] [illegible]鼎 說文所無 編

[glyph] 卷一第二十五葉 [glyph] 卷六第二十九葉 [glyph] 第四十

喜　　昌　　㲋

葉　卷八第六葉
殷

卷二一第二十九葉　同上　同上　第二二十葉

同上　同上　第二二十一葉
殷

卷一第四十九葉
殷

亂也从爻工交吅一曰窒㲋讀若禳徐鍇曰二口讙呇也爻物相交質也工人所作也已象交構形女庚切

籀文㲋

原書以為古克字案當是㲋許氏說亂也从爻工交吅一曰窒㲋讀若禳案窒㲋即今所謂擾攘許說从爻吅是矣曰从爻工則徵之以下諸字更證以古襄字無一从爻从工者可知爻爻為彐彐或ㄆ之誤

嚴

工蓋土之譌耳散氏槃𠭥之有𤔔意

𠭥作寶尊彝此竟从𤔔

即以有司治之說文亂固訓治也

與虞司寇壺𤔔字左半

…略同可知諸字之作…皆為8之變而籀

文之作又與許說之訓亂及从又其來蓋有所自矣

叔姓槃

古鈢 黃嚴

古匋

丁

教命急也从吅厰聲語杴切

古文

盄和鐘

源

虢叔鐘

斁狄鐘

邾人鐘

宗周鐘

吳

叔氏鐘嚴字如此

𢠟叔鐘

丁

嚴不从吅

叔氏鐘厰字重文

詩六月有嚴有翼傳嚴威也

孳乳為儼荀子正論今子宋

子嚴然而好說注讀為儼
號叔鐘嚴在上異在下

井人鐘

數狄鐘

秦公敦

番生敦

宗周鐘

編

譁訟也从吅
屰聲五各切

鄂王戈

丁

噩从器从屰吅器同意喪毛公鼎作噩
噩說文或作咢爾雅釋天太歲在酉

曰作噩釋文噩本或作咢史記作鄂是噩即咢又
孳乳為鄂也偉寫少譌噩侯敦噩侯即鄂侯

咢侯鼎

師咢父鼎

叔咢父敦

編

卷二一第二十葉

第二二十一葉

第二二十葉

第四十一葉

同上

同上

同上同上同上第四十二葉卷四第四

十六葉第四十七葉卷六第五十二葉第二

葉卷七第一十八葉卷八第十一葉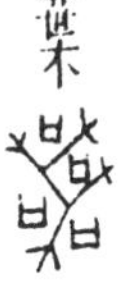第十四

葉後編下第二十五葉

許書無噩字而有咢注譁訟也从吅屰聲集韻蕚或从噩以是例之知噩即許書之咢矣噩字見于周官以卜辭諸文考之知从王者乃由𣎵傳寫而譌傳世古器有噩侯鼎噩侯敔鼎文噩字作㗊敔

文作㗊沈氏剳鏞釋作噩前人釋器非也　又古金文中喪字从噩从亾量侯敨喪作𠷎从㗊齊侯壺作𡃟作𡃟从㗊均與卜辭同文考鼎作𠷎从㗊則與噩侯鼎文合喪爲可驚咢之事故从噩亡據此知卜辭諸字與噩侯兩器之文確爲噩字噩侯史記殷本紀作鄂侯漢書韋賢傳咢咢黃髮文選諷諫詩作諤諤黃髮綏民校尉熊君碑臨朝謇鄂諤又作鄂是咢諤鄂古通用尔雅釋天之作噩史記歷書作作鄂集解引徐廣曰噩一作鄂知史記之鄂侯即金文之噩侯卜辭中噩爲地名殆即噩侯國許書之咢蓋後起之字此其初字矣

殷

單

大也从吅單吅
亦聲闕都寒切

从單尊

單父丁彝

單爵

單囧父乙鼎

單从鼎

雞單彝

單从彝

源

古單字單伯昊生鐘

姬單匜

吳

父癸尊

單伯原鬲

單佑都用王
尸鉨

丁

單單伯編鐘

單子伯簋

揚敦

叔單鼎

蔡侯匜

單伯鬲

盟尊

學乳為戰公伐郜鐘攻戰克敵

公伐郜鼎

編

單

揚單待

徵

卷七第二十六葉

後編下第十二葉

書契菁華第五葉

作嘼與伯昊生鐘同卜辭中獸字从此獸卽狩之本字征戰之戰从單蓋與獸同意 殷

呼雞重言之从吅州聲讀若祝之六切

許氏說呼雞重言之从吅州聲讀若祝阮相國曰𠱠字通祝敔𠱠鼎蓋 吳

⿱吅口

說文所無 ⿱吅口作彝敦

⿱吅口作彝卣

⿱吅口作彝觶 編

⿱吅各

說文所無 不嬰敦余命女御追于⿱吅各 編

⿱吅言

說文所無 鄦王⿱吅言戈 編

亡也从哭从亡會意亡亦聲息郎切

穆公鼎

器市尊

師楂敔

寅簋

源

古𡔷字 毛公鼎

量侯敦

齊侯壺

齊侯壺

曾鼎

文考鼎

吳

喪㕜賓鈃

古鉥周秦閒文字

丁

喪从㗊 旂作父

戊鼎

毛公鼎

齊侯壺

喪㕜賓鈚

量侯敦

余秝鉦

編

趨也从夭止夭止者屈也凡走之屬皆从走 徐鍇曰走則足屈故从夭子苟切

宗和鐘

趣 越

穆公鼎

石鼓 源

盂鼎 吳

雍鼎

師兌敦

同征簋

召尊

周公彝 丁

走盂鼎

令鼎

師兌敦

休盤

食仲簋

延簋 从彳

周公敦

右走馬嘉壺

效卣 編

疾也从走取聲七句切

石鼓 源

鄦侯敨 丁

趣鄦侯敦 編

度也从走戉聲王伐切

許子鐘

杞公匜

孟姜匜 源

趞 趞也一曰行皃从走昔聲七雀切 古趞字趞曹鼎人名 吴 趞 趞曹鼎

⿺走憲 走意从走憲聲許建切 石鼓 源

⿺走瞿 走顧皃从走瞿聲讀若劬其俱切 ⿺走瞿 毛公鼎 編

⿺走與 安行也从走與聲余呂切 ⿺走與从走 曾子簠 編

起 能立也从走巳聲墟里切 古文起从辵 動武鐘 吴

趛 低頭疾行也从走金聲牛錦切 克簋 師趛鼎 阮相國釋作鋌當即途字途母鬲 吴

趩　趍　趙

趁 師趁鼎　伯趁父敦　克簋　姬趁母鬲　編

行聲也一曰不行皃从走異聲讀若敕丑亦切　石鼓　源　趩尊　石鼓　吳　王孫鐘

丁　趩 王孫鐘　趩尊　編

趍趙夊也从走多聲直离切　石鼓　吳

趙趍也从走肖聲治小切　古鉢文　古鉢文　古鉢文多肖姓當即趙之省猶張之省為長也　肖將戈 陳介祺

釋趙　吳

同大敨柯昌泗以為趙字許氏說趙趨趙也趨下曰趨趙久也案字書趨本作趍又與趍同然則此當云从

趠 ⿺走雚 ⿺走樂 趡

趙从肖省

古鉢趙妫

古鉢趙信

古鉢趙㒼

古鉢趙秦

古鉢趙謹

古鉢趙復

丁

趠 遠也从走卓聲敕角切

趠鼎

源

趠鼎

吴

趠 趠鼎

編

⿺走雚 行⿺走雚⿺走雚也一曰行曲脊皃从走雚聲巨員切

⿺走雚 叔多父敦器

益文 从走

編

⿺走樂 動也从走樂聲讀若春秋傳曰輔⿺走樂郎擊切

石鼓

源

石鼓

吴

趡 動也从走隹聲春秋傳曰盟于趡趡地名千水切

趡敦

吴

趡 趡罍

編

趄

趄田易居也从走亘聲羽元切

盄和鐘 音原左傳作爰田國語作轅田竝假借

源

陳侯因資敦 孝武趄公

吳

虢季子伯盤

丁

趄虢季子白盤趄趄子白與書牧誓尚桓桓同義傳武貌說文引作狟

秦公敦 剌剌趄趄

陳侯因資敦 孝武趄公

封仲敦

者沪鐘

編

卷二第八葉

卷四第三十七葉

書契菁華第九葉

說文解字趄趄田易居也从走亘聲此从止从亘殆卽許書之趄矣此當爲盤桓之本字後世作桓者借字也

殷

⿺走⿰走走

音歪 石鼓 源

⿺走散

音散 石鼓 源

⿺走尃

或云即遄字 石鼓 源

⿺走句

說文所無 齊不⿺走句鬲 編

⿺走巨

說文所無 王孫鐘皇皇⿺走巨⿺走巨 沇兒鐘 編

⿺走禹

說文所無 ⿺走禹亥鼎 編

趍

說文所無 井人鐘 編

下基也象艸木出有址故以止爲足凡止之屬皆从止諸市切 龙敨

石鼓 源 亞形尊 石鼓 吳 峙待 徵

跟也从止重聲之隴切 古𡏵字从止从童令經典通作踵考工記輈人五分其頸圍去一以爲踵圍注踵後承軫者也毛公鼎金𡏵金豢 吳

𡏵从止从童經典通作踵考工記輈人五分其頸圍去一以爲踵圍注踵後承軫者也毛公鼎金𡏵金豢 編

歫也从止尚聲丑庚切 古鉩堂案字从止从尚省許氏說歫也 吳

歬

不行而進謂之歬从止在舟上昨先切

封比干墓銅槃

沇子彝

十二辰鑑 源

子仲鐘用侃喜前文人

追敦 吳

歬 子仲鐘

追敦

善鼎 編

卷六第一十一葉

卷一第四十葉

後編下第十一葉

同上

說文解字歬不行而進謂之歬从止在舟上此从歬从行或省从彳誼益顯矣 殷

歷

過也从止厤聲郎擊切

古歷字毛公鼎 吳

歷不从止毛公鼎厤字重文 編

卷一第二

歸

十二葉 後編下第十一葉 同上 同上

說文解字歷過也从止厤聲此从止从林足行所至皆禾也以象經歷之意或从林足所經皆木亦得示歷意矣

殷

女嫁也从止从婦省𠂤聲舉韋切

籀文省

唯叔鼎

南宮中鼎

石鼓

古銅片文案泉志云咸通八年于土中掘得亦古布之流也

源

古歸字彝器有女帚字皆賸器也女歸卣

謀田鼎

貉子卣

師歸戈

歸夆敦

齊太僕歸父盤

吳

不嬰敦　比彝

丁

歸不从止㠯吳大澂曰彝器有女帚字者皆媵器也女歸𠧪帚字重文

令鼎　祈伯敦　貉子卣　不嬰敦　齊侯壺　歸父盤

編

卷二第二十二葉　卷四第四十一葉　第六葉　卷五第一葉　第二十九葉　同上　卷七第十七葉　卷八第一葉　同上　後編上第二十葉　下第二十二葉　第四十一葉　龜甲獸

疌　雀　登

骨卷二一第二十二葉

說文解字歸女嫁也从止从婦省𠂤聲籀文作

此省止與諆田鼎歸夆敨同或又省𠂤 殷

疾也从止从又又手也屮聲疾葉切

古鉨陰疌

古鉨喬疌疌亦从走便捷字當用此許氏說疾也

丁

卷十八第二十四葉

卷五第九葉

卷四第二十六葉

殷

上車也从癶豆象登車形都滕切

籀文登从𠬞

古登字从癶从豆从廾散氏盤

亦散氏盤文

古鉨文

吳

子孫鼎

葬侯敨

奠登叔簋

古鉨公孫

登从𡉚不从豆貞卜文字𡉚作𠫓古金文从之許氏説𡉚一曰象物出地挺生也

丁

登車父丁觶

卯父敦

登鼎

散盤

盂爵

肇乳為鄧

鄧孟壺

鄧伯氏鼎

鄧公敦

芇侯敦

復公子敦

鄭鄧叔簋

陳侯因資敦

敦以登以嘗禮記月令農乃登麥注進也經典以烝為之爾雅釋詁烝進也詩信南山是烝是享傳烝進也春秋繁露四祭冬曰烝烝者以十月進初稻也皆與登同訓

陳侯午敦

姬鼎用登用嘗从米

編

符

徵

癹

卷五第一葉龜甲獸骨卷一第二十九葉

說文解字登上車也籒文从廾作𤼷與此合散盤亦作此字从癶廾聲廾即瓦豆謂之登之登

以足蹋夷艸从癶从殳春秋傳曰發夷蘊崇之普活切

咸 季 待

徵

卷五第二十四葉

卷六第五十五葉

祚案卜辭文殳攴諸偏旁多不分觀其誼之所在而不能以形斷也

殷

後編下第二十九葉卷四第四十二葉

殷

行也从止少相背凡步之屬皆从步薄故切

古鉢邵步从兩止與許說从止少相背異古文涉瀕歲皆从之

古匋□蒦陶□步

丁

卷一第十葉

第五十二葉

卷一第七葉

卷四第一葉

卷五第二十四葉

第二十九葉

卷六第二十二葉

同上

第二十八葉

卷七第三十九葉

龜甲獸骨卷一第二十九葉

歲

說文解字步行也从止少相背案步象前進時左右足一前一後形或增彳
古金文涉字从此从水省乃涉字然卷五第二
十九葉卜辭有日甲午王涉歸王或又增行
無徙涉之理殆借涉爲步字也

殷

木星也越歷二十八宿宣徧陰陽十二月一
次从步戌聲律歷書名五星爲五步相銳切

古歲字 曶鼎

陳猷釜

千歲 古鉩

古鉩文

吳

毛公鼎

作歲婦鼎

古鉩元歲

古鉩堵
歲信鉩

古匋

古鉩千歲中女皆止之變
古文中其例甚多

丁

歲 毛公鼎

曶鼎

國差𦉜

陳猷釜

子禾子釜

編

郪

郪

衍

徵

藏龜之餘第一葉

从步戌聲說文解字作戌聲卜辭中又有字卷四第十葉亦作卷五第十一葉以歲字例之當爲歲月之月專用字月乃日月星之專字然卜辭中書某月皆作月殆因筆畫簡易易作故耶

殷

止也从止从匕匕相比次也凡此之屬皆从此雌氏切

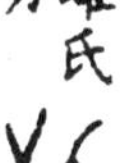古此字居後彝

吴

此 余義鉦

居簋鑄此 鄦兒

居敦

編

正

古籀彙編弟二下

臨海徐文鏡編

是也从止一以止凡正之屬皆从正徐鍇曰守一以止也之盛切 古文正从二二古上字 古文正从一足足者

亦止也 商鐘 許子鐘 楚邛仲南和鐘 王子吳鼎

季娟鼎 戭敦 師毀敦 張仲簠 寅簋 律管 源

古正字从止从●止為足跡上象其履行必以正也盂鼎 古鉥文 吳 王孫鐘

虘鐘

邵鐘

毛公鼎

格伯敦

古鉩左正鉩

古鉩左桁正木

古鉩正行

古鉩正行無私

古鉩正王文

古鉩平匋宗正

古鉩中正

古鉩

古匋

丁

正盂鼎

師遽敦

毛公鼎

虘鐘

沇兒鐘

𨱆季子白盤

散盤

簷鼎

伯正父匜

無㠱敦

善夫克鼎

陳侯鼎

邵鐘

余義鐘

陳子子匜

子璋鐘

邾公華鐘

邾公釛鐘

郘王義楚耑

鄦侯敦

禾敦

鄦子簠

姑口句鑃

寶兒鼎 湯鼎 師兌敦 兌敦 善鼎 中子化盤 郘大宰簠

其次句鑃 征父甲鼎正月以征為正

編

詩 古 舉 下鐵

璽 璽 璽 鄭 鄭 璽 壺

鄭 無 凝 舉

徵

卷十二第四十葉

卷四第四葉 卷十八第十八十一葉 卷七第二十

九葉 第二十九葉 卷五第二十九葉 書契菁華第

說文解字正从正一以止古文从二作𤴓又从一足作𫝀此从口古金文作■此但作匡郭者猶丁之作口就刀筆之便也許君云从一足殆由口而譌正月字征伐字同又作𤴓从𠙵知𤴓即正者卜辭曰貞我弗獲正𠚤口又曰昔甲辰方正于𡆥又曰告曰土方正我東啚以其文觀之皆爲正矣 殷

是

直也从日正凡是之屬皆从是 承旨切

籀文是从古文正

盄和鐘

齊侯鎛鐘

晉姜鼎

召仲考父壺

封比干墓銅槃

石鼓

辵

源

古是字 毛公鼎

石鼓

㝨季良父壺

虢季子白盤

吳

齊侯鎛

陳逆𣪘

是𣪘

毛公𣪘

陳公子甗

丁

是 毛公鼎

虢季子白盤

邾公華鐘

陳公子甗

邾公牼鐘

籚鼎

齊鎛

秦公敦

余義鐘

是口敦

㝨季良父壺

喪史賓鈚

毛公旅鼎

邾口句鑃

編

彳亍彳止也从彳从止凡辵之屬皆从辵讀若春秋公羊傳曰辵

迹　逹　邁

階而走丑略切

後編下第十四葉

此殆即許書之辵古文从彳者亦从行

殷

步處也从辵亦聲資昔切

蹟或从足責

速籀文迹从朿

迹从朿　師寰𣪘

編

先道也从辵率聲疏密切

師寰𣪘

古鉨𠭰逹

古鉨逹進

丁

逹　師寰𣪘

上官鼎

編

遠行也从辵蠆省聲莫話切

邁或不省

往也小篆作邁古文以邁為萬字邁與勱通周書曰用勱相我國家許氏說勱讀若萬盉鼎過相先王

吳

巡　辻

遹　叔向敦萬字重文　[編]

延行皃从辵川聲詳遵切　古鉥長巡　古鉥韓巡　[丁]　墨　季

凝　馨　[徵]

步行也从辵土聲同都切　齊侯鎛鐘　齊侯鐘　伯郄父鼎　癸亥父已

禹鼎　穆公鼎　樂司徒卣　戠敨　石鼓　[源]

司徒官名古作司土小篆作辻　齊侯鎛大徒大宰　子禾子釜徙罷名　揚敦

左司徒 玉鉨

鉨 左司徒

平陰都 司徒鉨

古鉨文

㑹險都 司徒鉨

吳

徒

師寰敨

古鉨平陰 都司徒

古鉨左司 徒鉨

古鉨郚 都司徒

古鉨方城 都司徒

古鉨肆徒

古鉨徒瘜

古鉨右徒文祟計鉨案徒本从𡉚因省作土故爲土聲此以下古鉨各徒字右皆从𡉚省許氏曰𡉚古文旅古文以爲魯衛之魯

古鉨右司徒遼爵 追歒之鉨

古鉨璋宗 鄘徒信

鉨

古鉨 右徒

古匋口 司徒

古匋

丁

徒 揚敦

師寰 敦

子仲 匜

余林 鉦

無叀 鼎

編

南生 舉

鐵

猶 伏

征

禘征郭 征 稽征徐 征 𦀚同征徐 徵

征 行也从辵正聲諸盈切 征 或从彳 唯叔鼎 叔夜鼎 晉姜鼎 司寇匜

叔邦父簠 源 太保敦 丁未伐商角 [illegible]鼎 曾伯霥簠 無㠱其敦

歸夆敦 無㠱其敦 吳 丙午鼎 馭方鼎 父甲鼎 正月作

征月 同征簋 古鉩口征 丁 延从彳 太保敦 天君鼎

䣄伯敦 曾伯簠 𢦚馭敦 鄂侯鼎 紳敦

述　適　過

鄦㠱其敦

陳公子甗

喪史賓鈚

虢仲盨

郘口句鑃

延盨

䔧鼎

編

循也从辵术聲食聿切

籀文从秫

盂鼎我戠殷遂命徐籀莊曰遂讀如隊墜案遂當釋述

古鈢述

信鈢

丁

述魚匕

編

之也从辵啻聲適宋魯語施隻切

適不从辵

師酉敦啻字重文

編

度也从辵咼聲古禾切

古鈢董過

丁

伏

徵

進

登也从辵閵省聲即刃切

寅簋

源

兮田盤

召尊

古鉨達 進

丁

進

兮甲盤

編

造

就也从辵告聲譚長說造上士也七到切

古文造从舟

齊侯鎛鐘

齊侯鐘

谷口甬

首山宮鐙

林華觀行鐙

甘泉內者鐙

車宮承燭槃

館陶釜

梁山銷

源

古造字从宀从舟告聲頌鼎

頌鼎

或从造或从艁頌敦

頌壺

簷鼎

羊子之艁戈

宋公佐戈

秦子戈

高密造戈

郜斤戈

陳𢍰子戈

壁右戈

吳

簷鼎

郜造鼎

昔造戈

古鉢 毋造鉢

古鉢 四造 計鉢

古鉢 羊造

古匋

古匋

古匋

古匋

古匋

古匋

丁

造从宀从舟 告聲 頌敦

或从俈从造 頌敦

頌鼎

頌壺

簷鼎

郜造鼎

秦子戈

羊子戈

不易戈

散戈

高密戈

八斤戈

編

遝 迨 迮 逪 遄

遝也从辵眔聲徒合切

卷五第二十一葉 殷

迨也从辵合聲侯閤切

迨祖子鼎王命祖子迨西方于省迨當讀作會說文會古文作佮从彳與从辵同義 編

龜

甲骨卷二第二十五葉 殷

迮迮起也从辵作省聲阻革切

迮 篖鼎用征以迮 編

逪逪也从辵昔聲倉各切

道經典通作錯番生敦道衡即詩韓奕采芑之錯衡傳錯衡文衡也

毛公鼎 金甬道衡 編

往來數也从辵耑聲易曰巳事遄往市緣切

大克鼎

齊侯壺原書入附錄徐籀莊以為歸字案當是遄

逆　速

遬 古鉢 白遬

古鉢 衛遬

古匋 豆里遬

古匋

丁

疾也从辵束聲桑谷切

籒文从敕

古文从敕从言

石鼓

源

師寰敦

叔家父簠

石鼓

吳

師寰敦器劉幼丹以為蹟字謂籒文迹从朿作𨒥此從原書

丁

迎也从辵屰聲關東曰逆關西曰迎宜戟切

逆古文逆作父丁尊

吳

曶鼎

古匋許氏說曰迎也从辵屰聲關東曰逆關西曰迎案逆謂不順有牴觸意故从牛

丁

逆宗周鐘乃遣間來逆卲王

鬲比簠

从攴

楚公鐘

口侯簠

迎 遇

逆尊

編

擬

徵

卷四第二十四葉 第五十三葉 卷五第二十六葉 後編下第十一葉 第十二葉 第二十二葉

說文解字逆迎也从辵屰聲案从屰象人逆入形人自外入而辵以迎之或省止

殷

逢也从辵卬聲語京切

敔 敔

源

古鉥趙迎

丁

逢也从辵禺聲牛具切

古鉥口遇

丁

遇从寓

子遇鼎

編

遯

徵

遘

遇也从辵冓聲古候切

乙酉父丁彝

源

戊辰彝

太保鼎从冓从辵省冓古冓字

丁

遘 媾伯敦

戊辰敦

段借為媾 祈伯敦婚遘

克簋

编

卷一第一葉

卷一第一十八葉

第二十葉

第二十五葉

第四十一葉

第四十四葉

卷二第十八葉

第一十八葉

第一十九葉

同

上

卷四第二葉

第二十二葉

第五十一葉

同上 後編上第十一葉 第十四葉 第二十葉 第二十六葉 下第十六葉 第十六葉

說文解字遘遇也从辵冓聲此與許書同或省辵又或省彳 殷

遇也从辵夆省聲符容切

石鼓 源

石鼓 丁

後編上第十葉

書契菁華第九葉

說文解字逢遇也从辵夆聲此从彳古文从辵者或从彳許書所載篆文亦然如退或作徂是矣 殷

通

達也从辵甬聲他紅切

晉姜鼎

虢姜敦

太宮壺

永通萬國錢

源

古通字頌敦

頌壺

通彔鐘

吳

頌鼎

古鉩

梁通

丁

通頌鼎

頌敦

頌壺

編

徙

迻也从辵止聲斯氏切

徙或从彳

古文徙

伊彝

曾侯鐘

季娟鼎

源

陳侯因資敦

古鉩閔徙

古鉩易郈邑塈逢盟之鉩宋振之序續齊魯古印攈曰徙

屎古通用篆說文徙古文作屎集均古文作遂汗簡引碧落碑作遂

古鉩徙盦之鉩

古鉩

徙 遷

徙 盦之鉥 丁 [seal] 𨑢从彳 呂鼎 [seal] 丁未角 [seal] 師遽敦 [seal] 王孫鐘𨑢 口余德 編

[seal] 𨓨 [seal] 墨 徵 [seal] 後編下第四十二葉

說文解字𨑢从辵止聲或从彳作徙古文作[seal]此與篆文同 殷

遷徙也从辵多聲弋支切 [seal] 迻 鄭𤕌父鼎 編

登也从辵䙴聲七然切 [seal] 古文遷从手西 [seal] 敔敦 源 [seal] 古鉢文 [seal] 曶鼎 吳 [seal]

古鉢右敀軍遷陳簋齋 曰𠤧辵通即遷 [seal] 古鉢㝵遷信鉢篆文从手之字籀文或从𡴆艸部䓝籀文作[seal]齊侯壺之[seal][seal]

還

與籀文同此朱 即𡳿𡳿之異

[glyph] 古匋泰郡遷藏里 □貽

[glyph] 古匋紹遷去 匋里𠂤

[glyph]

紹遷去匋 里圖 古匋

[glyph] 古匋楚城遷蕈 里姁

[glyph] 古匋左南城遷 □□里員

[glyph] 古匋 曼丘

遷

[glyph] 古匋楚城遷 蕈里□

[glyph] 古匋紹遷 匋里𨑫

[glyph] 古匋齊遷 □里

丁

復也从辵睘聲戶關切

[glyph] 尹卣

源

[glyph] 古還字乙亥 方鼎

[glyph] 遽伯 還敦

[glyph] 散氏 盤

[glyph]

馭方 鼎

[glyph] 守彝

丁

[glyph] 遂 免簠

[glyph] 散盤

[glyph] 鄂侯鼎 从彳

[glyph] 遽伯 敦

[glyph] 乙亥 鼎

編

遣也从辵巽巽遣之巽亦聲一曰選擇也思沇切

單癸卣

源

古鉨𨙶選許氏說遣也从辵巽巽古文作𢀩

縱也从辵𠳋聲去衍切

晉姜鼎

季娟鼎

源

古遣字三家敦

穽鼎

太保敦

遣小子敦

城虢敦

吳

遣叔簋

遣尊

丁

遣

大保敦

宗周鐘

遹敦

王命明公尊

遣小子敦

穽鼎

城虢遣生敦

遣叔簋

遣叔敦

遣叔卣

遣卣

遣尊

編

後編下第十一葉

同上 第二葉

說文解字遣縱也从辵𠳋聲古金文遣皆从辵从𦥑𫲨鼎及遣小子𣪘城虢遣生𣪘或省辵作𣪘太保𣪘與此同周公𣪘追字作𠂤亦省止增口

殷

逮

唐逮及也从辵隶聲臣鉉等曰或作迨徒耐切

石鼓

古鉨郘𨱙逮

丁

漢

尉威

待

徵

遲

徐行也从辵犀聲詩曰行道遲遲直尼切

遲或从尸

籀文遲从屖

遲父鐘

源

遹

古遲字通徲
仲𫙚父敦
徲下重文
伯遲鼎
吳
禹攸比鼎
籀文从犀

遲簋
縣妃彝
丁
遲說文籀文从犀而篆文从犀乃後
人所竄改說文犀南徼外牛犀二遲
从犀正合遲義不當从犀五經文字曰今从籀文足證
唐人經典用遲不用遟也與徲通仲𫙚父敦遲伯
伯遲鼎
編

回避也从辵
矞聲余律切
古遹字
克鐘
克鼎
自藏克鼎
吳
師雝父

鼎
丁
遹
孟鼎遹省先王
善夫克鼎遹
正八自之年

宗周鐘王𢦔肇
遹省文武
克鐘遹涇東
至于京師
遹敦
編

避

回也从辵辟聲毗義切

卷五第二十葉

从人从伻伻即辟字說見下辟字注人有罪思避法也說文解字載遲之籀文从屖作遟殆誤認避爲遲矣

殷

違

離也从辵韋聲羽非切

从韋从辵公違鼎

古陶器

吳

違 公違敦

公違鼎

編

達

行不相遇也从辵羍聲詩曰挑兮達兮徒葛切

達或从大或曰迭

達敦

源

邵白達敦

師寰敦

吳

迷 連 逭 逋

保子達敦

古鉨臣達

古鉨衛生達

古鉨客達

丁

達師寰

敦

保子達敦

編

衛生達舉

王生達鐵

徵

迷 惑也从辵米聲莫兮切

古鉨侯迷

丁

迷矛

凝

鐵

徵

連 負連也从辵从車力延切

古鉨徐連一谷

古鉨㭊于連

古鉨□連

古匋宋連信鉨

丁

逭 逃也从辵官聲胡玩切

逭或从雚从兆

𨗰當卽𨗰 師𨗰敦蓋

師𨗰敦器文如此

吳

逋 亡也从辵甫聲博孤切

籀文逋从捕

析子孫逋敦

吳

遺 遂 逃

亡也从辵貴聲以追切

智鼎 吳

遺从彳 智鼎 編

亡也从辵㒸聲徐醉切

古文遂

从㒸从刀射韝也儀禮大射儀司射適次袒決遂靜敦王錫靜鞞刻刻遂古通

齊陳曼簠不敢遂借遂為㒸

關中初出遂啓諆鼎祇有遂啓諆作其叔寶尊彝九字後為俗工增刻數十字售於漢陽葉氏今鼎在金山原文尚可節取遂啓諆鼎 吳

遂伯彝

古鉩蓋遂 丁

遂 遂啓諆鼎 編

亡也从辵兆聲徒刀切

卷一第五十二葉

龜甲獸骨卷一第二十八葉

後編下第一十七葉

許案象二人背逃之形許書之兆殆由兆傳寫而誤

殷

逐也从辵𠂤聲陟隹切

公緘鼎

伯碩父鼎

史頌父鼎

虢姜敦

源

己伯鐘追字如此

兮仲鐘

買敦

吳

頌鼎

師奎父鼎

𨛫公鼎

周公彝

丁

追羅振玉曰从𠂤乃古師字師眾也𠂤辵為追會意

頌鼎

師奎父鼎

不𡢁敦

仲追父敦

頌敦

頌壺

𨛫𨞺敦

余義編鐘

買敦

𨛫公簠

兮仲鐘

追敦

逐

虘鐘

鄀公鍼

周公敦

編

卷五第二十六葉

第二十七葉

周上

後編下第四十葉

說文解字追从辵𠂤聲此省彳𠂤即師字自行以追之也

殷

追也从辵从豚省徐鍇曰豚走而豕追之會意直六切

卷二第二十二葉

第十二葉

第四十一葉

卷二第二十二葉

同上

同上

卷五第二十八葉

同上

同上

卷六第十

邋

葉　第四十六葉　卷八第一葉　藏龜第四十五

葉　藏龜之餘第五葉　同上

說文解字逐追也从辵从豚省此或从豕或从犬或从兔从鹿从止象獸走壙而人追之故不限何獸許云从豚省失之矣

殷

獵也从辵巤聲良涉切

邋　古文以為獵石鼓文君子鼎邋鼎邋鼎斿

吳

卷六第二十六葉

龜甲獸骨卷一第二十九葉　同上

祚案說文解字邋搚也从辵巤聲石鼓文作䢸以爲田獵字象止所踐殆獵也訓搚意後說 殷

𨗨

近也从辵臸聲人質切

𢓊卷五第二十葉 殷

邇

近也从辵爾聲兒氏切

迩 古文邇

子[illegible]子壺

原書入附録

古鉨 丁

逞

通也从辵呈聲楚謂疾行爲逞春秋傳曰何所不逞欲丑郢切

古逞字吳季子劍 吳

逞 吳季子之子劍 編

遠

遼也从辵袁聲雲阮切

古文遠

晉姜鼎

聿遠鬲

秦權 秦斤 源

克鼎 古鈢文 吳 番生敦 古鈢畋遠原書釋達謂說文所無案字當是遠說文古

遠字从㞢不从袁以古文𨻰證之㞢或是古步字此𡕒之首尾作㞢𡕒即㞢𡕒之變故書㞢𡕒為𡕒易誤為篆文孝字 古鈢石 遠

古鈢㞕遠古朱文小鈢皆周秦閒文字故𡕒更譌𡕒也 丁 克鼎 遠 番生 敦 編

避也从辵于聲憶俱切 居後彝 丁 居簋 迂从走 編

高平之野人所登从辵备录闕愚袁切 南宮中鼎 晉姜鼎 雁侯敦

石鼓 源 古遵字散氏盤 單伯鬲 鄭遵父鼎 魯遵鐘 石

道

鼓

[吳]

魯邍鐘原書寫誤據精拓訂正之

單伯原鼎

太宰邍父敨

格伯敨杜木原谷原書入附録

陳公子甗

史敖彝

古鉨趙邍

古鉨子邍之鉨

古鉨邍𨶹信鉨

古鉨邍口

古幣平原

[丁]

邍 邍从彖說文从彔傳寫之譌陳公子甗

史敖敨

魯邍鐘

𩞁邍父鼎

魯邍父敨

單伯鬲

[編]

所行道也从辵从首一達謂之道徒皓切

古文道从首寸

寅盨

封比干墓銅槃

石鼓

遽　邊

源

古道字从𩠐从行 貉子卣

散氏盤

吳

師𩀁父鼎

曾伯霥簠

古鉥道輅

丁

道从首从行 貉子卣

散盤

曾伯簠

㝬鼎

編

傳也一曰窘也从辵豦聲其倨切

古遽字通遽 師遽敦

師遽方尊

遽伯還敦

遽中觶

吳

遽 師遽尊

師遽敦

遽仲觶

編

行垂崖也从辵臱聲布賢切

小篆作邊 盂鼎

散氏盤

吳

邊說文从自乃从方之譌 散盤

逵 迪 迢 迄 逼

孟鼎 編

逼 近也从辵畐聲彼力切

牧敦 源

迄 至也从辵气聲許訖切

石鼓 源

石鼓 說文新附字 丁

迢 迢遰也从辵召聲徒聊切

古匋 紹遷去匋里 迢說文新附字 丁

磬 徵

迪

石鼓 讀作徇 源

說文所無 古鉨文 吳

徵

逵

說文所無 畋逵古鉨 吳

余義鐘　說文所無　編

散盤　說文所無　編

過鼎　說文所無　編

史頌敦日遅天子覲命　說文所無　編

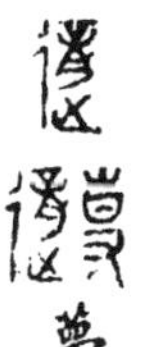
夢　徵

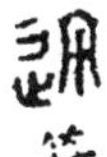
符

舉　徵

遛 遂 迥 遷 德

古 磐 凝 磐 鄦 集

徵

古 鐵 鐵 郭 舉 蘭

徵

卷七六第二十四葉

殷

卷一第十一葉

殷

升也从彳惪聲多則切

盄和鐘

晉姜鼎

師餘尊

師𩛥𣪕

蔑敖卣 秦權

源

从彳从㥁从心㥁古相字相心為惪得於心則形於外也盂鼎

叔向父敦

虢叔鐘

邾人鐘

師望鼎

散氏盤

齊陳曼簠

曆鼎

王孫鐘

或从辵亦王孫鐘文

吳

單伯昦鐘

毛公鼎

師雝父鼎

尨姞敦

史頌敦器文

史頌敦蓋文原書均入附録以為古文聽獄之聽案字仍是德散氏盤王孫鐘單伯昦鐘德皆从辵此上一字亦从辵右下之屮即止之變原書以㥁為古相字則右上作㥁與師雝父鼎德字同例古文言心二篆互通下一字从言與从心同

古鉥留德

丁

德毛公鼎

盂鼎

井人鐘

叔向敦

虢叔鐘

蔡姞敦

師望鼎

番生敦

秦公敦

德克敦

叔家父匡

齊陳曼簠

王孫鐘

編

卷四第十七葉

第四十九葉

卷五第十九葉

卷七第七葉

說文解字德升也从彳㥁聲此从彳从吳中丞曰古相字是也曆鼎與此同德得也故卜辭中皆借爲得失字

祚案亦德字文曰貞王德土方與十二葉之

復

文同故例而知其未刻全者

殷

往來也从彳复聲房六切

敔敦

寅簋

源

古復字 曶鼎

散氏盤

古鉢文

吳

鄧公子敦

古鉢孟復

古鉢趙復古文來去往復字皆

从辵

丁

復 散盤

鬲比簋

復公子敦

編

卷五第十二葉

卷七第二葉

後編下第二

十二葉

第二十八葉

往

說文解字復往來也从彳夏聲曶鼎作得此从亞殆㚆之省从夂象足形示往而復來 殷

之也从彳㞷聲于兩切

古文从辵

夏鉤

帶

源

古鉢文古往字

吳

古鉢省往

古匋

丁

卷二第二十葉

第二十四葉

同上

第三十葉

同上

同上

第二十四葉

卷二第二十二葉

同上

卷四第十七葉

第三十四葉

第五十葉

卷六第二十葉

忂 彼 徼 微

說文解字㞷艸木妄生也从之在土上又往之也
从彳㞷聲古文作䢔卜辭从止从土知㞷爲往來
之本字許訓㞷爲艸木妄生而別以䢔爲往來字
非也 殷

忂 行皃从彳瞿聲其俱切

古忂字 古鉨文 吳

彼 往有所加也从彳皮聲補委切

石鼓彼字省作皮 吳

彼不从彳 郘口句鑃皮字重文 編

徼 循也从彳敫聲古堯切

石鼓 源

微 隱行也从彳散聲春秋傳曰白公其徒微之無非切

媍氏鼎

微欒鼎

石鼓 源

石鼓 吳

徐 後

安行也从彳余聲似魚切 蓮勺鑪 石鼓 源

迹也从彳戔聲慈衍切 卷一第四葉 同上 第二十葉 同上 第二十一葉 同上 同上 第二十二葉 同上 第二十三葉 同上 卷五第二十六葉 後編上第十二葉 龜甲獸骨卷一第二十八葉

說文解字後迹也从彳戔聲案後與踐同踐訓行儀禮士相見禮注訓往呂氏春秋古樂篇注此从辵从戈或省止與

許書之後同但戈戔殊耳又許書後衙並訓迹乃一字踐雖訓履然與後亦一字是一字而析為三矣

殷

徬

附行也从彳旁聲蒲浪切

徬 卷五第四十二葉

祚案此从从旁省聲意即彷徨之彷雖不見于許書然莊子史記皆有之

殷

徦

至也从彳叚聲古雅切

徦 古遐字遐字說文所無徐鉉曰或通用假字 曾伯霥簠 叚字重文

吳

復

卻也一曰行遲也从彳从日从夊他內切

衲 復或从内

退 古文从辵

復 寅簋

源

復 聃敢

退 古鉥

後

顓孫退
古鉥王退
古鉥 魯退
古匋吴蹇齋曰𣥂是夂曰是日退字易上下
丁

遲也从彳幺夂者後也徐鍇曰幺猶躡躓之也胡口切
古文後从辵
商鐘
髙克尊
封比干墓 銅槃

石鼓
源
師寰敦
古陶器
亦古陶器文
師望鼎

周公觶
吴
僕兒鐘
古鉥左匜後
丁

後
師望鼎
師鼎
余義鐘
師寰敦
編

徲

久也从彳犀聲讀若遲杜兮切
古文以為遲字 遲伯鼎
仲𠭯父敦 遲伯遲姬
遲敦
伊敦

得

王孫鐘
〔吳〕
伯頵父鼎
仲戱父敵原書誤寫作
〔丁〕

徲从犀通遲說文从犀乃淺人所改仲戱父敦
鬲攸比鼎
徲簋
伊敦

徲鼎
〔編〕

行有所得也从彳㝵聲多則切
古文省彳
得鼎
〔源〕
虢叔鐘
古陶器
師望鼎

邾人鐘得純用魯
〔吳〕
善夫克鼎
古鉥唐得
古鉥牛得
古鉥耿得

古鉥口得
古鉥相思得志
古鉥皇得
古鉥得志
古鉥鄦得
古鉥趙得

古匋豆里得　古匋豆里得　古匋

丁

得从手持貝說文从見乃傳寫之譌師望鼎

虢叔鐘　井人鐘　曶鼎　𫹇敦

編

伏　符

疑

徵

卷一第五十二葉

卷五第二十九葉　同上　卷七第四十二葉　同

上　卷八第十二葉　後編下第二十六葉　藏龜

第百十六葉　第百四十四葉

律 御

說文解字得行有所得也从彳㝵古文省彳作㝵
許書又有㝵字注取也　此从又持貝得之意也或
从見从寸復出當刪
許書古文从見殆从貝之譌　殷

律 均布也从彳聿聲呂戌切
己酉戌命彝
注水匜
源

御 使馬也从彳从卸徐鍇曰卸解車馬也或彳或卸皆御者之職牛據切
古文御从又从馬
魯正叔槃
師𣪘敦
寅簋
石鼓
源
御尊蓋
齊侯壺
簷鼎
諆田鼎
大鼎
䭾之省古御字詩曰以御于家邦
師虎敦命女䭾乃祖考啻官
師𩛥父敦既命女䭾乃且考𤔲

虢叔鐘
又一虢叔鐘
郙伯御戎鼎
古鉢文
頌鼎

皆頌敦文
不嬰敦
辛子卣
師寰敦
不嬰敦
吳
盂鼎

同馭方鼎
師龢父敦
石鼓
古鉢陽馭

信鉢从古文馬髦與馬首不連
古鉢孫御
古匋
丁
御頌鼎

頌敦
虢叔鐘
虢叔編鐘
遹敦
不嬰敦
攻吳監

中伯御人鼎
齊侯壺
簷鼎
子禾子釜
郙伯鼎

山敦

說文古文御从又从馬 盂鼎

不娶敦

令鼎

鄂侯鼎

師寰敦

抶馭敦

馭八卣

大鼎

編

鄦 無鍚

蔓鐘 李

徵

卷一第二十五葉

第二十二葉

第四十四葉

卷二第三十五葉

第十八葉

卷四第一葉

卷五第十三葉

卷六第六葉

第五葉

第八葉

第九葉

第十二葉

第二十二葉

卷八第二葉第十一葉書契菁華第二葉

藏龜第二百七十二葉第二百二十一葉第

百九十九葉後編下第十二葉第十三葉

說文解字御使馬也从彳从卸古文作馭从又从

馬此从彳从與午字同形殆象馬策人持策

于道中是御也或易人以攴而增止或又易彳以

人或省人殆同一字也作者亦見盂鼎或又从

又馬與許書同 殷

⿰彳省　⿰彳木　⿰彳京　⿰彳夋　⿰彳散　廷

⿰彳省 說文所無 窾鼎師雝父⿰彳省道至于㝬 編

⿰彳木 卷十八第二十二葉 殷

⿰彳京 卷二第十八葉 殷

⿰彳夋 後編下第四十二葉 殷

⿰彳散 書契菁華第十葉 殷

廷 朝中也从廴王聲特丁切 盄和鐘 伯姬鼎 晉姜鼎 戠敢 尨敢

郘𣪕
師榿𣪕
牧𣪕
寅簋
源

古廷字从人从土𠃊其地也
毛公鼎
頌鼎
師酉敦
克鼎
吴

師友𣪕
頌𣪕
師兌𣪕
㣈廷彝从𨑒
古潮字
丁

廷
毛公鼎
頌鼎
師酉敦
師兌敦
休盤
吳尊

頌敦
秦公敦
卯敦
望敦
寰盤
散盤

無叀鼎
編

建 廷

立朝律也从聿从廴臣鉉等曰聿律省也居萬切

建 孝成鼎 源

建 古建字毛公鼎 吳

安步㢟㢟也从廴从止凡㢟之屬皆从㢟 丑連切

卷一第一葉

卷二第二十葉 卷二第二

第四十九葉 卷二第二十葉 前上

十葉 第二十一葉 卷六第一葉 第六十四葉

後編下第二十六葉

說文解字㢟安步㢟㢟也从廴从止師遽敢及盂鼎作𢓊與卜辭同 殷

延 行

長行也从延
丿聲以然切

書言府弩
鐵

[源]

師遽敦

盂鼎

[吳]

人之步趨也从彳从亍凡行之屬皆从行戶庚切

齊侯鎛鐘

㸚夜鼎

南宮中鼎

仲先彝

父乙甗

行

上林榮宮鐙

林華觀行鐙

[源]

曾伯霥簠

[吳]

虢季子白槃

古鉨行克太二鉨

古鉨行𢀖之鉨

古鉨行慭

古鉨正行無私

同古匋

[丁]

行曾伯簠

虢季子白盤

陳公子甗

石走馬嘉壺

叀戈賓鈚

史免匡 行 曾子簠 行 余卯鉦 行 郾王詈戈

【編】 行 璽 行 凝 行 璽

郭行 行 凝 行 璽 行 璽 行 璽

【徵】 行 卷一第四十葉 行 同上

行 同上 行 卷四第十一葉 行 後編下第二葉 行 同上 行 同上

行 同上

行象四達之衢人所行也石鼓文或增人作衜其誼甚明由行而變爲𢓊形已稍失許書作𧗝則形誼全不可見于是許君乃釋行爲人之步趨謂其字从彳从亍失彌甚矣古从行之字或省其右作

衛

彳或省其左作卜許君誤認爲二字者蓋由字形傳寫失其初狀使然矣父辛觶亦作卄與卜辭合訓宮中道之𡨦字正从此許君謂从口象宮垣道上之形不知口但象宮垣而象道路者乃在口內之卄字也作𢓊與石鼓文同作𢓊則省行之半誼已明矣 [殷]

宿衛也从韋帀从行行列衛也于歲切

衛父卣器

衛父卣蓋

衛公叔敦

衛公叔敦

禹攸比鼎

[吳]

穌衛妃鼎

同禹攸比鼎

衛公叔敦

衛姬壺

古鉥衛遄

古鉥衛往

古鉥衛和

古鉥衛生達

古鉥衛[illegible]

丁
衛 衛父卣
賢觥
司寇良父壺
司寇良父

敦
鬲攸比鼎
穌衛妃鼎
編
衛 郭 待衛

衛疑
衛鐵
衛
徵
卷一第二十三葉
卷四第二十

一葉
同上
第十七葉
卷六第二十二葉

卷七第八葉
第二十五葉
第二十六葉
卷八

第四葉
後編上第一葉
下第十一葉
第二十

衛

六葉 衛 第二十二葉

說文解字韋相背也从舛口聲獸皮之韋可以束
枉戾相韋背古借爲皮韋古文作𡍮又衞衜衛
也从韋帀从行行列衛也卜辭韋衛一字从口从
𡕒象衆足守衛口內之形獸皮可束枉戾故由守
衛之誼而引申爲皮韋之韋或从行从止从方古
金文作衛衛父卣此省𡕒爲𡕒又或增𡕒爲衛而省
方

殷

衛 卷六第二十二葉 衛 同上

衍　齒

从行从武此步武之本字後世經典借武字爲之

而專字亾矣 殷

卷十八第二十二葉 殷

口齗骨也象口齒之形止聲凡齒之屬皆从齒昌里切

古文齒

古鉥部

齒

古鉥宰齒

古鉥□齒

丁

齒□學

□季

徵

卷一第二十五葉

卷四第四葉

卷六第三十一葉

第四十五葉

後編下第五葉

龜甲獸骨卷一第十六葉

補案此與說文解字古文齒字作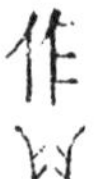相近象張口見齒之形 殷

齕

齧也从齒气聲户骨切

古鉩趙齕 許氏說齕齧齒也 丁

牙

牡齒也象上下相錯之形凡牙之屬皆从牙五加切

古文牙

牙 屓敖敦

魯遵父作季姬牙父敦 編

足

人之足也在下从止口凡足之屬皆从足徐鍇曰口象股脛之形即玉切

足跡父子鼎

主父己足跡彝

足跡父己卣

足跡罍 源

宁𣪘蓋

師兌敦 許氏說人之足也从止口 徐鍇曰口象股脛之形

丁 足 踦 待

徵

長跽也从足忌聲渠几切

卷七八第一一十五葉

殷

祚案此从止从己殆即許書之跽字後世增心耳

登也从足齊聲商書曰予顛躋祖雞切

石鼓

源

躋从辵 齊侯壺

齊鎛

編

追也从足重聲一曰往來皃之隴切

古匋古文童重通故从重之字亦从童二古作𡔲

丁

雞距也从足巨聲其呂切

距末

吳

距末 距悍

編

路 疋 品

道也从足从各臣鉉等曰言道路人各有適也洛故切

史懋壺蓋 吳

路 史懋壺 編

足也上象腓腸下从止弟子職曰問疋何止古文以爲詩大疋字亦以爲足字或曰胥字一曰疋記也凡疋之屬皆从疋所菹切

古鉢疋生口弟子職曰問疋何止古文以爲詩大雅字亦以爲足字或曰胥字 丁

衆庶也从三口凡品之屬皆从品丕飲切

父乙鼎

品伯彝

牧敦 源

品分鼎

周公彝錫臣三品 許氏說品衆庶也 丁

品周公敦錫臣

喿 龠

三品 州人 東人章人 編 品 卷五第二十五葉 品 同上 品 後編下第九葉

祚案作品與周公敦同 殷

鳥羣鳴也从品在木上 穌到切

叔喿父敦 吳

喿 叔喿父敦 編

樂之竹管三孔以和衆聲也从品侖侖理也凡龠之屬皆从龠 以灼切

龠 散盤 編

龢

調也从龠禾聲讀與和同户戈切

商鐘

宝和鐘

許子鐘

楚卭仲南和鐘

遲父鐘

盄和鐘

齊侯鎛鐘

齊侯鐘

大夫始鼎

師楂敦

師毀敦

綏和壺

源

古龢字調也象以手按龠之形許氏說龠樂之竹管三孔以龢衆聲也古龠从亼口

叔向敦

魯遼鐘

僕兒鐘

卭君婦壺

邾公鐘

虢叔鐘

沇兒鐘

郝人鐘

克鼎

召伯彝

邾公牼鐘

叔氏寶林鐘

王孫鐘

散氏盤省文

吳

番生敦

虘眔鐘

龢鼎
鄭邢叔鐘
古鉨䅿囗
丁
龢不从龠經典通作和郳

公釛鐘禾字重文
王孫鐘
沇兒鐘
邾公華鐘
邾公牼

𠭯編鐘
虢叔鐘
魯邍鐘
昆疕王鐘
師兌敦

子璋鐘
井人鐘
龢尊
邛君壺
善夫克鼎

克鼎
叔氏鐘
𦿫伯敦
叔向敦
番生敦
余義鐘从

音从禾
編
卷二第四十五葉

說文解字龢調也从龠禾聲讀與和同此从龠省

殷

符命也諸侯進受於王也象其札一長一短中有二編之形凡冊之屬皆从冊楚革切  古文冊从竹

 夏鉤帶  冊命鼎   父乙鼎

 冊卣  舉冊父癸卣  癸亥父己鬲鼎  伯姬鼎  師毛父敦

 尨敦  郱敦

源

 古冊字父乙卣  師虎敦  師奎父鼎  頌鼎 

守敦  吳尊  克簋借典為冊

吳

 師酉敦  師龢父敦  冊二母己鼎 

庚午鼎 無惠鼎 趩尊 周公彝

丁

册獻尊 朋父丁敦

木工鼎 般甗 㫃盂 册守父乙觚 秉鼎 趩尊

望敦 免盤 免敦 吳尊 頌壺 頌鼎

師酉敦 休盤 師奎父鼎 師虎敦 師嫠敦 睘卣

無叀鼎

編

卷四第二十七葉 同上 卷五第十一葉

同上 同上 卷七第十二葉 第十八葉 第二十九

葉

說文解字冊象其札一長一短中有二編之形古文从竹作䇡卜辭中諸字與古金文同或增廾象奉冊形

祚案師酉敦蓋冊作𣅙古文所从𠆢𠆢殆由丨丨而譌

殷

諸侯嗣國也从冊从口司聲徐鍇曰冊必於廟史讀其冊故从口祥吏切

古文嗣

微欒鼎

晉姜鼎

虢姜敦

石鼓

源

盂鼎

毛公鼎

吳

盂鼎

石鼓

丁

嗣

毛公鼎

盂鼎

編

古籀彙編弟三上

臨海徐文鏡編

㗊

衆口也从四口凡㗊之屬皆从㗊讀若戢阻立切又讀若呶

㗊 卷十八弟五葉

祚案卜辭中从日之字間亦作口 殷

嚚

語聲也从㗊臣聲語巾切 𡃩古文嚚

嚚 卷十八第五十五葉

嚻 器

补篆象㗊口之嘵嘵疑即嚻字 殷

聲也气出頭上从㗊从頁頁首也許嬌切 說文 省

古嚻字从金 邵鐘 王孫嚻鼓

吳

嚻 嚻伯盤

編

皿也象器之口犬所以守之去冀切

穆公鼎

源

周㝨鼎

師器父鼎

眔卣

䣄鼎

僕兒鐘

散氏盤

中盤

周㝨敦

函皇父敦

吳

函皇父敦器

鄦侯敦

封敦

叔姬靈簠

古鉥 壬戌

兵器

丁

器 散盤

周㝨鼎

周㝨敦

黃韋俞父盤

眔卣

叔姬簠 函皇父敦 鄦侯敦 龔鼎 陳侯因資敦

邾公華鐘 子叔嬴芮君盦 秦公敦 仲盤 編

郭 徵

舌

在口所以言也別味也从干从口干亦聲凡舌之屬皆从舌 徐鍇曰凡物入口必干於舌故从干食列切

古鉥羊舌垣 丁

干

犯也从反入从一凡干之屬皆从干 古寒切

古干象形字 爵文

手執干形鼎文  毛公鼎干吾即斁敔之省文 吳  干豦敦干戈  干氏叔子盤  毛公鼎以乃族干吾王身徐同柏曰讀如扞禦詩兔罝公侯干城傳干扞也 編

不順也从干下凵屰之也魚戟切  卷六第四十葉  後編下第十一葉

說文解字屰不順也从干下凵屰之也案爲倒人形示人自外入之狀與逆同字同意故卜辭逆字亦如此作

雒案秦繹山石刻逆字从尙存古誼後世小篆移一于中閒形益晦矣 殷

㕯 商

言之訥也从口从内凡㕯之屬皆从㕯 女滑切

徵

从外知内也从㕯章省聲式陽切 古文商 亦古文商 籀文商 乙酉父丁彝

乙酉戍命彝 曾侯鐘 京姜鬲 源 乙亥鼎商貝與賚字同賜也今經典通用賞

辛子敦 丁未伐商角 聊虘匜 古鉢文 吳 魯士商戲敦

商尊 距末 古鉢商卿 丁 商 商婦甗 商尊

商丘叔簠 取虘匜 祖生卣 商戲敦 末距悍

姑口句鑃　孳乳爲賞丁未角觚賞征貝　師鼎　般甗　辛巳敦

鼎文

編

卷二第一葉　同上　同上　第二葉　同上　同上

說文解字啇从冏章省聲古文作　籀文作

卜辭與篆文同篆文上从辛此从𢆉耳乙亥鼎作

丁未角作　均與此同卜辭或又省口

殷

句

曲也从口丩聲凡句之屬皆从句古侯切又九遇切

古句字讀若鉤姑馮句鑃

句字反文 㠱句鑃 吳
句 鬲比簋
鄭勇句 父鼎
姑口 句鑃
其㡀 句鑃
孳乳 為耇

師㝨父鼎用祈釁壽黃耇吉康 編
卷八第四葉

祚案姑馮句鑃作此口在中與此稍異當亦是句字 殷

茻

艸之相丩者从茻从丩丩亦聲居虬切

許氏說茻艸之相丩者从艸从丩 散氏盤茻淮阮相國說借茻為糾

或从皿靜敦茻邑 邦周當讀作糾師

伯茻敦 吳

古

故也从十口識前言者也凡古之屬皆从古 臣鉉等曰十口所傳是前言也公戶切

古文古

十

古父丁彝

師淮父卣

石鼓

源

古文以為故字孟鼎
故字重文

吳

師雝父鼎

石鼓

古鉢

古匋

丁

古孳乳為故
孟鼎故天翼臨子

編

數之具也一為東西丨為南北則四方中央備矣凡十之屬皆从十

是執切

父乙鼎

己酉戌命彝

聘鐘

南宮中鼎

公緘鼎

高克尊

文姬彝

公谷卩甬

源

古十字
盂鼎

函皇父鼎

吳

古鉨十四年
十二月平給

丁

十 盂鼎

克鐘

史獸鼎

㫃鼎

虢季子白盤

不㝨敦

庚蠃卣

觶尊

無㠱敦

秦公敦

齊鎛

者㲋鐘

䰜鼎

盂鼎 五十合文

召尊

盂鼎 八十

編

卷二二第一十二葉

卜辭中十字至多不遑備舉其紀月者則十月作 卷二第三十五葉 又作 卷一第二葉 卷二第二十五葉 十一月作 卷七第三十四葉 又作 卷一第三十五葉 卷一第十一葉 十二月作 卷二第九葉 又作 卷四第七葉 第十一葉 第二十二

千

葉十三月有閏之年則卜辭有十三月作□第七葉又作□卷二第二十五葉其紀物數者則十一作丨一卷四第四十七葉十五作□卷一第二十九葉又作□卷三第二十二葉十六作丨∩卷二第八葉

【殷】

十百也从十从人此先切

晉姜鼎

千字錢

大錢當千

【源】

古千字盂鼎

散氏盤

古鉥文

【吴】

古鉥千秋

古鉥千秋

古鉥千牛全羊

古鉥宜有千萬

古鉥萬金

古鉥呂千家

古三面鉥百千万

古鉥千秋千字

倒文

【丁】

千盂鼎

散盤

盂鼎三千合文

【編】

[illegible]蘭金

凝 凝 馨 鄦 凝 鄦

鄦 擧 鐵 馨 馨 擧 凝

凝 鐵

徵

卷六第四十六葉 卷八第五

葉 後編上第二十一葉 下第四十二葉 龜甲

獸骨卷一第一葉

卜辭中凡數在千以上者則加數于千字之中間

二千作 後編下第四十二葉 三千作 卷六第三十四及上第十七葉 又

作 第三十八葉 五千作 卷七第十五及下第一葉 博古圖卷二十二

載齊侯鎛或從四千作 原釋三千余意是四千也 盂鼎 宣城李氏藏者

萬三千八十一人三千亦作 與卜辭同 殷

博

大通也从十从尃尃布也補各切

石鼓

源

師寰敦 古文以為博字 薄下重文

吳

古鉨事博

丁

博 師寰敦

編

無

徵

廿

二十并也古文省人汁切

徽欒鼎

秦權

源

古廿字 頌鼎

頌壺

頌鼎

伊敦

吳

廿 頌鼎

頌壺

宰椃角

伊敦

善夫克鼎

卅

宗周鐘  大梁鼎  戊辰敦

編  卷一第十九葉  卷二第一十

八葉  卷六第四葉

三十幷也古文省凡卅之屬皆从卅 蘇沓切

 石鼓  周陽侯鐘

源  古世字 曶鼎  大鼎  格伯敦  石鼓

吳  古匋 許氏說卅三十幷也

丁  世 毛公鼎  曶鼎   格伯敦  鬲攸比鼎  大鼎

編  卷

一第二十五葉  後編上第一十二葉

殷

世

三十年爲一世从卉而曳長之亦取其聲也舒制切

商鐘

己酉戌命彝

世母辛卣

兄癸卣

師梧敦

封比干墓銅盤

石鼓

[源]

吳尊世子孫永寶

師遽方尊世孫子永寶从目

趩尊曰世孫子毋敢家永寶从米與枼字同意

黃尊从目

姜柦古鉢文

从十从止十止爲世彝器有象兩足形者即世世之義詩繩其祖武武亦足迹也師遽敦曰世孫子永寶

或从世三十世也 邵鐘世世子孫

[吳]

禹攸比鼎

獻白彝十世不諲

[丁]

世與世爲一字 公伐郘鼎世爲周畐

伯尊其萬年世孫子永寶

邵鐘

吳尊

師遽敦

師㝨鼎

伯𣪕敦世子孫永寶

卌

戜从木

䣓伯敦十祀不諲

戜从米

趩尊世孫子毋敢家

戜从竹

且日庚敦

用世孝高

戜从百師遽尊世孫子永寶

沈兼士說戜百世之合文

黃尊

編

凝

鄭

徵

卌

周陽侯鐘

源

卌𢌿鼎廣均引說文有此字林部

𤔔字說解亦引之今本奪佚

編

卷二一第

二十七葉

卷四第八葉

說文解字有廿卅而無卌博古圖卷十載敔敦有

之文即訓卌矣宋人誤釋作傒白

𦉢鼎卌秭之

卌亦作與卜辭同凡數在二十三十四十以上

者卜辭皆用廿卅卌字如二十人作卷六第二四葉

言

直言曰言論難曰語从口䇂聲凡言之屬皆从言 語軒切

十五作∪㐅 卷二第三十四葉 四十一作⋓一 卷二第一十七葉

四十八作⋓八 卷二第三十三葉

言父癸彝

內言卣

言父爵

言肇鼎

父乙甗

源

古言字 伯矩鼎

吳

古鉩 言倉言

古鉩 口言

古鉩 口言

古鉩 悊言古文或亦作音

古鉩

思言 敬事

古鉩思言同上皆周秦閒文字

丁

言 伯矩鼎

鬲比盨

穀卣

編

凝

墨

季

二世

徵

卷五第一十葉

後編下第十葉
第二十三葉
龜甲獸骨卷一第

四葉
殷

語

論也从言吾聲魚舉切

古語字从吾
僕兒鐘

吳

古鉢肎語

古鉢五蓋語

丁

語
余義鐘

編

遯

季

舉

徐

徵

謂

報也从言胃聲于貴切

石鼓

源

古謂字
石鼓文

吳

許

聽也从言午聲虛呂切

毛公鼎曰虢許上下

吳

鬲攸比鼎

二年羣子戈

讎

諾

古鉢許齊

古鉢許疆

古鉢許童𡗝 从言省

古鉢許事戜 更从心

丁

許 鬲攸比鼎

毛公鼎

編

譍也从言若聲 奴各切

語辭从口𦬓聲小篆作諾 从言後人所加智鼎

彔伯戎𣪘王若曰古通作𦬓

吳

諾从口𦬓聲與从艸右之若異从言後人所加此不从口𦬓字重文毛公鼎

師寰𣪘

師虎𣪘

彔伯𣪘

毛公鼎

曶鼎

爾雅釋詁若善也釋言若順也𥳑膚鼎子孫是若與詩烝民天子是若同義

編

猶譍也从言雔聲 市流切

古讎字从兩隹相背 讎尊蓋

吳

讎 鬲比盨

讎尊

編

諸

辯也从言者聲章魚切

父乙彝

張仲簠

嘉仲盉

諸旅鬲

秦權

秦斤

源

古文以為諸字宗敦

子白盤諸侯百姓

諸女觴

方尊

陳侯因資敦

諸女匜

諸沼鐘

弭中簠諸友如此

陳子禾子釜

吳

邾公牼鐘

丁

諸不从言

兮甲盤者字重文

𧦝

快也从言从中於力切

𧦝敔 許氏說从言从中案即古意字古文言合心口為之作𠯑故古从言之字或省从口是則心口為言言心為意此下从口與从心同古祇作𧦝書意憶億皆後起

丁

𧦝敦

編

訓

說教也从言川聲許運切

訓 書言府弩 鐵 源

毛公旅車鼎

古鉩部訓

古鉩武訓 信鉩

誨

曉教也从言每聲荒内切

謀 慮難曰謀从言某聲莫浮切

古文謀

亦古文

唯𠕇鼎 源

古謀字从言从每與許書誨字相類疑古文謀誨為一字說命朝夕納誨當讀納謀王孫鐘謀猷如此 吳

不𢿝敢肇謀于戎工 丁

誨謀為一字說文謀古文作𠱫从母从口又作𧦝从母从言王孫鐘誨猷即謀猷吳大澂曰說命朝夕納誨當讀納謀

不𢿝敢女肇誨于戎工 編

識

常也一曰知也从言戠聲賞職切

戠　㪟

源

古識字詩織文鳥章織徽織也旗之有識

者曰旗幟从糸从巾从言皆後人所加格伯敦

或从音　趩尊

吳

豆閉敨

克彝

古鉥不識

古鉥揚識

古鉥識華之鉥

古匋王識

古識卣

丁

識不从言

格伯敦戠字重文

編

訊

問也从言卂聲思晉切

古文訊从鹵

古訊字从糸从口執敵而訊之也虢季子白盤

兮白盤

吳

不㝨敦

丁

陳介祺釋訊虢季子白盤執訊五十即詩之執訊獲醜及執訊連連也

兮甲盤

謹

揚敦 不嬰敦 師寰敦 編

慎也从言堇聲居隱切 古謹字从音六國時字音言互用也古鈢文 吳 舉 古

澂 郭 徵

諶

誠諦也从言甚聲詩曰天難諶斯是吟切 諶肇鼎許氏說誠諦也詩曰天難諶斯 丁 諶 諶鼎 編

信

誠也从人从言會意息晉切 古文从言省 古文信 仲信父甗 館陶釜 源 信陵君左

軍鈛原書以爲古計字从千陳簠齋謂从千即禾是古穌字案在古鈢計有別此當以釋信爲是古从人非禾乃信字反文匋文人皆作千兮仲鐘用侃

喜之侃字左作亻
可證此為从人

古鉨公孫安信鉨信鉨屢見
古鉨漢私印信印二字本此

古鉨□昜信
鉨左譌類

古朱文一字鉨與郚字相
類疑古文信訊為一字

古鉨悝信周秦間文字多任意彣飾
亻加•已不可解此益詭異難識

古鉨士信

古鉨璋宗鄘
徒信鉨

古鉨仲矢馬
猎信鉨

古鉨寷
之信鉨

古鉨
趙信

古鉨右徒文㝷信鉨陳𥂮齊以為安字
近安陽刀案左从心仍是信

古鉨信
古心口為言

从口或从心皆為从言省不僅如
許說𠆢字為从言省也

古鉨陳去疾
信鉨

古鉨□□信鉨

古一字
鉨

古鉨
忠信

丁

信䛁待

徵

誋

誡也从言忌聲渠記切

齊侯鎛

吳

誋 齊鎛

編

諱

誋也从言韋聲許貴切

齊侯鎛鐘

齊侯鐘

源

諱 屖敖敦

編

誥

告也从言告聲古到切

古文誥

古匋誥囗人匋㕡貽

丁

詔

告也从言从召召亦聲之紹切

秦權

源

曶鼎

丁

誓

約束也从言折聲時制切

約信也小篆从折从言 散氏盤

皆散氏盤文

齊侯壺

古陶器文从止从言从斤

亦古陶器文

或从心不从言言必由衷也古陶器文

誓無二心故从斤

誓反文

或从言非从音也以上三字皆鉥文疑紵劆所用 吳

同禹攸比鼎

番生敦古文祈誓哲通

古鉥

古鉥

古鉥

古鉥 丁

誓不从言 齊侯壺折

字重文

散盤

禹攸比鼎 編

詁

訓故言也从言古聲詩曰詁訓公戶切

古鉥文 吳

古鉥韓詁

古鉥喬詁 丁

舉 徵

誎

餔旋促也从言束聲桑谷切

古

徵

諫

証也从言柬聲古晏切

諫尊

齊侯鎛鐘

齊侯鐘

[源]

从柬言
从門闌

門以納諫
盂鼎

或省言馭方鼎馭方休諫

[吳]

大克鼎

諫敔

古鉢戊諫

[丁]

諫廣雅釋言諫促也盂鼎戎敏諫罰訟

薛氏欵識齊侯鐘諫罰朕庶民作諫

諫从柬从言从門闌門以

納諫吳大澂說盂鼎朝夕入諫

克鼎

番生敦

諫敔

[編]

古

諫

諫 徐和 鉉

[徵]

諴

和也从言咸聲周書曰不能諴于小民故覽切

古諴字从言从鹹省鄀公簠

从糸从咸省亦古諴字毛公鼎

[吳]

諴从言从

緘省都
公盦
編

徒歌从言
肉余招切

古鉢口言敀鉢許氏說
徒歌窯即古謠字
丁

喜也从言斤
聲許斤切

古鉢公孫訢
同欣

古鉢公孫訢
丁

鐵
訢
徵

會也筭也从言
从十古詣切

十谷口
角
源

古計字从
千鉢文

或从十
古鉢文

古鉢文

貨賄用璽節故古
鉢多計鉢之文

子栗子
計鉢

所筥計
鉢

團之計
鉢

佸筍計
鉢

誼 護 謝

吳

計 古鉥計官之鉥此自是計與計有別許氏說會也筭也周禮天官小宰以六計弊羣吏之治此計官或爲古計吏之官又或計是姓姓氏急就篇粤有計然濮上人

計 古鉥 計平

計 古鉥軍計之鉥疑古計筭軍實之官鉥

丁

人所宜也从言从宜 宜亦聲儀寄切

誼 甘泉上林 宮行鐙

源

救視也从言 蒦聲胡故切

護 綏和壺

源

護 古鉥敦護

丁

辤去也从言 䠶聲辭夜切

謝 待

徵

卷三第三十六葉

卷四第四葉

第三十八葉

卷五第三十三葉

同上

同上

同

上 藏龜第九十六葉 書契菁華第一葉 後編

上第十二葉 下第十葉 第九葉

說文解字謝辭也从言䠶聲卜辭諸謝字从言从兩手持席或省言或省兩手知爲手持席者許書席古文作㐁夙古文作㐁㐁又云宿字从此豐姑敨宿字作宿許書席之古文从㐁古金文宿从㐁皆象席形此作㐁作㐁作㐁文有繁簡形則同也知兩手持席爲謝者祭義七十杖于朝君問則席注爲之布席堂上而與之言正義布席令坐也此从兩手持席者蓋臣于君前不敢當坐禮故持席

以謝也此古禮之僅存于祭義中者今由卜辭觀之知賜席之禮古矣篆文从䠶聲乃後起之字 殷

詠

歌也从言永聲為命切

詠或从口

咏伯匜許氏說詠或从口 吳

季詠父敦詠或从口 編

評

召也从言乎聲荒烏切

古文以為呼字頌鼎

皆頌敦文

師遽敦 吳

評不从言頌鼎乎

字重文 編

諺

傳言也从言彥聲魚變切

古鉢諺國从彥者 丁

訝

相迎也从言牙聲周禮曰諸侯有卿訝發吾駕切

訝或从辵

古匋孟棠□里人迓許氏說訝或从辵 丁

訥　䜌

言難也从言从内内骨切

古鉩長訥

丁

亂也一曰治也一曰不絕也从言絲呂員切

古文䜌

盄和鐘

䜌女鼎

宋公䜌鼎

微䜌鼎

伯姬鼎

𢦏敦

源

許氏說亂也子白盤毋敢或入䜌宄

散氏盤余有爽䜌

古文以為蠻字號季子白盤

古文以為鑾字鄦惠鼎

商方卣人名

吳

頌鼎朱黃鑾旂

頌敦器文

頌敦蓋文

古鉩䜌敬稷

丁

䜌說文古文作

䜌卣

兮甲盤毋

敢或入䜌宄

孳乳為蠻虢季子白盤用政蠻方

秦公敦虩事蠻夏

孳乳為鑾頌鼎

鑾旂 頌敦 寰盤 休盤 免簠 孳乳爲孌中伯作

孌姬壺簋 文作孌 䜌左軍戈 編 箋 徵

誤 謬也从言吳聲五故切

古匋中蔓里東方誤 从言省 丁

註 誤也从言圭聲古賣切

古匋紹遷㐭匋里註 許氏說誤也 丁

訇 騃言聲从言勻省聲漢中西域有訇鄉又讀若元虎橫切

籀文不省

智鼎舊釋詞又釋這案字从言从勻省古从勻之字多省作 此當

釋訇是地名許氏曰漢中西域有訇鄉 丁

諅 譌 訬 諆

諅 忌也从言其聲周書曰上不諅于凶德渠記切

齊侯壺諅則爾諅許氏說諅忌也諅諅古通 吳

諅从口 齊侯壺諅則爾諅 編

譌 譌言也从言爲聲詩曰民之譌言五禾切

古譌字譌言也許氏說㘝讀若譌或从繇作㘝古文繇䌛爲一字繇之轉爲謠詠散氏盤

師寰敦 吳

彔伯戎敦吳窓齋曰古文䌛繇爲一字繇之轉爲謠詠 丁

訬 訬擾也一曰訬獪从言少聲讀若毚楚交切

古鉩王訬許氏說訬擾也亦曰訬獪或謂即古妙字 丁

諆 欺也从言其聲去其切

許子鐘

分寧鐘

王子吳鼎

杞公匜

孟姜匜 源

諆田鼎

甚諆鼎

古文以為欺字 師寰敦

古文以為期字 王子吳鼎

諆

王孫鐘 吳

遂攺諆鼎許氏說欺也吳窓齋曰古文以為期字 丁

諆 旁鼎

甚諆鼎

令鼎

索諆角

師寰敦

王孫鐘𦅫壽 無諆段為期 編

訟

爭也从言公聲曰謌訟似用切

古文訟

古訟字 孟鼎

揚敦 吳

曶鼎 丁

八

訟 揚敦

孟鼎 編

訶

大言而怒也从言可聲虎何切

古文以為歌字从言可聲 僕兒鐘歌字重文 吳

古鉥 訶里隹鉥 大言而怒也

古匋古訶字案訶責也譴也有訶止意故从止

丁

訶通歌 余義鐘飲飤訶舞

編

墨

徵

訴

告也从言斥省聲論語曰訴子路於季孫臣鉉等曰斥非聲蓋古之字音多與今異如皀亦音香豐亦音門乃亦音仍他皆放此古今失傳不可詳究桑故切

訴或从言朔

訴或从朔心

古鉨謘綵 許氏說謘告也論語曰訴子路於季孫

丁

讓

相責讓从言襄聲人漾切

齊安鑪

源

誶

讓也从言卒聲國語曰誶申胥雖遂切

古誶字 寡子卣蓋

吴

⿰言望

責望也从言望聲巫放切

古⿰言望字从言从朢省小篆不省許氏說⿰言望責望也師朢鼎王用弗⿰言朢言王嘉師朢而弗責望也

吳

𨟻伯𣪕十世不⿰言朢許氏說責望也此借為忘

召尊召不敢忘王休異

丁

⿰言朢不从言虘敦朢字重文

从言从朢省

師望鼎王用弗⿰言朢

𨟻伯敦十世不⿰言朢

編

詘

詰詘也一曰屈襞从言出聲區勿切

詘或从屈

古鉩王口詘許氏說詘詰詘也一曰屈襞衣

丁

謚

行之迹也从言兮皿闕徐鍇曰兮聲也神至切

窖罄

源

詬

謑詬恥也从言后聲呼寇切

詬或从句

徵

訄

迫也从言九聲 讀若求巨鳩切

古鉨司馬訄許氏說訄迫也 讀若求

丁

譭

師譭 敔

源

譄

晉姜鼎

源

誙

古誙字說文所無疑經之異文古玉鉨

吳

訞

說文所無 伯訞父鬲

編

訴

說文所無 訴敨鼎

編

詠 詖 詩 詈 詠 詄

詠 寡子卣 說文所無 編

詖 䜘叔敦 說文所無 編

詩 孟詩父壺 說文所無 編

詈 鐵 徵

詠 無 徵

詄 馨 徵

訑　詋　諻　⿰言魚　譱

訑：侍　季　〔徵〕

詋：郭　鐵　〔徵〕

諻：凝　〔徵〕

⿰言魚：季　鏊　意　〔徵〕

譱：吉也从誩从羊此與義美同意常衍切　善篆文善从言　龙敨　師毀敨　寅簋　〔源〕

古善字散氏盤　皆散氏盤文　大鼎　卯敦　克鼎善夫　克簋

古鉥文
古鉥文
吳
毛公鼎
善夫小克鼎

善鼎
古鉥善壽
古鉥宜善
古鉥善壽
古鉥
古鉥

丁
善譱
毛公鼎
諫敦
善鼎
孳乳為膳
取它人之膳鼎

卯敦
善夫克鼎周禮膳夫
掌王之食飲膳羞
大鼎
大敦

鬲比簋
克鼎
克簋
編
醫

激
郭
待
季
鄭
徵

競

彊語也一曰逐也从
誩从二人渠慶切

宗周鐘

許氏說競彊語也一曰逐也从誩从二人

丁

競 宗周鐘

競卣

編

卷五第四十一葉

後編下第十葉

說文解字競从誩从二人此从誩省

殷

音

聲也生於心有節於外謂之音宮商角徵羽聲絲竹金石匏土革木音也从言含一凡音

盄和鐘

張仲簠

源

響

聲也从音鄉
聲許兩切

牧敨

源

章

樂竟爲一章从音从十十數之終也諸良切

曾侯鐘

大夫始鼎

石鼓

源

古章字師

遽方尊

頌敦

魯公伐郐鼎

乙亥敦

吳

楚曾侯鐘

史頌敔蓋

同大敔

章叔敔

古鉨長章

古鉨太章和

丁

師遽尊

頌敦

史頌敦

大敦

公伐郐鼎

章乙亥敦

競卣

編

季意

季

徵

竟 韶 䪫 辛

樂曲盡爲竟从音从人居慶切

竟窮也目力所窮从見从𡳿立表以爲界謂之境猶關之有北也二古上字从土後人所加散氏盤

吳

古鉩郳竟許氏說樂曲盡為竟絫竟止也土地所止亦曰竟後人引製境字非

丁

和也从音負聲裴光遠云古與均同未知其審王問切

商鐘

曾侯鐘

源

何庚切音恒

宋公䪫鐘

源

辠也从干二二古文上字凡辛之屬皆从辛讀若愆張林說

去虔切

後編下第二十四葉

同上

第二十六葉

此卽許書部首之辛卜辭中諸从此者不少特不可盡識其見許書者則口部之啇一字耳予案許書辛䇂兩部之字誼多不別許君于䇂字注云辠也以童妾二字隸之辛注从䇂辠也而以辠辜等五字隸之兩部首字形相似但爭一畫考古金文及卜辭辛字皆作䇂金文中偶有作辛者什一二而已古文辛與䇂之別但以直畫之曲否別之若許書辛部之辪之辥金文皆从䇂部首之辟卜辭从䇂䇂䇂金文从䇂䇂其文皆與䇂同又古文言童妾龍鳳諸字則金文于言童妾三字从䇂卜辭中則妾从䇂戠从䇂言从䇂龍鳳从䇂意均爲䇂之或體蓋因字勢而紐申之耳凡許書辛䇂二部

所隸之字及部首之辟口部之咅皆應隸丂部庚辛之辛字形與丂之或體丫字雖同然卜辭與古金文從無从一曲其末畫者其初誼既不可知則字形亦無由可說次于庚部之後但立爲一部可矣又疑咅卽言字之或體意不能決姑此俟考

殷

男有辠曰奴奴曰童女曰妾从辛重省聲徒紅切

籒文童中與竊中同从廿廿以爲古文疾字

古鉥文

吳

古鉥

許童𡦹鉥

丁

童𨱔乳爲動毛公鼎雩四方死毋動

番生敦

編

僮郭

戩

妾

有辠女子給事之得接於君者从辛从女春秋云女為人妾妾不娉也七接切

師毀敦

源

伊敦

克鼎

吳

妾克鼎

伊敦

編

卷四第二十五葉

後編上第十六葉

說文解字妾从辛从女此从▽乃辛省

殷

業

大版也所以飾縣鐘鼓捷業如鋸齒以白畫之象其鉏鋙相承也从丵从巾巾象版詩曰巨業維樅魚怯切

古文業

盄和鐘

源

曾伯霥簠

吳

臤尊

古鉢成業

古鉢業余

對

古鉢叢考

丁

譍無方也从丵从口从寸都隊切

對或从士漢文帝以爲責對而爲言多非誠對故去其口以从士也

齊侯鎛鐘

齊侯鐘

大夫始鼎

南宮中鼎

季娟鼎

師秦宮鼎

伯姬鼎

師艅

尊

高克尊

師淮父卣

尹卣

師毛父敦

戠敦

宰辟父敦

尨敦

邦敦

師楷敦

師毁敦

牧敦

敔敦

寅簋

父乙甗

源

小篆作對許氏說對或从士漢文帝以為責對而為言多非誠對故去其口以从士也今彝器對字多从丵不从口許說非也號叔鐘

太保敦如此

或不从又 貉子卣

彔伯戎敦 對字从貝

君夫敦敢對揚王休對字如此

曆鼎

無曩敦

歸夆敦

吳

毛公鼎

伯晨鼎敢對揚

王休借業為對

使夷敦

無惠鼎

召伯虎敦

丁

對許氏說漢文帝去口从士非號叔鐘

追敦

寰盤

免卣

同卣

師嫠敦

段敦

史獸鼎

守敦

師奎父鼎

無曩敦

師遽尊
師遽敦
敔敦
貉子卣
令鼎
虘編鐘

封敦
豆閉敦
紳敦
趩尊
趩叔尊
穸鼎

大敦
頌敦
頌鼎
頌壺
毛公鼎
番生敦

𩁹伯敦
靜敦
趞敦
大鼎
師酉敦
芮伯敦

同敦
大保敦
𡨦侯鼎
彔伯敦
召伯敦
君夫敦

編
卷四第二十八葉
龜甲獸骨卷二第二十

說文解字對从丵从口从寸或从士作對漢文帝以爲責對而爲多言非誠對故去其口以从士也案古金文無从口作者亦非从士又許書从寸古金文及卜辭均从又 殷

瀆菐也从丵从廾廾亦聲凡菐之屬皆从菐臣鉉等曰瀆讀爲煩瀆之瀆一本注云丵衆多也兩手奉之是煩瀆也蒲沃切

僕通用

張仲簋 源

給事者从人从菐菐亦聲蒲沃切

古文从臣

宰辟父敨

師毀敨

太宮壺　聘鐘　齊侯鎛鐘　齊侯鐘　高克尊　源

靜敦　史僕壺　旂鼎　吳　趞鼎　丁

僕旂鼎　史僕壺　趞敦　靜敦　公伐郘鼎　从臣

公伐郘鐘　召伯虎敦孫詒讓釋僕云僕墉土田猶詩魯頌之土田附庸左氏傳定四年之土田陪敦也王國維曰僕附陪三字同音附作僕作陪者聲之通叚作敦者字之誤也

或从宀魯大僕遽父敦　齊鎛　齊大僕歸父盤

編　後編下第二十葉

說文解字菐瀆菐也从廾廾亦聲又僕給事者古文从臣作𦣞案古金文無从臣作𦣞有史僕壺靜敢旂鼎諸形卜辭僕字从𠙹即古金文之甾从𠙹即古金文之辛从㐅即廾𡰣則象人形而後有尾許君所謂古人或飾系尾西南夷亦然者是也（說文解字尾字注）僕為俘奴之執賤役瀆菐之事者故為手奉糞棄之物以象之菐僕古為一字許書从丵乃从甾辛之譌也 殷

竦手也从𠂇从又凡廾之屬皆从廾（居竦切今變隸作廾）

楊雄說廾从兩手

古匋 楚城遷口里廾陳簠齋共釋謂即古恭字或謂與廾同非

古匋楚城遷口里廾 丁

奴 叔向敦

豆閉敦

奉　丞

師寰鼎 編

卷一第十二葉

卷五第二十二葉 殷

承也从手从廾丰聲扶隴切

漢神鑑三 源

古奉字象兩手奉玉形 己亥鼎

毛公鼎

琱父辛彝 吳

奉 秦公敦 編

鐵 徵

翊也从廾从卩从山山高奉承之義署陵切

伊彝

石鼓

秦權 秦斤

孝成鼎

好時

鼎

丞相府漏壺

車宮承燭槃

書言府弩鐖 源

石鼓 丁

藏龜第百七十一葉

後編下第二十二葉

象人𠬪阱中有𢪏之者𠬪者在下𢪏者在上故从𠬪象𢪏之者之手也此卽許書之丞字而誼則爲𢪏救之𢪏許君訓丞爲翊云从廾从卩从山山高奉丞之誼蓋誤𠬪爲廾誤凵爲山誤卩爲卩故初誼全不可知遂別以後出之拯代丞而以承字之訓訓丞矣

祚案卜辭中又有作从𠬪从卩亦丞字象由下𢪏之之形則許君之从廾亦有由矣

殷

取奐也一曰大也从廾敻省臣鉉等曰敻營求也取之義也呼貫切

古鉥𠬪奐 許氏說取奐也一曰大也从廾敻省

丁

蓋也从廾从合古南切又一儉切

古文弇

古鉥弇卯 許氏說蓋也 案與奄覆之奄同

丁

睪

引給也从廾睪聲羊益切

古文以爲擇字鄦子妝簠

曾伯霥簠

子璋鐘

古陶器文如此

邾公牼鐘 吳

睪與擇爲一字从収與从手同意沇兒鐘

邾公華鐘

邾公牼鐘

其次句鑃

鄦子簠

郘王義楚耑

寬兒鼎

姑口句鑃

陳肪敦

攻吳監

曾伯簠 編

舁

舉也从廾臼聲春秋傳曰晉人或以廣墜楚人舁之黃顥說廣車陷楚人爲舉之杜林以爲麒麟字渠記切

師酉敦原書入附錄 丁

舁 師酉敦 編

持弩拊从廾肉讀若逵臣鉉等曰从肉未詳渠追切

古鉥王𢍏

古鉥鄧𢍏

丁

警也从廾持戈以戒不虞居拜切

乙酉父丁彝

齊侯鎛鐘

齊侯鐘

源

古鉥文戒字

古鉥文

吳

戒叔敢

戒鼎

古鉥𠷎戒之鉥

丁

戒鬲

戒叔敦

編

符

夢

凝

鄉

徵

械也从廾持斤并力之皃補明切

古文兵从人廾干

籀文

齊侯鎛鐘

齊侯鐘

源

古鉥王兵

龔

古鉥王戎兵器
古匋舍兵
丁
兵 郤口句鑃
編

龏也从廾龍聲紀庸切
龏不从奴通龔 王孫鐘龍字重文
頌鼎

頌敦
毛公鼎
龏鬲
段敦
陳財敦

仲龏父甗
邾公華鐘
禾敦

曼龏父盨
陳侯因資敦
秦公敦
編

具

共置也从廾从貝省古以貝爲貨其遇切
張仲盙
石鼓
齊安鑪
源

⿱火廾　⿱炏⿱火廾　⿱鼎廾

古具字 辛子卣

空首幣

吳

曶鼎

鬲攸比鼎

曶鼎

曾伯霝簠

古匋豆 里具

丁

具从廾从貝 𩣡八卣

宗周鐘

鬲攸比鼎

曾伯簠

編

說文無⿱火廾字而有⿱火廾聲蓋傳寫奪佚 毛公鼎錫女茲⿱火廾

⿰巾⿱火廾𠙵爵

編

說文所無 師寰敦

編

⿱炏⿱火廾

卷三 八 第二六葉

殷

𠬜

引也从反廾凡𠬜之屬皆从𠬜 普班切今變隸作大

𠬜或从手从樊

古匋 許氏

說引也从反廾案古文以為攀字 丁

樊

鷙不行也从𠬜从棥棥亦聲附袁切

樊 樊君鬲 編

共

同也从廿廾凡共之屬皆从共 渠用切

古文共

汾陰宮鼎

好畤鼎

上林鼎 源

古共字象兩手有所執持共手之共即恭敬之恭从心後人所加叔向父敦 吳

古鉥文一字朱

古鉥共口

古鉥

古鉥

古文止屮往二互譌此朱文一字鉥

自是共字或誤為从𦥑四止釋𦥑非

古匋吳愙齋曰說文共同也两廿相同與共義合下廿為廾之變體

共屯赤金

圓幣 丁 編

廾兩手奉器象供奉之狀

亞且乙父己卣

指共敦

廾

符

夢

鐵

鐵

夢

季

徵

龔

給也从共龍聲俱容切

龔 龔 共

盄和鐘

齊侯鎛鐘

齊侯鐘

齊侯鐘

伯姬鼎

穆公鼎

㬎敦

邾敦

源

共也从龍从廾易飛龍在天聖人作而萬物覩篤恭之義也

毛公鼎

母辛鬲

頌敦

陳侯因資敦

異

或省廾 王孫鐘

吳

頌鼎

戱狄鐘

畢仲子敵

頌敵器文

曼龔父盨

大克鼎

丁

卷一第十二葉 第一十五葉 卷四第一十八葉 第二十葉 卷七第二十一葉

殷

分也从廾从畀畀予也凡異之屬皆从異 徐鍇曰將欲與物先分異之也禮曰賜君子小人不同日羊吏切

窖磬

石鼓

源

古文以為翼字盂鼎 翼字重文

吳

虢叔旅鐘

曶鼎井叔在異或謂異即冀

召尊召𢍰敭𨑓王休異

石鼓

古匋

犅廷彝古異从北从廾背異違異字作此引申為冀

丁

異

𨙶鼎

𡥜乳為翼虢叔鐘嚴在上異在下即詩六月有嚴有翼之翼傳翼敬也

𦬳伯敦

盂鼎天翼

臨子

編

卷十五第三十八葉

同上

說文解字異分也从廾从畀畀與也古金文皆作象人舉手自翼蔽形此翼蔽之本字後世皆借用羽翼字而異之本誼晦許書訓異爲分後起之誼矣此从甲里與古金文亦異

殷

戴 䙴 與

戴 分物得增益曰戴从異𢦏聲都代切 籀文戴 古戴字 邵鐘 吳

䙴 升高也从舁囟聲七然切 䙴或从卩 古文䙴 毛公鼎原書謂即鄦之省文案䙴或从卩此特移卩於右非从邑省

馭方鼎 丁

與 黨與也从舁从与余呂切 古文與 齊侯鎛與字从口 吳

與从舁象二人相授受形 羅振玉說 父辛爵

齊鎛 編

季 徵

卷五第二十一葉

同上 第二十二葉

後編上第二十六葉

說文解字與黨與也从舁从与古文作𢍰卜辭諸字从舩象二人相授受形知與受爲與之初誼矣知月爲舩者以舩从月或作片知之知與字从舩者以受字从舟知之也或省从兩手奉舩形兩手奉舩者將有所與也舩亦舟也所以盛物鄭司農謂舟若承槃是舩與舟一物矣

殷

起也从舁从同同力也虛陵切

博山鑪

源

禹叔興父簋

古陶器

亦古陶器文

興鼎

吳

古鉩䫘興

古鉩口興

古鉩美興

古匋興之異文姚華曰古籀釁農上體無別

古匋城陽興或从心

古鉩畋興

丁

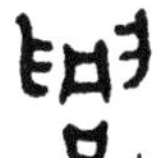
興
鬲叔盨

興鼎

編

身中也象人要自臼之形从臼交省聲於消切又於笑切

古文要

古要字
伯要敦

吳

早昧爽也从臼从辰辰時也辰亦聲丮夕爲夙臼辰爲晨皆同意凡晨之屬皆从晨食鄰切

伯晨鼎

吳

師晨鼎旂僕鼎
白中父敢辰皆从止

丁

晨
䡓侯鼎

師晨鼎

鄀公鍾皇
祖晨公

編

殷

農

耕也从晨囟聲徐鍇曰當从凶乃得聲奴冬切 籀文農从林 古文農 亦古文農 散氏盤原書入附錄

諆田鼎原書入附錄 史農鼎 𨛫公鼎

史農觶 農卣 丁 農从田說文从囟乃傳寫之譌 令鼎 史農觶

農卣 散盤 編 卷五第四十七葉

第四十八葉 同上 後編上第七葉 下第十二葉

說文解字農耕田也从晨囟聲籀文从林作𦦺此从林从辰或加又象執事于田間不从囟諆田鼎作𤰈予所藏史農觶作𤲳𦥑从田散盤作𤲳亦从又與卜辭同从田與諆田鼎史農觶同知許書从囟者乃从田之譌矣

殷

齊謂之炊爨臼象持甑冂爲竈口廾推林内火凡爨之屬皆从爨

七亂切

籀文爨省

卷十八第九葉

第六十一葉

後編下第二十一葉

祚案羅師釋爨說文解字爨齊謂炊爨𦥑象持甑冂為竈口廾推林內火籒文省作㸑此象執事竈下又籒文之省矣其作𦥑者象竈下有火與篆文畧近（立卽火字說詳一部王往）

殷

釁

血祭也象祭竈也从爨省从酉酉所以祭也从分分亦聲臣鉉

対夜鼎

穆公鼎

太公簠

源

血祭也小篆作釁 散氏盤

吳

釁

說文所無頌鼎頌其萬年釁壽畯臣詩七月以介眉壽閟宮眉壽無有害以眉為之儀禮士冠禮古文麋壽萬年以麋為之少牢禮古文以黴為之

頌敦

頌壺

魯遵父敦

子仲匜

鄀公釸鐘

秦公敦

王子申盞盂

王孫鐘

伯勇父簠

吳季良父壺

追敦

封仲敦

㝨鼎

陳侯簠

蔡大師鼎

善夫克鼎

不嬰敦

蔡姞敦

曾伯簠

鄀公簠

陳公子甗

曼龏父簋

芮伯多父敦

鄀公錳

虞司寇壺

鑄公簠

嚚伯盤

姬鼎

伯侯父盤

齊侯敦

齊侯盂

國差罎

王婦匜
鄀公華鐘
寬兒鼎
番君簠
齊侯壺
交君簠
鄀友父鬲
鑄子簠
邿伯鼎
魯侯簠
諶鼎
杞伯壺
畢鮮敦
買敦
仲師父鼎
胖侯盤
杞伯盂
沃伯寺敦
德敦
伯其父簠
伯家父敦
無叀鼎
𦅫賸鼎
歸父盤
叔氏鐘

編

古籀彙編弟三下

臨海徐文鏡編

革

獸皮治去其毛革更之象古文革之形凡革之屬皆从革 古覈切

古文革从三十三十年為一世而道更也臼聲

宰辟父敦

寅簋

源

古鉥革

丁

鞹

去毛皮也論語曰虎豹之鞹从革郭聲苦郭切

古鞹鞹通吳尊朱鞹即詩之簟茀朱鞹也鞹下重文

吳

鞞

刀室也从革卑聲并頂切

古鞞字靜敦云王錫靜鞞剢剢古遂字 鞞刀室也遂射韝也二物為同類

吳

番生敦鞞 刀室也

鞞 番生敦鞞䩸

靜敦王錫 靜鞞剢

編

韅

著掖鞥也从革㬎聲呼典切

阮相國曰㬎即韅字春秋傳韅靷鞅靽皆所以馭馬 說文韅作韅訓為著掖鞥師酉敦

吳

⿰革官

車鞁具也从革官聲古滿切

古匋車鞁具也

丁

⿰革尃

車下索也从革尃聲補各切

古⿰革尃字許氏說車下索也彔伯戎敦金厄畫⿰革尃

毛公鼎右厄畫⿰革尃

吳尊盠文畫⿰革尃余甬

吳

⿰革尃 彔伯敦

毛公鼎

師兌敦

番生敦

吳尊

編

勒

馬頭絡銜也从革力聲盧則切

伯姬鼎

寰盤

石鼓

源

許氏說馬頭絡銜也吳尊

寰盤

師𩛥父敦

師酉敦

毛公鼎

伊敦

康鼎省力字

頌鼎

皆頌敦文

吳

勒頌鼎

吳尊

彔伯敦

師兌敦

頌敦

毛公鼎

寰盤

彔伯敦

師酉敦

伊敦

𨙹侯鼎

編

鞭

驅也从革便聲卑連切

古文鞭

夢

待

徵

⿰革彖

射韝也　說文所無　經典叚遂爲之　番生𣪕　鞞⿰革彖

靜𣪕　王錫靜鞞刹　从刀

編

鬲

鼎屬實五觳斗二升曰觳象腹交文三足凡鬲之屬皆从鬲　郎激切

鬲或从瓦　漢令鬲从瓦厤聲

鬲父己尊　兄癸卣　鬲鬳乳

父己鬲　唯𫝆鼎　癸亥父己鬲鼎　敔𣪕　帛女鬲

師鬲　雝𡚬鬲　聿遠鬲　亦鬲　仲父鬲　貞姜鬲

某父鬲　諸旅鬲　仲斯鬲　商鬲

源

鬲象形　名仲鬲　單伯鬲

艾伯鬲

魯伯愈父鬲

郳始鬲

叔帶鬲

虢仲鬲

仲姬鬲

王伯姜鬲

郳伯鬲

戲仲鬲

史頌鬲

或从金 季貞鬲

吳

同鬲攸比鼎

空首幣

丁

鬲

盂鼎鬲千又五十夫

鬲叔簋

召仲鬲

單伯鬲

孟辛父鬲

南姬鬲

齊侯女伯鬲

右戲仲鬲

伯嬰父鬲

伯姜鬲

魯侯鬲

鄭師口父鬲

齊不趣鬲

郳友父鬲

呂王鬲

鄭羌

伯鬲

旂姬鬲

王伯姜鬲

伯窺父鬲

同姜鬲

仲栝鬲

史頌鬲

虢仲鬲

永宮鬲

鄭𠭯伯鬲

鬲尊

穌旨

姞鬲

魯伯鬲

艾伯鬲

仲𣪌父鬲

鄭伯鬲

仲姬鬲

鄭始

鬲

虢文公鬲 从鼎

編

鍑屬从鬲甫聲扶雨切

鬴或从父金聲

館陶釜

源

古釜字从缶 陳猷釜

陳子禾子釜

吳

古匋

丁

鬴从父从缶 陳猷釜

子禾子釜

編

鬲屬从鬲虍聲牛建切

伯克尊

源

鬳从犬

仲龔父甗鬳字重文

編

煮也从鬲羊聲式羊切

卷一第二十七葉

同上

卷二第十四葉

後編上第九葉

說文解字羹鬲鬻也从鬲羊聲此从皿與鬲同說見下羹注殆即許書羹字从凵者亦皿字卜辭中从皿之字或从凵

殷

鬻也从䰜侃聲諸延切

鬻或从食衍聲

或从干聲

或从建聲

古鬻字叔夜鼎

吳

卷二八

第四十一葉　後編上第七葉　書契菁華第十葉

說文解字鬻鬻也从䰜侃聲叔氏寶林鐘侃作

此从𠘧象匕　象粥

殷

五味盉羹也从䰜从羔詩曰亦有和鬻古行切

鬻或省

或从美䰜省

小篆从羔从美

鼎　𤔲夜

源

古羹字陳公子甗

吳

鬻

陳公子甗用鬻稻粱

編

卷六第　葉　同上　同上　同上　後編

下第　葉

說文解字鬻五味盉鬻也从鬻从羔此从匕从肉有湆汁在皿中當卽鬻字从皿與从鬲同鬻字篆文从鬲叔夜鼎从皿其例矣許書之鬻殆後起字

殷

鼎實惟葦及蒲陳留謂健爲鬻从䰜速聲桑谷切

餗 鬻或从食束聲

宋公欒鼎

宋君夫人鼎

源

卷一第二十九葉

卷五第十八葉

龜甲獸骨

卷一第四葉

祚案王徵君釋餗說文解字鬻鼎實从䰜速聲或作餗與此同許書之鬻疑後起字

殷

孚

卵孚也从爪从子一曰信也徐鍇曰鳥之孚卵皆如其期不失信也鳥裒恒以爪反覆其卵也芳無切

古文孚从禾 禾古文保

仲俌父鼎

古鉨趙孚 从爪从子一曰信也 許氏說卵孚也

丁

源

牧敦

敔敦

孚與孚金文字形相同皆象兩手取物孚孳乳為捊說文云引取也易鄭荀董范虞本君子以捊多益寡虞注取也孚孳乳為捋說文云取易也詩芣苢薄言捋之傳取也捊捋同从手同訓取則孚孚殆為一字孳乳為俘師寰敦毆俘士女牛羊

逌伯敦 孚金

貞敦

盂鼎

卯敦 孚我家室用喪

曶鼎 使孚以告

編

郭

徵

爲

母猴也其爲禽好爪爪母猴象也
下腹爲母猴形王育曰爪象形也薳支切

古文爲象兩母猴相對形

齊侯鎛鐘

齊侯鐘

晉姜鼎

杞公匜

石鼓

秦權

秦斤

甘泉上林宮行鐙

源

古爲字 周窓鼎

齊太僕歸父盤

衛姬壺

叔男父匜

陳侯因資敦

周窓敦

宗婦盤

陳子子匜孟媯之媯如此

雝伯彝

郳討鼎

益公鐘

魯公伐郘鼎

吳

郘鐘

齊侯鎛

曶鼎

敔氏敔

召伯虎敔

陳逆敔

歸夆敔

師寰

丁

為 羅振玉曰从爪从象意古者役象以助勞其事或在服牛乘馬之前舀鼎

姞氏敦

召伯敦

周愙鼎

公伐郘鐘

公伐郘鼎

雝伯鼎

邾公華鐘

陳侯因資敦

邵鐘

弘敦

為口觶

𠂤敦

歸父盤

部嬰鼎

散盤

邾始鼎

鄧公敦

孳乳為嬀陳子子作𢍰孟嬀穀女匜

叔男父作嬀霍姬賸旅匜

司寇良父作嬀衛姬壺

 司寇良父敦

編

 卷五第二十葉  同上 

後編下第十葉  同上  同上  同上

說文解字爲母猴也其爲禽好爪爪母猴象也下腹爲母猴形王育曰爪象形也古文作象兩母猴相對形案爲字古金文及石鼓文並作从爪从象絶不見母猴之狀卜辭作手牽象形知金文及石鼓从者乃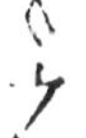之變形非訓覆手之爪字也意古者役象以助勞其事或尙在服牛乘馬以前微此文幾不能知之矣

殷

說文所無 楚公象鐘 編

後編下第十四葉 卷六第二十八葉 殷

持也象手有所丮據也凡丮之屬皆从丮 讀若戟 几劇切

卷六第十四葉 後編下第十一葉 第二十八葉

明上

殷 象兩手執事形古金文與此同篆文作丮誤

種也从坴丮持而種之書曰我埶黍稷徐鍇曰坴土也育祭切

南宮中鼎

召公尊

父乙甗

石鼓

[源]

種也从丮持木種入土也小篆作埶許氏說从坴丮持亟種之書曰我埶黍稷古文从木从土其義較長石鼓

或从女𡚬文也毛公鼎

[吳]

大克鼎擾遠能埶

古鉥埶關柯昌泗謂是古墜字以其从豕也

案丮𢦏形近古从丮之字或譌作从𢦏揚鼎揚作𢦏可證

古鉥埶𢽳古文丮譌作𢦏亦或譌作犬其形在豕犬之閒犬古作犬

犬文作犬犬其形尤與丮𢦏近則丮譌作𢦏或先誤為从犬更省而从豕蓋犬古亦作豕豕豕其形直同於豕矣

[丁]

埶从嬖毛公鼎埶小大楚賦

克鼎从犬豫語讓曰埶當讀為暬國語楚語韋注暬近也櫌遠能暬猶詩書言柔遠能邇

畜生敦　埶馭敦 編

卷七八第十七八葉　第十五葉

同上　同上　同上　後編下第二十五葉

雄案說文解字埶種也从丮坴丮持種之此象手持木之形殆即埶字石鼓作埶何作古意捷至許書形誼失矣其从屮與木同蓋埶之音不專謂木也詩小雅埶我黍稷 殷

食飪也从丮𦎧聲易曰孰飪殊六切

古孰字从丮从亯下从女羕文也伯致敦 吳

孰从亯从女 伯到敦 編

設飪也从丮从食才聲讀若載作代切

許氏說𩞁設飪也从丮从食才聲石鼓借為載

或从食𢦏聲 权栽卣 吳

䢍

卯敨

丁

𩞁从食𢦏聲經典通作載詩載馳載驅傳辭也又正月載輸爾載上載亦是發聲之辭師虎敦

𩟁先王既命乃祖考事

叔𩞁

卣

卯敦𩞁乃先且考死𤔲𢦏公室

編

伏

褎也从丮工𢀜居悚切

巩或加手

毛公鼎

巩毛公鼎不巩先王配命

又云永巩先王

編

𢀜踝也从丮从戈讀若踝胡瓦切

丁未𢦓商角原書釋伐棄當是𢦓許氏說擊踝也讀若踝

畢仲敨原書亦

从爲伐字

𢦓丁未角

段敦

槍妃敦

林𢦓彝

孫孫子子永寶用誼與其同

从其从丮說文所無刺鼎䢍

𠭯伯敦䢍萬年孫孫子子其永用

不䢍敦从嬰

甘八 秦公敦䰞 嚴口各

甘八 王孫鐘䰞䰞𩰫之 諨與忌同

甘八 乙敦釁壽無䰞 諨與期同

編

兩士相對兵杖在後象鬥之形凡鬥之屬皆从鬥 都豆切

卷

一二第十七葉 同上 也二第四十一葉

說文解字兩士相對兵杖在後象鬥之形卜辭諸字皆象二人手相搏無兵杖也許君殆誤以人形之爲兵杖與自字形觀之徒手相搏謂之鬥矣

殷

手也象形三指者手之列多略不過三也凡又之屬皆从又 于救切

齊侯鎛鐘

石鼓

曾侯鐘

聘鐘

尹卣

文姬匜

盂鼎

宰椃角

石鼓文以為有字有下重文

吳

毛公鼎

禹攸比鼎

大敨蓋

召尊

丁

又

公史敦

同卣

宰椃角

毛公鼎

盂鼎

齊鎛

𠂤鼎

趠鼎

睘卣

睘卣

庚嬴卣

散盤

克鐘

善夫克鼎

史頌敦

禹攸比鼎

師寰敦

虢季子白盤

秦公敦

大梁鼎

鄭虢仲敦

王作又䵼敦

龏弄鬲用作又母辛尊彝以上二字以文義觀之當是𠬞字

編

卷二第二十一葉

卷四第二十七葉

殷

手口相助也从又从口臣鉉等曰今俗别作佑于救切

距末佑字从𣎵从右

吳

右毛公鼎

番生敦

善夫克鼎

師奎父鼎

頌敦

頌壺

彔伯敦

師虎敦

師嫠

敦

散盤

免卣

師酉敦

無叀鼎

右走馬嘉壺

右鼎

甫季

作𣁋右戈

編

疑

疑

盤

徵

臂上也从又从古文𠂇古薨切

古文厷象形

厷或从肉

古鉥厷成君邑舒口

手足甲也从又象叉形側狡切

古叉字 叉卣

吳

卷一第十九葉

卷五第七葉

後編下第二十七葉

說文解字叉手足甲也从又象叉形古金亦作叉叉均與此合惟字既从又不能兼爲足甲許書舉手并及足失之矣

殷

矩也家長率教者从又舉杖扶雨切

瞿父鼎

父子鼎

父甲鼎

父癸尊

執刀父癸尊
孟孫父丁彝
古父丁彝
父乙爵
父辛舉

父己敼
子甫父乙甗
父辛盤
子父舉鼎
師淮父卣

仲駒敼
肇父敼
孟姜敼
棊父鬲
源
師奎父鼎

龍山父戊觶
父丁爵
子父觚
聿貝父辛爵
那人鐘
立戈父丁彝

叔器父敼
父
父癸鼎
𣲴父乙鼎
史父庚鼎

辛父庚鼎
家鼎
寧女父丁鼎
𩏂父丁鼎

丄山父辛鼎

甚諆鼎

琱鼎

匽侯旨鼎

匽尊

□父乙敦

中父辛敦

人作父乙卣

㝬敦

傳尊

㭬父丙卣

且乙父辛卣

父戊敦

令冊父辛卣

父戊丁爵

北子中父乙觚

寤父辛卣

師奎父鼎

琱敦

伯仲父敦

毛公鼎

散盤

仲師父鼎

魯伯鬲

魯伯盤

叔向父敦

㐭皇父匜

㐭皇父敦

沇兒鐘

卬父敦

叔䍜父敦

仲𠭯父敦

魯邍父敦

仲殷父敦

師害敦

食仲簠

余義鐘

余義編鐘

姑口句鑃

歸父盤

父舟敦

豚鼎

木父壬鼎

父癸敦

父乙敦

枏家卣

芮伯多父敦

父乙鼎

吳

卷一第二十四葉

同上

同上

第五十一葉

第五十一葉

同上

第二十六葉

同上

同上

叜

說文解字叜炬也从又舉杖許釋丨爲杖然古金文皆从丨旋象持炬形　殷

老也从又从灾闕穌后切　籀文从寸　叜或从人

卷四第二十八葉　又第二十九葉　又同上　又後編下第四葉

說文解字叜从又从灾闕籀文作从寸或作从人此从又持炬火在宀下叜與叜何以皆从又持炬古誼今不可知矣　殷

燮

和也从言从又炎籀文燮从羊　羊音飪讀若溼臣鉉等案燮字義大孰也从炎从又即孰物可持也此燮蓋从燮省言語以和之也二字義相出入故也穌叶切

邵鐘　和　源

曼

古𡕥字曾伯霥簠

晉公盦

吳

古鉨

丁

𡕥 曾伯簠

晉邦盦

編

遯

徵

引也从又冒聲無販切

古曼字𪒳陳曼簠

曼龔父簠

吳

㠯曼

古鉨㮢曼

古匋曼立遷

丁

曼 齊陳曼簠

曼龔父簠

編

尹

治也从又丿握事者也余準切

古文尹

尹考 鼎

尹卣

州溜 散

源

守敦

尹叔敦

魯侯壺

吴

[illegible]姞敦

師[illegible]父敦

丁

尹頌鼎

頌壺

尹叔鼎

免敦

吴尊

師敉厂敦

史獸鼎

魯侯壺

邾口句鑃

編

卷四第二十八葉

卷七第四十二葉

書契菁華第十一葉

後編上第二十一葉

說文解字尹从又丿握事者也古文作𠃓今卜辭與許書之篆文同古金文亦作尹从又丨許書所

戲

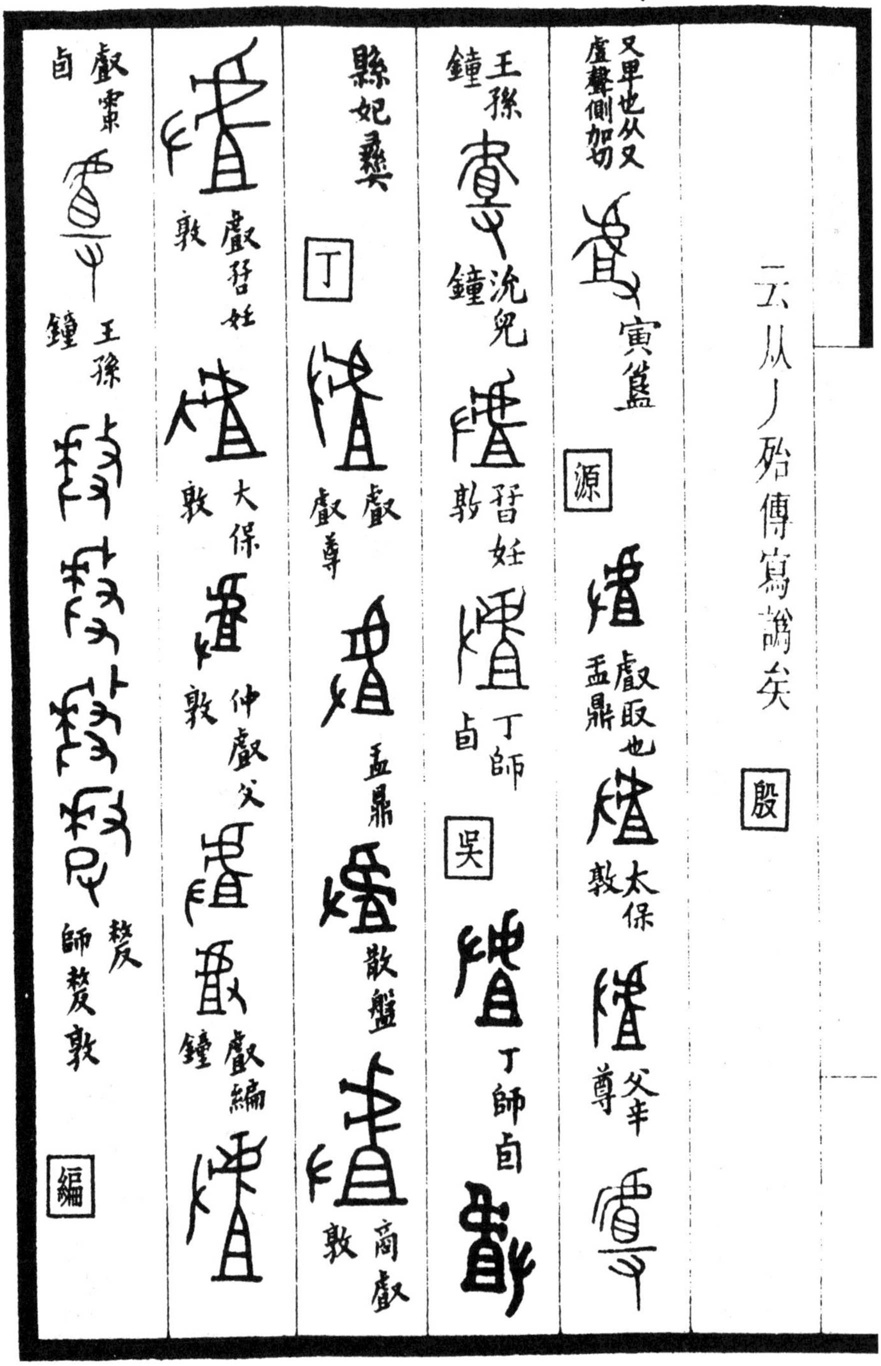
二六从丿殆傳寫譌矣
殷
又甲也从又虘聲側加切
寅簋
源
戲取也 盂鼎
大保敦
父辛尊
王孫鐘
沇兒鐘
䢅妊敦
丁師卣
吳
丁師卣
䜌妃彝
丁
戲尊
盂鼎
散盤
商戲敦
戲䢅妊敦
大保敦
仲戲父敦
戲編鐘
戲霝卣
王孫鐘
嫠
師嫠敦
編

⿱𠩺攵

卷十五第二十七葉　後編上第十八葉

此字與許書及古金文並同

祚案羅師說沇兒鐘及王孫鐘并有中瀚戲揚語

猶詩言旣多且有終和且平殆語辭之且古如此

作且象祖形其爲祖之專字與　殷

引也从攴𠩺聲里之切　古⿱𠩺攵字師𩐨父敦　皆師𩐨父敦異文　吳

卷二第二十八葉　卷五第二十九葉　卷十八第十二葉

同上　後編上第五葉　第八葉　龜甲獸骨

及

說文解字[illegible]反引也从又[illegible]聲卜辭作[illegible]从𢦏師[illegible]敨作[illegible]與卜辭略同所从之[illegible]均不从来又或省𠬝

[illegible]从禾从乃來字之省許書从未殆來之誤

殷

逮也从又从人徐鍇曰及前人也巨立切

古文及秦刻石及如此

亦古文及

亦古文及

許子鐘

盄和鐘

齊侯鎛鐘

齊侯鐘

仲偁父鼎

敔敨

石鼓

源

古及字从彳 毛公鼎

沇兒鐘

邾公鐘

石鼓

吳

曶鼎

虢中叔敔子孫及
永用段為其字

不嬰敦

丁

及
王孫鐘

邾公釛
鐘

齊鎛氏
鐘

留鼎

不嬰敦

鬲比
盨

毛公
鼎

鄭虢仲
敦

伯庶父
敦

格伯
敦

編

卷四第二十一葉

卷二五第二十七葉

同上

同上

同上

卷七第十六葉

卷八第七葉

後編上第二十二葉

秉

說文解字及从又从人古文作𠄎𠃉遘三形石鼓文作与與卜辭同象人前行而又及之

祚案不𣪕敦蓋及作許書之遘其與並同又之變也

殷

禾束也从又持禾兵永切

秉仲鼎

秉仲爵

盉和鐘

源

虢叔鐘

者汈鐘

邶人鐘

吳

婦女卣

國差甔

丁

秉

秉中父乙敦

虢叔鐘

井人鐘

國差甔

秦公敦

叔向敦

者汈編鐘

編

後編下第二十一葉

反

从米 第十葉

秉仲鼎作　與此略同　殷

履也从又厂反形府遠切

古文

曾侯鐘

南宮中鼎　源

古反字當从𠂆

从厂𠂆為倒足迹形與出字同意出則納履反則解履厂亦象履形倒止為𠂆从又者𠂆之變也太保敦

頌鼎　吳

師寰敦

遂伯彝　丁

反祖子鼎

頌鼎

頌敦

頌壺

追伯敦

大保敦

師寰敦　編

反　卷十一第四葉

𠬝

說文解字𠬝古文作𠬝此作𠬝與古金文及許書篆文合

殷

治也从又从卩卩事之節也房六切

𠬝 宗周鐘

編

卷五第二十九葉 卷四第八葉 卷八第十二葉 藏龜第八十一葉

說文解字𠬝治也从又从卩卩事之節也此象以又按跽人與印从爪从卩同意盂鼎服字作𦨶選尊作𦨶並从𠬝與此同

殷

叏

滑也詩云叏兮達兮从又中一曰取也土刀切

叏 喪叏賓鈃許氏說滑也又引詩云叏兮達兮从又中一日取也

丁

叏

叔

叏
喪叏賓鈢
[編]

拾也从又尗聲汝南名收芌爲叔式竹切
叔或从寸
齊侯鎛鐘
齊侯鐘
太叔鼎

唯叔鼎
叔液鼎
叔夜鼎
文王命癘鼎
穆公鼎
虢叔

彝
叔宝彝
叔匜
杞公匜
孟姜匜
叔旦敦

叔獨敦
京叔簋
寅簋
魯正叔槃
[源]
善也伯叔長幼之稱也象人執

弓矢形男子生桑弧蓬矢六以射天地四方故叔為男子之美稱宭教
芮公鬲
邾敦从皿
井人鐘亦盄通淑

沇兒鐘
淑忿

吳尊

師龢父敦

叔㸚敦

克鼎

克鼎

中叔尊

殘鐱文

吳

己亥鼎

趠鼎

叔夜鼎

叔碩父鼎

𡨦姞敦

戒叔敦

衛公叔敦

豆閉敦

叔匜

陳曼父簠

丁

叔頌鼎

頌敦

叔向父敦

商丘叔簠

齊鎛

南姬鬲

叔上匜

郘叔敦

虢叔鐘

叔氏鐘

司寇良父敦

尹叔鼎

干氏叔子盤

蔡姞敦

鑄子簠

賀鼎

穴鼎

玑鼎

齊陳曼簠

叔尊

陳䝿敦

遂啟諆鼎

叔寍敦

叔宿敦

賢觥

作且乙敦

趩叔敦

鬲叔簋

曶鼎

寏侯簠

敓叔敦

叔龜敦

鄭丼伯鬲

吳王姬鼎

戒叔敦

叔狀敦

叔倉父簋

叔角父敦

敦文

仲叔尊

鄦文

寡子卣𦎫不叔不叔為古成語猶言不善也詩節南山不弔昊天箋猶善

也左莊十一年傳襄十四年傳若之何不弔成十三年傳穆爲不弔皆誤叔爲弔弔弔二字形似易譌也魏三字石經書君奭不弔古文作弔篆文作弔孳乳爲淑左哀十六年傳昊天不弔周禮太祝先鄭注作閔天不淑詩君子偕老子之不淑傳箋均以善訓淑是知不淑即不叔也又孳乳爲俶說文俶善也

又孳乳爲盄爲惄叔口殘劍

編

卷一第二十九葉卷五第十七葉後編下第十二葉

古金文伯叔及淑善字作散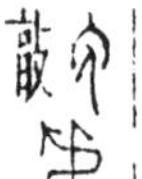敦散卯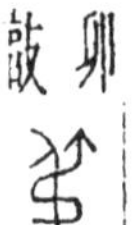井人簋等形與卜辭諸文畧同吳中丞曰象人執弓矢形男子生桑弧蓬矢六以射天地四方故叔爲男子之美稱予案吳說非也此字从亻象弓形个

彔矢己象雉射之繳具本意全爲雉射之雉或即雉之本字而借爲伯叔與存以俟考

殷

取

捕取也从又从耳周禮獲者取左耳司馬法曰載獻聝聝者耳也七庾切

晉姜鼎

源

古文以爲聑字 聑膚盤

聑字重文

大鼎取字如此

吳

毛公鼎

卯敨 筭人不叔取我家室

取字易橫為豎

同格伯敨

丁

取 毛公鼎

番生敦

大鼎

孳乳為聑 聑膚匜

取它人鼎

編

彗

掃竹也从又持甡祥歲切

彗或从竹

古文彗从竹从習

[illegible] 卷五第二十一葉 [illegible] 第

二十二葉同上卷六第六十二葉卷八第六葉後編下第八葉同上同上

說文解字彗埽竹也从又持甡或从竹作篲古文作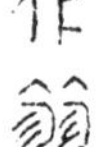此从雨手持二帚象埽除之形殆即許書彗字許書古文作从殆从雨帚之譌與卜辭中又有从又持一帚者殆亦彗字又以卜辭中慧埽二文字形觀之下埽謂之埽上埽謂之彗許訓彗爲埽竹殆非初誼矣

殷

借也闕古雅切古文叚譚長說叚如此叚借也一曰遠也經典通作遐詩遐不眉壽曾伯霥簠叚不黃耇遐亦通假假字重文畢仲敦

師寰敦

寰盤 [吳]

師寰敦段借也一曰遠也經典通作遐 [丁]

段孳乳為假為遐詩南山有臺遐不眉壽遐說文所無徐鉉曰或通用假字曾伯簠段不黃耇

師寰敦

寰盤

克鐘

段敦 [編]

同志為友从二又相交友也云久切

古文友

亦古文友

許子鐘

大夫始鼎

高克尊

師楷敦

張仲簠

嘉仲盉 [源]

師奎父鼎用嗣乃父官友

大鼎

鄦惠鼎

師遽方尊 [吳]

大鼎

毛公鼎

同杜白簋

友敨

太史友甗 友字反文

友作旅彝 友字倒文

丁

君夫敦 友

杜伯盨

史頌敦

辛鼎

大敦

王孫鐘

叔𢦚敦

毛公𣄰鼎眔我友𩟄其用𠦝古文友从友从甘說文作𦐇乃傳寫之譌

曆鼎 孝友

師遽

隹井

尊

友敦

農卣

郳友父鬲

大史友甗

無叀鼎

編

卷四第二十九葉 卷七第八葉 第一葉

說文解字友古文作𦐇从羽乃从𦐇傳寫之譌

从𠙹又爲𠙹之譌也師遽方尊友作𦐇卜辭又有

扠　㪚　𡘋　㪑

作𢍏亦友字卜辭中ㄡ亦作彐斯𠬞亦作𢍏矣其

从二與𢍏同意 殷

說文所無玉篇㪍今作扶殆即此字 扠卣 編

卷二第二十七葉　後編上第十葉 殷

後編下第五葉 殷

卷一第八葉　同上　第十八葉　第二十六葉

同上　卷五第二十五葉　同上　同上

藏龜之餘第十三葉 後編上第七葉 龜甲獸骨卷一

第十八葉 同上 同上

从手持木于示前古者卜用燕火其木以荆此字似有卜問之誼又許書有叡字注楚人謂卜問吉凶曰叡从又持祟祟非可持之物疑出乃木之譌意不能決姑此待考

殷

ナ手也象形凡ナ之屬皆从ナ 臧可切

ナ 散盤

善鼎

獸狄鐘

師虎敦

同敦 从𣎵

編

卷二第二十一葉 同

殷

賤也執事也从𠂇甲徐鍇曰右重而左卑故在甲下補移切

古卑俾通 宂敦

齊侯甔俾 旨俾清

吳

散氏盤

曶鼎

古鉨室孫卑

卑後止貼 古鉨

丁

卑說文賤也執事者从𠂇甲聲朱駿聲曰許說形聲義俱誤此字即椑之古文圜榼也酒器象形𠂇持之其器橢圓有柄故考工盧人注云齊人謂柯斧柄為椑椑隋圜也廣雅釋器匾榼謂之椑字亦為匾匾卑雙聲轉注為尊卑凡酌酒必資乎尊禮器故為貴椑者便於提攜常用之器故為賤曾伯簠具既卑方

孳乳為俾書無逸文王卑服馬本作俾散盤乃卑西宮□武父誓曰爾雅釋詁俾使也

免敦 曶鼎 農卣 國差鑰

[編]

記事者也从又持中中正也凡史之屬皆从史 疏士切

父乙鼎 祖庚史卣 齊莽史鼎 史頌父鼎 師毛父敦 尨敦

史𥝩簋 父乙甗 史孫盤

[源]

記事者也象手執簡形許氏說从又持中中正也按古文中作𠁩無作中者史頌敦

父辛卣爵象形即史字之所本 師奎父鼎 頌敦 師酉敦

格伯敦 鄦惠鼎 格伯敦 史頌簋省文 趩尊王呼內史假叓為史 師艅敦

吳

邵鐘

格伯敦

師寰敦

散氏槃

齊侯壺

召尊

豆閉敦

史農觶

史彝 柯昌泗曰从口者

記言也

丁

史从又从中凡官府簿書謂之中故掌文書者謂之史羅振玉說鼎文

敦文

史父庚鼎

公史敦

史獸鼎

頌敦

史頌敦

師酉敦

毛公鼎

史姫鐘

史桒敦

史頌匜

揚敦 罘嗣工史 又一器史作司

周公敦

散盤

叔上匜

鄀史碩父鼎

無叀鼎

格伯敦

吳王姬鼎

史農觶

趩尊內史

免敦

觚文陽識

父乙爻角象兩手奉中形殆亦史字

䜌卣

編

說文解字史記事者也从又持中中正也吳中丞曰象手執簡形古文中作𠁩無作中者案吳說是也江先生永周禮疑義舉要曰凡官府簿書謂之中故諸官言治中受中小司寇斷庶民獄訟之中皆謂簿書猶今之案卷也此中之本故掌文書者謂之史其字从又从中可正許君中正之說之失

事

殹

職也从史之省聲鉏史切 古文事

盄和鐘

齊侯鎛鐘

戠敨

古文

宰辟父敨

犮敨

師毀敨

牧敨

敔敨

石鼓

源

古文事使為一字象手執簡立於旂下史臣奉使之義此事之最古者小子師敦乙未饗食事亦釋饗食使

毛公鼎

師舍敦

或从史从㫃省許氏說从史之省聲非也盄鼎

陳猷釜

古玉鉩文

伯矩鼎

伊敦

使戒鼎

古玉鉩文

古敬事鉩

古敬事鉢

古敬事鉢

召伯虎敦

吳

趞鼎

事父卣

多父槃

古鉢事量

事早古鉢

古鉢事坤

古鉢均事

古鉢事口

古鉢敬事

古鉢敬事

古鉢敬事

古鉢敬事

古鉢敬事

古鉢敬事

古鉢思言敬事

古匋

丁

事與使為一字小子野敦

毛公鼎

師害敦

公史敦

師袁敦

頌鼎

頌壺

史頌敦

鬲攸比鼎

師敖反敦
師虎敦
曶鼎
守敦
不嬰敦
趩敦

盂鼎
頣侯鼎
伯矩鼎
伊敦
豆閉敦
封敦

秦公敦
齊鎛
事族敦
齊侯壺
望敦

薔鼎
國差𦉜
陳猷釜
編
郭
舉

舉
凝
璽
凝
璽
璽

凝
郭
凝
郭

郭

鐵

虹

凝

符

郭

虹

季

符

徵

卷一第二葉　卷四第四葉　第二十八葉

卷五第二十二葉　卷八第三葉　第四葉

說文解字事从史之省聲古文作卜辭事字从又持簡書執事之象也與史同字同意

殷

支

去竹之枝也从手持半竹凡支之屬皆从支 章移切

古文

事

聿　肄

古匋 丁

手之疌巧也从又持巾凡聿之屬皆从聿尼輒切

甚諆鼎 丁

習也从聿希聲羊至切

籀文隸

篆文肄

許氏說習也篆文作肄或讀肄毛公鼎肄皇天亡斁讀如詩肄皇天弗尚 吳

大克鼎

封敔

縣妃彝

古鉢肄[illegible]所[illegible]之鉢 丁

肄經典譌作肆毛公鼎肄皇天亡斁詩抑肆皇天弗尚作肆聘禮記問大夫之幣俟于郊為肆注古文肆為肄

封敦肄對揚王休

克鼎肄克口于皇天

毛公𪔛鼎肄毋又弗𢍰

楷妃敦

戊辰敦

孟鼎𣪘肄于酒 編

持事振敬也从聿在𣶒上戰戰兢兢也息逐切

古文肅从心从卪

王孫鐘

或从聿从又師望鼎 不敢不㒸不肅

吳

肅 王孫鐘

編

所以書也楚謂之聿吳謂之不律燕謂之弗从聿一聲凡聿之屬皆从聿 余律切

聿遠 鬲

源

古聿字象手執木 不律也聿貝父辛觶

女歸卣

聿貝父辛卣

聿貝父辛爵

吳

聿壺文

女帚卣

甚諆鼎

編

口聿鐵

徵

書

聿 後編下第二十八葉

說文解字聿所以書也从聿一聲此象手持筆形

乃象形非形聲也賁父辛卣从聿與卜辭同

殷

箸也从聿者聲商魚切

伯姬鼎

源

頌鼎

頌壺

頌敦

格伯敦

頌鼎

頌敦

皆格伯敦異文

吳

頌鼎

寰槃

丁

書

頌鼎

頌敦

頌壺

寰盤

畫

格伯敦
編
疑
徵

界也象田四界聿所以畫之凡畫之屬皆从畫 胡麥切
古文畫省

畫古文从聿从交从周文交也象手執筆畫乎四周文相交錯與彫同
亦古文畫
牧敦
寅簋
源

意許氏說彫琢文也毛公鼎
或从又从田田古周字吳尊
或从玉彔伯戎敦金厄畫轉
古鉨文
吳

伯晨鼎
師兌敦
番生敦
古鉨孟畫

古鉨王畫
丁
畫毛公鼎
師兌敦
彔伯敦

晝

吳尊 宅敦 番生敦 𨱑侯鼎 上官登 〔編〕

郭 聲 鐵 徐 〔徵〕

日之出入與夜爲界从畫省从日陟救切 籀文晝

〔四〕卷四第八葉〔四〕同上〔四〕後編下第二葉

象日光輝四射之狀後世篆文將此字所从之〔口〕引長之而作〔口〕上又增聿形誼全晦於是許君遂以隸畫部而爲與夜爲界之說矣 〔殷〕

臤

堅也从又臣聲凡臤之屬皆从臤讀若鏗鏘之鏗古文以爲賢字

苦閑切

臤冊鼎

文父丁鼎

臤父癸敦

古鉩文

吳

古鉩陳臤

古鉩湢子臤

古鉩

古鉩臤武

古鉩臤高

古鉩臤高

古鉩綢臤

丁

臤孙鼎

父癸敦

苖臤鼎

編

嶅無

鐵

鐵

鄭

鐵

鐵

遌

徵

豎　臣

豎立也从臤豆聲臣庾切 籀文豎从殳

古豎字从臤从豆鉥文 或从攴亦古鉥文

吳

古鉥周豎 古鉥匠豎 古鉥韓豎

丁

鐵

徵 設 季 竹

徵

牽也事君也象屈服之形凡臣之屬皆从臣植鄰切

齊侯鎛鐘

齊侯鐘 南宮中鼎 穆公鼎 師毀敦

源

諆田鼎

靜敦 毛公鼎 小臣二字合文商方卣

吳

魯䒑鼎

頌敦
師寰敦
不嬰敦臣十家
曶鼎
周公彝錫臣三品

古鉩喬臣
古鉩應臣
古匋
丁
周公敦臣

曶鼎
曾𡨦伯鼎
仲盤
小臣鼎
靜敦
盂鼎

令鼎
趞叔敦
毛公鼎
不嬰敦
頌鼎
公違敦

克鼎
師寰敦
𩞁伯敦
大保敦
編
臣待
伏

臣
鐵
鐵
郭
伏
徵

臧

卷四第二十七葉 同上 同上 同上 第三

十二葉 第三十一葉 第三十葉 卷七第七葉

卜辭中小臣二字多合爲一字書之作 卷二第二及卷四第二十七葉與古金文同

殷

善也从臣戕聲則郎切 籀文 善也小篆作臧甚諆鼎 古陶器文 安臧幣 臧孫黑鉩

牛臧鉩 古鉩文 或从止古鉩文 古鉩文

吳

輔伯臧鼎

枯成臧从正亦善之意 古鉩肯臧从正省 古鉩臧白之鉩

古鉢相里臧本从口正譌作囗

口 古鉢臧孫

古鉢周臧

古鉢臧孫邦陳

盦齋曰臧去臣从口守口則善之義

古鉢臧

古鉢臧

古鉢臧

古鉢臧

古鉢守臧

古匋

古匋子縫子里臼臧

同古匋

丁

臧从口陳介祺曰當是臧否之臧與臧字異後世失其字矣甚誤鼎

編

臧竹

可臧竹

徵

卷十六第二十七葉

後編下第四葉

祚疑即許書之𦣞字

殷

以杸殊人也禮殳以積竹八觚長丈二尺建於兵車旅賁以先驅从又几聲凡殳之屬皆从殳市朱切

殳季良父壺

吳

殳

殳季良父壺

編

䜴擊也从殳豆聲古文投如此度侯切

古鉥䜴字許氏說䜴擊也古文投如此或以為古投字

古匋䕶陽匋里

人䜴

羊鐘

丁

鐵

徵

擊中聲也从殳医聲於計切

許氏說擊中聲也大澂按秦銅權其於久遠殹殹與也通用石鼓文

吳

格伯敦許氏擊中聲也

瞉　般　投

吳愙齋曰殷與也通用 丁

格伯敦殷 編

說文所無 瞉敦 編

卷一第十一葉

後編下第三十二葉

祚疑即瞉字之省 殷

卷一第二十六葉

卷七第二十九葉

後編下

第十二葉 殷

㱿　役　殺

卷一第四十七葉　卷二第一葉　同上　同

上　卷四第四葉　同上　卷五第四十一葉　殷

卷六第四葉　第十二葉　卷七第十六葉　後

編下第二十六葉　殷

戮也从殳杀聲凡殺之屬皆从殺　臣鉉等曰說文無杀字相傳云音察未知所出所八切　古文殺

古文殺　古文殺　後編下第十六葉

鳧

雅案說文解字殺戮也从殳杀聲古文作𣏂𢿡𢽟籀文作𣪘此與古文第三字相似从𢎘與古金文考老字所从之𢎘殆是一字〻象血滴形 殷

舒鳧鶩也从鳥几聲房無切

張廷濟釋作鳧仲鳧敦

爵文

鳧叔簋

吳

鳧生敦

丁

鳧

仲鳧父敦

鳧生敦

鳧叔簋

編

寺

廷也有法度者也从寸之聲祥吏切

石鼓

源

古持字从又持之又即手也邾公望鐘分器是寺

石鼓文曰弓茲以寺又曰秀弓寺射

將 專

吳

邿季敼

邿季敼 重文

𡫹簠

同古匋

寺𡩜乳爲持 邿公牼鐘分器是持

又𡩜乳爲邿 邿季敦

𡫹侯作叔姬寺男簠

汶伯寺敦

編

將 帥也从寸醬省聲即諒切

古將字 玉鉢文

古鉢文

吳

索諆角

章叔敼

丁

專 六寸簿也从寸叀聲一曰專紡專職緣切

娟氏鼎

源

卷五第十一葉

同上

同上

說文解字尃六寸簿也从寸叀聲一曰尃紡尃此字从叀从又凡篆文从寸之字古文皆从又疑郎許書之尃字其誼則不可知矣

殷

布也从寸甫聲芳無切

毛公鼎尃命于外

吳

尃𡬉乳爲敷

毛公鼎尃命于外

番生敦

王孫鐘

編

導引也从寸道聲徒皓切

石鼓

源

古導字从行

石鼓

吳

曾伯霥簠

丁

剝取獸革者謂之皮从又爲省聲凡皮之屬皆从皮符羈切

古文皮

籒文皮

石鼓

源

古皮字叔皮父敦

皮氏幣

石鼓文借作彼彼字重文

吳

皮

叔皮父敦

鐘

者減編

肇乳爲彼

郘□句鑃□彼吉人

編

寶簋

季

季

徵

足圻也从皮軍聲矩云切

古鉢皸皸古軍字从匀此爲从軍省當是皸許氏說足圻也

丁

教也从攴启聲論語曰不憤不啓康礼切

啟匜

源

古啟字从戈虢叔鐘

古陶器文

訢啟鼎

古鉨文

吳

虢叔大林鐘

叔氏鐘

番生敲

召尊

啟匜

丁

啟从戈

虢叔鐘

番生敦

从又

叔氏鐘

訢啟鼎

王子啟疆尊

苘伯

啟壺

省口

編

通也从彳从攴从育丑列切

古文徹

古徹字从刀古鉨文

古鉨文

古鉨文

吳

卷一一第九葉

同上

說文解字徹通也古文作徹此从鬲从又象手象鬲之形蓋食畢而徹去之許書之徹从攴殆从又之譌矣卒食之徹乃本誼訓通者借誼也

殷

擊也从攴肇省聲治小切

齊侯鎛鐘

言肇鼎

剌公敔

肇父敔

散季敔

源

古肇字伊㫃尊

旁肇尊

彔伯戎敦

木肇鼎

齊陳曼簠

單伯界生鐘

吳

毛公鼎

師望鼎

善鼎

諆肇鼎

師寰敔器

不嬰敔

敏

鑄子叔簠

丁

肇與肈通

叔向敦肈字重文

編

疾也从攴每

聲眉殞切

夏鉤

帶

齊侯鎛鐘

齊侯鐘

敔敵

源

古敏字

盂鼎

叔繇父敦

杞伯敏父鼎亦通

每每下重文

聃敦

吳

杞伯敏父敦

古鉨王敏

丁

敏从又師嫠敦

女敏可使

盂鼎

編

卷一第一葉

卷四第一十七葉

卷五

第十七葉

同上

卷八第七葉

後編上第十四

葉　第二十葉　下第十葉　第二十八葉

敃

說文解字敏疾也从攴每聲叔䋣父敨从又杞伯鼎䀠敨均省又與卜辭同

殷

彊也从攴民聲眉殞切

古敃字同愍毛公鼎愍字重文

吳

敃从又說文彊也師望鼎得屯乙敃即得屯乙彊也

兮甲盤

虢叔鐘

𢓊公子敦

肁乳為愍毛公鼎敃天疾畏詩召旻天疾威無正及小旻均作旻天疾威爾雅釋天秋為旻天郭注旻猶愍也愍萬物彫落

編

敄

彊也从攴矛聲亡遇切

敄毛公鼎𠤳敄鰥寡䝮詒讒曰敄从攴矛聲此左从𢆶即古文矛字矛為刺兵故作是形敄務聲類同爾雅釋詁務侮

也詩小雅常棣外禦其務毛傳
同左僖廿四年傳引詩務作侮

敄解

般甗

編

迮也从攴白聲周書
曰常敀常任博陌切

古鉥文

皆古鉥異文

古鉥文

吳

古鉥右司馬敀

古鉥思絣倈左敀

古匋表杠敀口口

古匋右里敀鎣

舊釋啟非

丁

象也从攴交聲胡教切

乇啟

寅簋

源

效卣

吳

毛公鼎

效父彝

丁

效毛公鼎

舀鼎

效卣

編

故　政

鄦

徵

卷五第十九葉

同上

後編

下第十葉　龜甲獸骨卷一第二十一葉

殷

使爲之也从攴古聲古慕切

盉和鐘

齊侯鎛鐘

齊侯鐘

寅簋

父乙甗

源

古故字盂鼎

古字重文

邿季敦

吳

故不从攴盂鼎古字重文

邿季敦

郘口句鑃

鄧公敦

編

正也从攴从正正亦聲之盛切

齊侯鎛鐘

齊侯鐘

師楂敨

牧敨

源

敷

毛公鼎
虢季子白盤
齊子仲姜鎛
古鉨文
吳
兮田槃

王孫鐘
古鉨
丁
政 毛公鼎
虢季子白盤

兮甲盤
齊鎛
王孫鐘
余袜鉦
編

華
舉
徵

敚也从攴尃聲周書曰用敷遺後人芳无切
商鐘
齊侯鎛鐘

辛辟父敔
源
敷不从攴
毛公鼎尃字重文
編

止也从攴旱聲周書曰敦我于艱侯旰切

敦从干 兔簋

大鼎

編

改也从攴丙聲古孟切又古行切

古鉥王更

古匋綀更

丁

更舀鼎命女更乃且考司卜事方言更代也左昭二十九年傳以更豕韋之後

師虎敦

趩尊

師嫠敦

編

誠也臿地曰敕从攴束聲恥力切

盄和鐘

諸旅鬲

石鼓

源

古敕字从東 陳猷釜

石鼓

吳

敕秦公敦萬民是敕

陳猷釜

編

斂

收也从攴僉聲良冉切

古斂字从兆 古鉢文

吳

𡨦敢盨令女足成周飼斂古斂字左从䜌

敆

父甲鼎王猷于視斂

陳猷釜節于斂

丁

合會也从攴从合合亦聲古沓切

敆姬壺

敔敨

源

敶

列也从攴陳聲直刃切

古文以為陳字 陳侯鼎

陳下重文

陳子匜

吳

敶經典皆以陳為之

敶公子甗陳字重文

編

敵

仇也从攴啻聲徒歷切

齊侯鎛鐘

源

古敵字省攴文 魯公伐郳鼎

吳

敵不从攴 公伐郳鼎

救 敓 斁

啻字重文 編

止也从攴求聲居又切 周窒匜 丁 救 周窒匜 編

彊取也周書曰敓攘矯虔从攴兌聲徒活切 古陶器敓字如此 吳 盂鼎盂用敓王休借為對字寮敓為爭敓正

字後人段奪為之許氏說彊取也周書曰敓攘矯虔从攴兌聲 古匋 古匋 丁

解也从攴睪聲詩云服之無斁斁猒也一曰終也羊益切 猒也小篆作斁毛公鼎 靜敦斁从目从廾 斁或作射小子射鼎

虢叔鐘亾射如此 師望鼎亾射 今田盤休亾 克鼎亾 古鉥文

吳

鄧公子敦

縣伯簋

丁

斁詩葛覃服之無斁毛傳斁厭也毛公鼎肆皇天亡斁

靜敦 靜學無斁

編

華

無

夢

徵

卷五第九葉

第三十九葉

說文解字斁解也从攴睪聲詩云服之無斁斁厭也毛公鼎肆皇天亡斁斁字作睪吳中丞釋斁與此同

殷

行水也从攴从人水省徐鍇曰攴入水所杖也以周切

秦刻石嶧山文攸字如此

癸亥父己鬲鼎

大夫始鼎

南宮中鼎

伯姬鼎

宰辟父敦

源

古攸字詩曰鉤膺鞗革鞗革轡首垂也古文通用攸勒毛公鼎

吳尊

頌敦

录伯戎敦

王主父丁尊蓋

王主父丁尊器

吳

同禹攸比鼎

師兌敦各器

古鉥攸年

丁

攸肇乳為鋚說文鋚鐵也一曰轡首銅詩采芑鉤膺鞗革作鞗鞗革轡首垂也毛公鼎攸勒

師酉敦

頌鼎

頌敦

頌壺

寰盤

無叀鼎

師兌敦

吳尊

伊敦

禹攸比鼎

師嫠敦

王占尊

編

凝

徵

卷二第十六葉

第十七葉 同上 同上 卷四第二十葉

卷十八第九葉 同上 卷十八第四葉

補案說文解字攸行水也从攴从人水省徐鍇曰攴入水所杖也秦嶧山石刻作汥毛公鼎作攸頌敦作攸此省水疑亦攸字

殷

敦

怒也詆也一曰誰何也从攴𦎫聲都昆切又丁回切

周虔敦

仲酉父敦

達敦

尌亘敦

伯庶父敼

伯囧父敼

蒯仲敼

雁侯敼

刺公敼

屈生敼

㚘獝敼

仲駒敼

散季敼

師毛父敼

宰辟父敼

㐌敼

敔敼

源

祭器也經典通作敦

師虎敦

㒼皇父敦

量侯敦

已侯敦

杞伯敏父敦

西宮敦

郘白達敦

齊侯敦

陳猷釜

杞伯敏父敦

伯致敦

叔䜌敦

吳

師寰敼

頌敼

邾敼

師𩛥父𣪕

格伯𣪕

南方𣪕

魯伯大父𣪕

白作寶𣪕

白䋣父𣪕

古鉢𣪕口

古鉢𣪕貼

丁

𣪕从皀从攴盛黍稷之器其制似盂或斂口或侈口上有蓋旁有耳下有圈底或綴三足或連方座穆天子傳六敦壺尊四十注敦似盤音堆不[illegible]

敦

靜敦

叔向父敦

彔敦

免敦

周𡨦鼎

休敦

衛敦

毛公旅鼎

散伯敦

啬敦

仲五父敦

師虎敦

虢敦

郳敦

伯到敦

伯𩛥敦

𠭯伯敦

㚸𡉏母敦

城虢敦

芳仲敦

寺季敦

史寏敦

伯闢敦

格伯作晉姬敦

鄭虢仲敦

畢鮮敦

䖒䂂妊敦

仲辛父敦

叔寍敦

杲同敦

段敦

師寰敦

陳侯作嘉姬敦

季𠯑父𡚬敦

司寇良父敦

辛林父敦

函皇父敦

𨚕共敦

伯敦

姞氏敦

師嫠敦

魯邍父敦

芮侯敦

秋敦

己侯敦

杞伯敦

頌敦

師趛父敦

追敦 叔多父敦 貞敦 陳貯敦 小子𩰫敦

作寶敦 𨟻侯敦 格伯敦 己侯敦 伯敦 父乙敦

魯伯大父敦 伯𢦚敦 秦公敦 齊侯敦不从攴𦍒字重文 陳猷釜

伯山父壺 量侯敦 𢼸叔敦 叔狀敦 買敦 𠭰敦

編

𣪕 卷一第二十五葉 𣪕 同上 𣪕 後編下第七

葉 同上 同上 書契菁華第十葉

寇 𢿢 敗

古金文有作己侯敢杞伯者與此略同从又持人殆象勺形所以出納麥稷者非从攴也 殷

敗 毀也从攴貝敗賊皆从貝會意薄邁切

籀文敗从賏

齊侯鎛鐘 源

敗从貝 余袜鉦 編

𢿢 煩也从攴从𤔔𤔔亦聲郎段切

貉子卣案𢿢與𤔔亂同義許氏說𢿢煩也 丁

寇 暴也从攴从完徐鍇曰當其完聚而欲寇之苦候切

司寇匜 源

古寇字 衛姬壺

虞司寇壺

司寇戈 吳

曶鼎

虞司寇壺

大梁鼎

古鉨司寇之鉨 丁

寇 曶鼎

虞司寇壺

戰 鼓 攻

司寇良父壺

司寇良父敦

編

司寇季

司寇平𡴘章

司寇□陸

徵

戰盡也从戈單聲畢吉切

許氏說戰盡也戰狄鐘云戰欲不龏

吳

戰

戰狄編鐘

編

擊鼓也从攴从壴壴亦聲公戶切

擊也沇兒鐘子孫永保鼓之

吳

擊也从攴工聲古洪切

齊侯鎛鐘

齊侯鐘

石鼓

源

二年𨏐子戈

魯公伐郘鼎

吳

國差甔

古鉩東武成攻鉩

古鉩右攻

攻鉩

丁

攻國差甔

公伐郘鼎

公伐郘鐘

攻吳監

敱 敄 敔

攻戈 鄧王詈

編

放也从攴生聲迂往切

史敱彝舊以為敉字案从生省為𡳿許氏說放也

敱簋古鉨

丁

坼也从攴从厂厂之性坼果孰有味亦坼故謂之𢼸从未聲徐鍇曰厂厓也許其切

師寰敦蓋

丁

𢼸 師寰敦蓋

器文从貝贅字重文

編

禁也一曰樂器椌楬也形如木虎从攴吾聲魚舉切

敔敦

石鼓

源

敔省文禁也古

斁敔字經典通作捍禦敔與圉通又通御禦漢碑多以衙為禦毛公鼎

石鼓即䥲即時

敔鼎从丕从攴

敔戈从攴

吳

畋

改

敔从吾从攴
敔 敦
敔 戈
【編】

平田也从攴田周書曰畋尔田待年切
古鉨文
古鉨文
古玉鉨畋季子鉨文多畋姓當即田之假借字
【吳】

古鉨𢦏畋
古鉨畋𠦃
【丁】
畋王國維曰此字从由从攴疑即畏字

余畋盤
【編】
𤲸盤
伏
鐵
【徵】

㱾改大剛卯以逐鬼魅也从攴巳聲讀若巳古亥切
牧敔
【源】
許氏說改更也改㱾改大剛卯以逐鬼彪也此漢時之異解疑

古文改改本字改簋蓋
【吳】
改 改簋
【編】

敘

敍 第二十一葉 敍 卷五第十七葉 敍 第十葉 敍 第

三十九葉 敍 書契菁華第十一葉

說文解字改更也从攴己又改𢻈毅大剛卯以逐鬼鬽也从攴巳聲古金文改盨改盨及卜辭有从巳之改無从己之改疑許書之𢻈即改字初非有二形也

殷

敘 次第也从攴余聲徐呂切

敘 卷六第十葉

說文解字敘次第也从攴余聲此从又篆文从攴之字若敏敗等古文多从又

殷

牧

養牛人也从攴从牛詩曰牧人乃夢莫卜切

師𣪘敨

牧敨

源

厂[illegible]中敨

古鉥右牧

丁

古牧字鬲攸比鼎

吴

牧同敦

鬲攸比鼎

編

卷四第四十五葉

卷五

第十葉

第二十七葉

第四十五葉

同上

同上

卷六第二十三葉

同上

卷一第四十八

葉

同上

後編下第十二葉

同上

同上

同上　同上　書契菁華第一葉　同上

第二葉　藏龜之餘第二葉

說文解字牧養牛人也从攴从牛此或从牛或从羊牧人以養牲爲職不限以牛羊也諸文或从手執鞭或更增止以象行牧或从帚與水以象滌牛祚案其从行者與从止之意同又或从二羊　殷

宋右君鼎　伯玉盉　虢尗鬲　源

說文無此字　古鉢文　吳

𢿱　𢿩　　𢿢　𣀏　𢽾

𢿱 父辛鼎 說文所無 編

𢿩 數狄鐘 數=熊= 說文所無 井人鐘 宗周鐘 虢叔鐘 叔氏鐘

編

𢿢 免簠 說文所無 免敦 大敦 編

𣀏 𣀏王盉 說文所無 趞敦 靜敦 仲𣀏卣 省火 編

𢽾 𢽾鎛 歍

敀

 無

[徵]

⿰亻敀

 卷一第四十六葉  卷五第二十五葉

祚案與廣韻同季⿰亻敀故作  與此同

[殷]

⿰癸攵

 卷二第二十一葉  書契菁華第九葉

古金文亦有此字

[殷]

上所施下所效也从攴从孝凡敎之屬皆从敎 古孝切

 古文敎

斆

亦古文敎

古敎字橋祀敎

散氏盤

吳

古鉨相敎

丁

敎

鄦侯敎

散盤

从孝省

編

卷五第八葉

第一一十葉

殷

覺悟也从敎从冂冂尚矇也臼聲胡覺切

篆文斆省

盂鼎

師𩛥父敦

吳

靜敢

諆田鼎

師𩛥父敢蓋

丁

盂鼎

斆不从攴

師嫠敦

靜敦

令鼎

者汈鐘

編

卷

卜

一第四十四葉　同上　卷五第二十葉　卷六第六十四葉　後編上第八葉　藏龜之餘第八葉

說文解字斅覺悟也从敎从冂冂尙矇也臼聲𦥯篆文省作學案卜辭諸文均不从攴且省子或又省作

殷

灼剝龜也象灸龜之形一曰象龜兆之從横也凡卜之屬皆从

卜　博木切

古文卜

曾侯鐘

源

曶鼎

古鉢

貞

卜坤 丁 卜 卜 㪤鼎 編 卜 𤔲卜季 卜 𡍮卜 鐵 徵

卜卷一第五葉卜同上卜同上卜卷二第二十葉卜同上卜

第十二葉卜同上

象卜之兆卜兆皆先有直坼而後出歧理歧理多斜出或向上或向下故其文或作卜或作卜習鼎卜作卜說文卜古文作卜並與此不異也 殷

卜問也从卜貝以爲贄一曰鼎省聲京房所說陟盈切

貞 古貞字 貞敦

貞 亦貞敦文

貞 季貞鬲

貞 舊輔甗 吳

散氏盤

古匋中蒦里貞

丁

貞
散盤

簠鼎
鼒字重文

編

卷一第十六葉

同上

同上

第十五葉

第二十二葉

第十八葉

第十九葉

同上

第二十二葉

同上

第二十四葉

第三十葉

同上

卷二第二十四葉

卷四第十九葉

第二十葉

第三十葉

卷五第十

九葉第二十葉同上卷七第二十九葉同
上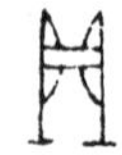卷八第一葉同上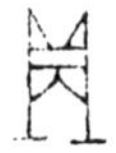第二葉第七葉
第十四葉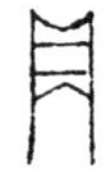書契菁華第十一葉第十葉後
編上第八葉第二十葉下第三葉

說文解字貞卜問也从卜貝以爲贄一曰鼎省聲
京房所說又鼎注古文以貞爲鼎籀文以鼎爲貞
今卜辭中凡某日卜某事皆曰貞其字多作與
字相似而不同或作鼎則正與許君以鼎爲貞

占

之說合知確爲貞字矣古經注貞皆訓正惟許書
有卜問之訓古誼古說賴許書而僅存者此其一
也又古金文中貞鼎二字多不別無鼎鼎字作鼑
舊輔甗貞字作鼎合卜辭觀之並可爲許書之
證段先生改小徐本古文以貞爲鼎籀文以鼎爲
貞爾貞字作貝是爲千慮之一失矣 殷

視兆問也从卜从口職廉切

占 古匋蒦陽南里人五占 丁

占 卷四第二十

五葉

占 卷八第十圖葉

說文解字占視兆問也从卜从口又卟卜以問疑
也从口卜二者疑一字卜辭中又屢見固字 卷四第二

十五葉及書契菁華于占外加口不知與占爲一字否 殷

灼龜坼也从卜兆象形治少切 古文兆省 漢清白鑑 源

可施行也从卜从中衛宏說凡用之屬皆从用 臣鉉等曰卜中乃可用也余訟切 古文用

商鐘 丁亥父乙尊 乙酉父丁彝

曾侯鐘 君季鼎 圓宝鼎 孔文父鼎 伯冏父敦 邾敦

嘉仲盉 冀師槃 尌液鼎 尌夜鼎 工子吳鼎

大夫始鼎

公緘鼎

源

散氏盤

鄦惠鼎

王子申盞盖

邾公鐘

辛子敦

齊侯壺

齊侯壺

宗周鐘

陳公子甗

姑馮句鑃

吳

虢叔旅鐘

追敦用作朕皇祖考尊敦

端都用鉩許氏

引衛宏說可施行也从卜从中徐鉉曰卜中乃可用也案古文中从卜用从中王制冢宰制國用此曰用鉩當是制國用之鉩

古鉩單佑都用王𠃨鉩

古鉩長用

丁

用毁敦

戊寅鼎

公史敦

丙申角

毛公鼎

魯伯鬲

頌鼎

盂鼎
散盤
仲師父鼎
公伐郘鼎
旻季良父壺
宰峀敦

不嬰敦
篖鼎
仲龏父甗
鄀嫛敦
訇伯敦
刺鼎
末距悍

齊陳曼簠
王孫鐘
邾公釛鐘
姑口句鑃
都公鋪
中子化盤

南姬鬲
陵子盤
褱鼎
杞伯鼎
兮仲敦
己侯敦
虞司寇壺

格伯作晉姬敦
黃韋俞父盤
丰孜父甗
杞伯敦
應公鼎
戈叔

師嫠敦
師遽尊
師𠂤鼎
王子申盞盂
𠭯尊
宗周鐘
湯叔尊

□番君鬲 □陳公子甗 □辛己敦

【編】

□卷一第九葉□第十葉□同上□第二十八葉□第二十一葉□卷三第二十三葉□卷四第十六葉□同上□同上□卷五第三十五葉□第二十八葉□後編上第二十一葉□第二十六葉□下第十九葉□第十二葉□第二十一葉□第三十一葉□第二十八葉□第五葉□藏龜第百

說文解字用从卜从中衛宏說古文作用案此字雖不能由形以知誼然衛宏从卜从中之說則決不然矣 殷

男子美稱也从用父父亦聲方矩切

古甫字甫人匜 吳

古匋 丁

甫 甫人盤

穌甫人匜

宰峀敦金文專圃字从此殆亦甫字

旲戍侯鐘 編

用也从用从庚庚更事也易曰先庚三日余封切

石鼓 源

古庸字虢季子白盤庸武于戎工

葡

毛公鼎庸集乃命　名伯虎敦　石鼓　吳

具也从用苟省臣鉉等曰苟急敕也會意平祕切

犕字重文　毛公鼎　吳

葡孳乳爲犕〻服古通易傳服牛乘馬說文引作犕牛左傳伯服史記引作伯犕毛公鼎簟弼魚葡

番生敦

詩采薇作魚服傳魚服魚皮也又陸疏魚服魚獸之皮也

丙申角　編

爻

爻交也象易六爻頭交也凡爻之屬皆从爻胡茅切

許氏說文爻交也象易六爻頭交也　古

爻字六畫相交不省　父乙角　吳

爻六畫相交　父乙敦

亦父乙敦文

緣卣

爽　爾

父乙 角

䢅侯鼎

編

後編下第四十一葉

卜辭中學戊亦作爻戊殆古音同相叚借

殷

麗爾猶靡麗也从冂从㸚其孔㸚尒聲此與爽同意兒氏切

單癸 卣

源

齊侯壺用御爾事

晉公盦

吳

齊侯壺

丁

爾 齊侯壺

晉邦盦

編

𤔲 戠 待

徵

明也从㸚从大徐鍇曰大其中隙縫光也疏兩切

爽 篆文

古爽字从日昧爽象日將出上有雲氣蒙翳也夕敫

散氏盤

吳

爽
散盤

古籀彙編第四上

臨海徐文鏡編

旻

舉目使人也从攴从目凡旻之屬皆从旻讀若颰火劣切

旻 癸旻

爵 中伯御人鼎 从又 編

卷二五第二十四葉

後編下第十七葉 第二十七葉 第四十一葉

說文解字旻舉目使人也从攴从目卜辭旻从攴即攴字 殷

目

人眼象形重童子也凡目之屬皆从目莫六切

目 攴

古瞿兩面文皆象目形眅左右視之意合之則為眀字許氏說明左右視也

吳

古匋豆里疾目

丁

目象形

䒑目父癸爵

編

季

季

盤

鐵

相

盤

徵

眅

多白眼也从目反聲春秋傳曰鄭游眅字子明普班切

古鉨眅隻許氏說多白眼也从目反聲春秋傳曰鄭游眅字子明

丁

瞏

目驚視也从目袁聲詩曰獨行瞏瞏渠營切

伯瞏卣

伯瞏卣

瞏卣

遽伯瞏敦或釋還還下重文

褱敦

敀陸矛

吳

褱 褱卣

褱敦

伯褱卣

孳乳為環 番生敦玉環

編

目相及也从目从隶省徒合切

遅父鐘

源

許氏說眔目相及也从目从隶省古文以為隶字靜敦

諆田鼎

吳

守彝

丁

眔 靜敦

令鼎

曶鼎

毛公旅鼎

兌簋

鬲比簋

周公敦

吳尊

獻編鐘

揚敦

叔㚤敦

師寰鼎

睽从䀠　大敦

編

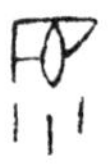卷二第四十五葉卷四第四十七葉

同上同上同上第三十七葉卷五

第四十二葉後編上第二葉第四葉第七葉下第

二十六葉

說文解字眔目相及也从目从尾省古金文作靜敢及諆田鼎卜辭从等形殆非从尾省也古文

尾从木

殷

睢 相

仰目也从目隹聲許惟切

古鉢王睢 莊子而目睢睢 許氏說仰目也 案古忞睢字如此 丁

省視也从目从木易曰地可觀者莫可觀於木詩曰相鼠有皮息良切

夏鉤 帶

商鐘

相 秦權

源

古相字从𠚑十目所視也相作父丁觚

孟鼎

且子鼎

公違鼎

禹攸比鼎

吳

相侯敦

古鉢定相

古鉢陽城相忠

古鉢相里臧

古鉢孟相如𡆧為目之變或釋栖非周秦間文字多變更古體不能以形似求之

古鉢相思得志

丁

相易 相成 舉

相 相 舉 相

待

徵

卷一第四十六葉

卷二第十七葉　卷三第二十三葉　卷五第二十五葉　第二十六葉　卷七第三十七葉　後編下第三十九葉

說文解字相省視也从目从木易曰地可觀者莫可觀于木此从目从木與許書同或从屮乃木之省猶从林之字或从艸如麓作蔍之例矣見第三部古金文亦多省木作屮與此同吳中丞謂相作十目所視也案非相字其字从十目直字德字从之　祚案乃眚字與金文同屮即生之省也

睗

殷

目疾視也从目易聲施隻切

睗與賜為一字又通錫

虢季子白盤賜用弓彤矢其央

曾伯簠天賜之福

鄀公簠用賜釁壽

鄀公盂

曾𡨦伯鼎賜小臣金

毛公鼎夙夕敬念王畏不賜方言賜盡也

編

瞚

開闔目數搖也从目寅聲臣鉉等曰今俗別作瞬非是舒問切

後編下第二十四葉

殷

䀠

左右視也从二目凡䀠之屬皆从䀠讀若拘又若良士瞿瞿九遇切

古䀠字父癸鼎

䀠乙斝楊沂孫說乚象眉骨形

吳

古鉨㑌□䀠

丁

䀠 䀠父丁敦 南䀠 疊 䀠鼎

編

王侍

徵

眉

目上毛也从目象眉之形上象頟理也凡眉之屬皆从眉武悲切

商鐘 許子鐘 楚邛仲南和鐘

遲父鐘 盄和鐘 齊侯鎛鐘 齊侯鐘 対液鼎

対夜鼎 齊荓史鼎 王子吳鼎 公緘鼎 伯碩父鼎 史頙父鼎

微欒鼎 晉姜鼎 穆公鼎 高克尊 樂司徒卣

召仲考父壺

孟姜匜

刺公敦

肇父敦

孟姜敦

虢姜敦

乜敦

邿敦

姬寏豆

卬仲槃

卬仲盦

源

㫚象㫚目形 戎都鼎

頌壺

師奎父鼎

鄦惠鼎

王婦匜

魯大司徒匜

王子申盞盂

胖侯盤

鑄子叔黑臣鼎

魯伯俞父簠

曾伯霥簠

邾公華鐘

齊侯壺

師艅敦蓋

吳

同散氏槃原書從舊釋以為竟字案

當是眉讙肇鼎眉作師奎父鼎眉作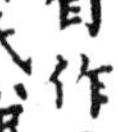眉與湄通此曰田眉曰眉道蓋皆湄之通用字也許氏説水草交曰湄

涹白敢以簋為眉鼎彝中眉簋類貴四文往往一形而異用以下各字須緣文為別不能以形定也

季能敢 亦以簋

為眉下从皿省

讙肇鼎

畢鮮敢 蓋

交君簠

貴脒鼎

不嬰敢

王孫鐘

國差甔

丁

眉象眉目形 或者鼎用緣眉彖

編

視也从眉省从屮臣鉉等曰中通識也所景切

古文从少从囧

太宮壺

源

曶鼎隹王四月既

生霸借省爲生原書以爲古相字謂从𡴀十目所視也是直以𡴀爲直又𣎳省案直省爲相古無是説木省作屮屮亦殊奇異愚意以釋省爲安省視也見亦訓視凡曰哉𡴀霸既𡴀霸者解爲初見既見亦通但對死霸言省終爲借字耳

豆閉敵隹王二月既生霸

丁

省从目从生與眚爲一字敦煌本尚書説命惟干戈眚厥躬省作眚俎子鼎

宗周鐘

鬲攸比鼎

省甗

散盤

盂鼎

公違鼎

公違敦

朋省敦

辛鼎

聃敦

舀鼎既生霸叚借爲生

揚敦

豆閉敦

編

鐵

徵

自

鼻也象鼻形凡自之屬皆从自 疾二切

古文自

商鐘

曾侯鐘

对液鼎

王子吳鼎

田季加匜

石鼓

源

古自字 公違鼎

諆田鼎

楚公鐘

伯雝父敦

吳

王孫鐘

子璋鐘

敔氏敔敔氏自作為寶尊敔

縣妃彝

古鉨自

丁

自 毛公鼎

散盤

鄀公錳

楚公鐘

沇兒鐘

𢦏叔鼎

攻吳監

仲龏父甗

伯矩簠

襄鼎 余戛盤 姑口句鑃 寳兒鼎 黃韋俞父盤 彔伯敦 姑氏敦

宰𠚔敦 彔敦 公違敦 令鼎 伯家父敦 楷妃敦

中子化盤 編 卷一第二十葉 卷二第二十

五葉 卷二第二十二葉 卷四第十四葉 第二十

一葉 第三十二葉 卷五第二十八葉 冏上

卷十六第五十八葉 卷八第十五葉 書契菁華第九葉

[古文]後編上第五葉[古文]第十一葉[古文]同上[古文]第二十葉

說文解字自鼻也象鼻形古文作[古文]又白注此亦自字也省許既以自白爲一字而分爲二部者以各部皆有所隸之字故也卜辭中自字作[古文]或作[古文]可爲許書之證但自部諸字以古文考之多非从自魯字者字均从[古文]或从[古文]智字等亦然許君生炎漢之季所見古文舍壁中書而外固不能如今日之博自不能無疏失矣 殷

[古文]

自棘 鼏 說文所無

編

臭

帛

卷二第十九葉第十八葉 殷

後編下第二十五葉 殷

此亦自字也省自者詞言之气从鼻出與口相助也凡白之屬

皆从白 疾二切

古鉢自士吉許氏說亦自字 丁

此亦自字 番君鬲

白者君盤

甾仲艾匜 編

俱詞也从比从白古諧切

秦權 源

鈍詞也从白鮺省聲論語曰參也魯郎古切

商鐘

盄和鐘

齊侯鎛鐘

齊侯鐘

魯公鼎

微䜌鼎

尹卣

尨敔

寅簋

姬寏豆

魯正叔盤

源

魯伯愈鬲

魯大司徒匜

魯士呼父簠

郳惠鼎魯休如此

齊侯鎛僕虞兄弟即詩眉壽保魯之魯

頌敦魯休

歸夆敦

師奎父鼎

虢叔鐘

善鼎

頌鼎

頌敦

吳

魯邍鐘

井人鐘

叔氏鐘

虢叔鐘

小克鼎

盧鼎

魯伯厚父盤

魯伯大父敦

師艅敦蓋

無曩敦

頌敦

善夫克簋

魯士浮父簠

周公彝

遲簋蓋眉壽屯魯

遲簋器

古鉨魯戍

古鉨魯退

古鉨魯十

古鉨魯地

古鉨王魯

古鉨魯丁

古匋

丁

魯頌鼎

頌壺

頌敦

虢叔鐘

魯伯鬲
魯侯鬲
魯伯簋
井人鐘
克鼎

魯士簋
魯伯盤
魯遵父敦
秦公敦
林氏伯敦

子仲匜
魯侯壺
魯遵鐘
魯伯盤
善夫克鼎

庚生鼎
周公敦
師虎敦
魯侯敦
魯侯角
畢鮮敦

戎者鼎
叔氏鐘
無㠱敦
鄉大魯鼎

師奎父鼎
𦬸伯敦
善鼎
無叀鼎

編

者

槒古 侍

徵

別事詞也从白米聲米古文旅字之也切

秦權

秦斤

甘泉內者鐙

漢鑑

源

古文以為都字戒都鼎都字重文

古文以為諸字子白盤諸字重文

王孫鐘

吳

叔家父匡諸兄字如此

丁

者尊乳為諸兮甲盤諸侯百姓

殳季良父壺用高孝于兄弟婚媾諸老

諸女觥

邾公牼鐘

戒者尊

戒者鼎

免敦

菲伯敦

者汈鐘

者減編鐘

𥏼

王孫鐘

陳侯因資敦

子禾子釜

編

識詞也从白从亏从知知義切

古文𥏼

古智字 毛公鼎

空首幣

吳

智 毛公鼎

魚匕

編

𥏼卷五第十七葉

說文解字𥏼从白从亏从知古文作𥏼此省白

殷

百

十十也从一白數十百為一貫相章也博陌切

古文百从自

盄和鐘

齊侯鐘

窖磬

伯碩父鼎

𢦏敦

師𣏌敦

師𣪘敦

牧敦

父乙甗

源

宗周鐘
史頌敦
吳
齊侯鎛
史頌敢

同衛公叔敢
史頌敢蓋
兮田盤
古鉨百萬
金借為百

字
丁
百
㫃鼎
史頌敦
宗周鐘
免盤
沇兒鐘
賢觥

叔狀敦
莽伯敦
伊敦
小子𩰫敦
二百合文
齊鎛
虢季子白盤
五百

盂鼎
六百
編
百
鐵
日
季
徵
卷二二第一十

二二葉
第二二十一葉
卷二一第二二十葉
卷十八第四十二葉

□後編下第四十二葉□龜甲獸骨卷一第十四葉

卜辭中記數一百作百其二百以上則加畫于百上而合書之二百作□卷四第四葉 卷二第三十及三百作□卷二第三十一葉 五百作□卷七第九葉 六百作□後編下第四十三葉 與古金文同

殷

鼻

引气自畀也从自畀凡鼻之屬皆从鼻父二切

□古鉢文

吳

□古鉢牛鼻 □古匋鼻□

丁

皕

二百也凡皕之屬皆从皕讀若祕彼力切

□古皕字唯叔禹鼎

吳

奭 習 翰 翟

盛也从大从皕皕亦聲此燕召公名讀若郝史篇名醜徐鍇曰史篇謂所作倉頡十五篇也詩亦切

古文奭

古鉢奭陽古文奭从土

古匋

丁

奭

徵

數飛也从羽从白凡習之屬皆从習 似入切

周陽侯甗

源

習

徵

天雞赤羽也从羽倝聲逸周書曰文翰若翬雉一名鷐風周成王時蜀人獻之侯幹切

石鼓

源

山雉尾長者从羽从隹徒歷切

古翟字 史喜鼎

吳

翟 史喜鼎

編

翦

羽生也一曰矢羽从羽前聲即淺切

翦 古鉢王翦

翦 古鉢李翦同上皆周秦閒文字

丁

翊

飛皃从羽立聲與職切

翊 翊 谷口 角

源

翌

樂舞以羽翿自翳其首以祀星辰也从羽王聲讀若皇胡光切

翌 許氏說樂舞以羽翿自翳其首以祀星辰也从羽王聲讀若皇 古鉢文从工古𤲞𤲞車翌鉢陳介祺說此

齊𦐱車翌之鉢

吳

翣

棺羽飾也天子八諸侯六大夫四士二下垂从羽妾聲山洽切

翣 翣 侍

徵

隹

鳥之短尾總名也象形凡隹之屬皆从隹職追切

唯 隹

隹

商鐘
乙酉父丁彝
已酉戌命彝

兄癸卣
許子鐘
楚公鐘
曾侯鐘
齊侯鎛鐘

齊侯鐘
害磬
唯肘鼎
圓宝鼎

孔文父鼎
肘淢鼎
仲偁父鼎
趩鼎
王子吳鼎
大夫始鼎

南宮中鼎
公緘鼎
師秦宮鼎
微欒鼎
伯姬

鼎
晉姜鼎
穆公鼎
尹卣
召仲

考父壺

田季加匜

伯庶父敦

散季敦

師毛父敦

戠敦

宰辟父敦

尨敦

邿敦

師楷敦

師毀敦

牧敦

敔敦

寅簋

方宝甗

仲信父方甗

卬仲槃

卬仲盦

石鼓

源

戊辰彝

聃敦隹短尾鳥長尾並一類而尾有殊耳尾短者足隱故隹篆不見足然古

器刻隹往往見足疑隹鳥
古爲一字後乃別而爲二

古鉨簹 隹古文隹鳥無別隹爲
鳥省故从隹之字古籀皆从鳥

丁

隹孳乳爲唯經典亦以
惟以維爲之 俎子鼎

觪尊

同卣

曶鼎

趞鼎

師奎父鼎

盂鼎

趞卣

龢伯敦

㮚妃敦

伯中父敦

梢尊

頌敦

史頌敦

宰椃角

乙亥鼎

格伯作晉姬敦

曆鼎

克鐘

宗周鐘

善夫克鼎

陳公子甗

叉卣

無㠱敦

宅敦

師遽尊

叔皮父敦

鬲攸比鼎

格伯敦
叔上匜
沇兒鐘
大鼎
殷穀盤
事族敦

齊鎛
者沪編鐘
禾敦
麓伯敦
邾公華鐘

子璋鐘
姑口句鑃
寬兒鼎
紳敦
𢽴叔敦
鄭虢仲敦

歸父盤
家桐盂
戈叔鼎
穽鼎
賀鼎
郘王義楚耑

湯叔尊
無叀鼎
聃敦
師嫠敦
隹彝
黃韋俞父盤

師遽敦
宴敦
或从口
周公敦
白者君盤
其次句鑃
孟爵

敦 口伯 番君 鬲

編

卷一第五葉 第二十七葉

同上 第二十八葉 卷二第十五葉 卷二

第一葉 第二十一葉 第二十四葉 第二十七

葉 第二十八葉 同上 卷四第九葉 第二

十七葉 第四十一葉 第四十七葉 卷五第四

十一葉 第二十九葉 卷七第二十九葉 同上

同上　卷八第五葉　同上　第八葉　第
十二葉　後編上第二十葉　下第二葉　第十八
葉

卜辭中語詞之惟唯諾之唯與短尾之隹同爲一字古金文亦然然卜辭中已有从口之唯然僅兩見耳又卜辭中隹許訓短尾鳥者與鳥不分故隹字多作鳥形許書隹部諸字亦多云籀文从鳥蓋隹鳥古本一字筆畫有繁簡耳許以隹爲短尾鳥之總名鳥爲長尾禽之總名然鳥尾長者莫如雉與雞而

雗 雉

並从隹尾之短者莫如鶴鷺鳧鴻而均从鳥可知
强分之之未爲得矣

殷

雗鸐也从隹倝聲侯幹切

古匋雗鸐也或从車車蓋草之譌

丁

雉有十四種盧諸雉喬雉鳪雉鷩雉秩秩海雉翟山雉翰雉卓雉伊洛而南曰翬江淮而南曰搖南方曰𠷎東方曰甾北方曰稀西方曰蹲从隹矢聲直几切

古文雉从弟

尹卣

石鼓

源

石鼓

吳

卷二第十一葉

第二十一葉

第二十四葉

卷四第四十四葉

卷七第一十四葉

後編上第十四葉

下

第七八葉　同上

說文解字雉古文作䳅从弟今以卜辭考之古文乃从夷蓋象以繩繫矢而射所謂矰繳者也雉不可生得必射而後可致之所謂一生一死者是也許言从弟殆失之矣

殷

雞

知時畜也从隹奚聲古兮切

籀文雞从鳥

兄丁尊

雞單彝

源

卷二

第二十六葉

第二十七葉　同上

卷四第四十

二二葉

卷七第一十二葉

雁

卜辭中諸雞字皆象雞形高冠修尾一見可別于他禽或增奚聲然其他半仍是雞形非烏字也說文解字雞从隹籀文从鳥均失之矣 殷

鳥也从隹瘖省聲或从人人亦聲徐鍇曰鷹隨人所指蹤故从人於凌切

籀文雁从鳥

鷹父癸彝

雁侯敦

源

雁古文以為膺胷應字受也許氏說籀文雁从鳥毛公鼎曰雁受大命

應公尊

歸夆敦

吳

應叔鼎

應公敦

應公觶

丁

雁說文从隹瘖省聲或从人人亦聲其云从隹瘖省聲者當作雁其云或从人人亦聲者當作倠即此𢈟字少異今篆文作雁知今本譌

雝

奪將雍雝二篆合而為一矣孳乳為應左傳廿四年傳邘晉應韓武之穆也應公敦

應公尊　應公觶

應公鼎　應叔鼎　又孳乳為膺毛公鼎雍受大命史記周本紀作膺受大命逸

周書克殷篇作膺受大命　芹伯敦　又毛公鼎金雍詩小戎傳膺馬帶也

編

雝䮕也从隹邕聲於容切　盄和鐘　公緘鼎　晉姜鼎　龙敢　師梏敢

周陽侯甗

源

古雝字从隹从攴从邕許氏說邕四方有水自邕城池者籀文作邕俗作壅毛公鼎　伯雝父敦

雝或从皿　雝卣　敔尊師雝父

吳

師雝父鼎从邕省俗作雍又作壅

盂鼎原書曰以為奮之象形字案當是雝毛公鼎作
此省水移吕於隹內曰吕以敬雝於文義亦順
辛鼎

雝伯彝
雝毀彝
古鉨原書謂說文無
案自甬為雝之異古

鉨中屢見雝與邕雍並同
古州名故从邑籀文作吕
古鉨孫雝此省邑
古鉨馬雝
丁

雝
雝母女敦
彔敦
過鼎
取尊
雝伯鼎
雝伯原鼎

邾王鼎
宗周鐘
毛公鼎
或从支亦毛公鼎文
盂鼎省水

辛鼎
編
卷一一第一一十四葉
第二二十五葉

同上同上第二十六葉同上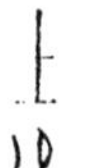同上

同上同上同上第二十八葉卷四

第二十九葉後編下第二十一葉龜甲獸骨卷二

第二葉

从巛即水字从口从隹古辟雝字如此辟雝有環流故从巛或从巜乃巛省也口象圜土形外爲環流中斯爲圜土矣或从回與口誼同雝卣臤尊亦均从回古辟雝有囿鳥之所止故从隹說文訓爲雝渠非初誼

雇

吳伯雝父鼎作與此同他金文或增口作呂後又譌呂為邑初形益不復可見矣 殷

九雇農桑候鳥扈民不婬者也从隹户聲春雇鳻盾夏雇竊元秋雇竊藍冬雇竊黃棘雇竊丹行雇唶唶宵雇嘖嘖桑雇竊脂老雇鷃也侯古切  雇或从雩  籀文雇从鳥

 卷一第四葉  第十八葉  後編上第十二葉

 同上  龜甲獸骨卷一第九葉

說文解字雇籀文从鳥作卜辭地名有字从鳥户聲與籀文合 殷

雗

雗屬从隹䨗聲常倫切

 雗鼎 吳

 雗 吳買鼎 編

鳥肥大琟琟也从隹工聲戶工切

琟或从鳥

許氏說鳥肥大琟琟也散氏盤至于琟莫疑古邛字漢書自滇北君長以十數邛都最大琟莫當即邛都靡莫

散氏盤 吳

琟 散盤 編

卷二一第九葉

後編上第九葉

說文解字琟鳥肥大琟琟也或从鳥作鳿與此同疑此字與鴻雁之鴻古爲一字借卜辭之鳿爲地名末由徵吾說矣 殷

季隻敦 說文所無 編

⿰午隹　⿰亻⿺乚隹　瞿　⿰至隹　奮

說文所無　晉邦盦⿰午隹今小子　編

後編下第二十葉　殷

書契菁華第十一葉　殷

卷二第八葉　第十八葉　卷五第十六葉

祚案此字从隹从至聲與集韻同但此或增𠂤不知與鴟爲一字否　殷

翬也从奞在田上詩曰不能奮飛方問切

古奮字从衣　諆田鼎　吳

奮从衣　令鼎　編

蒦

規蒦商也从又持萑一曰視遽皃一曰蒦度也徐鍇曰商度也萑善度人禍福也乙虢切

彠 蒦或从尋尋亦度也楚詞曰求矩彠之所同

古蒦字从艸 叔萑父卣

吳

古鉨蒦也

古鉨蒦𤔲

古匋蒦陽南里人蚳

古匋蒦陽□里

古匋蒦陽南里隻

丁

雚

小爵也从萑吅聲詩曰雚鳴于垤工奐切

王人甗俗作鸛桼雚觀鸛古為一字說文鸛專畐蹂如鸛短尾射之銜矢射人此卜象銜矢形與許氏說合

丁

雚御尊王在圖雚京

效卣王雚于嘗

王人甗

編

卷一第十六葉 卷四第十八葉 第二十九葉

舊

第四十三葉 同上 同上 卷八第二葉

第四葉 後編下第十八葉 同上 同上

同上 同上 藏龜第百二十一葉

說文解字雚小爵也从萑吅聲卜辭或省吅借爲觀字此字之形與許書訓鳿屬之萑相似然由其文辭觀之則否也

殷

雖舊舊留也从萑臼聲 舊或从鳥休聲 齊侯鎛鐘 齊侯鐘

源

子白盤 師穌父敦蓋

𥄕

師龢父敦器 吳

舊𦬽甲盤 鄀公華鐘

師嫠敦 編 卷四第十五葉 後編下第一二葉

第七八葉

說文解字舊鴟舊留也从萑臼聲或作鵂此从凵古文臼字多如此作 殷

目不正也从𦫳从目凡𥄕之屬皆从𥄕莧从此讀若末 徐鍇曰𦫳角戾也模結切

許氏說𥄕目不正也从𦫳从目讀若末歸夆敦王命益公征𥄕敖𥄕敖當即莫敖之古文 吳

蔑

勞目無精也从苜人勞則蔑然从戍莫結切

師㴜父卣 敔敨 禹 蔑敖 [源]

古鉥王蔑 古鉥蔑營 古鉥蔑於 [丁]

蔑彔敦 競卣 遹鼎 趩尊 免卣 庚贏卣 从禾

師餘敦 師遽尊 友敦 免盤 鳧生敦 叚敦

父卣 臤尊 封敦 [編] 虹 [徵]

卷一第四十九葉 同上 同上 第五十一

羊

葉第四十四葉卷五第二十九葉卷十八第七

葉同上同上

祥案乃戈字之變从女與从人之意同 殷

祥也从𦍋象頭角足尾之形孔子曰牛羊之字以形舉也凡羊之屬皆从羊 與章切

古羊字 父辛觶

甚諆鼎

師寰敦

吳

父乙卣

古鉨千牛全羊

古鉨千羊

古鉨千羊

古鉨羊子

丁

羊象羊首形
父羊敦

丁父
羊鼎

鼎文

羊卣

戲敦

甚諆鼎

父辛觶

父庚鼎

旨鼎

師寏敦

羊爵象以索牽羊之狀羅振玉說

羊子戈

編

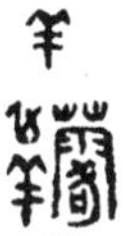
盨

盨

徵

卷一第十

二一葉

同上

第四十一葉

同上

第四十二

葉

同上

同上

同上

同上

同上

第

同十三葉

同上

卷二第二十五葉

同上

卷二第二十二葉卷四第四十九葉同上同上

同上同上同上第十七葉第五十葉同

上同上同上第三十七葉卷六第四十

葉卷八第十六葉藏龜第百九十七葉藏龜之餘第

七葉後編上第三葉同上同上第二十

二葉第二十二葉第二十一葉第二十六葉

羔

第二十七葉下第十六葉第三十葉第

四十葉第四十二葉龜甲獸骨卷一第十二葉

第十四葉

羊字變體最多然皆爲象形其作者象牽之以索也索在後不在前者羊行每居人先也作者側視形作者亦象帶索从側視之之狀也

殷

羊子也从羊照省聲古牢切

古鉥羔瘕

古鉥羔嵒羊子也古於羔兔等小嵒多用炮炮者以泥塗其外用火炙之也故

从火从土篆文作羔許氏謂从羊照省聲恐非古義

羔 古鉢

丁

羔从羊在火上炰羔之義說文从羊照省聲非索誤

角索諆作有羔日辛羔彝

酌伯敦酌伯作寶羔二殆器名

編

集

吉

蘭

鐵

鐵

徵

卷四第二十二葉

卷十六第四十九葉

第六十七葉

第一十葉

同上

卷一第二十五葉

同上

卷一第五十葉

同上

同上

同上

後編上第一十二葉

下第二十九葉　第十五葉　龜甲獸骨卷二第二十
葉　同上　第二十一葉　同上
从羊从火殆即羔字
祚案作亦羔字∧象露頂　殷

羣

羣也从羊君聲臣鉉等曰羊性好羣故从羊渠云切

子璋鐘　空首幣　吳　陳侯午錞　丁

羣 子璋鐘　陳侯午敦　編

美

甘也从羊从大羊在六畜主給膳也美與善同意臣鉉等曰羊大則美故从大無鄙切

美爵　古鉨文　吳　古鉨 美興

羌

丁

美 美爵

編

鋤

徵

卷五第十八

葉

卷二一第十八葉

卷七第二一十八葉

後編下第

十四葉

辨案美角作　與此畧同　象角筊敲之形

殷

西戎牧羊人也从人从羊羊亦聲南方蠻閩从虫北方狄从犬東方貉从豸西方羌从羊此六種也西南僰人僬僥从人蓋在坤地頗有順理之性唯東夷从大大人也夷俗仁仁者壽有君子不死之國孔子曰道不行欲之九夷乘桴浮於海有以也去羊切

古文羌如此

羌羅振玉曰乃羊字也象羊之側觀形鄭羌伯鬲

羴

羊臭也从三羊凡羴之屬皆从羴 式連切 羶 羴或从亶

徵

卷四第二十五葉 同上 同上 後編下第一十二葉

从四羊與羴同誼

殷

瞿

鷹隼之視也从隹从䀠䀠亦聲凡瞿之屬皆从瞿讀若章句之句 九遇切 又音衢

瞿父鼎

瞿祖丁卣

源

靃

飛聲也雨而雙飛者其聲靃然呼郭切

靃 靃壺

䨥 或从雔 叔男父匜

吳

䨥 卷二第十五葉

䨥 靃从雔 叔男父匜

靃 壺文

編

䨥 卷五第二十五葉 䨥 書契菁華第十葉

說文解字靃飛聲也雨而雔飛者其聲靃然叔男父匜作䨥从雔與此同

殷

[illegible]

鳥羣也从雥淵聲烏元切

[illegible] 卷六第四十六葉

雧

鳳

說文解字雥鳥羣也从雥冄聲卜辭从鳥在冄上

殷

雧 羣鳥在木上也从雥从木秦入切 集 雧或省

漢登

源

毛公鼎 唯天庸集乃命

吳

雧象隹在木上 雧俗敦

集父癸爵

毛公鼎

編

卷五

第二十七葉  後編下第十八葉

說文解字雧群鳥在木上从雥从木或省作集毛公鼎作从隹在木上與此同

殷

神鳥也天老曰鳳之象也鴻前麐後蛇頸魚尾鸛顙鴛思龍文龜背燕頷雞喙五色備舉出於東方君子之國翱翔四海之外過崐崘飲砥柱濯羽弱水莫宿風穴見則天下大安寧从鳥凡聲馮貢切

古文鳳象形鳳飛羣鳥從以萬數故以為朋黨字

亦古文鳳

蓮勺鑪

林華觀行鐙

巳酉戍命彝

丙寅卣

許子鐘

齊侯鎛鐘

牧敦

敔敦

寅簋

源

古鳳字通朋 鳳尊

多父敦 朋如此

豐姞敦

王孫鐘

古者貨貝五貝為朋詩曰錫我百朋朋友之朋从此 遽伯還敦

且子鼎

吳

趞曹鼎

格伯敦

杜白簋

丁

朋詩菁菁者莪錫我百朋箋

古者貨貝五貝為朋易損崔憬注雙貝曰朋二說互異王國維曰古貝與玉皆五枚為系二系為朋釋二貝者言其系釋五貝者舉其一系之數也倗友之

倗从此中鼎 侯錫中貝三朋

𢼸叔敦

祖子鼎 二朋合文

豐鼎

女𩎟敦

趞叔敦 三朋

宰甫敦 五朋

趞卣

宰椃角

弜敦

周愙鼎

庚羸卣 十朋

師遽敦

彔卣

遽伯敦 十朋又四朋

紳敦 十二朋

效卣 廿朋

匽侯鼎

呂鼎 卌朋

剌鼎

效卣 五十朋

編

卷二第二十葉

同上

同上

同上

第十九葉

卷四第四十二葉

第四十二葉

□同上□卷十八第四葉□第二十八葉□第五十一

葉□卷八第十四葉□卷五第十葉□第四葉□卷一第

二十葉□書契菁華第五葉□後編上第十四葉□

第二十一葉□第三十二葉□下第三十三葉□第

二十九葉□第八葉□藏龜第五十五葉□第九十七

葉□第百四十葉□第百十葉□第二百六十葉□

同上

說文解字鳳古文作□□二形卜辭从□與□畧同从月即凡字古金文作凡與此小異與篆文同惟从丵或省作丫與許書篆古二文不合耳龍字从丵鳳字所从亦與龍同此于古必有說今無由知之矣王徵君曰卜辭中屢云遘大鳳即遘大風周禮大宗伯風師作飌師从雚而卜辭作鳳二字甚相似余案王說是也考卜辭中諸鳳字並均爲風古金文不見風字周禮之飌乃卜辭中鳳字之傳譌蓋譌丵爲□譌凡爲風耳據此知古者叚鳳爲風矣

祚案作朋者乃朋貝之本字引申爲朋友之朋鳳

之所集羣鳥隨之故亦借爲鳳鳥字作𠣕者亦鳳字則與篆文形相近矣 所从之冂卽後世凡字之所从出

殷

鵻 祝鳩也从鳥隹聲思允切

鵻或从隹一 一曰鶉字

古鉩公孫隼 許氏說鵻或从隹一

古鉩次共隼鉩

丁

鷬 鳥也从鳥堇聲那干切

鷬或从隹

古文鷬

古文鷬

古文鷬

齊侯鎛鐘

齊侯鐘

源

古難字異文 齊太僕歸父盤

叏季良父壺 難字如此

吳

鷬从隹 歸父盤

叏季良父壺

編

鴈 鵝也从鳥人厂聲 臣鉉等曰从人从厂義無所取當从雁省聲五晏切

上林榮宮鐙

首山宮鐙

源

鴡 鶾 鳴

王鴡也从鳥且聲七余切

古鉩王雎

丁

雗肥𩿧音者也从鳥倝聲魯郊以丹雞祝曰以斯𩿧音赤羽去魯侯之咎侯幹切

卷十八第二十八葉

祚案王徵君說古从倝爲一字此殆許書之鶾

殷

鳥聲也从鳥从口武兵切

許子鐘

石鼓

源

石鼓文

王孫鐘

吳

鳴 王孫鐘

編

卷五第四十八葉

同上

同上

卷八第五葉

後編下第十八葉

同上

鷙

同上

說文解字鳴鳥聲也从鳥从口此从雞从口雞司晨者也應時而鳴引申而爲凡鳥之鳴許書从鳥非初誼矣石鼓文已从鳥作鳴

殷

飛皃从鳥寒省聲虚言切

古鶱字省文古鉢文

吳

說文所無

作且乙鷙侯叔敦

編

孝烏也象形孔子曰烏盱呼也取其助气故以爲烏呼凡烏之屬

皆从烏哀都切臣鉉等曰今俗作嗚非是

古文烏象形

古文象烏省

商鐘

師楦敨

秦權 秦斤

源

古烏字毛公鼎

寡子卣蓋烏虖如此

烏邑幣

僕兒鐘

吳

效卣嗚虖效不敢不萬年夙夜奔走揚公休

古鉢蔑於

古匋□里女烏

丁

烏毛公鼎烏虖

寡子卣

效卣

余義鐘

編

䧿也象形七雀切

篆文舄从隹昔

𢦏敨

寅簋

源

舄履屬許氏說䧿也象形師虎敨

吳尊　袞衣赤舄

吳

盂鼎　冂衣市舄　車馬

師龢父敦　赤舄攸勒

丁

舄吳尊　袞衣赤舄

師虎敦

師晨鼎

盂鼎

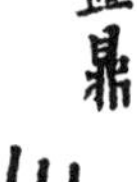

師嫠敦

䡇侯鼎

編

焉鳥黃色出於江淮象形凡字朋者羽蟲之長烏者日中之禽舄者知太歲之所在燕者請子之候作巢避戊己所貴者故皆象形焉亦是也有乾切

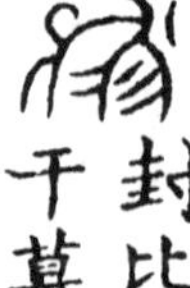
封比干墓

銅槃

嘯堂　銅槃

汝帖　銅槃

秦權　秦斤

源

古籀彙編弟四下

臨海徐文鏡編

華

箕屬所以推棄之器也象形凡華之屬皆从華官溥說北潘切

穆公鼎

源

畢

田罔也从華象畢形微也或曰由聲臣鉉等曰由音弗畢吉切

畢仲敦

吳

望敢

畢姬鬲

召尊

猷伯彝

古鉥畢苗

丁

畢段敦

伯晏父鬲

召尊

畢鮮敦

倗仲敦

獻伯敦

乙亥敦

編

卷一第二十九葉卷二第五葉卷五第十四葉同上後編下第二葉第八葉第四十一葉藏龜第百八十二葉第二百二十七葉

說文解字畢田网也从華象畢形微也或曰由聲卜辭諸字正象网形下有柄即許君所謂象畢形之華也但篆文改交錯之網爲平直相當于初形已失後人又加田于是象形遂爲會意漢畫象刻

石凡捕兔之畢何與字形同是田網之制漢時何然也又許書隸畢字于華部于畢注云从華象畢形而于華注乃曰箕屬所以推棄之器也象形一若華既象田網之畢又象推棄之箕者許君又謂糞棄二字皆从華今證之卜辭則糞字作乃从甾不从華糞除以箕古今所同不聞別用它器其在古文華即畢字與甾不同糞棄固無用畢之理此亦因形失而致歧者卜辭之畢或加又象手持之

殷

棄除也从廾推華棄釆也官溥說似米而非米者矢字方問切

卷二第十八葉卷五第十二葉

棄

同上 後編下第八葉 同上

說文解字𢍏棄除也从廾从𠦒棄釆也官溥說似米非米者矢字今卜辭之𢍏即糞字从又象糞薉形即官溥所謂似米非米者从𠦒即許書所从之𠦒（說詳上𠦒字注 𠦒象田𤰔非箕屬）廾以推棄之帚糞薉于𠦒中而推棄之糞之誼瞭然矣其省廾从土从𠦒及从𠂇且旁加帚者殆亦糞字

殷

捐也从廾推𠦒棄之从𠫓𠫓逆子也臣鉉等曰云他忽切詰利切
古文棄
籀文棄
棄捐也𠦒象箕形許氏說从廾推𠦒棄之散氏盤

吳

棄 散盤

編

鐵

散

徵

後編下

冓

再

第二十一葉第七葉

說文解字棄从廾推𠦒棄之从𠫓𠫓逆子也古文作籀文作此从早在甘中許書从𠦒即甘也廾棄之

殆即棄字 殷

交積材也象對交之形凡冓之屬皆从冓古候切

𡩧槃許氏說冓交積材也象對交之形案即古構字从交交許云交也連以二橫象乘架形結構字當作此舊釋共非 丁

一舉而二也从冓省作代切

齊侯鎛鐘 源

爯

并舉也从爪冓省處陵切

息生敨許氏說并舉也案手舉字作此

丁

爯 爯敦

編

卷四第四十六葉卷五第十一葉第二十一葉

同上同上卷六第十二葉卷七第十二葉第十八葉第二十五葉龜甲獸骨卷一第十一葉同上

說文解字爯并舉也从爪冓省與卜辭同卜辭又或省爪

殷

幺　幼　𢆶

小也象子初生之形凡幺之屬皆从幺於堯切

幺與玄為一字 師𡵂父鼎幺衣

䣄侯鼎　頌鼎　吳尊　鄀公華鐘

編

少也从幺从力伊謬切

漢小錢　漢十布

源

後編下第二十五葉

殷

微也从二幺凡𢆶之屬皆从𢆶於虯切

𢆶孳乳為茲此也彔伯𢾊敦子孫其帥刑受茲休與易晉受茲介福同義

毛公鼎　舀鼎　大保𣪕　虢仲簋　畄父盤

陳肪敦

陳猷釜

編

𢆶卷一第十葉𢆶卷二第十九葉𢆶後編下第二十葉𢆶第二十八葉

說文解字𢆶微也从二幺古金文用爲訓此之茲與卜辭同

殷

隱也从山中𢆶𢆶亦聲於虯切

穆公鼎

漢四神鑑

源

古幽字不从山叔向父敦

伯晨鼎

吳

召伯虎敦

伯晨鼎重文原書錄一

旂言敦

丁

召伯敦 幽

伊敦

伯𩰫敦

伯旂言敦

𩰫侯鼎

叔向敦

編

後編下第九葉

說文解字幽隱也从山中𢆶𢆶亦聲古金文幽字

皆从火从𢆶𢆶隱不可見得火而顯

殷

微也殆也从𢆶从戍戍兵守也𢆶而兵守者危也居衣切

孟妳甗

源

歸夆敦

古鉥文

吳

鄭祝羽父鬲

丁

幾

芮伯敦

編

專小謹也从幺省屮財見也屮亦聲凡叀之屬皆从叀職緣切

古文叀

亦古文叀

鬲攸比鼎原書釋惠案是古專字

東明尊

丁

叀孳乳爲惠
彔伯敦惠□天命

毛公鼎虔夙夕惠我一人

無叀鼎

叀卣

虢叔鐘

蔡姞敦

鬲攸比鼎

仲叀父敦

編

仁也从心从叀徐鍇曰爲惠者心專也胡桂切

古文惠从芔

盉和鐘

晉姜鼎

虢姜敔

師[illegible]敔

源

古惠字毛公鼎鄦惠鼎同

尹叔敦

齊侯鎛

龍節惠字从辵

王孫鐘

古鉨文惠字與龍節同

此二字皆惠之異文攈古録釋作[illegible]敦

古玉鉨

吳

毛公鼎虔夙夕惠我一人

郘太宰簠

惠卣

古鉨孟惠

疐

丁

惠 王孫鐘

齊鎛

邿太宰簠

編

礙不行也从叀引而止之也叀者如叀馬之鼻从此與牽同意陟利切

古𠙵疐字許氏說礙不行也从叀引而止之也古文不从叀疐卣蓋文

疐卣器文

吳

古鉨疐口之鉨與龍節𨈖字同原書以為惠字案是

疐从亐止猶从止許氏說礙不行也从叀引而止之也

古鉨𡆨疐

古鉨

古鉨疐疐

古鉨長疐

古鉨疐國之鉨古文屮

或變為止止又變又為以古鉨中其例甚多

古鉨公疐介

丁

疐

疐卣

疐尊

疐甗

秦公敦疐在天

編

卷一一第一一

十七葉第三十葉同上第三十五葉第

三十八葉第三十九葉同上同上同上

第四十葉

說文解字䢃礙不行也从叀引而止之也古金文

有䢃字䢃卣前人釋䢃與卜辭文正同

殷

幽遠也黑而有赤色者爲玄象幽而入覆之也凡玄之屬皆从玄

胡涓切

古文玄

商鐘

齊侯鐘

伯姬鼎

兹 予 舒

宰辟父敦

源

古玄字 師奎父鼎

鄀公牼鐘 玄鏐膚呂

吳

黑也从二玄春秋傳曰何故使吾水兹子之切

女乙觚

南宮中鼎

封比干墓銅槃

石鼓

源

毛公鼎錫女兹弁 兹字重文

兹女盉

多父盤

吳

陳昉敦

作兹寶敦

石鼓

丁

相詐惑也从反予周書曰無或譸張爲幻胡辦切

古鉨

凝

無

徵

伸也从舍从予予亦聲一曰舒緩也傷魚切

古舒字从夫从舍 伯雝父敦

捨鼎

王孫鐘

吳

放 敖 爰

師𩀌父鼎

古鉢𠫑成君邑舒＝宁

丁

逐也从攴方聲凡放之屬皆从放甫妄切

石鼓

源

出游也从出从放五牢切

石鼓文

歸夆敦

吴

敖

𦱢伯敦

編

引也从𠬪从于籀文以爲車轅字羽元切

古鍰字不从金 散氏盤

古鍰字重文

梁當鍰幣

古陶器

虢季子白盤

吴

曶鼎

同古匋

爰 虢季子白盤

散盤 余有爽䜌爰千罰千

丁

後編下第

三十葉

祚案羅師說說文解爰引也瑗注大孔璧人君上除陛以相引桂氏曰大孔璧者孔大能容手又曰漢書五行志宮門銅瑗亦取孔大能容手以便開閉而于人君上階除以瑗相引之說亦無徵證蓋古誼之僅存于許書中者也瑗爲大孔璧可容兩人手人君上除陛防傾跌失容故君持瑗臣亦執瑗在前以牽引之必以瑗者臣賤不敢以手親君也于文从𠂇象臣手在前君手在後丨者象瑗之形瑗形圓今作丨者正視爲〇側視則成丨矣瑗以引君上除陛故許君于爰援均訓引荀子性惡

𤔔

篇注訓援爲牽引禮記中庸注訓援爲牽持之并與許書瑗注誼同知古瑗援爰爲一字後人加玉加手以示別其于初形初誼反晦矣古罰鍰之鍰亦作爰采尙幣作𠬪作𠬝毛公鼎作𤔔變丨爲一爲丿形又失矣吳縣潘氏滂喜齋藏一卣其文曰𠬪與卜辭正同蓋亦瑗字張文襄公釋爲引而申之之申吳中丞從其說采入說文古籀補蓋未爲得也 殷

治也幺子相亂爫治之也讀若亂同一曰理也徐鍇曰冂坰也界也郎段切 𤔔 古文𤔔

𤔔 番生敦朱𤔔弘𩊄 𤔔與䜌鑾鸞並通朱𤔔即朱鑾許氏說人君乘車四馬鑣八鑾鈴象鸞鳥聲和則敬也 古今注禮記云行前朱鳥鸞也 丁

𤔔 𤔔番生敦朱𤔔白靳彔伯敦作

受

秦留朱 虢叔

毛公鼎 从器

編

相付也从受舟省聲殖酉切

商鐘

盄和鐘

齊侯鎛鐘

齊侯鐘

伯姬鼎

杞公匜

虢姜敦

師楷敦

敔敦

張仲簠

寅簠

平周鉦

源

受上下相付也兩手持舟承尊之器 盂鼎

頌鼎

頌敦

彔伯戎敦

魯公伐邾鼎

歸夆敦

寰盤

頌壺

齊侯

壺

吳

周盂鼎原
書錄一
曶鼎
毛公鼎

多父盤

丁

尊文
受从爻从舟
父乙卣

亞若癸敦
頌壺
頌鼎
頌敦
毛公鼎

盂鼎
秦公敦
公伐郜鐘
曶鼎
寰盤

克敦
楠伯敦
录伯敦
公伐郜鼎
沂伯敦
國差𦉜

編

卷一第二十葉
卷二第十八葉
卷二二

第三十葉同上第一葉卷四第四葉第

二十七葉第五十三葉卷五第二十一葉第二

十二葉卷六第七葉第四葉第十六葉

卷七第二葉第十五葉第三十八葉卷八第

十一葉同上藏龜之餘第十一葉後編上第十

五葉下第二十三葉第三十三葉同上

說文解字受相付也从受舟省聲古金文皆从舟不省與此同象授受之形與與同意 或作 或作 皆手形非訓覆手之爪 [殷]

寽

五指持也从受一聲讀若律呂戌切

孚尊 乳為鋝 戴震曰鋝當為六兩大半兩三鋝而成二十兩呂刑之鍰當為鋝證之金文亦皆作鋝則戴說然也

毛公鼎 取口卅鋝

禽敦 錫金百鋝

舀生敦 取口廿鋝

趞敦

[編]

敢

進取也从受古聲古覽切

籀文 敢

古文 敢

聘鐘

齊侯鎛鐘

齊侯鐘

大夫始鼎

師秦宮鼎

伯姬鼎

高克尊

尨敦

邿敦

師憶敦

師毀敦

牧敦

敔敦

源

敢勇敢也象兩手相執有物格之𥳑其口 毛公鼎

盂鼎

師龢父敦

師遽敦

靜敦

使夷敦

齊陳曼簠

伯晨鼎

無㠱敦蓋 奇字

大敦蓋 反文

名伯虎敦

寰盤

吳

無叀鼎

旅鼎

周公彝追孝對不敢彖邵朕福

頌敦

縣妃彝蓋器縣白萬年保肄敢隊

丁

叙 毛公鼎

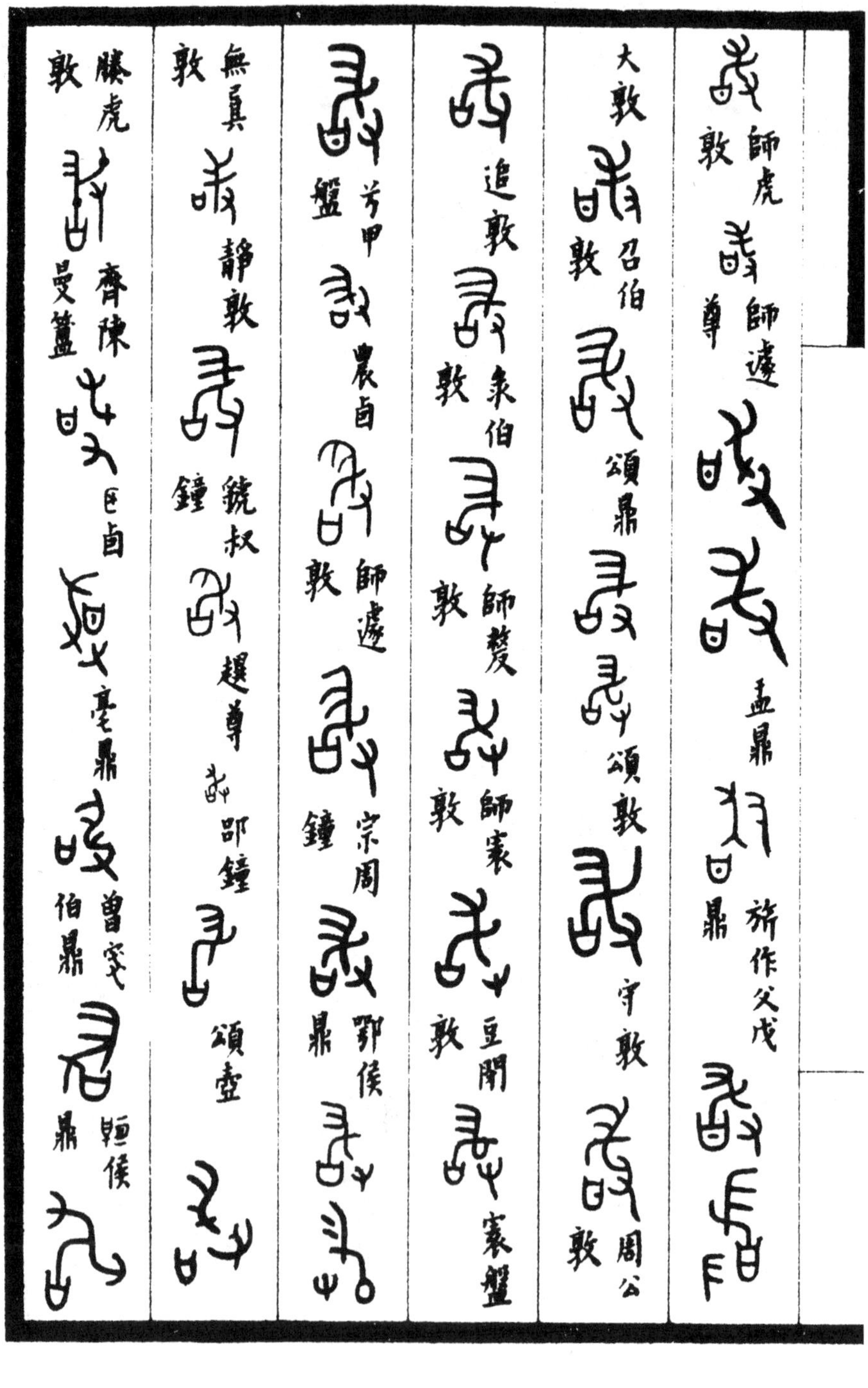

師虎敦
師遽尊
盂鼎
曰鼎
旂作父戊
大敦
召伯敦
頌鼎
頌敦
守敦
周公敦
追敦
彔伯敦
師嫠敦
師寰敦
豆閉敦
寰盤
兮甲盤
農卣
師遽敦
宗周鐘
鄀侯鼎
無㠱敦
靜敦
虢叔鐘
趩尊
邵鐘
頌壺
滕虎敦
齊陳曼簠
臣卣
亳鼎
曾伯鼎
侯鼎

𣦼　䝱　叡

無叀鼎 編 徵

殘穿也从又从歺凡𣦼之屬皆从𣦼讀若殘 昨干切

古匋 許氏說殘穿也

𣦼探堅意也从𣦼从貝貝堅實也讀若概 古代切

師寰敢 或从斤

古鉩 右司徒追𣦼之鉩

䝱从歺从斤从貝

師寰敦即䝱乃邦嚚 丁

深明也通也从𣦼从目从谷省 以芮切

古文叡

籀文叡从土

許子鐘

盄和鐘 源

古鉩愼叡

古鉩叡

丁

歺

列骨之殘也从半冎凡歺之屬皆从歺讀若櫱岸之櫱徐鍇曰冎剔肉置骨也歺殘骨也故从半冎臣鉉等曰義不應有中一秦石刻文有之五割切

古文歺

後編上第一一葉

下第四十葉

龜甲獸骨卷一第二十葉

說文解字歺列骨之殘也从半冎古文作𣦵此與篆文同

殷

殃

咎也从歺央聲於良切

師棓敦

源

𣦼

禽獸所食餘也从歺从肉昨干切

鐵

徵

枯也从歺古聲苦孤切

古鉨殆口殆易橫豎从告亦有古音

丁

澌也人所離也从歺从人凡死之屬皆从死息姊切

古文死如此

齊侯鎛鐘

齊侯鐘

公緘鼎

師𣪕敦

寅簋

源

使夷敦既死霸

子白盤

古文以為屍字主也盂鼎

吳

死毛公鼎

盂鼎

頌鼎

頌壺

頌敦

守敦

追敦

卯敦

遹鼎

齊鎛

編

卷五第四十一葉

後編下第四葉

冎

說文解字殇从歺从人古文作𣦵此从卩象人跽形生人拜于朽骨之旁殇之誼昭然矣

殷

剮人肉置其骨也象形頭隆骨也凡冎之屬皆从冎 古瓦切

集

徵

肌

肉也从肉几聲居夷切

古鉨長肌

古鉨陳肌

古鉨肌

丁

夢

無

集

徵

臚

皮也从肉盧聲力居切

籀文臚

弘尊

或不从肉 邲膚盤

吳

臚 弘尊

編

腎 肝 脬 膏

水藏也从肉臤聲時忍切

徵

木藏也从肉干聲古寒切

石鼓

源

膀光也从肉孚聲匹交切

古鉢脬 孚古文作 省作 古器刻保字从之

丁

肥也从肉高聲古勞切

古匋蒦陽匋里人膏

丁

卷一第二十九

葉 卷二第十五葉 後編下第五葉

說文解字膏从肉高聲此从高省聲

䅵案其从口者亦膏字與篆文畧近

殷

胷也从肉雁聲於陵切

膺不从肉毛公鼎雁字重文

編

兩膀也从肉劦聲虛業切

古鉨湯脅

丁

髆也从肉象形古賢切

俗肩从户

古鉨公孫肩

丁

手上也从肉辟聲卑義切

顱

徵

肶齎也从肉齊聲徂兮切

陳侯因資敦左傳作因齊資當即齎

吳

古鉨臍膌

古鉨韓生臍

丁

齎从次从肉猶餈之或从齊作饝齎之或从次作粢也陳侯因資敦史記作因齊

編

舉
侍
徵

尻也从肉隹聲示隹切
古匋
丁

骨肉相似也从肉小聲不似其先故曰不肖也私妙切
凝
罄
罄
舉
鄭

偶
符
鄭
墨
徵

子孫相承續也从肉从八象其長也从幺象重累也羊晉切
古文
盄和鐘
齊侯鎛鐘
齊侯鐘
源

晉公盦
𧻚敦
古鉨王胤許氏說子孫相承續也此从𦃃省
丁

胤 衛鼎

秦公 敦

晉邦 盦

編

瘠 瘦也从肉脊聲 資昔切

古文膌从疒从朿朿亦聲

古鉥朿嚌瘠鉥許氏說膌瘦也古文从疒从朿此朿从廿或謂朿口盖食少也

古鉥 王瘠

古鉥 趙瘠

丁

裂肉也从肉从隓省 徒果切

古匋吳寮悹𢉗以爲古隋字从肉从陊省

丁

具食也从肉善聲 常衍切

齊侯匜

膳不从肉 大敦 善字重文

齊侯 敦

編

胡

牛顄垂也从肉古聲户孤切

古鉩胡耒古文 胡易横竪

古鉩

古鉩王胡揚

丁

鐵

磬

鄒

季

華

無

徵

脯

乾肉也从肉甫聲方武切

古鉩事脯

丁

脩

脯也从肉攸聲息流切

古鉩脩鄉

丁

胥

蟹醢也从肉疋聲相居切

古鉩文

古鉩文

源

叔姓槃乎為足之變

古鉩王胥

丁

胾　膾　㪔

大臠也从肉𢦔聲側吏切

古鈢䏣胾

古鈢胾姑信鈢

丁

細切肉也从肉會聲古外切

古膾字趫亥鼎

源

古鈢王膾

古鈢陳膾

丁

雜肉也从肉㪔聲穌旰切

散季敨

源

地名小篆作㪚許氏說𢽳肉也散氏盤

吳

同散氏盤原書録一

散白卣

散白敨

散戈

丁

散散伯敦

散盤

編

挑取骨間肉也从肉叕聲讀若詩曰啜其泣矣陟劣切

古鉥工艸腏 丁

食肉不猒也从肉臽聲讀若陷戶猪切

古鉥䐄飲

古鉥宋䐄或从火 丁

骨間肉肎肎箸也从肉从冎省一曰骨無肉也苦等切

古文肎

古鉥肯遠桂禾谷 以爲冐字非是 丁

肥腸也从肉啓省聲康禮切

古鉥䏿[illegible] 說文新附字 丁

罄 徵

脒

說文所無

罍脒鼎 編

膄

墨 徵

刀　利

兵也象形凡刀之屬皆从刀 都牢切

祖乙卣

子父巳卣

源

銛也从刀和然後利从和省易曰利者義之和也力至切

古文利

夏鉤帶

商鐘

晉姜鼎

源

古利字从工从刺利疑刺字之省文宗周鐘參壽惟琍阮相國釋作利

吳

利彝

師遽方尊

丁

利

師遽尊

利鼎

宗周鐘三壽惟利从工

編

卷七二第十八葉

第二二葉

同上

卷七五第二十一葉

同上

書契菁華第九葉 第十葉 後編下第十二葉

第十八葉 第五葉

說文解字利从刀从和省古文作此或與許書古文合或與篆文合或又从秉與禾同意許君云从和省殆不然矣

祚案卜辭中數見其利不利之語作亦知其為利者文與前同殆繁文耳

殷

始也从刀从衣裁衣之始也楚居切

伊彝

許子鐘

楚卬仲南和鐘

仲偁父鼎

伯碩父鼎

召仲考父壺

散季𣪘

宰辟父𣪘

郱𣪘

師毀𣪘

仲信父甗

卬仲槃

卬仲盦

源

郘鐘

孟爵

鄦子妝簠

沇兒鐘

格伯𣪘

姑馮句鑃

其次句鑃

中白

吳

𦮠鐘

師趛鼎

叔氏鼎

戠叔鼎

不嬰𣪘

格伯作晉姬𣪘

丁

初旂鼎

沇兒鐘

䈞鼎

鄦子簠

邾公華鐘

不嬰𣪘

克鐘
鬲攸比鼎
邻□句鑃
齊鎛
賢觥
𢦏叔鼎

虢季子白盤
陳侯敦
叔上匜
免盤
陳子匜
鄭師□父鬲

師趛鼎
盂爵
師嫠敦
曾伯簠
陳公子甗
鄭伯氏鼎

兮甲盤
陳侯簠
叉卣
趩尊
湯叔尊
盧鐘
賀鼎

郘鐘
善鼎
師湯父鼎
子璋鐘
紳敦
宴敦
寗兒鼎

蔡大師鼎
叔皮父敦
格伯敦
免卣
邾公牼鐘
寍桐盂

則

黃韋俞父盤

姑口句鑃

其𠂤句鑃

鄀公鎾

邾大宰簠

格伯作晉姬敦

口□伯敦

編

卷七五第二十九葉　後編下第十二葉

等畫物也从刀从貝貝古之物貨也子德切

古文則

亦古文則

籀文則从鼎

帶

夏鈎

師艅

尊

師榿敲

寅簋

石鼓

秦權

秦斤

源

格伯敦

畢仲敦

散氏盤

吳

曶鼎

鬲攸比鼎

召伯虎敦

兮田盤

曾子簠

石鼓

丁

剛 劊 刻

則从鼎 鬲攸比鼎

兮甲盤

齊侯壺

召伯敦

格伯敦

散盤

曾子簠

曶鼎

段敦

編

彊斷也从刀岡聲古郎切

古文剛如此

古剛字散氏盤

剛爵从二刀从火不从山

吳

古匋

古匋

丁

剛 散盤

剛爵 从二刀

編

斷也从刀會聲古外切

古鉨鄒劊

丁

鏤也从刀亥聲苦得切

齊侯鎛鐘

秦權 秦斤

源

列 分解也从刀歺聲良辥切

古鉨郲列朿東省剌列古通此从東从冎益證剌列古本一字

丁

刊 剟也从刀干聲苦寒切

冊命鼎

癸亥父己鬲鼎

南宮中鼎

父乙甗

源

割 剝也从刀害聲古達切

割古文以為匄字鄦惠鼎用割眉壽

吳

割段借為匄無叀鼎用割釁壽

編

刜 擊也从刀弗聲分勿切

父辛卣

刜父辛卣

晉邦盦

編

卷十五第四

上二葉

制　罰　劓

祖案父辛卣作剬與此同　殷

制

裁也从刀从未未物成有滋味可裁斷一曰止也征例切

古文制如此

秦權

秦斤

律管

源

罰

辠之小者从刀从詈未以刀有所賊但持刀罵詈則應罰房越切

齊侯鎛鐘

齊侯鎛鐘

齊侯鐘

源

古劉字　桃白卣

散氏盤

吳

盂鼎

曶鼎

丁

罰訓　盂鼎

曶鼎

散盤

狣伯卣

編

劓

刑鼻也从刀臬聲易曰天且劓魚器切

劓或从鼻

齊侯鎛鐘

源

劓辛鼎

編

券 剌 割 利

四第二十二葉　藏龜第一百五十葉

說文解字劓刑鼻也从刀臬聲或从鼻作劓此作削與說文或作合自即鼻之初字也

殷

契也从刀关聲券別之書以刀判契其旁故曰契券去願切

古匋

丁

君殺大夫曰刺刺直傷也从刀从朿朿亦聲七賜切

盉和鐘

刺公敔

師㮣敔

源

散盤

說文所無

編

後編下第二十八葉

殷

⿰⿱罒木刂　⿰⿱罒禾刂　⿰索刂　劍

後編上第十五葉　殷

後編上第十五葉　殷

卷二第八葉

後編上第十四葉

祚案與乙角同　殷

劍　人所帶兵也从刃僉聲居欠切

籀文劒从刀

古劍字从金从僉　吳季子之子劍

永保用劍　劍字如此　吳

叔戈　丁

王國維釋劍从金　鄀口句鑃口至劍兵

吳季子之子劍　編

耤

角

帝耤千畝也古者使民如借故謂之耤从耒昔聲秦昔切

耤令鼎王大耤農于諆田餳氏敓識

㦰敦令女作𤔲土官𤔲耤田作

編

獸角也象形角與刀魚相似凡角之屬皆从角古岳切

宰椃角

陳介祺

說古角字

魯侯角

徐同柏說古角字

伯角父盉

石鼓文角弓

吳

叔角父敨

丁

角

鄂侯鼎

伯角父盉

叔角父敦

編

郭

郭

徵

卷四第五十二葉

同上

藏龜第七十一葉

書契菁華第一葉

觸　觲　衡

說文解字角獸角也象形角與刀魚相似石鼓文作角此作角皆象角形∧象角上横理横理本直文作曲形者角爲圓體觀其環形則直者似曲矣許君云與刀魚相似蓋未知∧象角之横理也

殷

抵也从角蜀聲尺玉切

凝

凝

罄

凝

陸

徵

用角低仰便也从羊牛角詩曰觲觲角弓息營切

鄦

季

睹

徵

牛觸横大木其角从角从大行聲詩曰設其楅衡户庚切

古文衡如此

注水

匜

源

衡轅前横木縛軛者詩約軝錯衡文衡

也毛公鼎曰金甬遣衡

吳

番生敦

丁

衡轅前横木縛軛者詩采芑約軝錯衡傳

解

錯衡文衡也毛公鼎金甬道衡

番生敦 [編]

判也从刀判牛角一曰解廌獸也佳買切又戶賣切

古鉢文 [吳]

後編下第二十一葉

確案說文解字解判也以刀判牛角也此象兩手解牛角口象其殘靡卜辭从卩之字或省从卩與刀形相似而非刀字也卜辭从卩篆文又省从卩由卩又省作卩遂與刀形相混矣 [殷]

觴

觶實曰觴虛曰觶从角煬省聲式陽切

籀文觴从爵省

韓仲侈壺古文觴从爵 原書釋韓非

灊嫼敦 左下象

爵之足形篆書誤為从角 [丁]

觴从爵孫詒讓曰疑即段觴為唐觴仲多壺 [編]

古籀彙編弟五上

臨海徐文鏡編

簜

大竹也从竹湯聲夏書曰瑤琨筱簜簜可爲幹筱可爲矢徒朗切

古鉨文

吳

筍

竹胎也从竹旬聲思允切

伯筍父簋

潩中筍父甗

筍伯大父簋

丁

筍

伯筍父簋

筍伯簋

筍父甗

編

箬

楚謂竹皮曰箬从竹若聲而勺切

石鼓

源

石鼓文

古玉鉨

吳

節

荼

竹約也从竹即聲子結切

亞形觚

節鼎

仲佣父鼎

宰辟父敔

師楂敔

敔敔

源

陳猷釜

陳子禾子釜

廝節墨刀

古陶器節墨鉢

吳

古鉥官節

丁

節陳猷釜

子禾子釜

編

折竹箕也从竹余聲讀若絮同都切

古鉥郁荼許氏說折竹箕也案今竹茹字作此原書入艸部

丁

盤

荼

盤

鄭

無

徵

簿書也从竹耤聲秦昔切

戠敔

源

牒也从竹閒聲古限切

石鼓

源

石鼓文

吳

法也从竹竹簡書也氾聲古法有竹刑防𤰞切

古匋范舍

丁

竹席也从竹覃聲徒念切

古簟字从西从皿今俗从覃簟方文席也詩簟茀朱鞹毛公鼎簟弼魚葡

吳

番生敔

从𠀠與篆文同

丁

簟番生敦簟弼魚葡詩載馳作簟茀

毛公鼎

編

䈰也从竹呂聲居許切

莒小子敔

丁

籃　簋

大篝也从竹監聲魯甘切

古文籃如此

石鼓

源

黍稷方器也从竹从皿从皀居洧切

古文簋从匚飢

古文簋或从軌

亦古文簋

師寏父簋

京𤔲簋

𤔲高父簋

寅簋

源

楊沂孫說簋从須从皿沐器也簠簋不飭不潔也鄭義姜父簋

頌簋

或从米史克簋

或从金叔姞簋

或从木鄭邦叔簋

或不从皿[illegible]叔簋

叔班簋

仲義父簋

立簋

易叔簋

吳

同杜白簋

古鉢簋廟

丁

簋从須从皿說文黍稷方器也周

簠

禮舍人注圜曰簠今證之古器斂口而楕圜則鄭說爲近仲義父簠𥂴字重文

編

黍稷圜器也从竹从皿甫聲方矩切

古文簠从匚从夫

史𦧲簠

鄀子斯簠

劉公簠

太公簠

紂邦父簠

張仲簠

源

古簠字曾伯霥簠

虢叔簠

虢叔作叔殷穀簠

鄦子妝簠

齊陳曼簠

鄀公緘簠

魯士㑄父簠

旅虎簠

或从圭借匿爲簠筐字重文尹氏簠

或从故商丘叔簠

鑄君簠

史頌簠

伯其父簠借祜爲簠

古鉨文

吳

交君簠

古鉢肩簠

古鉢彔簠

丁

簠从匚古聲說文黍稷圜器也古文从匚从夫作𠤱今證之古器侈口而長方與周禮舍人注方曰簠之說同周禮掌客簠十注簠稻粱器也今銘辭多云用盛稻粱則黍稷之說亦非

鑄子簠

伯勇父簠

季良父簠

伯矩簠

曾伯簠

魯伯簠

虢叔簠

齊陳曼簠

番君簠

鄦子簠

楚子簠

曾子簠

虢叔作叔殷穀簠

𡩜簠

鄀大宰簠

召叔簠

樊君簠

商丘叔簠

鄀公簠

季宮父簠

師麻簠

箱　笭

魯士簠

鑄公簠

旅虎簠

交君簠

編

卷十六第二十五葉

書契菁華第九葉

祚案說文解字簠黍稷圜器也从竹皿甫聲古文作医魯士㕧簠作从旅虎簠作鄦子簠作从古後遂由古變古蓋象蓋器相切之形个象蓋口象器卜辭从个又古之省也

殷

大車牝服也从竹相聲息良切

箱作父辛尊

丁

車笭也从竹令聲一曰笭籯也郎丁切

笭征敦

編

策

馬箠也从竹朿聲楚革切

古策字不从竹寡子卣策乃邦

吳

古鉨彭策

古鉨策貼

丁

箙

弩矢箙也从竹服聲周禮仲秋獻矢箙房六切

卷五第九葉

同上

同上

同上

同上

第十葉

藏龜第一一葉

後編上第一一十八葉

說文解字箙弩矢箙也从竹服聲周禮司弓矢鄭注箙盛矢器也詩小雅象弭魚服箋服矢服也是

古盛矢之器其字作箙作服卜辭諸字象盛矢在器中形或一矢或二矢古金文畧同作𤰈丙申角𤰈番生敢𤰈毛公鼎𤰈爵𤰈父癸鼎𤰈子父己爵諸形且有中盛三矢作𤰈者博古圖卷十父辛卣番生敢文曰簟弼魚𤰈毛公鼎文亦同是𤰈與𤰈確即毛詩及許書之服箙其字本象箙形中或盛一矢二矢三矢後乃由从一矢之𤰈𤰈變而為𤰈𤰈于初形已漸失而與葡字形頗相近古者犕與服相通叚易服牛乘馬說文解字犕注引作犕牛乘馬左傳王使伯服如鄭請滑史記鄭世家作伯犕後漢書皇甫嵩傳注犕古服字此犕服相通叚之證矢箙之初字全為象形字乃由𤰈轉寫而為𤰈由𤰈又轉譌而為葡為

[竹自]　[竹膚]　第

犕又由犕而通叚作服又加竹而爲箙于是初形全晦而象形乃變爲形聲字矣 殷

說文無此字 古鉥文 吳

[竹膚]鼎人名說文無此字

[竹膚阝]侯敦疑即[竹膚]之異文 吳

[竹膚]孫詒讓曰當即籚之變體[竹膚]鼎

[竹膚阝]侯敦从邑疑亦籚字 編

卷六第十一葉 第二葉 同上 卷七第二十一葉 第二十一葉 後編下第二十葉

箕

簸也从竹𠀠象形下其丌也凡箕之屬皆从箕居之切

𠀠古文箕省

亦古文箕

亦古文箕

籀文箕

籀文箕

箕鼎

商鐘

宗和鐘

許子鐘

楚卬仲南和鐘

楚公鐘

祚案羅師釋第謂象矢帶繳之形與陵殆爲一字第周官作茀司弓矢矰矢茀矢用諸弋射第茀殆由𢇁之譌變古文矢形或向上或向下𢇁之从糸與叀之从个一也至繳之形亦或左或右作己作弓均無殊與知𢇁必有時作丯者于是隸變而成第又由第而成茀矣 殷

曾侯鐘 言肇鼎 伯郜父鼎 君季鼎 圜宝鼎

尌夜鼎 趠鼎 王子吳鼎 師秦宮鼎 微䜌鼎 伯姬鼎

左父鼎 黃季舟 張伯匜 義母匜 杞公匜 雁侯𣪕

㝬𣪕 師毛父𣪕 虢姜𣪕 𢦏𣪕 宰辟父𣪕

邿𣪕 張仲簠 尌高父盨 方宝甗 仲父鬲

京姜鬲 冀師盤 石鼓 秦權 源 頌𣪕

亞形父己鼎

伯闢敦

邵鐘

叔彭父敦

格伯敦

曾伯霥簠

己侯敦

齊侯壺

沇兒鐘

王孫鐘

或从丮 刺鼎

史頌鬲

吴

南公鼎

兮田盤

包君盉

不嬰敦

邰白達敦

丁

箕古文省爾雅釋詁其詞也頌鼎

伯闢敦

盂鼎

鄭羲父鼎

城虢遣生敦

魯伯簠

叔上匜

仲龔父鬲

南姬鬲

从鼎

邛君壺

食仲簠

䣄侯鼎

䛣敦

杞伯匜

湯叔尊 魚匕 父乙鼎 仲師父鼎 格伯敦 史頌匜

公伐郳鼎 簷鼎 沇兒鐘 褱鼎 者沪鐘 齊癸姜敦

黃韋俞父盤 己侯敦 叔向父敦 犀尊 旻季良父壺

單子伯盨 白者君盤 [宀敫]鼎 邕子甗 伯孝𦚢盨 白者君匜

祉仲鬲 叔姞盨 湯鼎 王孫鐘

編

卷一第一葉

第十葉 第十七葉 卷一一第一一葉 第九葉 卷一二第

一葉𠀠卷五第三十一葉𠀠卷六第五十七葉𠀠第十五

葉𠀠第三十四葉𠀠卷七第二十四葉𠀠後編上第二十五

葉𠀠第三十二葉𠀠下第十八葉𠀠藏龜第百八十一葉

說文解字箕从𠀠象形丌下其也古文作𠀠𠀠𠀠三形籀文作𠀠𠀠二形卜辭作𠀠作𠀠許書之𠀠乃由𠀠而譌與許書古文合乃象𠀠形後叚而爲語詞卜辭中諸其字亦然其形字初但作𠀠後增丌後又加竹作箕許君錄後起之箕字而坿𠀠其諸形于箕下者以當時通用之字爲主也

丌

祚案作𠙹與王孫鐘同作𠙹𠙹者與說文同 殷

丌下基也薦物之丌象形凡丌之屬皆从丌讀若箕同 居之切

丌 鈢璽 許氏

說丌下基也薦物之丌象形讀若箕同 吳

丌 古鈢曾丌星許氏說下基也薦物之丌象形此上一橫象物形

丌 古鈢許童丌兩丌相累有𠫓累義

丌 古匋丘丌 丁

丌 鈢璽 丌

丌 綴遺君 鈢 編

丌 凝

丌 鐵

丌 鼓

丌 鄭

丌 丌上 凝

丌 鐵 丌 季 丌 季 徵

典

五帝之書也从冊在丌上尊閣之也莊都說典大冊也多珍切
古文典从竹
齊侯鎛鐘
齊安鑪
源

大冊也从冊在丌上字伯虎敦
格伯敦
陳侯因資敦
畀
召伯虎敦原書録一

同格伯敦
古鉨里典
丁
典召伯敦

格伯敦
陳侯因資敦
克簋王命尹氏友史趛典善夫克田人以典為冊
編

畀

相付與之約在閣上也从丌由華必至切
後編下第十九葉

祚案王徵君說此殆畀字與與受諸字同意字亦作畀鼻尊字从此爲聲說文分畀畀爲二字或

巽 奠

尖之 殷

具也从丌丌聲臣鉉等曰庶物皆具丌以薦之蘇困切

古文巽

篆文巽

古鉨右巽口鉨 丁

置祭也从酋酋酒也下其丌也禮有奠祭者堂練切

𢽏仲𣪘 源

古文以為鄭字 鄭同媿鼎 吳

奠叔向敦用奠保我邦我家

孳乳為鄭 鄭同媿鼎

叔上匜

鄭虢仲敦

召鼎

免簠

鄭虢仲鼎

鄭丵伯鬲

紳敦

宵鼎

編

鄭

奠 鐵

徵

卷一第二十四葉

第二十七葉卷二第十五葉卷六第五十七葉

後編下第二十四葉

从酋从丌並省象尊有薦乃奠字也从酋之字古

金文多从酉如障从酉鄭作奠之類从丌之字古

金文或省从一如其字作从一 虢叔鐘 邾遣敦 之類

殷

手相左助也从𠂇工凡左之屬皆从左 則箇切臣鉉等曰今俗別作佐

夏鉤帶 齊侯

鎛鐘封比干墓銅槃  石鼓 秦權秦斤 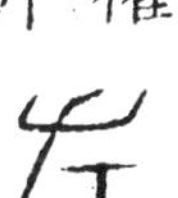 谷口甬

源

陳猷釜

左關鍨

師寰敦

吳

虢季子白盤

古鉢左軍 □鉢

古鉢左狳

古鉢左 □鉢

古鉢左 司工

古鉢番陵緒 左廩鉢

古鉢蘜敀 芠左

古鉢左 廩之鉢

明字刀

古匋敀亳□北 左□□□□□

古鉢左衔 正木

丁

左虢季子白盤 是用左王

師寰敦

陳猷釜

左關釜

䜌左軍戈

編

廟左侍

司左鄣

鄣

䜌左鄣

徵

差

貳也差不相值也从左从𠂹徐鍇曰左於事是不當值也初牙切又楚佳切

籀文差从二

齊侯鎛鐘

齊侯鐘

源

古文以為佐字齊侯甗國佐立事阮相國釋作差

宋公佐戈佐亦从𠂹與距末佑作𢀩同意

吳

𢀩經典通作佐〻說文所無國差鏟國差即齊之國佐也

末距悍國差齊末

不昜戈

編

工

巧飾也象人有規榘也與巫同意凡工之屬皆从工

徐鍇曰為巧必遵規榘法度然後為工否則目巧也巫事無形失在於詭亦當遵規榘故曰與巫同意古紅切

古文工从彡

乙酉父丁彝

穆公鼎

尨敦

師毀敦

九工鑑

源

散氏盤銅工

古工字或从糸後人誤作紅漢書紅工二

巧　巨

字通用鄦惠鼎嗣紅如此經典司空疑司𡧊之誤

宰卣　嗣工

吳

古鉨司工

古鉨鄗都　都司工

古匋

丁

工　散盤嗣工

虢季子白盤

師寰敦

工　免卣

工　史獸鼎

編

工

侯鄦

待

徵

技也从工丂聲苦絞切

窖磬

源

規巨也从工象手持之其呂切

巨或从木矢矢者其中正也

古文巨

古榘字不从木　伯矩敦

伯矩卣

伯矩尊

矩尊

伯矩鼎

伯矩彝

伯矩盉

吳

矩叔壺

丁

巨鄦侯敦不巨 翁祖庚云疑即秬矩

說文巨或从木矢作榘金文皆不从木从矢亦非伯矩簋

矩盤

伯矩敦

伯矩鼎

夫矩叔

壺

伯矩尊

伯矩鼎

編

郭

徵

𡫳 窒也从茻从廾窒宀中茻猶齊也穌則切

小篆作𡫳許氏說窒也从茻从廾窒宀中茻猶齊也𡫳彝簋𡫳人名

吳

巫 祝也女能事無形以舞降神者也象人兩褎舞形與工同意古者巫咸初作巫凡巫之屬皆从巫 武扶切

古文巫

後編下第四葉

藏龜第百四十二葉

說文解字巫古文作㚍此从𠘨象巫在神幄中而兩手奉玉以事神許君謂从从𢀖象兩褎舞形𢀖與舞形初不類矣

殷

美也从口含一一道也凡甘之屬皆从甘 古三切

谷口 甬

甘泉 內者

鐙

源

甘丹幣今作邯鄲

吳

古鉩甘𦬫

古鉩 甘卯

古匋 里甘口城遷蕈

丁

日 單𨙶 待

甘

𡳿甘 李

甘

甘𥂝 待

甘

甘𠭥 待

曆 猒 甚

徵

後編上第十二葉

同上

殷

和也从甘从厤厤調也甘亦聲讀若函古三切

曆彔敦

曆鼎

免卣

師遽尊

段敦

曆盤

競卣

鳧生敦

敔敦

封敦

編

飽也从甘从肰肰於鹽切

猒或从㠯

齊侯鎛鐘

齊侯鐘

源

古猒字毛公鼎

古陶器

吴

魯士商𠭯敦

丁

猒毛公鼎

商𠭯敦

編

尤安樂也从甘从匹耦也常枕切

古文甚

甚父戊尊

源

甚諆鼎

吴

曰

甚 甚諆鼎

[編]

詞也从口乙聲亦象口气出也凡曰之屬皆从曰 王伐切

乙酉父丁彝

盄和鐘

齊侯鎛鐘

大夫始鼎

南宮中鼎

晉姜鼎

穆公鼎

郘敲

師毁敲

敔敲

[源]

盂鼎

散氏盤

伯晨鼎

者沪鐘

亦者沪鐘文

[吳]

召伯虎敲

[丁]

曰 毛公鼎

頌鼎

頌敦

散盤

師寰敦

虢季子白盤 不嬰敦 豆閉敦 趩尊 曶鼎 應公鼎

盂鼎 邾公華鐘 令鼎 齊鎛 周公敦 余義編鐘

子禾子釜 [illegible]侯鼎 魚匕 者汈鐘 編

卷一第九葉 第四十二葉 後編下第四十葉

說文解字曰詞也从口乙聲亦象口出气也卜辭从一不作乙散盤亦作晚周禮器乃有象口出气形者 殷

䇓

告也从曰从册册亦聲楚革切

䇓 卷一第三十四葉 䇓 第四十四葉 䇓 卷二第三十八葉 䇓 卷四第四十五葉 䇓 卷七第二十五葉

䇓 後編上第二十二葉 𥜻 第二十四葉 𥜻 下第四十三葉

䇓 藏龜第二百十九葉 䇓 龜甲獸骨卷二第六葉 䇓 同上

說文解字䇓告也从曰从册册亦聲卜辭从口口與曰同意

祚案𥜻亦䇓字文曰羊卯一牛𥜻用賁邑丝从示以示䇓于神也今䇓行而𥜻廢矣 殷

出气詞也从曰象气出形春秋傳曰鄭太子曶呼骨切

籀文曶一曰佩也象形

古曶字阮相國曰說文無曶字有曶字曶應即曶字曶鼎

師舍敦

吳

獄之兩曹也在廷東从棘治事者从曰徐鍇曰以言詞治獄也故从曰昨牢切

趞曹鼎

或从邑古鉢文

吳

古匋

丁

𣍘从甘

趞𣍘鼎

編

素

漢

待

待

鄙

徵

卷二第五葉

說文解字𣍘獄兩曹也从棘在廷東也从曰治事者也此从口與曰同意

殷

𠧪

乃

𠧪鼎 說文所無

克鐘

師害敦

編

曳詞之難也象气之出難凡乃之屬皆从乃 奴亥切臣鉉等曰今隸書作乃

古文乃

籀文乃

驚聲也从乃省卤聲籀文卤不省或曰卤往也讀若仍臣鉉等曰西非聲未詳如乘切

古文卤

商鐘

召夫鼎

遅父鐘

齊侯鎛鐘

齊侯鐘

趩鼎

南宮中鼎

晉姜鼎

穆公鼎

師艅尊

單癸卣

召父彝

宰辟父敦

邾敨

師㐭敨

父乙甗

石鼓

秦權

[源]

古乃字 盂鼎

師奎父鼎

君夫敦

𤔲土敦

邾公鐘乃字如此六國時文字之變體也江聲古文尚書从汙簡改厥為乎許氏說乎讀若厥疑壁經乃字本作乚漢人讀為厥遂改作厥今彝器無厥字

盂鼎𠧪與乃同

[吳]

不嬰敦

鬲攸比鼎

散氏槃

[丁]

乃汝之也 毛公鼎

盂鼎

師奎父鼎

𨚕侯鼎

令鼎

君夫敦

芮伯敦

師酉敦

呂鼎

師嫠敦

應公鼎

大敦

乃於是也經典多段乃為之金文絕不相混爾雅乃也是證其為漢人之語毛公鼎乃致鰥寡

又云乃唯是喪我國

盂鼎

散盤

卣

㠯鼎
宗周鐘
昜攸比鼎
農卣
編
了

十一葉 了 書契菁華第二葉

說文解字乃古文作ㄢ籀文作𠧪

殷

气行皃从乃卣聲讀若攸以周切
古卣字通卣彔伯戎敦
吳尊
伯晨鼎
盂鼎
石鼓君子卣樂

吳

同虢叔鐘

丁

卣經典作卣中尊也毛公鼎錫女秬鬯一卣

彔伯敦
呂鼎
吳尊
𨈖侯鼎
㠯鼎
師兌敦

丂

虢叔鐘口御于天子
逌天子多錫旅休

編

气欲舒出勹上礙於一也丂古文以為亏字又以為巧字凡丂之屬皆从丂 苦浩切

古文以為考字嗣土敦
作乃丁寶尊彝

吳

丂孳乳為考
同敦文考

嗣土嗣敦
年考

齊鎛皇考又云
用求考命彌生

編

甹

亟詞也从丂从由或曰甹俠也三輔謂輕財者為甹臣鉉等曰由用也任俠用气也普丁切

甹
番生敦甹王位

毛公鼎
甹朕位从口

孫詒讓曰此當為諤之古文說文𢖻迣諤聲而言部無諤字蓋誤挩也諤从言 此从口者小篆从言之字古文多从口

編

願詞也从丂
寍聲奴丁切

晉姜鼎

封比干墓銅槃

石鼓

源

寍敦

孟爵

寍母父丁鼎

吳

毛公鼎

田強敢

大克鼎寧靜于猷

石鼓

丁

寧孟爵

寧遺敦

毛伯

寧女父丁鼎

編

丁卷二第十八葉

丁卷二第二十五葉

丁同上

丁卷五第十八葉

說文解字寍願詞也从丂寍聲此从寍省心从丂寍母父丁鼎亦省心與此同卜辭此字皆訓安

殷

可

肎也从口丅丅亦聲凡可之屬皆从可 肯我切

美爵

亦美爵文

吳

同師龢父敦

石鼓

古鉥可以口千 可字反文

古匋

丁

可師嫠敦

可侯敦

美爵

蔡大師鼎

齊鎛

編

古

夢

疑

竹

郭

鐵

徵

奇

異也一曰不耦从大从可渠羈切

古鉥韓奇

丁

季

鐵

徵

兮

語所稽也从丂八象气越亏也凡兮之屬皆从兮 胡雞切

子仲敦 或云古

羲 乎

文羲字如此 吳

兮田盤 丁

兮兮仲敦 或云孳乳為羲

兮甲盤 兮仲鐘 豐兮敦 編

兮卷二第十一葉廿四上

兮藏龜第五葉 殷

气也从兮義聲許羈切

古羲字从義从丂丂當即兮之省文羲妣鬲 吳

語之餘也从兮象聲上越揚之形也戶吳切

評字重文頌敦 吳

乎孳乳為評為呼說文評召也頌鼎王評史虢生冊命頌評呼通檀弓乎公呼而進之曰蕢以呼為評

無叀鼎

頌壺

師虎敦

遹敦

號

師奎父鼎 乎 師酴敦 乎 乎 克鐘 乎 大敦 乎 頌敦 乎 揚敦 乎

吳尊 乎 豆閉敦 乎 師兌敦 乎 師遽敦 乎 史懋壺 乎 休盤 [編]

乎卷一第二十二葉 乎卷二第五葉 乎卷四第二十八葉 乎

同上 乎卷五第五葉

說文解字乎語之餘也从兮象聲上揚越之形也

古金文作乎 頌鼎 頌敢乎 師遽敢 與此同 [殷]

呼也从号从虎乎刀切 號 秦權 號 秦斤 [源]

亏

於也象气之舒亏从丂从一一者其气平之也凡亏之属皆从亏羽俱切今

隸變作于

己酉戌命彝

曾侯鐘

齊侯鎛鐘

齊侯鐘

害磬

伯碩父鼎

穆公鼎

召公尊

敔敦

鄀子斯簠

源

盂鼎

散氏盤

古于字且子鼎

己亥鼎

聃敦

鄀公敦

追敦蓋

格伯敦

齊侯壺

石鼓

吴

于玨鼎

周公敦

戊辰敦

太保敦

龏鬲

聃敦

祖子鼎

于競卣

毛公鼎　盂鼎　散盤　克鼎　齊鎛　史頌敦

曾伯簠　追敦　陳猷釜　吳季良父壺　邾公牼鐘　貉子卣　靜敦

格伯敦　王孫鐘　史獸鼎　鄀公鍼

編

鐵　伏　鐵

徵

卷一第四葉　第四十二葉　第五十三葉　卷二第一葉　第十一葉　第二十六葉　卷八第一葉　第六葉　第十四葉

書契菁華第十一葉

粤

同上 後編下第四十一葉 第四十二葉

說文解字亏於也象气之舒亏从丂从一一者其

气平也古金文皆作于 盂鼎散盤等 或作亐 己亥鼎 𦎫鼎

且丁鼎 與此同 殷

亏也審慎之詞者从亏从宷 周書曰粤三日丁亥 王伐切

齊侯鎛鐘 齊侯鐘 司寇匜 牧敦

寅簋 源 古粤字从雨 盂鼎 靜敦粤八月 或从雨从亐省 毛公鼎

吳 毛公鼎 散氏盤 丁 小篆 卷五第二十九葉

後編下第八葉 第十二葉

說文解字粵亏也審慎之詞者从亏从宷古金文皆从亏从雨作雩盂鼎作雩靜敢作雩毛公鼎吳中丞曰从雨从丂省

卜辭中或从雨省从𢎘或从雨从于與古金文同

殷

驚語也从口从亏亏亦聲臣鉉等按口部有吁此重出況于切

古鉨

待

郵

徵

語平舒也从亏从八八分也爰礼說符兵切

古文平如此

平陸戈

石鼓

谷口甬

汾陰宮鼎

孝成鼎

平周鉦

源

古平字陳猷釜

拍盤

平安君鼎

平陽戈 平陽幣 平陽幣 平周幣 鄀公敦

吳

平阿右戈 古鉨文平君 古鉨平陰都司徒 古鉨平匋宗正

古鉨張平 古鉨十四年十一月平給 平周幣

同平陽幣

丁

平鄀公鐘 拍舟 从土 平安君鼎

編

陸 學 凝 待 盤 凝

鄗 樂 徐 凝 鐵

徵

旨

美也从甘匕聲凡旨之屬皆从旨職雉切 古文旨 古旨字匽侯鼎

齊侯甗 殳季良父壺 吴 旨 匽侯旨鼎 匽侯鼎 殳季良父壺

國差𦉜 編 卷四第三十五葉 第二十八葉

卷七第十五葉 後編下第一葉

說文解字旨古文作此从匕从口所謂嘗其旨否矣 殷

嘗

口味之也从旨尚聲市羊切 古嘗字从旨从尚省 敓卣 陳侯因資敦以烝以嘗 姬鼎 名伯虎敦

喜

吳

陳侯午敦

古鉨百嘗

丁

嘗从旨从尚省 效卣

姬鼎

召伯敦

陳侯因資敦

陳侯午敦

編

樂也从壴从口凡喜之屬皆从喜 虛里切

古文喜从欠與歡同

商鐘

許子鐘

齊莽史鼎

源

子璋鐘

沇兒鐘

古陶器

古鉨文

吳

叔氏鐘

子璋鐘與原書所録異范

叔氏鐘與上叔氏鐘異范

古鉨趙喜

古鉨纆喜

古鉥韓喜

古匋東酷里

□孟喜

古匋

古匋

丁

喜

沇兒鐘

子璋鐘

叔氏鐘

王孫鐘

兮仲鐘

叔㚤敦

史喜鼎

聃敦

編

王磬

磬

待

待

樂

郵

徵

卷一第一葉

卷四第十八葉

卷五第十八葉

同上

說文解字喜樂也从壴从口古文作歖此與篆文

合

殷

尌

彭

立也从豆从寸持之也讀若駐常句切

封 封仲敦

編

鼓聲也从壴彡聲臣鉉等曰當从彤省乃得聲薄庚切

彭 地名己亥鼎見事于彭

彭 彭女鼎

彭 叔彭父敦

吳

彭 古鉢彭策

彭 古鉢彭里

丁

彭 彭珮鼎

彭 彭女甗

彭 彭女敦

彭 廣敦

編

彭 卷四第七葉

彭 卷五第二十

四葉

彭 同上

彭 同上

彭 同上

彭 同上

彭 卷七第二葉

彭 後編上第九葉

嘉

說文解字彭鼓聲也彡聲徐鉉曰當从彭省乃得聲段先生刪聲字卜辭从彡或作三三乃从彡日

殷

美也从壴加聲古牙切

許子鐘

晉姜鼎

嘉仲盉

石鼓

陽嘉洗

源

古鐘

古嘉字沇兒鐘

王子申盞盂

嘉母卣

邾公鐘

王孫鐘

吳

陳侯作嘉姬敦

石鼓

古鉥周嘉

丁

嘉不从壴虢季子白盤加字重文

齊鎛

氏鐘

陳侯作嘉姬敦

鄦公釛鐘

王孫鐘

沇兒鐘

王子申盞盂

古走馬嘉壺

編

鼓郭也春分之音萬物郭皮甲而出故謂之鼓从壴支象其手擊之也周禮六鼓靁鼓八面靈鼓六面路鼓四面鼖鼓臯鼓晉鼓皆兩面凡鼓之屬皆从鼓徐鍇曰郭者覆冒之意工戶切

籀文鼓从古聲

商鐘

許子鐘

齊侯鎛鐘

齊侯鐘

源

師龢父敦

齊侯壺

齊侯壺異文

師龢父敦　吳

邵鐘

大克鼎　丁

克鼎　鼓

鼓　邵鐘

師嫠敦

齊侯壺

沇兒鐘从喜　編

卷二第十二葉

卷四第一葉

同上

卷五第一葉

卷八第二葉

後編下第十四葉

第二十八葉

說文解字鼓籀文作𡔷从古聲卜辭與古金文畧同皆不从古其增八者殆亦鼓字　殷

豈

還師振旅樂也一曰欲也登也从豆微省聲凡豈之屬皆从豈

墟喜切

古文以為愷字 鄦公望鐘

吳

豆

古食肉器也从口象形凡豆之屬皆从豆 徒候切

古文豆

單疑生豆

姬寏豆

源

太師虘豆

古陶器

吳

來獸敨

豆閉敨

散氏盤

古匋王豆

古匋豆里安

古匋豆里口

古匋古籩豆字或作梪又木豆謂之梪吳愙齋曰𠀠象豆蓋形

古匋吳愙齋以為豆之異文

丁

豆 豆閉敦

郿比父豆

周生豆

大師虘豆

散盤

宰由敦

[編]

豆屬从豆𢍏聲居倦切

𢍏从米从豆象載米于豆从廾進之誼當訓為登為進孟鼎有𢍏祀經典以烝為之說文譌米為采訓為豆屬段玉裁曰此本草經之大豆黃卷也又以吳師道云古語祇稱菽漢以後方稱豆遂疑出漢制衣是字雖存而誼亡矣

又云𢍏四方省廾

大師虘作𢍏尊豆

段敦王貞畢𢍏

[編]

禮器也从廾持肉在豆上讀若鐙同都滕切

齊侯鎛鐘

齊侯鐘

[源]

卷五第二葉

同上

同上

同上

卷十六第九葉

後編上第五

葉　第七葉　第二十八葉　第二十八葉　下第

八葉　第十一葉　第二十九葉

說文解字𢍚禮器也从廾持肉于豆上讀若鐙同
此殆即爾雅瓦豆謂之登之登字卜辭从兩手奉
豆形不从肉由其文觀之乃用爲烝祀字
祚案作　亦𢍚字从廾象奉豆于神前

殷

豊

行禮之器也从豆象形凡豊之屬皆从豊讀與禮同 盧啓切

豊　散盤

孳乳爲醴古戲　仲口父作醴鬲

編

卷五第五葉

豐

豆之豐滿者也从豆象形一曰鄉飲酒有豐侯者凡豐之屬皆从

徵君謂即豐之省文　殷

借爲酒醴字作豐者與戲仲鬲同其作豐豐者王

補案說文解字豐行禮之器也从豆象形卜辭又

下第八葉豐第二十九葉

二十八葉豐書契菁華第五葉豐後編上第十葉豐

卷六八第六十一葉豐第二十九葉豐同上豐藏龜第二百

豐 敷戎切

古文豐

乙酉父丁彝

豐鼎

文王命癘鼎

癸亥父己鬲鼎

父乙鬲鼎

單癸卣

豐樂錢

源

古豐字地名文王遷于豐䣈敦王有大豐

豐兮敦

豐兮敦異文

豐姞敦

古豐器文如此儀禮大射膳尊兩甒在南有豐豆鄭注豐以承尊也說者以為若井鹿盧其為字从豆曲聲近似豆大而卑矣即此器也

豐姝敦

古鉥文

吳

散氏槃

白懋父彝

古鉥王豐

古鉥豐

丁

豐䣈敦

宅敦

豐鼎

豐兮敦

㝬叔敦

虞

冬言敦

豐器文

編

騶虞也白虎黑文尾長於身仁獸食自死之肉从虍吳聲詩曰于嗟乎騶虞五俱切

周虞鼎

源

古虞字散氏盤

亦散氏盤文

虞司寇壺

劉師陸曰此古文虞字虞一釿幣

吳

古鉨

虞年

古鉨

丁

虞

虞司寇壺

散盤

編

卷四第一

十九葉

祚案古文从虍之字多省虍如處之作処其例也

个卜辭有作吳疑即虞字吳方尊蓋虞作吳亦省

虍與此同

殷

虎行皃从虍文聲讀若矜臣鉉等曰文非聲未詳渠焉切

盄和鐘

齊侯鎛鐘

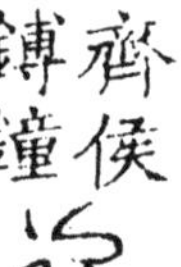

齊侯鐘

窖磬

晉姜鼎

周虔敔

源

古虔字敬也許氏說虎行皃

追敦

師寰敦師寰虔不㒸夙夜卹乃嗇事

或从爪从冈从又虍象虎在柙以手搏之與畏字同意故虔有敬畏之義

頌鼎

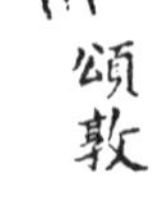

頌敦

吳

虔

毛公鼎

追敦

師望鼎

秦公敦

師寰敦

番生敦

編

虘

虎不柔不信也从虍且聲讀若鄌縣昨何切

剌公敔

源

虘鐘

或从𠂤𠂤古且字 北征簠

太師虘豆

吳

虘孳乳為戲

虘鐘編鐘作戲

大師虘豆

編

虖

哮虖也从虍乎聲荒烏切

古虖字 毛公鼎

寡子卣

僕兒鐘

吳

敔尊烏虖字如此

丁

虖毛公鼎烏虖經典或作烏呼嗚呼烏嘑於乎於戲

寡子卣

敔卣

編

虐

殘也从虍虎足反爪人也魚約切

古文虐如此

牧敦

寅簋

源

古虐字宗周鐘召虐我土

卯敦虐我家室用喪

吳

虐宗周鐘南國𠬝孳敢召虐我土

編

王 蘭 樂 郭 申 侍 凝

鐘鼓之柎也飾爲猛獸从虍異象其下足其呂切 虡或从金豦聲 篆文虡省 郘鐘既龢虡二鐘鼓之柎也从虍内象猛獸爪牙

篆文从異係傳寫之誤原書以爲爵字非是 同句鑃後一字笵缺不連从虎非从公

山獸之君从虍虎足象人足象形凡虎之屬皆从虎呼古切 古文虎

亦古文虎 鬲父丁鼎 丁亥父一尊 虎方彝 父乙甗

齊侯鎛鐘 齊侯鐘 南宮中鼎 晉姜鼎 牧敦

寅簋

石鼓

源

古虎字象形
師虎敦

彔伯戎敦

師酉敦

亦師酉敦文

伯晨鼎

毛公鼎

吳

毛公鼎

曶鼎

師兌敦蓋

師兌敦器

召伯虎敦

散氏槃

石鼓

古鉨司馬射虎古虎字下象爪形秦漢篆省作刀以至譌爲从許氏虎足象人足之說其誤蓋由於此

丁

虎
毛公鼎

師酉敦

彔伯敦

師寰敦

師虎敦

師兌敦

滕虎敦

番生敦

吳尊

旅虎簋
散盤
召伯敦
[illegible]侯鼎

編

卷四第四十四葉同上第四十五葉同上卷五第二十九葉卷六第六十三葉藏龜第二百七十一葉書契菁華第七葉第十葉後編上第六葉第十八葉下第五葉龜甲獸骨卷二第二十六葉

說文解字虎古文作二形此象巨口修尾身有文理亦有作圓斑如豹狀者而由其文辭觀之仍爲虎字也

雅案作肯者亦虎字象蹲踞之形

殷

易履虎尾虩虩恐懼一曰蠅虎也从虎㷊聲許隙切

盄和鐘

齊侯鎛鐘

齊侯鐘

源

虢許上下毛公鼎文

晉公盦

吳

虢毛公鼎

秦公敦

編

虎所攫畫明文也从虎寽聲古伯切

文王命癘鼎

虢叔彝

虢姜敦

牧敦

寅簋

虢叔鬲

源

虢叔鐘

頌鼎史虢生

虢叔簠

吳尊朱虢𩍐通鞹

彔伯戎敦朱虢𩍐

古文虢鞹為一字伯晨鼎虢字如此

虢季子白盤

頌壺史虢生

吳

師兌敦

同頌敦

虢叔作叔殷穀簋

虢季子壺

虢中敦

丁

虢頌鼎

頌敦

虢季子白盤

虢文公鼎

虢叔盂

虢文公鬲

虢叔尊

虢叔作叔殷穀簋

城虢遣生敦

虢仲簋

鄭虢仲敦

鄭虢仲鼎

虢叔簠

虣

虢叔大父鼎

通鞹吳尊朱虢即詩載驅之簟茀朱鞹也

師兌敦

彔伯敦

編

虐也急也从虎从並見周禮薄報切

寅簋

源

唬

說文所無疑唬字从此已侯唬鐘

口鄙土

唬敦

編

䖪

說文所無

䖪爵

編

䖒

後編下第二十八葉

殷

古籀彙編 五上

 後編下第一十二葉  第二十八葉 殷

兩虎爭聲从虤从曰讀若憖臣鉉等曰曰口气出也語巾切

 卷六第四十葉

說文解字𧇭兩虎爭聲从虤从曰此从口與曰同意

殷

分別也从虤對爭貝讀若迴胡畎切

 贙从鼎 贙毋鬲

編

 後編下第二一葉

祚案𧇭象兩虎對爭之形即許書贙之本字後世傳寫誤正成虤遂加貝字以別虤微此幾晦其初形唐李英公碑贙字作𧇭从𧇭尚存遺意楷書中存古文此其一也

殷

虩

皿

卷二第十六葉 後編上第十五葉 下第二十

二葉 殷

飲食之用器也象形與豆同意凡皿之屬皆从皿讀若猛武永切

卷五第二葉 同上 卷七第一葉 卷八第

六葉

說文解字皿飯食之用器也象形與豆同意卜辭

中皿字或作若豆之有骹故許云與豆同意 殷

飯器也从皿亏聲羽俱切 鼎 文王命癘 伯㝅盂 源 盂鼎 盂鼎異文 吳

鄀公鼎 古匋吳愙齋以爲盂字 丁 盂 盂鼎

盂爵 盂鼎 大鼎 盂 虢叔 盂 白公 盂 家桐 盂 齊侯

王子申盞盂 鄀公鍼从金 編 卷二一第一十葉

同上 第二十七葉 第二十八葉 同上 同

上 卷五第五葉 後編上第十八葉 同上

盂　盛

說文解字盂飯器也从皿亏聲古金文从于（于盂鼎）與此同卜辭或从丂从丂亦于字从卽皿省 殷

小盂也从皿夗聲烏管切

古匋東酷里漫盌 丁

盌从金 右里盌 編

黍稷在器中以祀者也从皿成聲氏征切

張仲簠 源

古盛字曾伯霝藜簠

叏季良父壺用盛旨酒

弭中簠省文 吳

史宅簠 丁

盛不从皿 叔家父匡

成字重文

曾伯簠

叏季良父壺

史免匡

盛倖壺

編

盛侍

徵

齍

黍稷在器以祀者从皿齊聲即夷切

古鉢邵齍

古匋 丁

齍小鼎也不从皿永宫齍鬲齍字

重文

仲㪅父鬲

仲皀父鼎

伯沇父鬲

趠鼎

鼄鼎

寡長鼎

呂鼎

甲鼎

戲伯鬲

或从妻从皿鍚鼎

叔鼎

編

盧

飯器也从皿𩰫聲洛乎切

籀文盧

盧氏涅金

盧氏幣

盧氏幣

吳

王子方𨍭文曰王子𢍰次之徙=盧=猶旅㫋旅筐

古鉢易向邑堅遼盧之鉢原書以為鑪字非是

古鉨
信鉨
盧㦰

古幣

丁

盧
嬰次盧

編

器也从皿弔聲止遙切

盄和鐘器也
止搖切音招

窖磬

源

古淑字或从皿薛氏鐘鼎款識釋作盄

吳

盄从弔說文从弔傳寫之譌卯敦
井人不盄不盄猶言不善也

井人鐘

克鼎

編

檟盨晉戴器也从皿須聲相庾切

須盨不从皿器名歛口而橢圓宋以來定為簋周駱簋須字重文

叔倉父簋

鄭義羌父簋

曼龏父簋

仲義父簋

鬲比簋

聖鑄簋

虢仲簋

改簋

中伯簋

白大師簋

盂

虢叔簠

單子伯簠

遅簠

食仲簠

廷簠

伯庶父簠

伯筍父簠

筍伯簠

叔賓父簠

登叔簠

史𩋡簋

鬲叔簠

杜伯簠

叔姞簠 从金

鄭井叔簠 从木

仲饑簠

編

調味也从皿禾聲户戈切

伯玉盉

嘉仲盉

季亳盉

源

盉盛羕美器也許氏說調味也

𩐁王盉

季良父盉

圅皇父敦

或从鼎从金 伯𩐁盉

或从木从口借和為盉 史孔和

吳

盉 免盤

益

鑠王盨 仲皇父盨 䍙父盨 伯角父盨 函皇父敦 季良

父盨 从金从鼎 伯𩵦盨 伯舂盨 史孔盨 段和為盨

編

饒也从水皿皿益之意也伊昔切

益鼎 𥂴敦 師𥂴敦 牧敦

源

歸夆敦 益公 益公鐘

吳

徵

卷四第五葉

卷五第三十七葉 第三十八葉 同上 第

十一葉 後編下第二葉 第二十四葉 藏龜第二

百二十二葉　同上　龜甲獸骨卷一第二十九葉　同上

象皿水益出之狀　象水形又卜辭中有　字卷四第十三葉象注水皿中之狀疑是注字未敢確定

附記于此

殷

盈

滿器也从皿夃臣鉉等曰夃古乎切益多之義也古者以買物多得爲夃故从夃以成切

石鼓

源

石鼓

丁

盡

器中空也从皿㶳聲慈忍切

窖磬

師㿃散

秦權　秦斤

源

卷一第四十四葉　同上　第四十五葉　同上　卷八第

五葉 从同上 从後編下第十二葉 同上

从又持木从皿象滌器形食盡器斯滌矣故有終
盡之意說文解字云从皿𦘔聲殆不然矣

殷

覆蓋也从皿盇聲臣鉉等曰
今俗別作𥁋非是烏合切

  盦 邛仲

源

 古盦字許氏說
覆蓋也晉公盦

䋣止盦止棆
陳介祺釋盦

 鉥文䋣
盦止徐

 务鉈8埅
鏻盇止鉥

吳

 古鉥徙盦之鉥
原書摹誤

 古鉥徙盦之鉥竟是
酉字盖盦省也

丁

 盦从奠
晉邦盦

編

徵

 卷十六第四十一葉

祚案晉邦盦盦字作盦與此器同

殷

昷

仁也从皿以食囚也官溥說烏渾切

溫

昷

齊侯鎛鐘

齊侯鐘

伯溫父鬳

源

昷从囚从皿官溥說从皿以食囚作昷弘肖

編

盥

澡手也从臼水臨皿春秋傳曰奉匜沃盥古玩切

杞公匜

孟姜匜

源

古盥字从水从皿从𦥑象二人共盥形中子化盤

吳

盥 齊侯盂

夆叔盤

中子化盤

歸父盤

編

卷六第四十二葉

第六十一葉

後編下第四

⿱卣皿　⿱八皿　盄　盞

十一葉

說文解字盥澡手也从臼水臨皿此象仰掌就皿以受沃是盥也 殷

从卣从皿古器名說文所無
杞伯敏父盅
吳

盅說文所無王國維疑為卣字杞伯盅
編

說文所無
畢鮮敦

𦬁伯
敦

休盤

旻成[illegible]
鐘
編

說文所無
杞伯盄
編

說文所無方言桮也字亦作醆盞作醆廣雅釋器醆盞盂也
玉篇盞醆盃大盂也又禮郊特牲注醆酒盞王子申盞盂
編

⿱酒皿

作⿱酒皿右戈

說文所無

編

⿱⿱艹屰皿

靜敦⿱⿱艹屰皿自邦周

說文所無

編

⿱⿺走夫皿

秦公敦⿱⿺走夫皿二文武

說文所無

編

⿱⿰米聿皿

大敦王在⿱⿰米聿皿侲宮

說文所無

大鼎

編

⿱⿰氵虘皿

⿱⿰氵虘皿卣

說文所無

編

⿱氏皿

卷二一第二十七葉

同上

卷六八第四十一葉

殷

人相違也从大凵聲凡去之屬皆从去 丘據切

秦權 秦斤

源

古鉥从辵从去是去字古文往復來去皆从辵原書釋遠非是

古鉥陳去疾 信鉥

古鉥宋去疾 鉥

古鉥𩛥去痏

古鉥趙去痏

古匋紹□匋里去疾

古匋紹去匋里去疾

古匋

古鉥長去疾

古鉥江去疾

古匋紹遷去匋里圖

古匋去隻□□匋□□

古匋紹遷去匋里恪

丁

待

伏

徵

卷一第四十七葉

血　釁

卷二第十一葉　卷六第二十七葉　同上　殷

說文所無　秦公敦保釁乎秦　編

祭所薦牲血也从皿一象血形凡血之屬皆从血　呼決切　古匋　丁

卷四第二十二葉　同上　卷六第十四葉　後編上第二十一葉

說文解字血祭所薦牲血也从皿一象血形此从○者血在皿中側視之則爲一俯視之則成○矣

定息也从血甹省聲讀若亭特丁切

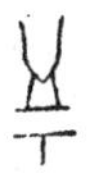 卷四第十八葉  書契菁華第九葉 

後編上第十五葉  下第二十四葉

說文解字甹定息也从血甹省聲此从皿不从血卜辭盄訓安與許書訓甹為定息誼同是許書以此為安盄字而以盄為願詞今卜辭曰今月鬼甹是甹與盄字誼同當為一字其訓願詞者殆由安誼引申之也 殷

憂也从血卩聲一曰鮮少也徐鍇曰血者言憂之切至也辛聿切

 齊侯鎛鐘 

衋 盍

齊侯鐘

師㮸敦

源

追敦

師寰敦

邾公鐘

吳

卹 邾公釸鐘

邾公華鐘

追敦

師寰敦

編

傷痛也从血聿皕聲周書曰民罔不衋傷心許力切

父辛卣

吳

衋 父辛卣

編

覆也从血大臣鉉等曰大象蓋覆之形胡臘切

古鉥盍㚟古盍字从去从皿與蓋通又借為曷何字

古鉥盍訶

古鉥盍㠯

丁

衍

伏

徵

有所絕止丶而識之也凡丶之屬皆从丶知庾切

鐙中火主也从𡈼象形从丶丶亦聲臣鉉等曰今俗

別作炷非是之庾切

戈琱

主孫彝

主人舉爵

主

綏和壺

源

庚爵

編

卷二第二十一葉卷四第四十八葉後編上第十五葉下第十五葉

祚案說文解字主鐙中火主也𡈼象形从丨丨亦聲此从木　象燔木爲火殆即主字

殷

古籀彙編弟五下

臨海徐文鏡編

巴越之赤石也象采丹井丶象丹形凡丹之屬皆从丹 都寒切

古文丹

亦古文丹

丹青 明鑑

源

庚罷卣

寰盤

吳

古匋丹

古匋□□匋里人丹

丁

丹 庚嬴卣

編

遊

徵

彤

丹飾也从丹从彡彡其畫也徒冬切

伯姬鼎

宰辟父敦

邾敦

師嫠敦

石鼓

源

虢季子白盤

鄦惠鼎

石鼓

吳

彤 公伐郐鼎

公伐郐鐘

虢季子白盤

寰盤

休盤

鄦惠鼎

晅侯鼎孫詒讓釋 彤弓彤矢合文

編

青

東方色也木生火从生从丹丹青之信言必然凡青之屬皆

从青 倉經切

古文青

丁青爵

源

吳尊

吳

青吳尊

編

靜

審也从青爭聲徐鍇曰丹青明審也疾郢切

盂和鐘

師榿敔

姬寏豆

源

不爭也从爭从清省古爭从𠬪上从爫下以手承之象三人相爭形 毛公鼎

靜敦

齊侯甔

魯公伐郳鼎

吳

大克鼎

丁

靜 毛公鼎

公伐郳鼎

國差[illegible]

秦公敦

靜敦

免盤

編

井

八家一井象構韓形・罋之象也古者伯益初作井凡井之屬皆从井子郢切

古文以為邢字 井人鐘

鄭邢叔鐘

古文以為刑字 毛公鼎

吳

阱

井 散氏盤 井 兮田盤 丁 井 井孳乳為邢 周公敦邢侯 井 散盤

井 鄭井叔鐘 井 免敦 井 叔男父匜 井 又孳乳為刑爾雅釋詁刑法也常也毛公鼎女毋敢弗帥用先

王作明刑俗 井 盂鼎今我隹即刑𠧟于玟王 井 師虎敦 井 虢叔鐘旅敢𢦔帥刑皇考威義 井

兮甲盤敢不用命則即刑𢧵伐 編

阱 陷也从𨸏从井井亦聲疾正切 穽 阱或从穴 汬 古文阱从水 阱 古鉥阱觀 丁 卷二第十二

葉 卷四第四葉 卷六八第四十一葉 同上

㓝

同上第四十二葉卷七第四十葉後編下第

四十一葉第二十五葉龜甲獸骨卷二第十四葉同上

祚案說文解字阱陷也从𨸏井井亦聲或从穴作穽古文作汬段先生曰穿地陷獸也卜辭作井上

獸形殆即阱之初字其从凵者亦象陷井形

殷

罰辠也从井从刀易曰井法也井亦聲户經切

盂和鐘

齊侯鎛鐘

齊侯鐘

牧敦

源

古刑字盂鼎

散氏盤

陳子禾子釜

吳

古鉩

丁

刑散盤

子禾子釜 編

鐵 徵

井 後編上第十八葉 井 下第十六葉

井 前上 井 第三十九葉

祚案毛公鼎作井與此同 殷

造法刱業也从井刃聲讀若創初亮切

師虎敦 吳

遂伯㝨古造法刱業字如此俗作創 丁

穀之馨香也象嘉穀在裹中之形匕所以扱之或說皀一粒也凡皀之屬皆从皀又讀若香皮及切

皀 窒叔敦 編

即食也从皀卩聲徐鍇曰即就也子力切

伯姬鼎

師毛父敦

尨敦

牧敦

寅簋

石鼓

源

盂鼎

師龢父敦

頌敦

頌鼎

石鼓

吳

散氏槃

鬲攸比鼎

丁

即 盂鼎

頌鼎

頌敦

師寰敦

師嫠敦

毛公鼎

兮甲盤

舀鼎

散盤

編

卷五第十七葉

第二十一葉

卷十八第十五葉

殷

既

小食也从皀旡聲論語曰不使勝食既居未切

商鐘

齊侯鎛鐘

齊侯鐘

公緘鼎

師秦宮鼎

伯姬鼎

高克尊

尨敦

邾敦

師梏敦

牧敦

石鼓

源

師奎父鼎

邵鐘

邵鐘異文

師田父尊

石鼓文

吳

無專鼎

大鼎

師𩵦父敦

師遽敦

召伯虎敦

㪤伯彝

丁

既頌鼎

頌敦

師奎父鼎

傳卣

庚羸卣

師遽敦

鄭虢仲敦

守敦

棈伯敦

曾伯簠

曶鼎

召伯敦

師嫠敦

師寰敦

豆閉敦

大敦

大鼎

散盤

臤尊

守鼎

休盤

無叀鼎

編

卷五第二十四葉

卷七第十八葉

卷八第十葉

藏龜第百七十八葉

第百六十一葉

後編下第八葉

卽象人就食既象人食既許君訓既爲小食誼與

形爲不協矣

殷

飯剛柔不調相箸从皀冂聲讀若適施隻切

冟毛公鼎 虎冟熏裏

彔伯敦

吳尊

[illegible]侯鼎

師兌敦

編

以秬釀鬱艸芬芳攸服以降神也从凵凵器也中象米匕所

以扱之易曰不喪匕鬯凡鬯之屬皆从鬯丑諒切

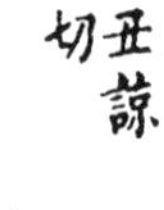

師楷敢

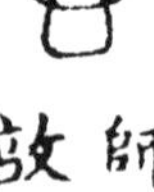

牧敢

寅簋

源

象米在器中許氏說以秬釀鬱艸芬芳攸服以降神也盂鼎

毛公鼎

魯侯角

邪鐘

彔伯戎敦

㝉卣

匕㝉父癸卣

伯晨鼎

吳

毛公鼎

盂鼎

師兌敦

吳尊

彔伯㝨敦

邵鐘

魯侯角

䣄侯鼎

編

卷一第九葉

第十葉

同上

第五葉

同上

第十四葉

第十八葉

第二十二葉

第二十五葉

卷四第十一葉

第五十四葉

第八葉

卷五第一葉

同上

同上

同上

第八葉

第九葉

卷七第十葉藏龜第百四十一葉第二百六十八葉

藏龜之餘第二葉後編上第十九葉第二十一葉第二十二葉第二十四葉第二十八葉下第七葉第九葉第十五葉第三十二葉

作者與古金文同其變文至多以文例推知之

殷

芳艸也十葉為貫百廿貫築以煮之為鬱从臼冂缶鬯彡其飾也一曰鬱鬯百艸之華遠方鬱人所貢芳艸合釀之以降神鬱今鬱林郡也迂勿切

魯侯作鬱鬯角鬱字

爵

如此徐同柏說 吳

禮器也象爵之形中有鬯酒又持之也所以飲器象爵者取其鳴節節足足也即略切

古文爵象形

父丁卣

兄癸卣

雷篆爵

象形父乙爵

象形子爵

齊侯鎛鐘

齊侯鐘

穆公鼎

父癸匜

寅簋

齊安鑪 源

古爵字郘鐘 吳

陳侯因資敦

古鉨右司徒𥚥爵會䣎之鉨

古鉨侯爵原書入附錄 丁

王國維釋爵史獸鼎鼎一敦一 編

卷五第五葉

周上

卷二第二葉□第五葉□藏龜第八十九葉□第二百四十一葉□後編下第七葉□同上□龜甲獸骨卷二第二十八葉

說文解字爵禮器也　象爵之形中有鬯酒又持之也所以飲器象爵者取其鳴節節足足也古文作□象形許君言象爵形者謂所从之□也今觀卜辭諸爵字象爵之首有冠毛有目有味因冠毛以爲柱因目以爲耳因味以爲足厥形惟肖許書所从之□殆由□轉寫之訛其从鬯與又則後人

𩰪

所益也許君謂飲器象雀者取其鳴節節足足也今證以卜辭其字確象爵雀形知許君所云爲古先遺說不見于諸經注幸尚存于說文解字中許君網羅放佚之功誠巨矣【殷】

黑黍也一稃二米以釀也从鬯矩聲其呂切

秬 鬯或从禾

夫 師楷敔

牧敔

寅簋

【源】

古秬鬯字經典通作秬 毛公鼎

彔伯㦰敦

伯晨鼎

吳尊

【吳】

古鉩

秬鬯命鉩

方鼎

【丁】

秬鬯經典通作秬 毛公鼎

師兌敦

吳尊

彔伯敦

呂鼎

䢅侯鼎

【編】

一米也从皀亼聲或說亼皀也凡食之屬皆从食 乘力切

中義敦

吳

食仲簋

㪟共敦

仲義敦

伯矩簋

編

卷六第二十五葉

卷八第八葉

同上

藏龜第一百二十九葉

後編下第二十八葉

龜甲獸骨卷一第十葉

說文解字食从皀亼聲此从豆以卜辭中鄉字从豆例之知爲食字矣

殷

滫飯也从食桒聲臣鉉等曰桒音忽非聲疑𠦒字之誤府文切

饙或从賁

餴或从𠦒

尌液鼎

尌夜鼎

餾 饔

邛仲盦

源

古饙字小篆作饙 仲惠父敦

齊陳曼簠

叔夜鼎

郘王鼎饋字如此

亦古饙字異體 燕侯吳大鼎

吳

𢦏叔鼎

戲伯鬲

丁

餗 禾敦

齊陳曼簠

𢦏叔鼎

番君簠

貞敦

戲伯鬲

仲叀父敦

郘王鼎

鄉侯鼎

編

飯气蒸也从食留聲力救切

古鉨吳餾

丁

孰食也从食雝聲於容切

古雝食字鄭饔 遙父鼎

吳

雝食 雝食遙父鼎

編

稻餅也从食次聲疾資切

餈或从齊

餈或从米

古鉢盂餈許氏說餈稻餅也此从次省从臼=舂也

丁

糜也从食亶聲周謂之饘宋謂之餬諸延切

尌夜鼎

源

酒食也从食喜聲詩曰可以饙饎昌志切

饎或从配

饎或从米

古饎字不从食晦敦喜帝文王陳介祺說喜帝即饎禘省文

吳

古鉢䭫給从配省

丁

具食也从食算聲士戀切

籑或从巽

宰辟父敦

源

供養也从食羊聲余兩切

古文養

單疑生豆

源

不嬰敦

丁

飤

糧也从人食 祥吏切

咸君鼎

孔文父鼎

王子吳鼎

張仲簠

源

古飤字 張中簠

僕兒鐘

龍節

伯𡩜敦

吳

邕子甗 飤字反文

糧也音寺與飼同通作食

丁

飤 王孫鐘

魯士簠

褱鼎

須口生鼎

黃韋俞父盤

𡨦桐盂

𡨦兒鼎

蔡大師鼎

余義鐘

楚子簠

齊侯敦

鄭勇句父鼎

龍節

吳王姬鼎

䣄公鼎

邕子甗

樊君簠

伯𡩜父敦

編

晝食也从食象聲書兩切

饟或从傷省聲

諆田鼎王大耤農于諆田餳許氏說饟晝食也或从傷省聲

居後彝原書入附録

古鉨䏣狃鍚忮合止車之鉨

丁

饟从昜令鼎

居敦

編

餔也从夕食思魂切

張仲簠

源

古飧字弡中簠

編

吞也从食奴聲七安切

餐或从水

古鉨梁[illegible]鄰都司馬湌軍龍功之鉨此字或釋淯謂淯陽縣或釋飲謂从酒从肉與[illegible]軍之鉨

饋 饗

之痼字同愚案字之右上从食非从酉當是𩚬又飱之繁文痼音如由義為病無解作飲食者古鉨中如戠軍中軍啟軍痼軍飤軍等屢見除中軍與右軍左軍有定解餘皆不可强説或曰飱軍是官名龍功是姓名後世有參軍之官蓋本於此特易飱為參字異而義亦有不同耳

古鉨右邦飱軍𤔲鉨

右或从食省

丁

饋

餉也从食貴聲求位切

饋汗簡引林罕集字作

此从辵殆亦饋字段敦

編

饗

鄉人飲酒也从食从鄉鄉亦聲許兩切

齊侯鎛鐘

齊侯鎛鐘

單癸卣

召仲考父壺

師趛敨

張仲簠

京尌簠

源

古饗字吳尊

乙亥鼎

小子師敦

静敦

效卣

大鼎

吴

馭方鼎

玗敔

丁

饗不从食

宰峀敦卿字重文

編

餬

寄食也从食胡聲户吴切

古鉥文餬字

吴

飫

燕食也从食芺聲 詩曰飫酒之饫依據切

古鉥胐朕古餸字从於省

丁

館

客舍也从食官聲周禮五十里有市市有館館有積以待朝聘之客古玩切

館陶釜

源

饑

穀不孰爲饑从食幾聲居衣切

古鉥饑口信鉥

丁

饉

蔬不孰爲饉从食堇聲渠吝切

古饉字 曶鼎 吴

饉 曶鼎 編

⿰食成

齊侯鎛鐘

齊侯鐘 源

⿰食女

說文無此字 古鈢文 吴

⿰食告

說文無此字 古鈢文 吴

⿰食桀

說文無此字 中⿰食桀父簋 吴

⿰食樂

說文所無 仲⿰食樂簋 編

合

今

合口也从亼从口 候閤切

石鼓

源

諆田鼎

靜敨陳簠齋以為古合字原書釋鄉

丁

合 召伯虎敦

陳侯因資敦

編

卷七第二十六葉

殷

是時也从亼从乁 乁古文及 居音切

南宮中鼎

虘敨

郘敨

師楂敨

牧敨

源

盂鼎

召伯虎敦

毛公鼎

者汈鐘

吳

今 毛公鼎

克鼎

師兌敦

師虎敦

師寰敦

諫敦

召伯敦

盂鼎

編

亼 卷二第十九葉

亼 同上

亼 同上

第二十葉亼同上亼一第二十四葉亼第二十五葉亼書契菁

華第九葉

說文解字今是時也从亼从㇇㇇古文及古金文

作日日召伯虎敦亼盂鼎與此同

殷

市居曰舍从亼屮象屋也口象築也始夜切

父乙甗

源

散氏盤

師舍敦

舍叔敦

古鉢文

吳

毛公鼎

辛宮鼎市居曰舍引申猶予也予與

余互通於此可證古舍字从余許氏於余下曰从八从舍省說殊倒置若余果从舍省而舍字本作余是从八為廢辭而余舍為一字無能定其所从矣

丁

會

𠭯彝 居後彝 古鉢口之舍鉢 丁 舍毛公鼎

善夫克鼎 散盤 令鼎 復公子敦 舍父鼎

居簋舍 余三鐘 編 徵

合也从亼从曾省曾益也凡會之屬皆从會 黃外切 古文會如此 古會字从

合从辵且子鼎王命且子迨西方于相 吳 畢仲子敦亼為三合之象嘉穀在裏中之形匕所以扱之是會已有會合義更从

辵其為會字無疑覺古文从 古鉢右司徒爵 會鄮之鉢 丁

合其義猶淺 原書入附錄

倉

會 蔡子口匜

趨亥鼎趨亥 自作會鼎

編

盤

徵

穀藏也倉黃取而藏之故謂之倉从食省口象倉形凡倉之屬皆从倉七岡切

奇字倉

定陶鼎

源

古倉字叔倉父簋

古鉢文

古鉢文

吳

倉 叔倉父簋

孳乳爲鎗 宗周鐘鎗〻鏓

編

人

內也象从上俱下也凡入之屬皆从入人汁切

伯姬鼎

牧敦

源

頌鼎

吳

入 盂鼎

毛公鼎

龏鬲

頌鼎

內

入 頌敦 宅敦 大鼎 魚匕

編

入卷二第一葉

同上

殷

入也从冂自外而入也奴對切

齊侯鎛鐘

南宮中鼎

師毛父敦

𢦏敦

邦敦

師□敦

師毀敦

牧敦

敔敦

源

趩尊 王呼內史

師奎父鼎

古文以爲芮字 芮公鬲

吳

毛公鼎

散氏盤

丁

內 毛公鼎

散盤

周公敦

豆閉敦 內史

師兌敦

仝　匋

師奎父鼎

趩尊

揚敦

㝬乳爲納克鼎出納朕命詩烝民出納王命釋文納本作内

師虎敦井伯納右師虎

㝬乳爲芮芮伯壺

芮公鬲

子禾子釜

無叀鼎内門頌鼎作入門

編

完也从入从工疾緣切

篆文全从玉純玉曰全

古文全

商鐘

源

古鉩千牛全羊

丁

瓦器也从缶包省聲古者昆吾作匋案史篇讀與缶同徒刀切

古鉩齊匋正頪从穴从匋穴部窯燒瓦竈也此从穴義同匋𠧹省疑古缶字作𠧹篆文从勹从缶當是省誤

古鉩平匋宗正或从穴省

古匋塙閭豆里人匋口日口

古匋塙閭豆里人匋口日犬

古匋蒦陽匋里王怣

古匋紹遷去匋里迲

古匋紹口匋里去疾

古匋匋里口口

古匋孟棠匋里𤔲嬛六為六之譌吉為吉之譌匋文不比鼎彝故變異多不經

古匋蒦陽匋里人玔

丁

匋

蔡伯敦

筍伯大父作嬴妃鑄匋簋叚借為寶

𨚕夫作𢆶女匋盤

鵬公殘劍

編

侍

平匋

季

無

季

徵

瓦器也从缶霝聲郎丁切

𦉢不从缶

伯㫃女父𦉢霝字重文

仲義父𦉢

編

說文所無廣雅作瓴

國差𦉜

編

矢

弓弩矢也从入象鏑栝羽之形古者夷牟初作矢凡矢之屬皆从

矢 式視切

貝父辛卣

父丙卣

祖丙爵

伯姬鼎

父丁斝

宰辟父敦

師毀敦

寅簋

石鼓

源

古矢字許氏說象鏑栝羽之形古器有兩矢在架形端皆有栝今矢有羽而無栝吳東發說古文以為知字矢伯卣

伯晨鼎

不嬰敦

豆閉敦

古鉨仲矢馬[illegible]信鉨

丁

矢 矢伯卣

同卣

虢季子白盤

公伐郘鼎

豆閉敦

不嬰敦

医侯鼎

編

卷一第二葉

卷四第五十一葉

同上

卷五第七葉

同上

藏龜第二百二十一葉

象鏑幹栝之形說文解字云从入乃誤以鏑形爲入字矣

殷

弓弩發於身而中於遠也从矢从身食夜切

篆文䠶从寸寸法度也亦手也

南宮中鼎

宰辟父敦

石鼓

源

射象手執弓矢形小篆从身从寸非是靜敦

石鼓

小子射鼎通斁下重文

馭方鼎

門射甗

爵文弓矢形當亦射之省文

吳

鬲攸比鼎

諆田鼎

趞鼎

古鉥司馬射虎

丁

䠶象張弓注矢形說文从身乃弓矢形之譌爵文

射盉

射盤

雝伯原鼎

靜敦从又

令鼎

鬲攸比鼎

鄂侯鼎

門射甗

編

卷一一第八葉

卷二二第一二十一葉

同上

同上

第二二十一葉

卷四第十四葉

卷五

第卅十二一葉

同上

同上

同上

同上

同上

同上第四十二葉卷六第二葉書契菁華第十一葉後編上第二十葉同上下第一十二葉

第二十六葉

說文解字䠶从矢从身篆文作射从寸寸法度也亦手也卜辭中諸字皆爲張弓注矢形或左向或右向許書从身乃由弓形而譌又誤橫矢爲立矢其从寸則从又之譌也古金文及石鼓文並與此同

殷

侯

春饗所射侯也从人从厂象張布矢在其中天子射熊虎豹服猛也諸侯射熊豕虎大夫射麋麋惑也士射鹿豕爲田除害也其祝曰毋若不寧侯不朝于王所故伉而射汝也乎溝切

古文侯

商鐘

曾侯鐘

遲父鐘

齊侯鎛鐘

晉姜鼎

穆公鼎

召公尊

尹卣

尨敦

牧敦

秦權 秦斤

汾陰侯鼎

周陽侯甗

源

齊侯壺

匽侯鼎

盂鼎

侯生鼎

象矢中侯形 空首幣

鄀公敦

吳

己侯鐘

伯晨鼎

國差甗

王伐[illegible]彝

匽侯鼎

胖侯 匜

古鉩 侯蚀

古鉩侯聯

古鉩侯湯

丁

侯不从人 盂鼎

量侯 敦

己侯 敦

作且乙 敦

富鼎

禽敦

陳侯因資敦

匽侯旨 鼎

魯侯 角

陳侯作嘉 姬敦

周公 敦

齊侯 盤

齊鎛

齊侯 壺

𩵦侯 鼎

鄦侯 敦

魯侯 鬲

寏侯 簠

己侯 鐘

陳侯 簠

齊侯女 伯鬲

伯侯父 盤

滕侯 簠

鄀公 鈚

胖侯 匜

子侯 卣

秦侯 戈

編

騠侯 鐵

鄦侯 簋

頣侯 貯墨

𥏫　臭

鐵 鐵 盤 盤 〔徵〕 卷二第二葉

第二十二葉 同上 卷五第九葉 卷四第

十八葉 第二十八葉

說文解字矦从人从厂象張布矢在其下古文作

矦與此同古金文亦均从厂 〔殷〕

傷也从矢昜聲式陽切

古鉥公孫縵鍚 〔丁〕

郳臭鼎 說文所無 〔編〕

⿱山矢

卷六第二十六葉 同上 卷五第十一葉

卷四第二葉

祚案集韻謂⿱山矢爲古族字而許書無 殷

⿰矢巳

卷五第二十一葉 後編下第二十葉 第二十六

葉 殷

⿰矢帝

後編下第二十葉 殷

高

崇也象臺觀高之形从冂口與倉舍同意凡高之屬皆从高

古牢切

盄和鐘

齊侯鎛鐘

齊侯鐘

高克尊

𢻎高父簋

石鼓

定陶鼎

高奴甗

漢四神鑑

源

高都幣

高陽三劍

平陽戈

古鉥文

古鉥文

吳

不嬰敦

叔高父匜

古鉥高□□

古鉥高懷□

古鉥高圻

古鉥高

古鉥高陰車

古鉥高馬宣鉥

古匋

古匋高繆陽里匋者隻

丁

高 齊作父癸敦

父丁罍

不嬰敦

陳侯因資敦

秦公敦

高密戈

編

卷一第二十二葉

同上

第二十四葉

同上

卷二第十一葉

殷

民所安定也亭有樓从高省丁聲特丁切

晉姜鼎

源

古亭字 空首幣

吳

餅金

古鉨

古匋亭尸

丁

京兆杜陵亭也从高省乇聲旁各切

古亳字从京从止邦畿千里惟民所止此商湯建都之地也小篆从乇失古義乙亳觚

父乙方鼎

冂

古鉥文

吳

古鉥維諮毫之鉥

古匋攷毫□北左□□□□

丁

毫 毫鼎

毫鼎

編

卷二第二葉

後編上第六葉

同上

第九葉

說文解字亳从高省乇聲乙亳鼎作父乙方鼎作吳中丞謂是从止案宅字卜辭亦作卷四第十五葉晉邦盦作仍从乇乇聲殆不誤非从止也从乇者殆亳之異體

殷

邑外謂之郊郊外謂之野野外謂之林林外謂之冂象遠界也

凡冂之屬皆从冂 古熒切

古文冂从口象國邑

冋或从土

古文以為絅字禪為絅師奎父鼎冋黃當讀作絅衡

[吳]

同𡩜乳為絅禮記玉藻禪為絅 師奎父鼎冋黃當讀作絅衡

克鼎

免卣

趩尊

[編]

買賣所之也市有垣从冂从了了古文及象物相及也之省聲時止切

器市

尊

[源]

古鉨 市古市字从冂从㞢省不从了冂象牆垣

㞢有繁盛義與許說買賣所之正合

[丁]

孫詒讓釋市

兮甲盤毋敢不即餗即市

[編]

陸

[徵]

淫淫行皃从人出冂余箴切

卷七第一葉

書契菁華第九葉

[殷]

央 𩫏

中央也从大在冂之内大人也央旁同意一曰久也於良切

虢季子白盤 彤矢其央

吴

央 虢季子白盤

編

度也民所度居也从回象城𩫏之重兩亭相對也或但从口 音韋

凡𩫏之屬皆从𩫏 古博切

古郭字 白廚敦

吴

國差甔

禽彝

石鼓

古鉢郭彊𩫏 郭古今字

丁

𩫏說文象城郭之重兩亭相對也

與庸𩫏墉為一字𩫏與𩫏乃以筆迹小異而析為二庸䰱三字石經古文作𩫏墉古文作𩫏 毛公鼎余非𩫏𩫏又昏當讀作庸

召伯虎敦僕𩫏土田即魯頌之土田附庸孫詒讓說

禽𩫏敦

𩫏鼎

帥鼎

國差𦉥鑄 西𩫖寶𦉥 𩫏 拍舟拍作朕配 平姬𩫖宮祀彝 𩫏 𩫖乳為郭 周公敦郭人 編 𩫏 卷五

第八葉 𩫏 第二十葉 𩫏 龜甲獸骨卷一第九葉

祚案說文解字𩫏度也民所居也从回象城𩫏之重兩亭相對也或但从口 白厤敦作𩫏與此同許君之从亯乃𩫏傳寫之誤予意卜辭凡从古字者皆作亼如亳高京亯𩫖之例是矣可證許書之失

又高低之高小篆作亯今隸作高亦古文之存于今隸巾者

又案王徵君說此字說文有二說一為城郭字之篆文一為墉之古文召伯虎敦僕𩫏土田郎詩之

土田坿庸左氏傳之土田倍敦也 殷

京

人所爲絕高丘也从高省丨象高形凡京之屬皆从京 舉卿切

晉姜鼎

尨敦

邿敦

師偣敦

牧敦

京叔盨

京姜鬲

源

古京字 靜敦

公姒敦

吳

大克鼎說文籒文𢽰从京二古京字此與籒文同京訓高又訓大古器中京多次纘字下其義應爲纘大即光大之意

同師龢父敦

散氏槃

丁

京克鐘

靜卣

靜敦

亯 亯京

師酉敦 井鼎 芮公鬲

編

[illegible]陸

卷二一第四十二葉 卷四第十葉 第二十一葉 藏龜第九十二葉 後編上第九葉

殷

說文所無 師兌敦亯京乃命 師嫠敦 散盤

編

亯 獻也从高省曰象進孰物形孝經曰祭則鬼亯之凡亯之屬皆从亯 許兩切又普庚切又許庚切

篆文亯

宝和鐘 曾侯鐘

齊侯鎛鐘

圓宝鼎

師秦宮鼎

史頙父鼎

伯囧父敨

州猶敨

仲駒父敨

方宝甗

源

古亯字象宗廟之形亯敦

豐兮敦

周寏鼎

師寰敦

曆鼎

歸夆敦

拍盤

吳

古鉨鄭亯 从高省从

孚二為孚之異隸變从子本此古文亨亯皆作亯原書以為季字季从稚即稺二从禾古文禾無作入者

古鉨敀亯

丁

亯象宗廟之形 敦文

父乙殘敦

甾仲艾匜

白者君盤

豐兮敦

仲辛父敦

齊鎛

伯吺女父鬲

邾公華鐘

孟鼎

仲師父鼎

杞伯敦 周窸鼎 魯邍鐘 麓伯敦 曼龏父簋 [illegible]敦

公伐郘鼎 杜伯簋 虞司寇壺 王孫鐘 魯侯敦 吳季良父壺

郘王義楚耑 鄦侯敦 虢季氏敦 祀伯匜 其次句鑃 芮伯敦

宜桐盂 仲䖒父敦 師旲父敦 雝伯原鼎

編

季

徵

後編上第二十一葉

說文解字亯獻也从高省曰象孰物形篆文作亯古金文作亯亯敔亯豐兮敔亯周窸鼎亯師寰敔諸形與此

𦎫

同吳中丞云象宗廟之形是也

[殷]

孰也从亯从羊讀若純一曰鬻也常倫切

篆文 𦎫

古文以為敦字 齊侯敦

宗周鐘

𡨦子卣文張之洞釋作享

[吳]

不𡢁敢女及戎大𦎫借為憝字

古純孰字作此

[丁]

𦎫孳乳為敦詩閟宮敦商之旅箋敦治也不𡢁敦女及戎大𦎫戟

宗周鐘王𦎫伐其至

𡨦子卣 𦎫不淑

齊侯敦

齊侯敦

[編]

[徵]

卷一一第一一十六葉

同上

同上

第五葉

卷三第二十四葉卷四第三十四葉同上

卷六第二十九葉卷八第十二葉

說文解字𦎧孰也从亯羊讀若純一曰鬻也段先生曰純孰字當作此純醇行而𦎧廢矣今卜辭文曰甲辰卜王貞于戊申𦎧 卷三第二十四葉 又曰壬辰卜乇弗𦎧見 卷四第三十四葉 厥意殆與亯同許君亯注獻也从高省曰象孰物形夫許于亯注既曰象孰物形又于𦎧注曰孰也二誼自相近且是字从亯羊會合二字觀之無從得純孰之誼疑古與亯是一字矣

殷

用也从亯从自自知臭香
所食也讀若庸余封切

拍盤此與部首土部古文墉本為一字說文中
三見愚案古郭城墉皆祗作純為象形字

後因字多用異一為部首一附墉字下在
此則訓用與庸字通原書釋亯非是

毛公鼎余非庸又昏吳
愙齋讀鄘非

丁

長味也从㫗鹹省聲詩
曰實覃實吁徒含切

古文覃

篆文覃省

晉姜鼎

源

古鉢司馬覃

古匋西覃里口他文多作蕈
里皆鄿之借字

丁

山陵之厚也从
㫗从厂胡口切

古文厚从后土

齊侯鎛鐘

齊侯鐘

源

古厚字魯伯厚父盤

趠鼎

邿人鐘

吳

厚魯伯盤

趠鼎

井人鐘

編

滿也从高省象高厚之形凡畗之屬皆从畗讀若伏 芳逼切

畐 畐父辛爵

孳乳為福叔氏鐘降余魯多福無疆

編

善也从畗省亡聲徐鍇曰良甚也故从畗 呂張切

古文良

亦古文良

亦古文良

古良字季良父盉

古銀鉨

吳

尹氏簠

齊侯匜

季良父簠

格伯敨

格伯敨格伯取良馬乘于朋生原書附錄釋服

古鉨良都之左

㐭

古匋豆里良

丁

良

季良父盉

季良父簋

𩰫寇良父敦

𩰫寇良父壺

齊侯匜

大師史良父敦

邕子甗

尹氏匡

格伯敦

編

卷二一第二十一葉

祚案季良父盉作㐭與此畧同疑此亦㐭字

殷

穀所振入宗廟粢盛倉黃㐭而取之故謂之㐭从入回象屋形中有戶牖凡㐭之屬皆从㐭力甚切

廩 㐭或从广从禾

古廩字从米 鉥文君之廩

亶

吳

吕伯虎敦公𠆸貝阮相國以禾屬貝以為古文啚釋作鄙賚案字从㐭从禾稿是稟=賜穀也又給也食也祿也

農卣稟或从米象牆象户許氏說㐭曰象屋形中有户牖其說與古文無一不合小篆實不足以當之也

古鉥𩰫易料昔給稟之鉥

古鉥右稟□綴鉥

古鉥左稟之鉥

古鉥番陵左稟鉥

古鉥右尚稟鉥

古匋□芊□稟□信

古匋

古鉥枝潼都稟鉥

農卣 㐭从米

或从攴陳猷釜左關之釜節于敦釜

多穀也从㐭旦聲多旱切

師㝨敦

源

嗇也从口㐭㐭受也方美切

古文啚如此

啚 雒伯啚鼎

孳乳爲鄙齊鎛與鄩之人民都鄙 編

愛濇也从來从㐭來者㐭而藏之故田夫謂之嗇夫凡嗇之屬皆从

所力切

古文嗇从田

齊安鑪 源

古嗇字从爿从土从田散氏盤溼田牆田阮相國釋作牆田 吳

古鉨長嗇古稼穡字作此从𦥑冂與古文農同

古鉨𡍼事即穡事从土亦爲牆垣字 丁

卷四第四十一葉

後編下第七葉

說文解字嗇愛濇也从來从㐭來者㐭而藏之故田夫謂之嗇夫古文作嗇从田又穡注穀可收曰

牆

穡从禾嗇聲案嗇穡乃一字卜辭从田與許書嗇之古文合从二禾與許書穡字从禾形合穡訓收斂从秝从田禾在田可斂也師寰敦穡作嗇亦从秝左氏襄九年傳其庶人力于農穡注種曰農收曰穡田夫曰嗇夫誼主乎收斂又穡字禮記皆作嗇此穡嗇一字之明證矣其本誼爲斂穀引申而爲愛嗇初非有二字 【殷】

垣蔽也从嗇爿聲才良切 牆 籀文从二禾 牆 籀文亦从二來 牆 亦古嗇字說文牆籀文从二禾作牆即此字師寰敦卹乃嗇事嗇穡古

通戱釋作牆事非是 牆 師寰敦異文 【吳】

周所受瑞麥來麰一來二縫象芒朿之形天所來也故爲行來之來詩曰詒我來麰凡來之屬皆从來洛哀切

趠鼎

石鼓

十二辰鑑

〔源〕

伯𩀱父敦

趠鼎

石鼓

古來字从辵散氏盤

亦散氏盤文

單伯𣌭生鐘

仲戲父盤來麥如此

𩫏伯廚敦

〔吳〕

交從彝

古鉨來口口口口

古匋丘齊辛里王汩𡉉來

古匋

空首幣

〔丁〕

來艅尊

宗周鐘

不𡢁敦

𠂤鼎

遹鼎

趠鼎

宰峀敦

麥

般甗

从走 單伯鐘

編 卷一第二十五葉卷二

第八葉同上第二十一葉第二十二葉第四十葉

第四十二葉卷四第十四葉書契菁華第九葉

說文解字來周所受瑞麥來麰天所來也故爲行來之來卜辭中諸來字皆象形其穗或垂或否者麥之莖彊與禾不同或省作作而皆假借爲往來字 殷

芒穀秋種厚薶故謂之麥麥金也金王而生火王而死从

夋

來有穗者从夂凡麥之屬皆从麥臣鉉等曰夂足也周受瑞麥來麰如行來故从夂莫獲切

古麥字象手打麥形後人改从夂失古義矣仲𠭯父盤

吳

古鉨麥田家鉨
陳簠齋釋

丁

卷四第四十葉

同上

同上

同上

卷二第十葉

說文解字麥从來从夂案此與來爲一字許君分天降下示天降之誼來麰之瑞在后稷之世故殷代已有此字矣

殷

行夋夋也一曰倨也从夂允聲七倫切

卷十八第十八葉

同上

同上

卷

七第二十葉  後編上第二十二葉  下第十四葉

 第三十三葉  書契菁華第十葉

祚案王徵君釋夋說文解字夋行夋夋也一曰倨也从夊允聲此象獸形長爪有耳尾疑即許書之狻狻注狻麑如虦苗食虎豹徵之卜辭形相近疑夋狻本一字也 殷

送詣也从夊从至陟利切

 古致字从到从夊伯致敦 吳

和之行也从夊𢟪聲詩曰布政憂憂於求切

 石鼓 源

夏

中國之人也从夊从頁从臼臼兩手夊兩足也胡雅切

古文夏 盄和鐘 晉姜鼎 源

古鉩夏遷信鉩 古鉩夏侯可 丁 秦公敦夏 編

墨 鼓 徵

夔

神魖也如龍一足从夊象有角手人面之形渠追切

夔鼎 素腹鼎 齊侯鎛鐘 齊侯鐘 源

畟

後編下第二十一葉 殷

条

藏龜第七十七葉 殷

癸

卷七第三十六葉 【殷】

樂也用足相背从舛無聲文撫切

古文舞从羽亡

古舞字从辵僕兒鐘 歈飤訶遳 【吳】

舞从辵 余義鐘

飲飤訶舞 【編】

相背也从舛口聲獸皮之韋可以束枉戾相韋背故借以爲皮

韋凡韋之屬皆从韋字非切

古文韋

韋子尊 【源】

古文以爲韋字師奎父鼎

趩尊

守卣 【吳】

古鉨□韍古文皮作𠬛古韋字上下皆从𠬛許氏說獸皮之韋可以

韠　韔

束枉戾相韋背故借以爲皮韋此从皮與古文合小篆从舛乃ㄓㄚ之譌

古鉥丹韋吳愙齋釋

古鉥鄣瘍或从邑

古鉥

丁

韋

黃韋俞父盤

編

韍也所以蔽前以韋下廣二尺上廣一尺其頸五寸一命縕韠再命赤韠从韋畢聲卑吉切

通作必

伯姬鼎

師毀敨

源

古韠字作必必下重文寰盤

吳

弓衣也从韋長聲詩曰交韔二弓丑亮切

毛公鼎虎冟熏裏今詩作虎韔弓衣也

彔伯戎敦虎冟朱裏

伯晨鼎

吳

師兌敦

丁

韓　戴　弟

井垣也从韋取其帀也𠦝聲胡安切

古韓字伯䁃鼎王命韓侯

韓仲侈壺

韓八化幣

古鉨韓口韓古國名故从邑原書釋鄠非

古鉨韓安

古鉨韓畏

𡍬

古鉨韓安

古鉨韓柖

古鉨韓詁韓从𠦝从韋此省韋

古鉨韓𡋻

古鉨韓戲

古鉨韓𠦝同上皆从𠦝之反文

丁

說文所無

師𡍮父鼎戴市同黃

趩尊

兔卣

編

韋束之次弟也从古字之象凡弟之屬皆从弟特計切

古文弟从古文

韋省聲

周陽侯鐘

汾陰宮鼎

好畤鼎

齊安鑪

上林榮宮鐙

甘泉上林宮行鐙

林華觀行鐙

[源]

應公鼎

齊侯鎛

[吳]

應公鼎

叏良父壺

古鉥靈城弟

[丁]

弟齊鎛

叏季良父壺

豦敦

應公鼎

[編]

盤

鐵

[徵]

啎也从夊丰聲讀若縫敷容切

小篆作𡕒許氏說啎也歸夆敦

[吳]

古鉥夆歸夆敔作此更省為山

古鉥夆口或从古文𡉚

[丁]

夆 夆叔盤

芾伯敦

[編]

⿱夂言

⿱夂言

⿱夂言敦　說文所無

編

从後灸之象人兩脛後有距也周禮曰久諸牆以觀其橈凡久之屬皆从久舉友切

孟姜敦

秦權　秦斤

源

磔也从舛在木上也凡桀之屬皆从桀渠列切

盤

覆也从入桀桀黠也軍法曰乘食陵切

古文乘从几

書言府弩　鐖

源

古乘字虢季子白盤王錫乘馬

格伯敦

吳

匽公匜

古鉢王乘

古鉨子□子里
㠯區乘

古匋豆里乘

丁

虢季子白盤乘

賀鼎

格伯敦

編

卷五第二十五葉

後編下第十七葉

祚案克鐘作虢季子白盤作格伯敦作皆與此相似

殷

古籀彙編弟六上

臨海徐文鏡編

冒也冒地而生東方之行从屮下象其根凡木之屬皆从木

徐鍇曰屮者本始甲坼萬物皆始於微故木从屮莫卜切

木觚

[源]

散氏盤

木父丁爵

[吳]

古匋左桁正木

古鉨右桁正木

[丁]

木父丁爵

木工鼎

散盤

舀鼎

[編]

卷一第十五葉

[殷]

果也从木可省聲何梗切

卷四第十八葉

龜甲獸骨卷二第十八葉

殷

果也从木子聲良止切

古文

李氏鼎

上林鼎

源

古鉢李康

古鉢李九

古鉢李他

丁

李吉

徵

果實如小栗从木辛聲春秋傳曰女摯不過亲栗側詵切

小篆作亲許氏說亲果實如小栗中白壺亲姬或釋作新

吳

亲中伯壺

中伯敦

編

牡曰棠牝曰杜从木尚聲徒郎切

古匋孟棠□里人迮

古匋孟棠匋里人諫

古匋孟棠匋里人均

丁

杜

甘棠也从木土聲徒古切

劉公簠 源

古杜字从者省从土許氏說杜甘棠也散氏盤

格伯敦

杜木

皆格伯敦異文 吳

師虎敦

杜伯簠

古鉩杜畢杜字易横豎

古匋杜甘棠也亦訓塞故從ヨ省 丁

杜師虎敦

杜伯簠

格伯敦 編

楢

柔木也工官以爲耎輪从木酋聲讀若糗以周切

楢待 徵

梏

木也从木告聲讀若皓古老切

梏石鼓

作父乙鬲 吳

木也从木號省聲乎八切

卷四第四十五葉 卷二第十二葉 後

編上第十葉

祚案說文解字號木也从木號省聲集韻或省作椃宰椃角作 [illegible]白敢作 皆與此同其作 者又 之省矣

殷

栟櫚也可作萆从木㚇聲子紅切

古椶字 石鼓

吳

古鉢椶 古椶字如是許氏說栟櫚也可作萆張揖曰本高一二丈旁無枝葉如車輪皆萃於木杪此 象其葉與葉之柄石鼓作 俗作棕

吳

椅

梓也从木奇聲於离切

古鉨罟椅許氏說梓也

丁

檆

木也从木黏聲臣鉉等曰今俗作杉非是所銜切

古匋丘齊□□杉彫里□許氏說木也徐鉉曰檆俗作杉

丁

棫

白桵也从木或聲于逼切

石鼓

源

石鼓

吳

散氏盤

吳

棫 散盤

編

柞

木也从木乍聲在各切

石鼓

源

石鼓

吳

櫅

木也可以爲大車軸从木齊聲祖雞切

古匋甘櫅陳國南左里敀亳豆原書以爲齊字

丁

枋

木可作車从木方聲府良切

許氏說枋木可作車古鉨文

丁

楊

木也从木昜聲与章切

石鼓

源

石鼓

古鉢文

吴

古匋

丁

楊待

徵

桺

小楊也从木丣聲丣古文酉力九切

石鼓

源

石鼓

散氏盤

吴

柳 散盤

編

欒

木似欄从木䜌聲禮天子樹松諸侯柏大夫欒士楊洛官切

古陶器 欒季

吴

楮

穀也从木者聲丑吕切

楮或从宁

古鉢

丁

杞

枸杞也从木己聲墟里切

杞伯敦盖

杞伯敦器

吳

杞伯壺

杞伯敦

杞伯鼎

亳鼎

編

卷二第八葉 後

編上第十二葉 下第二十七葉

說文解字杞枸杞也从木己聲文从木旁己杞伯敀作从己在木下與此同

殷

榮

桐木也从木熒省聲一日屋相之兩頭起者爲榮永兵切

宜子孫洗

源

桐

榮也从木同聲徒紅切

桐 宜桐盂

編

榆

榆白枌从木俞聲羊朱切

上林鼎

源

樵

散也从木焦聲昨焦切

張仲簠

源

松

木也从木公聲祥容切

松或从容

空首幣

松字反文亦空首幣

吳

古鉩南松

丁

待

徵

柏

鞠也从木白聲博陌切

徐

徵

某

酸果也从木从甘闕莫厚切

古文某从口

王伐鄦侯敨許氏說酸果也槑即古梅字

古匋許氏曰古文某从口

樹

丁

生植之總名从木尌聲常句切 尌 籀文 敨 敨 石鼓 源 敨 石鼓 吳

敨 尌中敨許氏說生植之總名 案尌樹豎古通 丁 敨 卷二第七葉 敨 同上

敨 第八葉 敨 後編上第十二葉 敨 第十二葉

說文解字樹生植之總名从木尌聲籀文作尌案
樹與尌當是一字樹之本誼爲樹立蓋植木爲樹
引申之則凡樹他物使植立皆謂之樹石鼓文敨
字从又以手植之也此从力樹物使之立必用力

與又同意許書凡含樹立之誼者若尌若侸若豎其字皆爲樹之後起字古文从木之字或省从屮于是壴乃變而爲豈既譌壴爲壹遂于壴旁增木而又譌又爲寸于是樹之本誼不可知矣

殷

本

木下曰本从木一在其下徐鍇曰一記其處也本末朱皆同義布忖切

古文

本肇鼎許氏說木下曰本从木一在其下草木之根柢也案草木根際時作粗圖形若骨節然此象其形原書入附録

丁

朱

赤心木松柏屬从木一在其中章俱切

父丙卣

伯姬鼎

穆公鼎

宰辟父敦

源

毛公鼎

師酉敦

彔伯戎敦虎冟朱裏朱字从屮

吳

朱 毛公鼎

株 末 果

頌鼎 頌壺 番生敦 吳尊 師酉敦 彔伯敦

朱虢𩰫

又云虎冟朱裏从穴 編

盤 鄭 彝 徵

木根也从木朱聲陟輸切

古鉢株參 丁

伙 徵

木上曰末从木一在其上莫撥切

距末 吳

末 末距悍 編

木實也从木象果形在木之上古火切

古鉢趙果

古鉢文果 丁

無 徵

卷七第二十八葉

後編下第二十八葉

象果生于木之形卜辭中𣡕字采字从此詳說采字下十二部𣡕字注

殷

枝

木別生條也从木支聲章移切

古鉢枝潼都𥲅陳簋齋 謂枝潼為梓潼之借字

丁

條

小枝也从木攸聲徒遼切

古條字條叔黑臣匜 條叔鑄子黑臣字也

吴

枚

榦也可爲杖从木从攴詩曰施于條枚莫桮切

汾陰宮鼎

源

根

高木也从木良聲古恨切

散氏盤案是根字古爲良之反文 阮相國釋㭹原書入附録

丁

根 散盤

編

柖

樹搖皃从木召聲止搖切

古鉢韓招許氏說樹搖皃 案招摇古作柖摇

丁

格

木長皃从木各聲古百切

商鐘

盄和鐘

齊侯鎛鐘

齊侯鐘

趠鼎

師秦宮鼎

伯姬鼎

師毛父敦

戠敦

龙敦

敔敦

石鼓

源

格伯敦

皆格伯敦異文

格伯作晉姬敦

吳

格格伯敦

皆格伯敦異文

格伯作晉姬敦

格氏矛

編

枯

稾也从木古聲夏書曰唯箘輅枯木名也苦孤切

古鉨枯成瘟枯成即苦成或作古成是姓姓氏急就篇古成氏古音枯

丁

稾　樸　楨　栽

枯 [illegible] 侍
[illegible] [illegible] 伏
[illegible] [illegible] 古
徵

木枯也从木高聲苦浩切
[illegible] 北征蒿葡如此周禮作稾鄭司農云箭幹謂之稾
吳
[illegible] 書契菁華第十葉

北征葡有[illegible]字吳中丞釋爲周禮稾人之稾此从林與从艸同
殷

木素也从木菐聲匹角切
[illegible] 石鼓
源
[illegible] 石鼓
吳

剛木也从木貞聲上郡有楨林縣陟盈切
[illegible] 古匋豆里楨
丁

築牆長版也从木𢦔聲春秋傳曰楚圍蔡里而栽昨代切
[illegible] 師㲄敦
源

擣也从木筑聲陟玉切

古文

許氏說築擣也子禾子釜

吳

築 子禾子釜

編

築牆耑木也从木倝聲臣鉉等曰今別作幹非是矢榦亦同古案切

許氏說榦築牆耑木也子禾子釜築桿桿當即榦

吳

古鉩千榦百武 从木从倝省

丁

衺柱也从木堂聲臣鉉等曰今俗別作撐非是丑庚切

古匋古樘字从木从堂省从攴 許氏說衺柱也俗作撐

古匋

丁

壁柱从木薄省聲弼戟切

古匋吳愙齋謂即欂欒之欂甫專省說見古匋釋其於原書謂說文無

古匋補之 反文

丁

榱也从木彖聲直專切

古鉩楊椽

丁

杗 桓 杠 櫛

棟也从木亡聲爾雅曰杗廇謂之梁武方切

卷二一第十九葉

殷

亭郵表也从木亘聲胡官切

齊侯鐘

源

牀前橫木也从木工聲古雙切

杠

古匋表杠餃□□說文㫃下曰旌旗杠皃杠下曰牀前橫木愚案杠之初義本為植旌旗之用而牀前橫木說為後起故杠應从㫃此㫃即㫃之省其从木者疑木為㫃之譌也

杠

古匋蕈里□餃𣻸陽表杠

丁

梳比之總名也从木節聲阻瑟切

卷二一第十七葉

同上

同上

龜

甲骨卷一第二十二葉

祚案王徵君說此郎弟子職云櫛之遠近乃承厥火又云右手執燭左手正櫛之㸅字廣韻作㸅

殷

苿臿也从木入象形眀聲擧朱切

小篆作許氏說苿臿也从木入象形眀聲

散氏盤

吳

𣐕 散盤

編

兩刃臿也从木丫象形宋魏曰苿也互瓜切 釫 或从金从于

卷五第十二葉

卷四第五十二葉

說文解字苿兩刃臿也从木丫象形宋魏曰苿也或作釫與卜辭所載不知同誼否

殷

臿也从木㠯聲一曰徙土輂齊人語也臣鉉等曰今俗作耜詳里切 梩 或从里

古鉥枱㠯古文以爲耜字

古鉥王生枱

梩

古鉢梩頁信鉢許氏說梠或从里

梩 古鉢梩口

梩 古鉢梩唐信鉢

丁

槩

杚斗斛从木既聲工代切

谷口甬

源

槃

承槃也从木般聲薄官切

古文从金

籀文从皿

伯鼎

史孫槃

魯正叔槃

卬仲槃

齊侯槃

一冀師槃

蓮勺鑪

車宮承燭槃

源

古盤宇子白盤

函皇父敦

䣄虘盤

史頌盤

魯伯厚父盤

伯侯父盤从金

般仲盤

齊太僕歸父盤

多父盤省文

王宜人甗

虢季子白盤

吳

沇兒鐘
鄀女槃
丁
槃不从木
兮甲盤般字重文

虢季子白盤从皿
翼伯盤
沇兒鐘
殷穀盤
中子化盤

歸父盤
伯侯父盤从金
編
卷一第二十八葉

第四十二葉
卷五第二十七葉
卷八第十一

槃

說文解字槃承槃也从木般聲古文作鎜籀文作
盤古金文作般此作月象形旁有耳以便手持或

櫑　榜　臬

省耳古者槃與舟相類故般庚之般从月或徑作
月殆與月字同後世从舟與从月同意也 殷

龜目酒尊刻木作雲雷象象
施不窮也从木畾聲魯回切
櫑或从缶
櫑或从皿
籀文櫑
古罍字小篆作櫑或从
缶作罍或从皿作𥂴籀

文作罍與此小
異亩皇父敦 吳
櫑不从木
父乙罍雷字重文
亩皇父敦
从金 編

所以輔弓弩从木旁聲補盲切臣鉉等案李舟切韻
音北孟切進船也又音北朗切木片也今俗作牓非
敔 敨 源

射準的也从木从冰曰自非
自李陽聲从劓省五結切
卷五第十二葉

說文解字臬射埻的也从木从自卜辭有此字但
不知與許書同誼否

樂

五聲八音總名象鼓鞞木虡也五角切

商鐘

許子鐘

窖磬

樂司徒卣

石鼓

雙魚四錢

大洸

分寧鐘

源

邵鐘

沇兒鐘

子璋鐘

虘鐘用濼好賓从水从樂省古文假借字

古鉩文

吳

王孫鐘

僕兒鐘

齊侯壺

古鉩樂成

古鉩大司樂鉩

古鉩樂山

召樂匜

丁

樂

邵鐘

鄦公釛鐘

王孫鐘

沇兒鐘

子璋鐘

姑口句鐘

齊𦅫氏鐘

樂鼎

虡鐘用樂好賓从水
从樂省濼字重文

編

待 鄴 鄴

磬 鄴 待 鐵

徵

卷下五第
一葉 書契菁華第九葉 後編上第十葉 同上

从絲坿木上琴瑟之象也或增白以象調弦之器
猶今彈琵琶阮咸者之有撥矣虡鐘作濼借濼爲
樂亦从 許君謂象鼓鞞木虡者誤也

殷

柷

樂木空也所以止音
爲節从木祝省聲昌六切

古鉩柷昜都 坿許氏說樂木空也
所以止音爲節書益稷謨合止柷敔

古鉩睿柷卫

丁

桱 极 梁

行馬也从木巠聲周禮曰設梐桱再重胡誤切

古桱字許氏說桱行馬也周禮曰設梐桱再重注故書桱為柘即此字桱又通梧釋名當途曰梧郎梧忤也當即桱古鉨文桱陽

即桱邱之陽 吳

驢上負也从木及聲或讀若急其輒切

石鼓

驢上負也即笈字 源

石鼓許氏說极驢上負也 吳

水橋也从木从水刅聲呂張切

古文

梁山

鋗 源

古梁字梁伯戈

貞敦貞從王伐梁

大梁鼎从邑

梁邑幣

古鉨文

古鉨文 吳

古鉨梁𩁹郱都司馬滄軍龍功之鉨

古鉨梁界

古鉨炘梁

古鉨梁美

采

丁

梁不从木 梁伯戈

大梁鼎 从邑

無

季

凝

郭

鐵

季

陸

吉

徵

捋取也从木从爪倉宰切

南宮中鼎

源

古采字 遺卣

吳

采 趩尊

趩卣

卷五第二十六葉

卷七第四十葉

藏龜

第二百四十二葉

象取果于木之形故从爪果或省果从木取果爲采引申而爲樵采及凡采擇

殷

橫

闌木也从木黃聲户盲切

古橫字通作黃今經典橫字多作衡禮一命縕韍幽衡衡佩玉之横也師全父鼎載市冋黃

毛公鼎朱市蔥黃即蔥衡

吳

橫不从木

毛公鼎黃字重文

編

椓

擊也从木豖聲竹角切

古鉩椓睿

丁

棱

柧也从木夌聲魯登切

古鉩臧棱

丁

析

破木也一曰折也从木从斤先激切

子孫父丁鼎

秉仲鼎

父辛彝

源

析格伯敦

枼

亦格伯敦文
吴
析尊許氏說破木也一曰折也此从木从斤从𠬝
𠬝有分解義正合以斤破木而分解之也
丁

析
格伯敦
或从禾
𨟻侯敦
編
磬
徵

楄也枼薄也从木世聲臣鉉等曰
當从𠦃乃得聲𠦃穌合切与涉切
古枼字象木之有枝
葉也齊侯鎛
拍盤
或从竹且
日庚乃孫

敦或云枼笹
皆古世字
吴
王孫鐘
齊侯鎛
憙鼎
古鈢東
里枼

丁
枼孳乳為葉詩長發昔在中葉傳世也
齊鎛枼萬至於辝孫子勿或俞改
拍舟

陳侯午
敦
余枼
鉦
編
待
徵

槱

休

積火燎之也从木从火酉聲詩曰薪之
槱之周禮以槱燎祠司中司命余救切

禉

柴祭天神
或从示

古鉢槱大許氏說積火
燎之也从木从火酉聲

詩曰薪之槱之周禮以槱燎祠司
中司命又說柴祭天神或从示

古鉢槱壽

古鉢槱壽

古鉢壽槱

丁

息止也从人
依木許尤切

休或
从广

休爵

齊侯
鎛鐘

齊侯
鐘

大夫
始鼎

南宮
中鼎

季娟
鼎

伯姬
鼎

召公
尊

師淮
父卣

師毛
父敢

宰辟
父敢

乜敢

郘敢

敔
敢

源

古休字不从木 太保敦

師龢父敦

㝬敦

史頌敦

靜敦休字从木

無㠱敦蓋奇字

吳

麋生智父敦

古鉢馬休

古鉢童休

古鉢戎休左司馬

丁

休从禾 毛公鼎

頌鼎

頌敦

同卣

史頌敦

舍父鼎

大保敦

不𡢁敦

穿鼎

虢叔鐘

畢鮮敦

師寰敦

師遽敦

公伐郐鐘

貉子卣

師害敦

師嫠敦

剌鼎

無㠱敦

彔伯敦

䞄侯鼎

趞尊

免簠

𩰫伯敦

遣叔敦

【編】

盤

鐵

季

【鐵】

卷五第二十八葉

同上

休 後編上第十一葉

同上

補案說文解字休或从广作庥

【殷】

楬

楬櫫也从木曷聲春秋傳曰楬而書之其謁切

古鉨趙楬許氏曰楬櫫也从木曷聲春秋傳曰楬而書之愚案曶古文曷見說文古碣字原書於从曶

榭 ⿰木般 橊 ⿰木夲 ⿰木甫

之字皆謂說文無 丁

橊 橊 郭

徵

臺有屋也从木䠶聲詞夜切

郱敨

源

⿰木般 石鼓

源

橊 說文所無 古鉨文

吳

⿰木夲 說文所無 古鉨文

吳

⿰木甫 古陶器補字說文所無

吳

桿 柝 椃 ⿰鬳木 榚 柾

子禾子釜

編

說文所無

庚嬴卣又丹一柝

散盤

編

說文所無

宰椃角

編

說文所無

⿰鬳木伯敦

周棘生敦

編

鐵

徵

鐵

鐵

徵

根

卷一第五十三葉　卷十六第四十二葉　同上　後

編上第九葉　藏龜之餘第四葉

祚案此字與集韻同

殷

卷十六第二十一葉

殷

東

動也从木官溥說从日在木中凡東之屬皆从東得紅切

東宮鼎

穆公鼎

師毁敦

谷口甬

甘泉上林宮行鐙

館陶釜

源

散氏盤

公違鼎

吳

同格伯敔

周公彝錫臣三品州人東人鬲人東訓動物之動也此从𡈼省象物出地挺生可知古文東不从木古動重字本皆作東

古鉥東昜淮澤王勹鉥

古鉥東里棠

古匋東酷里漫𨥛

丁

東散盤

魯鼎

宗周鐘

克鐘

宴敦

公違敦

王命明公尊

鑄公簠

周公敦東人

編

東方生彝

徵

卷二二第二十葉

卷一一第五葉

卷十八第二十八葉

第四十八葉

知東即東者其文曰其自東來雨又有曰其自南來雨 後編上第三十二葉 是以知之矣 殷

二東曹从此闕 後編上第十五葉 殷

平土有叢木曰林从二木凡林之屬皆从林 力尋切

封比干墓銅盤

上林榮宮鐙

甘泉上林宮行鐙

源

辛林父鼎

艾伯鼎

丁

林

辛林父敦

同敦

林𣄴彝

湯叔尊

編

卷二一第八葉

殷

橆

豐也从林𣞤或說規模字从大卌數之積也林者木之多也卌與庶同意商書曰庶草繁無徐鍇曰或說大卌爲規模之模諸部無者不審信也文甫切

商鐘

父巳甗

許子鐘

楚邛仲南和鐘

盄和鐘

対夜鼎

王子吳鼎

公緘鼎

伯頵父鼎

史頌父鼎

微欒鼎

晉姜鼎

高克尊

杞公匜

孟姜匜

田季加匜

対[illegible]敦

孟姜敦

虢姜敦

邿敦

対邦父簋

張仲盨

邛仲槃

冀師槃

邛仲盦

源

盂鼎

頌敦

兮伯盤

王子申盞盂

沇兒鐘

古文以為鄦字鄦惠鼎舊釋無專

鄦吳鼎

亞形父丁卣

王宜人甗

伊敦

無㠱敦

吳

𢦏叔鼎

褱鼎

[illegible]鼎

靜敦

無㠱敦

叔娟槃

齊侯壺

周公彝

啟匜

丁

無孳乳為[illegible]

盂鼎

善夫克鼎

曶鼎

鄀公[illegible]

史頌敦

虢季子白盤

虢文公鼎

叔上匜

般甗

楚

無𢍰卣

頌敦

仲師父鼎

沇兒鐘

子璋鐘

秦公敦

寡兒鼎

戈叔鼎

湯叔尊

伊敦

毛公鼎

陳侯簠

齊侯鼎

陳公子甗

不𡢁敦

王子申盞盂

褱鼎

曼龔父簠

猶鐘

祀仲鼎

孳乳為鄦 鄦眞敦

鄦昊鼎

鄦叀鼎

魚匕

編

叢木一名荆也从林疋聲創舉切

楚屰仲南和鐘

楚公鐘

曾侯鐘

遟父

鐘

季娟鼎
齊侯匜
戠𣪕
齊侯槃
源

楚公鐘
亦楚公鐘文
晉公盦
古陶器
吳
僕兒鐘阮相國以為楚字

盄公鐘
毛公鼎
仲子化盤
古鉨楚明信鉨

古匋楚城遷□里癸
丁
楚毛公鼎
楚公鐘
鈇馭敦

季楚敦
郐王義楚耑
晉邦盦
中子化盤
楚公鐘

余義鐘从邑
編

楙

木盛也从林矛聲莫候切

鄭楙叔賓父壺

史懋壺 从心

卯敦

周公孫子鼎

吳

楙

鄭楙叔壺

編

麓

守山林吏也从林鹿聲一曰林屬於山爲麓春秋傳曰沙麓崩盧谷切

古文从彔

季娟鼎

源

季娟鼎

丁

麓从彔

麓伯敦

編

卷二第二十二葉

第二十八葉

後編上第十二葉

第十五葉

說文解字麓古文从彔作禁此从𣎆乃古文彔字古金文皆如此卜辭禁字又或从二林

殷

森　康　才

木多皃从林从木讀若曾參之參所今切

後編下第一二葉

殷

卷二第四葉

後編上第十八葉

殷

艸木之初也从丨上貫一將生枝葉一地也凡才之屬皆从才 徐鍇

曰上一初生岐枝也下一地也昨哉切

古文以為在字師虎敦𢦏从此

頌鼎王在周康卲宮

師遽敦王在周客新宮小篆𢦏裁皆从𢦏得聲

吳

古鉩魯曾才吳愙齋曰古文以為在字又曰小篆𢦏裁皆从𢦏得聲案古文在从才盂鼎作𡉈杜其作十者在之省也

丁

才尊乳為在 盂鼎王在宗周

旂鼎

克鐘

君夫敦

趠卣

子燮觥

𧇝伯敦

丙申角

毛公鼎

頌鼎

宰峀敦

秦公敦

善夫克鼎

䡇侯鼎

編

古籀彙編弟六下

臨海徐文鏡編

叒

日初出東方湯谷所登榑桑叒木也象形凡叒之屬皆从叒

而灼切

籀文

說文日初出東方湯谷所登榑桑叒木也象形篆作叒則形不象矣孳乳為諾毛公鼎王若曰

盂鼎

䓁伯敦

編

桑

蠶所食葉木从叒木息郎切

卷一第十六葉

卷四第四十一葉

後編

象桑形許書作桑从叒殆由艸致譌也

殷

出也象艸過屮枝莖益大有所之一者地也凡之之屬皆从之

止而切

商鐘

宋公䜼鐘

許子鐘

曾侯鐘

齊侯鎛鐘

齊侯鐘

窖磬

君季鼎

南宮中鼎

黃季

舟

司寇匜

張仲簠

嘉仲盉

封比干墓銅槃

嘯堂銅槃

卭仲槃

卭仲盦

石鼓

秦權

十二辰鑑

源

曾伯霥簠

鄦子妝簠

取膚盤

散氏盤

邵鐘

夜君鼎

趠亥鼎

石鼓

節墨刀

古鉨文

商方尊

吳季子之子劍

吳季子之子劍

吳

齊侯鎛

叔娟匜

古鉨易卿邑聖徙盟之鉨

古鉨徙盦之鉨

古鉨梁

𦈏䝙都司馬滄軍龍功之鉨

古鉨徙盦之鉨

古鉨敬之

古鉨戠軍之鉨

古鉨軍計之鉨

古鉨右司徒𥚝爵追䣿之鉨

古鉨𡨦戒之鉨

古鉨母獻之鉨

古鉨行士之鉨

古鉨司馬之鉨

古鉨職方氏之鉨

古鉨荀伯伊之鉨

古匋

古匋

丁

之沇兒鐘

邾公華鐘

齊鎛

齊侯盤

邵鐘

秦公敦

者汈鐘

姑口句鑃

鄀嫛敦

褱鼎

無臭鼎

曾伯簠

邾公釸鐘

取盧盤

取盧匜

單伯編鐘

簷鼎

須口生鼎

鄉子簠

止

居夫敦

趣亥鼎

散盤

陳猷釜

邵王敦

曾子簠

上官登

左關鋘

吳季子之子劍

國差𦉜

其𠫑句鑃

龍節

編

攀

凝

攀

攀

士士王止攀

符

符

攀

攀

凝

徵

卷一第四十六葉

同上

第五

十二葉

後編下第五葉

第二十二葉

同上

說文解字之出也象艸過屮枝莖漸益大有所之也一者地也案卜辭亦从止从一人所之也爾雅

釋詁之往也當爲之之初誼

殷

帀

周也从反之而帀也凡帀之屬皆从帀周盛說 子荅切

帀 師寰敦

師

𢍺乳為師 鐘伯鼎大師

蔡大師鼎

編

二千五百人爲師从帀从𠂤𠂤四帀衆意也疎夷切

古文師

齊侯鎛鐘

齊侯鐘

師寏鼎

南宮中鼎

師秦宮鼎

師艅尊

師淮父卣

師望敨

師毀敨

師寏父簋

寅簋

父乙甗

師𠧟

冀師槃

石鼓 周陽侯甗 源 古師字省文盂鼎 師奎父鼎 小子師敦 師遽方尊

商方鼎 吳 守敦 同大敦 寰敦

散氏槃 古鉥工師之印 古鉥成師 古鉥 丁

師不从帀盂鼎𠂤字重文 毛公鼎 師奎父鼎 散盤 仲師父鼎

令鼎 師害敦 師咢父鼎 師寰敦 師嫠敦 師遽敦

師遽尊 傳卣 大敦 編

卷一第九葉

出　師

𠂤卷五第十七葉𠂤第十八葉

即古文師字金文與此同許君訓小自非詳十三部官字

殷

遣小子敦

說文所無

編

進也象艸木益滋上出達也凡出之屬皆从出尺律切

石鼓

源

古出字从止止足也𠃍象納屨形古禮入則解屨出則納屨毛公鼎

石鼓

吳

頌鼎

善夫克鼎

白矩鼎

丁

出毛公鼎

頌鼎 頌敦 頌壺 克鼎 師望鼎 兮甲盤

伯矩鼎 剌卣 宅敦 拍舟 魚匕

編

卷一第三葉
月上 第四十一葉 卷一第十八葉 卷三第二十一葉 卷五第十七葉 第二十八葉 卷八第二葉 後編上第十一葉 月上 第十三葉 第二十四葉 第二十九葉 第三十葉

說文解字出進也象艸木益滋上出達也毛公鼎作𡳿與此同吳中丞曰出字从止止足也ㄇ象納屨形古禮入則解屨出則納屨

殷

敖

游也从出从放五牢切

蔑敖

源

索

艸有莖葉可作繩索从𣎵糸杜林說𣎵亦朱木字蘇各切

古鉨公孫索

古鉨徐𨻰索

古鉨司馬□索艸有

莖葉可作繩索故从屮从糸

丁

谷紓 鐵

徵

𣎵

止也从𣎵盛而一橫止之也即里切

古鉨𣎵東

丁

南

艸木至南方有枝任也从𣎳羊聲那含切

古文

楚邛仲南和鐘

惟𪏁鼎

南宮中鼎

穆公鼎

召公尊

敔敦

父乙甗

谷口甬

源

散氏盤

盂鼎

亦盂鼎異文

南宮方鼎

子白盤

無㠱敦

古鉩文

吳

馭方鼎

鬲攸比鼎

無專鼎

齊侯壺

南宮鼎

南公鼎

南方敔

南里隻古匋

古匋左南城遷□□里㒷

古匋蒦昜南里人民䖵

丁

南散盤

盂鼎
罒亐侯鼎
魚尊
鬲攸比鼎
齊侯壺

無叀鼎
競卣
𢦏貍母敦
無㠱敦
㦸駒敦

宗周鐘
余冉鉦
南姬鬲
吳王姬鼎
兮甲盤
編

卷一第十二葉
同上
同上
同上
同

上
同上
第十四葉
同上
同上
同上

同上
第十五葉
同上
第四十五葉
後編上

芾

生

第五葉 第一十二葉 第二十一葉

說文解字南古文作與此不合古金文中有作

求古精舍金石圖父戊爵 西清續鑑卷二周青鼎原誤釋青 南姬鬲 與此畧同

殷

師毛父敦

𢦏敦

宰辟父敦

源

進也象艸木生出土上凡生之屬皆从生 所庚切

盄和鐘

齊侯鎛鐘

齊侯鐘

尨生鼎

南宮中鼎

𡰥生敦

牧敦

源

古文以為姓字頌敦百生即百姓

頌敦器文

齊侯鎛子姓从人生

吳

豆閉敨既青霸以為生字又曶鼎既生霸亦作青

史頌敨

古鉨陽生

古鉨生富

古鉨長生午

丁

生 師害敦

單伯編鐘

大敦

頌敦

庚生鼎

須口生鼎

齊鎛

孳乳為姓兮甲盤諸侯百姓書汩作九共稾飫序別生分類傳生姓也

史頌敦百姓

叔弋敦用侃喜百姓朋友

編

舉

符

璽

凝

璽

凝

凝

鐵

產

生 瞻 生 夢 生 鄭 生 凝 生 鄭 生 凝 生 鄭 徵

生也从生彥省聲所簡切

產 夏鈎帶 源

產鐘 產盤 侍 徵

隆

豐大也从生降聲徐鍇曰生而不已益高大也力中切

隆 商鐘 源

𨺅 隆矛从降从土二有豐大義桂未谷許印林釋

隆是原書釋降姚華曰古籀文多形近相通說文癃籒作㾈𨺅或即是降

隆 師寰敦丁麟年柯昌泗俱以為隆字案从日从土有豐大高大義 丁

𠂹

艸木華葉𠂹象形凡𠂹之屬皆从𠂹是爲切

𠂹 古文

𠂹 王作𠂹姬鼎古𠂹字

象艸木華葉𠂹之形

丁

𠀤

艸木華也从𠂹亏聲凡𠀤之屬皆从𠀤 況于切

𠀤或从艸从夸

石鼓 𠀤字

如此

克鼎

克鼎

仲姞鬲

仲義父簋

吳

古匋□𠀤□稟□信

丁

鄦公𠀤鐘

克鼎

仲義父鼎

仲姞鬲

編

華

武州鐵

郘□

□季

徵

華

榮也从艸从𠀤凡華之屬皆从華 戶瓜切

大夫始鼎

桼

宰辟父敨

何敨

寅簋

石鼓

林華觀行鐙

源

古華字从桼从艸桼即古𠦪字录伯㦸敦

毛公鼎

吳尊蓋文古𢷎字从手从𠦪录伯㦸敦作師𩞁父敦作師遽方尊作吳尊蓋作知桼皆𠦪字異文也

吳

古鉥王華

古一字鉥

丁

木汁可以髼物象形桼如水滴而下凡桼之屬皆从桼 親吉切

牧敨

源

古匋桼郡遷𢧵里口胎陳文會以爲桼字

許氏說木汁可以髼物象形桼如水滴而下

束

剌

丁

縛也从口木凡束之屬皆从束書玉切

伯姬鼎

宰辟父敦

源

大敔

不嬰敔

古匋

丁

束不嬰敦弓一矢束詩泮水束矢其搜傳五十矢為一束

大敦

曶鼎束絲

召伯虎敦束帛

編

龜甲獸骨卷二第二十五葉

殷

戾也从束从刀刀者刺之也徐鍇曰刺乖違也束而乖違者莫若刀也盧達切

大鼎刺考或云剌列古通

宗婦敦

刺卣

晉公盦

吳

師虎敨用作朕列考日庚尊敨

大敨器盖作朕皇考列白尊敨

召伯虎敨作朕列且召公嘗敨

丁

剌段為列大鼎剌考

大敦

剌卣

邵䣄敦剌公

剌鼎

秦公敦剌〻趄〻

剌𠂤肇鼎

召伯敦剌且

無叀鼎剌考

編

橐張大兒从橐省匋省聲符宵切

石鼓

源

小篆作橐許氏說橐張大兒毛公鼎

吳

散氏槃

古鉥从東从匋

丁

橐毛公鼎

散盤

編

⿱中圓

說文所無

戊辰敦⿱中圓貝

編

囗

回也象回帀之形凡囗之屬皆从囗羽非切

古匋窯遇圍字當作此今作圍許氏曰回

也象回帀之形

丁

睘

天體也从口睘聲王權切

平周鉦

源

回

轉也从口中象回轉形户恢切

古文

古匋吳蹇齋以為回字

丁

圖

畫計難也从口从啚啚難意也徐鍇曰規畫之也故从口同都切

古圖字散氏盤

圖卣器文

圖卣蓋文

鄦惠鼎

國

古鉩文

此亦圖之省文
雝伯彝

吳

古匋啚古文啚許氏說啚難
意也畫計難也

丁

圖
散盤

無叀
鼎

子𪓐
圖卣

編

邦也从口从
或古惑切

齊侯
鎛鐘

南宮
中鼎

父乙
甗

律管

周陽
侯甗

源

古國字
齊侯甗

距末

古國字作或
宗周鐘

南宮
方鼎

王孫
鐘

吳

毛公鼎康能
四國俗

毛公鼎乃唯
是喪我國

宗婦鼎

古鉩公庶國鉩毛公鼎家从〇
則知國亦可从口

古鉩

古鉩
國

古鉩
國原書以

為陽字誤
摹作圖

古匋城陽國陳簠齋
謂丰即戈古國字

古鉨謗國

古匋

丁

國不从口
毛公鼎或字重文

王孫
鐘

國差
𦉜

末距
悍

部嫛
鼎

彔卣

編

遯

墨

徵

卷一一第十六葉

後編下第二十八葉

第二十九葉

祚案从戈守口象國有衛也宗周鐘國作或毛公
鼎作或與此同

殷

㯻之圖者从禾在口中圖
謂之囷方謂之京去倫切

古匋許氏說㯻之圖者从禾在口中
圜謂之囷方謂之京

丁

苑有垣也从囗有聲一曰禽獸曰囿于救切

籀文囿

石鼓 源

古囿字 石鼓 吳

囿 秦公敦 編

卷四第十二葉

第五十二葉

卷七第二十葉

說文解字囿籀文作▨石鼓文囿字亦作▨與卜辭同或从从𦱤與棥同意 殷

種菜曰圃从囗甫聲博古切

南宮中鼎 源

古圃字从屮在田从口象圃種菜形御尊蓋

亞形辛子敦

吳

圃从屮在田从口 御尊王在圃

辛己敦 編

卷一第三十二葉

卷二第八葉 卷四第五十五葉 藏龜第百九十二葉

御尊蓋有字吳中丞釋圃此作象田中有蔬乃圃之最初字後又加口形已複矣 殷

因

就也从口大徐鍇曰左傳曰植有禮因重固能大者衆圍就之於眞切

陳侯因資敦

吳

因 陳侯因資敦 編

卷五第三十八葉 殷

囚

繫也从人在口中似由切

卷一第四十六葉 卷四第二十四葉

同上 第三十八葉 第五十二葉 第四十二葉

後編上第十六葉下第十一葉

祚案說文解字囚繫也从人在口中卜辭之廿口皆象囚闌之形而納人其中

殷

四塞也从口古聲古慕切

古鉥固口

古鉥長固

丁

凝

郭

墨

凝

待

季

徵

守也从口韋聲羽非切

己酉戍命彝

源

廁也从口象豕在口中也會意胡困切

卷四第十六葉

同上

後編下第二

員

葉

說文解字圂豕廁也从囗象豕在囗中也囗乃豕笠也或一豕或二豕者笠中圂不限豕數也其从亼者上有庇覆令人養豕或僅圍以短垣囗象之或有庇覆亼象之一象其闌所以防豕逸出者

殷

物數也从貝囗聲凡員之屬皆从員 徐鍇曰古以貝為貨故數之王權切

籀文从鼎

伯員鼎

石鼓

源

古員字師寰敦

石鼓文鼎遊鼎斿借鼎為云

員父鼎

員父尊

吳

兮田槃

袁叟寶鉼亦从宀或謂即圓入是口之變

古幣圖六化舊

釋寶釋燕皆非案字从𤔔从貝是員字許氏說員物數也與圜圓并通𤔔六化即員六貨兼有圜法及物數二義古益字作𦬇小雅員于爾輻注員益也此上从益無疑篆文員从口蓋𦬇之省文陳簠齋釋𤔔為𦬇誠有所見

古鉩肖員𦬇二二象水形篆文益从水本此

古匋員里

古匋左南城遷口口里員

古匋豆里員

丁

員从鼎 員父尊

員尊

編

海介蟲也居陸名猋在水名蜬象形古者貨貝而寶龜周而有泉至

秦廢貝行錢凡貝之屬皆从貝 博蓋切

父乙鼎

乙酉父丁彝

巳酉戍命彝

貝父辛卣

兄癸卣

貉父丁爵

癸亥父巳

鬲鼎

季娟鼎

師淮父卣

父貝觶

文姬匜

父乙甗

源

海介蟲也象形許氏說古者貨貝而寶龜周而有泉至秦廢貝行錢周窓鼎

師遽敦

小子師敦

孟爵

吳

庚羆卣

效父彝

丙申父癸角

古匋

古匋吳窓齋以為古貝字案Ⅱ象貝形

古者以貝為化貨作二Ⅱ者亦貫者紀數字也

丁

貝象形戊寅鼎

祖子鼎

丙申角

天君鼎

甲寅角
御尊
丁未角
趞卣
宰峀敦
小子𩰫敦
庚嬴卣
師遽敦
睘卣
呂鼎
馭八卣
紳敦
史懋壺
趞叔尊
周窓鼎
辛巳敦
望爵
亞觥
孟爵
敓叔敦
鬲尊
剌鼎
邑疕王鐘 用貝合文

編

卷四第二十葉
卷五第十葉

同上

象貝形作者與盂鼎同作者與貝父己爵同

殷

財 貨 賢

財

人所寶也从貝才聲昨哉切

古鉥閏中財鉥 右从古才字

丁

貨

財也从貝化聲呼卧切

大貨六銖

漢貨泉錢

王莽貨布

源

古文以為貨字 齊刀

皆齊刀異文

吳

古匋金石韻府以為貨字 吳窓齋釋貸謂與弍貝通

丁

賢

多才也从貝臤聲胡田切

石鼓

源

衛公叔敦

石鼓

古鉥文

吳

衛公叔敨 原書録一

古鉥上賢事能

丁

賢 賢毓

編

飾也从貝卉聲彼義切

晉姜鼎

源

古賁字周禮考工記韗人謂之賁鼓釋文本或作歕庞陽矛

吳

持遺也从貝齊聲祖雞切

古鉥文

吳

古鉥□齎

古鉥□孫齎

古匋□遷□里□齎

丁

施也从貝代聲他代切

古貸字許氏說貸施也經典貸貣二字多通用散氏盤

古陶器貸字从止

吳

从人求物也从貝弋聲他得切

古貣字从戈从貝部太叔貣車之斧

或从氏居後彝貣余一斧

古陶器

吳

後編下第二十二葉

祚案呂太叔貣車之斧作貣从戈與此同

殷

賸

物相增加也从貝朕聲一曰送也副也以證切

楚叚仲南和鐘

𦣞父敨

源

許氏說物相增加也

魯伯厚父盤

季良父簠

鄦子妝簠

王姞敦

魯伯愈父匜

脺侯匜

龔妊殘甗

郛伯鬲

吳

番匊生壺

輔伯臧父鼎

丁

賸不从貝說文一曰送也通俟叔上匜朕字重文

魯伯盤

叔姬簠

穌甾妊鼎

尹叔鼎

穌甫人匜

蔡大師鼎

叔男父匜

𩛥嫼敦

贛　賚

鄦子簠　魯遵父敦　番匊生壺　周棘生敦　伯家父敦

齊侯盤　輔伯鼎　季良父簋　子仲匜　龔妊甗

鄂侯敦　樊君鬲　取膚匜　或从土　[illegible]伯盤塍字重文

或从女　干氏叔子盤　編

鐵　徵

賜也从貝䪨省聲臣鉉等曰䪨非聲未詳古送切

籀文贛

古鉨匽贛古文以為貢字許氏說賜也　丁

賜也从貝來聲周書曰賚尒秬鬯洛帶切

賚賜也兮白盤　亦兮白盤文　頌鼎　頌敦　吳

賞

父戊鼎

杜伯簋用𠦪壽匄永命此與下各字舊皆釋孷賚古文往往形近相通𠦪當是來賚之省也與孷篆混同須因文而異其用又案賚賜也來天所來也天來有天賜之意古賚字或直作來天來而受之以手故古拜字从來从手作𢷎𢷏拜者拜賜也

盂爵隹王初賚盂

中義父鼎永寶用賚

仲姞鬲

丁

賜有功也从貝尚聲書兩切

从貝从尚省小篆加人作償留鼎

吳

古鉢賞我鉢

古鉢賞或从月

古匋楚城遷蒦里賞

古匋高棠匋里賞

丁

賞从貝从尚省孳乳為償留鼎

編

賜

予也从貝易聲斯義切

窖罍

穆公鼎

館陶釜

源

古賜字从目不从貝號季子白盤

毛公鼎

䣄公簋

吳

古鉥王賜

古鉥趙賜

古鉥郘賜

古鉥䓚賜桂未谷釋

丁

賜从目號季子白盤賜字重文

編

贏

有餘賈利也从貝嬴聲臣鉉等曰當从嬴省乃得聲以成切

古嬴字古鉥文

吳

古鉥苑嬴

丁

嬴段為嬴左氏經敬嬴公羊作敬熊王國維說庚嬴卣

編

賴　貯

贏也从貝剌聲洛帶切

父乙鼎

源

積也从貝宁聲直呂切

貯頌鼎

頌壺

頌敦

尹氏匜

兮甲盤

格伯敦

編

卷四第一葉

卷六第二十一葉

後編下第十八葉

象內貝于宁中形或貝在宁下與許書作貯貝在宁旁意同又宁貯古爲一字說文于宁訓辨積物貯訓積初亦非有二誼也

殷

貳

賓

副益也从貝弍聲 弍古文二而至切

貳 召伯虎敦

郘大叔貳車之斧貳車之文常見于經典如周官道僕掌貳車之政少儀乘貳車則式此殆是貳字 編

所敬也从貝㝉聲 必鄰切

古文

夏鉤帶

商鐘

許子鐘

丙寅卣

張仲簋 源

古賓字不从貝 虘鐘

邾公鐘

从宀从貝古文以爲賂字史頌敦

睘卣

王孫鐘

姑馮句鑃

鄭邦叔緩賓鐘

叔賓父簋 吳

小盂鼎

邦敦

大敦 丁

寳不从貝 盧鐘 寍字重文 貿鼎 眔卣 玖敦 鄭楙叔壺

孟鼎 宇敦 大敦 史頌敦 叔賓父盨

篖鼎 齊鞄氏鐘 王孫鐘 邻王鼎 姞口句鑃

鄭井叔鐘 从鼎

編

夢

徵

卷一第一葉

第七葉 同上 第八葉 同上 第九葉

第十二葉 第十六葉 第十八葉 第十九葉

第二十四葉 同上 第二十五葉 第四十二葉

第四十葉 同上 卷二第四十五葉 卷四

第五十葉 第二十葉 同上 第四十葉 卷六

第十五葉 卷七第二十一葉 卷八第一葉 藏

龜第一百二十八葉 後編上第一葉 第二葉

第四葉 第六葉 第七葉 同上 第八葉

說文解字賓古文作　古金文皆从　从貝䖒鐘作　省貝與卜辭同惟古金文中未見从止作者

卜辭中賓字變形至多或省止或省丆

殷

贅

以物質錢从敖貝敖者猶放貝當復取之也之芮切

贅 古匋

丁

質

以物相贅从貝从所闕之日切

从氏从貝阮相國曰古質字曶鼎

或从二口

或从二氏皆曶鼎異文

邾人鐘

吳

質 井人鐘

編

貿 易財也从貝卯聲莫候切 貿 貿字空首幣 貿 公貿鼎 吳 貿 貿 貿鼎 編

賫 求也从貝朿聲側革切 責 責 旂作父戊鼎 責 兮甲盤王命甲政辭成周四方責 責 孳乳爲績

秦公敦鼏宅禹責即詩文王有聲維禹之績左昭元年傳遠績禹功之績 編

賈 賈市也从貝襾聲一曰坐賣售也公户切 賈 首𠃊宮鐙 源 貼 古鉥王貼集韻同賈原書謂説文無 貼 古鉥敀貼

賣 貼 古鉥策貼 賣 賣 古匋 丁

賫 行賈也从貝商省聲式陽切 賫 賫賜有功也从貝从商今經典通作賞賞古償字許氏説賫行賈也御尊蓋文王賫御貝 賫 師田父尊 吳

方鼎 召尊

丁

賫古作商不从貝般甗
王商作冊般貝即書賚

誓我商賚汝之商傳訓商度非是說文賫賜有功也賫行賈也今經典賞賜字皆作賞而金文皆作賫是賫為賞賜之專字行賈之訓殆不然矣

商字重文

俎子鼎王賫
戍甬貝二朋

天君鼎

史獸鼎

匽侯鼎

朿敫

乙亥鼎

从商

競卣

御尊

小子射鼎

傳卣

編

市也从网貝孟子曰登
壟斷而网市利莫蟹切

買古文
省買敦

古鉢文

吳

雜鼎

賦　賃　賣

古鉥克買古文賜从目此同賜例

古匋

丁

買　買敦

編

華

徵

斂也从貝武聲方遇切

賦　毛公鼎

編

膺也从貝任聲尼禁切

龍節王命=傳賃一檐飤之

吳

賃　龍節

編

衒也从貝𧶠聲𧶠古文睦讀若育余六切

古賣字　曶鼎

曶鼎異文

或从睦省睦古文作𡍮讀若育古陶器賣如此

吳

古鉥𡍮相賣宲咎繇謨乃賡載歌本為乃賣載歌或同聲相假或為續之省因其形似賡後遂誤為賡以賡為古文續

貴　貽

古匋　汗簡續作蕢　䙡右作蕢　可見古蕢字自篆作蕢蕢而蕢蕢實非蕢也

古匋

古匋　丁

召鼎　賷　編

物不賤也从貝臾聲　臾古文蕢　居胃切

博山鑪　源

古鉥　䙡鐀

說文貴从古文蕢　蕢=與塊通

有土之謂也此从田義與塊同　漢人書由貴字尚多从田者

古鉥郲貴

古鉥賁𡧃貴

古鉥吳貴　丁

贈遺也从貝台聲　經典通用詒与之切

古匋酷里人　匋𣪘貽

古匋泰郡遷䧢里口貽

說文新附字　丁

賻
助也从貝尃聲符遇切

叔氏鼎疑是古賻字說文新附字
丁

貼

說文所無
古鉥文
吳

⿰貝方

說文所無
陳⿰貝方敦
編

⿱父貝

說文所無
貿鼎
編

負

說文所無
師寰敦𦅫我負畮

兮甲盤淮夷舊我負畮人毋敢不出其負其責
編

⿱攸貝

說文所無
臭尊
編

書　𧶠　員　贅　邑

說文所無
書父辛尊
父辛觶
書弘觥
且辛敦
編

說文所無
盂鼎
編

說文所無
旂伯敦畄數至見獻員
編

說文所無
克鼎錫贅無疆
辛鼎
師寰敦器文
蓋文不从貝
編

國也从口先王之制尊卑有大小从卩凡邑之屬皆从邑於汲切

邾敔
師楷敔
周陽侯鐘
源
公違鼎
齊侯壺

齊侯鎛
安邑二釿幣
梁邑幣
分𠢕邑堅鍴畧 此鉨八字大鉨文
吳

鬲攸比鼎
召伯虎敦
散氏槃
古鉨左成君 邑舒宁
古幣安邑化二釿

古匋□酷里裛□邑□
丁
師酉敦 邑
公違敦

召伯敦
鬲攸比鼎
散盤
曶鼎
齊侯壺

齊鎛
北伯敦
爵文
編
卷四第四葉

第十葉
第十五葉
卷七第二十一葉
後

說文解字邑从口从卪案凡許書所謂卪字考之卜辭及古金文皆作𠂆象人跽形邑爲人所居故从口从人猶𠷎爲倉廩所在故从口从㐭

殷

邦

國也从邑丰聲博江切

古文

盄和鐘

大夫始鼎

晉姜鼎

穆公鼎

師𣪘敦

𤔲邦父簋

寅簋

父乙𪔳

𤔲邦鼎

源

从邑从丰丰古封字封邑爲邦

或从生皆毛公鼎文

或从丰卪盂鼎

封敦
歸夆敦
古鉩文
散氏盤
齊建邦刀
齊建邦刀

齊建邦刀
齊建邦刀

吳

齊仲姜鎛
平安君鼎原書附録以爲抯字

豆閉敦
靜敦
陳侯午錞
國差甔
晉公盦

古鉩公孫邦鉩
古鉩戚孫邦
同古鉩邦事
古鉩邦呂
古鉩揚邦

栗鉩
古鉩郡邦信鉩
古鉩司馬邦
古鉩鄭邦
古鉩明恭邦

古鉩王益邦
古鉩右邦滄車𤽄鉩古文邦从田从丰省屮生之變
古鉩右邦𤅢
古鉩鏤邦二國也匚是

口之省或釋圖非

古鉨邮邦从[?]亦省作乚

齊刀背文

齊刀背邦从丰籀文封从土作牡古與

邦通从邑从田从土其義一也

古鉨鄞邑邦鋈此字匋鉨文屢見陳簠齋吳愙齋皆讀為之鉨二字案字从土从止从木止為㞷之省木

有分之義與分土分封義合自以釋邦為是

古匋夆塱㞷 㞷[?]止鉨若讀㞷為之鉨二字是一文中有兩之鉨實無此例

古匋節墨之亓邦工

古匋□□□邦□金

丁

邦

毛公鼎

師寰敦

彔伯敦

齊鎛

克鼎

靜敦

叔向敦

䓝伯敦

宗周鐘

豆閉敦

盂鼎

鄀公華鐘

郡

叔姬簠 孟鼎 子邦父甗 陳侯午敦 封敦 晉邦盦

散盤 國差𦉜

[編]

吉 待 疑

[徵]

卷四第十七葉 書契菁華第九葉

王徵君曰說文解字邦古文作𡵨乃𡴑之譌𡴑从田丰聲與邦之从邑丰聲籀文𡉏之从土丰聲同

周制天子地方千里分爲百縣縣有四郡故春秋傳曰上大夫受郡是也至秦初置三十六郡以監其縣从邑君聲渠運切

神宝鑑

[源]

古鉨郡 从尹从邑尹治也受邑以治其事也許氏曰周制天子地方千里分爲百縣〻有四郡故春秋傳曰上大夫受郡是也

古匋泰郡遷藏

里口
貽
丁

有先君之舊宗廟曰都从邑者聲
周禮距國五百里爲都當孤切

工

齊侯
鎛鐘

齊侯
鐘

定陶
鼎

源

齊侯壺壺其人
民都邑都字如此

齊侯
鎛

中都
幣

高都
幣

䧟䣛南
鈢

䧟䣛右司
馬鈢

南䣛右
司馬鈢

古鈢文

古鈢文

吳

戎都
鼎

䞍都
敔

古鈢都司徒鈢古文都
从旅二古旅字

古鈢庚都右
司馬鈢

古鈢岳陰都
淌左

古鈢旨庚都
萃車馬

古鈢鄗易
都𨛫

古鉨梁𠣆郱都司馬
滄軍龍功之鉨

古鉨庚都右司馬

古鉨鄗都司徒

古鉨單佑都用王卩鉨

古鉨口都

周秦間鉨都尉喪鄉

古匋都市

古匋

丁

都齊鎛

編

凝

無

鐵

凝

鄦

徵

五家為鄰从邑𡕩聲力珍切

𤣩鼎古以邑之字亦或从𠂤

古匋吳寨齊曰古老子鄰作○○

丁

五酇為鄙从邑啚聲兵美切

敔敨

源

古鄙字齊侯鎛

吳

鄙不从邑齊鎛啚

字重文編

卷四第十一葉 同上 卷五第十八葉

卷七第二十一葉 書契菁華第一葉

此卽都鄙之本字說文解字以爲啚嗇字而以鄙爲都鄙字考古金文都鄙字亦不从邑从邑者後所增也雖白㚃圖字作啚與此同卜辭圖字或省口觀倉廩所在亦可知爲啚矣

殷

距國百里爲郊从邑交聲古肴切

古匋寺郊呂在邑𨸏之間秦漢後从邑之字皆寫作从𨸏其誤皆由於此

丁

國也从邑孚聲甫無切

郛字 幣

亦郛字 幣

吳

炎帝之後姜姓所封周棄外家國从邑台聲
右扶風斄縣是也詩曰有邰家室土來切

从能从卩古邰字能台古通用
三能即三台邰季尊或釋䑇非

吳

古鉢邰口許氏說炎帝後姜姓所封
周棄外家國右扶風斄縣是也

古鉢邰卬

古鉢邰訓

丁

右扶風郁夷也从
邑有聲於六切

古鉢郁馮鉢
从邑省

古鉢郁[illegible]戟鉢

丁

夏后同姓所封戰於甘者在鄠
有扈谷甘亭从邑户聲胡古切

古文扈
从山弓

古鉢鄠扈邦鑒右从户扈字易
豎為橫夏后同姓所封戰於甘
者在鄠有
扈谷甘亭

丁

䣕 酆 鄭

䣕 右扶風鄠鄉从邑且聲子余切

古鉨邳即 [丁]

酆 周文王所都在京兆杜陵西南从邑豐聲敷戎切

豊 古酆字不从邑 豐下重文

古鉨文从邑从豐 [吳]

古鉨文

酆 不从邑

酆𢀜敦 豐字重文 [編]

郭 [徵]

鄭 京兆縣周厲王子友所封从邑奠聲宗周之滅鄭徙潧洧之上今新鄭是也直正切

伯姬鼎 [源]

古鄭字不从邑 奠字重文 [吳]

叔向敦

周窐彝

虢中敦

古鉨鄭同

古鉨鄭藼

古鉨鄭夫二陳簠齋曰周鉨夫二文同秦石五大夫李斯篆法本此

古匋鄭陽昇 齊釋名鄭町也地多平町二

然也故从土 [丁]

鄭不从邑 鄭同媿鼎奠字重文 [編]

鄭 鄭鐵 鄭 鄭鐵

鄭 鄭待 鄭 鄭無 鄭 鄭鄭 鄭 鄭盤 鄭 鄭待 [徵]

𨞛

京兆杜陵鄉从邑樊聲附袁切

小篆从樊从邑此从甘邑之省也𨞛君簠 [吳]

古鈢𨞛邑口𨐨子 从樊省 [丁]

部

天水狄部从邑音聲蒲口切

古鈢陽陵之部 [丁]

邶

故商邑自河内朝歌以北是也从邑北聲補妹切

古鈢邰邶 [丁]

邶不从邑 邶子敦北字重文 [編]

邘

周武王子所封在河内野王是也从邑于聲又讀若區況于切

邘戈文許氏說邘周武王子所封在河内野王是也又讀若區

邘倉之鉢 [吳]

郘

晉邑也从邑呂聲寔㫗切

郘敨 源

周公彝 丁

邲

晉邑也从邑必聲春秋傳曰晉楚戰于邲毗必切

晉姜鼎 源

郤

晉大夫叔虎邑也从邑谷聲綺戟切

古鉢司馬郤索 許氏說晉大夫叔虎邑 丁

鄔

太原縣名从邑烏聲安古切

古鉢鄔宅之鉢許氏說太原縣名 丁

祁

太原縣从邑示聲巨支切

祁字幣

亦祁字 幣

亦古祁字省文空首幣 示下重文 吳

郱

鄭地郱亭从邑并聲戶經切

孟孫父丁彝

師毛父敨 源

古郱字不从邑 井字重文

或从井从邑坔古鉩文

吴

古鉩邢敕

古鉩鄞𨽾

丁

共

邢不从邑

周公敦井字重文

編

邯

趙邯鄲縣从邑甘聲胡安切

古邯鄲字作甘丹甘字重文甘丹幣

吴

古鉩邯佇

丁

徵

鄲

邯鄲縣从邑單聲都寒切

古通鄲甘丹幣

吴

古鉩鄲昜

丁

郇

周武王子所封國在晉地从邑旬聲讀若泓相倫切

古鉩郇瘖

丁

郅

北地郁郅縣从邑至聲之日切

古鉩文

吴

侍

徵

鄦

炎帝太嶽之允甫侯所封在潁川从邑無聲讀若許虛呂切

許子鐘

源

許氏說炎帝太嶽之裔甫侯所封在潁川鄦子妝簠

或从無口邑之省也王伐鄦侯敦

吳

古鉨𨚕鄦佰此周秦間文字林為林之譌从大不从𣎵故應釋鄦或以為秦字非

古鉨鄦得

古鉨鄦冬

丁

鄦不从邑

鄦真敦無字重文

鄦子簠

蔡大師鼎

鄦叔姬从甘

編

邟

潁川縣从邑亢聲苦浪切

古鉨邟𨐋信鉨

丁

郾

潁川縣从邑匽聲於建切

古郾字

郾王戈

古鉨文

古鉨文

古鉨文

吳

鄧

古鉢鄧荼

古鉢鄧石逬

丁

鄧 鄧侯戈

鄧王 戈

鄧王𠾏 戈

編

磬

墨

鐵

磬

鄧陽

鄧華

鉨 徐

鐵

待

徵

曼姓之國今屬南陽从邑登聲徒亘切

古鄧字 孟爵

鄧公子敦

鄧伯簋 蓋

古鉢文

吳

豆孟尊

古鉢鄧徹

丁

鄧不从邑

鄧公敦登字重文

編

南陽西鄂亭从邑里聲良止切

古鉥閭丘䣚

丁

故楚都在南郡江陵北十里从邑呈聲以整切

郢或省

古郢字許氏說故楚都在南郡江陵北十里郢爰鉼金出今壽州鳳臺縣壽春古郢都地

郢爰鉼金

古鉥文

吳

古鉥郢口

古鉥郢羔瘢 郢或省

丁

遐

徵

南陽陰鄉从邑葛聲古達切

古鉥从葛省原書釋鄗非

丁

江夏縣从邑咢聲五各切

古鉥文 古鄂字

吳

鄂不从邑 鄂侯敦咢字重文

編

邾　鄘

江夏縣从邑朱聲陟輸切

朱鼄象形知鼄朱鼄也古國名後省作邾魯伯愈鬲

邾伯鬲

杞伯敏父敦

邾公鐘

古鉨文

古玉鉨

古鉨文

古鉨文

吳

邾公牼鐘

邾太宰簠

古鉨邾剌

古鉨邾貴

古鉨邾

邦信鉨

古匋丘齊口里

邾去心

丁

邾不从邑

邾公華鐘鼄字重文

邾公釛鐘

編

陸

鏧

鏧

徵

南夷國从邑庸聲余封切

古鉨鄘里都

丁

什邡廣漢縣从邑方聲府良切

邡 紳敦 編

邡磬 徵

鄱陽豫章縣从邑番聲薄波切

許氏說鄱陽豫章縣 古鉥文 吳

古鉥鄱口信鉥

古鉥鄱𨝌 鄱或从蕃 丁

會稽縣从邑堇聲語斤切

古鉥鄞𠩯邦㷛 許氏說會稽縣

古鉥鄞閒 丁

宋下邑从邑丙聲兵永切

古鉥邴 許氏說宋下邑 案丙位南方故从火 丁

周文王子所封國从邑告聲古到切

郜 郜史碩父鼎

齊侯壺喪其人民郜邑 編

衛地今濟陰鄄城从邑𡍬聲吉掾切

古鉢文

吳

陸

徵

邛地在濟陰縣从邑工聲渠容切

楚邛仲南和鐘

邛仲槃

邛仲盦

源

邛君婦壺

吳

叔姬彝

丁

邛叔姬簠

邛君壺

邛季戈

編

鐵

徵

鄭邑也从邑元聲虞遠切

古鉢郈鋁許氏說鄭邑也

丁

舉

徵

魯縣古邾國帝顓頊之後所封从邑芻聲側鳩切

古鉢文

古鉢文

吳

𨛬

邾下邑地从邑余聲魯東有𨛬城讀若塗同都切

沇兒鐘𨛬王當即徐王周禮雍氏注伯禽以出師征徐戎釋文劉本作𨛬𨛬戎僭偁王宣王伐之也許氏說𨛬邾下邑地魯東有𨛬城讀若塗

古鉥𨛬如

古鉥𨛬墨忠

吳

古鉥文

魯公伐𨛬鼎

古鉥

古鉥𨛬口信鉥

古鉥𨛬佑

古鉥𨛬連亩

丁

𨛬王義楚耑

𨛬王鼎

𨛬沇兒鐘𨛬王經典通作徐周禮雍氏注伯禽以出師征徐戎釋文劉本作𨛬

𨛬口句鑃

余贎鉦

宜桐盂

公伐𨛬鐘

公伐𨛬鼎

𨛬王耑

編

附庸國在東平亢父邿亭从邑寺聲春秋傳曰取邿書之切

邿遣敦

或不从邑 邿季敦

吳

古鉢邿 許氏

說附庸國在東平亢父邿亭

丁

邿不从邑 邿季敦寺字重文

邿伯鼎

邿造鼎

邿遣敦

編

魯下邑孔子之鄉从邑取聲側鳩切

古郰字不从邑取字重文

吳

郰不从邑 郰盧匜取字重文

編

周公所誅𨛫國在魯从邑奄聲依檢切

古鉢𨛫昜都圭 許氏說周公所誅𨛫國在魯

丁

奚仲之後湯左相仲虺所封國在魯薛縣从邑丕聲敷悲切

古鉢文

吳

古鉢邳郎

丁

臨淮徐地从邑義聲春秋傳曰徐鄬楚魚羈切

窖磬

源

姒姓國在東海从邑曾聲疾陵切

古鄫字不从邑曾字重文

或从邑古鉨文

吳

古鉨鄫山許氏

說姒姓國在東海

丁

鄫不从邑

鄫伯簠曾字重文

編

琅邪郡从邑牙聲以遮切

邪山幣

亦邪山幣文

吳

琅邪縣一名純德从邑夫聲甫無切

古鉨邞上志許氏說琅邪縣一名純德

丁

齊之郭氏虛善善不能進惡惡不能退是以亡國也从邑𩫏聲古博切

姬寏豆

書言府弩

鐵

源

古鉢郭疆

古鉢郭瘂 丁

郭不从邑
周公敦韋字重文 編

齊地从邑兒聲春秋傳曰齊高厚定郳田五雞切

古郳字
郳始鬲 吳

古鉢郳口鉢 丁

郳
郳始鬲 編

無 徵

郣海地从邑孛聲一曰地之起者曰郣臣鉉等曰今俗作渤非是蒲沒切

古鉢文許氏說郣海地一曰地之起者曰郣今俗作渤非是 吳

國也齊桓公之所滅从邑覃聲臣鉉等曰今作譚非是說文注義有譚長疑後人傳寫之譌徒含切

孝成

丞相府漏

鼎

壺 源

地名从邑句聲其俱切

古鉢邭㠯

古匋邭邦 丁

無

古

鄦

徵

故國在陳留从邑𢦔聲作代切

古匋去蒦陽里匋尚𢦔

許氏說故國在陳留

丁

地名从邑丘聲去鳩切

古鉥邱賜

丁

地名从邑求聲巨鳩切

許氏說𨛭地名

古鉥文

吳

郲

凝

徵

地名从邑舍聲式車切

古鉥陽城䣉

丁

地名从邑壺聲胡蠟切

伯𨟂父鼎

源

鄀子斯簠
源

古鄀字說文所無鄀公簠

鄀公敦

鄀公敦
吳

鄀說文所無左傳僖公二十五年秦晉伐鄀注本在商密秦楚界上小國漢書地理志南郡若下云楚昭王畏吳自郢徙此注春秋傳作鄀是鄀本作若也字林鄀楚邑鄀公敦

鄀公錳

鄀公簠
編

郱敨
源

鄯宗婦敦鄯國鄯字說文所無

古玉鉩鄙將洰叀鉩鄙國名當即鄯字
吳

鄯說文所無唐韻鄉名鄯斁盤
編

郘鐘郘字說文所無

古鉩文
吳

郘說文所無孫詒讓曰疑即呂侯國本字經典作

[illegible] 祁 郇 [illegible]

吕用楷字也 郘鐘

郘大叔斧

編

鐵

陸

磬

徵

古[illegible]字說文所無 [illegible]子幣

吳

古鉨文祁字說文所無 或云即祁字

吳

古鉨文郇字說文所無 或云即郇字

吳

說文無[illegible]字 古鉨文

古鉨文

古鉨文

吳

待

瞻

鐵

華

徵

⿰多阝

説文所無
古鉢文

吳

⿰畐阝

説文所無
古鉢文

古鉢文

吳

⿰余阝

古鉢文或云即郪字

吳

⿰罢阝

説文所無
古鉢文

吳

鄭

説文所無
簫鼎

吳

鄭説文所無
簫鼎

編

⿰尚阝

説文所無或云即⿰尚阝字
古鉢文

吳

邚

郯幣文說文所無

吳

𨞰

从辰从又从邑疑即𨞰之異文

古鉥文

吳

鄭

說文所無

古鉥文

吳

鄵

說文所無

古鉥文

吳

鄣

說文所無或云即郭字

古鉥文

吳

鄙

說文所無

古鉥文

吳

鄐

說文所無 古玉鉨

[吳]

邗

說文所無 古鉨文

[吳]

鐵

[徵]

郙

說文所無 古鉨文

[吳]

郥

說文所無 古鉨文

[吳]

郜

說文所無 古鉨文

[吳]

墨

[徵]

鄠

从西从廾从卩 古弁字 或云即鄧字之省文 毛公鼎鄠圭

[吳]

邶

說文無此字或云即邶字伊敦

𪓐子仲姜鎛 疑亦邶字

吳

邜

說文所無

禽章敦 禽章錫貝于邜

編

〓

說文所無疑即申伯國本字經典作申用楷字也〓比父豆

編

〓

說文所無

曾伯簠印燮〓湯

編

〓

陸

徵

〓

待

凝

伏

徵

郎 邸 𢇍 鄄 鄞

郎 鐵

徵

伏

伏

徵

鐵

鏧

徵

待

吉

集

徵

凝

鄭

凝

鄭

凝

季

待

鏧

鏧

郵

華

待

鄭　鄶　邛　郱

季
徵

無
郭
郵
遯
待
陸

盤
徵

待
集
徵

盤
徵

盤
徵

郪

伏 無

徵

郛

待

徵

鄹

疑 季 古

徵

鄜

夢 季 意 鄣 華 墨

伏 鐵

徵

鄀 鄜 哪 邛 鄹

舉
待
徵

待
徵

夢
徵

待
徵

待
徵

郢

夢

徵

鄱

待

徵

𨛜

𨛜鄰道也从邑从㔾凡𨛜之屬皆从𨛜闕胡絳切今變隸作郒

古鉢𨛜熄

丁

郭

徵

鄉

國離邑民所封鄉也嗇夫別治封圻之內六鄉六卿治之从𨛜皀聲許良切

伯姬鼎

戠敔

師楂敔

源

古鉢脩鄉

古鉢鄱尉喪鄉同上

皆周秦間鉢

丁

卷四第二十一

葉同上同上第二十二葉同上同上

同上同上同上同上後編上第十九葉

同上第二十四葉下第二十四葉第四十一葉

第二十七葉

此字从唐風樓金石跋尾即人相嚮之嚮許从或从从皆象饗食時賓主相嚮之狀即饗字也古公卿之卿鄉黨之鄉饗食之饗皆爲一字後世析而爲三許君遂以鄉入䖒部卿入卯部許君訓卯爲事之制亦誤未知其爲向背

字

也饗入食部而初形初誼不可見矣

鄉篆作者以文觀之亦是饗字从一人省文

耳

殷

里中道从𨛜从共皆在邑中所共也胡絳切

篆文从𨛜省

古鉨巷

丁

⿱𨛜土字說文所無 格伯敦

⿱𨛜土說文所無 格伯敦

吳

皆格伯敦異文

編

古籀匯編

徐文鏡編

下卷

人民美術出版社
北京

古籀彙編弟七上

臨海徐文鏡編

日

實也太陽之精不虧从口一象形凡日之屬皆从日人質切

古文象形

商鐘

子孫拱日彝

乙酉父丁彝

伯姬鼎

師淮父卣

單癸卣

卬仲槃

石鼓

律管

源

史頌敦

古鉥文

吳

大克鼎

叔敦

古鉥日庚都萃車馬

丁

日 史頌敦 旂鼎 觶尊 索諆角 鄉口句鑃 且日句兵 稽妃敦 今日

編 卷一第二十葉 同上 第五葉 第二十二葉

第三十九葉 卷三第十七葉 第十六葉 第十九葉

第二十四葉 卷八第九葉 第十二葉

說文解字日古文作案日體正圓卜辭中諸形或爲多角形或正方者非日象如此由刀筆能爲方不能爲圓故也

殷

時

四時也从日寺聲市之切 旹 古文時从之日

曾侯鐘

齊侯彝

石鼓

源

石鼓

吳

古匋好時口申

丁

旹

鯡旹 待

徵

旹 卷十八第四十二葉

祚案說文解字時四時也从日寺聲古文从之作旹此與許書之古文合漢無極山碑時亦作旹尙存古文遺意

殷

早

晨也从日在甲上子浩切

敔敦

源

昧

爽旦明也从日未聲一曰闇也莫佩切

古昧字亦敦昧爽

吳

昧免敦

編

昭

日明也从日召聲止遙切

商鐘

遅父鐘

盄和鐘

源

古昭字从卩頌敦王在周康昭

宮昭作卲

太師虘豆用卲洛朕文且考南海吳中丞說卲洛即昭格

吳

毛公鼎

丁

晤

明也从日吾聲詩曰晤辟有摽五故切

石鼓

源

晉

進也日出萬物進从日从臸易曰明出地上晉臣鉉等案臸到也會意即刃切

伯𨛭父鼎

晉姜鼎

源

古晉字格伯敦

晉公盦

晉陽幣

吳

同晉陽幣

昃

丁

晉

格伯作晉姬敦  晉邦盦

編

日在西方時側也从日仄聲易曰日昃之離臣鉉等曰今俗別作昗非是阻力切

待  舉  鐵

徵

卷四第八葉  第九葉  卷七第四十二葉  藏龜第百

十葉  昔契菁華第四葉

从日在人側象日昃之形即說文解字之昃徐鉉云今俗別作昗非是今以卜辭證之作昗者正是昃之古文矣

殷

昏

日冥也从日氐省氐者下也一曰民聲呼昆切

昏與婚爲一字

毛公鼎婚字重文

編

昴

白虎宿星从日卯聲莫飽切

敃 敃

源

昌

美言也从日从曰一曰日光也詩曰東方昌矣臣鉉等曰曰亦言也尺良切

籀文昌省

己酉戍命彝

兄癸卣

蓮勺鑪

源

古鉨文

古幣文亦

古鉨文

吳

古鉨昌在

古五面印

古鉨一字

古鉨麗昌

古鉨一字

古鉨昌言

古鉨大吉昌內

古鉨

丁

鐵

偶

鄆

凝

昱

千秋凝 舉

鐵 大吉 舉 凝 舉 鐵 郵

大 舉 郵 郵 郵

徵

明日也从日立聲余六切

王國維釋昱說文昱明日也經典段翌為之爾雅釋言翌明也漢書律曆志若翌日癸巳王莽傳越若翊辛丑又段翼為之書金縢王翼日乃瘳盂鼎雩若昱乙酉

宰椃角在六月隹王廿祀昱又五

編

卷一第一葉 同上 第九葉 同上 第一一十葉 第四十九葉 卷一一第一十二葉 卷二二第十七葉 第一一十

八葉 卷四第十三葉 卷五第二十九葉 第四

十四 第四葉 卷七第五葉 第三十一葉 同上

第四十四葉 同上 後編上第一葉 同上 第

四葉 第八葉 第十二葉 第十四葉 第二十葉

同上 第三十葉 下第二葉 同上 同上 同

上 同上 同上 同上 龜甲獸骨卷一第二十

一 [illegible] 明上

說文解字昱明日也从日立聲段先生曰昱字古多叚借翌字爲之釋言曰翌明也是也凡經傳子史翌日字皆昱日之叚借翌與昱同立聲故相叚借其作翼者誤也卜辭諸昱字變狀至多初不能定爲何字王徵君因盂鼎粵若昱乙酉之昱作[illegible]謂卜辭中癸酉卜貞[illegible]日乙亥之[illegible]日（卷一第二十葉）亦是昱日予徧推之他辭無不相合知徵君之說信也諸字或从立或从日或省立與日石鼓文第九鼓曰隹丙申下亦有[illegible]字與卜辭略同知亦當爲昱矣卜辭凡稱次日或再次日爲昱數日以後爲

㬎 昔

來數日以前爲昔 殷

衆微杪也从日中視絲古文以爲顯字或曰衆口皃讀若唫唫或以爲繭繭者絮中往往有小繭也五合切

古文以爲㬎字 顯字重文

吳

乾肉也从殘肉日以晞之與俎同意思積切

籀文从肉

郘𣪘

牧𣪘

源

古昔字 曶鼎

吳

大克鼎

師𩞁父𣪘

卯𣪘

昔造戈

古鉨匋昜料昔給𦗼之鉨許氏說昔乾肉也籀文从肉

丁

昔克鼎

卯敦

師嫠敦

善鼎

曶鼎

編

書契菁華第十八葉

後編下第五葉

殷

昆

同也从日从比徐鍇曰日日比之是同也古渾切

昆

昆疕王鐘

編

昉

明也从日方聲分兩切

古鈢徐昉說文新附字

丁

昶

日長也从日永會意丑兩切

昶說文新坿日長也从日永會意昶伯匜

昶伯鼎

昶仲鬲

編

映

明也隱也从日央聲於敬切

伯映彝

源

曆

歷象也从日厤聲史記通用歷郎擊切

穆公鼎

師淮父卣

敔敦

源

昇　坦　昊　𣅛　𥇖　旦

日上也从日升聲古只用升識蒸切
張仲簠
源

說文所無集韻呈埋省
下也塞也拍舟盨毋吐
編

說文所無
師昊父敦
編

說文所無
伯𣅛爵
編

从日从𥁕說文所無免敦昧𥇖
經典段爽為之書牧誓甲子昧爽
編

明也从日見一上一地也凡旦之屬皆从旦得案切

旦
㸚旦敦

師毛父敦

源

象日初出未離于土也 頌敦

吳尊

揚敦 王在周康宮旦

吳

旦象日初出未離于土也 頌鼎

頌敦

頌壺

趞曹鼎

吳尊

揚敦

編

鐵

偶

徵

旦也从倝舟聲陟遙切

日初出在艸間古者天子以朝朝日一曰小水入大水謂之朝故从川許氏說水朝宗于海 盂鼎

陳侯因資敦 朝覲之朝如此小篆以為潮字

高伯廚敦

乙亥尊 朝夕

中殷父敦 朝夕

吳

中殷父敨 用朝夕享

孝宗室朝或从𠦝从𠦝恐是籀文壞不可強為之說

趞鼎

先獸鼎

歸夆敨右

从𠂢省象水載舟順流就下之形禹貢所謂江漢朝宗於海蓋用以示趨向之義也吳秋輝疑古朝字當作𠂢後引申為朝會朝廷因朝會以旦故別作一日

在茻閒以附益之作𣈥小篆从倝舟許氏說倝从日始出光倝倝也从旦㫃聲

䩻 古鉨朝陽朝字反文

丁

朝 盂鼎 先獸鼎 趞敦 仲殷父敦 克簋

事族敦 孳乳為廟 苪伯敦宗廟 陳侯因資敦朝孛諸侯朝淖為一字 太平御覽引說文淖朝也三字石經

朝古文作淖

編

後編下第三葉

此朝暮之朝字日已出茻中而月猶在天是朝也古金文从𠦝乃从莫之省後世篆文从倝舟聲形

失而誼晦矣

祚案此字又疑爲艸木萌芽之萌字象日月照臨而艸木萌生與朝誼異朝金文作𠦝事族敨及中殷父敨从二屮是朝與萌之分在屮茻之間而朝固無从茻之理也釋萌于誼爲得 殷

㫃旌旗之游㫃蹇之皃从屮曲而下垂㫃相出入也讀若偃古人名㫃字子游凡㫃之屬皆从㫃於幰切

古文㫃字象形及象旌旗之游

若癸鼎

宰辟父敨

源

古鉥杜㫃許氏說旌旗之游㫃蹇之皃从屮曲而下垂

㫃相出入也讀若偃
古人名㫃字子游

丁

㫃

爵文編

卷五第五葉

後上三第十六葉

說文解字㫃旌旗之游㫃蹇之皃从屮曲而垂下㫃相出入也㫄古文㫃字象旌旗之游及㫃之形其誼頗難通又所載古文與篆文無異段先生正之曰从屮曲而垂下㫃相出入也十一字當作从屮曲而下垂者游从入游相出入也語意略顯然謂㫃从入尙未得葢㫃字全爲象形卜辭作與古金文同屮象杠與首之飾乁象游形段君以爲从入非也葢篆形既失初意乃全不可知矣卜辭

旗

又有㫃字象四游之形疑亦㫃字 殷

熊旗五游以象罰星士卒以爲期从㫃其聲周禮曰率都建旗渠之切

單冏鼎

雞單彝

源

箋

旟

鐵

凝

徵

錯革畫鳥其上所以進士衆旟旟衆也从㫃與聲周禮曰州里建旟以諸切

齊侯鐘

源

侍

郭

旂

徵

旂有衆鈴以令衆也从㫃斤聲渠希切

伯姬鼎

戠敦

邿敦

牧敦

[源]

古旂字 盂鼎

頌鼎

揚敦

[吳]

旂僕鼎

毛公鼎

[丁]

旂不从斤 休盤䜌旂

毛公鼎

頌鼎

頌敦

揚敦

豆閉敦

旂鼎

旂作父戊鼎

旂父鼎

旂姬鬲

盂鼎

寰盤

師𡖊父鼎用旂釁壽黃耇吉康𦅫乳為𣄰

邾公釛鐘旂年釁壽

齊侯壺

[編]

待

季

欒

凝

[徵]

旂　游

旃曲柄也所以旃表士衆从㫃丹聲周禮曰通帛爲旃諸延切

旜 旃或从亶

卷十五第十六葉

卷七第二

十一葉

祚案此字从㫃从丹冉字从此疑即旃字丹月形相近殆傳寫失之

殷

旌旗之流也从㫃汓聲以周切

遊 古文游

石鼓

源

古游字作斿 石鼓

中斿鼎

吳

格伯敦許氏說游旌旗之流也案旗之游象水之流故从水原書入附錄

作彝柯昌泗曰

古者天子之旗九游此象九游之形當爲游字之最古者

古匋義游

丁

游不从水 魚匕

編

鐵

季

無

徵

卷二一

第二十六葉　第二十九葉　前上　第四十一葉

藏龜第百二十二葉　後編上第十二葉　第十

同葉

說文解字游旌旗之流也从㫃汓聲古文作遊案

石鼓文作與此同从子執旗全爲象形从水者

後來所加于是變象形爲形聲矣

殷

旋 旛 旅

周旋旌旗之指麾也从㫃从疋疋足也
徐鍇曰人足隨旌旗以周旋也似沿切

召尊

丁

後編下第二十五葉

第二十六葉

旋許書从疋此从足增彳者殆亦旋字

殷

幅胡也从㫃番聲臣鉉等曰
胡幅之下垂者也孚袁切

石鼓

源

石鼓

吳

軍之五百人為旅从㫃
从从从俱也力舉切

古文旅古文以為魯衛之魯

乙酉父丁彝

伯員鼎

絲駒父鼎

單癸卣

樂司徒卣

尗西

孟皇父西

張伯西

義母匜

周虔敨

仲酉父敨

鄀子斯簋

師寏

父簋

伯温父甗

仲信父甗

諸旅鬲

源

虢叔鐘

鄀公簠

曾伯霥簠

陳公子甗

古文以為盧 宇伯晨鼎

訢啟鼎

羕史尊

井季卣

包君鼎

吳

王婦匜

甫人匜

宄彝

古鉢旅牢

丁

旅散盤

遹鼎

犀伯鼎

商丘叔簠

鬲叔盨

叔咢父敦

虢叔鐘

中伯御人鼎

戜者鼎

鄭同媿鼎

叔姞簋

叔碩父甗

師麻匡

郘公簋

仲皀父敦

且辛爵

虢叔盂

仲龔父甗

季念鼎

王婦匜

㠱君鼎

免簋

滕侯簋

仲鑠簋

中伯簋

口作父丁尊

曾伯簋 从辵

陳公子甗

乜伯其父簋 从八

郘叔敦

⿰馬亘侯鼎玈弓玈矢左傳僖廿八年玈弓矢千玈乃旅之譌說文新坿別作玈黑色也从玄旅省聲非書文侯之命盧弓一盧矢百古旅盧同音段盧爲之魏三字石經仍作㫃𣃘可證也

仲叔尊或以為即旅字然仲𩑧父甗應公敦等皆分寫故定以為旅車二字合文

作旅車尊

咎卣

毛公旅車鼎

𩐍車卣

仲鼎

右鼎

口日鼎

伯貞甗

董伯鼎

伯作大公卣

作父乙尊

母卣

家敦

酉卣

𤝔尊

𤝔卣

編

卷一第二一葉

第八葉

第二十二葉

卷四第二十一葉

第二十二葉

藏龜第九十

族

藏後編下第四葉第五葉第二十五葉

說文解字旅古文作从止古金文皆从㫃从从亦有从止者齊伯霸盨旅字作與許書略近其卜辭从卜从卜許書从止者皆㫃之變形卜辭又作象人執旅古者有事以旅致民故作執旅形亦得知旅誼矣伯晨鼎旅作亦从从从一人而借用為盧字許書从从即从之譌

毁

矢鋒也束之族族也从㫃从矢昨木切

召公尊

源

毛公鼎

使族敦

吳

毛公鼎命女辭司公族

師酉敦

丁

毛公鼎族

師酉敦

旆

番生敦

王命明公尊

事族敦

不易戈

旆說文所無

師𧻓敦旆叔

編

卷四第二十二葉

卷五第七葉

同上

第

八葉

卷七第二十八葉

書契菁華第十一葉

後編下第二十八葉

第一十六葉

第四十二葉

从㫃从矢軍旅之下矢所集也

殷

石鼓

源

石鼓 旆字說文所無

吳

說文所無
格伯敦
編

說文所無羅振玉曰⿸㫃目名也武王伐紂斬紂首縣于小白之⿸㫃目其字當如此作今廢不用矣吳尊王詐史戊冊令吳嗣⿸㫃目
編

說文所無
王孫鐘中⿸㫃辟虘⿸㫃鳥
編

說文所無
王孫鐘

沇兒鐘
从音
編

夢
待
凝
郛
郛
罄

夢
徵

旜 旋

㫃高 卷五第六葉

殷

㫃文 卷五第七葉

殷

萬物之精上爲列星从晶生聲一曰象形从口古口復注中故與日同桑經切

古文星

星或省

古匋古文星象形

丁

曐

麓伯星父敦

編

鉶

徛

徵

商星也从晶㐱聲臣鉉等曰㐱非聲未詳所今切

參或省

敔敦

源

毛公鼎

宗周鐘

父乙盉

古陶器

克鼎

古鉢文

吳

曶鼎

古鉥袾參

古鉥鄰參

古鉥孫參

古鉥

長參

古鉥趙參

古匋 丁

參 父乙尊

毛公鼎

曶鼎

克鼎

宗周鐘

魚匕 編

疑

待

舉

鐵

陸

舉

鄦

伏

鐵 徵

房星爲民田時者从晶辰聲植鄰切

晨或省

古鉥山晨

古匋 丁

鐵 徵

月

闕也太陰之精象形凡月之屬皆从月魚厥切

商鐘

月魚基鼎

召夫鼎

父乙鼎

伊彝

巳酉彝

兄癸卣

蛟篆

許子鐘

楚邛仲南和鐘

楚公鐘

齊侯鎛鐘

唯將鼎

孔文父鼎

將液鼎

仲㑪父鼎

王子吳鼎

文王命癘鼎

大夫始鼎

南宮中鼎

季娟鼎

伯碩父鼎

微欒鼎

晉姜鼎

月季尊

尹卣

召仲考父壺

伯庶父敦

敔敦
卬仲槃
卬仲盦
谷口甬
孝成鼎
律管

源

頌敦
宂敦
師遽敦
齊侯鎛
子璋鐘

吳

王孫鐘
邵鐘
虘鐘
盂鼎
伯晨鼎
師䧹父鼎

散氏槃
史頌敦
乙彝
古鉢十四年十一月平給

丁

月旅鼎
頌鼎
頌壺
盂鼎
善夫克鼎
師奎父鼎

不嬰敦
曾伯鼎
散盤
虘鐘
紳敦
無叀鼎
賢觥

鄧伯氏鼎
歸父盤
䣄侯鼎
呂鼎
周公敦
庚午盦
陳侯鼎

禾敦
齊鎛
鄦侯敦
𩰫鼎
沇兒鐘

口公孫班鎛
拍舟
邾公華鐘
陳子子匜
鄦子簠
卲鐘

邾口句鑃
姑口句鑃
邾大宰簠
寬兒鼎
陳猷釜
子禾子釜

黃韋俞父盤
陳侯因資敦
無㠱敦
趞白
克鐘
鄀公鉦

同卣二月
芇伯敦
楚麓伯敦
叔上匜
趩敦
剌鼎五月

戊辰敦

十一月

編

卷一第十六葉第二十六葉第二十六葉卷二第二葉第四葉第十四葉第十五葉第二十二葉卷三第十六葉卷四第九葉同上第十葉卷五第十一葉第二十七葉卷八第八葉同上藏龜第百五十五葉

祚案月字作者說見一部歲字注

作者亦見子璋鐘

殷

朔 朏 霸

月一日始蘇也从月屰聲所角切

律管

陽嘉洗

上林斗

[源]

古鉢文

日癸敦

[吳]

古鉢盟朔

古匋

[丁]

月未盛之明从月出周書曰丙午朏普乃切又芳尾切

許氏說月未盛之明从月出吳尊

[吳]

朏吳尊

曶鼎

[編]

月始生霸然也承大月二日承小月三日从月䨣聲周書曰戠生霸普伯切臣鉉等曰今俗作必駕切以爲霸王字

古文霸

公緘鼎

高克

尊

師毛父敦

牧敦

[源]

古霸字頌敦

師遽敦

師奎父鼎

子伯盤

霸姞敦

霸姞敦

叔班簋

霸女彝

[吳]

虢中敦 同大敦 古鉨王霸从䨣省 丁

說文霸月始生魄然也承大月二日小月三日从月䨣聲周書曰哉生霸此引壁中古文今康誥顧命皆作魄王國維據古器物銘攷定初吉謂自一日至七八日也既生霸謂自八九日以降至十四五日也既望謂十五六日以後至二十二三日自二十三日以後則謂之死霸劉歆三統歷曰死霸朔也生霸望也非是頌鼎

兮甲盤 免簠 曶鼎 大鼎

師遽敦 揚敦 豆閉敦 大敦 競卣

史懋壺 呂鼎 頌敦 卯敦 守敦 師遽尊

期

鼎 霸姞

敦 鄭虢仲

遹敦

鼎 師㚤父

弭叔 簋

編

會也从月其聲渠之切

古文期从日丌

古期字从日 沇兒鐘

王子申盞盂

十月 敦

王子吳鼎眉壽無諆借諆為期

王孫鐘

吳

期从日 沇兒鐘 釁壽無期

褱鼎

夆叔 盤

王子申盞盂

𡧍兒鼎

齊侯敦

編

待

疑

季

鐵

鐵

徵

不宜有也春秋傳曰日月有食之从月又聲凡有之屬皆从有 云九切

齊侯鐘

牧敨

秦權

秦斤

漢鑑

源

盂鼎

毛公鼎

守敦借有為右

石鼓文有鱒有鮊借又為有 又下重文

者汈鐘

吳

諆田鼎

陳侯因資敨

同召伯虎敨

同散氏盤

南公鼎

周公彝

索諆角

古鈢宜有千萬

古鈢宜有千萬

古鈢右生

丁

有从又持肉會意說文从月非索諆角

盂鼎

周公敦

召伯敦

明

毛公鼎

散盤

令鼎

南公有司鼎

陳侯因資敦

者汈鐘

免敦井叔有免段有為右

編

季

古

鄦

鄦

舉

凝

凝

符

蘭

徵

卷二第二葉

古金文有字亦多作又與卜辭同

殷

照也从月从囧凡明之屬皆从明 武兵切

古文明从日

盄和鐘

晉姜鼎

師趌敦

牧敦

寅簋

秦權 秦斤

源

毛公鼎
虢叔鐘
叔向父敦
王孫鐘
明我鼎
古鉥文

古鉥一又
古鉥文
吴
古鉥曹明𠕁爲囧爲囪之變象窻牖麗廔闓明形

古鉥楚明信鉥
古鉥孟明
古鉥明上
古鉥明上
古鉥明上

古鉥屮明上
古一字鉥
古一字鉥
古一字鉥
古一字鉥

同明字刀
丁
明虢叔鐘
王命明公尊
仲明父敦

戒鬲
孟鼎
秦公敦
毛公鼎
叔向敦
沇兒鐘

王孫鐘

明我鼎

明我壺

[編]

凝

凝

盤

盤

凝

夢

舉

鄦

盤

盤

赫

符

季

符

鐵

季

[徵]

卷四第十葉

卷七第二十一葉

後編下第十七葉

第二十葉

[殷]

說文解字朙古文作明證以卜辭則朙明皆古文

囧

窻牖麗廔闓明象形凡囧之屬皆从囧讀若獷賈侍中說讀與明同 俱永切

父乙鼎

單从鼎

單癸卣

从囧彝

伯囧敢

源

後編上第十一葉

殷

盟

周禮曰國有疑則盟諸侯再相與會十二歲一盟北面詔天之司愼司命盟殺牲歃血朱盤玉敦以立牛耳从囧从血武兵切

篆文从明

古文从明

魯侯角

郘公鐘

格伯敦

亦格伯敦文

吴

師望鼎

周公彝邵朕福盟象兩手奉槃敢之形口象血形

古鉥王盟

丁

盟師望鼎

夕

魯侯角

邾公釛鐘

邾公華鐘

鼎

編

後編下

祚案說文解字盟周禮曰國有疑則盟殺牲歃血朱盤玉敦以立牛耳从囧皿聲篆文作盟古文作盟此象以皿盛血歃之意也囧作◎刀筆之便耳

殷

莫也从月半見凡夕之屬皆从夕 祥易切

盂和鐘

穆公鼎

單癸卣

伯囧父敦

尨敦

牧敦

寅簋

源

夜

盂鼎

吳

夕 盂鼎

毛公鼎

應公鼎

仲殷父敦

追敦

曶鼎用夙夕䵼蒿以月為夕

編

舍也天下休舍也从夕亦省聲羊謝切

巳酉戍命彝

齊侯鎛鐘

齊侯鐘

窖磬

尌夜鼎

師艅尊

師毀敦

源

師寰敦

伯晨鼎

夜君鼎

叔夜鼎

敓卣夙夜借亦為夜

克鼎

吳

師龢父敦

師虎敦

古鉢夜 古夜字从外从亦省 古文𢀛字从之許說从夕非

丁

夜 師酉敦

師嫠敦

夤 外

叔鄂父敦

畨生敦

師寰敦

伯仲父敦

師望鼎

克鼎

𩁹侯鼎

𩰬叔敦

夜君鼎

編

闞季

無

待

待

待

徵

敬惕也从夕寅聲易曰夕惕若夤翼真切

籀文夤

从月 秦公敦

編

遠也卜尚平旦今夕卜於事外矣五會切

古文外

齊侯鎛鐘

齊侯鐘

龙敔

師毀敔

源

毛公鼎

亦毛公鼎文

吳

毛公鼎原書録二

靜敢
丁
外从月
靜敦
毛公鼎
余義鉦
子禾子釜
編

早敬也从丮持事雖夕不休早敬者也臣鉉等曰今俗書作夙譌息逐切
古文夙从人㐁
亦古文夙从人㐁宿从此
齊侯鐘

窖磬
單癸卣
伯囧父敢
盄和鐘
齊侯鎛鐘

㝬敢
師毁敢
牧敢
寅簋
源
古夙字敄卣

毛公鼎
師酉敦
師寰敦
伯晨鼎
師𩛥父敦
師望鼎
歸夆敦
吳

盂鼎
丁
俎从月
毛公鼎
曆鼎
叔鄂父敦
師嫠敦

師虎敦 追敦 克鼎 盂鼎 應公鼎 伯中父敦

叔㚤敦 𨍯侯鼎 師酉敦 从女 芇伯敦 師寰敦

編

卷六第十五葉 第十六葉 卷八第一葉

後編下第二一葉

說文解字夙古文作㑉㐨二形卜辭从夕丮與許書之夙正同篆文之丮卜辭及古金文皆作𢀈象執事形

殷

重也从重夕夕者相繹也故爲多重夕爲多 重日爲疊凡多之屬皆从多 得何切

古文多

遲父鐘

盄和鐘

召仲考父壺

石鼓 源

虢叔鐘

多父盤

古文以爲侈字仲侈壺 吳

不嬰敦

不嬰敦重文

先獸鼎

石鼓 丁

多 不嬰敦

公伐郘鼎

宗周鐘

虢叔鐘

鴋仲多壺

蔡姞敦

秦公敦 編

…卷一第四十五葉…第四十六葉…卷

𡖍 毌

二第二十五葉 多 同上二五 後編下第二葉 殷

厚脣皃从多从尚徐鍇曰多即厚也陟加切 𡖍 古𡖍字許氏說厚脣皃周𡖍壺 吴 𡖍 𡖍从尚省周𡖍壺 編

穿物持之也从一橫貫象寶貨之形凡毌之屬皆从毌讀若冠

古丸切 毌 卷五第二十九葉 毌 藏龜第一百十八葉 毌 第

一葉 毌 龜甲獸骨卷一第二十葉 毌 第一百十八葉 毌 後編下第

二十七葉

貫

祚案說文解字毌穿物持之也从一橫毌段先生曰古貫穿用此字今貫行而毌廢矣

殷

錢貝之貫从毌貝古玩切

南宮中鼎

晉姜鼎

召公尊

父乙甗

源

𠧪

舌也象形舌體𢎘𢎘从𢎘𢎘亦聲胡男切

俗𠧪从肉今

器中容物謂之𠧪緘其口使不能出也隸書函𠧪二字形聲皆相近疑古文本一字也𠧪皇父敦陳介祺曰即閣之省

毛公鼎

吳

𠧪皇父敦蓋

不𡢁敦

𠧪皇父匜

丁

𠧪象𠧪矢形𠧪皇父匜陳介祺曰即閣之省

𠧪皇父敦

毛公鼎弗以乃辟𠧪于囏段借為𠧪逸周書祭

公解我惟不以我辟險于難則又借險爲之圅呂險三字皆同聲也王國維說

不𡢁敦 弗以我車圅于囏

編

季

徵

卷二第三十二葉

後編下第二十二葉

同上

祚案吳中丞說器中容物謂之圅緘其口使不能出也圅皇父敢作毛公鼎作皆从矢與此同意圅本矢箙後引申而爲凡能容物者皆謂之圅許君訓舌非其初也

殷

木生條也从𢎘由聲商書曰若顛木之有甹枿古文言由枿徐鍇曰說文無由字今尚書只作由枿蓋古文省𢎘而後人因省之通用爲因由等字从𢎘上象枝條華圅之形臣鉉等按孔安國注尚書

直訓由作用也用枎之語不通以州切

大宮銅鍊

案說文無由字古尚書作甹

源

艸木華甬甬然也从马用聲余隴切

谷口 甬

源

彔伯戒敦金甬

吳

毛公鼎金甬錯衡吳窓齋曰鐘柄謂之甬此甬當在轂之兩端形似鐘柄故亦名甬

吳尊

丁

毛公鼎 甬

吳尊

師兌敦

彔伯敦

編

東也从東韋聲徐鍇曰言東之象木華實之相累也于非切

卷四第四十二葉

第二十六

葉

卷七第十八葉

卷五第二十八葉

同上

同上

卣

祚案王徵君釋[illegible]

殷

艸木實垂卣卣然象形凡卣之屬皆从卣讀若調 徒遼切

𠧪 籀文三卣爲𠧪

樂司徒卣

師焅敦

牧敦

寅簋

源

卣逌古通 逌字重文

吳

古鉢趙卣

古匋

丁

卣經典皆作卣爾雅釋器卣中尊也書洛誥以秬鬯二卣文侯之命用賚秬鬯一卣詩江漢秬鬯一卣盂鼎錫女鬯一卣

又作逌毛公鼎 逌字重文

編

卷一第十八葉 第十一葉

卷四第三十五葉第一葉卷五第十七葉第三十九葉卷六第四十一葉第五十八葉同上同上第六十一葉第四十葉書契菁華第十一葉同上後編下第二十二葉第七葉第四十二葉第十七葉藏龜第百九十三葉

古金文作作卜辭或省丨其文曰鬯六卣故知爲卣矣

祚案王徵君說其初形當作从皿後作乃从皿之省矣

又案其作者以文觀之亦是卣字

殷

木也从木其實下垂故从卣力質切

古文㮚从西从二卣徐巡說木至西方戰㮚

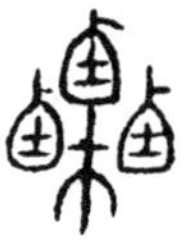

石鼓

源

古栗字 石鼓

古鉨文

吳

古鉨楊邦栗鉨

丁

卷二第十九葉

同上

說文解字㮚古文作㮚从西石鼓文作與此略同案許書卣之籀文作𠧪栗之籀文亦从𠧪栗之

㮚　亝

古文从𠧪者殆亦从𠧪之譌矣 [殷]

嘉穀實也从鹵从米孔子曰㮚之爲言續也相玉切 𣡌 籀文㮚

後編上第十八葉

祚案說文解字㮚嘉穀實也籀文作𣡌此象手持黍之形當爲粟之初字 [殷]

禾麥吐穗上平也象形凡亝之屬皆从亝 徐鍇曰生而齊者莫若禾麥二地也兩傍在低處也徂兮切

遲父鐘

齊侯鐘

邾敔

齊安鑪

古銅序 [源]

齊侯壺

陳侯因資敦

齊癸姜敦

齊陳曼簠

齊刀

古陶器

古鉨文

古鉨文

古鉨文

吴

古鉨王齊

古鉨

古鉨 許齊

古鉨齊匋 正頒

古匋齊遷里

古匋鄭

易得齊

古匋

丁

齊歸父盤

齊鎛

齊侯匜

齊侯壺

齊侯敦

齊癸姜敦

齊陳曼簠

陳侯因資敦

𡥄乳爲齊鼎 伯姜齊鼎鬲

永宮鬲

作齊鼎鬲

齊婦鬲

編

竹

磬

徵

卷一第十五葉

同上

卷七第十四葉

[illegible]

甲獸骨卷二第二十五葉 殷

木芒也象形凡朿之屬皆从朿讀若刺七賜切

朿 朿敦 編

小棗叢生者从並朿己力切

周棘生敦

析子孫且辛觶 丁

片卷四第四十五葉 片卷七第二二葉

祚案片字諸本皆無段先生補入片部曰反片爲片讀若牆六書故云唐本有片部則是許君遺之

耳 殷

三足兩耳和五味之寶器也昔禹收九牧之金鑄鼎荆山之下入山林川澤螭魅蝄蜽莫能逢之以協承天休易卦巽木於下者爲鼎象析木以炊也籒文以鼎爲貞字凡鼎之屬皆从鼎 都挺切

象形鼎

申鼎

父子鼎

父丁鼎

得鼎

益鼎

中鼎

伯鼎

宋公欒鼎

伯咸鼎

宋右君鼎

緜駒父鼎

言肇鼎

乙公鼎

媜氏鼎

尨生鼎

君季鼎

圓宝鼎
孔文父鼎
尌夜鼎
齊莽史鼎
大夫始鼎
伯碩父鼎

史頊父鼎
微欒鼎
晉姜鼎
田鼎
舉鼎

張仲簠
汾陰宮鼎
源
古鼎字象形 文父丁鼎
且子鼎

木王鼎
師趛鼎
周寏鼎
盂鼎
毛公鼎
師奎父鼎
鼇鼎

伯晨鼎
杞伯鼎
窅鼎
夜君鼎
函皇父敦
父己鼎
趞亥鼎

母辛鼎
魯公伐郤鼎
鄀伯御戎鼎
興鼎
吳
馭方鼎

禹攸比鼎

曶鼎

犀伯魚父鼎

大鼎

萬公鼎

畢仲敔

齊侯壺

古匋

古匋

丁

鼎象形鼎文

卣文

父己鼎

毛公鼎

鄭熹父鼎

盂鼎

大祝禽鼎

公伐郐鼎

仲義父鼎

虢文公鼎

曶鼎

鍚鼎

史獸鼎

大鼎

頌鼎

伯顯父鼎

郐王鼎

釐鼎

豚鼎

舍父鼎

函皇父敦

毛公旅鼎 戈叔鼎 周窸鼎 先獸鼎 師奎父鼎 厚伯鼎

曾窸伯鼎 栝鼎 伯旅鼎 䣄侯鼎 芮公鼎 戓者鼎

吳王姬鼎 鐸鼎 芮子鼎 趞亥鼎 卲討鼎 祝仲鬲

番君鬲 雝伯原鼎

編

卷五第二葉

後編上

第十六葉

象兩耳腹足之形與古金文同

殷

鼒

鼎之圜掩上者从鼎才聲詩曰鼐鼎及鼒子之切

鎡 俗鼒从金从茲

鼒从卜从鼎說文鼎之圜掩上者从才殆傳寫之譌王國維曰卜辭貞鼎二字有別然貞鼎同音故鼎字或从貞作非二字也

膚鼎

湯鼎湯作其口鼎鼒 鼎鼒二字連用

衛鼎

夜君鼎

須口生鼎

窅鼎

邿伯鼎

鄧伯氏鼎

取它人鼎

無臭鼎

杞伯鼎

明我鼎

王人甗

伯遟父鼎

叔單鼎 从貝

萊歎鼎

編

鼏

以木橫貫鼎耳而舉之从鼎冂聲周禮廟門容大鼏七箇即易玉鉉大吉也莫狄切

鼏

秦公敦鼏宅禹績

編

將

豐鼎

南宮中鼎

微欒鼎

師望敦

㝬敦

師毀敦

師望盨

源

𪍧鼎字說文所無 史頌敦𪍧鼎彝

王作𪍧鼎

立旅婦𪍧鼎

陳侯因資敦

口辛角

曆鼎

員鼎

吳

𪍧鼎說文所無 曆鼎用夙夕

𪍧鼎高即詩我將我高之將

宰峀敦

剌鼎

君夫敦

𨸏婦鼎

王作敦

應公鼎

史頌敦

姬鼎

善夫克鼎

彔敦

免簠

父甲鼎

史頌鼎

叔姬簠

鼄鼎

剌𠬝肇鼎 遣小子敦 師兑敦 卻㜏敦 蔡姞敦

克鼎 庚姬敦 曶鼎 齎母鬲 婦姑鼎

康生鼎 索諆角 省鼎

編

卷一第二十二葉 卷五

第二二葉 同上 卷六第三十四葉 同上 書

契文菁華第十葉

此字不見許書古金文有之有 史頌敦 王作鬻

日辛 角 諸形从匕肉于鼎中殆所以薦肉者也此

或加口象有湆汁或省匕或省𠕁與肉或省肉與匕然皆爲一字也 殷

王伯鼎 趠鼎 源 齋鼎小鼎也說文所無趠鼎 釐鼎蓋 釐鼎器

尚鼎 白戔父鬲 戲伯鬲 吳

肩也象屋下刻木之形凡克之屬皆从克 徐鍇曰肩任也負何之名也與人肩膊之義通能勝此物謂之克 苦得切

古文克 亦古文克 楚公鐘 穆公鼎 伯克尊

高克尊 師榿敦 石鼓 源 古克字盂鼎 太保敦 曾伯霥簠

史克簋

郳人鐘

魯公伐郳鼎

克鼎

或从攴疑古尅字詩清人序高克好利釋文克本作尅从寸从攴皆克之異文散氏盤

吳

善夫克鼎

古鉥成之鉥克

古鉥克事克古文作㐭此

更从冂許氏說肩也徐鍇曰肩任也負何之名也與人肩膊之義通能勝此物謂之克故應从冂

丁

克克鐘

克鼎

克簋

周公敦

芥伯敦

大保敦

善夫克鼎

師望鼎

令鼎

曾伯簠

陳侯因資敦

郳人鐘

德克敦

公伐郳鼎

公伐郳鐘

散盤从攴疑古尅字詩清人序高克好利釋文克本作尅从寸从攴皆克之

異文吳大澂說

[編] □ 卷二第二十七葉 □ 周上 □ 卷八第五葉 □ 藏龜第十一葉

說文解字克肩也象屋下刻木之形古文作□古金文作□太保敢□克鼎與此畧同象人戴胄形古金文胄作□盂鼎彔敦及作□伯晨鼎克本訓勝許訓肩殆引申之誼矣

[殷]

□

刻木录录也象形凡录之屬皆从录 盧谷切

□ 許氏說录刻木录录也象形古文以為福祿字散氏盤 □ 太保敦 □ □ □ 頌敦

[吳] □ 戍都鼎古文克作□許氏說象屋下刻木之形此云刻木录

禾

二也象形疑彔从古文克

丁

彔大保敦　宰峀敦　彔伯敦　彔敦

彔卣　彝乳為祿頌鼎通祿永命　頌敦　頌壺　𣄃伯敦

戒者鼎　諫敦　散盤　楙麗伯敦

編

嘉穀也二月始生八月而孰得時之中故謂之禾禾木也木王而生金王而死从木从𠂹省𠂹象其穗凡禾之屬皆从禾户戈切

足跡父子鼎　禾父巳鼎　伊彝　巳酉戍命彝

源

曶鼎

郳公鐘作乃禾鐘借禾為龢

[吳]

古一字鉢

[丁]

禾呂鼎

禾敦

孳乳為龢郳公釪鐘作年龢鐘

留鐘

[編]

卷二第二十

九葉

卷四第三十九葉

龜甲獸骨卷一第十八葉

後編上第二十二葉

上象穗與葉下象莖與根許君云从木从𠂢省誤以象形爲會意矣

[殷]

上諱漢光武帝名也徐鍇曰禾實也有實之象下垂也息救切

石鼓

[源]

穡 穜 稑 穆

穀可收曰穡从禾嗇聲所力切

穡 師寰敦卹乎穡事即書湯誓之穡事說文作牆字之籀文

編

先穜後孰也从禾重聲直容切

古鉩堅穜二或从米案童重古通疑古文無種穜之別

丁

疾孰也从禾坴聲詩曰黍稷種稑力竹切

稑或从翏

古鉩稑从坴省

丁

禾也从禾㐱聲莫卜切

許子鐘

曾侯鐘

遲父鐘

盄和鐘

齊侯鎛鐘

齊侯鐘

伯姬鼎

穆公鼎

高克尊

師淮父卣

戠敦

源

稷

古穆字虢叔鐘　留鼎　師望鼎　邢人鐘　吳　大克鼎

古鉥穆佇　丁　穆盄鼎　師望鼎　袁盤　邾公華鐘

虢叔鐘　秦公敦　番生敦　適敦　邢人鐘　編

齋也五穀之長从禾畟聲子力切　古文稷省　古鉥稷西口古文稷省陳簠齋謂是古槐字非　子和子釜右从

畟二从田从人从夊此下从中為夊之譌金文屢見或謂从女誤風俗通義稷五穀之長五穀衆多不可徧祭故立稷而祀之左傳襄二十九年蔡墨曰稷田正也有

烈山之子曰柱為稷自夏以上祀之周棄亦為稷自商以來祀之然則稷為祭名許氏說齋也故古稷字亦从示　丁

秫

稷之黏者从禾术象形食聿切

秫或省禾

阮相國曰古术字 弡中簠

吳

稻

稌也从禾舀聲徒皓切

象打稻之形下承以臼也 叔家父簠

陳公子甗

曾伯霥簠

吳

史免簠用盛稻粱

古匋稻字易橫豎从舀省象打稻之形吳窓齋以為稷字非

丁

稻 曾伯簠

陳公子甗 从米

史免匡 从𣲖

稻嫘敦

叔家父匡

編

秏

稻屬从禾毛聲伊尹曰飯之美者元山之禾南海之秏呼到切

古鉨𠧪丂秏 秏或米

丁

移

禾相倚移也从禾多聲一曰禾名臣鉉等曰多與移聲不相近蓋古有此音弋支切

冀師槃

源

采

禾成秀也人所以收从爪禾徐醉切

穗 采或从禾惠聲

古穗字象禾穗下垂形𥝩字與此同意許氏訛齊禾麥吐穗上平也 穗敦

穗尊

吳

古鉨王疾采

古匋

丁

王疾采

采鄭

采侍

王季

采

𢓊采季

采

鐵

采

侍

徵

穅

穀皮也从禾从米庚聲苦岡切

穅或省

齊侯鎛鐘

齊侯鐘

微䜌鼎

晉姜鼎

師𧻟敦

𢽾敄

甬

石鼓

甘泉內者鐙

源

齊陳曼簠

伊敦

古康字 康侯鼎

毛公鼎

吳

鬲攸比鼎

頌敦

石鼓

古鉨陳康

丁

鏤不从禾
女康丁敦

毛公鼎

頌鼎

康侯鼎

禹攸比鼎

克鐘

袁盤

師遽尊

塱敦

齊陳曼簠

伊敦

編

凝

鑿

古

無

吉

徵

卷一第十二葉

同上

同上

第二十一葉

同上

第二十七

葉

第一十二葉

第一十四葉

後編上第四葉

書第二十葉 秝第二十五葉

說文解字穅穀皮也或省作康此字與許書或體略同穀皮非米从⺌象其碎屑之形故或作⺌或作⺌或作⺌無定形矦康鼎作𢈪伊敦作𢈪同此今隸作康尚得古文遺意矣

[殷]

黍梨已治者从禾襄聲汝羊切

古鉩椽穰

[丁]

穀孰也从禾千聲春秋傳曰大有年奴顛切

商鐘

宝和鐘

許子鐘

楚公鐘

遲父鐘

齊侯鎛鐘

齊侯鐘

乇生鼎

伯𨟻父鼎

尌浚鼎

齊荓史鼎

仲㑘父鼎

趠鼎

南宮中鼎

公緘鼎

師秦宮鼎

伯碩父鼎

史頌父鼎

微欒鼎

伯姬鼎

晉姜鼎

高克尊

召仲考父壺

義母匜

齊侯匜

杞公匜

孟姜匜

田季加匜

尌亘敦

史張父敦

雁侯敦

屈生敦

屪敦

郳敦

師㮣敦

牧敦

尌高父盨

伯玉盉

仲信父甗

仲父鬲

邛仲槃
齊侯槃
邛仲盦
秦權
秦斤
谷口甬
孝成鼎
齊安鑪
蓮勺鑪
丞相府漏壺
綏和壺
律管
陽嘉洗
平周鉦
注水匜
上林榮宮鐙
首山宮鐙
甘泉上林宮行鐙
林華觀行鐙
甘泉內者鐙
車宮承燭槃
周陽侯甗
軹家甑
梁山銷
源
頌敦
靜敦
㝅敦
豐兮敦
番君鬲
者沪鐘
中敦
晉公盦

格伯敦

邾公鐘

齊侯壺

己侯敦

無㠱敦蓋

番吅白敦

吳

鬲攸比鼎

趞鼎

召伯虎敦

郘伯達敦

姞氏敦

魯伯愈父簠

古鉨金年

古鉨中年

古鉨中年

古鉨十四年十一月 平給

古鉨武州年桂未谷以爲古年字

丁

年 頌壺

善夫克鼎

仲師父鼎

免簠

史頌敦

䣄皇父敦

虢文公鼎

高丘叔簠

叔上匜

畢鮮敦

睘卣

庚嬴卣

叔鄂父敦

史寅敦

伯闢敦

伯田父敦

豐兮敦

公伐郐鼎

公伐郐鐘

䣄侯鼎

鄂侯鼎

曾鼎

召伯敦

師𪒠敦

師酉敦

豆閉敦

叔妣敦

史頌匜

伯正父匜

兮仲敦

齊侯匜

趠鼎

免盤

叔寏敦

伯疑父敦

欮敦

己侯敦

仲𠂤父敦

楷妃敦

齊子姜敦

姞氏敦

鄀公鋀

鄦侯敦

敔敦

封敦

曾伯簠

戕叔鼎 晉邦盦 陳公子甗 剌鼎 齊侯壺 邾公釛鐘

王孫鐘 邾公華鐘 魯伯盨 齊侯盤 邾公牼鐘 齊鎛

夆叔盤 芮伯多父敦 仲敦 者汈鐘 仲鑠簋

同敦 伯其父簠 仲皇父盉 寓鼎 無㠱敦 王人甗

[illegible]敦 師旨鼎 杞伯壺 芮太子簠 祀伯匜 甾仲艾匜

从鼎 番君鬲 白者君匜 大梁鼎 裕伯敦 鬲攸比鼎 二年合文

虢季子白盤

編

疑

疑

待

徵

卷一第五十葉
同上
卷二第一十九葉

同上
第三十葉
同上
卷四第七葉
同上

第四十葉
卷六第六十四葉
卷七第四十三葉

後編上第三十一葉
同上
第二十一葉

第二十四葉
下第二十三葉
同上
第十六

葉

祚案或增[seal form]或省〉徑作禾以文理觀之則皆是年字中敦亦作[seal form]

殷

穀

續也百穀之總名从禾㱿聲古祿切

鮮乍
鐵

徵

穌

把取禾若也从禾魚聲素孤切

穌从木毕乳為蘇

蘇公敦

史頌敦

穌冶妊鼎

穌甫人匜

編

秋

禾穀孰也从禾𪚰省聲七由切

籀文不省

古秋字从禾从日火古鉩文千秋如此

古鉩文

或从夕亦古鉩文

秦

吳

古鉢千秋

古鉢千秋

古鉢秋字反文千秋

古鉢千秋

古鉢千秋

古鉢千秋

古鉢千秋

古五面印千秋萬昌

丁

鄆

磬

舉

千秋萬昌

凝

鄆

季

徵

伯益之後所封國地宜禾从禾舂省一曰秦禾名匠鄰切

籀文秦从秝

盄和鐘

師秦宮鼎

源

古秦字

郙子妝簠

吳

秦劍

古鉢信鉢秦□

古鉢趙秦

稱

古鉢牆秦
古鉢秦生淐
古鉢秦敬
古鉢王秦或从邑

古鉢樂秦
丁
秦从秝鄦子簠
秦公敦
史秦鬲
編
鉚

華
伏
鐵
符
待
訒

磬
舉
徵
後編下第二十七葉

秝案午卜辭作𢆶故知此爲秦字說文解字秦籀文作𥞫鄦子妝簠亦从秝皆與此同
殷

銓也从禾爯聲春分而禾生日夏至晷景可度禾有秒秋分而秒定律數十二秒而當一分十分而寸其以爲重十二粟爲一分十二分爲一銖故諸程品皆从禾處陵切

稱

程

秦權

秦斤

源

品也十髮爲程一程爲分十分爲寸从禾呈聲直貞切

古程字从禾許氏說品也十髮爲程十程爲分十分爲寸古鉢文

吳

秭

五稷為秭从禾𠂔聲一曰數億至萬曰秭將几切

曶鼎

許氏說五稷為秭

吳

秭

曶鼎

編

稅

卷二第二十二葉

秨案兄之作兄者見一部祝字

殷

[禾冊曰]

藏龜第二十五葉

殷

兼 并也从又持秝兼持二禾秉持一禾古甜切

秦權

秦斤

編

待

徵

黍 禾屬而黏者也以大暑而種故謂之黍从禾雨省聲孔子曰黍可爲酒禾入水也凡黍之屬皆从黍舒呂切

古黍字 仲𫹎父盤

吳

黍从禾从水 仲𫹎父盤

編

卷二第一一十九葉

同上

同上

同上

卷四第二十葉

第二十九葉

同上

同上

同上

同上

同上

同

上

第四十葉

同上

第五十二葉

卷五第五葉

卷七第二十六葉

藏龜第二百六葉

第二百十九葉

第二百四十八葉

後編上第十八葉

第二十葉

第三十一葉

同上

同上

下第六葉

第二十八葉

第四十葉

同上

同上

說文解字引孔子曰黍可爲酒故从禾入水也仲𠭯父盤亦作⿰氵禾此或省水黍爲散穗與稻不同故作 之狀以象之

殷

履黏也从黍𥝢省聲𥝢古文利作履黏以黍米郎奚切

史黎簋

源

芳也从黍从甘春秋傳曰黍稷馨香凡香之屬皆从香許良切

古匋香从黍省

丁

粟實也象禾實之形凡米之屬皆从米莫禮切

張仲簋

粱

源

米卷四第四十一葉米後編下第三葉米第二十三葉

象米粒瑣碎縱橫之狀古金文从米之字皆如此作許書作米形稍失矣

殷

米名也从米梁省聲呂張切

曾伯霥簠

叔家父簠

仲䱷父盤

陳公子甗

弭中簠

吳

叔朕簠

史𡧍簠

梁不从米

陳公子甗

曾伯簠

叔朕簠

史免匜

仲䱷父盤

編

糈

滫米也从米胥聲私呂切

待

徵

糗

熬米麥也从米臭聲去九切

古鈢戴糗

丁

糶

穀也从米翟聲他弔切

古鈢王糶許氏說穀也案古糴糶二字皆作糶故玉篇糶有徒的徒鈞二切王蒃友云春秋晉閼秦糴當作糶

丁

䊛

糣䊛散之也从米殺聲桑割切

古鈢孟䊛

丁

粿

凝

種

吉

徵

糲米一斛舂爲九斗曰
𥽈从毇丵聲則各切

古匋許氏說糲米一
斛舂爲九斗曰糳

舂也古者掘地爲臼其後穿木石象形中米也凡臼之屬皆

从臼 其九切

敔歆

源

古匋

丁

擣粟也从廾持杵臨臼上午杵
省也古者雝父初作舂書容切

伯舂盉从廾持杵臨臼上象擣粟之形
爲臼省吳愙齋釋非

丁

 舂

伯盉

編

小阱也从人在
臼上戶猶切

召宗周鐘艮
敢虐我土

編

古籒彙編弟七下

臨海徐文鏡編

㪔

㪔分離也从攴从林林分㪚之意也穌旰切 㪔 𢿱 𢿱 同曶鼎莊述祖云从貝㪔聲或从㪔或作𢿵並同曲禮記曰積而能㪚鄭氏樂記注云散放也案篆文分散作㪔飛散作𢿵雜肉作散此从貝其義為財寶當是古分㪔字而或从㪔或从𢿵似古分㪔飛𢿵字無別在曶鼎曰小子𪔵曰迺詔𪔵曰皆為人名 丁

麻

麻與林同人所治在屋下从广从林凡麻之屬皆从麻莫遐切 麻 古麻字从厂師

麻簋

吴

麻从厂

師麻鼎

師麻匡

編

物初生之題也上象生形下象其根也凡耑之屬皆从耑 臣鉉等曰

中一地也 多官切

耑生敨許氏說物初生之題也上象生形下象其根也篆古發端字作此篆法極似古長字全屬象形篆下作而誤

丁

耑

義楚耑

郘王

耑

郘王義楚耑 从金

編

卷四第四十一葉

第四十二葉

同上

後

編下第七葉

說文解字耑物初生之題也上象生形下象根也卜辭耑字增ㄧㄧ象水形水可養植物者也上从屮象植物初茁漸生歧葉之狀形似止字而稍異許君止字注云象艸木出有址乃因形似致譌矣

殷

瓜

㼌也象形凡瓜之屬皆从瓜古華切

古匋吳愙齋曰瓜字象形

丁

家

居也从宀豭省聲古牙切

古文家

冊命鼎

齊侯鎛鐘

齊侯鐘

尨敢

師毁敢

周陽侯甗

館陶釜

萬歲錢

源

古家字从宀从豕凡祭士以羊豕古者庶士庶人無廟祭於寢陳豕於屋下而祭也父庚卣

三家敦

毛公鼎

皆毛公鼎異文

頌鼎廿家如此

又一頌鼎家字省宀

克鼎

吳

通彔康鐘

諆田鼎

伯家父敨

同望敨

不嬰敨

卯敨

頌壺

叔家父簠

鮴白彝

學肇家鼎

家作尊彝

古鉩麥田家鉩

古鉩安家

古鉩呂千家鉩

安陽圜首圜足幣从家是家中原書

釋安非

丁

家頌壺

寡子卣

𢿊肇家鬲

趞叔敦

鮴伯敦

卯敦

辛鼎

伯家父敦

伯家父鬲

叔家父匡

墜敦

叔向敦

毛公鼎

克鼎

令鼎

伯家父敦

不嬰敦

家敦

頌鼎廿家省宀

編

卷一第二十葉

卷四第十五葉

卷七第二十八葉

同上

後編上第二十二葉

下第四十二葉

或从豕或从亥亥亦豕也古金文亦多作宀下豕形父庚卣及家爵說文解字家古文作

殷

所託也从宀乇聲場伯切

古文宅

亦古文宅

大夫始鼎

源

古宅字晉公盦

宅陽幣

室

吳

古鉨鄔宅之鉨

丁

秦公敦 宅

晉邦盦

宅敦

編

卷四第十四葉

第十五葉

晉邦盦作與此同說文解字宅古文作宅庑二形

殷

實也从宀从至至所止也式質切

冊命鼎

己酉戍命彝

㝬生鼎

伯姬鼎

師毛父敨

屖敨

戠敨

宗室鼎

建光卮

源

師奎父鼎

仲殷父敦 宫孝宗室

空首幣

伯晨 向

太保鼎

宣

中般父敦

吴

無專鼎

鬲攸比鼎

卯敢家室字如此

古匋吴窸

齋謂室省

丁

室頌鼎

師奎父鼎

師𡂫父鼎

師嫠敦

追伯敦

呂鼎

伯彖卣

趩尊

無重鼎

仲般父敦

豆閉敦

小銅柱

編

𢾾櫑舉

徵

卷二第

二十二葉

藏龜第五十葉

第百七十八葉

殷

天子宣室也从宀亘聲須緣切

晉姜鼎

邾敢

石鼓

甘泉内者鐙

源

古宣字虢季子白盤

石鼓

吳

宣 虢季子白盤

編

後編上第二十四葉

卜辭中洹與趄从亘故知此爲宣矣

殷

北出牖也从宀从口詩曰塞向墐戶徐鍇曰牖所以通人气故从口許諒切

叔向父敦

向字空首幣

亦古幣文

師虎敦北嚮如此

吳尊北嚮

伊敦北嚮

吳

古匋去隻陽里匋向戠

丁

向 叔向敦

叔向父敦

向卣

向盦

編

卷二第二

十葉[glyph]同上[glyph]同上[glyph]卷四第十九葉

口象北出牖或从口乃由口而譌口口形近古文

往往不別古人作書不如後世之嚴矣

殷

[glyph]

周垣也从宀奐聲胡官切

[glyph] 寏或从阜 又爰眷切

[glyph] 師寏鼎

[glyph] 師寏父盨

[glyph] 姬寏豆

源

[glyph]

古寏字通院

史寏敦

[glyph] 師寏父敦

吳

[glyph] 寏 師寏父敦

[glyph] 史寏敦

編

[glyph]

屋深響也从宀厷聲戶萌切

[glyph] 許氏說宏屋深響也宖屋響音毛公鼎③蘄

即詩鞹鞃淺幭之鞃或作鞹亦作鞃此从宀作宖

[glyph] 彔伯戎敦

吳

[glyph] 番生敦

丁

[glyph] 宏宖為一字說文宏屋深響也宖屋響音

也其義則同又紘或从弘作紭其形相通宖

殆為宏之或作而後人竄亂改也毛公鼎宏我邦我家又宏鞃吴大澂謂即詩鞹鞃淺幭之鞃或作鞹亦作鞃此从冂作穹 番生敦 編

屋康寘也从宀康聲苦岡切

克鼎 吴

康克鼎 編

安也从宀心在皿上人之飲食器所以安人奴丁切

寍 毛公鼎 編

安也从宀从正徒徑切

定陶鼎 源

古鉥公孫定 丁

止也从宀是聲常隻切

侈耳區鼎 源

靜也从女在宀下烏寒切

商鐘

石鼓

秦權

秦斤

武安侯鈁

孝成鼎

齊安鑪

蓮勺鑪

甘泉

內者鐙

熏鑪

永安五銖錢

源

古安字陳猷釜

安父卣

安陽幣

亦幣文

安陽刀

安邑二釿幣

安臧幣

平安君鼎

安父彝

安陽圜首圜足幣

古鉢文

古鉢文

古鉢文

吳

叔氏鼎

格伯敢

古鉢官安

古鉢安身

古鉢

古鉢韓安

古鉢口安

古鉢

古鉢帝安

古鉨公孫安信鉨

古匋

古匋口里安

古匋豆里安

古匋

古匋口口古里安

安陽幣

齊刀

丁

安貿鼎

安父鼎

國差鏳

睘卣

簷鼎

嬗妊車𡧊

平安君鼎

陳猷釜

編

凝

凝

夢

凝

楓

凝

郭

徵

後編上第九葉

祚案安父彝作宓與此同

殷

宓 宴 察 親

宓 安也从宀必聲美畢切

宓伯鼎 丁

宴 安也从宀妟聲於甸切

古宴字齊侯壺 堇宴無用

宴敦 人名

亦宴敦文 吳

同馭方鼎 丁

宴邾公華鐘 以宴士庶

宴敦 編

察 覆也从宀祭臣鉉等曰祭祀必天質明明察也故从祭初八切

夏鉤 帶 源

親 至也从宀親聲初僅切

史懋壺 吳

馭方鼎許氏說竂至也案字與親同 此从木亲之省也

丁

寴史懋壺 寴命史懋

農卣王寴 命伯啓曰 編

富　實　容

備也一曰厚也从宀畐聲方副切

博山鑪

[源]

富字空首幣

古鉩文

古鉩文

上官登

[吴]

古鉩富昌韓君

古鉩富墉

古鉩

[丁]

鐵

凝

凝

盤

[徵]

富也从宀从貫貫貨貝也神質切

古實字散氏盤

齊侯甗

寶國差𦉜

散盤

[編]

盛也从宀谷臣鉉等曰屋與谷皆所以盛受也余封切

古文容从公

谷口甬

武安侯鈁

定陶

寶

鼎

汾陰宮鼎

孝成鼎

好畤鼎

軹家釜

源

古鉥豩當釋為容公豩 玉篇容古文作宏

丁

軹郭

軹郭

鐵

徵

珍也从宀从王从貝缶聲博皓切

古文寶省貝

宝鼎

申鼎

伯申鼎

夔鼎

父丁鼎

宝尊

子父己尊

辛未父癸尊

甚父戊尊

虎首彝

㺍彝

古父丁彝

宝卣

祖乙卣

祖辛卣

子父巳卣

啟西

宝和鐘

楚公鐘

遲父鐘

盄和鐘

齊侯鎛鐘

齊侯鐘

益鼎

中鼎

王伯鼎

伯咸鼎

乚公鼎

媍氏鼎

伯䣙父鼎

唯尌鼎

君季鼎

圓宝鼎

孔文父鼎

仲㒱父鼎

趩鼎

文王命癘鼎

癸亥父卩鬲鼎

大夫始鼎

南宫中鼎

季媍鼎

伯碩父鼎

史頌父鼎

微䜌鼎

伯姬鼎

晉姜鼎

穆公鼎

巹市尊

師艅尊

召公尊

伯宝卣

州卣

師淮父卣

尹卣

樂司徒卣

召仲考父壺

雲雷彝

篆帶彝

司空彝

召父彝

將宝彝

品伯彝

伯映彝

文姬匜

義母匜

齊侯匜

田季加匜

將旦敦

伯庶父敦

伯冏父敦

史張父敦

蒯仲敦

雁侯敦

剌公敔

仲駒父敔

肇父敔

散季敔

師毛父敔

孟姜敔

𢦏敔

宰辟父敔

追敔

師榿敔

劉公簠

太公簠

張仲簠

京叔簠

叔高父簠

伯玉盉

方宝甗

仲信父甗

父乙甗

伯鬲

聿遠鬲

亦鬲

京姜鬲

某父鬲

仲斯鬲

封比干墓銅盤

邛仲盤

冀師盤

景王錢

源

盂鼎

楚公鐘

王楚公鐘

楚公鐘

叔宿敦

寔匜

周窓敦

中盤

晉姬敦

格中尊

量侯敦

效父敦

伯矩尊

雝伯彝

伯茾敦

買敦

旂敦

史頌鬲

魯公伐郜鼎

晉妊敦

與鼎

邛君婦壺

永寶用鍁 寶字如此

吳

己侯鐘

齊侯鎛

沇兒鐘

齊侯中姜鎛 永保用享

克鼎

作寶鼎

臤弼鼎

旂僕鼎

毛公鼎

曶鼎

師趛鼎

龢鼎

宗婦鼎

不嬰𣪘

杞伯敏父𣪘

仲皇𣪘

杞伯敏父𣪘

南方𣪘

遟簋

受尊

杞伯敏父壺各器

丁

寶頌鼎

史頌匜

虢季子白盤

虢敦

集咎敦

魯伯鬲

[illegible]卣

叔宿敦

公史敦

畫尊

彔敦

公伐郐鼎

康侯鼎

仲龏父甗

伯仲父敦

門射甗

斅人守鬲
丼廷冀敦
魯遷父敦
邾友父鬲
叔向父敦

同卣
父乙敦
善夫克鼎
仲師父鼎
叔實父簋
鄀嫛敦

伯眾卣
頌壺
作寶敦
伯闢敦
師嫠敦

黃敦
卣
旅鼎
伯魚敦
启鼎

肇卣
伯□卣
衛父卣
員父尊
豚鼎
史獸鼎

辟盤
匽尊
䵼鼎
史窯敦
傳尊
呂鼎

霸姞鼎

〼肇家鬲

伯頵父鼎

伯卣

陳侯作嘉姬敦

毛公鼎

師望壺

魯伯盨

叔寍敦

曼龏父盨

虘鐘

師虎敦

伯芳敦

旂父鼎

郘叔敦

散伯敦

杞伯鼎

杞伯敦

杞伯壺

盂鼎

宎甗

矩盤

取膚匜

齊鎛

伯矩鼎

伯魚鼎

鄧孟壺

叔姞簋

害敦

彔伯敦

鄭虢仲敦
伯匕鼎
鄀公鎾
應公鼎
邾討鼎

梢家卣
不嬰敦
菫臤𦘒鼎
本鼎
姞氏敦

楚公鐘
己侯敦
史頌鬲
剌𠬝肇鼎

富鼎
虢叔簠
討伯敦
中伯御人鼎
剌鼎
芇侯敦

甾仲艾匜
祀伯匜
南姬鬲
同敦
窚盦卣

湯叔尊
御尊
散伯匜
从鼎
尹尊
嬴氏鼎

虘㽙妊敦

羊卣

遽伯敦

叔狀敦

己侯鐘

延𥂝

虢季氏敦

斳尊

格伯作晉姬敦

宰峀敦

番君鬲

禽敦

量侯敦

周窒匜

周𡩌鼎

杞伯盨

仲盤

白者君匜

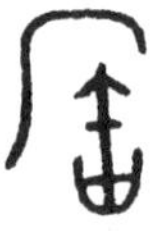
邛君壺

王人甗

𠣞父盉 匋字重文

父舟寶敦

召口父匜 寶用合文

郭伯鼎 永寶合文

編

卷七 六八

第二二十一葉  後編下第十八葉

貝與玉在宀內寶之誼已明或从王郎朋字寶六寶四貨寶字作㺸亦从朋貝古金文與篆文又增缶

殷

宦

仕也从宀从臣胡慣切

齊侯鎛鐘

源

中宦父鼎

丁

宦

仲宦父鼎

編

宰

辠人在屋下執事者从宀从辛辛辠也作亥切

聘鐘

伯姬鼎

宰辟父敦

龙敦

源

師遽方尊

頌鼎

郳太宰簠

散氏槃

宰㞢鼎

吳

宰頌鼎

散盤

頌敦

吳尊

宰槐角

師嫠敦 宰峀敦 邾大宰簠 師遽尊 [編] 郘鐘 [徵]

守官也从宀从寸寺府之事者从寸寸法度也書九切 守父丁爵 [源] 使夷敦 父己爵 [吳]

大鼎 古鉨守敬 古鉨守藏許氏說守官也此从邑蓋取守土之義

古鉨莫華守古老子臣作尊此易橫豎 古匋戓从又=手也義同寸 [丁] 守从又觚文

守婦觶 父乙觚 大鼎 守敦 雯人守鬲 [編]

季 鐵 [徵]

宥 寬也从宀有聲于救切

伯映彝

源

宥父辛鼎

吳

諫敨

丁

宥 宥鼎

諫敦彝 𤔲王宥

編

宜 所安也从宀之下一之上多省聲魚羈切

古文宜

亦古文宜

巳酉戍命彝

盄和鐘

博山鑪

長宜子孫洗

雙魚四錢大洗

龍虎鹿盧鐙

宜子孫鑑

十二辰鑑

源

古宜字秦子戈

王宜人甗

吳

聃敨

貉子卣

宜民和衆

宜千金同上一字皆古鉨文

古鉨宜善

寫

古鉨宜士和衆

古鉨宜有千萬

古鉨宜王

古鉨宜有千萬

古匋子縫子里

宜古文从宀从口之字往往省作匚

丁

宜與俎為一字 般甗俎字重文

編

盤

凝

蘭

鐵

鐵

徵

千字文 凝

全字文 舉

待

凝

鐵

郭

凝

千字文 舉

全字文 疑

徵

置物也从宀舄聲悉也切

石鼓

源

石鼓

吳

夜也从宀宀下冥也肖聲相邀切

宵敦

宵敦異文

吳

宵 宵敦

編

鼎重 凝

徵

止也从宀佰聲佰古文夙息逐切

古宿字叔宿敦

豐姞敦宿夜如此

古陶器

吳

宿 鼀叔敦宿夜羅振玉曰說文解字宿从宀佰聲佰古文夙又夙古文作佰㐁二形此作象人在席旁从宀或省均即宿字許書从㐁㐁乃由因傳寫之譌古宿夙通用周書寤儆戒維宿注宿古文夙其證矣案左傳季武子名宿國語作夙檀弓作季孫夙亦一證也

叔宿敦

編

藏龜第二百二十九葉後編下第二葉

同上第十五葉

說文解字宿止也从宀㑀聲㑀古文夙又殂注古文作㑀𠈇案古金文及卜辭殂字皆从夕从凡疑㑀𠈇爲古文宿字非夙也卜辭从人在[glyph]旁或人在[glyph]上皆示止意古之自外入者至席而止也豐姑敦作與此同但卜辭省宀耳姑改隸宿下以俟考

殷

臥也从宀侵聲七荏切

籀文寑省

父乙鼎

源

古寑字師遽方尊

商方卣

吴

寑从帚繇卣

師遽尊

編

卷一第二十葉

後編下

第三葉第二十九葉

說文解字㝅籀文作于帚下增又師遽方尊商方卣均作與此同 殷

冥合也从宀丏聲讀若周書若藥不眄眩莫甸切

𡧱孳乳為賓

虘鐘用濼好賓

虘鐘

虘編鐘

邾公釛鐘用樂

我嘉賓 編

寤也从宀吾聲五故切

史藝从古文五象陰陽交午也許氏說寤寤也 丁

居之速也从宀疌聲子感切

古鉥寁之信鉥 丁

少也从宀从頒頒分賦也故為少古瓦切

古寡字父辛卣

鰥寡

寡子卣蓋 吳

毛公鼎

父辛卣

寡子卣同上一字原書摹誤

丁

寡从頁不从頒 毛公鼎乃敄鰥寡

父辛卣

寡子卣

編

寄也从宀各聲苦格切

商鐘

穆公鼎

源

古文或以為格字各下重文

簷鼎

平安君鼎

吳

同中義父新客鼎

古鉢客口

丁

客簷鼎

姞口句鑃

于氏叔子盤

邾王鼎

師遽敦王在周客新宮段為各

利鼎王客于般宮

或从八 仲義父鼎

編

王待

徵

寓

卷四第二十葉　同上　同上　藏龜第九十

六葉　第七十八葉

說文解字客从各各卽格之古文古金文多與許書同此

从𠙵卽各旁增人者象客至而有逆之者客自外

來故各从夂象足跡由外而內从口者自名也或

省口

殷

寄也从宀禺聲牛具切

寓或从广

子寓鼎

通彔康虔鐘

吳

寓卣

石鼓

丁

寓　寓鼎

寓卣

編

卷上八第一一

祚案羅師釋寓从宀御聲 殷

竦也从人在宀下以茻薦覆之下有仌胡安切

兄癸卣

南宮中鼎

穆公鼎

寒戊匜

源

二大克鼎許氏說从人在宀下以茻薦覆之下有仌此人下加足二爲仌之簡文

毅鼎或省仌

丁

傷也从宀从口宀口言从家起也丰聲胡蓋切

石鼓

源

害段借爲匄叔家父敦用錫害

害覺壽黃耇又通曷書泰誓言予曷敢有越厥志敦煌本曷作害

毛公鼎

害叔敦

師害敦

編

索 宄 宕

入家搜也从宀索聲所責切

伯索盂

源

古索字 索諆角

吳

索 索諆角

編

姦也外爲盜内爲宄从宀九聲讀若軌居洧切

古文宄

亦古文宄

古宄字 子伯盤

吳

宄从宮 師望鼎

剌鼎

邑肇

闢卣

師酉敦

叔角父敦

義伯敦

兮甲盤

㠱鼎

編

過也一曰洞屋从宀碭省聲汝南項有宕鄉徒浪切

寅簋

源

不嬰敦 女以我車宕伐玁狁于高地許氏說宕過也或曰

宕與蕩通穀梁傳文十一年長翟弟兄三人佚宕中國

丁

宕 不䁘敦

召伯虎敦

編

宋

居也从宀从木讀若送臣鉉等曰木者所以成室以居人也蘇統切

宋公䪫鐘

宋公欒鼎

宋右君鼎

伯宋彝

源

宋字空首幣

古鉢文

吳

古鉢淳宋之鉢

古鉢宋郘

古鉢徐宋信鉢

古匋

丁

宋趞亥鼎

北子宋盤

不昜戈

編

華

罄

舉

郭

鐵

徵

宗

尊祖廟也从宀从示作冬切

己酉戍命彝

曾侯鐘

癸亥父己鬲鼎

單癸卣

罨敦

源

宗字空首幣

盂鼎

克鼎

趠鼎

吳

召伯虎敦

宗婦敦

宗婦壺

季良父簠

古鉨璋宗鄘

後少信鉨

古鉨平匋宗正

丁

宗孟鼎

善夫克鼎

盧鐘

鄀嫛盤

秦公敦

仲追父敦

追伯敦

季良父簠

編

蘭

平宮樂

磬

待

徵

卷一第二十一葉 卷四第十六葉 第十八葉 卷八

第十五葉 同上 後編下第二十七葉 第五葉

殷

寘

置也从宀真聲支義切

曾侯鐘 源

寰

王者封畿內縣也从宀瞏聲户關切

伯姬鼎 源

寰盤从瞏省新附字王

者封畿內縣也

古鉨口寰 丁

褢

褢字說文所無 師褢敦

皆師褢敦異文

古鉨文 吴

褢說文所無

褢盤

師褢敦 編

⿱宀欽

⿱宀欽字說文所無 父丙鼎 吴

寓 宓 𡨦 寍 𡪴 寊

寓字說文所無 古鉩文

吳

說文所無 曾宓伯鼎

編

說文所無 鄦侯敦

編

說文所無 叔寍父敦

克鼎寍 靜于猷

編

說文所無 𡪴長鼎

𨜒尊𡪴𨜒仲休 叚借為揚

編

說文所無 喪史寊鈚

編

⿱宀⿰𡈼𡈼

⿱宀⿰𡈼𡈼叔敦 說文所無

編

⿱宀敄

⿱宀敄鼎 說文所無

編

⿱宀䜌

散盤余有爽⿱宀䜌 說文所無

編

⿱宀艮

卷四第二十一葉

殷

⿱宀畀

卷七第二十二葉

殷

⿱宀午

卷二第二十一葉

後編上第十二葉

同上

殷

宮

室也从宀躳省聲凡宮之屬皆从宮 居戎切

曾侯鐘

聘鐘

東宮鼎

南宮中鼎

召公尊

尹卣

石鼓

源

史懋壺

君夫敦

石鼓

師遽敦

辛宮鼎

吴

散氏槃

召尊

丁

宮頌鼎

頌壺

克鐘

頙侯鼎

庚嬴卣

永宮鬲

雝伯鼎

散盤

拍舟

編

宮 宮 六中 凝

徵

宮 卷二第三葉 宮 第二十葉 宮 第四十一葉 宮 卷四第十五葉 宮 同上 宮 卷六第二十二葉

宮 書契菁華第十葉

从呂从宀象有數室之狀从宀象此室達于彼室之狀皆象形也說文解字謂从躳省聲誤以象形為形聲矣謂躳从宮省則可耳

殷

呂

脊骨也象形昔太嶽為禹心呂之臣故封呂侯凡呂之屬皆从呂

躳

力舉切

篆文呂从肉从旅

律管

宜子孫洗

源

古文以為鋁字 郘公牼鐘

吳

靜敨

古鉨呂㾗

古鉨呂千家鉨

丁

呂 簋子卣

呂鼎

靜敦

呂王鬲

郘公牼鐘 玄鏐鏞呂

鋁 部鐘 从金

編

呂㾗 鐵

徵

呂 龜甲獸骨卷一第五葉

殷

身也从身从呂居戎切

躳或从弓

書言府弩機

源

古躳字 古鉨文

古鉨文

吳

古鉨中躳

古鉨中躳

丁

䡘 疑

鐵
〔凝〕
鐵
徵

燒瓦竈也从穴羔聲余招切
古窯字从心古陶器文
吴
馨
徵

炊竈也从穴鼀省聲則到切
竈或不省
竈从宀孫詒讓曰讀當為簉左傳昭十一年杜注云簉副倅也邵鐘其竈四堵
秦公敦竈囿四方王國維云當是造有四方余意詩皇矣無競奄有四方之奄殆此字之譌蓋形相近也
編

深也一曰竈突从穴从火从求省式鍼切
古突字
突甗
吴

通也从牙在穴中昌緣切
古鉥王穿
丁
徵

窌也从穴尞聲論語有公伯寮洛蕭切

齊侯鎛鐘

齊侯鐘

牧敦

父乙甗

源

官也同官曰寮許氏說寮穿也毛公鼎

吳

番生敦公族卿事太史寮

古鉨寮

丁

寮从宀

毛公鼎卿事寮大史寮

編

通孔也从穴忽聲楚江切

古鉨窻口

丁

竅也从穴工聲苦紅切

司空彝

源

季

符

待

鑿

鑿

季

徵

窖 窴 窒 穸 窀 ⿱穴丩

窖 地藏也从穴告聲古孝切

窖磬

源

窴 塞也从穴眞聲待年切

古鉥王窴

丁

窒 塞也从穴至聲陟栗切

古鉥窒 孫口

古鉥窒 中弗

古匋

丁

穸 窀穸也从穴夕聲詞亦切

魯正 封槃

源

窀字說文所無 周窀匜或釋窀

吳

窀說文所無疑竁省 周窀匜

編

⿱穴丩字說文所無 ⿱穴丩鼎或釋穸

吳

⿱穴丩說文所無 ⿱穴丩鼎

編

⿱宀畀

⿱宀畀尊 說文所無

編

寐而有覺也从宀从爿夢聲周禮以日月星辰占六㝱之吉凶一曰正㝱二曰咢㝱三曰思㝱四曰悟㝱五曰喜㝱六曰懼㝱凡㝱之屬皆从㝱莫鳳切

古㝱字 古鉩文

吳

卧也从㝱省未聲蜜二切

卷十八第二十九葉

同上

卷二第五葉

祚案羅師釋寐从㝱省木聲

殷

疾

病也从疒矢聲秦悉切

古文疾

籀文疾

秦權

源

古陶器文

古鉥文

古鉥文

吳

古鉥信鉥

古鉥陳去疾

古鉥宋去疾鉥

古鉥江去疾

古鉥王疾

古鉥众疾

古鉥信鉥

古鉥公孫疾

說文籀作𤶉

古匋豆里疾目

古匋紹去匋里逵疾

古匋口疾

古匋豆里畜

丁

疾象矢箸人胑下羅振玉說

毛公鼎敃天疾畏詩雨無正作旻天疾威

編

鄭

盤

凝

王

鐵

宗

蘭

伏

上官鼎

徵

後編下第二十五葉

象矢著人肊下毛公鼎愍天疾畏之疾字作□博古圖載齊侯鎛亦有□字與此正同知此亦疾字也說文解字疾病也从疒矢聲籀文作□古文作廿此从段注本他本古文與篆文無異段據集韻類篇改案疾古訓急詩召旻箋左氏襄十一年傳注訓速國語周語及齊語注史記樂書正義荀子臣道篇注最速者莫如矢故从淮南說山訓注人旁矢矢著人斯爲疾患故引申而訓患及管子小問注訓苦荀子大畧篇注其去大著疒殆爲後起之字于初形已失矣

殷

□

固病也从疒發聲方肺切

□古文以灋去爲廢字盂鼎 □師酉敦 □伯晨鼎勿廢朕命之廢如此

吳

□大克鼎 □盂鼎 □師酉敦 □師虎敦

丁

𤵸 疕 瘍 瘖

寒病也从疒辛聲所臻切

古𤵸字許氏說寒病也

古鉨文

吴

頭瘍也从疒匕聲卑履切

古疕字許氏說頭瘍也

玉鉨文

吴

古鉨事疕

丁

頭創也从疒昜聲與章切

瘍古鉨文

古鉨文人名多疒旁字疑醫者所用之鉨如瘍醫名瘍癰醫名癰各從其所長也

吴

凝

鐵

罌

凝

華

徵

不能言也从疒音聲於今切

古瘖字

玉鉨文

古鉨文

吴

古鉨行瘖

丁

無

待

鐵

徵

𤵜

顫也从疒又聲于救切

王舉

竺陸

輷陸

徵

痤

小腫也从疒坐聲一曰族絫臣鉉等曰今別作瘯蠡非是昨禾切

古痤字許氏說小腫也古鉢文

吳

古鉢郭痤

丁

癰

腫也从疒雝聲於容切

古癰字許氏說腫也古鉢文

吳

古鉢高癰

古鉢事癰

古匋或作𤻬與癰同前漢鄭崇傳發頸癰

丁

疥

搔也从疒介聲古拜切

古

徵

癘

惡疾也从疒蠆省聲洛帶切

文王命癘鼎

源

古癘字齊侯𦉜毋咎毋癘

吳

痔

後病也从疒寺聲直里切

古痔字 鉨文

吳

痹

溼病也从疒畀聲必至切

古匋 許氏說溼病也 吳愙齋釋瘣非

丁

疻

毆傷也从疒只聲諸氏切

古匋

丁

疢

熱病也从疒从火臣鉉等曰今俗別作疢非是丑刃切

待

徵

㾜

病息也从疒夾聲苦叶切

陸

徵

疲

勞也从疒皮聲符羈切

古鉨 星箑疲原書謂說文所無

丁

瘉也从疒差聲楚懈切又才他切

古鉥鄗瘥

丁

疾瘉也从疒翏聲敕鳩切

古瘳字反文許氏說疾瘉也

古鉥文

吳

古鉥瘳量

丁

瘇

瘇古陶器文說文所無

吳

⿸疒元

⿸疒元古陶器文說文所無

吳

瘚

瘚古陶器文說文所無

吳

⿸疒朴

⿸疒朴古玉鉥文說文所無

吳

⿸疒見

侃⿸疒見戈 文說文所無

吳

⿸疒塞

古鉨文說文所無

吳

⿸疒縣

古鉨文說文所無

吳

⿸疒兵

古鉨文說文所無

吳

⿸疒奉

古鉨文說文所無

吳

⿸疒子

古鉨文說文所無

吳

⿸疒王待

徵

⿸疒寽

古鉨文說文所無

吳

⿸疒弁

古鉨文說文所無

吳

⿸疒电

古鉨文說文所無

吳

⿸疒焦

古鉨文說文所無

古鉨文

吳

待

郭

磬

徵

⿸疒美

古鉨文說文所無

吳

⿸疒午

古鉥文說文所無

吴

⿸疒告

古鉥文說文所無

吴

⿸疒⿱幺心

古鉥文說文所無

吴

⿸疒方

古鉥文說文所無

古鉥文

吴

凝

舉

徵

⿸疒敏

古鉥文說文所無

吴

華

徵

⿸疒示

古鉥文說文所無

吴

痎　痏　症　痔　癅　瘠

痎 古鉨文說文所無 吳

痏 古鉨文說文所無 吳

症 古鉨文說文所無 吳

華

徵

痔 古鉨文說文所無 吳

癅 古鉨文說文所無 吳

瘠 古鉨文說文所無 吳

⿸疒导

古鉥文說文所無

吳

⿸疒亘

古鉥文說文所無

吳

醫

徵

⿸疒左

遊

徵

痒

醫

侍

徵

瘨

陽成

夢

徵

⿸疒要

無

徵

⿸疒名　⿸疒皇　⿸疒夫　⿸疒盾　⿸疒百　⿸疒安

⿸疒名	⿸疒皇	⿸疒夫	⿸疒盾	⿸疒百	⿸疒安
馨 徵	夢 待 徵	季 馨 徵	伏 夢 徐 待 季 徵	伏 徵	夢 徵

痵　疣　疰　𤺧　痵　冖

徵

徵

徵

徵

徵

冖　覆也从一下垂也凡冖之屬皆从冖臣鉉等曰今俗作冪同莫狄切

冂　古文以為冕字

吳

冂

冂 盂鼎冂衣市舄 編

莫爵酒也从一託舉周書曰王三宿三祭三詫當故切

吒字重文小篆作 吳

合會也从冃从口臣鉉等曰同爵名也周書曰太保受同嚌故从口史籀亦从口李陽冰云从口非是徒紅切

商鐘

齊侯鎛鐘

牧敦

石鼓 源

鄭同媿鼎

石鼓

事同古鉩 吳

古鉩易咸同戟谷鉩 丁

同同卣

不𡢁敦

鄭同媿鼎

同姜鬲

姞口句鑃

散盤

枼同敦

小銅柱 編

鄭鐵

冕

書契菁華第十葉 後編下 鐵 徵

第十葉 殷

大夫以上冠也邃延垂瑬紞纊从冃免聲古者黃帝初作冕亡辡切

冕或从糸

鼎 穆公

𨛜𣪘

牧𣪘

寅簋 源

冕經典袞冕二字多相連而言如周禮司服享先王則袞冕左傳桓二年袞冕黻珽是

公代郘鼎錫公寶鼎大曲形矢䮷馬袞冕以章公休殆是冕字从目象形

公代郘鐘 編

冑

兜鍪也从冃由聲直又切

司馬法冑从革

小盂鼎此字舊釋冕非案當是冑象兜鍪如覆釜中銳上出象蒙首形

兩

今所謂兜鍪也古兜鍪皆兼面具施之故祇露目古文完全象形小篆當爲从目由聲許氏謂从月誤

伯晨鼎 冑

豦彝 亞命冑字如此命舊釋衷故誤以冑爲冕

丁

孫詒讓釋冑 豦敦甲冑干戈

䣄侯鼎

盂鼎

編

二十四銖爲一兩从一兩平分兩亦聲良獎切

兄癸卣

文王命䧹鼎

季娟鼎

晉姜鼎

定陶鼎

上林鼎

漢吳王濞半兩錢

源

函皇父敦蓋文

函皇父敦器文

吳

函皇父敦

大敦

𩛥敦

使夷敦

网

同齊侯壺

丁

兩大敦

守敦

𣪕敦

宅敦

齊侯壺

函皇父敦

編

庖犧所結繩以漁从冂下象网交文凡网之屬皆从网 今經典變隸作冂文紡切

网或从亡

网或从糸

古文网

籀文网

卷上八第二十八葉

後編下第八葉

說文解字网从冂下象网交文或从亡作罔或从糸作網古文作𠕳籀文作𦉪此作⊠象張网形

殷

罟

网也从网古聲公戶切

石鼓

源

古罟字

石鼓

吳

古鉢罟椅

丁

羅

以絲罟鳥也从网从維古者芒氏初作羅魯何切

古鉢綿羅

古匋吳愙齋以為羅字

丁

卷四第五十葉

卷五第二十一葉

第四十三

葉

第七葉

卷六第四十五葉

同上

同上

同上

同上

後編上第十一葉

同上

下第二十四葉□第二十七葉

祚案羅師釋羅說文解字羅以絲罟鳥也从网从維古者芒氏初作羅□象張網□象鳥形丨象柄于誼已明後世增糸復倒書之誼轉晦矣又古羅與離爲一字離篆文从𠂤即□之變也其从□者以文觀之亦是羅字象鳥正視之形

殷

罘

兔罟也从网否聲臣鉉等曰隸書作罘縛牟切

罘 古鉩嚴罘

罘 古匋

丁

罝

兔网也从网且聲子邪切

組 罝或从糸

䍦 籀文从虘

□卷一第十一葉□卷四第五

十葉卷五第十四葉同上卷十八第二十五葉

後編下第十七葉

祚案爾雅釋器兔罟謂之罝此从网兔當爲罝之初字說文从网且聲且殆从兔之譌又誤象形爲形聲矣

殷

罘罳屏也从网思聲息茲切

古鉥玉罳說文新附字

古鉥口罳襄

丁

心憂也从网未詳古多通用離呂支切

古匋說文新附字心憂也古與離通用

古匋

丁

⿱罒畐

羉

說文所無 兮甲盤⿱罒畐盧地名 編

卷八第七葉

兮甲盤作與此同 殷

甲卷十六第四十八葉

同上

卷七第十六葉

第十一葉

藏龜第四十二葉

後編下第二十四葉

祚案此字說文所無从畢从豕當為爾雅釋器彘罟謂之羉之羉字 殷

罘 巾 帥

卷四第九葉　卷一第四十八葉　龜甲獸骨卷一第十八葉

祚案王徵君說爾雅釋器麋罟謂之罘注冒其頭也此正作冒麋頭之形當是罘字

殷

佩巾也从冂丨象糸也凡巾之屬皆从巾居銀切

卷十七第五葉

殷

佩巾也从巾𠂤所律切

帥或从兌又音稅

盄和鐘

石鼓

源

古帥字兮伯盤 毋敢不即帥

石鼓　邿人鐘　虢叔鐘　彔伯戎敦　毛公鼎　叔向父敦　師虎敦

幣 帶

晉公盦
單伯界生鐘
吳
帥从目 史頌敦
史頌鼎
秦公敦

叔向敦
虢叔鐘
番生敦
師望鼎
單伯編鐘
井人鐘

毛公鼎
晉邦盦
彔伯敦
師虎敦
編

帛也从巾敝聲 毗祭切
敔敦
源

紳也男子鞶帶婦人帶絲象繫佩之形佩必有巾从巾 當蓋切
宰辟父敦
伯姬鼎

源
師奎父鼎
頌鼎
頌壺
頌敦蓋
頌敦器

常

赤頌敦文

鄭𨚕伯作叔帶鬲 吳

寰盤

古鉩孫帶陳簠齋釋舞非 丁

下帬也从巾尚聲市羊切

常或从衣

古裳字从巾从屯省屯古純字色不雜也裳之言障也所以障體也師奎父鼎

頌鼎裳从屯不省

頌敦

赤頌敦文

頌壺 吳

古鉩周裳

古匋吳愙齋古匋頌

以為常字 丁

常不从巾陳公子甗尚字重文 編

幕

帷在上曰幕覆食案亦曰幕从巾莫聲慕各切

後編下第十九葉

象巾覆尊上乃禮注覆尊巾之冪之本字後世用幕則借字也今則借字行而本字廢矣 殷

糞也从又持巾埽冂内古者少康初作箕帚秫酒少康杜康也葬長垣支手切

女乙 觚

源

古文以帚為歸女歸曰婦女歸卣

吴

帚孳乳為歸女歸曰婦女歸卣

母宰卣

孳乳為婦比敦伯婦

編

卷一第二十五葉

第二十八葉

第二十葉

卷五第十二葉

卷六第六葉

卷八第二葉

第十四葉

說文解字帚从又持巾埽門內卜辭帚字从⺕象帚形朩其柄末所以卓立者與金文戈字之朩同

席

意其从冂者象置帚之架埽畢而置帚于架上倒卓之也許君所謂从又乃彐之譌从巾乃木之譌謂冂爲門內乃架形之譌亦因形失而致誤也凡卜辭中帚字皆叚爲歸 殷

籍也禮天子諸侯席有黼繡純飾从巾庶省臣鉉等曰席以待賓客之禮賓客非一人故从庶祥易切

𠩄 古文席从石省

後編下第三十

十八葉

說文解字席从巾庶省古文作囦从石省案从石省之說難通古但象形作囦耳卜辭作囦與囦同象席形詳三部謝字注 殷

芾

枲織也从巾
父聲博故切

漢貨
布

貨布
錢

大黃
布

[源]

睘卣

[吳]

布
睘卣

[編]

說文所無
芾伯䢅芾于大命

[編]

韠也上古衣蔽前而已市以象之天子朱市諸侯赤市大夫葱衡从巾象連帶之形凡市之屬皆从市分勿切

韍 篆文市从韋从犮臣鉉等曰今俗作紱非是

許氏說韠也象連帶之形
篆文市从韋从犮盂鼎

[吳]

市
毛公鼎

盂鼎

頌壺

韐

帛

頌敦

豆閉敦

編

士無市有韐制如榼缺四角爵弁服其色韎賤不得與裳同司農曰裳纁色从市合聲古洽切

韐或从韋

屈生敢

源

古韐字从市从重環形許氏說制如榼缺四角此从⊖正象四角橢圜形後人改从合合⊖形相近也揚敦

吳

繒也从巾白聲凡帛之屬皆从帛　旁陌切

帛女鬲

源

辛宮鼎

吳

大敢

古鉨公孫帛

丁

帛大敦

召伯虎敦

舍父鼎

魚匕

編

蘭

季

徵

皪

卷二第十二葉

殷

石鼓

源

白

西方色也陰用事物色白从入合二二陰數凡白之屬皆从白 旁陌切

古文 白

古文以為伯字 盂鼎

石鼓文以為白假借字

吳

古鉥私白

丁

白𫊸乳為伯 盂鼎

不𡡎 敦

魯伯 鬲

虢季子白盤

杞伯 敦

格伯 敦

伯侯父 盤

編

白鏁偶

徵

卷二第五葉 卷七第

說文解字白从入合二古文作（白）古金文與此同

亦作（白）盂鼎但多借爲伯仲字 殷

皙

人色白也从白析聲先擊切

（皙）石鼓 源

𡭴

際見之白也从白上下小見起戟切

（𡭴）許氏說𡭴際見之白也从白上下小見此从日古鉨文

（𡭴）𡭴戈 吳

㡀

敗衣也从巾象衣敗之形凡㡀之屬皆从㡀毗祭切

（㡀）古匋

（㡀）古匋

（㡀）古匋同上二字吳愙齋均以爲蔽省 丁

㡀也一曰敗衣从攴从㡀㡀亦聲毗祭切

後編上第十葉

龜甲獸骨卷二第二十四葉

說文解字敝帗也一曰敗衣从攴从㡀㡀亦聲此从㡀省

殷

箴縷所紩衣从㡀丵省凡黹之屬皆从黹

臣鉉等曰丵衆多也言箴縷之工不一也陟几切

黹王國維謂此兩己相背之黻字頌鼎

頌敦

頌壺

師奎父鼎

袁盤

休盤

編

黻

黑與青相次文从黹犮聲分勿切

 卷四第三十八葉

祚案王徵君說此殆是黻字所謂兩己相背者形當如此師奎父鼎作黹頌敢器作黹舊釋作帶與此畧同多與屯字連文謂黻純也 殷

古籀彙編弟八上

臨海徐文鏡編

人

天地之性最貴者也此籀文象臂脛之形凡人之屬皆从人

如鄰切

亞人辛尊

齊侯鎛鐘

齊侯鐘

宋君夫人鼎

南宮中鼎

杞敨

敔敨

寅簋

石鼓

源

盂鼎

吳

古鉩仁人

古匋子袤里人鼂

古匋蒦昜南里人䖒

丁

人說文儿此籀文象臂脛之形儿古文奇字人也象形
卩瑞信也象相合之形此三字實為一字儿象人側立之
形卩象人跽伏之形儿則其筆畫小異者也說文
訓卩為瑞信故从卩之字說解均誤人作父己卣

人作父戊卣

般甗 天君鼎 散盤 周公敦 追敦 兮甲盤

盂鼎 齊鎛 王孫鐘 穌甫人匜 師酉敦 王人甗

編

偃 郾 御

徵

亻卷一第十八葉亻卷四
第二十八葉亻第二十一葉亻第二十二葉亻卷一第十五

保

葉乙卷五第十八葉乙第二十九葉人卷六第二十八葉

龜甲獸骨卷一第七葉人第十一葉

乙亦人字象跽形命令等字从之許書之卪今隸作卩乃由乙而譌

殷

養也从人从𤓰省𤓰古文孚博袌切 古文保 古文保不省

許子鐘

楚邛仲南和鐘

盄和鐘

齊侯鎛鐘

齊侯鐘

王子吳鼎

公緘鼎

晉姜鼎

齊侯匜

杞公匜

孟姜匜

牧敨

齊侯槃

卬仲盦

源

小兒衣也从人抱子丿象保衣之形周書曰若保赤子小篆作緥叔向父敦

且辛父庚鼎

格伯敦

季保敦

王子申盞盖

鄦子妝簠

齊陳曼簠

齊侯鎛保从任

王伐汞子敦

太保鼎

齊侯敦

吳

保子達敢

鄦侯敢

宗婦敢

司寇良夫壺

仲子化盤保字反文

古鉨上大夫之保鉨

丁

保毛公鼎

盂鼎

邾公華鐘

叔向敦

襄鼎

寡兒鼎

鄦子簠

沇兒鐘

大保敦

子仲匜

保子敦

齊陳曼簠

秦公敦 鄀𡣕敦 宗周鐘 王子申盞盂 陳侯因資敦 司寇良父敦

姞口句鑃 格伯敦 鄘侯敦 其次句鑃 中子化盤

齊鎛 淵鼎 齊侯敦 國差𦉜

編

親也从人从二𢀚鉦等曰仁者兼愛故从二如鄰切 古文仁从千心 古文仁或从尸 古鉢仁人說文仁古文作𢜩愚案古仁忍似為一字蓋不忍即仁釋名仁忍也此从𠂆从心𠂤即𠂆之反文許氏謂从千心與𡰥下曰或从尸均誤於形似說致費解 古鉢忠仁思士此與下三字皆秦初周末文字

古鉢必可交仁从人从二與𡰥極相類許氏誤為从尸 古鉢交仁 仁字反文古鉢忠仁

企

思士

丁

仁卷二第十九葉

殷

舉踵也从人止聲去智切

古文企从足

卷五第二十七葉

同上

說文解字企舉踵也古文作𨑥从足卜辭與篆文同

殷

佩

大帶佩也从人从凡从巾佩必有巾巾謂之飾臣鉉等曰今俗別作珮非是蒲妹切

大帶佩也小篆从人从凡从巾頌鼎

吳

頌敦

頌敦與上一字同文異範

丁

頌鼎 佩

頌敦

編

伯

長也从人白聲博陌切

伯鼎

伯姬鼎

伯鬲

源

古伯字白字重文

仲

中也。从人从中，中亦聲。直衆切

伯不从人 魯伯鬲白字重文 編

秉仲鼎

秉仲爵

中鼎

仲傰父鼎

伯碩父鼎

史頙父鼎

召夫尊

仲信父甗

父乙甗

仲父鬲

京姜鬲

源

伯仲之仲古作中 仲皃敦

戲仲鬲

吳

古鉨仲矢馬[illegible] 㫊信鉨

丁

仲不从人 散盤

令鼎

仲師父鼎

齊鎛

仲姞鬲

子仲匜

叔𢦔敦

編

[illegible] 待

徵

中卷一第八葉

伊

中同上中同上中同上中同上

此伯仲之仲古伯仲但作白中然與中正之中非一字（說見一部中字注）後人加人以示別許書列之人部者非初形矣

殷

殷聖人阿衡尹治天下者从人从尹於脂切

[伊] 古文伊从古文死

[伊] 敔敔

[伊] 伊彝

源

[伊] 伊敦

吳

[伊] 古鉨

丁

[伊] 伊 史懋壺

[伊] 伊敦

編

[伊] 卷五第四十葉

[伊] 書契菁華第十一葉

[伊] 後編上第二十二葉

[伊] 同

侚 份 僚

下第二十一葉 殷

疾也从人旬聲辭閏切 後編下第二十一葉 殷

文質備也从人分聲論語曰文質份份府巾切 古文份从彡林林者从焚省聲臣鉉等曰今俗作斌非是 盄和鐘 源

好皃从人尞聲力小切 卷四第二十一葉 第二十一葉 卷五第二

十九葉 同上

爾雅釋詁寮官也釋文字又作僚左氏傳文七年穀

梁傳莊十六年國語魯語注並云同官曰寮儀禮士冠

禮注同官爲僚是寮古通僚說文有僚無寮於僚
訓好皃而卜辭及毛公鼎番生敢皆有寮字今人
每以文字不見許書者爲俗書是不然矣卜辭又
省宀作尞漢祝睦碑尞屬欽熙魏元丕碑酬咨羣
尞是漢魏間尙叚尞爲寮也

殷

僑

高也从人喬聲巨嬌切

古鉥左車僑頁壯

丁

侗

大皃从人同聲詩曰神罔時侗他紅切

古鉥韓侗

丁

郭

李

徵

佶

正也从人吉聲詩曰既佶且閑巨乙切

古匋□芋□稟□佶

丁

儼

昂頭也从人嚴聲一曰好皃魚儉切

儼不从人 虢叔鐘嚴字重文

編

倗

輔也从人朋聲讀若陪位步崩切

倗說文輔也从人朋聲金文以為倗友之倗經典通作朋貝之朋而專字廢

王孫鐘

杜伯簋

芇伯敦

叔弋敦

𨪟叔敦

倗伯敦

倗仲敦

格伯敦

倗尊

編

卷四第一二十葉

貝五為朋故友倗字从之後世友朋字皆叚朋貝字為之廢專字而不用幸許君尚存之于說文解

字中存古之功可謂偉矣古金文中友倗字多與
卜辭合望敢作弃彝鼎作弃

殷

戒也从人敫聲春秋傳曰儆宮居影切

古鉩纔儆程許氏說儆戒也
此从敬省

丁

善也从人叔聲詩曰令終有俶一曰始也昌六切

俶不从人
寡子卣叔字重文

編

精謹也从人幾聲明堂月令數將僟絲巨衣切

仲僟敢許氏說僟精謹也
明堂月令數將僟

丁

負何也从人它聲臣鉉等案史記匈奴奇畜有橐佗今俗譌誤謂之駱駝非是徒何切

古鉩㚇他

丁

佗不从人
齊侯敦它字重文

編

何 供 備

郭
徵

儋也从人可聲臣鉉等曰儋何即負何也借爲誰何之何今俗別作擔荷非是胡歌切

父貝解

何敦

石鼓作何

源

何

古鉥顕何

丁

何盤

徵

設也从人共聲一曰供給俱容切

供

綏和壺

源

愼也从人𤰈聲平祕切

古文備

齊侯壺用璧二備玉二嗣

皆齊侯壺異文

吳

古鉥王備

丁

備

齊侯壺

編

位

列中庭之左右謂之位从人立于備切

盄和鐘

雒尉鼎

南宮中鼎

師毛父敦

𢼛敦

牧敦

𩰫父乙

源

古位字頌鼎王各大室即立立當讀位

吳

古鉨王位信鉨位字反文从立立即立古鉨及齊刀文往往如此

丁

位不从人頌鼎立字重文

編

疑

徵

儕

等輩也从人齊聲春秋傳曰吾儕小人仕皆切

儕殷穀盤

編

傅

相也从人尃聲方遇切

古文傅即輔之異文師𩛥父敦蓋文少傅鼓鐘器文作少輔

古鉨文

丁

倚 側 付 侸

師龢父敦蓋 同上器文 丁

倚 依也从人奇聲於綺切

古鉩喬倚

古鉩喬倚 丁

倚萬鄒 徵

側 旁也从人則聲阻力切

無專鼎原書附錄疑為古側字 丁

付 与也从寸持物對人臣鉉等曰寸手也方遇切

敔敦 源

同散氏盤或从ヨ ヨ＝手也

古匋

古匋

古匋 丁

侸 立也从人豆聲讀若樹常句切

卷五第一葉

第十八葉

第四葉

卷六第二十八葉𡔷卷七第四十葉𡔷同上𡔷卷一第

四十三葉𡔷藏龜第百七十二葉𡔷第百十五葉𡔷後編

下第九葉𡔷第二十六葉

說文解字侸立也从人豆聲讀若樹案以讀若樹

觀之則當从壴聲此作𡔷者从人从壴壴即樹也

故或省人此爲後世僕豎之豎字卜辭又有𡔷从

女殆與从人之𡔷同

祚案段先生曰侸玉篇作𡔷云今作樹廣韻曰𡔷

同尌蓋樹行而侸尌豎廢并𡔷亦廢矣今以卜辭

偁

觀之則僖又侸豎之初字也 殷

偁揚也从人爯聲處陵切

仲偁父鼎 源

古偁字 戒都鼎 吳

偁 或者鼎

偁白敦

編

卷七第三十七葉 後編下第三十八葉

說文解字偁揚也从人爯聲此从爯省知者卜辭中爯亦省作冉矣又此字疑與爯爲一字舉父乙爵偁字作亦省爪 殷

伍

伍相參伍也从人从五疑古切

太宮壺 源

妙也从人从攴豈省聲臣鉉等案豈字从㪔省㪔不應从豈省蓋傳寫之誤疑从耑省耑物初生之題尚㪔也無非切

古鉥㪔□許氏說㪔妙也徐鉉疑从耑省案古耑字本作𡴀當云从耑不省耑物初生之題也其義為發端凡物發端皆㪔推㪔故妙㪔訓妙最為精切

古鉥 命魚

㪔羕簋㪔字反文 丁

㪔 散盤 編

起也从人从乍則洛切

琱戈 乙鼎 宝鼎 𠂤鼎 足跡鼎

伯𠂤鼎 䙴鼎 从單尊 子父巳尊 宝卣 祖辛卣

兄癸卣 啟匜 許子鐘 楚公鐘 曾侯鐘 齊侯鎛鐘

王伯鼎

單从鼎

言肇鼎

乙公鼎

君季鼎

圓宝鼎

仲偁父鼎

父貝觶

雙弓角

司寇匜

杞公匜

孟姜匜

散季敨

師棓敨

張仲簠

單从盉

嘉仲盉

方宝甗

伯鬲

魯正叔盤

卭仲盤

卭仲盦

石鼓

甘泉上林宮行鐙

書言府弩鐖

源

古作字孟鼎

頌鼎

魚作父己尊

父癸壺

日辛卣

伯寰卣魚父丁觶皆作倒文

師舍敦作反文

遽伯瞏敦

杞伯敦

㠱侯敦 从木从匕

伯矩尊

邛君婦壺

古作字異文 姑馮句鑃

吳

王孫鐘

懷鼎

穌鼎

稷𣪘

姞氏𣪘

文姜彝 匕或从攴

丁

作不从人 頌鼎乍字重文

或从攴 姞氏敦

仲鑠簋

編

漸進也从人又持帚若埽之進又手也七林切

侵 鐘伯侵鼎

編

賣也从人賣聲余六切

許氏說儥賣也 君夫敦

吳

儥 君夫敦

編

還也从人賞聲食章切

古償字不从人曶鼎賞字重文

吳

償不从人曶鼎賞字重文

丁

材能也从人堇聲渠吝切

古鉢僅絲利鉢

丁

更也从人弋聲臣鉉等曰弋非聲說文忒字與此義訓同疑兼有忒音徒耐切

石鼓

丁

度也从人義聲魚羈切

儀不从人虢叔鐘義字重文

編

保也从人壬聲如林切

古鉢任範

丁

習也从人谷聲似足切

毛公鼎康能四或俗

丁

俗 毛公鼎

師㝨鼎

由季鼎 編

俾

益也从人卑聲一曰俾門侍人并弭切

齊侯鎛鐘

齊侯鐘

師橲敔

源

鞞古文以為俾

字使也周書曰罔不率俾史頌敦曰帥鞞許書陴古文作𨻰 陴字重文

或省作卑守敦卑冊命卑字重文

吴

俾不从人曶鼎卑

字重文

編

使

伶也从人吏聲疏士切

古使字通事使夷敦王使小臣守

吴

使不从人守敦事字重文

編

傳

遽也从人專聲直戀切

古傳字散氏盤

傳尊

師田父尊

吴

傳傳尊

傳卣

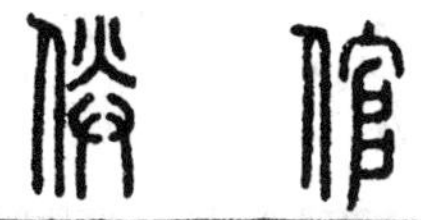

散盤 編

後編下第七葉

師田父尊作與此同 殷

小臣也从人从官詩曰命彼倌人古患切

古鉩作倌 丁

送也从人关聲呂不韋曰有侁氏以伊尹倂女古文以爲訓字臣鉉等曰关不成字當从朕省案勝字从朕聲疑古者朕或音倂以證切

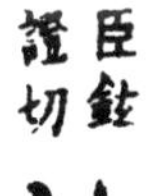豆閉敨許君曰倂送也案倂

即媵余别有説 丁

倂說文送也从人灷聲呂不韋曰有侁氏以伊尹倂女今經典作媵左僖五年傳以媵秦穆姬楚

辭天問媵有莘之國媵說文所無通賸說文賸一曰送也賸字重文又通朕朕字重文又通媵媵字重文季宮父作中姊媦姬倂簋

豆閉敦用併乃且考事 編

偏

頫也从人扁聲芳連切

師㲉敦 源

儔

翳也从人壽聲直由切

父乙甗 源

佃

中也从人田聲春秋傳曰乘中佃一轅車堂練切

古佃字 揚敦 吳

佃甸為一字 魏三字石經 侯甸古文作佃 克鐘

揚敦

格伯敦 編

侈

掩脅也从人多聲一曰奢也尺氏切

古侈字不从人韓仲侈壺 戰國策公仲侈或作仲朋或作仲明皆多之譌也 多下重文 吳

僞 詐也从人爲聲危睡切

古鉨姉僞 僞字反文 【丁】

傷 輕也从人𥏫聲一曰交傷以豉切

古鉨傷□ 【丁】

偃 偃也从人匽聲於幰切

古鉨𠤶偃或从力 古與堰壓並通

古鉨高偃 【丁】

係 絜束也从人从系系亦聲胡計切

古鉨王係

古鉨窒孫係 【丁】

吉

徵二 待 【徵】

伐 擊也从人持戈一曰敗也房越切

齊侯鎛鐘

齊侯鐘

南宮中鼎

敔敦

石鼓

源

古伐字从戈从孔象兩手執戈形丁未伐商角

畢仲敦

空首幣

貞敦

魯公伐郤鼎

吳

馭方鼎

不嬰敦

太保敦

遂伯彝

丁

伐大保敦

不嬰敦

宗周鐘

鄂侯鼎

遂伯敦

𢦏馭敦

虢季子白盤

禽敦

公伐郤鼎

公伐郤鐘

貞敦

編

伐卷一一第八葉　卷

二二第一一十九葉　伐卷四第一二葉　卷五第十一一葉　伐卷一一

第十八葉 卷六第六葉 同上 第十八葉

同上 第二十二葉 後編上第二十二葉 同上

第二十四葉 同上 同上 下第九葉

第十三葉 第十四葉 第二十六葉 同上

第二十二 同上 龜甲獸骨卷二第五葉 第十五

葉

伐从人持戈或从丮與丁未角畢仲𣪕同或从大
或从又或又象人倒持戉知人持戉亦爲伐者其
文曰乎伐曰貞乎伐𢀛方卷六第十八葉以是知之矣

殷

軍所獲也从人孚聲春秋傳曰以爲俘䤋芳無切

古俘字从戈从爪虢季子白盤

或从爪从ナ中一象貝作兩手攫貝形俘金之義小篆从子非是師寰𣪘

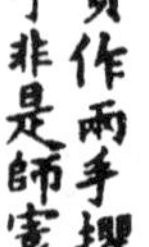

貞𣪘

吳

俘不从人師寰𣪘孚字重文

編

書契菁華第十八葉

說文解字俘軍所獲也从人孚聲此从行省不从
人古金文作貞𣪘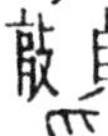師寰𣪘省彳吳中丞謂乃从
爪从ナ中一象貝作兩手攫貝之形疑小篆从子
非是今證以卜辭正是从子古金文从者亦子

咎　倃　催　佋

字吳說失之　殷

咎　災也从人从各各者相違也其久切

古咎字咎作父癸卣

或从疒省齊侯甗母咎母甗

僕兒鐘　吳

倃　毀也从人咎聲其久切

倃　集倃敦

倃卣

或从疒省齊侯

鐕母倃母瘠　編

催　仳催醜面从人隹聲許惟切

古鉥訶里催鉥　丁

佋　廟佋穆父爲佋南面子爲穆北面从人召聲市招切

古鉥尚佋鉥　丁

佋从召从尸二象人跽形即人字也許書誤

析佋卲為二字羅振玉說說文廟佋穆父為佋南面子為穆北面經典通作昭周禮小宗伯辨廟祧之昭穆注父曰昭此字屢見于金文經典釋

文亦時僻之段玉裁以爲晉人所竄入非也頌鼎王在周康卲宮

卲 頌敦

卲 蔡伯敦

卲 毛公鼎

卲 宗周鐘

卲 周公敦

卲 秦公敦

卲 卲敦

卲 剌鼎

卲

卲王敦

編

僰

僰爲蠻夷从人棘聲蒲北切

僰 尹卣

源

佇

久立也从人从宁直呂切

佇 古鉢邯佇

佇 古鉢吳佇

佇 古鉢王佇說文新附字佇久立也亦从立

丁

僕

僕

僕 牧敦

僕 敔敦

僕 寅簋

源

上林鼎 齊安鑪 源

从宀从人據魏三字石經古文作　篆文作　定為免字說文奪去補坿于此段氏訂入㲋部非是免敦 中伯御人鼎

免盤 免簠 史免匡 編

說文所無 大敦王在𩛥𥂕侲宮 大鼎 編

卷十八第四葉 第十八葉 卷七第十一葉 殷

變也从到人凡匕之屬皆从匕呼跨切

古匕字即化之省文許氏說匕變也齊刀背文 吳

匕 伯匕鼎 編

僊人變形而登天也从匕从目从乚乚音隱八所乘載也側鄰切

古文真

南宮中鼎

石鼓

源

古鉥真心周秦間文字

丁

教行也从匕从人匕亦聲呼跨切

古銅斤

源

許氏說化教行也古文以為貨字齊刀貨字重文

吳

化 中子化盤

編

相與比敘也从反人匕亦所以用比取飯一名柶凡匕之屬皆从匕

卑履切

匕古文以為妣字妣辛敦 妣下重文 吳

匕孳乳為妣 妣辛敦

鼎

戈妣辛

木工鼎 妣戊

妣己觚

妣己爵

妣乙爵 妣乙合文

戊辰敦 妣戊

作妣己觶 妣己

文妣辛爵 妣辛 編

望欲有所庶及也从匕从尸詩曰高山卬止伍岡切

古鉨郇卬古卬字與仰通

古鉨解卬 丁

相聽也从二人凡从之屬皆从从疾容切

从 从鼎

宰椃角 角 編

卷一一第十九葉 卷五第十二葉 第十六葉 卷七第

從

三十八葉　同上　後編上第十八葉

殷

隨行也从辵从从亦聲慈用切

从單尊

單从鼎

師艅尊

師淮父卣

囧从彝

單从彝

龙敨

村邦父盨

寅簋

單从盉

源

古從字齊侯壺

亦齊侯壺文

貞敦

宴敦

衛公叔敦

古鉩文

吳

師雝父鼎

格伯敨

不嬰敨

貞敨

從字尊

遂伯彝

幷

從 古鉥從淳於

古鉥趙從

古鉥趙從

古鉥司馬從

丁

從賢觥

遣伯敦

宴敦

史免匡

遹鼎

鈦馭敦

齊鎛

格伯敦

散盤

貞敦

補祉廟尊

編

待

郵

蘭

季

徵

相從也从从幵聲一曰从持二爲幷府盈切

秦權

秦斤

孝成鼎

虹燭錠

源

幷卷四第四十七葉

幷後編下第二十四葉

殷

密也二人為从反从為比凡比之屬皆从比毗至切

古文比

比彝

丁

鬲攸比鼎

鬲比簋

邶比父豆

編

卷二第八葉

卷四第十一葉

卷五第十二葉

後編下第二十葉

殷

慎也从比必聲周書曰無毖于卹兵媚切

古毖字慎密也周書曰汝劼毖殷獻臣部鐘曰余諽毖事君諽毖即劼毖

吳

乖也从二人相背凡北之屬皆从北博墨切

父乙鼎

伯姬鼎

谷口甬

源

古北字北屈幣

吳

師虎敦

吳尊

古鉥北坐

古匋北里五

丁

北 吳尊

師虎敦

傳卣

孳乳為卿

卿子敦

卿伯

鬲

卿伯卣

卿伯

敦

小銅柱

編

門

郭

郭

徵

卷一第八葉

卷四第七葉

後編下第二十四葉

殷

北方州也从北異聲几利切

冀父辛卣

冀師

源

冀

艸廷冀敦

編

土之高也非人所爲也从北从一一地也人居在丘南故从北中邦之

居在崐崘東南一曰四方高中央下爲丠象形凡丠之屬皆从丠

去鳩切今隸變作丘

古文从土

古丘字子禾子釜

齊刀背文或云丠即北之異文 吳

商邱叔簠

古鉨閭丘邊

古鉨閭丘□

古匋丘齊□□杉彫里□□

古匋丘齊沽里王□陳簠齋曰丘齊即營邱

古匋丘亓从土省

古匋曼丘遷

古匋古文丘从土此省一 丁

丘商丘叔簠

子禾子釜 編

多也从㐺目衆意之仲切

𢍰敨

十二辰鑑 源

古眾字周寍鼎

曶鼎 吳

師寰敦

古鉨

古鉨㝵衆

古鉨宜民和衆

古鉨和衆

古匋城陽衆

古匋城陽衆

古匋

丁

眾

師寰敦

編

遄和凝

㝵鐵

徵

卷二第十八葉

後編

上第十六葉

下第二十一葉

第二十七葉

第二十二葉

祚案說文解字眾多也从㐺目眾意曶鼎作與此同古鉨亦然

殷

會也从㐺取聲邑落曰聚才句切  古鉢文 吳

善也从人士士事也一曰象物出地挺生也凡𡈼之屬皆从𡈼

臣鉉等曰人在土上𡈼然而立也他鼎切  卷十六第五十五葉  後編下第十六葉 

第三十九葉

祚案說文解字𡈼善也从人士士事也一曰象物出地挺生也此正象土上生物之形與許書第二說相符則此字當从土不應从士 殷

朢

月滿與日相朢以朝君也从月从臣从壬壬朝廷也無放切

古文朢省

商鐘

師秦宮鼎

伯姬鼎

穆公鼎

師朢敨

尨敨

師㮚敨

師朢盨

源

許氏說月滿與日相朢以朝君也从月从臣从壬壬朝廷也師田父尊

庚羆卣

無惠鼎既朢从𡈼

師虎敦从臣

𠭯鼎既朢如此

使族敦

吳

曶鼎

縣妃彝

古鉩王㙞古文朢省𡈼爲𡈼之變古貞卜文字朢作𡈼與此略同

古鉩公孫朢古朢字異文仍从𡈼王孫鐘聖下作𡈼似此

丁

朢曶鼎

庚嬴卣

朢敦

傳卣

㮚伯敦

𡈼

史族敦

父甲鼎

楷妃敦

師朢壺

師朢鼎

華乳為譚

豦敦 豦弔敦 譚公伯休

穸鼎既朢

望爵

無叀鼎既朢从亡望字重文

休盤

師虎敦

蔡伯敦

編

卷一第十八葉

卷七八

第八葉

同上

卷七第四葉

後編上第十葉

說文解字朢月滿與日相朢以朝君也从月从臣从王古文省作𦣠此與許書合

殷

近求也从爪壬壬徵幸也余箴切

古鉨曾亓𡈼古文从𡈼之字或作王或作𡈼如經經或作土如望朢此从土如望朢例或謂土為𡈼之省

丁

厚也从壬東聲凡重之屬皆从重徐鍇曰壬者人在土上故爲厚也柱用切 谷口甬

周陽侯鐘 武安侯鈁 定陶鼎 汾陰宮鼎

孝成鼎 好時鼎 上林鼎 蓮勺鑪 平周鉦 周陽侯甗

軹家甑 源 古圜幣重一兩十二銖 古圜幣重一兩十四銖 吳

古鉨王重問从王省 古鉨 古鉨重口 丁 待

郭 徵

量

稱輕重也从重省鄉省聲呂張切

古文量

父乙甗

秦權

源

量侯敦

古鉢

量古量字从日从童王蒙友謂是上形下聲字日象斗中有米形童則聲也

古鉢左量

古鉢量事

古鉢瘳量

古匋酷里人匋口量

丁

量侯敦

克鼎

大梁鼎

編

監

臨下也从臥衉省聲古銜切

古文監从言

上林鼎

太宮壺

源

頌鼎

頌敦蓋

頌敦蓋

頌敦蓋

頌壺

吳

古匋監戓从邑

監

[丁]

頌鼎 監

頌壺

頌敦

鄧孟壺

攻吳監 [編]

臨

監臨也从臥品聲力尋切

師𩛥敦

綏和壺

[源]

古臨字 毛公鼎

盂鼎

[吳]

臨 毛公鼎

盂鼎

[丁]

身

躳也象人之身从人厂聲凡身之屬皆从身失人切

齊侯鎛鐘

齊侯鐘

杞公匜

孟姜匜

師𩛥敦

[源]

㐆 殷

古身字叔氏寶棽鐘

通彔鐘

叔向父敦

吳

古鉩𠂤身

古鉩𠂤身

丁

身 鄀公華鐘

叔向敦

叔氏鐘

楕伯敦

編

疑

鄀

鄀

鄀

鐵

待

鄀

徵

歸也从反身凡㐆之屬皆从㐆

徐鍇曰古人所謂反身修道故曰㐆也於機切

古鉩㐆

古鉩安㐆 與依同許氏說歸也从反身

丁

作樂之盛稱殷从㐆从殳易曰殷薦之上帝於身切

穆公鼎

虢𣐒鬲

源

古殷字盂鼎

師田父尊

仲殷父敦
虢叔簠
伐郘彝
仲殷父敦
[吳]

仲殷父敢
同器異范
[丁]
殷
盂鼎
傳卣

虢叔作叔
殷穀簠
殷穀
盤
格伯
敦
仲殷父
敦
[編]

凝
[徵]

依也上曰衣下曰裳象覆二人之形凡衣之屬皆从衣於稀切

宰辟
父敢
[源]
古衣字
盂鼎
吳尊
[吳]
伯晨鼎
[丁]

衣盂鼎　吳尊　頌鼎　頌壺　頌敦　趩尊

師奎父鼎　無叀鼎　寰盤　䞨侯鼎

【編】

卷二第十葉

第二十二葉　卷四第十葉　卷五第十葉　第十一葉

卷六第二十九葉　第三十四葉　卷七第二葉

後編上第十一葉　第二十葉　同上　同上　龜甲

獸骨卷二第十六葉

說文解字衣象覆二人之形案衣無覆二人之理段先生謂覆二人則貴賤皆覆其言亦紆回不可通此蓋象襟衽左右掩覆之形古金文正與此同又有衣中著人者亦衣字

祚案作者疑是依字

殷

天子享先王衮龍繡於下幅一龍蟠阿上鄉从衣公聲古本切

衮敦

源

古衮字吳尊

伯晨鼎

魯公伐鄃鼎

吳

衮公伐鄃鼎

公伐鄃鐘

䣄侯鼎

吳尊

編

上衣也从衣从毛古者衣裘以毛爲表陂矯切

古文表从麃

古表字井田間分界之木國語列樹以表道韋注表識也散氏盤一表以陟二表至于邊柳

裏

散氏盤 吳

古鉩辛表

古鉩□表□

古匋子表里人鼎說文表从衣从毛此从生或从牛从丰皆毛之變異

古匋表杠敀□□古者衣裘以毛爲表此毛在衣上與古

義正合 丁

衣内也从衣里聲良止切

牧敦

寅簋 源

毛公鼎

吳尊

彔伯㦿敦 吳

師兌敦 丁

裏不从衣𩑈侯鼎里字重文

毛公鼎虎冟熏裏

吳尊

番生敦

師兌敦

彔伯敦 編

左衽袍从衣𧟌省聲似入切　籀文襲不省　秦權　秦斤

源

䙝也詩曰衣錦褧衣示反古从衣耿聲去潁切　古鉥褧復

丁

袖也一曰藏也从衣鬼聲戶乖切　古鉥□褢从鬼省　古鉥褢任許氏說袖也一曰藏也玉篇褢眘袿藏物也抱也

在手曰握褢褱漢人在衣曰褢多用為懷字

丁

俠也从衣眔聲一曰橐臣鉉等曰眔非聲未詳戶乖切　許氏說褱俠也褱鼎蓋文　褱鼎器文

吳

毛公鼎

古鉥　古鉥□□褱案古褱褢字作此

丁

褱毛公鼎

褱鼎

編

伏

衣博裾从衣保省聲
保古文保
博毛切

孝成鼎

源

古匋吳窓齋謂
古褒字俗作褒

丁

衣裾也从衣㕯聲臣鉉等曰㕯
非聲疑象衣裾之形
余制切

古文裔

陳逆敦

古鉨口
口裔

丁

漢令解衣耕謂之
褰从衣𣪠聲
息良切

古文褰

古襄字
散氏盤

皆散氏
盤異文

鉩甫人
匜

襄垣幣

古鉨文

吳

古鉨襄陰
襄字反文

古鉨
口襄

古鉨王襄

丁

褻

私服从衣埶聲詩曰是褻袢也臣鉉等曰从熱省乃得聲私列切

从衣从埶許氏說私服古文以為埶字又通暬詩曾我暬御傳暬御侍御也國語居寢有暬御之箴周禮王府凡褻器疑即執器又内豎執褻器以從遣車執字疑後人所加褻器當讀作執器禮檀弓君之褻臣也褻臣疑即執臣言君之執事臣也毛公鼎師氏虎臣雩朕埶褻事褻事即暬御

吳

褻檀弓君之褻臣也注嬖也毛公鼎師氏虎臣雩朕褻事

編

裨

接益也从衣卑聲府移切

古鉥長裨

丁

雜

五彩相合从衣集聲徂合切

敔簋

寅簋

源

裕

衣物饒也从衣谷聲易曰有孚裕無咎羊孺切

敔簋

源

裛

書囊也从衣
邑聲於業切

古鉩文

吳

衰

艸雨衣秦謂之草
从衣象形穌禾切

衰古文

古衰字衰艸雨衣象形今俗別作蓑非是衰作父癸鼎

吳

古鉩鄀衰古衰

字木象艸
雨衣形

丁

褱

古玉鉩文

古鉩文

吳

鐵

鐵

季

季

鐵

徵

炏衣

說文所無齊鎛𠈇𦥑
叔又戌炏衣于齊邦

編

卷十八第二十四葉

後

褻 裲 裹

編下第二十五葉  同上

祥案王徵君疑褻之初字 殷

褻尊 說文所無

編

敔盤 說文所無

編

陸

鐵

王

磬

季

華

鄭

徵

裘

後編下第十六葉 殷

皮衣也从衣求聲一曰象形與衰同意凡裘之屬皆从裘 巨鳩切

古文省衣

石鼓 源

古裘字 彔卣

許氏說古文省衣作求象形石鼓

歸夆敦

齊子仲姜鎛

君夫敦 吳

番生敦 丁

君夫敦 裘不从衣

番生敦

邾侯鐘

齊鎛

舀鼎

𠦪伯敦錫女口裘

彔卣錫馬錫裘 編

徵

卷二二第二十二葉

□第二十九葉□卷四第五十葉□卷五第十四葉□第四十葉□同上□卷七第六葉□第二十七葉□後編上第二葉□下第八葉□同上□第二十九葉□龜甲獸骨卷一第十二葉□第十九葉

說文解字裘古文省衣作□又卣作□此省又作□象裘形當爲裘之初字許君裘字注古者衣裘故以毛爲表段先生曰古者衣裘謂未有麻絲衣羽皮也衣皮時毛在外故裘之制毛在外今觀卜

辭與又卣裘字毛正在外可爲許說左證卜辭中
又有作𣎳者王徵君謂亦裘字其說甚確蓋[illegible]爲
已製爲裘時之形𣎳則尙爲獸皮而未製時之形
字形畧屈曲象其柔委之狀番生敦及石鼓文作
𣎳齊子仲姜鎛作𠂇並與此同𣎳既爲獸皮而未
製衣是含求得之誼故引申而爲求匄之求卜辭
中又有作𣎳亦求字 徵

考也七十曰老从人毛匕言須髮變白也凡老之屬皆从老 盧皓切

齊侯鎛鐘

齊侯鐘

仙人鑑

吳

古老字叒季良父壺

齊太僕歸父盤

齊鎛

吳

古鉩敬老二从止示人生之有止境也
小篆从匕當是从止省之誤

丁

老 季良父壺

齊鎛

夆叔盤

歸父盤

編

舉

蘭

徵

卷四第五十二葉

卷七第二十五葉

卷二第一葉

後編下第三十葉

第二十五葉

同上

殷

祚案象老者以杖之形第三五六三文乃考字古老考孝本通金文同

耋

年八十曰耋从老省从至徒結切

後編下第一一十葉

祉案說文解字耋年八十曰耋从老省至聲此从老从至不省

殷

耆

老也从老省旨聲渠脂切

古鉢王耆

丁

耇

老人面凍黎若垢从老省句聲古厚切

古耇字師奎父鼎

曾伯霥簠

買敦

吳

師艅敦

師器父鼎用祈眉壽黃句

丁

耇不从老省師鄂父鼎句字重文

師奎父鼎

曾伯簠

師艅敦

畢同敦

買敦

編

壽

久也从老省𠷎聲殖酉切

▲ 丁亥父乙尊

許子鐘

楚邛仲南和鐘

楚公鐘

遲父鐘

盄和鐘

齊侯鎛鐘

齊侯鐘

尌夜鼎

尌夜鼎

齊萦史鼎

王子吳鼎

公緘鼎

伯碩父鼎

史頌父鼎

微䜌鼎

晉姜鼎

高克尊

尹卣

作壽

樂司徒卣

召仲考父壺

杞公匜

孟姜匜

伯冏父敦

刺公敦

肇父敦

孟姜敦

虢姜敦

𦒱𣪘

卯𣪘

牧𣪘

張仲簠

京𡭴盨

姬寏豆

魯正𡭴盤

仲斯鬲

漢鑑

漢四神鑑

十二辰鑑

源

頌鼎

鄦惠鼎

陳侯鼎

趞亥鼎

頌敦

魯伯俞父簠

遲盨

頌壺

王婦匜

齊太僕歸父盤

王子申盞盂

古文以為醻字

醻字重文郘鐘

胱敦

楷妃彝

鄀公敦

克鼎

克鼎

邾太宰簠

姬[illegible]鼎

王孫鐘

買敦

邿遣敦

歸夆敦

古鉨文

古鉨文

公壽鉨文

吳

壽鼎

褱鼎

諶肇鼎

㲋姞敨

父戊彝

歸夆敨

不嬰敨

豆閉敨借為眉字

豆閉敨

壽尊

古鉨善壽

古鉨

善壽

古鉨善壽

古鉨稟壽

古鉨壽[illegible]

古鉨壽[illegible]

古鉨壽[illegible]

古鉨壽君

古鉨壽君

古鉨公口壽

古鉨鄭壽閔

古鉨亮壽

古匋

古匋金壽

丁

壽鄀公簋

仲師父鼎

邿遣敦

殳季良父壺

陳公子甗

㝬生敦

伯其父簋

邵鐘

遲簋

杜伯簋

頌敦

頌壺

曼龔父簋

曾伯簋

芮伯敦

䣄友父鬲

師鄂父鼎

趩亥鼎

楷妃敦

畢鮮敦

虞司寇壺

邿伯鼎

豆閉敦

陳侯簠

鄀大師鼎

邾公華鐘

陳侯鼎

王婦匜

秦公敦

頌鼎

王孫鐘

寡兒鼎

邾公釛鐘

宮桐盂

都公釪

裏鼎

交君簠

伯勇父簠

魯遵父敦

齊侯盂

鑄公簠

國差鑰

齊鎛

胖侯盤

子仲匜

魯伯簠

毛公肇鼎

不嫛敦

善夫克鼎

䟴敦

考

姬鼎 買敦 其㞷句鑃 無叀鼎 杞伯壺

𨟻大宰簠 王子申盞盂 歸父盤 編 磬

舉 偶 鄭 鄭 鄭

徵

老也从老省丂聲苦浩切

齊侯鎛鐘 齊侯鐘 尹考鼎 趞鼎

文王命癘鼎 大夫始鼎 公緘鼎 伯碩父鼎 史頙父鼎

微䜌鼎

伯姬鼎

穆公鼎

師艅尊

高克尊

師淮父卣

單癸卣

召仲考父壺

剌公敦

[illegible]敦

宰辟父敦

邾敦

師[illegible]敦

師毀敦

牧敦

太宮壺

源

古考字睘卣

日辛卣

師田父尊

井人鐘

叔向父敦

彔伯戎敦

師舍敦

叔皮父敦

使族敦

仲殷父敦

朓敦

齊陳曼簠

呂伯孫敦

或省作丂嗣土敦丂字重文

空首幣

王孫鐘

買敦

鄉卣

吳

曶鼎

戍都鼎

伯考父鼎

尨姞敨

中辛父敨

豆閘敨

叔角父敨

杜白盨

丁

丁 考不从老省 司土司敦丂字重文

師望鼎

井人鐘

癸旻爵

旂作父戊鼎

伯仲父敦

吳彤父敦

䣄侯鼎

仲師父鼎

豐兮敦

頌鼎

頌壺

頌敦

友敦

豆閉敦

趩尊

魯遵鐘

史族敦

虢叔鐘

叔氏鐘

傳卣

彔敦

師酉敦

滕虎敦

宴敦

大敦

盄仲尊

叔向敦

仲殷父敦

王孫鐘

買敦

鄀公鎾

周公敦

伯考父鼎

彔伯敦

邾公華鐘

眔卣

召伯敦

毛公旅車鼎

杜伯簋

虢敦

穿鼎

師害敦

叔皮父敦

仲辛父敦

齊陳曼簠

卿卣

卿尊

師嫠敦

休盤

邵鐘

新尊

師奎父鼎

其𠨘句鑃

壽

遲盨用高考佗器多作用高孝

杞伯壺萬年譽考佗器均作譽壽

叔角父敦

無吏鼎

聃敦

伯家父敦

邾王義楚耑

編

善事父母者从老省从子子承老也呼教切

盄和鐘

公緘鼎

伯碩父鼎

史頙父鼎

微䜌鼎

剌公𣪘

仲駒𣪘

姬寏豆

蔑敖禹

冀師

槃

孝成鼎

萬歲錢

源

子承父也从父从子中象父子依倚形老耆壽考等字建首皆从父日久變易多失其本意尚有一二可證者虞司寇壺

虘鐘

多父盤

伯據敦

追敦

曾伯霥簠

畨君簠

豐兮敦器蓋異文古文孝考二字通用伯據敦用亯用孝追敦用亯孝曾伯霥簠用孝用亯畨君簠用亯用孝皆作孝豐兮敦

用亯考阮相國亦釋作亯孝

遟簋用亯孝亦作考

吳

曶鼎

陳侯午錞

散氏盤

杜白簋

丁

孝頌鼎

頌壺

頌敦

曶鼎

兮仲鐘

陳侯午敦

虘鐘

虞司寇壺

王孫鐘

買敦

季良父壺

陳肪敦

郜遣敦

追敦

陳侯因資敦

伯孝[illegible]簋

鄀公䥶

姬鼎

毛

尸

曾伯簠 番君簠 編

眉髮之屬及獸毛也象形凡毛之屬皆从毛莫袍切 乙毛鼎

師毛父敦 郘敦 源 毛公鼎 吳 古鉢毛槩

毛公鼎 毛公旅鼎 丁

陳也象臥之形凡尸之屬皆从尸式脂切 古夷字作尸曾伯霧簠克狄淮夷 兮伯盤至于南

淮夷 夷宋重文 吳

居

蹲也从尸古者居从古臣鉉等曰居从古者言法古也九魚切

俗居从足

季娟鼎

源

屖

屖遟也从尸辛聲先稽切

屖競卣

伯頣父鼎

屖尊

鄀公𨥮

王孫鐘

編

屠

刳也从尸者聲同都切

古鉥屠車

丁

屋

居也从尸尸所主也一曰尸象屋形从至至所至止室屋皆从至烏谷切

籀文屋从厂

古文屋

古鉥𡆥𠣿屋古文屋从林从室林象棟梁形説文𣏟分从林許氏説複屋棟也

丁

𡗗夢

徵

屎

古屎字呻也从尸从米詩曰民之方殿屎

許書作㕧引詩民之方唸㕧陳侯因資敦

吳

古籀彙編弟八下

臨海徐文鏡編

微也从到毛在尸後古人或飾系尾西南夷亦然凡尾之屬皆从尾

尾 無斐切今隸變作尾

凝

徵

屬 連也从尾蜀聲之欲切

石鼓屬古与蜀通

蓮勺宮

源

屈 無尾也从尾出聲九勿切

屈生敨

源

古屈字小篆作屈 北屈幣

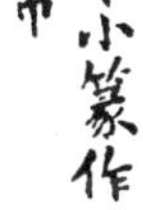

古鉨文

吴

足所依也从尸从彳从夊舟象履形一曰尸聲凡履之屬皆从履良止切

古文履从頁从足

齊侯鎛鐘

源

履麔邦司徒古鉢履說文古作䪐集均古作頣薛氏鐘鼎

款識齊侯鎛作頣此省舟同集均齊侯鎛

古鉢履侯癸履氏見姓苑史記晉官者履鞮

丁

船也古者共鼓貨狄刳木爲舟剡木爲楫以濟不通象形凡舟之屬皆从舟職流切

雄尊

舟父己爵

父舟觚

黃季舟

周虔敨

石鼓

源

古舟字象形父壬尊

父戊舟爵

舟丁父丁卣

吳

俞

石鼓

父乙簞

丁

舟 父丁卣

父戊 爵

父壬 尊

敄觶

父舟 敦

編

卷二第二十六葉

卷五第十六葉

卷七第二十一葉

第二十四葉

殷

空中木爲舟也从亼从舟从巜巜水也羊朱切

齊侯鎛鐘

齊侯鐘

源

古俞字許氏說空中木爲舟也魯伯厚父盤

魯伯俞父簠俞愈古通鬲作伯愈父

俞化幣

古鉥文

魯伯俞父簠兩器文少異

吳

師艅敦

不嬰敦

丁

俞 不嬰敦

魯伯大 父敦

魯伯俞 父盤

肜

魯伯俞父簠 彡 魯伯愈父鬲从心猶左傳宋公茲父公穀作慈父公孫茲公穀作慈也愉字重文 編

船行也从舟彡聲丑林切

彡 羅振玉釋肜艅尊隹王十祀又五肜日唐寫本玉篇肜爾雅舩又祭也商曰肜郭璞曰書曰高宗肜日是也白虎通昨日祭之恐禮有不備故復祭也 彡 邑斝隹王六祀肜日在四月 編

彡 卷一第一葉彡第二一葉彡第八葉彡第十九葉彡第一一十葉彡第二二十葉

書肜日之肜不見許書段先生謂即彤字公羊宣八年傳注肜者肜肜不絕是肜之誼爲不絕卜辭有彡日或作彡彡諸形正象相續不絕殆爲肜日之本字彭字蓋从此得聲故卜辭中彭字或从彡

朕

其明證也卜辭中又有彡月其誼則今不可知矣
䑳尊亦有彡日博古圖卷六載父丁彝亦有彡日隹
王六祀語 殷

我也闕真禁切
宝和鐘
盄和鐘
齊侯鐘
伯碩父鼎
史頌父鼎

徽繠鼎
伯姬鼎
晉姜鼎
穆公鼎
高克尊

孟姜匜
散季敦
戩敦
龙敦
邿敦

師毀敦 源
我也小篆作朕 盂鼎
師酉敦
師田父尊
叔向父敦
豐兮敦

無㠱敦
父癸尊
[吳]
曶鼎
中辛父敦
不嬰敦
師遽敦
大敦
[丁]
朕
毛公鼎
頌鼎
頌壺
頌敦
鄭𩰫父鼎
善夫克鼎
曶鼎
伯舟
豆閉敦
師酉敦
𦾔伯敦
宗周鐘
宴敦
㪤伯敦
豐兮敦
仲叡父敦
叔向敦
楚麗伯敦
叡編鐘
叔角父敦
師寰敦
大鼎
大敦
追敦
封仲敦

秦公敦 晅侯鼎 傳卣 守鼎 者沔編鍾 周公敦

師遽敦 買敦 先獸鼎 孟鼎 仲辛父敦

無㠯敦 師嫠敦 戎叔朕鼎 朕尊 孳乳為賸 叔上作叔媍賸匜

鑄公簠 中伯壺 魯伯鬲 郭造鼎 鄦友父鬲

郳侯盤 郳侯匜 齊侯敦

編

卷二第二十七葉

卷四第四葉 第二十八葉 第四十六葉 卷八

舫 般

第十四葉 書契菁華第十一葉 後編上第二十葉

說文解字𦨶我也闕予意朕當以訓兆爲初誼故象兩手奉火形而从舟火所以作龜致兆舟所以承龜訓我者殆後起之誼矣

般

船師也明堂月令曰舫人習水者从舟方聲甫妄切

石鼓

源

石鼓

丁

辟也象舟之旋从舟从殳殳所以旋也北潘切

古文般从支

穆公鼎

源

辟也許氏說象舟之旋般盤古通兮伯盤 槃字重文

吳

般 般甗

趞曹鼎王在周般宮

利鼎王客于般宮

孳乳爲槃 兮甲槃

免盤

齊侯盤 寰盤 干氏叔子盤 取膚盤 胖侯盤

函皇父敦 函父盤 史頌盤 仲皇父盤 魯伯盤 仲獻父盤

穌甫人盤 余卑盤 休盤 齊陳曼簠

編 卷一

第十五葉 第同上 同上 同上 第十六葉 同上

同上 第四十八葉 同上 第四十九葉 卷

四第十六葉 後編上第十一葉 下第二二葉 第二

十七葉

服

說文解字般辟也象舟之旋从舟从殳殳令舟旋者也古文从支作𦨶此从攴許云从支乃攴之譌兮甲盤亦作𦨶从攴此或从又省攴

般

用也一曰車右騑所以舟旋从舟𠬝聲房六切

古文服从人

徵欒鼎

戠𣪕

牧𣪕

寅簋

源

古服字 盂鼎

趩尊

克鼎

吳

毛公鼎

番生𣪕

靜𣪕

丁

服 盂鼎

周公敦

艅　舫　方

毛公鼎　克鼎　趩尊　番生敦　編

艅艎舟名从舟余聲經典通用餘皇以諸切　師艅尊　源　古艅字說文所無　父辛觶　吳

卷五第十一葉　第二十八葉

从舟从庚父乙甗作　𣪘氏款識　己酉方彝作　博古圖　與此同　殷

併船也象兩舟省總頭形凡方之屬皆从方府良切　方或从水

己酉戍命彝　南宮中鼎　晉姜鼎　穆公鼎　單癸卣

父癸匜

司寇匜

父乙甗

石鼓

源

古方字 彔伯戎敦右闢四方

盂鼎匍有四方

魯公伐鄀鼎

吳

不𡢁敦

南方敦

古鉨朱方

古鉨方埜都司徒

古匋中蒦昜里口方誤

丁

方俎子鼎

般甗

鄃尊

毛公鼎

盂鼎

虢季子白盤

秦公敦

鄂侯鼎

兮甲盤

公伐郐鼎

公伐郐鐘

曾伯簠

乙亥鼎

不𡢁敦

彔伯敦

番生敦

召尊

編

無

吉

徵

才第十六葉亏卷五第十一葉屮第十二葉岁第二十二葉

乇後編下第四十一葉

作兒者與彔伯戎敦同

殷

孺子也从儿象小兒頭囟未合汝移切

父乙甗

源

古兒字 僕兒鐘

沇兒鐘

吳

兒 沇兒鐘

寡兒鼎

居敦

居簋

小臣兒卣

易兒鼎

余義編鐘

編

卷七第四十葉

後編

古籀彙編 八下 七

下第四葉

【殷】

信也从儿㠯聲樂準切

窖磬

穆公鼎

【源】

古允字師酉敦公族允螿

【吳】

不嬰敢女以我車宕伐厰允於高地

石鼓

【丁】

允从女不嬰敦

厰允又作𤞷二字重文

【編】

卷一第二十七葉

第二十八葉

卷一第十七葉

卷五第四十三葉

卷七第三十一葉

說文解字允信也从儿㠯聲卜辭允字象人回顧形殆言行相顧之意與

殷

說也从儿𠭁聲臣鉉等曰𠭁古文兗字非聲當从口从八象气之分散易曰兌爲巫爲口大外切

師兌敦

古匋

丁

兌 師兌敦

編

後編下第九葉

丁

長也从儿从口凡兄之屬皆从兄許榮切

兄丁尊

兄癸卣

兮寧鐘

源

先生爲兄故从生生先生二字省文也叔家父簠

沇兒鐘

齊侯鎛

吳

龙姞敦

父舟斝

叔家父匲用成稻粱用速先𧰼諸兄案古兄訓滋益與今

況字爲一字在此器依韻亦應讀況

散氏盤从从生省爲之反文當是古況字阮相國釋牧原書釋邦皆非

古鉩部況信鉩疑从次省句鑃次作曰次以明先之爲兄也

丁

兄 剌卣

父 季良父壺

蔡姞敦

壺

余義鐘

齊鎛

兄日句兵

兄癸斝

王孫鐘

沇兒鐘

帥鼎

叔家父匡

姞口句鑃

史桼兄敦

編

卷一第二十八葉 同上 第二十九葉 第四十葉

兢 跣

同上 第四十一葉 同上 卷二第二十二葉

卷四第二十六葉 卷五第四葉 後編上第七

葉 同上 同上 同上 同上 下第二十

六葉

殷

競也从二兄二兄競意从丰聲讀若矜一日競敬也居陵切

兢 鬲比簋

編

說文所無

跣敦

編

頌儀也从人白象人面形凡皃之屬皆从皃莫教切

皃或从頁豹省聲

籀文皃从豹省

齊𠛱正貘古貘字或从馬

丁

冕也周曰覍殷曰吁夏曰收从皃象形皮變切

籀文覍从廾上象形

或覍字

古弁字覍也小篆作覍許氏說籀文作 或作 毛公鼎

吳

前進也从儿从之凡先之屬皆从先

臣鉉等曰之在人上是先也穌前切

齊侯鎛鐘

齊侯鐘

南宮中鼎

季娟鼎

晉姜鼎

穆公鼎

召公尊

𢀛敦

郘敦

師楂敦

牧敦

父乙觶

源

古先字 盂鼎

毛公鼎

僕兒鐘

吳

諆田鼎

師龢父敦

古鈢胡東先

丁

先 毛公鼎

盂鼎

宗周鐘

叔向敦

𣂚伯敦

虢季子白盤

師虎敦

師嫠敦

邵鐘

令鼎

揚敦

余義鐘

編

卷二第十五葉

第十八葉

第二十八葉

卷四第二十七葉

卷五第二十四葉

卷七

見

第三十葉 後編上第五葉 第十八葉 第三十

九葉 下第二十八葉

殷

視也从儿从目凡見之屬皆从見 古甸切

父乙鼎

見父己甗

南宮中鼎

季娟鼎

父乙甗

源

古見守己亥鼎

衛公叔敦

吳

匽侯鼎

古鉥周見

丁

見珉鼎

宗周鐘

賢觥

匽侯鼎

祈伯敦盨敦

至見獻鼎

編

卷一第二十七葉

第二十九葉同上卷四第二十四葉第

四十五葉第八葉卷五第二十一葉卷七第

二十一葉第二十二葉書契菁華第十葉

殷

觀

諦視也从見雚聲古玩切

古文觀从囧

林華觀行 鐙

源

古觀字御尊王在圃觀京

敀卣王觀于嘗

吴

古鉨阩觀

古鉨王觀

丁

覽

觀也从見監監亦聲盧敢切

姬寏豆

源

親

至也从見亲聲七人切

古親字史懋壺 寴字重文

克鐘

吳

親 克鐘

編

覲

諸侯秋朝曰覲勞王事从見堇聲渠吝切

古覲字頌鼎 反入覲章

齊侯壺 覲宴

齊陳曼簠

吳

覲不从見 頌鼎堇字重文

編

覠

从日从尹从見說文所無 史頌敦日遣天子覠命

史頌鼎

追敦敢對天子覠揚

井人鐘覠盄文且皇考

虢季子白盤 孔覠又光

編

覓

卷七第十七葉

後編下第二十二葉

殷

欽

欠皃从欠金聲去音切

欽

魚匕

編

歇

息也一日气越泄从欠曷聲許謁切

古鉥鄭歇从曷二

古文曷

古鉥王歇曷从匃二

古文作匄

丁

鄭

徵

歡

喜樂也从欠雚聲呼官切

古鉥江歡

丁

欣

笑喜也从欠斤聲許斤切

商鐘

源

款

意有所欲也从欠㱃省臣鉉等曰㱃塞也意有所欲而猶塞款款然也苦管切

款或从柰

古鉥李款

丁

欲 歌 歐 歉 欬

欲 貪欲也从欠谷聲余蜀切

欲 穆公鼎 源

歌 詠也从欠哥聲古俄切

謌 歌或从言

訶 古謌字僕兒鐘 訶字重文 吳

訶 歌或从言从可 余義鐘訶字重文 編

歐 吐也从欠區聲烏后切

歐 古鉨 歐 丁

歐 歐 伏 徵

歉 歉食不滿从欠兼聲苦簟切

歉 秦權 秦斤 源

欬 屰气也从欠亥聲苦蓋切

欬 卷二一第四十四葉

說文解字無謦字而有欬注屰气也又謦注欬也

通俗文利喉謂之謦欬 此二字亦見莊子徐無鬼篇 知⿱殸欠即謦

㳄　欺　[illegible]

㳄之㳄矣　殷

不前不精也从欠二聲七四切　古文次　古鉥次𣝕隼鉥次舍也又謂幄幕或亭樓此象亭樓形字書古文次作𠕇其上蓋象窗牖與甍略同許謂為从𦣞恐未必然　其次鏐次字反文　王子方盤　丁

次　嬰次盧　編

詐欺也从欠其聲去其切　古文以為欺字師寰敦無諆徒馭　吳

澂　徵

說文所無　魚匕　編

㱃

墨

【徵】

㱃也从欠酓聲凡㱃之屬皆从㱃於錦切

古文㱃从今水

古文㱃从今食

飲父丁爵

尹卣

三不老鑑

【源】

古㱃字从酉从水入口形或曰从欠許氏說欠張口气悟也虢叔鐘

僕兒鐘

沇兒鐘㱃从欠與小篆相近

伯作姬酓壺酓即㱃

【吳】

飲壺

禧祀敦原書入附録

【丁】

㱃余義鐘㱃飲訶彝

沇兒鐘飲酒

【編】

㱃食气屰不得息曰旡从反欠凡旡之屬皆从旡居未切今變隸作旡

古文旡

 卷四第二十三葉  卷五第二十五葉  後編下

第四葉

說文解字㱃食屰气不得息曰旡从反欠古文作旡案石鼓文既字从旡與卜辭畧同許書之古文旡乃由旡傳寫之譌卜辭又有旡字不知為旡字之反書抑是許書之欠字不可知矣 殷

臨海徐文鏡編

頭也从百从儿古文䭫首如此凡頁之屬皆从頁百者䭫首字也

胡結切

無頁尊 此為頁字之最古者象人身體全部說文皆由此分析而各自為部

許於頁下曰頭也从頁从儿以為古文䭫首字以全身而訓為頭或為隨俗定義不欲非今返古更致迷誤與

古鉢左車僑頁壯

古鉢棵頁計鉢

古鉢頁周秦閒文字

丁

頁說文云古文

頭 顏 頌

䭫首字如此卬敦卬拜手䭫手 [編]

首也从頁豆聲度侯切

古鉨子鮮頭从百从豆首許氏說首也篆文从頁非 [丁]

眉目之間也从頁彥聲五姦切

籀文

古鉨顏同計鉨 [丁]

皃也从頁公聲余封切又似用切

籀文

許氏說頌皃也今經典通作容頌鼎

史頌敨

史頌匜 許氏說

頌皃也案即今容皃字 [丁]

頌令經典通作容周禮鄉大夫四曰和容鄭注與頌同頌鼎

頌壺

頌敦

史頌敦

史頌鬲

史頌盤

史頌匜

編

頂也从頁眞聲都年切

古顛字仆也从頁从匕象顛沛之形詩小宛哀我塡寡桒柔倉兄塡兮瞻卬孔塡不寍皆當作今詩作塡誤匕爲土毛公鼎

吳

頟也从頁是聲杜兮切

古鉩文

吳

頭莖也从頁巠聲居郢切

古鉩頸何从古文巠

丁

項也从頁令聲良郢切

盂妳

鬳丸

源

出頟也从頁隹聲直追切

从頁从隹疑即頟字古文讀若書圖晝夜頟頟許氏說頟顀也顀出頟也漢書韓王信傳封龍頟侯注頟字或作雒雒雕相近當即雕之誤毛公鼎母雕于政

頵

碩

吳

頟 毛公鼎毋頟于政

編

頵 頭頵頵大也从頁君聲於倫切

伯姬鼎

晉姜鼎

源

伯頵父鼎

吳

頵 伯頵父鼎

寰盤

編

碩 頭大也从頁石聲常隻切

伯碩父鼎

石鼓

源

石鼓

叔[illegible]鬲

吳

叔碩父甗

丁

碩 叔碩父甗

叔碩父鼎

鄀史碩父鼎

編

願

大頭也从頁原聲魚怨切

漢清白鑑 源

頲

狹頭頲也从頁廷聲他挺切

古鉩喬頲璽下許氏云从壬壬朝廷也是壬廷古今字此从古文壬非从廷省集均頲謂同頲 丁

顓

頭顓顓謹皃从頁耑聲職緣切

古鉩顓孫陳簠齋曰顓通端顓孫嬀姓陳公子顓孫仕晉因氏焉孔子弟子子張姓左莊十一年傳歂孫从欠今从立故曰通端端始也又作耑 丁

頊

頭頊頊謹皃从頁玉聲許玉切

古頊字頊[illegible]簋 吳

古鉩頊[illegible] 丁

頡

直項也从頁吉聲胡結切

邵鐘頡[illegible]與書酒誥劼毖同意頡劼二字古文通用 吳

古鉩郤頡 丁

頼 顫 顯

頡 頡 邵鐘

[徵]

傾首也从頁卑聲匹米切

晉公盦莫不日頼疑即俾之假借字周書曰罔不率俾

[吳]

頭不正也从頁亶聲之繕切

顫

古鉨任顫

顫

古匋顫里典

[丁]

頭明飾也从頁㬎聲臣鉉等曰㬎古以爲顯字故从㬎聲呼典切

遲父鐘

盄和鐘

齊侯鎛

齊侯鐘

師㮚宮鼎

伯姬鼎

穆公鼎

尨敢

師楂敢

牧敢

寅簋

[源]

古顯字从二不不古丕字大也 師虎敢

盂鼎

頌鼎

彔伯戎敦

毛公鼎

靜敦

師遽方尊

或从臼从尹从見追敦

或从見史頌敦

虢季子白盤

亦虢季子白盤文孔顯又光與詩韓奕不顯其光同意

史獸鼎

歸夆敦

克鼎

吳

無專鼎

豆閉敦

師酉敦

古鉩梁顯

古鉩王顯

丁

顯 毛公鼎

頌鼎

頌敦

克鼎

虢季子白盤

袁盤

師酉敦

彔伯敦

靜敦

師遽尊

大鼎

靦

戲編鐘

秦公敦

史獸鼎

盂鼎

芇伯敦

鄭登叔盨

編

靦前也从百象人面形凡面之屬皆从面 彌箭切

師𢓊敢

源

卭仲槃

源

𦣻同古文百也巛象髮謂之鬊鬊即巛也凡𦣻之屬皆从𦣻 書九切

聘鐘

齊侯鎛鐘

齊侯鐘

季娟鼎

伯姬鼎

師淮父卣

戠敢

宰辟父敢

郱敨

師楂敨

師㲉敨

牧敨

敔敨

寅簋

石鼓

秦權

秦斤

首山宮鐙

源

首師遽敦蓋

录伯戎敦

靜敦

頌鼎

諆田鼎

伯晨鼎

大鼎

師𩛥父敦

師寰敦

歸夆敦

無㠱敦蓋

吳

曶鼎

穿鼎

師奎父鼎

大敨

頌敨

師酉敨

不㝬敨

師兌敨

豆閉敨

周公彝

丁

首 頌鼎

頌壺

頌敦

不嬰敦

鄂侯鼎

虢季子白盤

褱盤

吴尊

師酉敦

師褱敦

大敦

師克敦

令鼎

克鼎

周公敦

舀鼎

無㠱敦

史懋壺

農卣

師遽尊

遹敦

師奎父鼎

友敦

豦敦

大鼎

䡵侯鼎

師遽敦

彔伯敦

克盨

師嫠敦

休盤

豆閉敦

穽鼎

師艅敦

芥伯敦

編

䭫

下首也从𩠐旨聲康礼切

聘鐘

齊侯鎛鐘

齊侯鐘

文王命癘鼎

季娟鼎

伯姬鼎

師淮父卣

戠敔

宰辟父敔

龙敔

邾敔

師楷敔

師毀敔

牧敔

寅簋

源

許氏說䭫下首也今經典通用稽師遽敦蓋

彔伯戎敦

静敦

頌鼎

伯晨鼎

諆田鼎

師𩛥父敦

卯敦蓋省文

或从手歸夆敦

無䀠敦蓋奇字

丁

曶鼎 𪔉鼎䭫字如此 師兌敦

大敔盨 周公彝 古鉨䭫韡从旨省 丁

䭫不从旨 卯敦頁字重文 經典通用稽禮記射義再拜稽首釋文徐本作䭫 頌鼎 吳尊

頌敦 頌壺 師遽敦 諫敦 師遽尊 史懋壺

克盨 彔伯敦 周公敦 曶鼎 彔卣 休盤

克鼎 趩尊 師兌敦 師酉敦 不𡢁敦

縣

遹敦

豦敦

師餘敦

無㠱敦

大敦

師嫠敦

大鼎

令鼎

揚敦

豆閉敦

友敦

芇伯敦 从手

[illegible]侯鼎

[illegible]鼎

編

繫也从系持県臣鉉等曰此本是縣挂之縣借爲州縣之縣今俗加心别作懸義無所取胡涓切

許子鐘

齊侯鎛

齊侯鐘

源

樢妃彝孫仲容曰从木从系从県二到首也當是古縣字原書入附録

中鼎

丁

面毛也从頁从彡凡須之屬皆从須

臣鉉等曰此本須鬚之須頁首也彡毛飾也借爲所須之須俗書从水非是相俞切

須古文以爲盨字 周貉簋

[吳]

須 須口生鼎

孳乳爲盨 周貉簋

易叔簋

彭叔簋

伯孝𪔂簋

遣叔簋

弭叔簋

[編]

稠髮也从彡从人詩曰㐱髮如雲之忍切

㐱或从髟真聲

㐱卣

[丁]

飾也从彡攸聲息流切

古鉨攸年古文尚書脩皆作攸秦會稽頌德惠攸長史記作脩此攸年即修年義同長年

[丁]

凝

[徵]

彰 彫 彥 文

文彰也从彡从章章亦聲諸良切

古匋許氏說彰彣彰也

古匋

丁

琢文也从彡周聲都僚切

古匋丘齊□□杉彫里□□許氏說琢文也

丁

美士有文人所言也从彣厂聲魚變切

古彥字彥鼎

吳

彥彥鼎

編

錯畫也象交文凡文之屬皆从文無分切

文戊祖丁尊

宔和鐘

盄和鐘

晉姜鼎

師艅尊

師淮父卣

單癸卣

文姬匜

㬎敲

戠敲

宰辟父敲

師毀

敨

牧敨

文王鼎

源

古文字晌敦

赤晌敦文

毛公鼎

師湯父鼎

趠鼎

趞鼎

戎都鼎

君夫敦

伯雝父敦

文父丁匜

師舍敦

使族敦

曾伯霥簠

攺簠盨

格仲尊

庚罷卣

罨卣

旂鼎

邾人鐘

盂鼎文王之文从王从文

歸夆敦

吳

曶鼎

追敨

師酉敨

豆閘敨

古鉢右遄文㝠信鉢

古鉢文果

古鉢蘇文

文陽幣

丁

文旂鼎
戎者鼎
君夫敦
趞曐
史喜鼎
利鼎

改簋
師害敦
是口敦
師酉敦
友敦
睘卣

麦尊
文父丁匜
豆閉敦
子𡦹觥
彔敦
婦闢觥

旂作父戊鼎
䎖敦
師趛鼎
叔向敦
師遽尊
𨟻侯鼎

趠鼎
毛公鼎
井人鐘
引鼎
德克敦

王孫鐘
追敦
虢文公鼎
曾伯簠
庚嬴卣
靳尊

髮 后

玟 盂鼎文王之文 从王从文

玟 沂伯敦

編

文 鍼

文 擧

文 無

文 文王 鄦

文 鄦

髮 待

徵

文 卷一第十八葉

文 同上

文 同上

文

文 卷四第二十八葉

文 同上

文

同上

文 同上

殷

髮 根也从髟犮聲方伐切

髮或从首

古文

髮鐘髮或从首 原書入附録

丁

繼體君也象人之形施令以告四方故厂之从一口發號者君后也凡后

司

之屬皆从后胡口切

後編下第九葉 殷

臣司事於外者从反后凡司之屬皆从司息茲切

齊侯鎛鐘

齊侯鐘

伯鄀父鼎

微欒鼎

欒司徒卣

司空彝

司寇匜

𢦏敦

宰辟父敦

㐌敦

牧敦

石鼓

侈耳鼒

源

古司字从𤔔从寸許氏說𤔔治也讀若亂同大澂案𤔔象兩手理絲形理則治否則亂寸治絲之器也从寸為治疑司治二字本一字盂鼎

衛姬壺

齊侯壺

虞司寇壺

散氏盤

又卣

司土敦

古鉩文司馬司徒司工皆作司晚周文字與小篆同矣

師奎父鼎

揚敦

守卣

古鉩文

二古鉩文司工如此

吳

毛公鼎

盂鼎

無專鼎

宂鼎

靜敦

卯敦

師虎敦

召白虎敦

魯大司徒敦

師兌敦

召叔簠

呂叔劍

石鼓

古鉩司寇之鉩

古鉩梁□□都司馬滄軍龍功之鉩

古鉩右司徒□□爵□□□之鉩

古鉨大司樂鉨

古鉨司工

古鉨司馬之鉨

古鉨厺昜右司馬

古匋▽司徒

丁

司毛公鼎 司余小子

宗周鐘

者女觥

叔向敦

揚敦嗣工司 二一本作史

紳敦

大梁鼎

从𤔔从司毛公鼎雩參有嗣小子師氏虎臣經典通作司說文籀文辭从司作嗣與此同

曶鼎

散盤

師奎父鼎

師酉敦

齊侯壺

召伯敦

召叔山父簠

師虎敦

子仲匜

豆閉敦

虞司寇壺

揚敦

番生敦

頌鼎

卪

南公有司鼎

司寇良父壺

司寇良父敦

穿鼎

靜敦

盂鼎

頌敦

師嫠敦

頌壺

免簠

免敦

免卣

卯敦

吳尊

嗣土嗣敦

無叀鼎

令鼎

編

夢

凝

司

鐵

鄆

璽

徵

瑞信也守國者用玉卪守都鄙者用角卪使山邦者用虎卪

土邦者用人卩澤邦者用龍卩門關者用符卩貨賄用璽卩道路用旌卩象相合之形凡卩之屬皆从卩 子結切

古鉥東昜淮澤王卩鉥

卩又見齊節墨刀其位置皆似附屬上一字在齊刀應是借為邑字此當釋㔾許氏說㔾瑞信也象相合之形㔾鉥者古用以徵信之鉥也字从卩篆當作㔾下象人股脛形所謂鄙躬折節也初義當為骨卩筋卩字引申為符卩之操

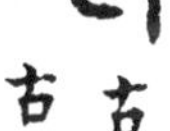

古鉥單佑都用王卩鉥亦古卩字象半分之形守國者其卩半在內半在外也 丁

發號也从亼卩徐鍇曰號令者集而為之卩制也力正切

聘鐘

齊侯鎛鐘

石鼓

史頌父鼎

徽欒鼎

[illegible]敨

陽嘉洗

源

古文以為命字太保敦

盂鼎

睘卣

師田父尊

乙亥方鼎

太保敦

辛子敦以上三字皆古令字

象旂下持卩形

吳

庚午鼎令象屋宇形朝廟受命者恭承之義象鄙躬也

丁

令彝孳乳為命

祖子鼎

大保敦

周公敦

父辛卣

盂鼎

傳卣

善夫克鼎

令鼎

史頌敦

睘卣

頌鼎

頌敦

克鐘

穿鼎

雝伯鼎

不嬰敦

師酉敦

孟爵

彔伯敦

舀鼎

無㠱敦

公伐郘鼎

公伐郘鐘

紳敦

免盤

䣄侯鼎

大鼎

師嫠敦

編

伏

徵

卷一第四十四葉

第四十九葉

卷四第二十七葉

卷七第十葉

第二十二葉

卷八第十四葉

後編上第十七葉

說文解字令發號也从亼卪案古文令从亼人集衆人而命令之故古令與命爲一字一誼許書訓

爲瑞信不知古文卩字象人跽形卽人字也凡許
書从卩之字解皆誤 殷

卲

高也从卩召聲寔照切

古昭字从卩毛公鼎

頌鼎康昭宮如此

宗周鐘卲各卽昭格

邵鼎
吳

古鉥宗卲

古匋楚城遷蔁里卲

卲佋為一字頌鼎佋字

重文
丁

厄

科厄木節也从卩厂聲賈侍中說以爲厄裹也一曰厄蓋也臣鉉等曰厂非聲未詳五果切

古戹字烏蠋也賈侍中說戹裹也一曰蓋也詩曰鞗革金戹毛公鼎曰右戹畫轉易𣪠于金桄金桄當即金戹

录伯戎敦曰金戹畫轉
吳

二卩也巽从此闕士戀切

卷六第五葉龜甲獸骨卷一第二十四葉同

丄

說文解字㔾二卪也巺从此闕案易雜卦傳巽巺即伏也又爲順漢書王莽傳下集注爲讓書堯典馬注爲恭論語子罕集解故从二人跽而相从之狀疑即古文巽字也

殷

執政所持信也从爪从卪凡印之屬皆从印於刀切

曾伯霥簠以手持卪曰印許氏說執政所持信也與後世印綬字不同說文正爲印反爲抑古似無此分別

古鉢工師之印=係山東出土覆斗上鈕鈌陳簠齋謂

工師是齊官稟印文作工篆文仍是六國文字而用印不用鉩學者謂印始於秦恐未必然意者此其改鉩為印之初制與

古鉩印士

丁

印从爪从卩象以手抑人而使之跽其誼如許書之抑其字形則如許書之印意印抑為一字羅振玉說曾伯簠印燮鄉湯

毛公鼎用印卲皇天

編

按也从反印於棘切

俗从手

卷四第四十六葉

後編下第九葉

龜甲獸骨卷一第二十四葉

說文解字𠬝按也从反印俗从手作抑又印注執政所持信也从爪卪卜辭字从爪从人跽象手

抑人而使之跽其誼如許書之抑其字形則如許書之印抑訓按許書及禮記內則注淮南精神訓注並同訓屈史記劉敬叔孫通傳集解訓枉國語晉語注訓止楚辭招魂注與字形正合引申之則訓安廣雅釋詁一訓治方言十三及廣雅釋詁三訓慎詩賓之初筵及凡謙抑之稱予意許書印抑二字古爲一字後世之印信古者謂之壐節初無印之名而卜辭及古金文則已有此字曾伯霧簠云克狄淮夷印燮繁邑抑亦訓安訓治印燮猶言安和矣印之本訓旣爲按抑後世執政以印施治乃叚按印之印字爲之反印爲抑殆出晚季所以別于印信字也古文每多反書而卜辭及金文印字皆正書無一反書如許書者則印與抑之非有二字二誼明矣

殷

事之制也从卩卯凡卯之屬皆从卯闕去京切

藏龜之餘第二一葉

說文解字卯事之制也从卩卯卜辭卯字从二人相向鄉字从此亦从卯知卯即卯矣此爲卿背之卿字卯象二人相嚮猶北象二人相背許君謂爲事之制者非也

殷

章也六卿天官冢宰地官司徒春官宗伯夏官司馬秋官司寇冬官司空从卯皀聲去京切

孟嘗君鼎

漢三神鑑

源

古卿字毛公鼎曰卿事寮太史寮

多父盤曰卿事師尹

邾公鐘曰樂我嘉賓及我正卿

吳

古鉩商卿

古鉩公孫鄉

丁

卿象兩人相向就食之形公卿之卿鄉黨之鄉饗食之饗皆為一字羅振玉說宰甾敦王饗酒

虢季子白盤

師遽尊

小子斝敦

卯敦

聃敦

囧壺

放卣

欮敦

遹敦

乙亥鼎

大鼎

毛公鼎卿事寮大史寮禮記冠義以摯見於鄉大夫以鄉為卿儀禮冠禮同古固為一字也

邾公釛鐘樂我嘉賓及我正卿

伯卿鼎

卿卣

公違敦

趞曹鼎北卿爾雅釋宮兩階間謂之鄉注人君南鄉

𨟻

當階閒  褱盤  吳尊  聖敦  師虎敦  休盤 編

 卷二第二十二葉  後編下第二十九葉

卜辭及古金文公卿字與鄉食字同說見六部鄉字注 殷

 說文所無令鼎王射有司眔師氏小子𨟻射  靜敦 薛氏款識召仲考父壺用祀用𨟻釋饗 編

法也从卩从辛節制其辠也从口用法者也凡辟之屬皆从辟

必益切  盄和鐘   齊侯鎛鐘  齊侯鐘  窖磬 

晉姜鼎

宰辟父敨

師憘敨

牧敨

寅簋

源

許氏說辟法也从卩从辛節制

其辠也从口用法者也古文不从口盂鼎

或从日陳子禾子釜

師舍敦

克鼎

克鼎

吳

王孫鐘

克鼎

𪓐白彝

鄀公鼎

辟字反文

丁

辟

毛公鼎

盂鼎

善夫克鼎

師望鼎

𪓐伯敦

師害敦

子禾子釜

編

卷二第二十二葉

辥

卷四第七葉第十五葉後編上第十二葉

說文解字辟法也从卩辛節制其辠也从口用法者也案古文辟从辛人辟法也人有辛則加以法也古金文作盂鼎增○乃璧之本字从○辟聲而借爲訓法之辟許書从口又由○而譌也

殷

治也从辟从井周書曰我之不辥必益切

毛公鼎嗣公族原書入附錄釋駿非案字从从井从手也井法也之繁文當篆作下爲屮之譌非从女也余定爲辥字治也爲人以手據法治事之意辥司公族者治司公族也其不从辟者辟爲節制其辠治事不盡爲治罪也欵識左作者蓋范壞也

寽鼎辥司

鄭田

大克鼎

番生敨辥司

公族
師兌敦辟奔司走馬
丁

曲脊也从勹𥷚省聲巨六切
古鉥夜匑从勹从𥷚二篆文作𦥑與辛辛𢍏義同經史多無別
古鉥匑
𥷚鉥
丁

手行也从勹甫聲薄乎切
古匍字盂鼎匍有四方
吳
匍盂鼎匍有四方
書金縢作敷佑四方
編

匊从勹米臣鉉等曰今俗作掬非是居六切
番匊生壺
古鉥匊易料昔給廩之鉥
古鉥郈匊

丁
匊
番匊生壺
編

少也从勹二羊倫切
古鉥董匀
匀作寶彝
丁
匀
匀敦
編

旬

上 侍 鐵 侍

徵

徧也十日爲旬从勹日詳遵切 古文

王孫鐘余尊旬于國古旬字从勻許氏說徧也原書釋明非是

古鉢文旬

丁

卷一第七葉 第十九葉 第二十五葉

第二十八葉 同上 卷四第七葉 第二十九葉

卷五第十三葉 第十五葉 第十八葉 第三十二葉

卷六第五葉 第六十六葉 卷七第二十六葉

□第三十七葉□後編上第二十二葉二□龜甲獸骨卷一第

十四葉二□第十九葉

祚案王徵君說使吏敲云金十□屖敖敲蓋云金

十□說文解字鈞之古文作銞是□□即銞字□

即旬矣卜辭又有□之二日語藏龜第六葉亦可證予

徧搜卜辭凡云貞旬亾囚者皆以癸日卜殷人蓋

以自甲至癸爲一旬而于上旬之末卜下旬之吉

凶云亾囚者猶易言旬無咎矣日自甲至癸而一

徧故旬之誼引申爲徧爾雅釋詁宣旬徧也說文

訓裹之勹實即此字後世不識乃讀包殊不知勹

乃旬之初字軥字从車从勹亦會意兼形聲也博古圖聃鐘銞作[glyph]即說文勻字

殷

覆也从勹覆人薄皓切

卷二第二十八葉

祚案說文解字勹覆也从勹从人段先生謂爲抱之本字今卜辭有[glyph]殆即勹字

殷

膺也从勹凶聲許容切

匈或从肉

上官鼎从凶从月从肉古匈字

古鉨辛匈

丁

重也从勹復聲扶富切

或省彳

曶鼎

丁

𦁔

說文所無

乙敦乙自作飤𦁔

仲義敦

寡兒鼎

降父匃𦁔敦

匋

居敦鑄此 𢊍皃从广 編

後編下第十五葉 殷

苟

自急敕也从羊省从包省从口口猶慎言也从羊羊與義善美同意凡苟之屬皆从苟己力切

古文羊不省

古鉨苟相許氏說苟从羊省从包省从口於古文苟謂羊不省此爲从羊从口之變古敬字左作可證仍是从包省也 丁

敬

肅也从攴苟居慶切

盄和鐘

齊侯鎛鐘

齊侯鐘

𢦏敨

師楷敨
師毀敨
收敨
寅簋
石鼓
源

古敬字象人共手致敬也盂鼎
師虎敦从㕣
毛公鼎从口从攴
僕兒鐘
師酉敦

亦師酉敦文
克鼎
金古鉨文
古鉨文
古鉨文

古鉨文
古鉨文
思言敬事鉨
古鉨反文
古鉨反文
吴

師鯀父敨
石鼓
古鉨秦敬
古鉨康敬
古一字鉨

古鉨敬事
古鉨敬事
古鉨敬事
古鉨敬事
古鉨敬事

古鉨敬事

古鉨敬事

古鉨敬事

古鉨敬事

古鉨敬事

古鉨思言敬事

古鉨冒敬

古鉨敬命

古鉨敬人

古鉨敬文

古鉨守敬

古鉨

古鉨

古鉨

古鉨

敬垣幣原書釋襄非

丁

敬 孟鼎

从口 師虎敦

毛公鼎 从口从攴

師犛敦

余義編鐘

師酉敦

秦公敦

邾公釛鐘

克鼎

編

盤

凝

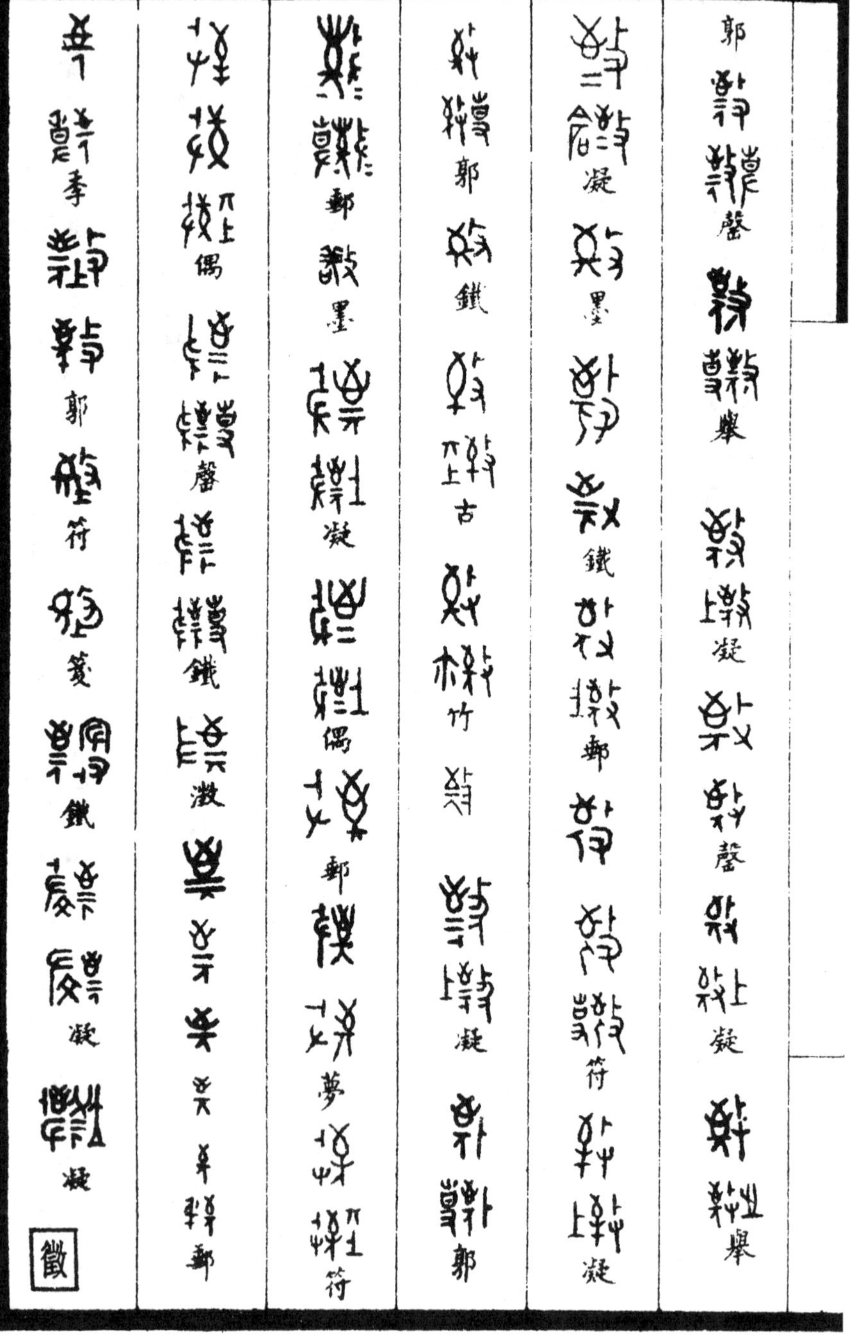

徵

鬼

人所歸爲鬼从人象鬼頭鬼陰气賊害从厶凡鬼之屬皆从鬼 居偉切

古文从示 梁伯戈鬾方蠻今經典通作鬼方鬼方國名 吳

陳口敵古文鬼从示 丁

鬼从示 陳眆敦鬼神

盂鼎鬼方 从戈从由

梁伯戈鬾方 蠻从支 編

卷四第十八葉

周上

周上

後編下第二三葉

說文解字鬼古文从示作䰟與此合惟許書謂鬼字从厶卜辭及古金文皆無之 編

畏

惡也从由虎省鬼頭而虎爪可畏也於胃切

古文省

威君鼎

晉姜鼎

寅簋

源

古畏字許氏說鬼頭而虎爪可畏也盂鼎

亦盂鼎文

毛公鼎

或从鬽王孫鐘
吳

古鉥韓畏許氏說鬼頭而虎爪可畏也
丁

畏盂鼎畏天畏

毛公鼎敃天疾畏又云夙夕敬念王畏不睗

王孫鐘䰠趩趩从夫

陳肪敦口龔畏忌从鬼从心
編
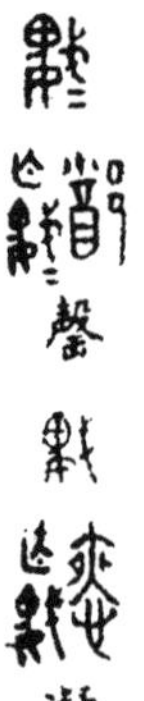
盤
凝
徵

藏龜第百

四十六葉

藏龜之餘第一葉

書契菁華第十一葉

後編下第四十二葉

說文解字畏惡也从甶虎省鬼頭而虎爪可畏也古文作[古文]古金文作[金文]盂鼎从[甶]及手形或省手形从卜當是攴省此則从鬼手持卜鬼而持攴可畏孰甚古金文或作[金文]王孫鐘既从卜又加攴初形已失矣

殷

厶姦衺也韓非曰蒼頡作字自營爲厶凡厶之屬皆从厶息夷切

古厶字別於厶爲公古鉥

古厶字異文

二厶皆古鉥文正行乍厶如此

吳

鐵

古

鄦

鄦

鄦

鄦

馨

馨

馨

凝

凝 鐵 壺 夢 鐵 虹 鄭

凝 伏 吉 舉 凝 符 墨 鄭

虹

徵

卷六第六十一葉 後編

上第三十五葉

祚案段先生曰此公私之本字今私行而厶廢矣

殷

高也从嵬委聲牛威切臣鉉等曰今人省山以為魏國之魏語韋切

古鉢魏閒

古鉢魏巷二字皆在周秦閒

古籀彙編弟九下

臨海徐文鏡編

宣也宣气散生萬物有石而高象形凡山之屬皆从山 所閒切

伊彝

南宮中鼎

高克尊

師淮父卣

好時鼎

梁山鋗

源

古山字象形 子作父戊觶

山丁爵

山且丁爵

邪山幣

克鼎

古鉥公孫山

古鉥樂山

古匋山心

吳

山象形 父丁觚

嶽 岡 崟 密

父乙罍

克鼎

召叔山父簠

編

東岱南靃西華北恒中泰室王者之所以巡狩所至从山獄聲五角切

古文象高形

古鉥岳陰都㴱左陳簠齋釋案𡵂當篆作𡵂象山峰起伏形此从為𡵂之變更从丘言其所基高厚也

古鉥岳陰都司徒

丁

山脊也从山网聲古郎切

封比干墓

銅槃

源

山之岑崟也从山金聲魚音切

古鉥崟忻崟或㞋之古石字許氏說山之岑崟也

丁

山如堂者从山宓聲美畢切

趞鼎

高密戈原書入附錄

丁

密

高密戈

編

嵒

山巖也从山品讀若吟臣鉉等曰从品象巖厓連屬之形五咸切

卷七第七葉 殷

嶵

山皃从山辠聲徂賄切

古鉩嶵守許氏說山皃集韻作嶵原書釋罪陳簠齋釋事均非 丁

岪

山脅道也从山弗聲敷勿切

許氏說岪山脅道也司寇矛 吴

崔

大高也从山隹聲昨回切

乙酉父丁彝 源

岓

古鉩文說文所無 吴

府

文書藏也从广付聲臣鉉等曰今藏腑字俗書从肉非是方矩切

谷口甬

丞相府漏壺

漢壺 源

廬　廡　廚　廄

伯要敦文沈樹鏞釋作府

亦伯要敦文

吳

寄也秋冬去春夏居从广盧聲力居切

牧敦

源

師湯父鼎王在周新宮在射廬口為凵之省非从口許氏說

廬寄也秋冬去春夏居此射廬為王習射時所居器為習射而作故所錫皆弓弭矢[illegible]

丁

堂下周屋从广無聲文甫切

籀文从舞

季娟鼎

源

庖屋也从广尌聲直株切

孝成鼎

源

馬舍也从广𣪘聲周禮曰馬有二百十四匹為廄廄有僕夫居又切

古文从九

从广从僕古廄字許氏說廄馬舍也周禮曰馬有二百十四匹為廄廄有僕夫諆田鼎

序 廣

吳

東西牆也从广予聲徐呂切

石鼓

漢三辰鑑

源

殿之大屋也从广黃聲古晃切

穆公鼎

源

古廣字叔氏寶林鐘曰用廣啓士身漢陽葉氏藏器如此

亦叔氏寶林鐘文大興翁氏所藏器

通彔康虔鐘

叔彭父敦

晉公盦

吳

不嬰敦

番生敨

廣㠯彝

晉公盦原書摹誤

古鉨廣里

丁

廣廣敦

不嬰敦

叔向敦

番生敦

廣敦

叔氏鐘

編

⿸广怱

屋階中會也从广怱聲倉紅切

古鉩⿸广怱臣許氏說⿸广怱屋階中會也

丁

龐

高屋也从广龍聲薄江切

古龐字从大不从犬許氏說龐高屋也尨石大也尨犬之多毛者後人混夵尨為一字而夵字廢

𩁹鐘

尨姞敦

尨姬尊

吳

卷五第十二葉

卷七第三十葉

藏龜第十二葉

後編上第九葉

殷

庶

屋下衆也从广炗炗古文光字臣鉉等曰光亦衆盛也商署切

齊侯鎛鐘

伯庶父敦

石鼓

源

古庶字盂鼎

石鼓

吳

古鉩公𠦃國鉩案𠦃亦作𠀍古文無从之無豈也庶衆盛也許氏說世與庶同意引商書曰

廢

庶草繁無是卌即古庶字庶蓋从卌省也

毛公鼎

召伯虎敦

伯庶父敦

魯大司徒匜

丁

庶盂鼎

毛公鼎

齊鎛

伯庶父敦

伯庶父簋

子仲匜

鄀公華鐘

編

屋頓也从广發聲方肺切

齊侯鎛鐘

齊侯鐘

晉姜鼎

𢀛敦

牧敦

寅簋

源

廟

尊先祖皃也从广朝聲眉召切

古文

父乙鼎

師秦宮鼎

𢀛敦

敔敦

𢊁

父乙甗

定陶鼎

孝成鼎

源

古廟字虢季子白盤

師酉敦

守敦

克鼎

歸夆敦宗廟省作朝

京作天廟爵天廟當釋作太廟

吳

小盂鼎

無專鼎

厂𠂤中敔

周公彝从⿰月彡省⿰月彡古潮字

丁

廟不从广芇伯敦朝字重文

克鼎

師兑敦

吳尊

免敦

同敦

虢季子白盤

師酉敦

無叀鼎

編

講武堂也有屋謂之𢊁从广从射小篆从木作榭虢季子白盤

吳

𢊁說文所無新坿从木作榭經典譌作序禮記鄉飲酒

⿸广奔　⿸广僕　厂

義疏無室謂之序爾雅釋宮無室曰榭序榭古音同在遇韻聲訓皆同故知
序為榭之譌而周禮地官州長以禮會民而射于州序孟子序者射也之序
亦皆當作榭也唐韻古者序榭同蓋久矣相沿而莫辨矣又段
用謝左宣十六年傳成周宣謝火虢季子白盤王在宣榭 編

（篆形）說文所無
陳子子作⿸广奔孟嬀穀女匜 編

（篆形）說文所無
令鼎 編

厂 山石之厓巖人可居象形凡厂之屬皆从厂 呼旱切
（籀文）籀文从干
厂 散氏盤

吳
厂 厂 散盤
（古文）趞尊王在 厈从干
（古文）趞卣
（古文）睘卣 編

厰

崟也一曰地名从厂敢聲魚音切

厰狁北狄也今詩作玁狁釋文玁本作獫漢書匈奴傳作獫允虢季子白盤

兮甲盤

吳

同不嬰敦女以我車宕伐厰允于高地厰允即玁狁

丁

厰虢季子白盤厰狁詩采薇

作玁狁傳北狄也釋文玁本作獫漢書匈奴傳作獫允

不嬰敦

兮甲盤

孳乳為嚴叔氏鐘用喜侃皇考其嚴在上

編

厎

柔石也从厂氐聲職雉切

砥 厎或从石

宰辟父敦

源

厲

旱石也从厂蠆省聲力制切

或不省

徵

厤 治也从厂秝聲郎擊切

厤𡩜乳爲歷 毛公鼎歷自今出入尃命于外 編

厥 厥从厂从二土从又說文所無章白厥敦 吳

厌 說文所無 帥鼎 編

厝 說文所無 毛公厝鼎 編

㕟 說文所無 宴敦 編

𠩄 □伏 徵

⿸厂馬

陸

徵

⿸厂韋

舉

徵

⿸厂賢

侍

徵

⿸厂敢

鐵

季

陸

徵

⿸厂电

竹

磬

鐵

季

季

徵

⿸厂桌

凝

徵

石

山石也在厂之下口象形凡石之屬皆从石常隻切

窨磬

武安侯鈁

源

己侯敦

吳

古鉢石遠

古鉢

𢍉鉢集均石作

𠩺此昜橫豎

丁

石

己侯敦

鐘伯鼎石沱

鼎之別名

裏鼎裏自作

飤碣駝从鼎

編

鐵

徵

磬

樂石也从石殸象縣虡之形

殳擊之也古者毋句氏作磬苦定切

籀文省

古文从巠

窨磬

師𣪘

敔

源

卷二一第四十二葉

同上

同上

卷四第十

𥕦 镸

說文解字磬樂石也从石声象縣虡之形籀文省作殸古文作硜卜辭諸字从屮象虡飾厂象磬乂持之所以擊之形意已具其从石者乃後人所加重複甚矣

殷

石磓也从石靡聲模臥切

䃺

鐖

書言府弩

源

久遠也从兀从匕兀者高遠意也久則變化亾聲𠆢者倒亾也凡镸之屬皆从長 臣鉉等曰倒亾不亡也長久之義也直良切

𠤼 古文長

𠑷 亦古文長

镸

尹卣

镸 镸

父丙卣

仲先彝

敔敦

父乙甗

好時鼎

長宜子孫洗

雙魚洗

館陶釜

宜君公鑑

宜子孫鑑

源

古長字長金之鉥

皆古鉥文

長畨戈文

吳

亭長鼎此字與古耑字篆同義亦相近或古為一字當寫作象形如

古鉥長慎

古鉥長匜

古鉥長官

古鉥長官

古鉥長遥

古鉥長用

古鉥長生午

古鉥長民

古鉥長訥

古鉥長生

丁

長𡨦長鼎

庶長畫戈

編

鑒 鑒 鄴 凝 凝 凝

凝 凝 伏 鑒 鐵 陸

凝 凝 鐵 凝 伏 舉

虹 古 鐵 陸 凝 鐵 鑒

舉 待 師 墨 鑒

徵

卷一第七葉 第八葉 後編上第十九葉

祚案此字與說文解字長之古文作𠑷𠑹二形相近古鉢亦多如此作 殷

肆

極陳也从長隶聲息利切 或从髟 古肆字陳也列也凡縣鐘磬半為堵全為肆左氏傳歌鐘二肆注縣鐘十六為一肆郘鐘曰大鐘八肆 或从金 齊侯壺曰鼓鐘一肆

古肆字或从帬毛公鼎肆皇天亡斁讀如詩肆皇天弗尚之肆 吳

肆陳也列也凡縣鐘磬半為堵全為肆左氏傳歌鐘二肆注縣鐘十六為一肆吳大澂說郘鐘大鐘八肆 齊侯壺鼓鐘一肆从金 編

镾

久長也从長爾聲武夷切 孟姜敦 源

勿

州里所建旗象其柄有三游雜帛幅半異所以趣民故遽稱勿

勿凡勿之屬皆从勿文弗切

勿或从㫃

晉姜鼎

龙敨

牧敨

寅簋

石鼓

源

古勿字 盂鼎

師酉敦

伯晨鼎

空首幣

吴

勿 毛公鼎

盂鼎

召伯敦

克鼎

䪺侯鼎

量侯敦

齊鎛

余卑鉦

師酉敦

師嫠敦

編

昜

開也从日一勿一曰飛揚一曰長也一曰彊者衆皃與章切

古昜字省文 三家敦

安昜刀

晉易幣

㘝易幣

齊刀背文

古鉢文

王孫鐘

吳

楚曾侯鐘

易叔簋

丕陽戈

古鉢東易淮澤王卩鉢

古鉢鄗易都圭久

古鉢口易信鉢

古鉢易逑

古鉢吳易

皆晉陽幣

安陽幣

丁

易易叔簋

宅敦

曾㝨伯鼎

同敦

華乳為揚駱子卣對揚王休

敔敦

易兒鼎

不易戈

蠡易季

編

毛冄冄也象形凡冄之屬皆从冄 而琰切

冄 余冄鉦 師寰敦

冄鼎 編 卷二一第二十七葉 後編下第九葉 殷

頰毛也象毛之形周禮曰作其鱗之而凡而之屬皆从而 臣鉉等曰今俗別作髵非

是如之切 商鐘 齊侯鎛鐘 石鼓 源 石鼓

陳子禾子釜 僕兒鐘 古陶文 吳 而 子禾子釜 編

彘也竭其尾故謂之豕象毛足而後有尾讀與豨同按今世字

誤以豕爲𧰼以𧰼爲豕何以明之爲啄琢从豕蠡从𧰼皆取其聲以是明之臣鉉等曰此語未詳或後人所加凡豕之屬皆从豕式視切古文石鼓

源

古豕字父乙觚石鼓

吳

𠭯皇父敨自豕鼎降十古鉨喬豕

丁

豕戊辰敦𠭯皇父敦

編

卷五第五葉

同上卷六第四十七葉卷七第二葉第

四十一葉第一葉藏龜第百四十二葉第百

三十八葉　第六十二葉　後編上第十九葉　下

第三十九葉　第四十葉

豕與犬之形象其或左或右卜辭中凡象形字第

肖其形使人一見可別不拘拘于筆畫間也有从

彡者象剛鬣或腹下加一未知何誼　殷

豢

以穀圈養豕也从豕𢍏聲胡慣切

卷六第四十七葉　藏龜之餘第六葉

後編下第三十六葉　殷

祚案說文解字豢以穀圈養豕也从𢍏豕聲今卜辭有𢍏字象以手奉豕犬疑豢之初字篆文从米殆後世所增牛羊曰芻犬豕曰豢故其字或从豕或从犬或象孕豕形 殷

豕走豨豨从豕希聲古有封豨脩蛇之害虛豈切

 古一字鉩許氏說豕走豨豨古有封豨脩蛇之害 丁

鬬相丮不解也从豕虍豕虍之鬬不解也讀若蘮蒘草之蘮司馬相如說豦封豕之屬一曰虎兩足舉強魚切

 丁子尊見原書附錄依吳愙齋釋醵為醵之例當釋豦孫仲容非之以為夔案字仍是豦爾雅釋獸豦迅頭注謂大如狗似獼猴今案字形在人獸之閒右之朩象其尾也猴似人夔上从頁此上作𠙵亦宜篆文从虍恐有誤許說亦未盡可信

 豦彝

 古鉩事豦 丁

𧰽 豩 豜

豦 豦敦 編

畢 徵

豕怒毛豎一曰殘艾也从豕辛臣鉉等曰从辛未詳魚既切

从辛从犬當即𧰽字小篆从豕許氏說豕怒毛豎毅字从此毛公鼎金𨱔金𧰽徐同柏釋作金梶 吳

𧰽 毛公鼎金𨱔金𧰽 編

二豕也豳从此闕伯貧切又呼關切

說文卷一第二十一葉

說文解字豩二豕也闕此从二豕疑即豩字 殷

案爾雅三歲豕曰豜詩獻豣于公音肩豜同

石鼓 源

說文所無 王白尊 編

脩豪獸一曰河内名豕也从彑下象毛足凡㣇之屬皆从㣇讀若第

羊至切 籀文 古文

古鉩王㸙㣇與豕同古家字从㣇亦从豕

古鉩高㣇宣鉩 丁

豪 豕鬣如筆管者出南郡从㣇高聲乎刀切

籀文从豕臣鉉等曰今俗別作毫非是

古匋古豪俊豪毛皆作豪 丁

𨽸 㣇屬从二㣇息利切

古文𨽸虞書曰𨽸類于上帝

許氏引虞書𨽸類于上帝今書作肆傳云肆遂也从火从攴當即𨽸之古文𨽸王孟

靜敦

或省火中𨽸卣

䪼𨽸簋 吳

彘

豕也後蹏廢謂之彘从彑矢聲从二匕彘足與鹿足同直例切

彘邑幣

皆彘邑幣異文

【吳】

古鉨長彘

古鉨□馬

【丁】

待

【徵】

卷一第二十一葉

卷四第五十一葉

同上

同上

同上

同上

藏龜第二百十葉

書契菁華第十一葉

後編上第十八葉

从豕身著矢乃彘字也彘殆野豕非射不可得亦猶雉之不可生得與其貫\者亦矢形許君謂彘

从𡉚矢聲从二匕是誤以象形爲形聲矣 殷

小豕也从彖省象形从又持肉以給祠祀凡豚之屬皆从豚 徒魂切

篆文从肉豕

豚作父庚敦

吳

豚鼎

豚卣

編

卷二第二十二葉

第二十一葉

卷四第四十二葉

第四十六葉

卷五第二葉

卷十八第四十七葉

後編上第二十四葉

第二十五葉

下第十九葉

第三十一葉

說文解字豚从又持肉此从豕肉會意字也許書又載篆文从豕肉與此正合古金文有从又者許書作豚亦有所本矣

殷

獸長脊行豸豸然欲有所司殺形凡豸之屬皆从豸 池爾切司殺讀若伺候之伺

卷四第五十二葉

殷

似虎圜文从豸勺聲北教切

古鉨文

吳

似熊而黃黑色出蜀中从豸莫聲莫白切

古鉥成貘

古鉥成貘

丁

北方豸種从豸各聲孔子曰貉之爲言惡也莫白切

周貉簋

貉子卣

己侯敦

古鉥文

吳

貉 周貉簋

貉子卣

己侯敦

編

如野牛而青象形與禽离頭同凡舃之屬皆从舃徐姊切

古文从儿

兕父癸鼎

兕卣

兕敦

源

卷一第五十葉

第五十一葉

同上

後編上第二十二

葉前上下第二十七葉龜甲獸骨卷一第

二十二葉

說文解字篆如野牛青色象形古文作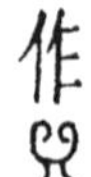从儿此殆即許書之兕字 殷

蜥易蝘蜓守宮也象形祕書說日月爲易象陰陽也一曰从勿凡易之屬皆从易 羊益切

齊侯鐘 源

空首幣 吳

古鉥司馬易

古鉥鄲易 丁

易象形孳乳爲錫 毛公鼎錫女兹弁

不𡢁敦
師酉敦
仲師父鼎
㫚鼎
齊鎛
邿遣敦

盂鼎
同卣
頌鼎
庚贏卣
克鼎

虢叔鐘
無㠱敦
公伐郘鼎
𨸏侯鼎
周公敦
師虎敦
紳敦

旅鼎
大敦
㪿尊
舍父鼎
鄂侯鼎
剌鼎

買敦
師遽敦
周窓鼎
緣卣
䣄尊
亞𩰫

靜敦
大保敦
丙申角
公違敦
宅敦
𡩜敦
小子𠭯敦

伯其父簠

伯家父敦

編

長鼻牙南越大獸三年一乳象耳牙四足之形凡象之屬皆从象

徐兩切

象尊

象鼎

樂司徒卣

源

師湯父鼎

丁

卷二第三十一葉

卷四第四十四葉

同

上同

上後編下第五葉

說文解字象南越大獸長鼻牙三年一乳象耳牙四足尾之形今觀篆文但見長鼻及足尾不見耳

牙之狀卜辭亦但象長鼻蓋象之尤異于他畜者其鼻矣又象爲南越大獸此後世事古代則黃河南北亦有之爲字从手牽象說見三部爲字則象爲尋常服御之物今殷虛遺物有鏤象牙禮器又有象齒甚多卜用之骨有絕大者殆亦象骨又卜辭卜田獵有獲象之語卷三第三十一葉知古者中原象至殷世尙盛也王徵君曰呂氏春秋古樂篇商人服象爲虐于東夷周公乃以師逐之至于江南此殷代有象之確證矣 殷

古籀彙編弟十上

臨海徐文鏡編

怒也武也象馬頭髦尾四足之形凡馬之屬皆从馬莫下切

古文

籀文馬與影同有髦

齊侯鎛鐘

齊侯鐘

季娟鼎

召公尊

戠敨

敔敨

寅簋

石鼓

源

毛公鼎

盂鼎

師奎父鼎

彔伯戎敦

史頌敦

散氏盤

虢季子白盤

叉卣

格伯敦

亦格伯敦文

石鼓

皆古鉨文

馬服幣

魯公伐鄀鼎

公貿鼎

無㠱其敦

無㠱其敦蓋奇字

古鉨文

吳

克鐘

同𣪘鼎

季娟鼎

馭方鼎

趞鼎

諆田鼎

己亥鼎

戊寅父丁鼎

格伯𣪘

豆閉𣪘

師兌𣪘

同大𣪘

史頌𣪘

古鉨日庚都萃車馬

古鉨司馬之鉨

古鉨右司馬敀

古鉩梁□□都司馬滄軍龍功之鉩

古鉩仲矢馬□□信鉩

古鉩戎休左司馬

古鉩左司馬閒□信鉩

古鉩釆昜右司馬

二 古鉩馬休古文馬下从午

古鉩馬□

古鉩司馬

射虎

古匋東馬陽

□□□

古匋

丁

馬象形 珉鼎

毛公鼎

彔伯敦

克鐘

曶鼎

師奎父鼎

盂鼎

宅敦

叉卣

貿鼎

令鼎

公伐郘鼎

戊寅鼎

散盤

豆閉敦

休盤

吳尊

虢季子白盤

右走馬嘉壺 史頌敦 宁敦 師兌敦 兮甲盤

無㠱敦 格伯敦 大敦 趞敦 編

凝 待 凝 偶 鐵 鐵 鄴

凝 夢 鐵 凝 凝 徵

卷一第十九葉 同上 同上 同上 卷

二第十九葉 第二十一葉 卷二第二十一葉

卷四第四十五葉第四十六葉同上同上

同上第四十七葉同上同上同

上卷七第五葉第二十四葉第四十一葉

同上書契菁華第二葉同上藏龜第

二十葉後編上第二十葉同上下第五葉

同上第十六葉第十八葉第四十二葉

龜甲獸骨卷二第十五葉

同上

說文解字馬古文作㣇籀文略同象馬頭髦尾之形卜辭諸字形雖屢變然一見卽可知爲馬矣

殷

駒

馬二歲曰駒三歲曰駣从馬句聲舉朱切

文王命癘鼎

䋣駒父鼎

仲駒父敀

寅簋

源

駒師奎父鼎

兮田盤

伯晨鼎

吳

駒師奎父鼎

兮甲盤

𩛥侯鼎

編

驪

馬深黑色从馬麗聲呂支切

卷四第四十七葉

从馬利聲殆是許書之驪字廣韻鴷同䮋漢書西域傳西與犁靬條支接注犁讀與驪同音故稱字後亦从麗作與 殷

駱

馬白色黑鬣尾也从馬各聲盧各切

石鼓 源

駁

馬色不純从馬爻聲臣鉉等曰爻非聲疑象駁文北角切

卷四第四十七葉

說文解字駁馬色不純从馬爻聲此殆卽許書之駁 殷

騽

馬豪骭也从馬習聲似入切

卷四第四十七葉

同上

卷二一第十五葉

說文解字騽馬豪骭也卜辭有𩣡从𦒻𦒻古文友字疑許譌𦒻爲習矣 殷

驁

駿馬以壬申日死乘馬忌之从馬敖聲五到切

石鼓 源

驁石鼓 吳

騎

跨馬也从馬奇聲渠羈切

古鉨左田口騎

古鉨鍚騎 丁

駕

馬在軛中从馬加聲古訝切

籀文駕

石鼓 源

駕石鼓 吳

驂

駕三馬也从馬參聲倉含切

石鼓 源

驂石鼓 吳

駟

一乘也从馬四聲息利切

古鉨文駟遫人姓名 吳

馮

馬行疾也从馬仌聲臣鉉等曰本音皮冰切經典通用爲依馮之馮今别作憑非是房戎切

谷口 甬

[源]

古馮字姑馮句鑃晚

周之器即古文中奇字也

[吴]

古鉨郁馮鉨

古鉨馮士

驅

馬馳也从馬區聲豈俱切

古文驅从攴

石鼓

[源]

古驅字从攴師寰敦敺孚士女牛羊

亦師寰敦文

石鼓

[吴]

驅从攴

師寰敦敺俘士女牛羊

[編]

卷二第

四十二葉 第八葉 卷五第四十一葉

說文解字驅驅馬也从馬區聲古文作敺案石鼓文作敺與許書古文合師寰敦作敺敺與此畧同

殷

騶

廄御也从馬芻聲側鳩切

古陶器文

吳

駪

馬衆多皃从馬先聲所臻切

召公尊

源

騠

駃騠也从馬是聲杜兮切

罄

箋

遯

徵

騊

騊駼北野之良馬从馬匋聲徒刀切

徵

騂

馬赤色也从馬觲省聲息營切

卷一第十葉

同上

同上

同上

 同上  第十八葉

說文解字角部觲用角低昂便也从牛羊角詩曰觲觲角弓土部垶赤剛土也从土觲省聲案觲觲角弓今毛詩作騂騂赤剛土之垶周禮草人亦作騂故書作挈形與𦍌近殆𦍌字之譌知𦍌卽騂之本字矣許君不知騂有本字作𦍌乃于觲注曰从牛羊角于垶注曰从觲省皆由未見𦍌字之故注經家謂周尚赤故用騂剛然卜辭中用𦍌者不止一二見知周亦因殷禮耳又西清續鑑卷十二載大中敨及鏄鐘卷十七並有𦍌字與卜辭正同

祚案許說無此字新坿有之騂馬赤色也从馬觲

⿰囗馬　⿰馬軼　⿰馬齊　⿰馬缶　騝

省則騂又騂之初字矣 殷

騝 石鼓 源
騝 从馬从建說文無此字石鼓 吳

⿰馬缶駼良馬
⿰馬缶 石鼓 源
⿰馬缶 从馬从缶說文無此字大鼎
⿰馬缶 石鼓 吳

⿰馬齊 石鼓 源

音風
⿰馬軼 石鼓 源
⿰馬軼 說文所無石鼓 吳

⿰囗馬 說文無此字南海吳中丞榮光釋作⿰囗馬未可定大鼎 吳

[illegible]
卷四第四十七葉
同上
殷

[illegible]
卷四第四十七葉
殷

[illegible]
卷四第四十七葉
殷

⿰牢馬
卷四第四十七葉
殷

⿰犬馬
卷二第五葉
殷

瑪
後編下第十八葉
殷

薦

獸之所食艸从廌从艸古者神人以廌遺黃帝帝曰何食何處曰食薦夏處水澤冬處松柏作甸切

石鼓

源

古薦字 鄭𦵏

伯作叔帶薦鬲

吳

陳侯因資敦諸侯裸薦吉金

石鼓

古匋中从薦 里漸

丁

薦 鄭𦵏伯鬲

編

灋

刑也平之如水从水廌所以觸不直者去之从去方乏切

今文省

古文

秦權

秦斤

源

古灋字盂鼎灋保先王與匃灋朕命之灋同古文灋廢為一字也

古鉨文

古鉨省文

古鉨文

吳

灋盂鼎灋保先王說文法今文省徐鍇本無之

又云匃灋朕命經典以廢為之

師酉敦  克鼎  師嫠敦  𨊠侯鼎 編 鈔 鏄 鐵 徵

獸也象頭角四足之形鳥鹿足相似从匕凡鹿之屬皆从鹿 盧谷切

 父癸彝  石鼓 源  古鹿字象形 貉子卣  石鼓

吳  古鉥鉅鹿  古鉥鹿敀 波鉥  古鉥鹿胡𩰫 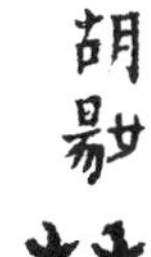

古鉥𢌿都鹿鄙 丁  鹿說文象頭角四足之形是也又云鳥鹿足相似从匕非 貉子卣 編

 卷十一第一十二葉  第一十七葉  第二十一葉

卷三第三十二葉同上同上同上同上同上第二十三葉卷四第八葉第四十七葉同上第四十八葉同上同上同上同上同上藏龜第百九十二葉第九十九葉藏龜之餘第十二葉後編上第十五葉同上下第五葉第十九葉

或立或寢或左或右或回顧或側視皆象鹿形

殷

牝麒也从鹿吝聲力珍切

卷四第四十七葉

說文解字麐牝麒也从鹿吝聲此字从㚇似鹿而角異从吝省聲殆即麐字鹿爲歧角麐角未聞似鹿故此字角無歧許从鹿殆失之矣

殷

鹿屬从鹿米聲麋冬至解其角武悲切

石鼓

源

古麋字 石鼓

古麋字从鹿从米古鉨文亾麋

吴

樊巴君簠原書入附録疑麋之異文寀字當釋麋三體石經麋古文作[illegible]此下十是从米省

丁

麇

麞也从鹿囷省聲居筠切 籀文不省

師舍畝原書入附録吳荷屋釋麞徐籀莊釋葉均非

[丁]

卷四第四十八葉 卷七第二十八葉 後編下第三十五葉

說文解字麇从鹿囷省聲籀文从囷不省今卜辭从不从鹿然則麇殆似鹿而無角者

祚案其从攵者殆亦麇字其文與卷七同故推知之

[殷]

麑

狻麑獸也从鹿兒聲五雞切

卷二第十一葉 第二十三葉 卷四第四十七葉 第四十八葉 藏龜第二十八葉

後編上第十二葉

象鹿子隨母形殆即許書之麑字說文解字訓麛爲狻麑而別有麛字訓鹿子然麛之爲字明明从鹿會合鹿兒之誼正是鹿子矣卜辭以有角無角別鹿母子故卜辭中之字似鹿無角緣是亦得知爲麛字矣

殷

旅行也鹿之性見食急則必旅行从鹿丽聲禮麗皮納聘蓋鹿皮也郎計切

古文 籀文麗字 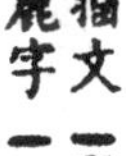古麗字說文麗古文作丽篆文作丽皆與此相似陳

丽戈

吳

聊膚槃

古鉨麗昌形似古文比象兩人并肩而立古伉麗字應作此

麀　麐　麤

冂 古匋

丁

麀 牝鹿也从鹿从牝省於虯切

䴆 或从幽聲

麀 石鼓

源

麀 麀牝鹿 石鼓

吳

麐 秦公敦高弘有麐 說文所無

編

麤 行超遠也从三鹿凡麤之屬皆从麤倉胡切

麤 卷八第十葉

麤 龜甲獸骨卷二第二十六葉

祚案从二鹿與三鹿同

殷

㲋夬

獸也似狌狌从㲋夬聲古穴切

許書㲋夬字疑即石鼓㲋夬字後人傳寫之誤

井季㲋夬卣

吳

古鉢

邢季㲋夬卣

丁

㲋夬說文作㲋夬乃傳寫之譌玉篇有㲋夬無㲋夬可證井季㲋夬卣

㲋嗇

卷一第十二葉 第十四葉 同上 同上

同上 第二葉 第四葉 同上 同上

祚案遣小子𣪘作 丙申角作 與此畧同

吳中丞謂疑即許書㲋嗇字之古文

殷

兔

獸名象踞後其尾形兔頭與㲋頭同凡兔之屬皆从兔湯故切

石鼓
[源]

古兔字　石鼓
[吳]

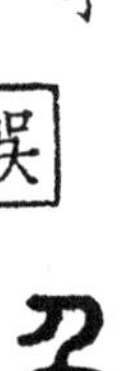
古鉥王兔　兔逸也从兔不見足　說文

新附字
[丁]

卷三第五十二葉

卷七第五葉

長耳而厥尾象兔形
[殷]

失也从辵兔兔謾訑善逃也夷質切

逸　齊陳曼簠
不敢逸康
[編]

狗之有縣蹏者也象形孔子曰視犬之字如畫狗也凡犬之屬皆从犬　苦泫切

古犬字　員鼎
[吳]

卷一第二十六葉

第四十五葉
第四十六葉
卷三第二十三葉

卷四第五十二葉
卷六第四十七葉
卷七第一葉

同上
第二十五葉
卷八第四葉
藏龜第

百四十二葉
龜甲獸骨卷二第二十九葉

殷

孔子曰狗叩也叩气吠以守从犬句聲古厚切

學

待

徵

犬之多毛者从犬从彡詩曰無使尨也吠莫江切

鼎

尨生

尨敨

源

卷

象犬腹下脩毛垂形當爲尨字今篆彡在背上犬非剛鬣若在背則彡形不可見矣

殷

犗犬也从犬奇聲於離切

古鉩許氏說猗犗犬也段氏曰猗歎詞古又段為兮字

丁

鐵

徵

犬吠聲从犬斤聲語斤切

古鉩炘晉

古鉩炘口

丁

犬形也从犬爿聲鉏亮切

秦斤

源

犬性驕也从犬丑聲女久切

徵

徵

猌

犬張齗怒也从犬來聲讀又若銀魚僅切

南公鼎許氏說猌犬張齗怒也案齗爲齒本猌从齒與許說正合

丁

獵

放獵逐禽也从犬巤聲良涉切

石鼓

源

臭

禽走臭而知其迹者犬也从犬从自臣鉉等曰自古鼻字犬走以鼻知臭故从自尺救切

卷五第四十七葉

藏龜第百九十六葉

殷

獲

獵所獲也从犬蒦聲胡伯切

古鉨趙獲

丁

卷二第十一葉

第十七葉

第二十一葉

第二十四葉

同上

第三十五葉 卷三第二十一葉 第二十二葉 同上 同上 卷四第三十六葉 卷六第二十六葉 卷五第四十一葉 卷八第四葉 第七葉 第十一葉 後編上第十一葉 同上

說文解字獲獵所獲也从犬蒦聲此从隹从又象捕鳥在手之形與許書訓鳥一枚之隻字同形得鳥曰隻失鳥曰奪奪从大从隻謂鳥已隻而飛去隻象鳥初持在手形大象鳥逸後飛至空際之形

非大小之大字許君云从又从奞失之矣茲因釋隻字而附及之 殷

獘

頓仆也从犬敝聲春秋傳曰與犬犬獘毗祭切 斃 獘或从死

獘卷六第十一葉 獘同上 獘同上

其文曰乙丑貞翌口卯王其獘畢又曰貞口卯王其獘畢又曰乙丑貞翌丁卯其狩獘弗畢以證考之殆爲周禮獸人獘田之獘矣

祚案說文解字獘頓仆也从犬敝聲或从死作斃段先生曰俗又引申爲利弊字遂改爲弊則獘爲弊之本字而獘又獘之初字也 殷

獻

宗廟犬名羹獻犬肥者以獻之从犬鬳聲許建切

大夫始鼎

石鼓

源

古獻字虢季子白盤

古文獻甗為一字伯貞甗

陳公子甗

伯姜甗

歸夆敦

鄭大師甗

吳

史獸鼎

不嬰敦

召白虎敦

獻白彝

齊陳曼簠

古鉨母獻之鉨

古鉨趙獻

丁

獻虢季子白盤獻馘于王

不嬰敦

召伯虎敦

芇伯敦

掅伯敦

史獸鼎

召伯敦

齊陳曼簠

為鬳之緐文說文鬳鬲屬經典通作甗子邦父甗

狂

伯貞甗

㠱父甗

陳公子甗

封仲甗

荀父甗

仲𠦪父甗

叀甗

鄭大師甗

師麻甗

編

狾犬也从犬㞷聲巨王切

古文从心

臺中𢓜卣陳介祺釋作狂

吳

古鉩趙狂

丁

鐵

集

古

徵

類

種類相似唯犬為甚从犬頖聲力遂切

齊侯鎛鐘

齊侯鐘

源

狄

赤狄本犬種狄之為言淫辟也从犬亦省聲徒歷切

古狄字 獸狄鐘

曾伯霥簠

吳

古鉩狄光

猶

狄 獸狄鐘 曾伯簠

編

舉

犹屬从犬酋聲一曰隴西謂犬子爲猷以周切

晉姜鼎

師𣐈敦

石鼓

源

古猶字 石鼓

陳猷釜

毛公鼎

吳

大克鼎

古鉥郜猷爾雅釋詁猷謀也又言也故从口

丁

猶 毛公鼎

宗周鐘

王孫鐘

陳猷釜

編

待

澂

待

夢

凝

徵

卷

七第十二葉 第十八葉 藏龜第八十一葉 第

狼

八十七葉 後編上第十五葉 下第三十六葉

第四十二葉 龜甲獸骨卷二第十五葉

說文解字有猶無猷當爲一字石鼓文毛公鼎均有猷石鼓文作猷毛公鼎作猷此从犬从酋象酒盈尊殆即許書之酋字卜辭中亦有酋字作 藏龜之餘第九葉 與猷字所从同古金文猷字則从酋與許書同矣

祚案其从由作⿰由犬疑亦猶字之省 殷

似犬銳頭白頰高前廣後从犬良聲魯當切

卷十六第四十八葉

卷二第二十七葉

貓 狐

同上 第二十八葉 第二十九葉 同上 第三十

二一葉 卷四第三十八葉 後編下第四十一葉

祚案卜辭中曰獲馬獲鹿獲麑獲雉之文屢見以

誼考之此當爲狽字曰獲狽十有三卷二第二十七葉曰

獲狽廿五卷二第三十四葉曰獲鹿狽卷二第三十五葉此狽字

之確證也貝以音相近故叚以爲貝 殷

祅獸也鬼所乘之有三德其色中和小前大後死則丘首从犬瓜聲户吳切

邪 伏

徵

貓

説 貓

源

狴　狄　猲　狢

狴伯卣　說文所無　編

狄卣　說文所無

狄尊　編

猲鼎　說文所無　編

待

鐵

舉

待

鼓

鐵

鐵

醫　徵

待　徵

獏 ⿰犭西 得 㹜 ⿰犭𦣞犬

舉

司馬臣

舉

【徵】

鐵

【徵】

集

【徵】

兩犬相齧也从二犬凡㹜之屬皆从㹜語斤切

卷五第四十七

葉

藏龜第百四葉

【殷】

司空也从㹜𦣞聲復說獄司空息兹切

卷一一第二二葉

卷四第十五葉

書契

菁華第十葉 殷

确也从㹜从言二犬所以守也魚欲切

尨敢

寅簋 源

召伯虎敢 丁

獄 召伯敦 編

卷十六第十六十二葉

同上 殷

熊屬足似鹿从肉㠯聲能獸堅中故稱賢能而彊壯稱能傑也凡能之屬皆从能 臣鉉等曰㠯非聲疑皆象形奴登切

商鐘

齊侯鐘 源

熊

古能字 毛公鼎

吳

番生敦

古鉨鐘能之鉨

古鉨上賢事能

丁

能 毛公鼎

番生敦

編

獸似豕山居冬蟄从能炎省聲凡熊之屬皆从熊 羽弓切

古熊字象形 虢叔鐘 數數熊熊

斁狄鐘

宗周鐘

吳

叔氏鐘

同師酉敦

同善鼎

善夫克盨

丁

熊象形 宗周鐘數數熊熊

虢叔鐘

虢叔編鐘

斁狄鐘

熊　火

善鼎熊侯

師酉敦熊夷

耆虎簠

旅虎簠

編

後

編上第九葉

古金文熊字有號叔鐘戲狄鐘宗周鐘諸形與卜辭同

殷

如熊黃白文从熊罷省聲彼爲切

古文从皮

古羆字今从网古从貝庚羆卣

羆氏鼎

吳

燬也南方之行炎而上象形凡火之屬皆从火呼果切

卷五第十四葉

同上

同上

卷八第二二葉

龜甲獸骨卷一第

尞

十一葉第二十一葉

象火形古金文从火之字皆如此作

殷

柴祭天也从火从昚昚古文愼字祭天所以愼也力照切

尞从旂下燒柴形火光炎炎許氏說燒柴𤑔尞以祭天神伯寮尊

亦伯寮尊文小篆者古為屮猶昚之變為叀字也

吳

卷一第二葉第二十四葉卷二第九葉卷四第二十一葉卷六第六十四葉卷七第二葉藏龜第二百二十一葉後編上第二十二葉第二十四葉

□同上□同上□同上□同上□第二十五葉□龜

甲獸骨卷二第二十葉

說文解字尞柴祭天也从昚昚古文慎字祭天所以慎也今此字實从木在火上木旁諸點象火燄上騰之狀卜辭又有大史寮卷五第二十九葉卿事寮卷四第二十一葉寮字一作□一作□毛公鼎大史寮卿事寮字作□均从□从火許君云从昚者非也漢韓勑碑陰遼作遼史晨後碑作遼並从木衡方魯峻兩碑寮字亦然是隸書尚存古文遺意矣卜辭或又省火作□作□者多不勝舉姑舉其一凡字如見或數十見者亦但舉其

一不悉注或更省作米古金文中𩫖伯㕇敢有字與卜辭同

祚案卜辭中又有作米者亦尞字文曰庚午米于羔曰丁卯貞于庚午酒米于兕故知其爲尞 殷

燒也从火肰聲臣鉉等曰今俗別作燃蓋後人增加如延切

 或从艸難臣鉉等案艸部有難注云艸也此重出

 古然字然虎敦 吳

爇也从火番聲附袁切

 燔从火从𩰫省𩰫古番字吳東發說執膰以祭謂之燔郳惠鼎 吳

 燔从火从𩰫省𩰫古番字吳東發說執膰以祭謂之燔無叀鼎燔于圖室 編

火猛也从火列聲良辥切

 晉姜鼎 源

烝

火气上行也从火丞聲煑仍切

古烝字从米在豆兩手持之以獻也小篆作烝失造字之本義矣孟鼎

或从登从廾陳侯因資敦以烝以嘗

或从登从廾从米姬𡢁鼎

吳

陳侯午錞

畢仲敢

丁

卷

同第一十葉 同上 同上 同上 同上 同上

同上 同上 藏龜第一百二十葉 龜甲獸骨卷

一第八葉

說文解字烝火氣上行也段先生曰此丞之本誼今卜辭从禾从米在豆中廾以進之孟鼎與此同

而省禾春秋繁露四祭冬曰烝烝者以十月進初稻也與卜辭从禾之旨正符此爲烝之初誼引申之而爲進許君訓火氣上行亦引申之誼段君以爲本誼殆失之矣 殷

焛

火皃从火两省聲讀若粦良刃切

焛 古鉥焛徙 丁

焛 湯焛 舉 焛 [illegible]焛 侍 徵

焛 後編下第四十一葉 焛 同上

祚案說文解字焛火皃从火两省聲今卜辭亦有焛字不知與許書同誼否 殷

烄

交木然也从火交聲古巧切

卷五第三十二葉 同上 同上 卷

煨 熹

六第二十葉　後編上第二十一葉　下第十五葉

同上　第二十二葉

說文解字烄交木然也玉篇交木然之以尞祡天
也此字从交下火當即許書之烄字

殷

盆中火从火畏聲烏灰切

古匋

古匋

丁

炙也从火喜聲許其切

尹卣

卷五第八葉　後編下第四十一葉

第三十七葉

熬 灸 燭 𤆄

祚案此从喜省聲𡿨象火上然作𡿨者又疑壴之省

[殷]

乾煎也从火敖聲五牢切

熬

熬或从麥

熬

古熬字許氏說乾煎也今熬壺

熬

今熬壺器文作敖

[吳]

熬

熬 芍熬壺

[編]

灼也从火久聲舉友切

灸

古鉥馬灸

[丁]

庭燎火燭也从火蜀聲之欲切

燭

虹燭 錠

燭

東宮承燭 槃

[源]

火餘也从火聿聲一曰薪也臣鉉等曰聿非聲疑从𦘒省今俗別作燼非是徐刃切

𤆄

說文解字𤆄火之餘木也从火聿聲徐鉉曰聿非聲疑从𦘒省此从又持丨以撥餘火象形非形聲

燓

也 殷

燒田也从火棥棥亦聲附袁切

□卷一第二十二葉□後編下第九葉□同上□第四葉

說文解字燓燒田也从火棥棥亦聲段先生改篆文燓爲焚改注从棥棥亦聲爲从火林謂玉篇廣韻有焚無燓燓符分切至集韻類篇乃合焚燓爲一字而集韻二十二元固單出燓字符袁切竊謂棥聲在十四部焚聲在十三部份古文作彬解曰焚省聲是許書當有焚字況經傳焚字不可枚舉

爑

煙

而未見有燓知火部之燓即焚之譌元應書引說文焚燒田也字从火燒林意也凡四見然則唐初本有焚無燓不獨篇韻可證也云云今證之卜辭亦从林不从棥可爲段說佐證或又从草於燒田之誼更明 殷

火所傷也从火雥聲即消切 𤓯 或省 焦 古鉨焦 丁

鐵 徵

火气也从火垔聲烏前切 烟 或从因 古文 籀文从宀 古鉨煙作 煙古文作 籀文作 此从窗下象以手執火而然之與籀文極相似 丁

煌 光

煌煇也从火
皇聲胡光切

許子鐘

盄和鐘

師楂敨

源

明也从火在人上
光明意也古皇切

古文

古文

遟父鐘

齊侯鎛鐘

齊侯鐘

威君鼎

晉姜鼎

蔑敖鬲

建光危

書言府弩鐖

源

古光字
毛公鼎

虢季子白盤

吳

通彔鐘

來獸鼎蓋王光宰甫貝五朋上从火下从𢆶ニ非女蓋古𡈼字之省文篆書更省為儿許氏所謂古文奇字人也光訓寵亦訓

錫光宰甫貝同寵或錫宰甫貝

獻白彝

叔家父簠孫子之光許氏說黃从𡕝ニ古文光觀此似光亦

从黃蓋光黃二字古無分別黃亦光之色耳不徒从田象地色也

古鉨狄光

[丁]

光庶字从此

毛公鼎

亦毛公鼎文

虢季子白盤

楕伯敦

通彔編鐘

富鼎

[編]

卷四第四十一葉

卷五第二十二葉

同上

同上

後編上第九葉

龜甲獸骨卷二第二十一葉

同上

說文解字光从火在人上光明意也古文作

二一形

[殷]

熾

盛也从火戠聲昌志切

古文熾

石鼓

源

炅

見也从火日古迥切

鐵

徵

烕

滅也从火戌火死於戌陽氣至戌而盡詩曰赫赫宗周褒姒烕之許劣切

古烕字不从火 師寰敦烕淮夷

師寰敦器文从戌从屮許氏說火死於戌陽氣至戌而盡今經典通用滅

吳

燾

溥覆照也从火壽聲徒到切

燾

鄭燾父鼎

編

熙

燥也从火配聲許其切

熙不从火 齊侯敦熙字重文

編

敔
敲
源

說文所無 𦡷侯文王子叔簋

𦡷之後 疑𦡷乃滕之譌 𦡷侯簋

郳伯御戎鼎 滕姬

滕虎𣪘

編

說文所無 𠑗作觶

散盤

編

說文所無 余𡉕鉦

編

說文所無 墺女𤓯簋

編

後編下第十六葉

𤎼

祚案此字與集韻同 殷

藏龜第五十五葉 殷

烌

卷七第二十一葉 殷

炎

火光上也从重火凡炎之屬皆从炎 于廉切

後編上第十三

葉

下第九葉

卜辭中从火之字作古金文亦然然亦有从炎者故知炎即炎矣 殷

燮

大熟也从又持炎辛辛者物熟味也蘇俠切

古鉨燮上梁

丁

卷五第二十二葉

說文解字燮大熟也从又持辛辛者物之熟味也此字从又持炬从三火象炎炎之形殆即許書之燮字許从辛殆炬形之譌 此字又疑爲許書訓火華之燊字附此俟考

殷

黑

火所熏之色也从炎上出四四古窗字凡黑之屬皆从黑呼北切

古黑字鑄子叔黑臣鼎

鑄子叔黑臣簠

鉨臧孫黑

吳

鑄子叔黑臣簠

編

徐

待

徵

黠 小黑也从黑占聲多忝切 古鉢黠 丁

黔 黎也从黑今聲秦謂民爲黔首謂黑色也周謂之黎民易曰爲黔喙巨淹切 秦權 秦斤 源

黕 滓垢也从黑冘聲都感切 古鉢費黕 丁

黨 說文無此字 邵鐘 編

古籀彙編弟十下

臨海徐文鏡編

多遽悤悤也从心囪囪亦聲倉紅切

悤从丨在心上示心之多遽悤悤也說文云从心囪囪當是丨之變形又云囪亦聲乃由指事而變為形聲

矣克鼎悤襄氒心又云錫女叔市參冋莽悤孳乳為蔥再孳乳為繱說文帛青色也

毛公鼎赤市悤黃即禮記玉藻三命赤韍蔥衡

番生敦

又孳乳為鏓宗周鐘倉倉悤悤說文鏓鎗鏓也

編

屋下燈燭之光从焱冂户扃切

古鉨文

吳

炙

炮肉也从肉在火上凡炙之屬皆从炙 之石切

籀文

待

徵

赤

南方色也从大从火凡赤之屬皆从赤 昌石切

古文从炎土

師毛父敦

𢦏敦

郝敦

寅簋

源

頌鼎

頌敦

師虎敦

伯晨鼎

守敦

吳尊

曶鼎

共屯赤金圜幣

吳

古鉩

邦赤之鉩

古鉩瘍赤

丁

赤曶鼎

彔敦

𩠺侯鼎

免敦

師虎敦

頌鼎

赫

師酉敦　頌敦　吴尊　師嫠敦　邾公華鐘　編　李

詩　舉　徵　藏龜第十葉　後編下第十八葉

从大火與許書同　殷

火赤皃从二赤呼格切　商鐘　南宮中鼎　源　赫从大从炏火之變形省二大為一

誼已明也此字即吕公名之爽=乃爽之譌有妃之誼戊辰敦遣于妣戊武乙爽殷卜辭中凡王賓之以妣配食者則二名閒必閒以爽字此雖在二名之

下義亦相同羅振玉說

【編】

□卷一第十二葉□第二葉□第三葉□

同上□第八葉□同上□第十七葉□第二十一葉□第

二十二葉□第二十四葉□第三十七葉□同上□同上□

後編上第二葉□同上

說文解字赫从二赤此从大从□即二火字者省二大

爲一誼已明也石鼓文奔作□从三夭盂鼎作□

省三夭爲一卜辭中彗字或从二又持二帚或从

一又持一帚是其例矣此字即召公名之奭爾雅

釋訓奭奭釋文本作赫赫說文奭从皕从大盛也詩出車傳赫赫盛皃常武傳兩云赫赫然盛也節南山傳赫赫顯盛也赫从二火故言盛从皕則無從得盛意知从皕者乃从𡿧之譌奭乃爽之譌字卜辭从𡿧或變作𠮚凵凵𢆶𢆶等皆爲火之變形許書又變从百愈變而愈失其初矣卜辭中凡王賓之以妣配食者則二名間必間以爽字戊辰彝遘于匕戊戚乙奭作𢆶者亦炏之變形爽字雖在二名之下誼亦相同卜辭又云有爽卷一第二葉猶言有妃也是爽有妃之誼許書奭字注召公名又引史篇召公名醜二說不同疑召公或名奭而字醜古人名字誼多相應醜訓比卜辭對父言稱匕即妣字言與父相比也意爽

亦有妣誼此古誼之僅存者雖不能盡曉然可得其槪矣又方言焃赫也赫舊本作赤即赫之別搆戴氏改赫是也廣雅釋器焃赤也焃即奭奭寫法畧異爾是漢魏間尚有奭但已不能知爲即赫字矣

殷

天大地大人亦大故大象人形古文大他達切徒蓋切也凡大之屬皆从大

齊侯鎛鐘

癸亥父己鬲鼎

大夫始鼎

樂司徒卣

尨敦

寅簋

石鼓

大黃布

漢大泉

源

盂鼎大命

太保敦古文大太爲一字

齊侯壺大嗣命

散氏盤至于大沽

宗婦盤召降大福

齊太僕歸父盤

郘太叔斧

太保鼎

古埍太室如此

大司成鉢

吳

同毛公鼎

古鉢栖大

古鉢大富

古鉢大司樂鉢

古鉢王大

太陰幣

丁

大象人正立之形大亣為一字說文分二部金文祇作大如奚𡗞奰二字說文皆从亣而金文則从大段玉裁曰大下云古文亣亣下云籀文大此以古文籀文互釋明祇一字而體稍異後來小篆偏旁或从古或从籀故不得不殊為二部亦猶从亣从儿必分系二部也經典又以泰太為之

大保鼎

大祝禽鼎

盂鼎

者女觥

湍鼎

毛公鼎

頌鼎

散盤

鄀𡢁敦

簷鼎

歸父盤

夾　奄

大 子仲匜
大 鄀公華鐘
編
大
大吉 舉
大
大王 磬
大
大 鄀
大
大吉 鄦
徵

大卷一第二葉
大同上
大第四葉
大第十六葉
大卷四第七

葉
大後編上第二十八葉
大下第十八葉
殷

持也从大俠二人古狎切

商鐘

齊侯鐘

穆公鼎

師[illegible]敦

源

許氏說夾持也从大俠二人盂鼎

吳

夾卣

古匋

丁

夾 盂鼎

夾卣

編

覆也大有餘也又欠也从大从申申展也依檢切

盄和鐘

石鼓

源

徐同柏曰从电从大古文奄字 應公鼎

夸 夷

亦應公鼎文

吳

徐同柏釋奄 應公鼎

編

奢也从大亏聲苦瓜切

古夸字小篆作夸古陶器

吳

古匋

古匋

丁

平也从大从弓東方之人也以脂切

許氏說夷从大从弓東方之人也使夷敦夷字與小篆相似

師寰敦淮夷如此古文夷作尸

兮田盤尸下重

文

無㠱敦王征南夷

吳

古匋□酷里夷□邑□古夷字从土許氏說平也

丁

夷尚書泰誓受有億兆夷人敦煌本作尸兮甲盤至于南淮夷

師寰敦淮夷

曾伯簠克狄淮夷

彔卣

宗周鐘南夷東夷

無㠱敦王征南夷

競卣命伐南夷

眔卣夷伯

奎

虢仲簋　師酉敦　豐兮夷敦　編

說文所無　師奎父鼎　編

豙

卷國第五葉　藏龜第百七十九葉　後編下第二十五葉　殷

亦

人之臂亦也从大象兩亦之形凡亦之屬皆从亦　臣鉉等曰今别作腋非是羊益切

穆公鼎　師㙯敦　牧敦　亦鬲　源

兮田盤則亦刑

或以亦為夙夜之夜敓卣

吳

古鉨冰亦□

古鉨江腋許氏說亦人之臂亦也集韻作腋

丁

亦毛公鼎

毛公旛鼎

召伯敦

卯敦

者污編鐘

編

江郭

徵

卷一第五十一葉

卷四第十八葉

殷

傾頭也从大象形凡夨之屬皆从夨阻力切

夨國名大王尊

同卣夨王錫同

金車弓矢

散伯敦夨姬

散盤用夨戩散邑

編

卷一第四十五葉

吳

同上 第四十八葉 後編下第四葉

說文解字夨傾頭也此象傾頭形

殷

姓也亦郡也一曰吳大言也从夨口五乎切徐鍇曰大言故夨口以出聲詩曰不吳不揚今寫詩者改吳作吳又音乎化切其謬甚矣

古文如此

王子吳鼎

牧敦

石鼓

侈耳區鼎

源

吳方尊蓋古通虞

靜敦

空首幣

古陶器

皆古鉢文

動武鐘敦用吳疆古爻書

吳季子之子逞之永用鈹

吳

南宮鼎

吳生鼎

師酉敦

石鼓

古鉢吳沽

夭

古鉢 吳口

古鉢 吳貴

古鉢 吳易

古鉢吳窓齋以為古吳字

丁

吳 師酉敦

大敦

靜敦

吳尊

伯顥父鼎

免簠

吳彩父敦

豐叔匜

攻吳監

吳王姬鼎

吳季子之子劍

編

待

凝

盤

郭

無

鐵

盤

徵

屈也从大象形凡夭之屬皆从夭於兆切

夭鼎文

編

後編

夭屈之夭許書作𡗜與古文傾頭之夨形頗相混此作夶石鼓文从走諸字皆作𧺆與此正同古金文亦然無作𡗜者

殷

高而曲也从夭从高省詩曰南有喬木巨嬌切

从高上曲許氏説喬高而曲也邵鐘喬喬其龍疑喬為驕之省

古鉨文

吳

古鉨喬詰

古鉨喬夻

古鉨喬瑣

古鉨喬倚

古鉨喬邻信鉨吳窓齋曰从高上曲許氏説喬高而曲也

丁

喬

邵鐘喬喬其龍

喬从高上曲

又云余不敢為喬殆亦喬字

[編]

凝

吉

虹

鐵

鄦

鄦

待

待

待

[徵]

走也从夭賁省聲與走同意俱从夭博昆切

石鼓

[源]

奔疾走也从三夭省小篆从夭从卉義不可通

盂鼎

效卣从三止

石鼓文類小篆變屮為屮自此始

[吳]

奔

盂鼎

克鼎

周公敦

效卣

龍伯戟

[編]

戚待

[徵]

交

⿺尢音

壺

交脛也从大象交形凡交之屬皆从交 古爻切

交父彝

源

交從彝

交君簋

古鉨王交

古鉨必可交仁

丁

交尊

交君簋

編

交卷四第二十葉

祚案卜辭干支之寅多作交與許書之交字同此字上交斷缺莫由斷其爲寅爲交

殷

師⿺尢音敨

源

昆吾圜器也象形从大象其蓋也凡壺之屬皆从壺 户吴切

壺

召仲考父壺

緐和壺

源

壺象形 仲伯壺

鄭楙叔賓父壺

史僕壺

殳季良父壺

兮熬壺

魯侯壺

韓仲侈壺

虞司寇壺

杞伯敏父壺

芮公壺

禾㝨壺

呂王鬲壺

衛姬壺

邛君婦壺

齊侯壺

亦齊侯壺文

或从金 𠙵皇父敦

或从攴 伯壺

吳

虢季子壺

番匊生壺

丁

壺象形 鄧孟壺

鄭楙叔壺

保永母壺

周𦣻壺

史僕壺

虞司寇壺

師望壺

魯侯壺

鬳仲多壺

呂王壺

芮公壺

右走馬嘉壺

中伯壺

杞伯壺

盛季壺

晳壺

樊壺

亐嫯壺

齊侯壺

子姞壺

天姬壺

番匊生壺

孟上父壺

司寇良父壺

或从金 函皇父𣪘

或从攴 伯壺

編

卷五第五葉

上有蓋旁有耳壺之象也古金文中而姬壺壺字作　其蓋形與此略同

殷

專壹也从壺吉聲凡壹之屬皆从壹於悉切

秦權

秦斤

懿 㚔 睪

源

古鉩中壹

古鉩壹心慎事

丁

專久而美也从壹从恣省聲乙冀切

懿

禾敦皇母懿龔孟姬

編

所以驚人也从大从羊一曰大聲也凡㚔之屬皆从㚔一曰讀若瓠一曰俗語以盜不止爲㚔㚔讀若籋尼輒切

壺

徵

目視也从横目从㚔令吏將目捕罪人也羊益切

古墨字　玉鉩文

吳

古鉩華睪擇

古匋

丁

季

徵

執

捕罪人也从丮从㚔㚔亦聲之入切

盄和鐘

齊侯鎛鐘

齊侯鐘

南宫中鼎

召公尊

敔敨

父乙甗

石鼓

源

兮田盤

虢季子白盤 執字反文

或从廾 師寰敦

石鼓

散氏盤

吳

父甲鼎

不嬰敨 女多折首執訊 右下非从女乃丮之譌金文屢見

不嬰敨重文女多 禽折首執訊

丁

執 兮甲盤

父甲鼎

散盤

虢季子白盤

或从𠬝女 不嬰敨

或从廾 師寰敦

編

盩 報 𥷚

引擊也从幸攴見血也扶風有盩厔縣張流切

盩 許氏說盩引擊也从幸攴見血也扶風有盩厔縣史頌敦盩于成周

盩 史頌敦 器文

盩 或从皿 石鼓

盩 十又 盩作祖辛爵

吳

盩 盩 盩𢽈乳為盩與戾通說文盩㺹戾也讀若戾漢書凡戾多作盩爾雅釋詁戾至也史頌鼎盩于成周

編

當罪人也从幸从艮艮服罪也博号切

報 召白虎敦

丁

報 報 召伯敦

編

窮理罪人也从幸从人从言竹聲居六切

𥷚 或省言

𥷚 古鉩𥷚義與宀部𡨦同文異部从辛古文辛㚔幸義同字亦多混𥷚是姓後世多用鞫

丁

奢

張也从大者聲凡奢之屬皆从奢 式車切

奓 籀文臣鉉等曰今俗作陊加切以爲奓厚之奓非是

从大从者者當即者之省 公佋敦

吳

壽鼎

奢簋

古匋隻陽□里奢 奢鼎

丁

奢 奢虎簋

編

亢

人頸也从大省象頸脈形凡亢之屬皆从亢 古郎切

頏 亢或从頁

古陶器文曰節

璽之亢之鉩陳介祺曰亢地名

吳

𠦪

疾也从夲卉聲拜从此 呼骨切

𠦪杜伯簋用𠦪壽匄永命當讀作賁𠦪从卉聲賁亦从卉聲說文鐘或从賁作饋自可通叚

廣雅釋詁賁美也

盂鼎隹王初桒于成周

彔伯敦金車桒𠪚較亦當讀賁說文賁飾也

毛公鼎金車桒緌較

番生敦

吳尊金車桒

師兌敦

靜敦吳桒人名

編

進也从夲从屮允聲易曰𣂀升大吉余準切

古玁狁字小篆作𣂀許氏說進也引易𣂀升大吉虢季子白盤

兮田盤

吳

𣂀从桒說文云从夲从屮誤虢季子白盤啟𣂀詩采薇作玁狁

兮甲盤

編

奏進也从夲从廾从屮屮上進之義則候切

古文

亦古文

古奏字石鼓

吳

气皋白之進也从夲从白禮祝曰皋登謌曰奏故皋奏皆从夲周禮曰詔來鼓皋舞皋告之也古勞切

仲偁父鼎

源

春爲昦天元气昦昦从日夰夰亦聲胡老切

師㰤敔

源

从日从大古昦字小篆作昦許氏說春爲昦天元气昦昦石鼓

單伯昦生鐘

吳

大也从大亦聲詩曰奕奕梁山羊益切

奕单觚

源

大腹也从大䜌省聲䜌籀文系字胡雞切

爵文

卣文象人戴窶數形奚隸之役也周禮奚四人注奚女奴也漢書東方朔傳注顔師古曰窶數戴器也以盆盛物戴於頭者則以窶數薦之今賣白團餅人所用者也大澂案古窶字與奚同意當亦象女奴戴器形故窶數皆从窶

觚文

丙申角

吳

奚 丙申角

卷一第三葉

卷二第四十一葉

卷六第十九葉

同上

後編下第二十二葉

說文解字奚大腹也予意罪隸爲奚之本誼故从手持索以拘罪人其从女者與从人同周官有女奚猶奴之从女矣

殷

大皃从大㗊聲或曰拳勇字一曰讀若傿乙獻切

𡘋敦

源

壯大也从三大三目二目爲㗊三目爲奰益大也一曰迫也讀若易虙羲氏詩曰不醉而怒謂之奰平祕切

古奰字从三夨小篆从三目三大詩內奰于中國傳不醉而怒曰奰艾伯鬲奰地名

戭

吳

[illegible]从三夨

艾伯鬲地名

編

卷一第十六葉　卷六第二十二葉　藏龜第二百五十二葉　第九十五葉　龜甲獸骨卷二第五葉

同上

祚疑奚字之異體

殷

夫

丈夫也从大一以象簪也周制以八寸爲尺十尺爲丈人長八尺故曰

丈夫凡夫之屬皆从夫 甫無切

召夫鼎

冊命鼎

宋君夫人鼎

大夫始鼎

父乙甗

源

盂鼎

散氏盤

吳

曶鼎

大敢

古鉩上大夫之保鉩

古鉩鄭夫二

古鉩夫二

古鉩上夫

古鉩維夫氏鉩

丁

夫盂鼎

善夫克鼎

散盤

晅侯鼎

大敦

克簋

編

夫 匽厚季晉夫

徵

卷二第二十葉

卷四第二十五葉

後編下第一

⿰大古

葉

殷

⿰大古

說文所無

⿰大古衍敦

編

立

住也从大立一之上臣鉉等曰大人也一地也會意凡立之屬皆从立力入切

伯姬鼎

戠敦

宰辟父敦

郱敦

石鼓

源

古文以為位字頌壺

頌敦同位字重文

立簋

吳

格伯敦

丁

立孳乳為位周禮故書小宗伯掌建國之神立注古者立位同字古文春秋經公即位為公即立頌鼎王各大室即位

毛公鼎

寰盤

端

格伯敦

休盤

國差𦉜

編

徵

卷十八第八葉

卷四第二十七葉

卷二第二十二葉

殷

直也从立耑聲多官切

璊戈

源

古鉩端孫退古端字如此
與顓通端孫即顓孫

古鉩端孫口

古鉩端乙口鉩端氏見姓苑
史記秦有端和圜邯鄲城

古鉩端都
用鉩

古鉩端都
左司馬

竘

同齊刀

丁

健也一曰匠也从立句聲讀若齲逸周書有竘匠丘羽切

陳侯因資敦許氏說健也一曰匠也
从立句聲讀若齲逸周書有竘匠

古鉩

竭　⿰立召　⿰立沓　⿰立長　⿰立奇

左司馬聞竘信鈢

丁

竭 負舉也从立曷聲渠列切

古鈢周竭

丁

鐵

徵

舉

徵

待

綴

徵

鐵

鐵

徵

徵

竝

併也从二立凡竝之屬皆从竝蒲迥切

卷五第二十五葉

卷六第五十葉

後編下第二十五葉

殷

說文所無

竝尊

編

頭會𡿺蓋也象形凡囟之屬皆从囟息進切

或从肉宰

古文囟字

古鉥陳𦛨

古匋𦛨之口豆

丁

毛巤也象髮在囟上及毛髮巤巤之形此與籀文子字同良涉切

師寰敨蓋吳荷屋以爲古巤字

師寰敨器許氏說毛巤

也象髮在囟上及毛髮巤巤之形與籀文子字同　二字原書均入附錄 丁

巤師寰敦

余用作後

男巤，傳敦孫詒讓曰巤當為臘之省禮記鄭注臘謂以田獵所得禽祭也 編

容也从心囟聲凡思之屬皆从思 息茲切

師楂敨

石鼓 源

思字見古陶器晚周文字

古鉨文

古鉨文 吳

古鉨馬𥿋思紃

古鉨頢生思紃

古鉨思言

古鉨思言敬事

古鉨𥿋思 丁

待

季 徵

人心土藏在身之中象形博士說以爲火藏凡心之屬皆从心 息林切

齊侯鎛鐘

齊侯鐘

師[illegible]敲

寅簋

源

古心字散氏盤

古陶器反文

師望鼎

克鼎

王孫鐘

吳

古鉢同心

古鉢壹心愼事

古鉢真心

古匋

丁

心齊鎛

師望鼎

克鼎

王孫鐘

散盤

編

鐵

徵

息 喘也从心从自自亦聲相即切

古鉢坤成息

丁

罍

郭

鐵

徵

志

意也从心之聲職吏切

古鉢文

古鉢文

古鉢文

古鉢文

吴

古鉢郝上志

古鉢昇志

古鉢高志

古鉢得志

古鉢相思

丁

伏

古

皋

鄒

蠡

徵

悳

外得於人内得於己也从直从心多則切

古文

陳侯因資敦悳字不从彳亦晚周文字矣

吴

悳 陳侯因資敦

編

應

當也从心䧹聲於陵切

齊侯鎛鐘

齊侯鐘

源

應不从心 應公鼎䧹字重文

慎

編

謹也从心眞聲時刃切

古文

齊侯鎛鐘

源

古鉨孫慎从夜从心愚定為古慎字說文古文慎作當是傳寫之誤

古鉨長慎

古鉨慎疕

古鉨壹心

慎事

古鉨壹心

慎事

丁

慎說文古文作

邾公華鐘

編

忠

敬也从心中聲陟弓切

齊安鑪

萬歲錢

源

古玉鉨文

吳

古鉨忠信

古鉨忠仁思士

丁

信舉

鐵

徵

念

常思也从心今聲奴店切

古念字 畢仲敦

毛公鼎

周公孫子鼎

父辛卣

克鼎

者汈鐘

吳

古鉩相念

丁

念 毛公鼎

叚敦

師鼎

父辛卣

克鼎

者汈鐘

編

㤔

思也从心付聲甫無切

古鉩蔓陽匋里王㤔

丁

憲

敏也从心从目害省聲許建切

古憲字省文 召伯父辛鼎

邢人鐘

伯憲盉

吳

憲不从心 伯憲盉

憲鼎

井人鐘

編

忻 慧 悊

闓也。从心，斤聲。《司馬法》曰：「善者忻民之善，閉民之惡。」許斤切

古鉨齹忻

丁

儇也。从心，彗聲。胡桂切

趩鼎

慧季

禹

源

敬也。从心，折聲。陟列切

大克鼎天子明悊顯孝

古一字鉨

古鉨哲鉨

丁

意

夢 凝 凝 磬 舉 凝 鐵

墨 舉 夢 符 舉

舉 墨 符 凝 素 符 凝 凝

凝

符

磬

凝

古

鄦

古

徵

肅也从心共聲俱容切

古鉩明恭邦

古鉩恭陰都左司馬

古鉩長恭

恭昌幣

丁

和也从心台聲与之切

商鐘

敔敔

源

古鉩孟怡

丁

行賀人也从心从夂吉禮以鹿皮爲贄故从鹿省丘竟切

盄和鐘

首山宮鐙

館陶釜

源

古慶字召伯虎敦舊釋愛非

吳

召伯虎敦原書録一

戟叔鬲

古鉩卓慶

愻 恂 惟

古鉩 惠慶

古鉩 信鉩 䏰慶

古匋 蒦陽 匋里人慶

古匋□ 里□慶

丁

慶 召伯敦

戉叔慶 父鬲

編

鐵

鐵

鐵

徵

順也从心孫聲唐書曰五品不愻蘇困切

愻 者沪鐘

編

信心也从心旬聲相倫切

古匋原書謂說文所無案乃古文有作𠣬者𠣬蓋乃之異文

古匋

丁

凡思也从心隹聲以追切

惟不从心通唯 留鼎隹字重文

雖 从心从唯 陳侯因資敦

編

念思也从心褱聲户乖切

窖磬

南宫中鼎

晉姜鼎

源

滿也从心𡩜聲一曰十萬曰意於力切

籀文省

漢宜官鑑

源

𢡃也从心客聲春秋傳曰以陳備三愙臣鉉等曰今俗作恪苦各切

齊侯鎛鐘

齊侯鐘

源

古愙字从客从𠮚後人變𠮚為心許氏說愙敬也春秋傳曰以陳備三愙大澂案愙當即客之異文二王之後謂之客周封三客虞夏商之後也周愙鼎

吳

古鉥恪

徐鉉曰愙俗作恪

古鉥紹遷去𨙶里恪

丁

愙从客从𠮚春秋傳曰以陳備三愙二當即客之異文二王之後謂之客周封三客虞夏商之後也吳大澂說周愙鼎

編

㤅

惠也从心旡聲烏代切

古文

小篆㤅字𢜤此从旡从㕛當即廿之變文非从手也愛尊

吳

古鉨自愛

古鉨中愛

丁

懋

勉也从心楙聲虞書曰時惟懋哉莫候切

或省

古懋字史懋壺

周公孫子鼎

卯敦葢

守卣

吳

懋宅敦

帥鼎

史懋壺

免卣

編

慕

習也从心莫聲莫故切

古慕字陳侯因資敦

吳

慕陳侯因資敦

編

惄

飢餓也一曰憂也从心叔聲詩曰惄如朝飢奴歷切

惄王孫鐘惄于威義

沇兒鐘

邾公華鐘

編

恁

下齎也从心任聲如甚切

許氏說恁下齎也王孫鐘

吳

恁 王孫鐘

編

悒

不安也从心邑聲於汲切

古鉢江悒

丁

悒

徵

念

忘也嘾也从心余聲周書曰有疾不念念喜也羊茹切

許氏說念忘也嘾也引周書有疾不念念喜也今經典通用愈說文無愈字季念鼎

古陶器

吳

念 季念鼎

虢仲念鼎

編

忒

更也从心弋聲他得切

古文以為忒字經典通用貣貣貸古通毛公鼎

散氏盤

吳

愉

薄也从心俞聲論語曰私覿愉愉如也羊朱切

愉詩唐風他人是愉傳愉樂也今段以為病瘉之瘉魯伯愈父鬲

憃　忽　忘　愓　悝

魯伯匜　編

憃　愚也从心舂聲丑江切

小篆作憃許氏說愚也毛公鼎

伯憃盉　吳

毛公鼎　憃从舂省　編

忽　忘也从心勿聲呼骨切

忽敦　源

忘　不識也从心从亡亡亦聲武方切

陳侯鐘　丁

忘　陳侯午敦　編

愓　放也从心昜聲一曰平也徒朗切

古鉢　丁

悝　啁也从心里聲春秋傳有孔悝一曰病也苦回切

古鉢悝君許氏說啁也从心里聲春秋傳有孔悝一曰病也陳簠齋曰从田从圭从口案當云从心古文字

之笁者亦或从主

丁

忌

憎惡也从心己聲渠記切

齊侯鎛鐘

齊侯鐘

源

古文以為己字齊太僕歸父盤為忌鑄盤忌讀若己

鄦公牼鐘龏龔威忌

吳

忌鄦公牼鐘

鄦公華鐘

歸父盤

編

璽

徵

忍

忍怒也从心刃聲讀若顡李陽冰曰刃非聲當从刈省魚既切

許氏說忍怒也讀若顡古陶器

忍字反文古陶器

亦古陶器文

吳

古匋

丁

悔恨也从心每聲荒內切

古鉢長悔

丁

憯也从心旦聲得案切又當割切

或从心在旦下詩曰信誓悬悬

古悬字省文許氏說怛憯也或从心在旦下古陶器

吳

痛也从心非聲府眉切

古鉢文

吳

古一字鉢案字象蹙額顰眉茶口之形不僅从心非聲也中一▼與字有關連秦漢專瓦以臬邊闌花紋兼代字畫一甯貝本於此原書摹寫非是

丁

舉

徵

痛也从心敃聲眉殞切

古愍字从民从又毛公鼎

吳

愍不从心毛公鼎敃字重文

編

愁也从心从頁徐鍇曰惪形於顏面故从頁於求切

古鉢毋憂

丁

愈

懼也从心巩聲丘隴切

古文

齊侯鎛鐘

齊侯鐘

源

惶也从心甫聲普故切

或从布聲

敔敦

源

毒也从心其聲周書曰來就惎惎渠記切

古匋集均其亦作亓

丁

哀也从心粦聲落賢切

石鼓

源

石鼓

丁

說也从心睪聲經典通用釋羊益切

古匋懌从睪省新附字見原書

丁

古愈字說文所無魯白愈父鬲簠文作魯白俞父

二鬲文小異

吳

[illegible]
从憂从㚔說文所無疑即憂之古文石鼓
吳

[illegible]
[illegible]說文所無疑即戀之省文古陶器
亦古陶器文
吳

忢
从五从心說文所無疑即忢之省古文悟古陶器
吳

[illegible]
[illegible]古陶器文說文所無
吳

[illegible]
[illegible]說文所無古陶器
亦古陶器文
吳

[illegible]
說文無此字或釋[illegible]古陶器
或从[illegible]亦古陶器文
吳

[illegible]	感	𡨮	𡭊	愕	慸
 古陶器文說文所無 吳	 感說文所無疑即感之省文古陶器 吳	 古陶器文說文所無 吳	 古陶器文說文所無 吳	 距末文人名說文所無阮氏釋作愕 吳	 說文所無 䥫叔敦 吳

忐 念 忌 戀 㤊

忐	念	忌	戀	㤊	
無	鐵	符	徵	凝	
徵	徵	徵	季	馨	
			徵	無	
				郭	
				郭	
				夢	徵

悚　[illegible]　[illegible]　悬　[illegible]

凝

徵

凝

遯

待

古

徵

墨

徵

凝

師

清

符

徵

鐵

徵

古籀彙編第十一上

臨海徐文鏡編

準也北方之行象衆水並流中有微陽之气也凡水之屬皆从水

式軌切

宗鼎

石鼓

源

石鼓

古鉥文下水匜年

吳

艾伯鼎

丁

水同敦

魚七

編

卷二第四葉水卷四第十一葉水第十二葉水後編下第二二葉

徵

河

水出焞煌塞外昆侖山發
原注海从水可聲乎哥切

河 上林榮宮鐙

河 甘泉内者鐙

河 館陶釜

源

河 古陶器

河 亦古陶器文

吴

河 古鉢侯河

丁

江

水出蜀湔氐徼外崏山
入海从水工聲古雙切

江 江文古鉢見趙凡夫印譜

吴

江 古鉢江腋

江 古鉢江去疾

江 古鉢江去疾 横豎 江字易

丁

江 江 鄭 江 江 鐵

徵

沱

江別流也出崏山東別爲沱从水它聲臣鉉等
曰沱沼之沱通用此字今別作池非是徒何切

沱 古沱字許氏說江別流也徐鉉曰沱沼
之沱今別作池非靜敵曰射于大沱

吴

沱 遹敵徐鉉曰沱沼之
沱今別作池非

沱 古鉢且沱

丁

溫 涂 涇

沱八字別作池
遹敦

靜敦射
于大沱

鐘伯鼎鐘伯侵自作石
沱石沱意為鼎之別名

紀伯鼎
隹紀伯

鑄自作寶
㿻从皿

褱鼎褱自作
飤碣駝从鼎

編

侍

徵

水出犍爲涪南入黔
水从水昷聲烏魂切

溫

昷

齊侯
鎛鐘

齊侯
鐘

伯溫
父甗

源

水出益州牧靡南山西北
入澠从水余聲同都切

綏和
壺

源

水出安定涇陽幵頭山東南入渭
雝州之川也从水巠聲古靈切

克
鐘

丁

涇不从水
克鐘巠字重文

亦克
鐘文

編

渭

水出隴西首陽渭首亭南谷東入河从水胃聲杜林說夏書以爲出鳥鼠山雝州浸也云貴切

蓮勺鑪

源

漢

漾也東爲滄浪水从水難省聲臣鉉等曰从難省當作菫而前作相承去土从大疑兼从古文省呼旰切

古文

父乙鬳

源

浪

滄浪水也南入江从水良聲來宕切

敔敦

源

沔

水出武都沮縣東狼谷東南入江或曰入夏水从水丏聲彌兗切

石鼓

源

古沔字石鼓

吳

汧

水出扶風汧縣西北入渭从水幵聲苦堅切

石鼓

源

石鼓

吳

洛

水出左馮翊歸德北夷界中東南入渭从水各聲盧各切

敔敦

源

古洛字虢季子白盤

汾　沾　潞　蕩

古文或以為格字太師虘豆用卻洛朕文且考卻洛即昭格

吳

不嬰敢余令女御追于洛借畧為洛

丁

洛　虢季子白盤

大師虘豆用卻洛朕文且考洛段為格

編

水出太原晉陽山西南入河从水分聲或曰出汾陽北山冀州浸符分切

汾陰侯鼎

汾陰宮鼎

源

水出壺關東入淇一曰沾益也从水占聲臣鉉等曰今別作添非是他兼切

古匋丘齊沾里王□

古添字亦通霑

丁

冀州浸也上黨有潞縣从水路聲洛故切

古潞字从雨借露為潞露字繁

皆露字繁異文

吳

水出河內蕩陰東入黃澤从水𦹗聲徒朗切

晉姜鼎

源

沇

水出河東東垣王屋山東為泲从水允聲以轉切

古文沇臣鉉等曰口部已有此重出

古沇字沇兒鐘

吳

沇 沇兒鐘

編

漸

水出丹陽黟南蠻中東入海从水斬聲慈冉切

古漸字古陶器

吳

湘

水出零陵陽海山北入江从水相聲息良切

古鉥鄘湘 即 之省

丁

深

水出桂陽南平西入營道从水罙聲式針切

石鼓

源

石鼓

吳

潭

水出武陵鐔成王山東入鬱林从水覃聲徒含切

古鉥潪潭

丁

淮

水出南陽平氏桐柏大復山東南入海从水隹聲戶乖切

仲偁父鼎

司淮父卣

敔𣪘

源

古淮字散氏盤

兮田盤

或从水从唯曾伯霥簠克狄淮夷

或从水从唯曾伯霥簠克狄淮夷

吴

師寰𣪘

古鉨淮囗

丁

淮散盤

兮甲盤

師寰𣪘

彔卣

从水从唯曾伯霥簠克狄淮夷

虢仲簠

編

卷二一第七葉

第十六葉

第二十一葉

第二十四葉

第二十六葉

从〡即水省卜辭从水之字多省作〡說文解字
攸行水也从亻从水省从攴是許君時〡爲水省
之誼尙未失矣

殷

水出東郡濮陽南入鉅野从水僕聲博木切

 嚳

徵

齊魯閒水也从水樂聲春秋傳曰公會齊侯于濼盧谷切

 古文以爲樂字 𧇧鐘用樂好賓

吳

 古鉩余濼

丁

 濼 𧇧鐘以爲樂字樂字重文

編

徵

 卷四第十一二葉

此卽許書从水樂聲之濼虘鐘作濼與此畧同而借用爲喜樂字 殷

水在齊魯閒从水亘聲羽元切

古洹字齊侯壺洹子孟姜今左傳作桓子

亦齊侯壺文 吳

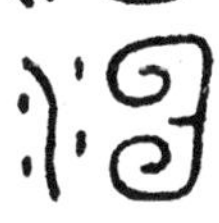

洹齊侯壺洹子孟姜左傳作桓子 編

卷十八第二十二葉

同上

第十八十葉

後編下第二葉

齊侯壺洹字作此从與許書同但省下一耳殷代水名存于卜辭中今可確知其地者僅此而已 殷

洋

水出齊臨朐高山東北入鉅定从水羊聲似羊切

 石鼓 [源]

 古鉥張洋 [丁]

 卷十八第二十三葉  藏龜第百九十二葉  後編下第四十一葉  第三十二葉  龜甲獸骨卷二第十四葉  同上

祚案此與下沈爲一字沈牛曰  沈羊曰  也昔釋爲洋茲埘正 [殷]

溉

水出東海桑瀆覆甑山東北入海一曰灌注也从水既聲古代切

 溉 鉨王嵩 [編]

治

水出東萊曲城陽丘山南入海从水台聲直之切

入鼎 徵欒 師毀 敔

源

濟

水出常山房子贊皇山東入泜从水齊聲子礼切

古濟字濟陰圜幣晚周文字

吳

罍

徵

沽

水出漁陽塞外東入海从水古聲古胡切

古鉢吳沽吳㥑忌鑄釋為湖字

古鉢事沽

古鉢沽吠

古鉢口沽

古鉢韓沽

丁

沽散盤至于大沽當讀作湖

編

郭

鐵

鐵

鐵

遯

徵

洵

過水中也从水旬聲相倫切

古鉢寀匀旬義同 是旬之省原書謂說文所無或云湖之省

古鉢

丁

涻

水出北嚻山入邙澤从水舍聲始夜切

㵒 散氏盤自㵒涉以南至于大沽阮相國釋作濸非是當即涻字許氏說涻水出北嚻山入邙澤

㵒 散氏盤復涉㵒當亦涻字異文

吳

洦

淺水也从水百聲匹白切

洦 古鉨鄧洦

丁

海

天池也以納百川者从水每聲呼改切

海 古海字古鉨文 海上𠊨鉨

海 大司塋海澤六廿𨒪鉨 古鉨之最大而字多者

吳

溥

大也从水尃聲滂古切

溥 盄和鐘

源

衍

水朝宗于海也从水从行以淺切

衍 枯衍敢以古潮字省許氏說水朝宗于海也貞卜文字衍作㣔㣔與此同

衍 古鉨司馬衍

丁

衞衞星無

徵

卷四第十一葉　卷八第二葉

第五葉　第十四葉　第十五葉　後編下第四十二葉

說文解字衍水朝宗于海皃也从行从水此从川示百川之歸海誼彌顯矣或省行作彳或又省作　或變　作　古金文朝字从此[illegible]衍敼蓋有　字與卜辭畧同

殷

潮

水朝宗于海从水朝省臣鉉等曰隸書不省直遙切

石鼓

源

古文潮朝為一字陳侯因資敦　朝下重文

古陶器

滔　汭

赤古陶器文

古鉢文

【吳】

古匋城陽□里潮□

同古匋

【丁】

淖與朝爲一字 陳侯因資敦朝字重文

【編】

水漫漫大皃从水𦣞聲土刀切

石鼓

【源】

石鼓

【吳】

韓姬敦蓋

【丁】

待

【徵】

水相入也从水从内内亦聲而銳切

藏龜之餘第十二葉

同上

後編上

第二十四葉

演

从水北北亦聲其从𠂆者水省也此當是水北曰汭之汭今从丙聲者殆後起字也

祚案王徵君說水北曰汭僅見尚書僞孔傳毛傳云芮水涯也鄭云芮之言內也許云汭水相入也無水北之說此字从水北未可遽以爲汭字姑此待考 殷

長流也一曰水名从水寅聲以淺切

𣵾 龜甲獸骨卷二第二十八葉 𣵾 卷二第三十二葉

祚案以寅字之作𡨦𡧎推之故知此爲演字 殷

疾流也从水或聲于逼切

伯姬鼎

源

沛也从水旁聲臣鉉等曰今俗別作霶霈非是普郎切

召仲考父壺

源

深廣也从水𡉚聲一曰汪池也烏光切

古汪字汪伯卣蓋文

器文

古鉨文

吳

古鉨汪戲

丁

汪汪伯卣

編

華

徵

涌搖也从水中聲讀若動直弓切

古鉨沖耑

丁

鄦

徵

澆也从水告聲虞書曰洪水浩浩胡老切

古鉨孫浩浩字易橫豎

丁

璺

徵

波

水涌流也从水皮聲博禾切

古鉥鹿敀波鉥从𡰻皮說文古作𡰻籀作𡰼汗簡作𡰻此从皮从水當為古波字與陂字通用許氏說水涌流也

古鉥宋波

古匋

古匋

丁

待

徵

浮

汎也从水孚聲縛牟切

二

漢人神鑑

源

古鉥浮事

丁

無

徵

泓

下深皃从水弘聲烏宏切

中子真泓匜原書入附錄

丁

洞

疾流也从水同聲徒弄切

古鉥𧸘陰𨟅洞左陳簠齋釋為岳陰都洞左原書謂說文無

丁

涌

滕也从水甬聲一曰涌水在楚國余隴切

石鼓

源

石鼓湧字如此小篆省作涌

吳

水清也从水列聲易曰
井洌寒泉食良辥切

卜洌後編下第二十二葉 洌 書契菁華第十一葉

祚案此字从水从歺疑即洌字之省許書列字作㓮从𣦼古隸中或作列別㓮意古者歺𣦼為一字至後世因歺𣦼兩歧衍為𣦼遂別為二誼矣

殷

清湛也从水
叔聲殊六切

古淑字从叔从皿卯敦不盄當讀作不淑古通作叔亦作惄 叔下重文

吳

淑不从水
寡子卣叔字重文

編

清

朖也澂水之皃从水青聲七情切

古清字从水从靜許氏分清瀞為二字非齊侯甔曰俾旨俾清 吴

淵

回水也从水象形左右岸也中象水皃烏玄切

淵或省水

古文从口水

石鼓 源

淵石鼓 吴

古匋說文淵或省水作𣶒古文从口水作㘿許氏說回水也从水象形左右岸也中象水皃此在或體與古文之間與許說亦合 丁

後編上第十五葉

祚案說文解字淵回水也或省水作𣶒古文作㘿此與許書之古文同 殷

滑

利也从水骨聲戶八切

古鉢陰滑 丁

澤

光潤也从水睪聲丈伯切

石鼓

古文澤字白澤獸名

源

澤古鉥文

吳

古鉥東易汪澤王口鉥

丁

聲

待

凝

待

徵

淖

泥也从水卓聲奴教切

淖小篆作

石鼓

吳

涅

黑土在水中也从水从土日聲奴結切

涅金幣水經注涅陽在西北岐棘山東春秋屬鄧國戰國秦穰邑

或省作涅盧氏涅金幣

涅字幣

皆涅字幣異文

吳

益也从水茲聲一曰滋水出牛飲山白陘谷東入呼沱子之切

石鼓

源

溼也从水邑聲於及切

古鉩侯浥

丁

水散石也从水从少水少沙見楚東有沙水所加切

譚長說沙或从止𣲡子結切

古沙字許氏說水散石也寰盤縞必彤沙沙亦通紗周禮内司服素沙司農注素沙赤衣也

鄦惠鼎彤沙如此象水中聚石形

吳

沙 寰盤

鼎 無叀

休盤

編

別水也从水从𠂢𠂢亦聲匹賣切

卷一第十九葉

卷二第九葉

卷四第十葉

第十一葉

同上

第十二葉

卷五第十九葉

藏龜第九十九葉藏龜之餘第十八葉龜甲獸骨卷二第一葉第二十二葉

此當是水之流別辰字从彳象川之中流有旁歧彳象幹流出旁枝丨丨則水之象也或省丨丨知辰派本一字許君分爲二非也又此字之形狀爲辰字殆無可疑而文頗難解疑叚用爲他字矣字亦見大保敦 殷

水別復入水也一曰汜窮瀆也从水巳聲詩曰江有汜詳里切臣鉉等案前洍字音義同蓋或體也 卷四第十二葉 殷

漢

積水池从水𦰩聲乎光切

師𣗥 敳

源

卷一第五葉 第六葉

殷

湖

揚州浸有五湖浸川澤所仰以灌溉也戶吳切大陂也从水胡聲

古湖字省散氏盤至于大沽大澂釋作大湖湖大陂也

吳

古鉨湖惁

丁

渠

水所居从水渠省聲彊魚切

古渠字古鉨文

古玉鉨文从水从巨當即渠之省

吳

湄

水艸交爲湄从水眉聲武悲切

國差甔

丁

注

灌也从水主聲之戍切

注水匜

源

津

水渡也从水𦘔聲將鄰切

古文津从舟从淮

古鉨栺津

古鉨津陽宜印

丁

潛

涉水也一曰藏也一曰漢水爲潛从水朁聲昨鹽切

待

偶

徵

泛

浮也从水乏聲孚梵切

石鼓

源

浮

浮行水上也从水从孚古或以汓爲没似由切

汓或从囚聲

古鉨𣳾西汓許氏説汓浮行水上也从水从子古或以汓爲没

丁

砅

履石渡水也从水从石詩曰深則砅力制切

砅或从厲

古鉨𣹟砅从水从石省許氏説履石渡水也詩曰深則砅

丁

卷二

第十一葉

卷五第三十一葉

同上

同上

从水从萬石鼓文澫有小魚殆即許書之砅字砅或作濿考勉勵之勵相糲之糲蚌蠣之蠣許書皆

从萬作勱𥻦蠇以此例之知澫卽濿矣說文勱注段先生曰厲亦萬聲漢時如此讀亦其證也讀與厲同澫爲淺水故有小魚許訓履石渡水亦謂淺水矣　殷

沒也从水甚聲一曰湛水豫章浸宅減切

（古文）　古湛字毛公鼎　吳

湛　毛公鼎　編

雲雨起也从水妻聲詩曰有渰淒淒七稽切

石鼓　源

雨流霤下皃从水蒦聲胡郭切

卷一第十二葉　卷五第二十六葉　同上

藏龜第百六十九葉　龜甲獸骨卷二第十六葉

涿 沈

說文解字濩雨流霤下皃从水蒦聲卜辭中爲樂名即大濩也或从水隻聲或省又隻省聲 殷

流下滴也从水豖聲上谷有涿縣竹角切 奇字涿从日乙 古涿字許氏說上谷有涿縣涿字幣 亦涿字幣文 古鉥文 吴

陵上滈水也从水冘聲一曰濁黕也臣鉉等曰今俗别作沉冗不成字非是直深切又尸甚切 卷一第二十四葉 藏龜第四十二葉 後編上第二十二葉 同上 同上 下第四葉 第二十葉

此象沈牛于水中殆即貍沈之沈字此爲本字周禮作沈乃借字也又據禮經祡燎所以事天貍沈

以禮山川而徵之卜辭一則曰賁于妣乙一牢貍二牢卷一第三十二葉二則曰貞賁于土三小牢卯二牛沈十牛第二十四葉三則曰乙巳卜𡧊貞賁于妣乙五牛沈十牛十月卷二第九葉是賁與貍沈在商代通用于人鬼既有宗廟之事又索之于陰陽商之祀禮可謂繁重矣 殷

泥水淊淊也一曰繅絲湯也从水臽聲胡感切

淊 淊竹口壘 編

薄仌也一曰中絕小水从水兼聲力鹽切

說文溓薄水也一曰中絕小水从水兼聲此从止疑是一字趠鼎

令鼎王馭溓止 編

渴也从水固聲讀若狐貈之貈下各切

涸亦从水卤舟

古鉥啟涸 丁

渴 溼

盡也从水曷聲苦葛切

古鉢孫渴案古曷字

丁

舉

徵

幽溼也从水一所以覆也覆而有土故溼也㬎省聲失入切

石鼓

源

古溼字散氏盤溼田當讀作隰田古文溼隰為一字小篆別作隰

石鼓遙溼陰陽

史懋壺溼宮

吳

溼

史懋壺溼宮

散盤溼田當讀作隰田溼隰為一字吳大澂說

編

卷一一第二二葉

後編上第十二葉

下第一一十七葉

祚案說文解字溼幽溼也从㬎省聲此省土其从止者象足履溼與从土之誼同散氏盤作亦省土

殷

瀞 淯 湯 潘

無垢薉也从水静聲疾正切

瀞說文無垢薉也从水靜聲經典皆以清爲之國差𦉜俾旨俾瀞

編

灌釜也从水自聲其冀切

[illegible]敨

源

石鼓

石鼓

吳

熱水也从水昜聲土郎切

綏和壺

源

古湯字省 師湯父鼎

曾伯霥簠 湯字不省

古鉩文

吳

古鉩侯湯

古鉩閔湯

丁

湯 師湯父鼎

曾伯簠

湯叔尊

編

舉

鐵

鐵

徵

淅米汁也一曰水名在河南滎陽从水番聲普官切

古鉩[illegible]潘

丁

陸

徵

湎

沈於酒也从水面聲周書曰罔敢湎于酒彌兖切

湎 古湎字小篆作湎許氏說沈於酒也周書曰罔敢湎于酒毛公鼎曰毋敢湎于酒

吳

淡

薄味也从水炎聲徒敢切

淡 後編上第十葉

殷

液

盡也从水夜聲羊益切

液 尌液鼎

源

洒

滌也从水西聲古文為灑埽字先礼切

洒 卷二一第十葉 洒 卷十八第十八葉 洒 後編上第十一葉

殷

沬

洒面也从水未聲荒內切

沬 古文沬从頁

沬 古沬字从頁从皃从皿注水許氏說沬洒面也古文沬从頁作沬又頁部𩓚昧前也讀若昧疑亦沬之古文許云沬擢

髮也疑古沬沬爲一字魯伯愈父匜

吳

沬从頁从𡿥从皿注水許氏說沬洒面也古文沬从頁作又頁部昧前也讀若昧疑亦沬之古文許云沬濯髮也疑古沬沬爲一字吳大澂說魯伯匜

魯伯盤

殷穀盤

編

後編下第十二葉

說文解字沬洗面也从水未聲古文作此象人散髮就皿洒面之狀魯伯愈父匜作亦象人就皿水擢髮形許書作沬乃後起之字今隸作頮从廾與卜辭从同意尚存古文遺意矣吳中丞曰許書頁部有字注昧前也讀若昧疑亦沬之古文許云沬擢髮也疑古沬沬爲一字

殷

洒身也从水谷聲余蜀切

卷一第五十一葉同上書契菁華第五葉藏龜第二百七葉後編上第十四葉下第三十葉

注水於般而人在其中浴之象也許書作浴从水谷聲變象形為形聲矣

祚案殆亦浴字象人浴于室中之形 殷

洒手也从水喿聲子皓切

卷四第二十五葉卷五第三十一葉

洗

卷十八第十葉第二十葉同上後編下第十

一葉

說文解字澡洗手也从水喿聲此从巛||象水从

象手在水中是澡也許書所載亦後起之字

殷

洒足也从水先聲穌典切

卷一第四十七葉卷四第十一葉第二十八

葉卷五第二十三葉卷十八第二十五葉第二十五

葉 同上 同上 同上 第三十六葉 卷七

第四十二葉 同上 後編上第九葉 下第二十

八葉 第三十八葉 同上 龜甲獸骨卷二第五葉

說文解字洗洒足也从水先聲此从ㄓ（即足形）从凵凵（即水形）置足于水中是洗也或增凡象般形是洒足之般也中有水置足于中由字形觀之古者沐盥以皿洗足以般

殷

淳

渌也从水𦎫聲常倫切

古淳字古鉨文云晚周文字之異體也

吳

古鉨滈宋之鉨从水从享省為水羊互

渫

濯

借古文有此例

古鉨從淳

丁

除去也从水枼聲私列切

石鼓

源

古渫字石鼓

吳

澣也从水翟聲直角切

戈文曰右濯戈濯所以刺船也短曰楫長曰濯是戈當係水師所用今俗作櫂又作棹

吳

濯

右濯戈

編

卷七第二十三葉 後編下第二十五葉

說文解字濯澣也从水翟聲此从||象水羽象帚所用以澣者置羽水中是濯也許書作濯亦後起字

殷

滑也从廾从水大聲他蓋切臣鉉等曰本音他達切今左氏傳作汏輈非是

古文泰

太𤔲鼎

癸亥父己鬲鼎

南宮中鼎

師榿敦

太公簋

源

古鉨文命𤔲樂作太室塤太字如此晚周變體也古文通作大 大下重文

吳

乳汁也从水重聲多貢切

古鉨文𣐽湩㐌左司馬𣐽湩地名疑即古梓潼字𣐽梓音相近从童从重古文通用也

吳

古鉨枝湩都

桼鉨陳簋

齋曰湩即潼說文潼水出廣漢梓潼北界南入墊江枝湩即梓潼吳窓齋曰从童从重古文通用案說文䊵古文作𥻵此枝或即𥻵之省文

丁

損也从水咸聲古斬切

減者減編鐘

他鐘作㵆

編

 澫 湽 汅 湨

大波也从水壽聲徒刀切  卷一一第一一十八葉

許書無濤字新附有之此从水聲今字从壽者猶曙今字作疇也 殷

 石鼓音漫 源

 澫說文所無石鼓 吳

 齊侯鎛鐘 源

 汅說文所無疑即泓之省者汅鐘晚周之器 吳

 汅說文所無疑泓字省文者汅鐘 編

 湨說文所無遲簋

 孟湨鼎或釋漁非 吳

⿰氵⿱午土

⿰氵⿱午土說文所無石鼓

吳

泃

泃說文所無古鉥泃埜𨑃司徒

泃

泃埜亦古鉥文

吳

淌

古鉥文⿱𠂇𨸏⿰𨸏金𨑃淌左

⿱尚⿰水

古鉥文⿱尚⿰水陞𢼸𢧢首本⿱尚⿰水當即淌說文所無

吳

澮

古鉥文𣄰甾澮車𦏶鉥甾澮地名說文無澮字

吳

淢

舊釋淢非是姑附於此寰盤

吳

洀

洀疑波濤之濤說文無濤字

洀

二字小異皆古陶器文

吳

涓 涫 浂 淖 ⿰氵从 浧

涓

涓說文所無或云湖之省古鉨文

亦古鉨文

吳

郭

罄

待

徵

涫

古鉨文說文所無

吳

浂

說文所無

浂伯寺敦

編

淖

待

徵

⿰氵从

罄

季

待

郭

罄

徵

浧

陸

凝

凝

徵

泪　⿰氵取　⿰氵⿱隹月　浼　滴

季　季

徵

陸

徵

斂

徵

箋

徵

卷六第二葉　卷五第二葉　後編上第十五葉　第

十二葉　下第十九葉

汏　湶　洀

許書無滴字集韻有之云音商水名此云王其口舟于滴則滴之爲水名信矣但不知爲今何水耳列子力命篇亦有滴字今人于文字不見許書者概斥爲俗作徵之古文豈其然乎 殷

卷二第四葉後編下第二十九葉同上 殷

卷二第四葉同上 殷

卷六第二葉

祚案右三字與集韻同疑即舟字之變體 殷

漻

卷二第十七葉　後編上第十五葉　殷

汔

後編上第十葉　殷

澧

卷二第十六葉　殷

潦

卷二第十八葉　殷

漕

卷六第五十九葉　卷七第十葉　後編下第二十四葉　同上　藏龜第二十一葉　殷

湨

𤅩 卷二第十九葉 殷

汅

汅 卷二第二十六葉 汅 後編上第九葉 汅 龜甲獸骨卷二

第二十葉 殷

溲

溲 卷六第三葉 殷

汉

汉 藏龜之餘第十五葉 殷

古籀彙編弟十一下

臨海徐文鏡編

水行也从林㐬㐬突忽也力求切

篆文从水

石鼓

源

古流字與小篆同 石鼓

吳

徒行厲水也从林从步時攝切

篆文从水

石鼓

源

涉从兩止中隔一水止足跡也屮亦止之變體小篆頻字从此格伯敦

亦格伯敦文

散氏盤涉字如此舊釋沘非

亦散氏盤文

石鼓

戈文

吳

敓卣涉或从川

古鉥

丁

涉从兩止中隔一水止足跡也屮亦止之變體小篆瀕字从此 吳大澂

說格伯敦 散盤 敎卣 从川 編 卷一第五十三葉

卷四第一葉 卷五第二十九葉 卷六第二十六葉 卷七第三十九葉 龜甲獸骨卷一第二十九葉

許案第二部步字羅師曰卜辭卷五第二十九葉有曰甲午王涉歸王無徒涉之理殆借涉爲步字也然既有步字固無庸借涉爲步其爲涉字無疑所謂王步于某王涉于某者非王步行徒涉也以車曰步以舟曰涉耳又卷二第二十六及後編上第十五葉曰王舟于某者凡二見則此涉字抑指以車涉淺水耶詎不能明許書篆文从水步與此正同

古金文亦然無从二水者 殷

水厓人所賓附頻蹙不前而止从頁从涉凡頻之屬皆从頻臣鉉等曰今俗別作水賓非是符眞切

𩓨鼎許氏說水厓人所賓附頻蹙不前而止从頁从涉徐鉉曰今俗別作水賓非是

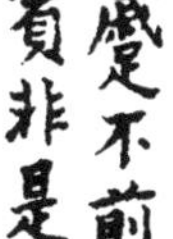

周公彝

丁

〈

水小流也周禮匠人爲溝洫相廣五寸二相爲耦一耦之伐廣尺深尺謂之〈倍〈謂之遂倍遂曰溝倍溝曰洫倍洫曰巜凡

𡿨之屬皆从𡿨 姑泫切 甽 古文𡿨从田从川 畎 篆文𡿨从田犬聲六畎爲一畝 甽 卷四第十二葉

祚案說文解字𡿨水小流也古文从田川作甽篆文从田犬聲作畎周禮考工記匠人廣尺深尺謂之甽前漢溝洫志一晦之甽後漢章帝紀或起甽畝其字皆从川 其从巛者亦川字卜辭巛作卜辭甽从川故知之巛又巛之省 作甽與許書之古文及周禮漢書合故知甽乃𡿨之初字而畎益後起字矣 殷

川

貫穿通流水也虞書曰濬𡿨巜距川言深𡿨巜之水會爲川也凡川之屬皆从川 昌緣切

川 卷四第十二葉 川 卷十八第十八葉 川 第

巠

十二葉 後編下第十九葉 第四十二葉

象有畔岸而水在中疑是川字 殷

水脈也从川在一下一地也壬省聲一曰水冥巠也古靈切 古文巠不省 古文以為經字 盂鼎 克鼎 吳

毛公鼎 丁 巠 盂鼎 毛公鼎 克鼎 克鐘 孳乳為涇 編

巛

害也从一雝川春秋傳曰川雝為澤凶祖才切 卷一第二十二葉 同上 同上 同上

第八葉 第二十二葉 第二十六葉 第二十七葉 第

二十九葉同上第三十一葉同上第三十二葉
第三十四葉第三十五葉第三十六葉卷二第二十
六葉卷四第十四葉同上同上同上同上卷
六第四十五葉龜甲獸骨卷一第八葉同上同上
象水壅之形川壅則爲巛也其作等狀者象
橫流氾濫也 殷

剛直也从㐰㐰古文信从川取其不舍晝夜論語曰子路侃侃如也空旱切

小篆作許氏說剛直也兮仲鐘曰用侃喜前文人𢽾狄鐘二

侃瘨戈　庀陽矛　古鉢文

吳

古鉢甫侃　古鉢吳侃

丁

侃芍仲鐘　戱狄鐘　叔氏鐘　叔𠬝敦　侃瘨戈

編

疑

徵

水中可居曰州周遶其旁从重川昔堯遭洪水民居水中高土故曰九州詩曰在河之州一曰州疇也各疇其土而生之臣鉉等曰今別作洲非是職流切

古文州

商鐘　齊侯鐘　州卣　父乙甗

源

古文州象水中可居之地散氏盤

平州幣

吳

周公彝　古鉢成州　古鉢武州年

丁

州散盤

周公敦

禹比簋

編

成郭 武待

徵

卷四第十二葉

說文解字州古文作與此同散盤亦作今許書作者傳寫譌也州爲水中可居者故此字旁象川流中央象土地

殷

水原也象水流出成川形凡泉之屬皆从泉疾緣切

封比干墓銅槃

甘泉上林宮行鐙

甘泉內者鐙

漢小錢

大泉五十錢

厵

貨泉錢 吳大泉五百錢

源

卷四第十七葉 卷十八第十四葉

藏龜第二百二葉 書契菁華第十一葉 後編下第二二葉 同上 第二十九葉 龜甲獸骨卷二第二十葉

說文解字泉水原也象水流出成川形此从丫象从石鑄涓涓流出之狀古金文原字从散盤與此畧同新莽錢文曰大泉五十泉字作尙畧存古文遺意

殷

水泉本也从灥出厂下愚袁切 篆文从泉臣鉉等曰今別作源非是

小篆作亦作 散氏盤

亦散氏盤文

或从水从原散

氏盤 厂源 舊釋淳非

克鼎

吳

𩆜从泉 散盤

克鼎

𩁹伯原鼎

編

永

長也象水巠理之長詩曰江之永矣凡永之屬皆从永 于憬切

宗和鐘

許子鐘

楚卭仲南和鐘

楚公鐘

曾侯鐘

齊侯鎛鐘

齊侯鐘

緐駒父鼎

乙公鼎

媍氏鼎

伯郤父鼎

君季鼎

圅宝鼎

齊莽史鼎

仲偁父鼎

趩鼎

文王命癘鼎

公緘鼎

史頊父鼎

伯姬鼎

師淮父卣

尹卣

樂司徒卣

黃季舟

張伯匜

司寇匜

杞公匜

孟姜匜

田季加匜

達敦

史張父敦

雁侯敦

仲駒敦

散季敦

孟姜敦

宰辟父敦

尨敦

郳敦

師楂敦

鄀子斯簋

太公簋

尌高父簋

嘉仲盉

仲父鬲

京姜鬲

其父鬲

仲斯鬲

魯正尌䋣

伯索盂

卬仲盦

石鼓

孝成鼎

首山宮鐙

永安五銖

源

史頌敦

師虎敦

叔向父敦

頌壺

殳季良父壺

鄀公敦

郘伯達敦

仲殷父敦

鄭𤸫𩜙原父鼎

番君鬲

𥁰楚公鐘文

齊陳曼簠

白𡨦𠂤簠

中伯壺

沇兒鐘

王子申盞盂

袌鼎

留君簠

子璋鐘

多父盤

魯大司徒匜

鄭伯大司工簠

庚姬鬲

庚𦤎卣

芮公壺盉

呂王圂壺

杞伯敏盉

紀侯敦

公姞敦

格伯敦器

格伯敦蓋

格伯作晉姬敦

格伯敦器

師遽敦蓋

魯伯俞父簠

趩亥鼎

旅虎簠

䄈伯匜

鄀𫑡鼎

伯𦬊敦

永宮鬲

姑馮句鑃

或从羊鄉子妝簠借羕為永

杞伯敏父敦器

杞伯敏父鼎

杞伯敏父壺

吳

盂鼎永命女盂原書入附錄疑為古於字

太保敢原書附錄疑道字之古文非

丁

永 毛公鼎

善夫克鼎

舀鼎

頌鼎

季念鼎

豚卣

仲師父鼎 史獸鼎 褱鼎 史頌敦 師嫠敦 魯伯愈父敦

量侯敦 芾伯敦 叔富敦 不嬰敦 宅敦 伯疑父敦

彔敦 司寇良父敦 𣄰伯敦 魯伯鬲 𢍰𢦏家鬲 免簠

曼龏父簋 虘鐘 伯孝𩁹簋 沇兒鐘 子璋鐘 邾公華鐘

鄀公鐘 干氏叔子盤 楚子簠 拍舟 齊陳曼簠

公伐郑鼎 公伐郑鐘 㝬桐盂 王子申盞盂 姑口句鑃 部𥏹盤

叉季良父壺
中尊
楚公鐘
鄦侯敦
穽鼎

子仲匜
周窀匜
衵伯匜
殷穀盤
齊鎛
揚敦

毓文公鼎
南姬鬲
己侯敦
中伯壺
鄀友父鬲
新尊

格伯敦
大保敦
散伯敦
敓叔敦
剌鼎
鄀討鼎

王人甗
匽公匜
杞伯敦
大敦

召口父匜
永宮鬲
番君鬲
仲殷父鬲
格伯作晉姬敦
弒理母敦

芮公鼎

魯伯簋

姞氏敦

叔向父敦

仲鑠簋

伯匕鼎

或从羊詩漢廣江之羕矣毛詩作永又說文永與羕同訓水長羕殆爲永之或體鄦子簋其子子孫孫永保用之

編

水長也从永羊聲詩曰江之羕矣余亮切

古羕字 羕史尊

吳

陳逆敦

丁

羕與永爲一字 羕史尊

編

泉出通川爲谷从水半見出於口凡谷之屬皆从谷古祿切

師榿敦

敔敦

谷口甬

源

格伯敦

亦格伯敦文

吳

古鉨 谷

丁

谷 格伯敦

編

 季

徵

卷一第五葉 卷四第十一葉 後

編下第二葉

殷

凍也象水凝之形凡仌之屬皆从仌 筆陵切

古鉨冰亦从

丁

四時盡也从仌从夂夂古文終字都宗切

古文冬从日

冬古文以爲終字頌鼎 霝終 終下重文

頌敦

郱人鐘永終于吉

郱人鐘

吳

古鉨鄦冬古文冬从日 此其倒文

丁

冶

雨

銷也从仌台聲羊者切

古鉨右鐵冶官

丁

水从雲下也一象天冂象雲水霝其間也凡雨之屬皆从雨

王矩切

古文

楚公鐘

石鼓

源

楚公鐘

石鼓

吳

古鉨楚□雨里□

古匋楚城遷雨里䢵

丁

楚公鐘雨

編

卷一第八葉 卷二第十一葉 第二十四葉 卷三

第十六葉 第十七葉 同上 同上 同上 第十八葉

第十九葉　第二十葉　卷四第九葉　上　卷六八第

六十四葉示書契菁華第十葉

說文解字雨古文作

殷

陰陽薄動靁雨生物者也从雨畾象回轉形魯回切

古文靁

古文靁

籀文靁間有回回靁聲也

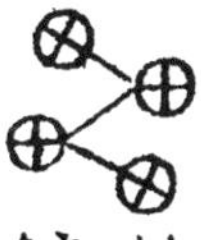楚公鐘

源

古雷字畾累如連鼓楚公鐘楚夜雨雷

吳

古鉩雷貫

古匋塙里雷

丁

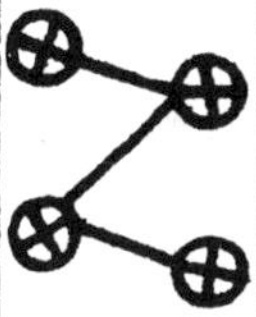靁累〻如連鼓楚公鐘楚夜雨雷

雷甗

孳乳為櫑滔钦口罍

電

父乙 畾

編

陰陽激燿也从雨从申堂練切

古文電

番生敨

丁

電 番生敦

編

卷二第十九葉 卷四第十葉 第十一葉 後編下第一葉 第四十二葉

說文解字電古文作此从象電形⺌象雨點雨與電相將也 菲案葉玉森釋爲雹是也

殷

雪

凝雨說物者从雨彗聲相絕切

古雪字从水 諆田鼎

吳

卷二第十九葉 月上

霝

卷上八第一葉 同上 後編下第一葉 龜甲獸骨卷一第二葉 第十葉

說文解字霻从雨彗聲卜辭从二又雪爲凝雨得以手取之

殷

雨零也从雨㗊象零形詩曰霝雨其濛郎丁切

頌鼎霝終猶言令終古吉語也

皆頌敦文

齊太僕歸父盤霝命難老

吴

朱公釗鐘

鄭邢叔綏賓鐘

古鉢霝城弟

古匋酷霝

古匋霝得

丁

霝廣雅釋言霝令也

頌鼎霝終

頌敦

善夫克鼎

䨣 零 霖

殳季良父壺 追敦 叔姬簠 邾公釛鐘 追敦

孳乳爲䨗 伯䨗父䨗 歸父盤霝命難老 鄭井叔鐘霝龠合文 編 鐵

侍 徵 卷四第一十四葉 同上 同上 殷

雨零也从雨各聲盧各切

鄦 徵

餘雨也从雨令聲郎丁切

古零字从雨从卩 格伯敦零谷地名 吳

雨三日已往从雨林聲力尋切

卷四第九葉 殷

屚

屋穿水下也从雨在尸下尸者屋也盧后切

許氏說屚屋穿水下也聿屚壺

吳

霩

雨止雲罷皃从雨郭聲臣鉉等曰今別作廓非是苦郭切

石鼓

源

露

潤澤也从雨路聲洛故切

谷口

源

露省古文以為潞字潞下重文

古鉢文

吳

雩

夏祭樂于赤帝以祈甘雨也从雨于聲羽俱切

或从羽雩羽舞也

曾侯鐘

即雩字

源

古文以為粵字盂鼎粵字重文

吳

雩經典皆作粵爾雅釋詁粵曰也又於也王國維曰小篆作粤猶霸之譌為覇矣盂鼎雩殷正百辟

散盤

毛公鼎

靜敦

芇伯敦

編

凝

鄦

季

[徵]

石鼓

[源]

从雨从黎省說文所無曾伯霝藜簠

曾伯霝藜簠

石鼓霝藜不省

[吳]

山川气也从雨云象雲回轉形凡雲之屬皆从雲王分切

古文省雨

亦古文雲

古鉨思士云子

[丁]

水蟲也象形魚尾與燕尾相似凡魚之屬皆从魚語俱切

月魚基鼎

石鼓

[源]

魚尊象形

𢑄伯罰卣

伯魚卣蓋

伯魚敦蓋

伯魚敦器

魚父癸壺

父癸魚卣

魚父癸鼎

魚父己尊

犀伯魚父鼎

魚爵

魚父丙爵

魚父丁觶

毛公鼎

石鼓

古鉨文

吳

番生敦

古鉨口魚

古鉨命魚敉豪

丁

魚象形

魚父乙鼎

父乙

魚父癸鼎

魚父癸壺

魚尊

魚尊

伯魚敦

伯魚鼎

伯魚卣

爵文

魚父丁鼎

魚父丙爵

魚父丁爵　毛公鼎　番生敦　犀伯鼎　魚伯卣　穌甘妊鼎

井鼎　魚匕

編

王乚罍　[illegible]符

鐵

卷四

第五十五葉　同上　同上　第五十六葉　卷五第二十

八葉　卷六第五十葉　後編下第六葉

説文解字魚象形魚尾與燕尾相似謂从火也卜辭魚與燕尾皆作𠔁形不从火然石鼓文魚字下已作火形知許君蓋有所受之矣卜辭中諸魚字皆叚爲捕魚之漁

祚案王徵君說乃魚字之繁文周禮𩵋人作䲆

人知魚可作䲆矣古魚吾二字同音故叚爲吾字

子仲姜鎛保䲆兄弟保䲆子姓卽保吾兄弟保吾

子姓也沇兒鐘䲆以宴以喜卽吾以宴以喜也兮

田盤王初各伐玁狁于𦉢䲆𦉢䲆卽彭衙之初字

當卽魚字古文且作虘吳作虞皆从虍

殷

鰥

魚也从魚眔聲李陽冰曰當从罤省古頑切

古鰥字 毛公鼎

父辛卣

吳

鰥 毛公鼎

父辛卣

編

鯉

鱣也从魚里聲良止切

石鼓

源

石鼓

吳

鱋

魚名一名鯉一名鰜从魚婁聲洛侯切

古鉨鱋邦許氏說魚名一名鯉一名鰜从魚婁聲

丁

鯾

魚名从魚便聲房連切

鯿 鯾又从扁

石鼓

源

魴

赤尾魚从魚方聲符方切

鰟 魴或从旁

古鉨文

吴

賸

徵

鱮

魚名从魚與聲徐呂切

石鼓

源

石鼓

吴

鰋

鮀也从魚晏聲於幰切

鰋或从匽

石鼓

同鰋鮀也

源

許氏說鰋鮀也石鼓

吴

魦

魚名出樂浪潘國从魚沙省聲所加切

石鼓

丁

鮮

魚名出貉國从魚羴省聲相然切

鮮鼎

石鼓

源

石鼓

吳

同畢鮮敦

古鉥鮑鮮許氏説魚名出貉國

丁

鮮

畢鮮敦

編

鮮

鄦

鮮

鐵

無

伏

鐵

徵

鮊

海魚名从魚白聲旁陌切

古鮊字許氏説海魚名石鼓白字皆作帛石鼓

吳

鮑

饐魚也从魚包聲薄巧切

鮑氏鼎

源

鮩 鱻 鰟 鮊 䲜

蚌也从魚丙聲兵永切

古鮩字石鼓

吳

新魚精也从三魚不變魚徐鍇曰三衆也衆而不變是鱻也相然切

叔氏鼎許氏說新魚精也从三魚不變魚案鮮明新鮮皆應作鱻

丁

鱻 賀鼎

編

石鼓 音鮒

源

鰟說文所無石鼓

吳

石鼓 音白

源

說文所無王國維曰周禮天官䲜人釋文本或作魰䲜魰同字知䲜魚亦同字矣古魚吾同音敦煌唐寫本商書魚家

⿱罒魚

旄孫于荒日本古寫本周書魚有民有命皆假魚為吾史記河渠書功無已時兮吾山平吾山即魚山也齊鎛保盧兄弟保盧子姓盧即吾

兮甲盤⿱罒魚盧地名

或从攴沈兒鐘⿸虍魚以匽以喜即吾以匽以喜也

編

⿱罒魚鼎 說文所無

編

捕魚也从𩺰从水語居切 篆文𩼗从魚

石鼓

源

古漁字从魚从水从又以手捕魚也 石鼓君子漁之小篆作𩼗又作漁

吳

遹敦

丁

𩼗从魚从水从廾以手捕魚也遹敦

編

卷一

第二十五葉

卷五第四十四葉

同上

同上

同上

第四十五葉 同上 同上 同上 同上

卷六第五十葉 卷七第十三葉 藏龜第一百二

十一葉 藏龜之餘第十一葉 同上 後編上第

二十八葉 第二十一葉 同上 下第二十五葉

說文解字𩼣捕魚也从䲆从水篆文从魚作漁此从魚从水者與許書篆文同或从水中四魚其文曰王漁知亦爲漁字矣或又作魰从又持絲从魚象漁釣形石鼓文漁字作[illegible]周禮漁人作𩼛人均

从又則魰爲漁無疑許君以魰爲䲨之古文殆不然矣其作魯者文曰在圃漁故知亦爲漁字或又作手持网或省水徑作魚

殷

元鳥也籋口布翄枝尾象形凡燕之屬皆从燕 於甸切

古燕字象燕處巢見其首匽字从此宴妟匽三字皆當从𠁁許氏說妟安也宴安也匽匿也皆燕安之義小篆从日从女形相近而古義亡矣經典通作燕匽侯盉

匽侯鼎云用作名伯父辛寶尊彝匽名伯所封國

匽侯旨鼎

吳

卷五第一二葉

第一二十八葉

卷上八第四十二葉

同上

同上

第四十四葉

同上

同上

同上 同上 卷七第十二葉

象燕籥口布翄枝尾之狀篆書作燕形稍失矣卜辭借爲燕享字 殷

龍

鱗蟲之長能幽能明能細能巨能短能長春分而登天秋分而潛淵从肉飛之形童省聲 臣鉉等曰象宛轉飛動之皃 凡龍之屬皆从龍 力鍾切

龍爵

龍觚

遲父鐘

上林榮宮鐙

十二辰鑑

源

古龍字部鐘

古鉩文

龍伯戟

皆古鉩文

吳

古鉥梁𩓥𢼸都司馬
滄軍龍功之鉥

古鉥
龍事

古鉥右
酉龍

古鉥左田
龍騎陳

簠齋
釋

丁

龍
邵鐘

龔乳爲龔王孫鐘
余𠬝龔𢘊屖

編

侍

龍 龔 鐵

徵

卷四第二十九葉

第五十二葉

同上

第五十四葉

同上

同上
卷五第二十八葉

同上

卷十八第四十二葉

第四十八葉

第五十九葉

同

上

藏龜第百六十二葉

第百五葉

第十八十二

葉 書契菁華第十一葉 後編上第九葉 第二十葉 下第六葉

說文解字龍从肉飛之形童省聲卜辭或从平即許君所謂童省从象龍形凡其首即許君誤以爲从肉者乙其身矣或省平但爲首角全身之形或又增足

殷

翄也从飛異聲与職切 篆文翼从羽 古文以爲翼字孟鼎故天翼臨謂臨之在上翼之在旁也 衛公叔敦

吳

衛公叔敦蓋 陳子翼戈

丁

⿰倝飛

⿱飛異不从飛
孟鼎異字重文
[編]

⿰倝飛說文所無疑即飛字之繁文石鼓
[吳]

違也从飛下翄取其相背凡非之屬皆从非 甫微切

 公非鼎

龙敦

 寅簋

[源]

 古非字毛公鼎

[吳]

 非毛公鼎說文作非乃唐人傳寫之譌魏三字石經尚不如是也

 曶鼎

[編]

古籀彙編弟十二上

臨海徐文鏡編

孔

通也从乙从子乙請子之候鳥也乙至而得子嘉美之也古人名嘉字子孔康董切

商鐘

許子鐘

盄和鐘

孔文父鼎

石鼓

[源]

孔曾伯霥簠

孔作父癸鼎

史孔和

虢季子白盤

沇兒鐘

石鼓

[吳]

古鉢 穀孔信鉢

[丁]

孔鼎

虢季子白盤

沇兒鐘

史孔盉

乳

不

人及鳥生子曰乳獸曰產从孚从乙乙者元鳥也明堂月令元鳥至之日祠于高禖以請子故乳从乙請子必以乙至之日者乙春分來秋分去開生之候鳥帝少昊司分之官也而主切

伯碩父鼎

史頙父鼎

綏和壺

源

鳥飛上翔不下來也从一一猶天也象形凡不之屬皆从不方久切

古文以為丕字

丕字重文盂鼎

聃敦

邾人鐘

齊陳曼簠

吳

不孳乳為丕毛公鼎不顯文武

書文侯之命作丕顯文武

盂鼎

頌鼎

虢叔鐘

虢季子白盤

彔伯敦

秦公敦

邾公華鐘

師奎父鼎

王孫鐘

𦓐敦 齊陳曼簠 鄦侯敦 不易戈

編 郭

鐵 待

徵

卷一第八葉 第二十五葉

卷二第十八葉 第十七葉 第十八葉 第二十四葉 第二十一葉 第二十二葉 第二十二葉

卷四第二十七葉 卷五第二十八葉 卷八第一葉 第二十葉

杯

象花不形花不爲不之本誼許君訓爲鳥飛不下來失其旨矣

殷

不也从口从不不亦聲徐鍇曰不可之意見於言故从口方久切

否毛公鼎

吳

否毛公鼎

晉邦盦

說文所無師遽敦敢對揚天子不杯休與彔伯敦對揚天子不顯休文句正同昔人定爲顯字許瀚曰書大誥弼我丕丕基立政以並受此丕丕基傳並訓爲大大基爾雅釋訓丕丕大也謂此疑此不杯即丕丕上丕借不下丕作杯以見重意

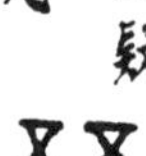

師虎敦

芮伯敦

畜生敦

師奎父鼎

杯雋敦

編

鳥飛从高下至地也从一一猶地也象形不上去而至下來也凡至

之屬皆从至 脂利切

古文至

季娟鼎

穆公鼎

敔敔

父乙甗

漢鑑

源

散氏盤至于大沽

又云至于井邑

吳

諆田鼎

齊仲姜鎛

丁

至盂鼎

散盤

令鼎

宗周鐘

克鐘

邾公牼鐘

齊鎛

郘口句鑃

編

卷二第二葉

同上

卷二第二十葉

龜甲獸骨卷二第十五葉

殷

到 臸 西

至也从至刀聲都悼切

古到字从人不从刀曶鼎

歸夆敦仲到人名

吳

到从人說文从刀殆傳寫之譌曶鼎

茀伯敦

伯到尊

伯到敦

編

到也从二至人質切

臸師湯父鼎

編

鳥在巢上象形日在西方而鳥棲故因以爲東西之西凡西之屬皆从西先稽切

西或从木妻

古文西

籀文西

曾侯鐘

盄和鐘

晉姜鼎

尹卣

師毀敦

石鼓

源

且子鼎王命且子徣西方于相

散氏盤

古鉢文

[吳]

楚曾侯鐘

古鉢古西字象鳥巢形

古鉢下西闕

石鼓

[丁]

西俎子鼎

敂叔敦

散盤

師酉敦

國差𦉜

不嬰敦

秦公敦

小銅柱

[編]

吉

無

舉

[徵]

卷一第二十六

第十一葉

第四十八葉

同上

卷四第二十六葉

同上

卷五第五十二葉

卷六第二十七葉

第四十

十六葉甶卷七第三十一葉甶書契菁華第一葉甶後編上第二十三葉

說文解字西古文作卤籀文作卤且子鼎亦作囟卜辭中作囟卷四第三十六葉囟上同與許書籀文及古金文同而卜辭上下斷缺不能知果爲西否其作甶甶等形王徵君謂即西字驗之諸文其說甚確許君謂日在西方而鳥棲象鳥在巢上形今諸文正象鳥巢狀巢字篆文作巢从臼乃甶傳寫之譌亦正是巢形也日既西落鳥已入巢故不復如篆文于巢上更作鳥形矣 殷

垔

垔戈

說文所無

編

西方鹹地也从西省象鹽形安定有鹵縣東方謂之庍西方謂之鹵凡鹵之屬皆从鹵郎古切

古鉥□□[土]鹵玉篇鹵作垔此从土疑下義猶土也

丁

鹹也从鹵監聲古者宿沙初作煑海鹽凡鹽之屬皆从鹽余廉切

戈文匕鹽字原書入附錄

丁

河東鹽池袤五十一里廣七里周百十六里从鹽省古聲公戶切

古鉥鹽翔从古从鹽省許氏說河東鹽池袤五十一里廣七里周百十六里

丁

戶

護也半門曰戶象形凡戶之屬皆从戶 侯古切

古文戶从木

石鼓

源

戊辰彝

丁

戹

隘也从戶乙聲於革切

戹象車戹形彔伯敦金戹畫轉即詩韓奕之鞗革金戹傳戹烏噣也釋名烏啄下向叉馬頸似烏開口向下啄物時也此字正象其形說文从戶乙聲是誤象形為形聲矣詩作厄又與訓木節之厄混孳乳為軶

毛公鼎

番生敦

師兌敦

編

肁

始開也从戶从聿臣鉉等曰聿者始也治小切

肁肇古通肇下重文

吳

肁孳乳為肇為肇肁尊

滕虎敦

門

旁鼎

編

聞也从二户象形凡門之屬皆从門莫奔切

伯姬鼎

邾敨

源

散氏盤

頌敦

頌鼎

師酉敦

格伯敦

吴

古鉨鄂門枋

丁

門頌鼎

頌壺

頌敦

門射甗

舀鼎

格伯敦

散盤

師酉敦

問作馨

問二

問吉

編

卷四第十五葉

同上

第十六葉

象兩扉形攷象加鍵三則上有楣也 殷

閈

門也从門干聲汝南平輿里門曰閈侯旰切

古閈字 毛公鼎

吳

閈 毛公鼎

編

闢

開也从門辟聲房益切

虞書曰闢四門从門从𠬞

齊侯鎛鐘

齊侯鐘

源

古闢字象兩手闢門形盂鼎

彔伯戎敦

吳

古匋

古匋

丁

闢象兩手闢門形 盂鼎

伯闢敦

彔伯敦

編

開

張也从門从开苦哀切

古文

齊侯鎛鐘

齊侯鐘

源

閘開閉門也从門甲聲烏甲切

从門从甲當即閘或云从才非豆閘敦

吳

隙也从門从月徐鍇曰夫門夜閉閉而見月光是有閒隙也古閑切

閒古文

隙也从門見月門有隙也宗周鐘

吳

庚申父丁角

古鉥𠂤閒

古鉥民閒

丁

閒宗周鐘

編

閒𠂤鋤

閒湯舉

閒㝵舉

閒𠂤夢

閒矢集

徵

門聲也从門曷聲乙鎋切

古鉥牛閼

丁

閼牛鐵

徵

門遮也从門柬聲洛干切

王孫鐘闌闌=龢鐘

馭方鼎原書以爲諫字者

丁

闌 王孫鐘

闌：龢鐘

鄂侯鼎馭方休闌

編

闌也从門中有木户閑切

𠂆宫中敨許氏說闌也从門中有木

丁

閑同敦

編

闔門也从門才所以歫門也博計切

閉武釋閉豆閉敦

編

外閉也从門亥聲五溉切

古鉨閡郘左車之鉨古文豕亥同

婦閡𣪠閡字繁文

丁

以木横持門户也从門絲聲古還切

古關字陳猷釜左關之釜

左關之鋘關字如此

古鉨文

關中幣

吳

古鉨武關莊鉨

古鉨關動之鉨

古鉨右關司馬

古匋關里棗杝

古匋

關里 全

古匋關里全

丁

關 陳猷釜

子禾子釜

左關鍨

編

徵

閔

吊者在門也从門文聲臣鉉等曰今別作憫非是眉殞切

古文閔

古鉥文

吳

古鉥下西閔

古鉥鄭壽閔

丁

舉

下舉章

舉

徵

閥

說文無閥字疑即閥閱之閥古鉥文

吳

[illegible]

說文無此字 師酉敦

吳

闅

闅卣 說文所無

編

闟

婦闟甗 說文所無

婦闟卣

編

闕

集

徵

閈

吉

徵

閡

璽

徵

閉

徵

耳 主聽也象形凡耳之屬皆从耳 而止切

凝

夢

徵

耴 耳垂也从耳下垂象形春秋傳曰秦公子輒者其耳下垂故以爲名陟葉切

季

徵

聃 耳曼也从耳冉聲他甘切

聃 或从甘

陳介祺曰古聃字聃敦武王母弟毛叔聃所作

吳

耿 耳箸頰也从耳烓省聲杜林說耿光也从光聖省凡字皆左形右聲杜林說非也徐鍇曰凡字多右形左聲此說或後人所加或傳寫之誤古杏切

古耿字毛公鼎

吳

古鉩耿得

丁

耿 毛公鼎

編

聖 通也从耳呈聲式正切

窖磬

師㮰敦

源

聲也通也聞聲知情謂之聖聖聲古通曾伯霥簠

齊侯鎛聖叔聖姜張之洞曰聖即聲春秋文十七年小君聲姜公羊作聖姜聖本字聲段借字

王孫鐘

古鈢文

八字大古鈢文見盦字下

古鈢文

吳

井人鐘

大克鼎

古鈢牛聖

古鈢郘聖

丁

聖齊鎛聖叔聖姜張之洞曰春秋文公十七年小君聲姜公羊作聖姜聖本字聲段借字

王孫鐘

曾伯簠

井人鐘

師望鼎

師𨑥鼎

編

聖御

棫郛竹

牛

郭

郘

鐵

徵

聆也从耳悳王聲他定切

齊侯鎛鐘

齊侯鐘

源

古聽字从聖从十口聖人能兼聽也聽从十口相从十目視明聽聰也齊侯壺

聘　聞　職

亦齊侯壺文

吳

古鉢繯聽案聽聰也斷也故古聽字从耳从壬

古鉢聽人从耳从口以

耳聽以口斷也

古鉢中聽聽字異文

丁

記微也从耳戠聲之弋切

古鉢職方氏之鉢

鄦王戈原書入附録

丁

知聲也从耳門聲無分切

古文从昏

古鉢左司馬聞詢信鉢

丁

聞說文古文从昏作䎽

盂鼎我聞殷墜命

編

聞

徵

訪也从耳甹聲匹正切

聘鐘

源

古鉢聘戲曹魏三體石經以爲古聘字

古鉢聘戠

丁

聾

無聞也从耳龍聲盧紅切

聾 龔鼎

編

聝

軍戰斷耳也春秋傳曰以爲俘聝从耳或聲古獲切

聝或从首

[illegible]敔

源

聝从爪从戈 虢季子白盤

盂鼎 从爪从或

編

䎶

無

徵

䎸

鐵

徵

䎵

無

徵

磬 鐵

郙

鐵

徵

徵

徵

徵

頤也象形凡𦣞之屬皆从𦣞與之切

篆文𦣞

籀文从首

古𦣞字許氏說𦣞頤也篆文𦣞

作頤鑄子叔黑𦣞鼎

鑄子叔黑𦣞簠

吳

古鉩王頤

丁

鑄子簠𦣞

編

廣匝也从匝巳聲與之切

古文𢀜从户臣鉉等曰今俗作牀史切以爲階𢀜之𢀜

𢀜孳乳爲熙齊侯敦它它熙熙荀子儒效注熙熙和樂之貌

齊侯匜

夆叔盤

編

拳也象形凡手之屬皆从手 書九切

古文手

龙敔

源

師龢父敦蓋

彔伯戎敦

師龢父敦器

歸夆敦

吳

無㠱敔

不𡢁敔手字反文

古匋說文古文手作

丁

手

師嫠敦

無㠱敦

揚敦

卯敦

彔伯敦

不𡢁敦

𦸗伯敦

編

掌 拜

古鉥掌事 [丁]

手中也从手尚聲諸兩切

首至地也从手𠦬𠦬音忽徐鍇曰𠦬進趣之疾也故拜从之博怪切

楊雄說拜从兩手下

𢫶拜

聘鐘

齊侯

鎛鐘

齊侯鐘

文王命癘鼎

季娟鼎

㣲欒鼎

師隹父卣

䛊敦

尨敦

郳敦

師毀敦

牧敦

寅簋

[源]

頌鼎

師龢父敦

彔伯戎敦

師奎父鼎

諆田鼎

伯晨鼎

穹鼎

師遽方尊

吳尊

師遽敦蓋 大鼎 寰盤 歸夆敦

吳

馭方鼎

曶鼎 不嬰敨 師友敨蓋 齊侯壺 友敨

許氏說拜首至地也从頁與許說合

虘彝

丁

揨 頌鼎 頌壺 頌敦

諫敦 周公敦 克鼎 師虎敦 不嬰敦 史懋壺

師遽敦 師遽尊 吳尊 揚敦 大敦 無㠱敦

宁鼎 靜敦 芇伯敦 曶鼎 大鼎 師奎父鼎

扶 持 操 搏

寰盤

令鼎

趞敦

師嫠敦

師酉敦

彔伯敦

友敦 从頁

編

左也从手夫聲防無切

古文扶

梁山銅

源

扶鼎

丁

握也从手寺聲直之切

持不从手 邾公牼鐘寺字重文

編

把持也从手喿聲七刀切

古鉩上官操凡法度皆从寸操爲執持之志行从寸明有所守也

丁

索持也一曰至也从手尃聲補各切

搏从干經典通作薄虢季子白盤博伐厰執即詩六月薄伐玁狁又詩車攻搏獸于敖後漢書安

帝紀注作薄狩

戟从戈不聯敦女

及戎大辜戟

編

杖持也从手豦聲居御切

剌公敔

源

緣也从手彖聲以絹切

谷口甬

太宮壺

綏和壺

源

拊也从手百聲普百切

小篆作栢許氏說拊也拍盤人名

吳

栢从白拍舟

編

擇也从手侖聲盧昆切

古鉥李掄

丁

柬選也从手睪聲丈伯切

商鐘

許子鐘

齊侯鎛鐘

承

窖磬

王子吳鼎

源

古擇字从廾不从手羼字重文

吳

王孫鐘

邾公牼鐘

子璋鐘

復公敲

丁

擇从収 沇兒鐘

羼字重文

編

奉也受也从手从卩从収臣鉉等曰謹節其事承奉之義也故从卩署陵切

齊侯鎛鐘

齊侯鐘

師梧敲

父乙甗

源

招

手呼也从手召聲止搖切

已酉戍命彝

招父丁爵

晉姜鼎

源

父戊觚阮氏釋作招

招樂名也舜曰大招招繼也言其德能繼堯之道也古塤文

亦古塤文字本从酉後人釋酉為音遂改从音今經典通作韶漢儒之誤也

或从廾招紹二字古本一字从手从糸皆後人所改盂鼎 紹字重文

酉省為西亦盂鼎異文

吳

招从収 盂鼎

編

量也从手耑聲度高曰揣一曰捶之徐鍇曰此字與耑聲不相近如喘遄之類皆當从瑞省初委切

揣𢷤集韻揣或作㪜量也

丁

飛舉也从手昜聲與章切 古文

許子鐘

齊侯鎛鐘

齊侯鐘

大夫始鼎

季娟鼎

師秦公鼎

伯姬鼎

晉姜鼎

穆公鼎

師艅尊

高克尊

師淮父卣

尹卣

師毛父敦

截敦

宰辟父敦

尨敦

郱敦

師楷敦

師毀敦

牧敦

敔敦

寅簋

父乙甗

源

對揚也从丮从日从王執玉以朝日日為君象毛公鼎

或从丁庚罷卣

頌鼎

頌敦

君夫敦

守敦

伯晨鼎

諆田鼎

大鼎

公姞卣

吳尊

師遽方尊

虢叔鐘

師龢父敦

或从攴䀏敦揚王休如此

或从女師酉敦

亦師酉敦文
或从女从昜陳侯因資敦
或省日封敦
貉子卣對揚如此
三家敦昜重文
邾公鐘

或从犬諸城劉方伯釋作揚揚鼎
歸夆敦
吳
大克鼎
古鉥揚邦

粟鉥
古鉥揚𩐋
古鉥王胡揚
辛宮鼎
丁

揚不从手貉子卣昜字重文
毛公鼎
趩尊
寏鼎
𨘗侯鼎

井鼎
剌鼎
睘卣
揚敦
靜敦
免簠
䰙編鐘

召伯敦
芇伯敦
宅敦
段敦
友敦
叉卣

舍父鼎 君夫敦 頌敦 岡卣 彔敦

師奎父鼎 呂鼎 豆閉敦 克鼎 師遽敦 師虎敦

善鼎 紳敦 無㠱敦 保永母壺 競卣 大敦

師兌敦 追敦 克簋 吳尊 頌鼎 頌壺

師遽尊 趩尊 大鼎 虢叔鐘 臤尊

師酉敦 从晏 師嫠敦 邾公釛鐘 陳侯因資敦 令鼎

揚

丁揚卣

封敦

揚鼎

揚敦

楷妃敦女揚伯遲父休

編

卷四第二二葉　後編下第十七葉

祚案貉子卣作早與此同其文曰辛巳卜𡧊貞𢀛揚白𡼴从其亦對揚之意與

殷

舉

對舉也从手與聲居許切

巳舉彝

辛父舉卣

舉冊父癸卣

巳舉爵

主人舉爵

辛舉

父巳舉

子父舉鼎

源

扔

因也从手乃聲如乘切

卷八第十六葉

後編下第二十九葉

殷

絜也从手𠯑聲古活切

南宮中鼎

召公尊

源

挨也从手菐聲蒲角切

小篆作撲許氏說挨也挨擊背也撲扑古通周禮大刑扑罰令田盤敢不用命則即井劚

或从戈宗周鐘戭伐乃都

吳

撲从戈

宗周鐘戭伐氒都

散盤用矢戭散邑

編

曳也从手它聲託何切

石鼓

源

卷十八第五十一葉

後編上

第十二葉

第二十一葉

殷

兩手同械也从手从共共亦聲周禮上辠梏拲而桎居竦切

拲或从木

卷十八第十二葉

後編下第十

揥

五葉同上 第四十二葉

說文解字有拲無𢪺拲注兩手同械也从手从共共亦聲或从木作桊此作𣏦象兩手絜木形當是

許書之桊字孟子拱把之桐梓拱字當如此作訓兩手同械者殆引申之義與

殷

後編下第二十九葉

祚桊此疑是揥字从廾與从手意同詩鄘風象之揥也集韻有而許書遺之

殷

背呂也从𠂹从肉資昔切

小篆作許氏說背呂也从𠂹从肉此从非亦象背呂形古陶器

吳

古鉨公孫脊許氏說背呂也釋名脊積

也積續骨節
脉絡上下也

丁

古籀彙編弟十二下

臨海徐文鏡編

女

婦人也象形王育說凡女之屬皆从女 尼呂切

齊侯鎛鐘

南宮中鼎

戠敨

宰辟父敨

尨敨

師楷敨

牧敨

父乙甗

石鼓

源

女歸卣

女康敦

彭女甗

晉公盦

陳子子匜

商方尊 王之女

克鼎

吳

諸女尊

古匋口里女鳥

丁

女 孟文

女寅 卣

女子 鼎

射監

窜女 鼎

龏 鬲

女康 丁敦

女帚 卣

彭女 甗

令鼎

免敦

者女 觥

者女 甗

毛公 鼎

孟鼎

頌壺

師嫠 敦

頌鼎

頌敦

不嬰 敦

克鼎

齊侯 匜

師酉 敦

豆閉 敦

無叀 鼎

陳子子 匜

彔伯 敦

蔡大師 鼎

師虎 敦

卯敦

姓

善鼎

齊侯盤

子仲匜

畐父盤

䵼侯鼎

師寰敦

鄧公敦

者污鐘

[編]

卷八第九葉

卷四

第一一十五葉

[殷]

人所生也古之神聖母感天而生子故稱天子从女从生生亦聲春秋傳曰天子因生以賜姓息正切

古文以為姓字兮田盤諸侯百姓

史頌敦百姓

或从人齊侯鎛保盧子姓

[吳]

古鉥韓佳姓或从人許氏說姓人所生也

古鉥衛姓

[丁]

姓不从女兮甲盤生字重文

或从人齊鎛保盧子姓

[編]

姜

神農居姜水以爲姓
从女羊聲 居良切

遅父鐘

晉姜鼎

杞公匜

孟姜匜

伯庶父敨

伯固父敨

仲駒父敨

散季敨

孟姜敨

虢姜敨

京姜鬲

伯索盂

源

古姜字己侯敦
蓋文

己侯敦
器文

王伯姜鬲

遅簋

王婦匜

周室匜

眔卣

齊侯鎛

井姬鬲

己侯敦

皋伯
卣蓋

吳

召伯虎敨

丁

姜
齊鎛

齊侯敦

姬

齊侯壺

齊𡚱姜敦

王伯姜鬲

伯姜鬲

魯侯敦

郳比父豆

季咏父敦

叔多父敦

同姜鬲

鄭羌伯鬲

陳侯簠

王婦匜

鄦子簠

召伯敦

周窆匜

遲簋

己侯敦

己侯敦

睘卣

臭伯卣

編

黃帝居姬水以爲姓从女𦣞聲居之切

㱃姬壺

遲父鐘

尹考鼎

伯𨛜父鼎

伯姬鼎

季姬匜

文姬匜

齊侯匜

雁侯敲

肇父𣪕

羼𣪕

師𦎫𣪕

姬寏豆

齊侯槃

源

魯伯厚父盤

魯白愈鬲

格伯作晉姬敦

魯大司徒匜

中伯壺

太姬壺

師趛鼎

𩰫王盉

庚姬鬲

陳侯作嘉姬敦

井姬鬲

吴

遣小子𣪕

尨姞𣪕

丁

姬不嬰敦

師趛鼎

伯嬰父鬲

魯侯鬲

師酉敦

魯伯鬲

趞小子敦

蔡姞敦

魯伯大父敦

魯伯盤

𩰫王盉

旅姬鬲

姞

伯頵父鼎

姬芳母鬲

陳侯作嘉姬敦

寰盤

叔鄂父敦

史姬鐘

蘇告妊鬲

仲䳊父敦

魯遼父簋

叔姬簋

禾敦

子仲匜

司寇良父敦

魯伯簋

伯壺

散伯敦

中伯簋

中伯壺

季宮父簋

姬尊

伯試父鬲

吳王姬鼎

蔡大師鼎

格伯作晉姬敦

干氏叔子盤

南姬鬲

編

黃帝之後百鯈姓后稷妃家也从女吉聲巨乙切

師寏鼎

義母匜

寅簋

源

公姞卣

嬴

叔姞簋

靜敦

遣叔簋

王姞敦

吳

㐌姞敲

姞氏敲

丁

遣叔簋　姞

鬻伯敦

仲姞鬲

伯庶父敦

義伯敦

叉卣

趞尊

趞卣

叔姞簋

伯窺父鬲

霸姞鼎

姞氏敦

靜敦

尹叔鼎

單伯鬲

編

少昊氏之姓从女嬴省聲以成切

鄦子妝簠

吳

嬴鄦子簠

單同敦

子叔嬴芮君盨

筍伯簋

編

姚

虞舜居姚虛因以爲姓从女兆聲或爲姚嬈也史篇以爲姚易也余招切

姚壺文 編

嬀

虞舜居嬀汭因以爲氏从女爲聲居爲切

陳子子作𢍉孟嬀穀女匜古嬀字作爲不从女爲下重文 吳

嬀不从女 陳子子匜爲字重文

剌良肇鼎 編

妘

祝融之後姓也从女云聲王分切

籀文妘从員

媍氏鼎

季媍鼎

源

㽙皇父敦

周棘生敦

季良父簠

叔媍匜

中皇父盉

吳

妘从員

㽙皇父敦

㽙皇父匜

季良父簠

周棘生敦

輔伯鼎

仲皇父盉

叔上匜 編

人姓也从女其聲杜林說娸醜也去其切

令父乙敦 吳

婦家也禮娶婦以昏時婦人陰也故曰婚从女从昏昏亦聲呼昆切

籀文婚

窖磬

師𣪘敦

源

古婚字多父盤兄弟諸子婚媾

殳季良父壺用享孝于兄弟婚媾諸老

克簋

歸夆敦

吳

婚與昏為一字說文[illegible]籀文婚即此之譌變又車部轙字解說[illegible]古昏字經典亦多以昏為婚毛公鼎無唯正昏又云余非庸又昏

殳季良父壺用高孝于兄弟婚媾諸老

克簋朋友婚遘

𣄰伯敦𩁹百諸婚遘

䜌乳為轙

𠂤伯敦金

婦　　妻

甬畫 [illegible]

[編]

婦與夫齊者也从女从屮从又又持事妻職也
臣鉉等曰屮者進也齊之義也故从屮七稽切

古文妻从肖女
肖古文貴字

揚鼎文曰揚妻亞鼎古妻字
本从齊石鼓文[illegible]字當从妻

得聲此从[illegible]省文也許氏說婦與夫齊
者也後世改从屮而从齊之義廢矣

[吳]

卷四第一十五葉

同上

後編上第十四葉

下第十葉

說文解字妻古文作

[殷]

服也从女持帚
灑掃也房九切

婦庚
卣

[源]

婦闟
觚

夆父乙
敦

子孫作
婦姑鼎

王婦匜

多父盤

宗婦盤

晉公盦

宗婦敦

邛君婦壺

栺妃彝

包君盉

吳

子執旂彤婦尊

作歲婦鼎

丁

婦不从女 比敦帚字重文

宰婦觶

商婦甗

㚤父乙敦

婦闌卣

龜婦爵

冉婦鼎

乙且丁父癸鼎

叔㚤敦

晉邦盦

齊婦鬲

鄀嫛敦

鄀嫛盤

𠂤君鼎

仲𫿥父盤

邛君壺

義伯敦

編

匹也从女己聲芳非切

鮴甫人匜

虢仲作虢妃鬲

㮚妃彝

吳

陳侯午錞

鄘侯敨

丁

妃虢文公鼎

鮴甫人匜

番匊生壺

召口父匜

笥伯簋

㮚妃敦

編

卷四第二十四葉

同上

說文解字妃从戊己之己又有改字注女字也古金文中作妃作改者均从己皆為女姓即己姓許君以為女字固非金文家或釋作妃匹之妃則更誤矣此从孑作殆妃匹之本字與

殷

妊

孕也从女从壬 壬亦聲如甚切

龔妊殘甗

嬗妊壺 蓋

嬗妊壺 器

辟侯匜

晉妊敦

吳

蘇妊

蘇告妊鼎

戲䫄妊敦

格伯敦

鑄公簠

辟侯匜

辟侯盤

龔妊甗

嬗妊車害

編

妊 卷八第十四葉

祚案王卜辭作工則此爲妊字無疑文曰帚妊殆與娛姣姬同誼許君訓孕非其初矣

郘歸字

殷

母

牧也从女象褱子形一曰象乳子也莫后切

父丁彝

世母辛卣

母乙卣

丙寅卣

母乙鬲

伯碩父鼎

史頌父鼎

雁侯敦

散季敨

姬寏豆

源

古母字許氏說象乳子也亞形母癸鼎

母甲觶

頌鼎

頌敦

靜敦

齊侯鎛

王作母癸角

母𠂤諸婦方尊或釋作女非是

南旁敦

吳

陳侯鼎

壽鼎

古鉨母獻之鉨

古鉨母造鉨

古鉨口母所關

丁

母與母為一字龔鬲

父己母癸卣

母卣

母辛卣

杠觶

毛公鼎

頌鼎

頌敦

贊母鬲

干氏叔子盤

師趛鼎

穌治妊鼎

邾姁鬲

伯侯父盤 農卣 仲𠭰父敦 齊鎛 禾敦

靜敦 妣𤔲毋敦 毋父丁尊 北子敦 魚匕 兮甲盤

拍舟 趩尊 毛公鼎 國差𦉜

編

無

中穀宋中郭 鐵

徵

卷一第二十八葉 同上

同上 同上 第二十九葉 同上 同上

同上 第二十葉 同上 同上 同上

姁　姑

第二十一葉　同上　卷四第十八葉　後編

上第十八葉　下第四十二葉

卜辭中母字亦通作女諸婦方尊作　與此同

【殷】

姁　嫗也从女句聲况羽切

古匋楚城遷蒦里姁許氏說姁嫗也　案姁女名前漢呂后紀后名雉字娥姁

古匋楚城遷蒦里姁

【丁】

姑　夫母也从女古聲古胡切

晉姜鼎

伯庶父敦

【源】

姑庚羆卣

婦闕彝觥

遲簋蓋器文

姑馮句鑃

【吳】

子孫作婦姑鼎

【丁】

威

姑 婦姑鼎

庚嬴卣

姑口句鑃

婦闆卣

婦闆甗

編

姑也从女从戌漢律曰婦告威姑徐鍇曰土盛於戌土陰之主也故从戌於非切

威君鼎

晉姜鼎

寅簋

源

虢叔鐘旅敢啓帥井皇考威義

虢叔編鐘

叔向父敦

王孫鐘

吳

古鉩昜威同𩞦酋鉩

丁

威 王孫鐘

叔向敦

邾公華鐘

虢叔鐘

虢叔編鐘

編

妣

殁母也从女比聲卑履切

籀文妣省

古妣字與父相比右為𠃌左為𠂆古文不从女妣辛敦或釋父辛非

亞形妣尊

此妣之反文猶父之作𠂆也與乃

字徵別伯晨作妣室卣

向卣文向作妣尊彝

器作妣敦

此亦妣之異文王作妣將彝彝或釋父非是

籀文妣从女義妣鬲

名中作生妣鬲

妣祖从示皆六國時字齊侯鎛

器作妣卣器

器作妣卣盉

吴

鄦侯敔

丁

妣不从女妣辛敦匕字重文

作義妣鬲

召仲作生妣鬲

陳侯午敦

鄦侯敦

齊鎛从示祇字重文

編

卷一第二

葉 第八葉 第二十葉 第二十一葉 第二十二葉

同上 同上 同上 同上 同上 同上 同上 第二

十六葉卜第二十七葉匕同上匕第二十八葉匕同上匕卷

六第二十七葉匕後編上第二葉

說文解字妣籀文作卜辭多作匕與古金文同多不从女惟義妣鬲召中鬲从女作妣與許書籀文合吳中丞說古妣字與父相比右為父左為匕予案考妣之匕引申而為匕著字匕必有偶猶父之與母相匕矣

殷

女兄也从女朿聲將几切

古鉩姊

丁

女弟也从女未聲莫佩切

窑磬

源

妹古文以為昧字釋名妹昧也猶日始出歷時少尚昧也盂鼎妹辰即昧晨叚借字

吳

嫂 姪 媾

妹 妹釋名昧也 盂鼎妹辰即昧晨 妹 寓桐盂 編 妹 卷二第二十九葉

妹 第四十葉 妹 後編上第二十二葉

妹从女此从母者古文母與女通用卜辭中此字爲地名殆即酒誥之妹邦矣又借爲昧爽字 殷

兄妻也从女叜聲穌老切 嫂 兄所娉妻當即小篆㛮字隸書叜叟相近一變而从叜義不可通矣宗婦敦 吳

兄之女也从女至聲徒結切 姪 卷一第二十五葉 姪 卷四第二十八葉 殷

重婚也从女冓聲古候切 曰匪冦婚媾 媾 多父盤婚媾不从女小篆作媾 媾 或从頁 父季良父壺婚媾如此 媾 克盨 媾 歸夆敦

婢 奴

吳

獻白彝

丁

婢从頁

殳季良父壺

編

女之卑者也从女从卑卑亦聲便俾切

古鉥婢醬匠鉨

丁

奴婢皆古之辠人也周禮曰其奴男子入于辠隸女子入于舂藁从女从又臣鉉等曰又手也持事者也乃都切

古文奴从人

窖磬

高奴鼎

源

古鉥奴義奴之反文

丁

鉨古

徵

卷一

第二十四葉

卷二第十一葉

卷四第二十六葉

第四十一葉

卷七第十四葉

藏龜第二百七

十一葉 後編下卅四葉

說文解字奴古文作此从又與許書篆文合

殷

婦官也从女弋聲與職切

叔高父匜許氏說妝婦官也

丁

妝 叔妝敦

妝 貍母敦

編

帝高辛之妃偰母號也从女戎聲詩曰有娀方將息弓切

長安卷二一第十一葉

祚案甲卜辭作丨故知此爲娀字

殷

娥

帝堯之女舜妻娥皇字也秦晉謂好曰娙娥从女我聲五何切

卷四第五十二葉

藏龜第二百十八

十四葉

从女从古文我知即娥字矣

殷

㛄

女字也从女衣聲讀若衣於稀切

卷二第二十四葉

殷

妀

女字也从女己聲居擬切

說文妃匹也改女字也二字皆己聲一在左一在右改當是改之譌鄦侯敦妾作皇妣宣君中妃祭器

陳侯午敦作皇妣孝大妃祭器

編

始

女之初也从女台聲詩止切

窖磬

大夫始鼎

石鼓

秦權

秦斤

谷口甬

律管

首山宮鐙

源

始婦之長者爾雅女子同出謂先生為姒凡經典姒字皆當作始古文台以為一字許書無姒字頌壺

皆頌敦文

季良父壺

公姒敦

叔向父敦

吳

仲師父鼎

丁

始婦之長者爾雅女子同出謂先生為姒凡經典姒字皆當作始古文台以為一字許書無姒字吳大澂說頌鼎

季良父盉

頌壺

頌敦

仲師父鼎

殳季良父壺

大吉敦

叔敦

叔向父敦

編

龜甲獸骨卷二第二十五葉

詒案公似敦作[?]吳中丞謂即[?]之緐文卜辭作㛐則又㛐之省也

殷

妹

好也从女朱聲昌朱切

古姝字从𡘋从女𡘋飾之華者與姝同意杞伯敏父鼎

杞伯敏父敦蓋

杞伯敏父敦器

杞伯敏父壺

邾𢠬父鬲

杞伯敏父敦器

杞伯敏父敦蓋

吳

好

美也从女子徐鍇曰子者男子之美偁會意呼皓切

石鼓

好時鼎

漢服羌鑑

源

虘鐘用樂好賓

石鼓文

古陶器

歸夆敦

吳

同杜白盨

丁

好 盧鐘

戲編 鐘

杜伯 簋

仲𠧪

仲启父 敦

𠦪伯 敦

編

卷一第四十二葉

卷五第十一葉

卷七第一十七葉

第三十葉

石鼓文作與此第三文合

殷

弱長皃从女冄聲而琰切

卷四第八葉

後編下第二十五葉

祚案入郘林之省

殷

委隨也从女从禾臣鉉等曰委曲也取其禾穀垂穗委曲之皃故从禾於詭切

晉姜鼎

源

婐妮也一曰女侍曰婐讀若騧或若委从女果聲孟軻曰舜爲天子二女婐烏果切

 卷二第三十三葉  卷四第四十一葉  卷七第十七葉  第二十八葉 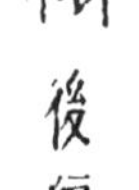 後編上第十八葉  第十二葉

从女从殆爲果字象果實在樹之形許君云象果形在木上世固無此碩果矣卜辭或省女作與孟子二女果同說文婐婐妮也一曰女侍曰婐孟子二女果趙注果侍也今卜辭曰貞帚卽歸之叚

字婐之子卷三第三十三葉曰貞帚果卷四第四十一葉曰貞㞢帚婐于母口卷七第十七葉與許君二說及孟子趙注合與許君第一說異然可知孟子之果與許君之婐固爲一字矣 殷

姘

靜也从女幷聲疾正切

 卷二第四十五葉  卷四第三十一葉  卷七第十二葉

說文解字姘靜也从女幷聲今卜辭中數見姘字其文皆曰帚姘殆與歸婐意相若矣 殷

姂

婦人皃从女乏聲房法切

 齊侯鎛鐘  齊侯鐘 源

媅 如

樂也从女甚聲丁含切

古媅字周棘生敦

媅 周棘生敦

从隨也从女从口徐鍇曰女子从父之教从夫之命故从口會意人諸切

屈生敦

石鼓

秦權

源

石鼓

吳

古鉨孟相如古文女毋通毋民通此从女从口當是如字易橫豎或謂中爲从毋或从民非是

古鉨郘如

丁

徵

卷五第二十葉

同上

卷十八第二十七葉

藏龜第七十二葉

第

百十八十二葉

殷

嬪

服也从女賓聲符眞切

卷四第二十一葉

卷七第二十葉

第二十七葉

同上

第三十葉

藏龜第二百七十葉

說文解字嬪服也从女賓聲卜辭云貞嬪歸好卷七第二十七葉與堯典嬪于虞大雅曰嬪于京誼同又云王嬪卷四第三十一葉則又借嬪爲賓矣

殷

嬰

頸飾也从女賏賏其連也於盈切

嬰从貝

嬰次盧

編

妝

飾也从女牀省聲側羊切

鄦子妝簠妝或通臧

吳

妝

鄦子妝簠

編

孌

慕也从女䜌聲力沇切

古孌字中伯作孌姬簋

吳

孌不从女 中伯壺䜌字重文

中伯作孌姬簋

編

嬖

便嬖愛也从女辟聲博計切

後編上第二十二葉

祚案說文解字嬖便嬖恚也从女辟聲卩即辟字說見九部辟字注故知此爲嬖

殷

妨

害也从女方聲敷方切

古鉩戠妨信鉩

丁

妄

亂也从女亡聲巫放切

晉姜鼎

源

妄毛公鼎女毋敢妄寍孫詒讓曰妄寍當讀作荒寧書無逸不敢荒

嫼 嬬 娷 媿

寧文侯之命
毋荒寧
編

嫼 怒皃从女黑聲呼北切

嫼

[illegible]嫼敦

編

嬬 弱也一曰下妻也从女需聲相俞切

說文弱也一曰下妻也相俞切

劉公簠

源

娷 諉也从女垂聲竹恚切

古娷字小篆作

[illegible]王盉

吳

媿 慙也从女鬼聲俱位切 媿或从恥省

齊侯鎛鐘

齊侯鐘

源

媿姓也左傳狄人伐廧咎氏獲其二女叔隗季隗昭王奔齊王復之又通於隗氏隗與媿通後世借為慙媿字而媿之本義廢鄭同媿鼎

包君盉

叔媿鼎

吳

妥

嬭

鄧公子𣪕

丁

媿姓也左傳狄人伐廧咎氏獲其二女叔隗季隗昭王奔齊王復之又通於隗氏隗與媿通後世借為慚忸媿字而媿之本義廢吳大澂說鄭同媿鼎

倗仲鼎

芮子鼎

復公子𣪕

㠱君盉

編

晉姜鼎

師楂𣪕

源

妥爾雅釋詁妥安止也說文奪佚編旁有之儀禮士相見禮妥而後傳言注古文妥為綏蔡姞𣪕用妥多福

𢦏者鼎

鄭井叔鐘

編

楚邛仲南和鐘

源

嬭說文所無王子申盞盂

吳

嬭說文所無廣雅釋親母

𡛷　娕　𡛗　𡣍

也廣韻楚人呼母王子申盞盂

叔𡣍簠

編

𡣍說文所無

鮇甫人匜

𡣍妊壺蓋

𡣍妊壺器

吳

𡣍說文所無

鮇甫人匜

𡣍妊車害

編

𡛗說文所無

郰膚盤

吳

娕說文無此字

多父盤

吳

𡛷說文所無

鄭𡛷鬲

吳

𡛷說文所無

鄭𡛷鬲

編

[illegible]　[illegible]　[illegible]　妓　[illegible]　[illegible]

說文無此字
伯疑父敦蓋
吳

伯疑父敦
說文所無
編

井人[illegible]鐘
說文所無
編

宰甾敦王[illegible]宰甾貝三朋
說文所無
編

仲師父鼎
說文所無
編

說文所無王國維曰此[illegible]字从曰
从女[illegible]者鄧姓鄧孟作監[illegible]尊壺
編

鄦侯敦
說文所無集韻同嫡
編

𡚬

說文所無

𡚬敦

寧遺敦

保承母壺

編

婁

說文所無

農卣

編

妽

說文所無集韻女字

叔向父敦

編

𡠓

說文所無

㠱侯鼎用作𡠓寶尊彝

編

婄

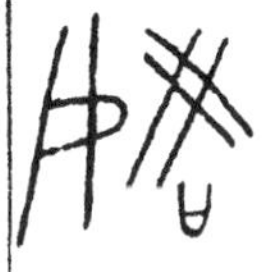

說文所無

子婄壺

編

嬰

說文所無

雝嬰敦

編

⿰女⿱月日　⿰女奉　⿱毄女　⿱⿰糸聿女　媢

⿰女⿱月日 說文所無 季宮父簠 編

⿰女奉 說文所無 邾友父鬲 杞伯鼎 杞伯壺 杞伯匕鼎 編 杞伯敦 杞伯⿱卢皿

⿱毄女 說文所無 鄀⿱毄女盤 編

⿱⿰糸聿女 說文所無 女⿱⿰糸聿女敦 編

媢 季 徵

⿰女客

卷四第二十一葉　卷五第十葉　卷六第二十九葉　卷七第二十六葉　藏龜第百八十八葉

藏龜之餘第二葉　後編下第三十七葉　第二十一葉

⿰女客从女客猶嬪从女賓此字不見於許書蓋古有專字而今無矣或省宀或省口

殷

⿰女戉

卷十六第二十六葉

殷

⿰女途

卷十六第二十六葉

殷

妏

卷十八第二十八葉

殷

娓

卷八第四葉卷六第二十八葉書契菁華第四葉龜甲獸骨卷一第二十九葉

殷

嬉

龜甲獸骨卷一第二十一葉

祚案此字與集韻同又疑爲[illegible]之異體

殷

娃

後編下第十七葉

妰　娘　閔　嬔　婎

祚案往卜辭或作㞢此字从之　殷

卷六第二十七葉　同上　殷

卷四第一葉　藏龜第二百三十二葉　殷

後編下第二十一葉　殷

後編下第二十五葉　殷

卷五第三十三葉　殷

嬻

卷十八第二十八葉

殷

止之也从女有奸之者凡毋之屬皆从毋 武扶切

乙酉父丁彝

許子鐘

齊侯鎛鐘

師毀敦

牧敦

秦權

漢 清白鑑

源

古毋字與毋同 趩尊毋敢彖

兮田盤毋敢 或入蠻宄

古鉢文

古鉢文

吳

古鉢毋=不敬古文民毋同一字而毋又與毋通毋=不敬當讀為民毋不敬

丁

毋與毋為一字

毛公旅鼎 母字重文

編

鐵

郭

凝

鼓

徵

民

衆萌也从古文之象凡民之屬皆从民　彌鄰切

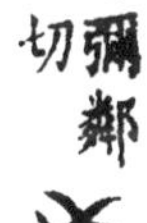
古文民

盄和鐘

齊侯鎛鐘

齊侯鐘

晉姜鼎

牧敦

上林榮宮鐙

源

古民字　盂鼎

齊侯鎛

齊侯壺

王孫鐘

吴

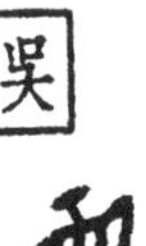
禧祀敦古文母民每皆書作當依文義分別讀之如海內百川名爲天池爲衆水之母古文本从水从母因古母每書法無別小篆遂誤爲从水从每後人亦以每聲解之遂致不解

古鉨本敬=疑重文當讀爲毋字

古鉨　宋民

古鉨　長民

古鉨　趙民

古鉨　梁口民

古匋　民六

古鉨宜民和衆　周秦閒文字

古鉨民閒山盖　屮之變非从山

古鉥民巡

丁

民 盂鼎

克鼎

齊鎛

秦公敦

王孫鐘

齊侯壺

魚匕

編

芟艸也从丿从乀相交 魚廢切

乂或从刀

卷一第四十四葉

殷

橋也从丿从乀从韋省 分勿切 臣鉉等曰韋所以束枉戾也

齊侯鎛鐘

龙敦

源

毛公鼎

師寰敦

吳

弗 毛公鼎

旂作父戊鼎

曶鼎

不嬰敦

番生敦

大敦

師寰敦

圅弗生甗

編

卷二第二葉

卌第八葉卌第二十七葉卌卷二第一十七葉卌卷五第十

八葉卌卷七第一葉卌第二葉卌卷八第十二葉 殷

乁

流也象折木衺銳著形从厂象物挂之也與職切

農卣 丁

也

女陰也象形羊者切

秦刻石也字

石鼓

秦權

秦斤 源

也古文以為匜字魯大司徒匜　匜下重文

平安君鼎 吳

也它為一字子仲匜它字重文 編

氏

巴蜀名山岸脅之𠂔箸欲落墮者曰氏氏崩聞數百里象形

入聲凡氏之屬皆从氏楊雄賦響若氏隤承旨切

媍氏鼎

尨敨

敔敨

李氏鼎

鮑氏鼎

源

古氏字毛公鼎師氏虎臣

散氏盤

頌鼎

頌壺

頌敦

師遽敦蓋

盧氏涅金幣

齊侯鎛

芮公鬲

吳

氏毛公鼎

頌鼎

頌壺

頌敦

散盤

賢鼎

克鼎

不嬰敦

干氏叔子盤

姞氏敦

令鼎

吕氏匜

師遽敦

齊鎛

氒

國差𦉜
贏氏鼎
伯庶父敦
齊鎛氏鐘
師嫠敦
叔妣敦

消公鬲
格氏芊
編
待
徵

木本从氏大於末讀若厥居月切

氒說文木本从氏大於末讀若厥莊子若厥株拘列子作若橛株駒殷敬順曰橛說文作氒是知氒為橛之古文亦為厥之古文敦煌本隸古定尚書厥皆作氒史記引尚書多改作其盂鼎畯正氒民

向卣
伯睘卣

歆敦
盄仲尊
罟作氒卣
克鼎
大保敦
辛鼎

天君鼎
美爵
趞叔敦
毛公鼎
宗周鐘
虢叔鐘

氐

邾公牼鐘　格伯敦　女尊　伯中父敦　師害敦　周公敦

井人鐘　倗尊　散盤　農卣　封敦　秦公敦　芮伯敦

彔伯敦　師寰敦　靜敦　𤔲土𤔲敦　邾公釛鐘　攻吳監

義仲鼎　邾公華鐘　大鼎　鄀公鋀　姑口句鑃

編

至也从氏下箸一一地也凡氏之屬皆从氏丁礼切

石鼓

源

石鼓

吳

戈

平頭戟也从弋一橫之象形凡戈之屬皆从戈 古禾切

琱戈

子孫父癸鼎

人癸尊

立戈卣

立戈父已卣

母乙卣

父辛爵

立戈觶

鳥篆戈

伯姬鼎

宰辟父敦

師毀敦

源

師奎父鼎

伯晨鼎

吕自戈

或从金陳余造戈

陳窒節戈

或从ㄐ平陽戈

陳貝節戈亦从戈从金之變文

吳

向𡚤彝戈

戈或从金

戈邑幣

丁

戈師奎父鼎

宅敦

休盤

𣄰侯鼎

褱盤

不𡢁敦

虘敦

不昜戈

蔡侯戈

高密戈

陳金戈 从金

[編]

卷六第二十一葉

第二十八葉

後編上第二十一葉

下第八葉

第四十二葉

卷八第三葉

說文解字戈平頭戟也从弋一橫之象形案戈全爲象形丨象柲一象戈非从弋也古金文或作戈形已失矣許君于象形諸字多云从某者因字形失而誤會也

[殷]

肈

上諱臣鉉等曰後漢和帝名也案李舟切韻云擊也从戈肁聲直小切

叔向父敦

彔伯𢦏敦古文肇肈肁三字竝通

肈下重文

鑄子叔黑臣鼎

吳

肇與肈通

毛公鼎

叔向敦

商𠭯敦

季魯敦

交君簠

彔伯敦

曆鼎

禾敦

鑄子鼎

鑄子簠

師望鼎

不𡢁敦

齊陳曼簠

宗周鐘

朢肈家鬲

善鼎

諆鼎

本鼎

師寰敦

編

戎

兵也从戈从甲如融切

齊侯鐘

石鼓

源

兵也从戈从甲小篆作戎盂鼎

虢季子白盤庸武于戎工

動武鐘戎字如此

𨚕伯御戎鼎

使戎鼎

吴

同不娶敦

散氏盤

古鉥戎杉左司馬

古鉥王戎兵器戎字反文

丁

戎盂鼎

不娶敦

虢季子白盤

𨚕伯鼎

編

卷八第十一葉

說文解字戎兵也从戈从甲卜辭與古金文从戈从十十古文甲字今隸戎字尚从古文甲亦古文

戟　賊

多存于今隸之一證矣

殷

有枝兵也从戈倝周禮戟長丈六尺讀若棘臣鉉等曰倝非聲義當从幹省幹枝也紀逆切

戛戟也从戈从百讀若棘古黠切

母乙鬲

伯姬鼎

寧辟父敨

師毀敨

源

古戟字本作戛許氏說戛戟也讀若棘戟

有枝兵也師奎父鼎

寰盤

鄦惠鼎此與篆从百相近矣

吳

敔戟

古鉨戟臬

丁

戟師奎父鼎

寰盤

休盤

無叀鼎

龍伯戟

編

敗也从戈則聲昨則切

賊从戈从則反書王國維說

散盤賊則爰千罰千

編

戍

守邊也从人持戈傷遇切

師淮父卣

源

古戍字从人持戈敀尊

吴

戍敀尊敀從師雝父戍于古𠂤

遹鼎師雝父戍在古𠂤

彔卣女其以成周師氏戍于𠮚𠂤

競卣

戰

祖子鼎

編

鬬也从戈單聲之扇切

古戰字魯公伐鄀鼎攻戰無敵與阮氏積古齋款識所載䡈鼎𢼸兵㷭豐正同

吴

戰不从戈公伐郑鐘

單字重文

編

卷五第十九葉

同上

同上

後編上

第四葉

戲

祥案說文解字戰鬭也从戈單聲䢦鼎作𢧐與此同从𤲞象兵器口象架所以置兵者象形許君从戈干箙已複謂爲形聲殆未然與

殷

三軍之偏也一曰兵也从戈䖒聲香義切

許氏說戲三軍之偏也 靜敦左右戲當即左右軍

戲伯鬲

戲仲鬲

古鉨 文

吳

豆閉敦

古鉨周戲

古鉨聘戲

古鉨𢊁戲

古鉨長戲

古鉨韓戲 二亦从喜樂也 从喜省或謂从壴非

丁

戲 戲伯鬲

豆閉敦

右戲 仲鬲

師虎敦 左右戲

編

伐

侍

或

華

罄

鐵

凝

鐵

徐

吉

待

季

無

待

徵

邦也从口从戈以守一一地也于逼切臣鉉等曰今俗作胡國切以爲疑或不定之意

域

或又从土臣鉉等曰今無復或音

齊侯鎛鐘

齊侯鐘

穆公鼎

牧敦

源

古國字从戈守口象城有外垣毛公鼎康能四國俗

亦毛公鼎文

宗周鐘畯保三國

南宮方鼎南國

又語詞疑或不定之意兮田盤毋敢或入䜌宄

曶鼎迺或即曶用田二

齊侯鎛

𢦏

或从邑讀如疆域之域
小篆从土
師寰敦蓋

師寰敦
器

大罟戈从邑
从或省

吳

古匋

丁

或籀乳為國又籀乳為域廣雅釋詁域國也書秦
誓流毒下國敦煌本作或不从口宗周鐘南國

王命明公尊
東國

毛公鼎康
能四國

又云西唯是
喪我國

曶鼎西或即
曶用田二

兮甲盤毋敢或
入蠻宄

齊鎛勿
或口改

或从邑
師寰敦

編

傷也从戈才
聲祖才切

𢦏叔鼎許氏說𢦏傷也

丁

𢦏
𢦏叔鼎

𢦏叔
鬲

鬲比
簋

魚匕

編

卷一第二十一葉

卷二第

八葉第二一十葉同上卷四第二二十七葉卷十八第

二一十八葉卷七第十八葉後編上第十葉

說文解字𢦏傷也从戈才聲此从丫从中乃古文在字博古圖所載穆公鼎有𢦏字鼎文叚為哉字从丫與此同卜辭多云亡𢦏猶言無害矣 殷

滅也从戈晉聲詩曰實始戩商即淺切

虢季子盤原書釋俘許印林釋賊案古文我从刃此从爪皆似从刀楊子謂出我入我吉凶之魁或正為我反為賊抑無分反正古我賊為一字歟於古無徵茲从集韻戒與戩同之說釋為戩字許氏說戩滅也 丁

㦰

武

絕也一曰田器从从持戈古文讀若咸一曰讀若詩云攕攕女手臣鉉等曰㦰銳意也故从从子廉切

古㦰字从犬㦰尊

㦰卣

[吳]

㦰卷一第二十一葉

㦰卷四第十葉

[殷]

楚莊王曰夫武定功戢兵故止戈爲武文甫切

乙酉父丁彝

盄和鐘

齊侯鎛鐘

穆公鼎

𦋐敦

師楷敦

敔敦

武安侯鈁

太宫壺

[源]

毛公鼎

曾伯霥簠

虢季子白盤

皆散氏盤文

晉公盦

邵鐘

陳侯因脊敦

宗周鐘

動武鐘

武安幣

皆空首幣文

古陶器

盂鼎武王之武从武从王

武敢矛从尸

古鉥文

古鉥文

歸夆敦

吳

格伯敦

古鉥東武

成攻亍鉥

古鉥武訓信鉥

古鉥武金

古鉥隊加武

古鉥武陵夫二夫二當依郰邾臺例

讀為大夫

古鉥武

古鉥武關莊鉥

古鉥武□武字反文

丁

毛公鼎武

戊辰敦

虢季子白盤

王孫鐘

宗周鐘

散盤

武生鼎

𦎫伯敦

陳侯因資敦

邵鐘

秦公敦

戢

曾伯簠 格伯敦 盂鼎武王之武从武从王 𦬊伯敦 編

鐵 郭 盤 𨙶柑無 徵 卷一第十七

葉 同上 同上 第十八葉 同上 第二十

一葉 同上 同上 同上 第二十二葉 藏

龜第三八十七葉 殷

藏兵也从戈咠聲詩曰載戢干戈阻立切

古戢字不从耳晚周文字古鉨 亦古鉨文 吳

古鉨戢事

戠

戠 古匋同依吳愙齋釋 [丁]

闕从戈从音之弋切 戠 古戠字與識織幟三字並通趩尊錫趩戠衣戠當釋織識下重文 戠 石鼓 [吳] 戠 戠孳乳為

識為織趩尊錫趩織衣 戠 免簋 戠 豆閉敦 戠 戠 格伯敦 [編] 戠 戠慶待

戠 戠[illegible]待 [徵] 戠 卷四第四葉 戠 同上 戠 後編上第

二十九葉

說文解字戠闕从戈从音此从言古金文識幟諸字皆如此作趩尊錫趩戠衣文作戠格伯敢作戠

戔

吳中丞以爲識字一从音與許書同一从言與卜
辭同古从言从音殆通用不別 殷

賊也从二戈周書曰戔戔巧言徐鍇曰
兵多則殘也故从二戈昨千切

樂 邛仲
盦 邛仲 源

卷四第二十七葉 卷六第二十八葉

說文解字戔賊也从二戈周書曰戔戔巧言案卜
辭从二戈相向當爲戰爭之戰乃戰之初字兵刃
相接戰之意昭然可見訓賊者乃由戰誼引申之
韻武無厭斯爲戔矣 殷

戩

戩 戩 徵

戩

戩

戉

徵

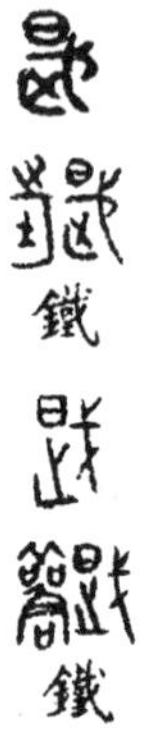

徵

卷十七第十二葉

殷

斧也从戈㇄聲司馬法曰夏執元戉殷執白戚周左杖黃戉右秉白

髦凡戉之屬皆从戉 臣鉉等曰今俗別作鉞非是 王伐切

古戉象形字立戉尊作許氏說戉斧也今所傳古戉或作月形或作半月形

此象半月形也虢季子白盤賜用戉用政蠻方

吳

戉虢季子白盤錫用戉用政蠻方字形與戊同殆與戊為一字

編

戚 我

[glyph] 卷二第十八葉 [glyph] 卷四第十三葉 [glyph] 第十五葉

[glyph] 第二十七葉 [glyph] 卷七第十一葉

說文解字戉斧也从戈㇄聲案戉字象形非形聲

古金文戉或作[glyph]戉尊與此同 殷

戚也从戉尗聲倉歷切

[glyph] 解文徐同柏釋戚

[glyph] 陳子和子釜

[glyph] 古玉鉩文戚字如此漢印中亦所習見 吳

施身自謂也或說我頃頓也从戈从𠂢𠂢或說古垂字一曰古殺字

凡我之屬皆从我 徐鍇曰从戈者取戈自持也五可切

[glyph] 古文我

[glyph]

[glyph] 許子鐘

[glyph]

晉姜鼎

穆公鼎

師楢敦

師毀敦

寅簋

石鼓

源

我散氏盤

盂鼎

毛公鼎

叔向父敦

師寰敦

郘鐘

沇兒鐘

邾公鐘

姑馮句鑃

吴

王孫鐘

僕兒鐘

叔我鼎

盂鼎原書録一

鬲攸比鼎

曶鼎

召伯虎敦

毛公敦

曾伯霥簠

丁

我盂鼎

毛公鼎

曶鼎

宗周鐘

師寰敦

召伯敦 毛公肇鼎 苪伯敦 不嬰敦 善鼎 邵鐘 鬲攸比鼎

散盤 曾伯簠 齊鎛氏鐘 叔向敦 邾公釛鐘 王孫鐘

姑口句鑃 叔我鼎

〔編〕

卷二第十六葉 卷二第二十葉 卷四第三十一葉 卷五第二十六葉 後編上第十三葉 第十六葉 下第十一葉 龜甲獸骨卷二第二十八葉

義

說文解字我从戈手手古文垂也一曰古文殺字古文作𢦏孟鼎作找與此同知許書古文作𢦏者乃由找傳寫之譌矣

殷

己之威儀也从我羊臣鉉等曰此與善同義故从羊宜寄切

墨翟書義从弗魏郡有羛陽鄉讀若錡今屬鄴本内黃北二十里

齊侯鎛鐘

齊侯鐘

義母匜

源

阮氏號叔鐘文

張氏號叔鐘文

伊氏號叔鐘文

潘氏號叔鐘文

陳氏號叔編鐘

齊侯鎛

叔向父敦

中義敦

沇兒鐘

王孫鐘

虢季子白盤

古鉨反文

古鉨文

古鉨文

吳

中義父作新鼎

鄭義姜父簋

中義父尊鼎

中義父新客鼎

古鉨口義

古鉨籍義

古匋義游

丁

義齊鎛

虢季子白盤

仲義父鼎

義伯敦

義仲鼎

仲義父鼎

仲義父鑐

仲義父簋

鄭義羌父簋

邾王義楚耑

孳乳為儀周禮大司徒注故書儀為義王孫鐘愳于威儀

沇兒鐘

叔向敦叔明德秉威儀

虢叔鐘旅敢啟帥井皇考威儀

虢叔編鐘

編

鬲鐵

仲偶

徵

瑟 直 亡

後編下第十二葉　同上　殷

庖犧所作弦樂也从珡必聲所櫛切　古文瑟　陳介祺曰古珡必字許書瑟古文作瑟仲狂卣　吳

正見也从乚从十从目徐鍇曰乚隱也今十目所見是直也除力切　古文直　古鉥直鉥从直古文作此自是古直字許氏說正見也

乚疑从正省　丁　卷六第七葉

祚案說文解字直正見也从十目乚古文从木作㮶以卜辭德字作㣙例之則此殆爲直字　殷

逃也从入从乚凡亡之屬皆从亡武方切　遲父鐘　尹卣

師㮤敔

源

亾 亾周古通毛公鼎亾不閈于文武耿光

亾 亾亦通無師遽方尊萬年亾彊

亾 虢叔鐘得屯亾斁舊釋以為乍攸非是

亾 兮田盤休亾斁

亾 師望鼎得屯亾斁

吳

亾 古鉥正行亡私

亾 古鉥正行亡私

丁

亾 亾經典通作無又孳乳為罔爾雅罔無也虞書罔水行舟詩抑罔敷求先王毛公鼎亡不閈于文武耿光

亾 師遽尊萬年亾彊

亾 辛鼎

亾 兮甲鐘

亾 宗周鐘

亾 師望鼎

亾 叔氏鐘

亾 𢉅伯敦

亾 大保敦

編

郭

磬

磬

磬

疑

郵

凝

待

磬

偶

待

凝

磬

磬

乍

乍鍾 叔乍 咋鄦

徵

乍卷一第二葉 乍同上 乍卷二第二十葉 乍同上 乍卷三第二十六葉 乍同上 乍卷四第二十葉

乍同上 乍同上 乍第二十一葉

止也一曰亡也从亡从一徐鍇曰出亡得一則止暫止也鉏駕切

乍 古文以為作字盂鼎 作字重文

乍 姑馮句鑃

殷

乍 孳乳為作 𢿘鼎

乍 𢦚敦

乍 魚尊

乍 叔宿敦

乍 齊敦

乍 旂鼎

乍 宋鼎

乍 亩卣

乍 矢伯卣

乍 杖家卣

乍 盂鼎

頌鼎
頌敦
䈞鼎
善夫克鼎
伯寓卣
伯魚鼎

伯魚敦
衛父卣
𠜱叔敦
宰甾敦
霸姞鼎
剌鼎

小臣鼎
雷甗
曆盤
魯伯鬲
矩盤
齊侯敦

南姬鬲
杞伯壺
沇兒鐘
齊鎛
禾敦

索諆角
邾公華鐘
楚公鐘
襄鼎
鄦侯鼎
秦公敦

史頌鬲
叔上匜
甾仲艾匜
袒伯匜
遽伯敦
卸口句鑃

無　望

殷穀盤　末距悍　姞口句鑃　戟卣　鄀公鍼　齊陳曼簠

師害敦　癸口敦　寰卣　番君鬲　父丁斝　若口鼎　口光伯敦

伯睘卣　䖒父丁觶　量侯敦　編

出亡在外望其還也从亡朢省聲巫放切

許氏說出亡在外望其還也望亦通朢鄦惠鼎既望朢下重文

或从耳師望鼎　吳

望通朢　無叀鼎既望　編

亡也从亡無聲武扶切

奇字无通於元者王育說天屈西北爲无

古無字不从亡盂鼎𣞤字重文

猶鐘　吳

匃

克鼎

不𡢁敦

丁

[illegible]不从亡 盂鼎無字重文

編

气也逯安說亡人爲匃古代切

遲父鐘

伯碩父鼎

史頌父鼎

高克尊

[illegible]姜敦

源

匃古通介師奎父鼎介字重文

師遽方尊

追敦

戎都鼎

殳季良父壺

己侯敦

吳

匃師奎父鼎用匃釁壽經典皆段介爲之詩七月以介眉壽

頌鼎

頌敦

頌壺

善夫克鼎

克鐘

曼龏父簋

姬鼎

不𡢁敦

杜伯簋

師遽尊

己侯敦

趩叔敦

封仲敦

麓伯敦

追敦

戒者鼎

父季良父壺

編

卷四第九葉

卷五第三十一葉

卷七第二十葉

後編下第二十四葉

說文解字匄气也亡人爲匄逯安說古金文亦作

師奎父鼎及

師遽方尊等

追敦與卜辭同與逯安說亦合

殷

區

踦區藏匿也从品在匸中品衆也豈俱切

區 子和子釜

編

匿

亡也从匸若聲讀如羊騶箠女力切

古匿字象隱蔽形从匸若聲一曰藏隱於匸中以蔽物也芌蕚之茂者後人加心作慝 盂鼎

吳

匿 盂鼎

編

匽

匽也从匸妟聲於蹇切

古匽字从㫃上有一覆之象燕之匽於巢也許氏說匽匿也㫃古燕字子璋鐘用匽以喜今經典通作燕

沇兒鐘以匽以喜古燕字亦作㫃

克鼎地名

馭方鼎

[吳]

子璋鐘古燕字與原書所錄同文異范

[丁]

匽經典通作燕匽侯鼎匽召伯所封國

匽侯旨鼎

匽公匜

亞觥

克鼎

又通宴子璋鐘用匽以喜

沇兒鐘

王孫鐘

齊鞄氏鐘

[編]

待

[徵]

匹

四丈也从八匸八揲一匹八亦聲普吉切

古匹字毛公鼎馬四匹作

彔伯戎敦

兮田盤

史頌敦

吳尊

曶鼎用匹馬凡馬一匹謂之匹上加三畫即四匹矣四匹二字多合文非三匹也

無㠱敦蓋

[吳]

匹曶鼎匹馬束絲

兮甲盤

無㠱敦

單伯鐘

毛公鼎馬三匹以書文侯之命

用賚爾馬四匹證之書為四匹合文

史頌敦

師兌敦

彔伯敦

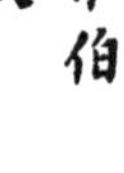
吳尊

卯敦十匹

編

受物之器象形凡匚之屬皆从匚讀若方府良切

籀文匚

第一一葉  第一二葉

說文解字匚受物之器象形籀文作

殷

匠

木工也从匸从斤斤所以作器也疾亮切

古鉥婢醬匠鉩信鉥

古匠字从籀文匸

丁

匡

飯器筥也从匸𡉚聲去王切

匡或从竹

曾鼎匡地名許氏說飲器筥也

尹氏簠借匡為簠簠字重文

史免簠

吳

古鉥王匡

古鉥公孫匡

古鉥韓匡

古鉥于米匡年

丁

尹氏匡 匡

師麻匡

史免匡

叔家父匡

曾鼎

𨟻叔匡

編

鐵

季

徵

匜

似羹魁柄中有道可以注水从匸也聲移尔切

封匜

季姬匜

孟皇父匜

張伯匜

寒戊匜

義母匜

齊侯匜

杞公匜

孟姜匜

田季加匜

季姬匜

注水匜

彖盤

源

古匜字 聊虎匜

穌甫人匜

黃仲匜

王婦匜

魯大司徒匜 也重文

周窐匜

叔男父匜

或从皿 叔娟匜

祀伯匜

或从金 史頌匜

或从金从皿 陳子子匜

或从广 伯庶父匜

由㸚白匜 奇字

吳

匜不从匚 子仲匜 它字重文

叔上匜 从皿

邑公匜

祀伯匜

史頌匜 从金

陳子子匜 从金从皿

穌甫人匜

編

匰

宗廟盛主器也周禮曰祭祀共匰主从匚單聲都寒切

許子鐘

源

匽

待

徵

[illegible]

鐵

徵

[illegible]

徵

[illegible]

凝

鄣

鐵

鐵

季

徵

医

伏

徵

古籀彙編 十二下 四十一

[illegible] 匠 [illegible]

夢

徵

疑

徵

藏龜第百九十九葉

祚案史頌敢適字从此

殷

象器曲受物之形或說曲蠶薄也凡曲之屬皆从曲 丘玉切

 古文曲

 古曲字魯公伐郐鼎錫公寶鼎大曲形矢大曲弓名

吳

 曲 公伐郐鼎錫公寶鼎大曲形矢大曲弓名

 公伐郐鐘

編

甾 𠧢 甗

東楚名缶曰甾象形凡甾之屬皆从甾 側詞切 古文 古匋許氏說東

楚名缶曰甾急就篇注缶即盎也大腹而斂口此象其形 丁

𠙹也从甾虍聲讀若盧同洛乎切 篆文𠧢 籀文𠧢 𠧢 取𠧢盤 編

甑也一曰穿也从瓦𠧢聲讀若言魚蹇切 肇父敨 伯温父敨 仲酉父敨 方宝甗

仲信父甗 周陽侯甗 源 古甗字从犬伯貞殘甗甗字重文 或从犬从鼎壺甗 穀父甗

子邦父甗 吳 甗从犬通獻子邦父甗獻字重文 編 卷五第

三葉  第四葉  同上  同上  卷七第五葉

 藏龜第二百二十五葉  後編下第七葉  同上

 第八葉

上形如鼎下形如鬲是甗也古金文加犬于旁已失其形許君从瓦鬳爲晚出

殷

小盂也从瓦夗聲臣鉉等曰今俗別作椀非是烏管切

 古瓮字不从瓦 右敀里銅瓮

吳

 古鉥鄞邑邦瓮

古鉥右敀里瓮

 古匋

丁

弓

以近窮遠象形古者揮作弓周禮六弓王弓弧弓以射甲革甚質夾弓庾弓以射干侯鳥獸唐弓大弓以授學射者凡弓之屬皆从弓

居戎切

父丙卣

弓壺

雙弓角

石鼓

源

古弓字虢季子白盤

伯晨鼎

趞曹鼎

吳

不嬰敦

豆閉敦

石鼓

丁

弓象形父庚卣

同卣

虢季子白盤

靜卣

不嬰敦

弭侯鼎

師湯父鼎

豆閉敦

編

鐵

徵

卷五第八葉

第七葉

同上

弓父庚卣作與此同

殷

弓無緣可以解轡紛者从弓耳聲緜婢切

弭或从兒

古弭字師湯父鼎

吳

弭

弭叔簋

詩采薇象弭魚服毛傳象弭弓反末也所以解紒也師湯父鼎錫□弓象弭

編

施弓弦也从弓長聲陟良切

張伯匜

史張父𣪕

張仲簋

彊　弘

源

古張字古鉨文似齊陳時文字

亦古鉨文

吳

古鉨韓張

古鉨張丰

古鉨張範

古鉨張嬰

丁

蘭

鐵

符

徵

弓有力也从弓畺聲巨良切

古文以為疆字頌敦疆字重文

[illegible]鐘

吳

古鉨許彊

丁

彊 頌敦畺字重文

編

弓聲也从弓厶聲厶古文肱字胡肱切

盄和鉑

齊侯鎛鐘

齊侯鐘

晉姜鼎

穆公鼎

樂司徒卣

師楢敔

源

古弘字 毛公鼎

吳

弘 毛公鼎

頌鼎

頌敦

毛公旅鼎

弘敦

宇敦

秦公敦

頌壺

畫弘觥

上官登羅振玉釋弘吉二字合文

編

卷二第二十二葉

卷五第六葉

第十五葉

同上

同上

說文解字弘弓聲也从弓厶聲厶古文肱字卜辭从弓从丿與毛公鼎同

殷

弛弓也从弓璽聲斯氏切

古彌字尨姞敦小篆作𢐀

齊侯鎛

吳

彌王

蔡姞敦

齊鎛

編

弓解也从弓从也施氏切

弛或从虒

古陶器文當即弛字之變體

亦古陶器文

吳

弓有臂者周禮四弩夾弩庾弩唐弩大弩从弓奴聲奴古切

季

待

徵

行丸也从弓單聲徒案切

彈或从弓持丸

卷五第八葉

同上

同上

同上

第九葉

發 [illegible] [illegible]

說文解字彈行丸也从弓單聲或从弓持丸作㢸

段君從佩觿集韻改㢸爲弓改注文作或說彈从

弓持丸今卜辭字形正爲弓持丸與許書或說同

許君兼存衆說之功亦鉅矣

殷

䠶發也从弓癹聲方伐切

古發字陳猷釜平發敕成

吳

古鉨發尚　李鉨

古鉨發武

古鉨長發二或从

丁

[illegible]季

待

徵

徵

[illegible]

夢

徵

彊也从二弓凡弜之屬皆从弜其兩切

戊辰彝 弜彊也从二弓許氏說 丁

弜 戊辰敦 編

卷四第四葉

第二十七葉

第三十一葉

卷五第十七葉

第十五葉

說文解字弜弓彊也卜辭數見兩曰弜改卷四第四卷五第十七葉疑弜乃弼之古文許君云弓彊殆後起之誼

矣 殷

輔也重也从弜丙聲徐鍇曰丙舌也非聲舌柔而弜剛以柔从剛輔弼之意房密切

弼或如此

並古文弼

古弼字毛公鼎簟弼魚葡詩采芑簟茀魚服

盭 系

韓奕簟茀錯衡箋云簟茀漆簟以為車蔽今之藩也茀當作𢐈古文弼字弼以蔽車有輔弼之義

吳

弼

弼 毛公鼎簟弼魚葡
詩采芑簟茀魚服

韓奕簟茀錯衡箋云簟茀漆簟以為車蔽今之藩也茀當作𢐈古文弼字弼以蔽車有輔弼之義吳大澂說

弼 番生敦

弼

者沔鐘

吳

弼戾也从弦省从盭讀若戾臣鉉等曰盭者擊皐人見血也弼戾之意郎計切

盭 師[illegible]敦

源

繫也从系丿聲凡系之屬皆从系胡計切

系 系或从毄處

系 籀文系从爪絲

系

古鉨許氏說系繫也博雅系相連繫也此上∩即象連繫之形

丁

系

系

徵

孫

卷五第三十六葉　卷七第四葉　第七葉

藏龜第二一葉　龜甲獸骨卷二第十二葉　同上

說文解字系繫也从系丿聲籀文作[ancient form]卜辭作手持絲形與許書籀文合

殷

子之子曰孫从子从系系續也思魂切

商鐘

子孫父丁鼎

衛父辛鼎

主孫彝

子孫彝

子孫拱日彝

孟孫父丁彝

祖乙卣

祖辛卣

婦庚卣

祖丙爵

孫觚

宝和鐘

許子鐘
楚卬仲南和鐘
楚公鐘
齊侯鎛鐘
齊侯鐘

乙公鼎
尨生鼎
君季鼎
圓宝鼎
趠鼎

晉姜鼎
穆公鼎
孫卣
張作匜
寒戊匜
孟姜敨

宰辟父敨
鄀子斯簠
太公簠
嘉仲盉
方宝甗

寸父鬲
卬仲盦
石鼓
長宜子孫洗
長宜子孫鑑

源

毛公鼎
面皇父敦
畢仲敦
格伯敦
格伯作晉姬敦

楚公鐘

楚公鐘

楚公鐘

邵鐘

子璋鐘

沇兒鐘

鄀公鐘

呂白孫敦

番君鬲

菂公鬲

遲簋盨

遲簋器

師遽方尊

伯晨鼎

祖伯匜

古鉨文公孫余

臧孫黑鉨

古孫字子孫父癸卣

父辛孫卣

子孫角

孫且乙觚

亦古孫字朏子孫父丁卣

朏子孫父丁敦

吳

王孫鐘

宋䞇亥鼎

古鉨儿孫多丘鉨公孫二字合文二爲表明

古鉨公孫口

古鉨孫慎

古鉨公孫繡

古鉨孫御

古鉨孫私鉨

古鉨臧孫[illegible]鉨

古鉨公孫山

古鉨孫冊

古鉨孫成

古鉨孫[illegible]

古鉨公孫肩

古鉨公孫夌鉨

古鉨孫武之鉨

古鉨窒孫傒

古鉨公孫安信鉨

古匋丘齊里公孫綴

丁

孫叔向敦

頌鼎

不嬰敦

大鼎

虢季子白盤

寧鼎

師嫠敦

圅皇父敦

鄧孟壺

杞伯敦

庚嬴卣

仲師父鼎

叔上匜

王孫鐘

子璋鐘

公伐郘鼎

害敦

伯闢敦

楷妃敦

簷鼎

己侯敦

女尊

子仲匜

姞氏敦

口公孫班鎛

格伯敦

豚卣

齊侯女伯鬲

邾公華鐘

祀仲鬲

弔仲鐘

右戲仲鬲

段敦

仲師父鼎

叔父甗

遣簋

舍父鼎

伯尊

伯庶父簋

格伯作晉姬敦

邾公釛鐘

陳侯因資敦

代𣹞母敦

楚公鐘

楚公鐘

周窀匜孫孫永寶用即子孫也

酉仲艾匜

畬君鬲

白者君盤

叔單鼎

邾討鼎

叢侯敢吳式芬釋孝孫二字合文

臤尊子孫孫子孫

編

季

鄭

鐵

擬

釁

釁

上虞

鐵

鐵

鐵

鐵

擬

書

季

偶

釁

無

徵

後編下第十四葉

殷

祚案格伯作晉姬敢作邾公鐘作與此同

隨從也从系䚻聲臣鉉
等曰今俗从㒸余招切

寅簋

石鼓

源

䌛發語辭
大誥王若曰

猷馬本作䌛＝說文所無說文通訓定聲據偏旁及韵會補
為䌛之重文彔伯𢾊王若曰彔伯㦰䌛自乃祖考有口于周邦

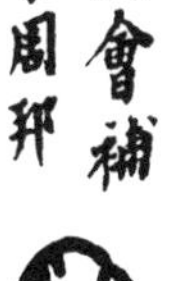

散盤

王國維釋䌛
師寰敦

編

古籀彙編第十三上

臨海徐文鏡編

緒

絲耑也从糸者聲徐呂切

古緒字省文古陶器

吳

古鉥番陵緒 左廩鉥

古匋

丁

純

絲也从糸屯聲論語曰今也純儉常倫切

商鐘

盄和鐘

齊侯鐘

微欒鼎

虢姜敦

源

古純字頌敦康虔屯右當讀作純佑屯字重文

共純赤金圜幣

吳

鄦惠鼎

寰槃二字皆見原書引錢宮詹說釋作縞案字左半从亯非从高當是綰

紝　織　經

集韻繂同純二絲也以組約圭謂之繅顯似即純繅義猶絲組絲綫用以約圭也 丁

純不从糸 頌敦屯字重文

陳猷釜 編

經

織也从糸巠聲九丁切

齊侯鎛鐘

齊侯鐘

晉姜鼎

源

古經字虢季子白盤經維四方

齊陳曼簠

吳

經 虢季子白盤

齊陳曼簠

編

織

作布帛之總名也从糸戠聲之弋切

樂浪挈令織从糸从式臣鉉等曰挈令蓋律令之書也

織不从糸 免簠戠字重文

編

紝

機縷也从糸壬聲如甚切

紝或从任

古紝字機縷也从糸从妊吕象治絲之器古陶器

吳

古匋蒦陽匋里人縈紝或从妊

丁

紀

絲別也从糸己聲居擬切

漢鑑

源

古紀字紀侯鐘

紀侯敦𥁋

紀侯敦器

吳

紀不从糸紀侯敦己字重文

編

遜

徵

纇

絲節也从糸頪聲盧對切

古鉨𥌓纇許氏說纇絲節也

丁

紿

絲勞即紿从糸台聲徒亥切

許氏說絲勞即紿古鉨文

吳

古鉨鉅紿許氏說絲勞即紿

古鉨長紿

丁

集

鄦

陸

徵

納

絲溼納納也从糸內聲奴荅切

古納字師虎敦井伯內右師虎內當讀作納

克鼎出內王令

吳

納不从糸師虎敦內字重文

編

繼

續也从糸𢇍一曰反𢇍爲繼古詣切

商鐘 齊侯鎛鐘 齊侯鐘 微欒鼎

穆公鼎 龙敦 邾敦 師毀敦 源

古繼字拍盤文卌 阮氏釋作繼繼毋吐三重文

吳

古鉨吳繼反𢇍爲繼或从一糸 陳文會曰

象連續之形

丁

拍舟 繼不从糸

編

續

連也从糸賣聲似足切

古文續从庚貝臣鉉等曰今俗作古行切

韋子尊 伊彝 己酉戌命彝

癸亥父己鬲鼎

源

後編下第二十一葉

說文解字續古文作賡从庚貝案爾雅釋詁賡續也詩大東西有長庚傳庚續也庚訓更亦訓續猶亂亦訓治矣庚賡同誼賡與續殆非一字也

殷

纘

繼也从糸贊聲作管切

許瀚說古文纘字毛公鼎今余唯纘先王命

又云纘造大命

叔向父敦

或从糸省田陳侯因資敦

師巤父敦

克鼎

吳

師兌敦

石鼓

古鉩纘

古鉩余纘

丁

紹

繼也从糸召聲一曰紹緊糾也市沼切

古文紹从邵

古紹字與招詔二字並通盂鼎招字重文

許氏說古文紹从邵古陶器

陳侯因資敦

古陶器

吳

古鉢鍾紹鉢

古匋紹遷杏匋里迢

古匋紹遷杏匋里啚

紹 誻 作絡

丁

夢

疑

季

徵

紓

緩也从糸予聲傷魚切

古鉢䛁紓集韻紓或紓通作舒

古鉢堅中紓

丁

紆

詘也从糸于聲一曰縈也億俱切

徵

繙

冕也从糸番聲附袁切

古鉢僅繙愁鉢

丁

級

絲次第也从糸及聲居立切

綏和壺

源

約

纏束也从糸勺聲於略切

古約字象繩約束形格伯敦

吳

卷一第二十四葉

卷五第二十六葉

後編下第二十二葉

說文解字約纏束也格伯敦作　吳中丞釋約謂象繩約束之形今卜辭有　　字疑亦約字

殷

纏

繞也从糸廛聲直連切

古鉩

丁

繯

落也从糸瞏聲胡畎切

古繯字許氏說落也古鉩文

古鉩文

吳

古鉩繯聽

丁

凝

凝

舉

徵

結

締也从糸吉聲古屑切

古陶器文

吳

締

結不解也从糸帝聲特計切

古鉥締䌹

丁

絅

急引也从糸同聲古熒切

絅不从糸 師奎父鼎冋字重文

師酉敦中䌹 攸勒从絲

編

給

相足也从糸合聲居立切

古鉥十四年十一月平給

古鉥𠛬易料昔給廩之鉥給廩當為掌廩穀之官供給粢盛須賜其職如周禮地官廩人𠂤是糸省或謂从邑非是

古鉥秬吻給鉥

丁

終

絿絲也从糸冬聲職戎切

古文終

史頌父鼎

微䜌鼎

㝨敦

源

古終字 頌鼎冬

繒 綈 練

字重文

吳

終不从糸 頌鼎需終

善夫克鼎

頌敦

不𡢁敦

吳季良父壺

追敦

編

帛也从糸曾聲疾陵切

籀文繒从宰省楊雄以為漢律祠宗廟丹書告

古匋茖繒

丁

厚繒也从糸弟聲杜兮切

古綈字从糸从弟與叔小異古弟字也古陶器

吳

湅繒也从糸柬聲郎甸切

𦩶亥父巳鬲鼎

牧敦

寅簋

源

練

古鉥練倳

丁

縞

鮮色也从糸高聲古老切

伯姬鼎

師毀敔

源

古縞字鄦惠鼎縞必彤沙錢宮詹釋作縞繹許氏說縞鮮色也

寰盤縞字如此

吳

纏

粗緒也从糸璽聲臣鉉等曰今俗别作絁非是式支切

古鉨纏𠯈許氏說粗緒也从糸璽聲徐鉉曰今俗别作絁非是案玉篇䌘與纏同

丁

縵

繒無文也从糸曼聲漢律曰賜衣者縵表白裏莫半切

古鉨公孫縵鍚許氏說縵繒無文也漢律曰賜衣者縵表白裹

丁

絑

純赤也虞書丹朱如此从糸朱聲章俱切

古鉨絑練許氏說絑赤也虞書丹朱如此

丁

纁

淺絳也从糸熏聲許云切

淺絳也小篆从糸作纁毛公鼎熏字重文

吳尊

吳

番生敢虎冟熏裹古纁字不从糸

丁

綰

纁不从糸 毛公鼎熏字重文 編

惡也絳也从糸官聲一曰綃也讀若雞卵烏版切

伯碩父鼎

晉姜鼎

孟姜敦

秦權 秦斤 源

古綰字从官从緩省古文綰緩爲一字小篆从素許氏說繛緩也緩繛也薛氏款識伯碩父鼎綰綽晉姜鼎綽綰孟姜敦綰綽綽綰眉壽古語延年也夯姞敦 吳

綰蔡姞敦用祈匃釁壽綽綰綽綰即說文之繛緩爾雅之綽綽爰爰詩之寬兮綽兮也 編

綥

帛蒼艾色从糸畀聲詩曰縞衣綥巾未嫁女所服一曰不借綥綦之切

綥或从其

綦父乙鼎 源

古鉥綦 㾊綦字

易上下 从丌丌古其字

綦古文尚書幾皆作綦是二字古通 丁

徵

紳

大帶也从糸申聲失人切

紳

紳敦

編

組

綬屬其小者以爲冕纓从糸且聲則古切

古組字虢季氏子組敦陳介祺說組之从又猶維之从攴也

吳

師寰敦

虢季子壺

虢季子敦

丁

組

師寰敦

虢季氏子組壺且从

又與師虎敦同

虢季氏子組敦

編

繑

繑絝紐也从糸喬聲牽搖切

古鉨□繑

丁

縱

緎屬从糸从從省聲足容切

古縱字許氏說緎屬

古鉨文

吳

古鉨□縱

丁

緟

增益也从糸重聲直容切

孫詒讓釋緟 毛公鼎

克鼎

叔向敦

番生敦

伊敦

師兌敦

師嫠敦

陳侯因資敦

編

縫

以鍼紩衣也从糸逢聲符容切

古匋子縫子里㠯匿从从夆从衣當是古縫字許氏說縫以鍼紩衣也詩召南羔羊之縫或釋表非是

古匋□縫子里㠯□

丁

絬

論語曰絬衣長短右袂从衣舌聲私列切

古絬字許氏說論語曰絬衣長短右袂古陶器

吳

紉

繟繩也从糸刃聲女鄰切

古匋紉字反文

丁

縈 緘 維 緐

收韏也从糸熒省聲於營切

古縈字許氏說收韏也古鉨文

吳

磬

待

徵

束篋也从糸咸聲古咸切

齊侯鎛鐘

齊侯鐘

公緘

呂鼎

源

古文以為誠字毛公鼎毋折咸誠字重文

吳

緘从糸从咸省

毛公鼎毋折緘

編

車蓋維也从糸隹聲以追切

古維字从糸从隻文虢季子白盤經維四方

古陶器

吳

古鉨王維

古鉨維亳之鉨

古鉨維夫民鉨

丁

維从糸从隻

虢季子白盤經維四方

編

馬髦飾也从糸每聲春秋傳曰可以稱旌緐乎附袁切

緐或从㝹㝹籀文弁

古緐字叔向父敦降余多福緐釐

師虎敦

吳

繮 綆 繴 績

[seal] 叔向敦 [seal] 師虎敦 編

馬紲也从糸畺聲居良切

[seal] 古匋蒦陽匋里繮 丁

汲井綆也从糸更聲古杏切

[seal] 古綆字克鼎 吳

繴謂之罿罿謂之罬罬謂之罦捕鳥覆車也从糸辟聲博戹切

[seal] 古辟繴字許氏說捕鳥覆車也毛公鼎繴車 吳

[seal] 古鉥王繴許氏說繴謂之罿罿謂之罬罬謂之罦捕鳥覆車也 丁

[seal] 繴毛公鼎 [seal] 番生敦 編

緝也从糸責聲則歷切

[seal] 古鉥文王績省糸為糸乃六國時文字說文系古文作[glyph]繭古文作[glyph]絅古文作[glyph]綫古文作[glyph]絕古文作[glyph]可知許氏所見壁經皆與此類晚周之本也

緦 ⿰糸封 繆 綢

吴

績

古鉥王績

績

古匋絡遷𣎵匋里績

丁

賚

績不从糸秦公敦責字重文

編

績 績王 郵

徵

十五升布也一曰兩麻一絲布也从糸思聲息兹切

古文緦从糸省

古匋長緦

丁

枲履也从糸封聲博蠓切

古匋蒦陽南里人⿰糸封 ⿰糸封或从古文封

丁

枲之十絜也一曰綢繆从糸翏聲武彪切

古繆字許氏說枲之十絜也絜麻一耑也一曰綢繆古陶器文

吴

繆也从糸周聲直由切

古鉥綢敗許氏說綢繆也

古鉥司馬綢

丁

車中把也从糸从妥徐鍇曰禮升車必正立執綏所以安也當从爫从安省說文無妥字息遺切

晉姜鼎

源

古綏字不从糸㚔姞敦用妥多福說文無

妥字妥綏本一字也

晉公盦

鄭邢叔綏賓鐘

吳

戎都鼎

白綏父敦

丁

綏不从糸蔡姞敦妥字重文

編

卷五第十九葉

書契菁華第十葉

古綏字作妥古金文與卜辭並同說文解字有綏無妥而今隸反有之雖古今殊釋然可見古文之存于今隸者爲不少也

祚案妥段先生補入女部謂本有此字而許君遺

之 殷

宗廟常器也从糸糸綦也廾持米器中實也彑聲此與爵相似周禮六彝雞彝鳥彝黃彝虎彝蟲彝斝彝以待祼將之禮以脂切

皆古文彝

伯[illegible]鼎

夔鼎 父乙鼎 宝尊 祖戊尊 子父己尊

雉尊 諫尊 辛未父癸尊 丁亥父乙尊 虎首彝

[illegible]彝 言父癸彝 子孫父辛彝 父乙彝 古父丁彝

伊彝 乙酉父丁彝 己酉戍命彝 雲雷彝

宝卣
祖乙卣
祖辛卣
子父已卣

冀父辛卣
丙寅卣
兄癸卣
敔姬壺
招父丁爵

祖巳甗
父巳甗
啟西
父辛盤
曾侯鐘

單从鼎
豐鼎
魯公鼎
南宮中鼎
季娟鼎

微欒鼎
伯克尊
師艅尊
召公尊

伯宝卣
州卣
師淮父卣
尹卣

單癸卣

父貝觶

雲䨓彝

䨓文彝

彖帶彝

囧从彝

单从彝

司空彝

召父彝

尌宝彝

品伯彝

伯映彝

司寇匜

文姬匜

師望敦

睘敦

師望簋

單从盉

父乙甗

伯鬲

源

楊沂孫說古彝字从雞从廾[glyph]象冠翼尾距形手執雞者守時而動有常道也故宗廟常器謂之彝禮夏后氏以雞彝鄭司農說宗伯主雞

堇臤鼎

戍都鼎

甚諆鼎

髗鼎

太保敦

君夫敦

三家敦

中敦　公姞敦　伯魚敦　豚敦　遽伯還敦　王作敦

季保敦　[illegible]敦　趩尊　伯睘卣　衛父卣蓋　衛父卣器

瑟中狂卣　庚羆卣　母卣　[illegible]卣　鳳卣　父丁卣

兄癸卣　向卣　[illegible]卣　[illegible]卣蓋　父辛卣　吳尊蓋

傳尊　伯夌尊　[illegible]方尊　[illegible]作且丁尊　[illegible]尊　鳳尊

丁未伐商角　索諆角　父丁斝　且辛觶　[illegible]甗　[illegible]尊

卯敦
作乃父爵
立戈父丁盉
辛子敦
叔宿敦
格仲尊

夆姑敦
遣小子敦
史頌敦
封仲敦
拍盤

宗婦盤彝字如此與小篆相近蓋晚周文字也
阮相國釋作彝中義彝
居後彝
十月彝
伯矩尊

姬⿱將鼎鼎
[illegible][illegible]尊宗彝之彝如此 吳
然虎𣪕
小克鼎

父乙鼎
文頌鼎
克鼎
遣小子𣪕
臤朋鼎

子孫作婦姑鼎
己亥鼎
仲𣪕
作嵗婦鼎

旂僕鼎 姬㸑鼎鼎 繼彝 叔器父鼎 古鉢 彝錢 丁

彝禮器之總名所以盛黍稷楊沂孫曰古彝字从雞从収象冠翼尾距形手執雞者守時而動有常道也故宗廟常器謂之彝禮夏后氏以雞彝鄭司農說宗伯主雞堇臤𡆥鼎

父乙卣 𤔲尊 𠂤敦

魚尊 綸伯卣 彭女甗 伯魚鼎 㝬諆角

曆盤 員父尊 珮敦 天王尊 家敦

䕫卣 周公敦 邵敦 季咏父敦 戒鬲

㫃鼎 伯矩敦 𠧟卣 宊甗

𣄼卣 𨟿卣 𠂤犬盉 門射甗 𣫹卣

癸囗敦 向卣 戲𣪘敦 集咎敦 伯害盉

癸鼎 ☆黃敦 戠囗鼎 丁未角 宅敦

人作父戊卣 大保敦 𤔲東敦 𤰔盉

隹彝 伯卣 免卣 仲卣 師遽尊 伯𨟭爵

母卣 珉鼎 亞巳敦 者女爵 窺盦卣

甯敦 眀鼎 公史敦 戲尊 齊敦

戎者鼎 應公鼎 魯侯敦 禽章敦 剛爵

遣叔敦 戚尊 賢觥 口作年父爵 仲敦

作義妣鬲 傳尊 匽尊 甚諆鼎 同卣

叔宿敦 史桒敦 豚卣 髗鼎 戎者尊

應公尊
[illegible]司尊
庚嬴卣
伯敦
衛父卣

寡尊
君夫敦
卯敦
大壺
且辛爵
䍙尊

仲追父敦
父乙鼎
剈叔敦
兄癸斝
贙母鬲

禾敦
蔡姞敦
善夫克鼎
史頌敦
史頌鼎

𥎦伯壺
封仲敦
趞小子敦
剌卣
剌鼎

秦公敦
姬鼎
鄧嫛盤
父倗尊
拼廷冀敦

父舟敦 伯睘卣 者女觥 者女觥 堇女鼎

父丁斝 匕旨卣 敔敦 枚家卣 員尊 不从収

師趛鼎 遣叔尊 自敦

編

卷二第十八葉

卷五第一葉 後編上第十葉 下第七葉

說文解字彝宗廟常器也从糸糸綦也廾持之米器中實也彑聲古文作𢑚𢑱二形卜辭中彝字象兩手持雞與古金文同其誼則不可知矣 殷

綀

布屬从糸束聲所菹切

古鉢綀練

古匋

說文新附字

丁

紉

說文無此字疑即紉之異文古陶器

吳

絤

說文無此字

古鉢文

吳

紽

鐵

郭

徵

⿰糸余

鐵

郭

無

徵

綖

華

鐵

徵

絅	綰	綸	総	絆	緦
墨	侍	侍	季		鐵
徵	徵	徵	徵	徵	徵

縯

 藏龜第八十八葉

祚案此字與集韻同 殷

 卷四第四十四葉  卷六第五十八葉  書契菁華第十葉  藏龜第百九十葉  後編上第三十一葉  下第二十一葉  第三十五葉

祚案王徵君說此字从糸尹聲 殷

素

白緻繒也从糸𠂹取其澤也凡素之屬皆从素桑故切

素爵 源

繛

𦆽也从素卓聲昌約切

繛或省

伯碩父鼎

晉姜鼎

孟姜敦

源

古繛字小篆作𦆽或作綽夆姞敦用蘄匃眉壽綽綰即許書𦆽𦆽二字 吳

繛从莽 蔡姞敦 編

王遲

徵

紷

說文所無

齊鎛紷 保其身 編

絲

蠶所吐也从二糸凡絲之屬皆从絲息茲切

絲駒父鼎 源

轡

留鼎

吳

絲

留鼎

編

後編下第八葉

象束絲形兩端則束餘之緒也

殷

馬轡也从絲从叀與連同意詩曰六轡如絲兵媚切

石鼓

源

古轡字

石鼓

吳

叔氏鼎古轡字从車

从絲二象轡形詩曰六轡如絲

丁

轡

貿鼎

編

遲

徵

𢇍

織絹从糸貫杼也从絲省廾聲古還切臣鉉等曰廾古磺字

卷二五第十一葉

同上

說文解字𢇍織以絲毌杼廾古文卵字此从一或从三正象杼形許君作廾謂是卵字者誤也

殷

率

捕鳥畢也象絲罔上下其竿柄也凡率之屬皆从率所律切

率父辛鼎

齊侯鎛鐘

齊侯鐘

穆公鼎

師楷敦

源

古率字許氏說捕鳥畢也象絲網上下其竿柄也盂鼎

毛公鼎率如此篆別作衛非是

師寰敦

吳

古鉨直率行

丁

率盂鼎

毛公鼎

編

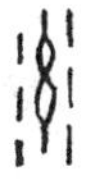

卷十八第二十二葉

同上

祚案盂鼎作率與此同師寰敦達字作率亦从率意へ一乃後人所加許君訓為捕鳥之畢殆不然

與 殷

一名蝮博三寸首大如臂指象其卧形物之微細或行或毛或蠃或介或鱗以虫爲象凡虫之屬皆从虫 許偉切

甲虫爵 古虫字象形說文蚰部从蚰之字古文皆作蓋之譌也

丁

虫 魚匕

編

卷二第二十四葉

藏龜第四十七八葉

說文解字虫一名蝮博三寸首大如擘指象其卧形卜辭諸字皆象博首而宛身之狀 案許言蝮狀本爾雅釋魚

疑有誤字郭注言今蝮蛇
細頭大頭正虫字所象也
[殷]

似蜥蜴而大从
虫唯聲息遺切

雖 秦公敦 [編]

虺以注鳴詩曰胡爲虺蜥从虫兀
聲臣鉉等曰兀非聲未詳許偉切

徐同柏曰古文虺書敘仲虺史記
作中畾象虺在田間形畾虺
[吳]

蠆毒蟲也象
形丑芥切

蠆或从䖵

蠆 鼎 [源]

葵中蠶也从虫上目象蜀頭形中象
其身蜎蜎詩曰蜎蜎者蜀市玉切

山海經杻陽之山有獸焉其狀如馬
其文如虎名曰鹿蜀石鼓射其猏蜀
[吳]

卷八

第三葉 藏龜第一百十七葉 第五葉 後編上第九

祚案說文解字蜀葵中蠶也从虫上目象蜀頭形中象其身蜎蜎此字正象之篆文之勹已是蟲形後又增虫形誼皆複又有从二虫者疑亦蜀字

殷

如母猴卬鼻長尾从虫隹聲余季切

蜼尊

源

南蠻蛇種从虫䜌聲莫還切

古蠻字不从虫虢季子白盤用政蠻方䜌字重文

晉公盦

鬼方戈

吳

蠻不从虫

虢季子白盤䜌字重文

編

螮蝀也狀似蟲从虫工聲明堂月令曰虹始見户工切

籀文虹从申申電也

虹燭錠

源

臨海徐文鏡編

蟲之總名也从二虫凡䖵之屬皆从䖵讀若昆古魂切

蚰 魚匕

編

卷四第五十二葉

第五十五葉

同上

後

編上第九葉

殷

齧人飛蟲从䖵民聲無分切

𧒂或从昏以昏時出也

俗蟁从虫从文

古匋蒦陽南里人蟁

丁

腹中蟲也春秋傳曰皿蟲爲蠱晦淫之所生也梟桀死之鬼亦爲蠱从蟲从皿皿物之用也公戶切

卷上八第四十二葉

藏龜第十二葉

祚案說文解字蠱腹中蟲也从蟲从皿此省从二蚰文曰貞不隹蠱其亦不它之意與

殷

虫也从虫而長象冤曲垂尾形上古艸居患它故相問無它乎凡它之屬皆从它託何切

它或从虫臣鉉等曰今俗作食遮切

仲斯鬲

源

它也為一字形狀相似誤析為二後人別構音讀然从也之迆蚑馳阤地施六字仍讀它音而沱字今經典皆作池可證徐鉉曰沱沼之沱今別作池非

是蓋不知也即它也許氏說也女陰也望文生訓形意俱乖昔人蓋嘗疑之亦伯敦異自它邪

師遽尊文 且它公

取它人鼎

齊侯敦它它熙熙男女無期萬乳為佗詩君子偕老委委佗佗傳佗佗者德平易也爾雅釋訓委委佗佗美也釋文亦作禕禕它它太平御覽引作委委蛇蛇

齊侯盂

季叔盤

萬乳為匜

取膚匜

叔男父匜

甫人匜

伯正父匜

胖侯匜

齒皇父匜

師伯匜

召口父匜

黃仲匜

周宅匜

鄭伯匜

子仲匜

長湯匜

王婦匜

由仲艾匜

白者君匜

編

卷一第十一葉 第十二葉 第

四十七葉第五十二葉同上卷二第二十四

葉卷三第二十八葉卷四第十五葉第五葉

卷五第三葉卷七第九葉卷八第十一葉

同上後編上第二葉第二十葉同上

第二十二葉同上

說文解字它虫也上古艸居患它故相問無它乎或从虫作蛇卜辭中从止卽足也或增彳其文皆曰

亡壱或曰不壱殆卽它字上古相問以無它故卜辭中凡貞祭于先祖尙用不它無它之遺言殆相沿以爲無事故之通稱矣卜辭中有單稱它則當是有故不可以祭矣又案它與虫殆爲一字後人誤析爲二又並二字而爲蛇尤重複無理許君於虫部外別立它部不免沿其誤矣　殷

舊也外骨内肉者也从它龜頭與它頭同天地之性廣肩無雄龜鼈之類以它爲雄象足甲尾之形凡龜之屬皆从龜居追切

古文龜

古龜字象形　智鼎

吳

龜象形　龜父丙鼎

叔龜敦

編

卷四第五十四葉同上同上同上同上第五十五葉卷六第五十葉第六十五葉卷七第二葉卷八第八葉藏龜之餘第十七葉後編上第十九葉同上

說文解字龜古文作卜辭諸龜字皆象昂首被甲短尾之形或僅見其前足者後足隱甲中也其增水者殆亦龜字

殷

鼃黽也从它象形黽頭與它頭同臣鉉等曰象其腹也凡黽之屬皆从黽莫杏切

籀文黽

卷四第五十六葉

祚案王徵君釋黽說文解字黽鼃黽也从它象形籀文作鼀與此畧近即今之蛙也

殷

水蟲似蜥易長大从黽單聲徒何切

古鼉字邵鐘玉鏡鼉鼓

吳

鼉邵鐘玉鏡鼉鼓

編

後編下第二十二葉

祚案說文解字鼉水蟲似蜥易長丈所皮可爲鼓从黽單聲單字古金文作𠦪與此形近邵鐘作鼉

與此睘同 殷

鼅鼄也从黽朱聲陟輸切

鼄或从虫

鼄古文以爲邾字魯伯愈鬲邾字重文

吳

鼄國名經典作邾 邾公華鐘

邾公牼鐘

邾伯鬲

邾大宰簠

杞伯敏

杞伯壺

杞伯盆

杞伯鼎

魯伯鬲

穌冶妊鬲

邾討鼎

邾友父鬲

編

二

地之數也从偶凡二之屬皆从二而至切

古文

二 父乙鼎

源

二 盂鼎

亟　恆

𢾭君鉼二字如此此六國時異文非古文也 吳

二 孟鼎　二 散盤　二 吳尊　二 秦公敦

繖愿君鉼 从戈 編

二 卷一二第一葉 殷

敏疾也从人从口从又从二二天地也徐鍇曰承天之時因地之利口謀之手執之時不可失疾也紀力切又去吏切

晉姜　石鼓 源

毛公鼎命女亟一方 吳

亟方言㤅也秦晉之間凡相敬愛謂之亟毛公鼎命女亟一方 編

常也从心从舟在二之閒上下一心以舟施恒也胡登切

古文恒从月詩曰如月之恒

古恆字 曶鼎 吳

古鉥恒官許氏曰古文恒从月詩曰如月之恒 丁

恆 曶鼎 編

𣪘 徵

卷七第十一葉

祚案王徵君說亙𠃑即恆字說文解字恆常也从心从舟在二之閒上下心以舟施恆也亙古文恆从月詩曰如月之恆案許君郎云古文恆从月復引詩以釋从月之意而今本古文乃作亙从二从外蓋傳寫之譌字當作亙又木部𣛮竟也从木恆聲亙古文𣛮案古从月之字後或變而从舟卜辭朝莫之朝作𦩍（後編下第三葉）从日月在茻閒與莫字从日在茻閒同意而篆文作𠦝不从月而从舟以此例之亙本當作亙智鼎作亟从心从亙與篆文之恆从亙者同即恆之初字可知亙亙為一字卜辭

亘

亙字从☽卜辭月字或作☽或作☾其爲亙亙二字或恆字之省無疑其作𠄢者詩小雅如月之恆毛傳恆弦也弦本弓上物故字又从弓然則亙𠄢二字確爲恆字矣其說甚確而說文謂从心从舟在二之閒上下心以舟施恆也令人難解段先生謂往復遥遠而心以舟運旋歷久不變恆之意也則又曲爲之說矣 殷

亘回形上下所求物也徐鍇曰求亘也从二从𠚤𠚤古文回象回風回轉所以宣陰陽也須緣切

亘卷十八第十八十葉亘卷七第十二葉 殷

竺　凡　土

竺 厚也从二竹聲冬毒切 竺 竺陸 [徵]

凡 最括也从二二偶也从乃乃古文及浮芝切 凡說文从二从乃二古文及說解與篆體不合殆有譌奪散盤凡十又五夫 又云凡散有嗣十夫

聃敦王凡三方 鬲比盨 [編]

土 地之吐生物者也二象地之下地之中物出形也凡土之屬皆从土

它魯切 南宮中鼎 戠敨 牧敨 [源] 盂鼎受民受疆土 散氏盤嗣土

太保敦 嗣土敦 [吳] 土 盂鼎 散盤 宗周鐘

地

召尊
敦 嗣土嗣
大保敦
鼎 寡兒 編
卷五第十葉

卷十六第十六十一葉
卷七第十二葉
龜甲獸骨卷二第十二葉

古金文土作此作者契刻不能作粗筆故爲匡郭也 殷

元气初分輕清陽爲天重濁陰爲地萬物所陳列也从土也聲徒内切

籀文地从隊

卯敨錫于地一田古文𢀩作亦作此爲隊當是古地字省土

不嬰敨宕伐玁狁于高地

又是省从二土言厚重也

古鉢地

古鉢地

坤

古鉨每地以象丘陵起伏之形

古鉨重地似不嬰敨字省作

丁

地也易之卦也从土从申土位在申苦昆切

古坤字从立从申古鉨文

吳

古鉨坤成息

古鉨卜坤

古鉨坤事

丁

叀 鐵

陸

鐵

鄭

鄭

鄭

徵

坡

阪也从土皮聲滂禾切

古鉨猩坡古印从土之字土或作亦作

古鉨王坡

丁

擧

叀 待

鄭

徵

均

平徧也从土从勻勻亦聲居勻切

古均字从土从旬二古鉥文

吴

古鉥周均均从旬古勻旬與均通

古鉥王均

古鉥蒙均

古鉥均事

古匋孟棠匋里人均陳簠齋釋

丁

季

無

瞻

樂

伏

磬

磬

凝

虹

徵

塙

堅不可拔也从土高聲苦角切

古塙字許氏說堅不可拔也古鉥文

吴

古鉥司馬塙許氏說塙堅不可拔也段氏曰俗作確古作确

古匋塙閭□

古匋塙□里□潮

丁

塍

稻中畦也从土朕聲食陵切

伯侯父盤許氏說塍稻中畦也金刻恒借為賸字

㝬侯盨

[丁]

塍段借為賸邿伯作塍鬲

㝬侯簋

鬲伯盤

伯侯父盤

[編]

基

牆始也从土其聲居之切

月魚基鼎

[源]

子璋鐘眉壽無基

[吳]

古鉥𦭘非共乃

𠀠之省說文其古文作𠁽不从丌

古匋

[丁]

基段借為期子璋鐘𩁹壽無基

[編]

垣

牆也从土亘聲雨元切

籀文垣从𩫏

古垣字幣

垣字幣省文

長垣一釿幣

襄垣幣

襄垣幣反文

[吳]

堵 埒 堂 墐 埽

堵 垣也五版爲一堵从土者聲當古切

籀文从𩫖

古堵字从𩫖凡縣鐘磬半爲堵全爲肆邵鐘

鄦公望鐘

吳

古鉨 堵歲

信鉨

丁

堵从𩫖凡縣鐘磬半爲堵全爲肆邵鐘其竈四堵

編

埒 卑垣也从土寽聲力輟切

師淮父卣

源

堂 殿也从土尚聲徒郎切

古文堂

籀文堂从高省

古鉨高堂口鉨高堂是姓秦有魯人高堂伯人周秦閒文字

丁

墐 涂也从土堇聲渠吝切

古匋蒦陽匋里人[illegible]案郎詩塞向墐戶之墐字墐涂也其時未有家室覆穴而居故墐字从穴

丁

埽 棄也从土从帚穌老切

卷六第十七葉

同上

卷七第十五葉

扗

書契菁華第十一葉

後編下第二十八葉

象人持帚掃除之形當爲埽之本字說文解字作埽从帚土殆爲後起之字變象形爲會意矣

殷

存也从土才聲昨代切

盄和鐘

齊侯鎛鐘

文王命癘鼎

大夫始鼎

南宮中鼎

公緘鼎

尹卣

剌公敨

敔敨

父乙甗

父癸尊

源

古在字 盂鼎

中敦

頌鼎

皆盂鼎異文

吳

古鉥昌在

丁

在不从土 盂鼎才字重文

盂鼎在珷王嗣玟作邦

又云在雩即事

編

僕蘭 仕 凝 郭

品彔 同 待 鐵

徵

卷一第九葉 卷二第四葉

同上 第十六葉 第十葉 卷四第二十一葉 卷七第二十二葉 藏龜第七十八葉

說文解字在存也从土才聲古金文作與此同

殷

樂器也以土爲之六孔从土熏聲況袁切

古塤文令 籀

亦古塤文令 小篆作壎

吳

爵諸侯之土也从之从土从寸守其制度也公侯百里伯七十里子男五十里徐鍇曰各之其土也會意府容切

古文封省

籀文从丰

古封字邦字从此封邑爲邦康侯封鼎衛康叔名也

封作父乙觶

吳

召伯虎敦許氏說爵諸侯之土也从之从土从寸守其制度也此从又寸之省也徐鍇曰各之其土也

古鉨王封案徐鍇之說似專解古文封字

古鉨𨛫封

古鉨封寡

古鉨㕣迵𨚕封赤之鉨案古文封邦無別此字亦見邑部邦下

古鉨封纏

丁

封不从寸邦字从此釋名釋州國邦封也康侯封鼎

散盤从井

召伯敦

編

郙

徵

後編上第一一葉

祚案說文解字封从之土从寸籀文作𡉚古文作

𡊄康侯封鼎作丰與此同

殷

璽

王者印也所以主土从土爾聲斯氏切

璽 籀文从玉

鉢 古璽字从金从朩經典朩爾通用周禮貨賄用璽節鄭注璽節者今之印章也今世所傳古銅鉢多計鉢之文皆通貨所用秦漢以後天子之璽始用玉鉢

鉢字金旁變化不一皆六國時異體

或从土亦金之省文許氏說璽王者印也所以主土从土尔

古陶器顏墨

鉢

或从辵古鉢文

古鉢文

吴

古一字鉢

古鉢刑緒信鉢

古鉢納易料昔給麇之鉢

古鉢行士鉢

古鉢戠軍之鉢

古鉢口鉢

古鉢之鉢

古鉢軍計之鉢

古鉢高馬宣鉢

古鉢徙盦之鉢

古鉢璋宗鄘徒信鉢

古鉢鄔宅之鉢

古鉢行侮之鉢

古鉨麥田家鉨

古鉨梁桼都司馬滄軍龍功之鉨

古鉨陽驭信鉨

古鉨行士

之鉨

古鉨左司徒鉨

古鉨右軍工鉨

古鉨單佑都用王刀鉨

古鉨東易淝澤

王刀鉨

古鉨鍾紹鉨

古鉨私鉨

古鉨私鉨

古鉨

古鉨士鉨

古鉨哲鉨

古鉨輞陵苙𨍭鉨

古鉨右尚𢉖鉨

古一字鉨

丁

鄴

鄴

磬

鄴

鄴

鄴

符

凝

凝

夢

虹

凝

墨

虹

吉
郵
鄉
符
凝
郵
凝

杜 蜀口 共杜 夢
凝
杜 虞
凝
凝

夢
虹
徵

墨

書墨也从土从黑黑亦聲莫北切
節墨刀
亦節墨刀文
古陶器節墨鉨
古鉨文
吳

古鉨墨
莊都鉨
節墨刀
丁

型

鑄器之法也从土刑聲户經切
古鉨型或省刀許氏說型鑄器之法也
丁
型从田
郑大宰簠
編

城

以盛民也从土从成成亦聲氏征切

籀文城从𩫏

古城字 散氏盤

城號敦

吳

城號敦案籀文城从𩫏城垣也象形許氏謂从𩫏恐有訛誤

師兌敦

𠭯彝

古鉥

古鉥靈城弟

古鉥陽城相忠

古匋城陽

古匋城陽𦵔里土

古匋城陽衆

古匋楚城陽國

古匋城陽衆

古匋城陽豆

古匋城陽口里潮口

古匋楚城遷𦵔里姰案𠂤即𩫏省古與城郭通段楚𠂤即楚城陳簠齋釋郭吳愙齋釋享均非

古匋楚城遷𦵔里口

丁

城从𩫏 散盤

城號遣生敦

居簋

墉　增　坿

居敦

編

舉

舉

凝

磬

夢

章

徵

城垣也从土庸聲余封切

支 墉

拍槃與亯部之亯部之同文異部在亯部為用為庸在土部為古文墉原書釋亯

非是

同古匋亯之異文在匋文亦用為城字

丁

益也从土曾聲作滕切

古增字从𠂤从曾𠂤即𠂤之異文與古䢵字同意小篆作𠂤增鼎

吳

益也从土付聲符遇切

古鉨北坿許氏說坿益也案坿與附同義

丁

垍

堅土也从土自聲讀若臮其冀切

古鉨平陰都𠦄垍 許氏說垍堅土也

丁

埾

土積也从土从聚省才句切

古鉨易邮邑埾徙盟之鉨 宋振之釋埾原書釋聖

古鉨埾種

丁

壘

軍壁也从土畾聲力委切

十三年戈

丁

垔

塞也尚書曰鯀垔洪水从土西聲於真切

古文垔

古匋蒦陽匋里人垔 棻垔

塞也故从土从𠂤从屮

丁

毀

缺也从土毀省聲許委切

古文毀从王

許子鐘

源

坏

丘再成者也一曰瓦未燒从土不聲芳桮切

坏

𠫑侯鼎在坏

秦公敦在帝之坏

从𩫏

䶂卣在坏

編

堋 場 圭 墜

喪葬下土也从土朋聲春秋傳曰朝而堋禮謂之封周官謂之窆虞書曰堋淫于家方鄧切

堋 余秝鉦

[編]

祭神道也一曰田不耕一曰治穀田也从土昜聲直良切

古鉨上場行=大=鉨許氏說場祭神道也一曰田不耕一曰治穀田也

古鉨場

[丁]

郭

[徵]

瑞玉也上圜下方公執桓圭九寸侯執信圭伯執躬圭皆七寸子執穀璧男執蒲璧皆五寸以封諸侯从重土楚爵有執圭古畦切

珪 古文圭从玉

敔𣪕

[源]

毛公鼎

師遽方尊

[吳]

圭 毛公鼎

師遽方尊

[編]

陊也从土㒸聲古通用隊直類切

盄和鐘

齊侯鎛鐘

齊侯鐘

晉姜鼎

[源]

堇	堯	墍	垍	壇	壞
黏土也从土从黄省凡堇之屬皆从堇巨斤切 古文堇	高也从垚在兀上高遠也吾聊切 古文堯 古鉩堯相賣許氏說堯高也从垚在兀土高遠也古文作 丁	卷十六第四葉 後編下第四葉 第四十一葉 殷	陽 待 季 徵	無 徵	待 無 徵

齊侯鎛鐘

堇堇

齊侯鐘

源

古堇字从黃从火火古文火字舊釋作堇山非是 堇臤鼎

或从八亦火之省文 毛公鼎

或从八入與山同 頌鼎覲字重文

吳

堇 堇伯鼎

堇臤鼎

𦥑乳為覲女𤔲𣪘女𤔲覲于王

頌𣪘反入覲章

頌鼎

頌壺

齊侯壺

𦥑乳為勤宗周鐘王肇遹省文武勤疆土

齊陳曼簠 肇勤經德

毛公鼎 勤大命

召伯虎𣪘

師鼎

編

後編下第十八葉

艱

說文解字堇黏土也从土从黄省古文作臨鼎作下从火毛公鼎作頌敦作吳中丞云八八皆火之省毛公鼎艱字亦从許云从火誤也頌鼎艱爲覲見字卜辭誼同

殷

𡎸治也从堇艮聲古閑切　籀文艱从喜

齊侯鎛鐘

齊侯鐘

師梪敦

源

古艱字从堇从喜毛公鼎女弗以乃辟臽于艱　又云湛于艱

吳

不嬰敦

丁

艱从喜毛公鼎女弗以乃辟臽于艱　又云家湛于艱　不嬰敦女休弗以我車臽于艱

編

卷一五

第四十葉　同上　第四十一葉　同上　卷

二二第二十四葉  卷四第四十六葉  後編上第二十

葉  同上

說文解字䵂土難治也从堇艮聲籀文从喜作𡏳此从喜省或又省喜又古金文䵂字从𦰩𦰩从黃从火此又省火或借用堇

殷

里

居也从田从土凡里之屬皆从里良止切

 南宮中鼎

 石鼓

十二辰鑑

源

 史頌敦里君百生當讀作理輩百姓

 亦史頌敦文

 石鼓

  古陶器

吳

釐

里 召尊
里 古鉨 廣里
里 古鉨訶 里維鉨
里 古鉨郐 里忠
里 古匋蒦陽 南里僕

里 古匋楚城遷 蒦里口
丁
里 里 史頌敦
里 里 大敦
里

肇乳為裏畇侯鼎 虎䩞匩裹裏
編
里 鐵
里 䢼
鼙里
徵

家福也从里 勢聲里之切
商鐘
盄和鐘
齊侯鎛鐘
窖磬

伯碩父鼎
史頌父鼎
尹卣
敔敦
源
釐戎敦 釐某伯

師酉敦
虘鐘
叔向父敦
釐鼎
無㠱敦
無㠱敦
吳

小克鼎

克鼎

大克鼎錫釐無疆釐或从貝許氏說家福也

辛鼎

内伯壺

陳肪𣪘古尚書釐作釐

丁

釐 師酉𣪘

善夫克鼎

師兑𣪘

𡃤編鐘

無㠱𣪘

守鼎

彔伯𣪘

秦公𣪘

釐鼎省攴

芮伯壺

或从宀 陳肪𣪘

叔向𣪘降余多福𦃽釐

編

郊外也从里予聲羊者切

古文野从里省从林

古野字从邑 司寇矛

古㙒字或省予 克鼎

吳

古鉨野重野或从邑或曰本从邑小篆从予二蓋予之譌

丁

野从林从土說文古文作𡐨與說解从里省从林不合乃傳寫之譌集韻古作埜克鼎

編

卷四第二十二葉

後編下第二葉

說文解字野从里予聲古文作𡐨从里省从林則許書之古文亦當作埜不从予聲許于古文下並不言予聲也今增予者殆後人傳寫之失許書字本不誤而爲後人寫失者多矣玉篇埜林部𡐨土部並注古文野殆埜爲顧氏原文所見許書尚不誤𡐨則宋重脩時所增也

殷

陳也樹穀曰田象四口十阡陌之制也凡田之屬皆从田待年切

田卣

田季加匜

石鼓

源

散氏盤

盂鼎

令田盤

父丁告田觶

師田父尊

克鼎

吳

諆田鼎

不嬰啟

古鉩參田家鉩

古匋

丁

田亢田罕

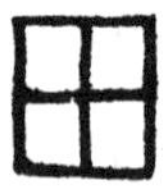

父丁觶

克鼎

散盤

不嬰敦

伯田父敦

令鼎

傳卣

孳乳為甸盂鼎惟殷邊侯甸雩殷正百辟

編

卷一一第一一十上八葉第四十二葉第四十四葉卷四第五葉第十四葉

殷

𤰝

耕治之田也从田象耕屈之形直由切

疇或省

𤰝或省 寡兒鼎

卷四第十一葉

卷七第二十八葉

說文解字𤰝从田象耕屈之形或省作𠃜此與許書或體同知許書之或體中每有古文也 殷

畮

六尺爲步步百爲畮从田每聲莫厚切

畮或从田十久臣鉉等曰十四方也久聲

許氏說六尺爲步步百爲畮 兮田盤

師寰敦 蓋

師寰敦 器

衛公叔敦器蓋文 吳

畮 兮甲盤

師寰敦

賢觥 編

甸

天子五百里地从田包省堂練切

甸不从勹 盂鼎田字重文

甸佃爲一字 克鐘佃字重文 編

畹

田三十畝也从田宛聲於阮切

古匋 許氏說畹田三十畝也 集韻畱同畹

丁

畔

田界也从田半聲薄半切

周陽侯鐘

源

畍

境也从田介聲古拜切

古鉢 梁界 案界竟也竟止也界有限止之意故从止

丁

畤

天地五帝所基址祭地从田寺聲右扶風有五畤好畤鄜畤皆黃帝時祭或曰秦文公立也周市切

好畤鼎

源

當

田相值也从田尚聲都郎切

古當字梁正當金幣尚字重文

亦梁幣文

梁充釿幣當爰

梁正當金幣當爰

吳

畯

農夫也从田夋聲子峻切

盂鼎 和鐘

晉姜鼎

刺公敦

源

古畯字从田从允與俊通 盂鼎畯正乃民

畱

頌鼎 畯臣

皆頌敦文

追敦

㦰从山 克鼎

吳

畯从允與後通 盂鼎畯正氒民

頌鼎

頌敦

追敦

秦公敦

宗周鐘

㦰从山 克鼎

編

卷四第二十八葉

同上 後編下第四葉

說文解字畯田官也从田夋聲古金文皆从允盂鼎頌敦及追敦蓋同與卜辭合

殷

十六 神鑑

源

止也从田丣聲力求切

古畱字 屯畱幣

皆屯畱幣文

空首幣

畗　疃

古陶殘器陳向立事歲畱之疑文畱𤺏本一字也即𤺏之省古玉鉨當即之省

吴

古鉨 留德

古鉨 鄙留

古鉨

同屯留幣

同空首幣

丁

留

留鐘

編

田畜也淮南子曰元田為畜丑六切

魯郊禮畜从田从兹兹益也

盄和鐘

源

古匋

古鉨 徐口 从88从

田𤳳𤳳經典多通用金刻𤳳或省作88故88亦可云𤳳字省

丁

畜

秦公敦

編

禽獸所踐處也詩曰町疃鹿場从田童聲土短切

敦

郘敦

師楂敦

牧敦

⿰爿畐　細　畕　畺

石鼓 源

說文所無 散盤瀝田⿰爿畐田 編

說文所無 余細敦 編

比田也从二田凡畕之屬皆从畕 居良切

古匋 丁

界也从畕三其界畫也 居良切

畺或从彊土

商鐘

楚叩仲南和鐘

遟父鐘

盄和鐘

尌液鼎

公緘鼎

微䜌鼎

晉姜鼎

高克尊

召仲考父壺

田季加匜

對盨

敔

孟姜敔

邿敔

張仲簋

卬仲槃

冀師槃

源

古彊字从畺从弓一者田界也儀禮鄉射禮矦道五十弓疏云六尺為步弓之古制六尺與步相應此古者以弓紀步之證後世量地之弓周人有用之者一曰象田間之水道也小篆从土 孟鼎受氏受彊土

散氏盤

或从三 頌敦

師遽方尊

或从三 虢季子白盤

頌敦彊字重文

史頌敦

或从三中 師父敦

畨君鬲

動武鐘

吳

不嬰敦

克鼎

啟匜

古鉨

丁

畺从畕从弓一者田界也儀禮鄉射禮侯道五十弓疏云六尺爲步弓之古制六尺與步相應此古者以弓紀步之證後世量地之弓周人有用之者一曰象田閒之水道也吳大澂說盂鼎受民受疆土

不𡢁敦　散盤　辛鼎　封仲敦

師遽尊　虢季子白盤　頌敦　頌敦　史頌敦　陳公子甗

穌公敦　曾伯簠　陳侯簠　邾公華鐘　湯叔尊　叔上匜

姬鼎　齊侯敦　宗周鐘　子仲匜　善夫克鼎　齊侯壺

仲辛父敦　喪史賓鈚　齊侯匜　仲師父鼎　邾公鉦

猶鐘　叔單鼎　曼龔父盨　或从彊土秦公𣪘　王子啟疆尊

或从彊𠂤余冉鉦　番君鬲　鄀伯鼎無疆二字合文　編

後編下第一二葉

說文解字畕比田也畺界也从畕三其界畫也或从彊土作疆案此从弓从畕吳中丞曰儀禮鄉射禮侯道五十弓疏云六尺為步弓之古制六尺與步相應此古者以弓紀步之證古金文亦均从弓知許書从彊土之或作非也又此从畕象二田相比界畫之誼已明知畕與畺為一字矣　殷

黄

地之色也从田从炗炗亦聲炗古文光凡黄之屬皆从黄乎光切 古文黄

伯姬鼎 黄季舟 邦敄

張仲簋 石鼓 上林鼎 上林榮宮鐙 大黄布 源

古黄字張中簋其玄其黄 黄中匜 古文以為横字亦通 衡毛公鼎横字重文 頌敦 師奎父鼎用匄眉壽

黄耇吉康 曾伯霥簠叚不黄耇 銀古鉩文 吳 陳侯因資敦 頌敦

古鉩黄子 古鉩黄口 丁 黄仲匜 黄 黄韋俞父盤

曾伯簠殹 不黃耇

師𦉪父鼎

買敦

叔單鼎

㝬乳為橫毛公鼎朱巿蔥橫今經典作衡禮玉藻一命縕韍幽衡注衡佩玉之橫也

免卣

頌敦

師奎父鼎

刺鼎

趩尊

寰盤

楷妃敦

師嫠敦

師酉敦

師艅敦

[illegible]黃敦

叔家父敦

休盤

趞曹鼎載市冋橫

編

黃 𧃚 郭

徵

黈

說文所無叔家父匡抯悊德不亡孫子之黈與匡梁光彊亡為韻吳大澂曰疑古光字古文四聲韻作[illegible]

編

男

丈夫也从田从力言男用力於田也凡男之屬皆从男 那含切

齊侯鐘

孟姜匜 源

男遣小子敦

師寰敦

叔男父匜 吳

寰簋

男 叔男父匜

遣小子敦

師寰敦

齊侯敦

寰侯簋 編

凝

卷八第七葉

藏龜第百三十二葉

龜甲獸骨卷二第二十二葉

祚案力在田上與在田下之意同古金文加字多如此作 殷

筋也象人筋之形治功曰力能圉大災凡力之屬皆从力林直切

齊侯鎛鐘

源

以勞定國也从力从工工亦聲古紅切

師艅尊

秦權

源

古鉩梁[illegible]都司馬滄軍龍功之鉩姚

華譚功字易橫豎

丁

左也从力且聲牀倨切

古助字从且从ナ許氏說助左也小篆从力都公簠皇且考之且

師虎敦且考亦叚借字

吳

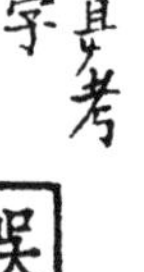

古鉩助池

古鉩佗助[illegible]鉩

丁

勥

迫也从力強聲巨良切

古文从彊

古鉢王彊悳 生鉢彊或从心 力部勥字勇字古文皆从心 丁

勱

勉力也周書曰用勱相我邦家讀若萬从力萬聲莫話切

古勱字父勱季方鼎 吳

勁

彊也从力巠聲吉正切

古鉢長勁

古匋勁或弓 許氏說勁彊也 丁

鐵 徵

勝

任也从力朕聲識蒸切

古勝字玉鉢文 吳

古鉢

古鉢季勝周秦開文字 丁

動

作也从力重聲徒總切

古文動从辵

古動字毛公鼎畢四方屍毋動

動武鐘 吳

古鉢口動

古鉢古文動从辵

古鉢關動之鉢 丁

動不从力毛公鼎童字重文 編

勞也从力堇聲巨巾切

勤不从力宋周鐘堇字重文

編

語相增加也从力从口古牙切

田季加匜

源

古加字通嘉虢季子白盤王孔加子白義

加作父戊爵

吳

古鉥隋加武加字反文

古鉥隋加碊

丁

加加爵

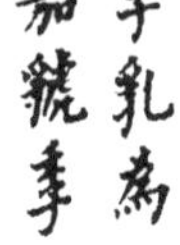

孳乳爲嘉虢季

子白盤王孔嘉子白義

編

气也从力甬聲余隴切

勇或从戈用

古文勇从心

白勇父簠

丁

勇从戈用伯勇父簠

鄭勇句父鼎

編

[illegible]

無 無 待

徵

協

眾之同和也从劦从十臣鉉等曰十眾也胡頰切

古文協从曰十

或从口

商鐘

盄和鐘

齊侯鎛鐘

齊侯鐘

源

古籀彙編弟十四上

臨海徐文鏡編

五色金也黃爲之長久薶不生衣百鍊不輕从革不違西方之行生於土从土左右注象金在土中形今聲凡金之屬皆从金居音切

古文金商鐘伊彝許子鐘

楚公鐘圓宝鼎仲偁父鼎王子吳鼎晉姜鼎

師艅尊
黃季舟
師毀敨
牧敨
張仲簠

寅簋
方宝甗
奠師槃
周陽侯鐘
好時鼎

平周鉦
源
古金字王伐鄦侯敦
留鼎錫留赤金
中盤
仲偁父鼎
公違鼎

陵子盤
彔伯戎敦
伯雝父敦
毛公鼎
吳尊
使夷敦

曾伯霥簠
鄦子妝簠
沈兒鐘
史頌敦
師袁敦
陳侯因資敦

邾公望鐘
僕兒鐘
王子吳鼎
長金之鉢
涅金幣
共純赤金圜幣

吳

王孫鐘

遣小子敨

遂伯彝

古鉩宜千金

古鉩

古鉩百萬金

古匋金壽

古匋□□□邦□金

共屯赤金㝵幣

丁

金禽敦

仲盤

同卣

舍父鼎

公違敦

陵子盤

留鼎

彔伯敦

毛公鼎

楠伯敦

宅敦

番生敦

追伯敦

吳尊

師兌敦

彔敦

曾宭伯鼎

守敦

曾伯簠

王孫鐘

邻王鼎

史頌敦

屖敖敦

沇兒鐘

錫

陳侯因資敦

師寰敦

邕子甗

攻吳監

姑口句鑃

鄀公華鐘

中子化盤

居簋

師嫠敦

師嫠敦蓋叔市令黃令殆金之誤

編

鄀

蘭

凝

鐵

凝

鄀

徵

銀鉛之間也从金易聲先擊切

父乙鼎

乙酉父丁彝

聃鐘

齊侯鎛鐘

齊侯鐘

尹考鼎

文王命癘鼎

大夫始鼎

源

南宮中鼎 師秦宮鼎 晉姜鼎 召公尊 高克尊

師淮父卣 文姬匜 戠敔 宰辟父敔

師楷敔 師毀敔 敔敔 寅簋

古錫字盂鼎

周寏鼎 周寏敦 毛公鼎 頌鼎 鄦惠鼎 伯晨鼎

公違鼎 太保敦 頌敦 亦頌敦文 師虎敦 靜敦

公姞敦 彔伯戎敦 小子師敦 師遽敦蓋 格中尊 商方卣

克鼎

吴

郝遣𣪘

旂僕鼎

王宜人甗

曾伯霥簠

丁

錫不从金

毛公鼎易字重文

曾伯簠

从金从賜

編

卷一第四十九葉

卷七第十一葉

後編

上第二十一葉

龜甲獸骨卷一第二十八葉

古金文錫字與此同

殷

銅

赤金也从金同聲徒紅切

谷口甬

武安侯鈁

汾陰宮鼎

孝成鼎

好時鼎

蓮勺鑪

平周鉦

車宮承燭槃

源

鐵

黑金也从金𢦏聲天結切

鐵或省

古文鐵从夷

古鉨右鐵冶官

丁

鍇

九江謂鐵曰鍇从金皆聲苦駭切

古鍇字許氏說九江謂鐵曰鍇古鉨文

吴

古鉨

丁

鋚

鐵也一曰轡首銅从金攸聲以周切

寅簋

石鼓

源

許氏說鋚鐵也一曰轡首銅古鋚勒字通作攸勒今詩作鞗革

彔伯戎敦攸下重文

石鼓

吴

鋚不从金毛公鼎攸字重文

彔伯敦

編

銑

金之澤者一曰小鑿一曰鐘兩角謂之銑从金先聲穌典切

盄和鐘

源

鑄

銷金也从金壽聲之戍切

齊侯鎛鐘

齊侯鐘

仲斯鬲

源

古鑄字象手鑄器形下象鑪火中二為金以火銷金曰鑄　鄦子妝簠

或从金从皀　鄦膚盤

鄦膚匜

使夷敦

艾伯鬲

鄦始鬲

旅虎簠

楚公鐘

邾公望鐘

僕兒鐘

齊侯甗

日季朝簠器

日季朝簠蓋

格伯敦蓋

格伯敦

居後彝

齊太僕歸父盤

大罯戈

鑄子叔黑匠鼎

鑄子叔黑匠簠

遂耒簠

仲殷父敦

吳

鑄大保鼎

芮公鼎

芮公壺

湯叔尊

鄦子簠

楚子簠

邾公華鐘

筍伯簠

鑄侯鐘

國差𦉜

邾王鼎

仲殷父敦

居簠

居敦

𡨦桐盂

鑄子鼎

叔皮父敦

余旻盤

取膚盤

取膚匜

鑄子簠

鑄公簠

守敦

𣪕肇家鬲

艾伯鬲

者虎簠

虢叔簠

邾始鬲

徙止坴簠

仲𨟻簠

王人甗

紹鐘 余義

鐘 楚公

簋 伯孝朝

編

鍛

小冶也从金段聲丁貫切

鍛 書言府弩

鐖

源

鏡

景也从金竟聲居慶切

竟 漢四神鑑

鏡 十二辰鑑

源

鍾

酒器也从金重聲職容切

鍾 古鉨鍾紹鉨金刻樂鐘之鐘亦作鍾在古鉨鍾爲姓楚有鍾儀鍾建列子有鍾子期許氏說鍾酒器也

丁

鑊

鑴也从金蒦聲胡郭切

卷十八第四十五葉

同上

後編下第十

鑊 鉶 鎬

四葉第二十一葉

案此字从鬲隻聲即蒦字殆即許書之鑊字从金為後起之字 殷

釜大口者从金蒦聲方副切

周陽侯甗 源

器也从金刑聲戶經切

宋君夫人鼎

王子吳鼎 源

溫器也从金高聲武王所都在長安西上林苑中字亦如此乎老切

齊侯鎛鐘

齊侯鐘

趠鼎

師㙜敦 源

鋗

小盆也从金肙聲火元切

梁山鋗

源

錠

鐙也从金定聲丁定切

虹燭錠

源

鐙

錠也从金登聲臣鉉等曰錠中置燭故謂之鐙今俗別作燈非是都滕切

上林榮宮鐙

甘泉上林宮行鐙

源

鑪

方鑪也从金盧聲臣鉉等曰今俗別作爐非是洛故切

齊安鑪

源

鑪从膚

邵鐘玄鏐鏞鋁

邾公華鐘玄鏐赤鑪

曾伯簠擇其吉金黃鑪

居簠舍余三鑪

編

鍦

器也从金虒聲杜兮切

張仲簠器也音提

源

錯

金涂也从金昔聲倉各切

古錯字許氏說金涂也曾伯霥簠擇其吉金黃錯

赤曾伯霥簠文

邵鐘玄鏐錯鋁

郘公華鐘玄鏐赤錯

或作䥯古昔字邾公牼鐘昔呂即錯鋁之省文

或从辵毛公鼎金甬造衡當即錯衡詩簟茀錯衡傳錯衡文衡也

邾公牼鐘錯鋁之錯與曾伯霥簠鐠字相近

而省金旁非从虍之字也

吴

番生敢

邾公牼鐘

䣄虘彝

居後彝

造戈

丁

錢

銚也古田器从金戔聲詩曰庤乃錢鎛即淺切又昨先切

漢小錢

源

鎮

博壓也从金真聲陟刃切

盄和鐘

源

鋸

槍唐也从金居聲居御切

鋸 郾王戈

鐻

錯銅鐵也从金慮聲良據切

齊侯鎛鐘

齊侯鐘与鐻同摩錯之器 源

鋁小篆作鐻許氏說錯銅鐵也

郘鐘玄鏐錯鋁與邾公牼鐘昔郘之呂同

僕兒鐘

或省金邾公牼鐘 吳

曾伯霥簠 丁

銖

權十分黍之重也从金朱聲市朱切

軹家釜 軹家甑

漢五銖錢

四出文錢 源

古銖字从一王从朱一王當即全之異文古圜幣重一兩十二銖荀子割國之錙銖以賂之注十黍之重為銖

古圜幣重一兩十四銖 吳

古鉥 丁

鋝

十銖二十五分之十三也从金寽聲周禮曰重三鋝北方以二十兩為鋝力輟切

鋝也从金爰聲虞書曰罰百鍰户關切

古文鋝鍰為一字許氏說十銖二十五分之十三也从金

鈞

後人所加散氏盤

王伐鄦侯敦

曶鼎象兩手執貝相授受形

梁充釿五十尚寽幣異文尚寽即當鋝亦釋當爰

郢爰鉼　郢爰　郢爰

吳

古匋

鋝不从金　毛公鼎寽

字重文

丁

卷八第二葉

卷四第一十八葉

祚案羅師釋賬說文解字鍰鋝也从金爰聲此从貝从爰古者以貝爲幣至秦廢貝行錢謂之鍰殆不知本有賬字也

殷

三十斤也从金匀聲居匀切

古文鈞从旬

古鈞字三十斤也使夷敦金十鈞

陜子盤金一鈞

許氏說古文鈞从旬陳子禾子釜

鈴

鉦

贖以千鋻此六國
時字非古文也

古鉨文

吳

國差甔

古鉨口鈞

丁

鈞字敦
金十鈞

庚敦

陵子盤
金一鈞

子禾子釜
从旬

編

令丁也从金从令
令亦聲郎丁切

商鐘

許子鐘

源

古鈴字从金从命
毛公鼎朱旂二鈴

師寰敦

吳

番生敨

丁

鈴
師寰敦

番生
敦

毛公鼎
从命

編

鐃也似鈴柄中上下
通从金正聲諸盈切

鉦 平周

源

鉦
余𣏟鉦

編

鐸

大鈴也軍法五人爲伍五伍爲兩兩司馬執鐸从金睪聲徒洛切

鐸 攈古錄鐸

編

鑮

大鐘淳于之屬所以應鐘磬也堵以二金樂則鼓鑮應之从金薄聲匹各切

鑮小篆作鑮許氏說大鐘湻于之屬所以應鐘磬也堵以二金樂則鼓鑮應之儀禮大射儀其南鑮釋文鑮本

作鎛齊侯鎛

僕兒鐘

吳

鑮與鎛爲一字儀禮大射儀其南鑮釋文鑮本作鎛周禮鎛師鄭注鎛似鐘而大

齊鎛

口公孫班鎛

編

鐘

樂鐘也秋分之音物穜成从金童聲古者垂作鐘職茸切

鐘或从甬

商鐘

宋公䜌鐘

宝和鐘

許子鐘

楚卭仲南和鐘

聘鐘

遲父鐘

齊侯鎛鐘

齊侯鐘

師𣪘敔

寅簋

鐘

周陽侯鐘

源

古鐘字 虢叔鐘

叔氏寶林鐘

子璋鐘

亦子璋鐘文

沇兒鐘

魯原鐘

宗周鐘

師龢父敦

郘鐘

亦郘鐘文

虘鐘

楚公鐘

楚公鐘

邾公牼鐘

邾公鐘

兮仲鐘

己侯鐘

楚公鐘

鄭邢叔鐘

䖒鐘

齊侯壺

齊侯壺

王孫鐘

師龢父敦

益公鐘

敃鐘

師獲鐘

吴

魯原鐘

克鐘

楚公鐘

古鈢鐘能之鈢

丁

鐘與鐘為一字

王孫鐘

沇兒鐘

子璋鐘

邾公釛鐘

邾公牼鐘

邾公華鐘

邵鐘

公代邾鐘

虘鐘

師嫠敦

虘編鐘

叔氏鐘

鑄侯鐘

虢叔鐘

克鼎

楚公鐘

芍仲鐘

芍仲編鐘

魯遵鐘

齊侯壺

昆疕王鐘

己侯鐘

編

鈁

方鐘也从金方聲府良切

武安侯鈁

源

鏄

鏄鎛也鐘上橫木上金華也一曰田器从金尃聲詩曰庤乃錢鎛補各切

齊侯鎛鐘

源

鎗

鎗鐘聲也从金倉聲楚庚切

窖磬

鐘聲音錚

源

古鎗字不从金許氏說鎗鐘聲也鏓鎗鏓也宗周鐘倉倉悤悤倉悤即鎗鏓之省文

吳

鎗不从金

宗周鐘倉字重文

編

鏓

鎗鏓也一曰大鑿平木者从金悤聲倉紅切

古鏓字不从金與毛公鼎囪字同乃蔥之象形字也蔥衡从艸鎗鏓从金皆後人所加

宗周鐘

吳

克鼎吳愙齋曰古鏓字乃蔥之象形字蔥衡从艸鎗鏓从金皆後人所加

丁

鏓不从金

宗周鐘悤字重文

編

銳

侍臣所執兵也从金允聲周書曰一人冕執銳讀若允余準切

張仲簠

侍臣所執兵說文引周書云一人冕執銳讀若允蔡傳即引此語為據今作銳誤

源

鉈

短矛也从金它聲食遮切

窖磬

短矛音蛇

源

錞

矛戟柲下銅鐏也从金辜聲詩曰厹矛沃錞徒對切

師毀敔

源

錞

許氏說錞矛戟柲下銅鐏也陳侯因資敦用作孝武桓公祭器錞 錞當即敦之

異文其制以三環為小足二環
為耳與古敦亦小異矣

吳

錞陳侯因資敦用作孝武桓
公祭器錞=當即敦之異文

陳侯午
敦

編

鏐

弩眉也一曰黃金之
美者从金翏聲力幽切

齊侯
鎛鐘

源

鏐黃金之美者
郘鐘玄鏐錯鋁

邾公牼
鐘

吳

鏐
郘鐘

邾公華
鐘

編

鑾

人君乘車四馬鑣八鑾鈴象鸞鳥
聲和則敬也从金从鸞省洛官切

石鼓

源

石鼓

吳

鑾不从金
頌鼎䜌字重文

編

鈇

莝斫刀也从金
夫聲甫無切

齊侯
鎛鐘

齊侯
鐘

源

鈌 鐂 鉅 [金+卉廾] 鐖 錛

鈌 刺也从金夬聲於決切

張仲簠 源

鐂 殺也徐鍇曰說文無劉字偏旁有之此字又史傳所不見疑此即劉字也从金从丣刀字屈曲傳寫誤作田尔力求切

劉公簠 源

鉅 大剛也从金巨聲其吕切

鐖 書言府弩 源

古鉥鉅鹿 丁

[金+卉廾]

齊侯鎛鐘 齊侯鐘 源

鐖

鐖 書言府弩 源

錛

齊侯鎛鐘 齊侯鐘 源

古器名其制似半匏而有流文曰左關之鍨與陳猷釜子禾子釜二器同出膠西靈山衛古城十鍨所容不滿一釜殆亦陳氏之家量與陳介祺藏器說文無此字

吳

鍨說文所無器名其制似半匏而有流文曰左關之鍨與陳猷釜子禾子釜二器同出膠西靈山衛古城十鍨所容不滿一釜殆亦陳氏之家量與吳大澂說

子和子釜

編

古玉器名說文所無

毛公鼎玉環玉鈺

吳

鐸之大者似鐘而口向上軍中所用之器執而鳴之所以止鼓當即古鐃字許氏說鐃小鉦也是器甚大則非小鉦矣姑憑句鑺

與下句

鑺反文

吳

鑺說文所無鐸之大者似鐘而口向上軍中所用之器執而鳴之所以止鼓當即古鐃字許氏說鐃小鉦也是器甚大則非小鉦矣吳大澂說

鈚 鉼 鍨 鐳 鏵

姑口句鑃 其鑃句 鑃 編

喪史賓鈚 說文所無 編

上官登 說文所無 編

郾王詈戈 說文所無 編

說文所無爾雅釋樂大磬謂之毊同鐳毊 盖聲近字通孫詒讓說邵鐘玉鐳鼉鼓 編

待 徵

鍾

鍾

主匜 鍾

設

輕

易 輕

徵

捊取也象形中有實與包同意凡勹之屬皆从勹 之若切

蓮勺宮

源

處也从尸得几而止孝經曰仲尼尻尻謂閒居如此九魚切

古居字从宀从立立古位字 師虎敦元年六月王在杜居

曶鼎惟王元年六月王在遷居遷居杜居皆梁闇之異名儀禮謂之柱楣一曰當讀作廬

季娟鼎𣝗居當即杜居倚木為廬即居堊之土室故从土舊說以為楚居非是

吳

尻从广从立 曶鼎王在遷尻

農卣

从宀 師虎敦

揚敦

居簋

編

処

止也得几而止从几从夂昌與切
處或从虍聲
齊侯鎛鐘
齊侯鐘
石鼓
源

石鼓
吳
邗人鐘愚釋𧙛處即止處之義徐籀莊釋勶壽非處从虍許氏無說左傳氏有寢廟獸有茂草各有攸處或其有取分別歸處之義與
古鉩處事處或省夂
𠘨象几形
丁

處
井人鐘
曶鼎
魚匕
編
舉
虹

徵
卷十六第二十四葉
同上
同上
第二十一葉

卷四第二十一葉
第十六葉
後編下第二十二葉

且

祚案羅師釋處說文解字処止也从夂几夂得几而止也或从虍作處此作止在几下或增冂象屋形葉玉森釋內近似

殷

薦也从几足有二横一其下地也凡且之屬皆从且 子余切又千也切

古文以為祖字盂鼎

散氏盤

祖辛父庚鼎

子祖辛尊

子執旂祖乙卣蓋

子執旂祖乙卣器

祖乙父辛卣

盩作祖辛爵

孫祖乙觚

趩尊

山祖丁爵

子申祖乙爵

兆子孫祖己角

且有足者古俎字象形古文祖俎為一字祖戊解

古助字借為祖考之祖師虎敦助字重文

鄀公簠

邵鐘

齊侯鎛 祖字重文

王孫鐘

邦人鐘

亞形祖乙卣

買敦

祖丁卣

吳

師龢父敦

師龢父敦同上字異笵

丁

且莊子庚桑楚與物且者釋文且始也孳乳爲祖爾雅釋詁祖始也

詩生民序疏祖者始也已所从始也自父以上皆得稱焉　盂鼎

己且乙尊

且丁卣

且癸父丁敦

且乙卣

且日句兵

父日句兵

且己父辛卣

子且己卣

且己爵

己且丁父癸卣

且甲鼎

且戊鼎

且辛爵

且乙角

山且丁爵

亞且乙父己卣

鑄㠯鼎

亞㠯敦

鮽尊

俎

散盤

善夫克鼎

杜伯盨

仲師父鼎

䣄侯鼎

趩尊

咸口鼎

秦公敦

彔伯敦

豆閉敦

邵鐘

余義鐘

都公鋪

邾公華鐘

師㝨敦

陳侯因資敦

買敦

王孫鐘

从十　都公簠

師虎敦

伯家父敦从又

編

禮俎也从半肉在且上側呂切

俎象置肉於且上之形般甗俎宜爲一字儀禮鄉飲酒禮賓辭以俎注俎者肴之貴者詩女曰雞鳴與子宜之傳宜肴也又爾雅釋言李注宜飲酒之肴也俎宜同訓肴可爲一字之證又廣雅釋器俎几也一切經音義引字書俎肉几也置肉于几有安之誼故引伸而

為訓安之宜古璽宜民和眾作漢封泥宜春左園作尚存俎形之意與許氏从宀一从多省之説異王國維曰俎宜不能合為一字以聲絶不同也

俎子鼎詩皇矣侵阮徂共疏引魯詩説阮徂共皆國名徂殆俎之譌

俎口卣

貉子卣

聃敦

秦公敦

秦子戈

編

卷一第二十九葉

第四十二葉

卷五第二十七葉

卷十六第二十七葉

同上

卷七第二十葉

同上

書契菁華第二葉

後編上第二十葉

第二十一葉

第二十四葉

說文解字俎禮俎也从半肉在且上半肉謂仌也然在且旁不在且上卜辭作則正象置肉于且上之形古金文亦有俎字作貉子卣俎女彝前人皆釋爲宜誤矣

祚案其从刀者疑亦俎字象操刀割肉也 殷

斫木也象形凡斤之屬皆从斤 舉欣切

平陽斤

谷口甬

武安侯鈁

定陶鼎

汾陰宮鼎

孝成鼎

好畤鼎

平周鉦

注水匜

虹燭錠

梁山銗

源

斤 斨

古斤字天君鼎文天君賚乃征人斤貝陳介祺說斤人名

𢦏斤戈

吳

斤 天君鼎

𢦏斤戈

編

斫也从斤父聲方矩切

斧 爵

寅簋

作斧

源

邵大叔貲車之斧

亦邵太叔斧文

皆居後彝斧字異文

吳

斧 居敦

邵大叔斧

編

方銎斧也从斤爿聲詩曰又缺我斨七羊切

古斨字象形許氏說方銎斧也且辛父庚鼎

子璋鐘

子璋鐘

吳

斨 子璋鐘

編

斪也从斤句聲其俱切

平安君鼎

古鉩

古鉩斥毋 斪關

丁

劑斷也从斤金宜引切

釿古量名从金从斤金古金字古幣文有半釿一釿二釿周禮攷工記戈重三鋝矢刃重三垸垸疑即釿之譌字平安君鼎

安邑二釿幣

安邑一釿幣

虞一釿幣

半釿幣

梁充釿五十尚爭以一當五之幣二十以二當十也

吳

古鉩高釿 釿劑斷也

許氏說古幣釿為古量名

丁

𨥫集 紀遯

徵

伐木聲也从斤户聲詩曰伐木所所疏舉切

齊侯鎛鐘

齊侯鐘

晉姜鼎

牧敦

寅簋

石鼓

館陶釜

源

所石鼓

宋公佐戈

斯

吳

所 不昜戈

魚匕

編

析也从斤其聲詩曰斧以斯之息移切

齊侯鎛鐘

齊侯鐘

鄀子斯簠

仲斯鬲

秦權

秦斤

源

斯 余義編鐘

編

新

取木也从斤亲聲息鄰切

癸亥父己鬲鼎

源

古新字 師酉敦

公違鼎

師遽敦蓋

頌鼎

部太叔斧

趞曹鼎

吳

師湯父鼎

叔碩父鼎

散氏槃

古鉥季新

丁

新 頌鼎

頌敦

頌壺

斗

公違敦

師遽敦

叔碩父鼎

仲義父鼎

師湯父鼎

望敦

復公子敦

散盤

師酉敦

郘大叔斧

編

十升也象形有柄凡斗之屬皆从斗　當口切

周陽侯鐘

谷口甬

汾陰宮鼎

好時鼎

軹家釜

源

眉妹鼎

古鉥　趙斢　嚻斛一斗

丁

斗　嬰脒鼎

秦公敦

編

斛

十斗也从斗角聲　胡谷切

太官壺

源

玉爵也夏曰琖殷曰斝周曰爵从吅从斗冂象形與爵同意或說斝受六升古雅切

卷五第五葉

後編下第七葉

前上

說文解字斝从吅从斗冂象形與爵同意案斝从吅不見與爵同之狀从冂亦不能象斝形今卜辭斝字从上象柱下象足从爵而腹加碩甚得斝狀知許書从吅冂作者乃由而譌卜辭从𠂇象手持之許書所从之斗殆又由此轉譌者也又古彝文雙矢彝金文家稱有字與此正同但省𠂇耳其形亦象二柱三足一耳而無流與尾與傳世古斝形狀吻合可爲卜辭字之證又古散字作與字

形頗相似故後人誤認斝爲散韓詩說諸飲器有散無斝今傳世古飲器有斝無散大于角者惟斝而已故諸經中散字疑皆斝字之譌予嘗以此說質之王徵君徵君然之並謂寶雞所出銅禁備列諸飲器有爵一觚一觶二角一斝一與少牢饋食禮之實二爵二觚四觶一角一散數雖不同而器則相若則散斝信爲一物又詩邶風碩人赫如渥赭公言錫爵傳言祭有畀煇胞翟閽者惠下之道見惠不過一散疏言散謂之爵爵總名也予謂此爵字本當作斝斝與赭爲韻也傳云見惠不過一散則經本當作錫斝轉譌爲散後人因散字不得其韻又改爲爵其實散本斝字斝赭同部不煩改

爵也其說至精確著之以爲吾說左證 殷

量也从斗米在其中讀若遼洛蕭切

古鉩𨥨昜料昔給廩之鉩許氏說料量也从斗米在其中

古匋王料 丁

羹斗也从斗鬼聲苦回切

古鉩文 吳

古鉩司馬浬魁 丁

十龠也从斗亦象形識蒸切

軹家釜 源

秦公敦升 編

輿輪之總名夏后時奚仲所造象形凡車之屬皆从車尺遮切

籀文車

車爵

奕車觚

單癸卣

周虔敢

牧敦

車 石鼓

【源】

𨏥 古車字象輪轂轅軏之形或从戔非 毛公鼎

𨏥 盂鼎

𨏥 立戈父丁卣

𨏥

伯晨鼎

𨏥 象轅耑上曲鉤衡形詩小戎傳梁輈輈上句衡也 父乙尊

𨏥 吳尊 盉

𨏥 咎作父癸卣

車 孔作父癸鼎

車

彔伯戎敦

車 伯貞作旅車甗

車 部大叔斧

車 石鼓

𨏥 中叔尊

𨏥 作車寶彝 卣盉

【吳】

𨏥 𩵦白彝

車 應公敢

𨏥 古鉨左車倚頁壯古車字作𨏥右之𨏥初象攬轡形

後變而易橫為豎𨏥似二戈又似二干即說文籀文車是也其義或有取於載干戈吳窓齋謂𨏥為𨏥誤恐未必是說文車下即次軒字其形似籀文𨏥省而軒與車通則𨏥與軒又為𨏥之變矣

車 古一字鉨

車 古鉨 𢧐拙 錫收 合正

車之鉢

古鉢右邦滄車𦏴鉢

古鉢日庚都萃車馬

古鉢高陰車

[丁]

車象輪轂轅轅之形說文籀文从𢦏乃傳寫之譌毛公鼎

盂鼎

[illegible]侯鼎

宅敦

不𡢁敦

兮甲盤

吳尊

番生敦

師兌敦

克鐘

獻伯敦

車鼎

⿰土卩父敦

車且丁爵

車卣

仲龏父甗

⿰王凡鼎

車叔

孔鼎

同卣

彔伯敦

邵大叔斧

車卣王國維曰古者戈建于車上故畫車形乃并畫所建之戈說文車之籀文作𨏥即从此字出

[編]

軒

擧

徵

卷五第十八葉

同上

卷七第五葉

書契菁華第二葉

同上

藏龜第六十二葉

第九十一葉

說文解字車籀文作𨏥毛公鼎作𨏥象側視形篆文車字亦然許書从戔乃由𢦏而譌卜辭諸車字皆象從前後視形或有箱或有轅或僅見兩輪亦得知爲車矣

殷

曲輈藩車从車干聲虛言切

穆公鼎

牧敦

寅簋

甘泉內者鐙

源

輿　輅

𨋕

徵

車輿也从車舁聲以諸切

𨋕 太宮壺

源

𨋕 卷五第十八葉

說文解字輿車輿也从車舁聲案考工記輿人爲車此象衆手造車之形軓軫軫軹轛皆輿事而獨象輪者車之所以載者在輪且可象它皆不可象舉輪則造車之事可概見矣

殷

車輅前橫木也从車各聲臣鉉等曰各非聲當从路省洛故切

輅 許氏說輅車輅前橫木也古鉢

輅 亦古鉢文

輅 邗戈文廿四年邗命輅㡿

吳

輅 □輅陸 輅 □輅集 輅 □輅樂

徵

較 轙 軹

車騎上曲銅也从車爻聲古岳切

古較字許氏說車騎上曲銅也从車爻聲 毛公鼎

吳尊蓋

或从攴 彔伯戎敦

吳

較 毛公鼎

吳尊

師兌敦

番生敦

彔伯敦

編

車伏兔下革也从車𤔔聲𤔔古昏字讀若閔眉殞切

古轙字許氏說車伏兔下革也从車𤔔聲𤔔古昏字讀若閔 大𢼸簋叏季良父壺婚作 多父盤作 皆與𤔔類 毛公鼎

彔伯戎敦

吳

師兌敦許氏說車伏兔下革也从車𤔔聲𤔔古昏字讀若閔

丁

轙不从車 彔伯敦婚字重文

毛公鼎

師兌敦

番生敦

編

車輪小穿也从車只聲諸氏切

軹 家釜

源

輒　載　軍

轅前也从車戹聲於革切

軶不从車　彔伯𢿌戹字重文

編

乘也从車𢦏聲作代切

師饎敨

石鼓

好時鼎

源

古載字从𢦏从食師虎敦載先王既命乃祖考事

許氏說𩛥設飪也从丮从食才聲石鼓載西載北借𩛥為載

夜君鼎載鼎借載為𩛥

吳

叔載鼎

丁

載借為𩛥

夜君口之載鼎

編

圜圍也四千人為軍从車从包省軍兵車也舉云切

齊侯鎛鐘

源

司寇矛上軍

庀陽矛右軍

卅三年戈左軍

吳

右軍戈

橋祀敨

信陵君左軍鈛

古鉨中軍鉨

古鉥右敀軍遷陳簠齋釋軍謂勹古鉥文多作□

古鉥軍□陲

古鉥軍計之鉥古軍字从勻

古鉥右軍□鉥勹是勻省

古鉥左中軍司馬

古鉥戠軍之鉥

古鉥梁□□都司馬滄軍龍功之鉥

丁

軍 繇左軍戈 揮 鄆侯 矛

黴

範

範軷也从車笵省聲讀若犯同音犯

範小篆作□詩氏說範軷也从車笵省聲古陶器

亦古陶器文

皆古鉥文

吳

輸 輦 輔

委輸也从車俞聲式朱切

周陽侯甗

源

輓車也从車从扶在車前引之力展切

寅簋

源

人頰車也从車甫聲扶雨切

齊侯鎛鐘

寅簋

源

古輔字師𩛥父敦器小輔當讀作少輔輔傳古本一字

師𩛥父敦蓋皇考輔伯

亦師𩛥父敦蓋文兩器兩蓋文不同

師𩛥父敦器文

師𩛥父敦蓋少輔如此傅字重文

吳

輔伯戫父鼎

丁

輔

輔伯鼎

師嫠敦

編

輔 小篆 符

徵

⿰車力　⿰車攴　⿰車加　⿰車右　軩　䡣

陸 鄒 徵	徵	季 華 待 徵	集 穀 徵	鐵 徵	説文無此字 古鉢文 吴

𠂤

小𠂤也象形凡𠂤之屬皆从𠂤 臣鉉等曰今俗作堆都回切

古𠂤字仲𠂤父敦

盂鼎𠂤故喪師師省作𠂤師字重文

靜敦䓫𠂤邦周當讀作糾師

吳

古鉢臧𠂤之鉢許氏說小𠂤也象形

丁

𠂤孳乳爲師 盂鼎喪師

克鐘

善夫克鼎

臤尊

大師事良父敦

遹鼎

𠂤鼎

競卣

編

官

吏事君也从宀从𠂤𠂤猶衆也此與師同意古丸切

宰辟父敦

汾陰宮鼎

好畤鼎

上林

鼎

四神鑑

源

官師奎父鼎

頌鼎

師虎敦

師𣪘父敦

梁上官鼎

平安君鼎上官二字異文

空首幣官考

上官登

皆古鉥文

吳

無專鼎

戒鼎

古鉥公𦶙官之鉥

同古鉥計官之鉥

古鉥長官

古鉥上官得

古鉥恒官

古鉥右鐵冶官鉥

古鉥官安

丁

官頌鼎

師酉敦

師嫠敦

無叀鼎

師虎敦

師㚖父鼎

戒鬲

上官登

編

上官鎣

上官鎣

上官鐵

師鄙

師鄙

沂世凝

亙鄙

餗

鐵

夢

徵

醫

夢

凝

待

舉

徵

卷四第二十七葉

書契菁華第十葉

後編下第四葉

說文解字官从宀从𠂤𠂤猶衆也此與師同其言至明晰古師字作𠂤而許君於部首之𠂤乃云小阜得之于此而失之于彼何也

殷

說文所無師所止也从𠂤朿聲後世段次字為之羅振玉說𡩋當敦在𥢶餗

小子射鼎 在𡰥餗

乙亥鼎 在口餗

𠂤朿 兮甲盤毋敢不即𠂤朿即市 編 𠂤朿 卷二一第十葉 𠂤朿 第十五葉 𠂤朿 同上

𠂤朿 同上 𠂤朿 同上 𠂤朿 第十六葉 𠂤朿 同上 𠂤朿 第十七葉 𠂤朿

卷二二第二十九葉 𠂤朿 後編上第十五葉 𠂤朿 同上 𠂤朿 同上 𠂤朿

同上 𠂤朿 下 第二葉

从自東聲師所止也後世叚次字爲之此其初字矣兮田盤毋敢不即𠂤朿謂不敢不至師次其字正與此同 亦見魯文旁尊及師𡚬父鼎 前人釋師非也博古圖南宮仲鼎王在寒𠂤朿又誤釋帥 殷

古籀彙編弟十四下

臨海徐文鏡編

𨸏

大陸山無石者象形凡𨸏之屬皆从𨸏 房九切

古文

阜父丁盉

師淮父卣

源

書契菁華第二葉

說文解字𨸏古文作

殷

陵

大𨸏也从𨸏夌聲力膺切

季娟鼎

源

古陵字散氏盤陵

古鉨文隅陵之部

亦古鉨文

陳猷釜

吳

古鉥高陵

古鉥番陵緒 左廩鉥

古鉥武陵 夫=陵武

从夌省

古鉥陵靈

古匋

丁

陵散盤

陵叔鼎

陳猷釜

不降敦宕伐厭允于高陵

編

高 攀

徵

卷十六第二十葉

第三十葉

第五十五葉

卷七第九葉

說文解字陵大𨸏也从𨸏夌聲案陵訓棨廣雅釋詁四訓上漢書司馬相如傳集注訓升文選西京賦薛注故此字象人梯而升高一足在地一足已階而升

殷

陰

闇也水之南山之北也从𨸏侌聲　於今切

敔敦

石鼓

汾陰侯鼎

汾陰宮鼎

平周鉦

源

古陰字从𨸏从金　全古金字　濟陰圜幣

濟陰圜幣反文

平陰幣

亦平陰幣文

大陰幣

石鼓

古鉥文平陰都司徒

平陰幣

吳

右軍戈

古鉥平陰都

古鉥岳陰都司徒

古鉥高陰

車陳簠　齊釋

古鉥襄陰

古鉥陰滑

同大陰幣

丁

待

陰

伏

徵

陽

高明也从阜昜聲與章切

曾侯鐘

陀鼎

師艅彝

敔敦

石鼓

平陽斤

周陽侯鐘

陽嘉洗

周陽侯甗

汾陰宮鼎

源

古陽字號季子白盤

山陽幣

皆上陽幣文

安陽幣

宅陽幣

陽邑幣

石鼓文

或从口見古陶器文

或从土平陽戈

或借揚為陽高陽三劍

圜首圜足幣

陳介祺釋作衡陽

高陽左戈

古鉨文

吳

叔姬鼎

農卣

成陽戈平陽戈陽字从土此从山

或曰陽山之南也

遂伯彝

篆于孚之異非子

古鉩陽生

古鉩陽戲

古鉩朝陽

古鉩陽馭信鉩

古鉩匋陽料昔給之鉩陽古作易

麋

古鉩陽郘邑堅徙

盟之鉩

古鉩陽賀

古匋陳□易丘□□

古匋城陽□

古匋蒦陽南里

蒦

古匋蒦陽匋里人造

古匋城陽眾

古匋城陽豆

古匋城陽眾

古匋高繆陽里匋杏蒦

同平陽幣

晉陽幣

中陽幣

丁

陽

虢季子白盤

農卣對陽王休

借陽為揚

陸

高陽四劍

編

徵

卷五第四十二葉

祚案其从阜者與揚之从阜同

殷

高平地从𨸏从坴坴亦聲力竹切

籀文陸

平陸戈

石鼓

源

古陸字从阝从二先父乙角

冊冊陸父庚卣

或从土邾公鐘

古鉩文

吳

矛頭

丁

陸

陸冊父乙卣

陸父甲角

陸冊父庚卣

陸父乙角

義伯敦

邾公釛鐘

編

平□侍

徵

阿

大陵也一曰曲𨸏也从𨸏可聲烏何切

阿武戈

或从山 平阿右戈

平阿戈

吳

平阿戈

古鉥趙阿

丁

阿

阿武戈

平阿戈

編

阪

坡者曰阪一曰澤障一曰山脅也从𨸏反聲府遠切

古阪字蒲阪一釿幣俗作坂

亦蒲阪一釿幣文

或从𨸏 石鼓

吳

隅

陬也从𨸏禺聲噳俱切

隅陵之部 古鉥文

吳

隅从𨸏 史頌敦 百生帥隅盤于成周

編

限

阻也一曰門榍从𨸏艮聲乎簡切

留鼎 許氏說限阻也一曰門榍

丁

限 留鼎

編

陮 隗 陟

陮隗高也从𨸏隹聲都辠切

後編下第二十二葉

第二十八葉

殷

隗陮隗也从𨸏鬼聲五辠切

古鉩文

古鉩文

吳

古鉩隗相

丁

陟登也从𨸏从步竹力切

古文陟

古陟字 散氏盤

吳

古鉩王陟 古陟字

古匋

丁

陟 散盤

編

卷五第三十葉

卷七第三十二葉

後編下第十一葉

同上

說文解字陟登也从𨸏从步古文作𨺅案从𨸏示山林形从止象二足由下而上此字之意但示二

足上行不復別左右足散盤作陊與此同

殷

隊

從高隊也从𨸏㒸聲徒對切

縣妃𣪕縣伯萬年緐

敢隊原書入附錄

卯𣪕借為地字

丁

隊不从𨸏

毛公鼎㒸字重文

盂鼎我聞殷隊命从辵䨻三字石經尚書君奭乃其隧命古文作㒸今本作墜

編

降

下也从𨸏夅聲古巷切

穆公鼎

師𣏴敦

寅簋

源

古降字从𨸏从二足迹形陟降二字相對二止前行為陟倒行為降後人但知止為足迹不知ㄓㄓ皆足迹也自ㄓ變為ㄓㄓ變為𣥠變為𤕫古義亡而ㄓㄓ𤕫等字皆失其解矣太保敦

䢅敦

虢叔鐘

獸狄鐘

函皇父敦

宗婦敦

古鉨文

降从土七國時異文 帝降矛

吳

聃敦

散氏盤

丁

降从阜从二足迹形陟降二字相對二止前行為陟倒行為降後人但知止為足迹不知夂㐄皆足迹也自夂變為中㐄變為午夅變為舛古義亡而中午舛等字皆失其解矣吳大澂說大保敦

聃敦

散盤

宗周鐘

叔向敦

函皇父敦

獸狄鐘

叔氏鐘

虢叔鐘

降ㄋ敦

鄀嫛盤

編

卷一二第一一十四葉

第二十七葉

卷四第三十九葉

同上

卷

五第二十葉 卷七第二十八葉 後編上第二十葉

下第十一葉 藏龜第十九葉

說文解字降下也从𨸏夅聲又夅从夂㐄相承不敢並也案从𨸏示山陵形夂夂象兩足由上而下此字之意亦但示二足下行故左右足亦或別或否虢叔鐘亦作𨻰

殷

防

隄也从𨸏方聲符方切

防或从土

徵

阯

基也从𨸏止聲諸市切

阯或从土

古鉥鄧阯

古鉥長阯

丁

陘 附 隱 陳

陘 山絶坎也从𨸏巠聲户經切

古玉鉨文

吳

古鉨朱陘

丁

附 附婁小土山也从𨸏付聲春秋傳曰附婁無松柏符又切

古匋蒦陽匋里人附許氏説附婁小土山也春秋傳曰附婁無松柏案附今作培

丁

隱 蔽也从𨸏㥯聲於謹切

古鉨

古鉨馮隱 周秦間文字

丁

陳 宛丘舜後嬀滿之所封从𨸏从木申聲臣鍇等曰陳者大昊之虚畫八卦之所木德之始故从木直珍切

古文陳

古陳字从陳从攴陳侯鼎

陳子子匜

陳公子甗

陳侯因資敦从土

齊陳曼簠

古陶器

古陶殘器文陳向立事歲

陳侯作嘉姬敦

古鉨文

吳

陳子召戈

陳侯午錞

古鉥陳康

古鉥陳𦥑

古鉥陳去疾信鉥

古鉥陳玉

古鉥陳膾

古鉥陳𠬝

古鉥陳卯

古鉥陳高思敀鉥

古匋

古匋

古匋

古鉥軍口陳

丁

陳从攴與䧜為一字陳公子甗

陳侯簋

陳侯鼎

陳子=匜

陳侯作嘉姬敦

陳財敦

齊陳曼簋

陳侯午敦

陳侯因資敦

陳猷釜

子禾子釜

陳窒節鍵

編

箋

鐵

鐵

徵

除

殿陛也从𨸏余聲直魚切

除 石鼓 源

除 石鼓 吳

陴

城上女牆俾倪也从𨸏卑聲符支切

𩫖 籀文陴从𩫏

𩫖 古𩫖字通俾从畀从𩫏借畀爲卑吏頌敦帥𩫖 俾字重文 吳

卷二

第八葉

同上

說文解字陴籀文作𩫖與此同吏頌敢作𩫖借爲俾其所从之畀亦卑字乃从甲即甲从ナ即ナ吳中丞以爲變从畀非也 殷

陲

危也从𨸏垂聲是爲切

齊侯鎛鐘

齊侯鐘 源

陯

山𠂤陷也从𠂤
侖聲盧昆切

陯殆陯字从谷與隫古文
从谷作𧶜同陯伯卣

編

⿰阝离彝

源

說文無此字克鼎
⿰阝尃原地名

吳

說文所無
克鼎

編

說文所無
卯敦

編

說文所無
𠂤作⿰阝曼仲鼎

𠂤作⿰阝曼
仲敦

編

說文所無
散盤

編

陸 阱 隭 阡 陘 [illegible]

待
徵

陸
鐵
集
徵

鐵
徵

郵
徵

待
伏
鐵
磬
徵

待
磬
徵

隋

華

待

徵

阥

卷十八第二葉

殷

陞

卷七第十八葉

書契菁華第二葉

祚疑此亦是陵字

殷

⿰阝甹

後編上第十四葉

同上

殷

⿰阝求

卷二第二十四葉

殷

四　厽　陔

卷四第四十六葉　後編下第二一葉

祚疑是郊字　殷

絫坺土爲牆壁象形凡厽之屬皆从厽　力軌切

厽　古匋丘齊辛里王汩厽逨　許氏說絫

坺土爲牆壁象形　丁

陰數也象四分之形凡四之屬皆从四　息利切

古文四

亖　籀文四

亖

父乙鼎

亖

彝　乙酉父丁

亖

鼎　公緘

亖

尊　召夫

四

甬　谷口

四

鼎　好畤

林華觀行鐙

鳳䲬鐙

源

古四字盂鼎

晉公盦

格仲尊

邵鐘四諸

梁司寇鼎

明刀背文

吳

陳侯鼎

古鉢四口 信鉢

古鉢

古鉢十三年十一月平給

丁

毛公鼎四

盂鼎

虢季子白盤

師遽敦

彔伯敦

國差𦉜

邵鐘

大梁鼎

編

卷二第一葉三

同上

說文解字四古文作𠔶籀文作亖金文中四字皆作亖無作𠔶者𠔶亦晚周文字錢先生所謂古文

之別字矣凡許書所載古文與卜辭及古金文不合者皆晚周別字也 殷

辨積物也象形凡宁之屬皆从宁直呂切

父丁斝 源

宁 宁未盉 編

卷四第二二葉

第二二十二葉

象形上下及兩旁有搘柱中空可貯物 殷

合箸也从叕从糸陟衛切

齊侯鎛鐘 源

古鉨丘齊里公孫綴許氏說合箸也案綴古多叚爲贅字 丁

醜也象人局背之形賈侍中說以爲次弟也凡亞之屬皆从亞衣駕切

召夫鼎

諫尊

丁亥父乙尊

主父巳足跡彝

足跡罍

拾父丁爵

亞父乙觚

父貝觶

石鼓

亞丁未伐商角

亞㚔敦與丁未伐商角亞㚔文同

石鼓

古匋

亞丙申角

亞㠯敦

延簋

亞觥

卷二第八葉

卷四第十八葉

卷五第二葉

後編下第二十七葉

說文解字亞醜也象人局背之形賈侍中說以爲次第也此作亞與古金文同與許訓象人局背之

形不合許因訓醜乃爲局背之說然醜古亦訓比訓類與賈侍中次第之說固無殊爾雅兩壻相謂曰亞正謂相類次也 殷

五行也从二陰陽在天地閒交午也凡五之屬皆从五 臣鉉等曰二天地也疑古切

古文五省

雉尊

己酉戍命彝

曾侯鐘

狀液鼎

仲偁父鼎

伯姬鼎

平周鉦

源

五頌敦

仲五父敦蓋

丁子尊

囧乃尊

明刀背文左五

吳

馭方鼎

古匋北里五 吳愙齋謂是紀數字

丁

五頌鼎

齊鎛

散盤

𨟭侯鼎

呂鼎

不𡢁敦

伯仲父敦

鄦侯敦

仲五父敦

伯睘卣

編

甬☒鐵

徵

卷四第五十

葉☒第五葉

說文解字五古文作

殷

易之數陰變於六正於八从入从八凡六之屬皆从六力竹切

伊彝

穆公鼎

召仲考父壺

師毛父敦

石鼓

孝成鼎

好時鼎

平周鉦

上林榮宮鐙

甘泉上林宮行鐙

[源]

六師𡖊父鼎

師虎敦

明刀背文左六

齊刀笵紀數字

[吳]

曶鼎

古鉩六𠂹二本敬

古匋

[丁]

六克鐘

師𡖊父鼎

師虎敦

免卣

番匊生壺

陳侯因資敦

[編]

卷一第十八葉

閂上

卷二第一葉

第二十二葉

第二葉

卷二第八葉

卷七第八葉

後編下第四十二葉

龜甲獸骨卷一第九葉

七

六字作∧傳世尖足小布幕後紀數有之前人不能定其爲六爲八今卜辭有自一至八順列諸數者得確定爲六字 殷

陽之正也从一微陰从中衺出也凡七之屬皆从七 親吉切

七 七鐵氏幣背文

ψ 尖首刀紀數字

个 尖首刀紀數倒文

𠃌 齊刀範紀數字

吳

十 七 盂鼎百卅七馘

十 乙敦七月丁亥

十 伊敦卄又七年

十 大梁鼎

十 大梁舟

十 秦公敦一斗七升

編

十 卷二第一葉

古文七字皆作十無同篆文作七者古金文中七字至罕見惟尖足小布幕後紀數字七皆作十與卜

辭正合直至漢器銘識尙爾汾陰鼎有十十枚之文宋人誤釋爲二十阮相國元釋大官銅壺銘亦同此誤卜辭中凡十字皆作丨（尖足小布亦然）七字皆作十判然明白漢人則十字作十（古金文多作丨）七字作十以橫畫之長短別之吳中丞說文古籀補載古刀幣中⊬丫个⊅等字謂是七字則又誤以九爲七矣

殷

陽之變也象其屈曲究盡之形凡九之屬皆从九（舉有切）

商鐘

己酉戌命彝

兄癸卣

齊侯鎛鐘

齊侯鐘

好時鼎

定陶鼎

源

九盂鼎

散氏盤

曾伯霥簠

師𩵦父敦

僕兒鐘

齊侯鎛

者沪鐘

吳

師趛鼎

克鐘

無專鼎

丁

九盂鼎

善夫克鼎

陳公子甗

克鐘

無叀鼎

師趛鼎

不嬰敦

師嫠敦

𩰫伯敦

賢觥

睘卣

利鼎

揚敦

散盤

穿鼎

芾伯敦

余義編鐘

曾伯簠

口扌伯敦

齊鎛

者沪鐘

宅敦

鄧公敦

編

待

徵

卷二第十六葉 第一十三葉 第

二十一葉 卷二第 葉 第十六葉 第二十七葉

卷四第十六葉 同上 同上 第三十七葉 第四十葉

卷六第四十一葉 後編上第二十葉 第二十四葉

殷

走獸總名从厹象形今聲
禽离兕頭相似巨今切

敔

敔

石鼓

源

古禽字王伐
鄦侯敦

太祝禽鼎

石鼓

吳

不嬰敦

禽彝

丁

禽

禽敦

大祝禽鼎

不嬰敦

禽章敦

編

蟲也从虫象形無販切

商鐘

許子鐘

楚公鐘

遲父鐘

盄和鐘

齊侯鎛鐘

齊侯鐘

㐌生鼎

伯郄父鼎

姛液鼎

齊莽史鼎

仲𠈇父鼎

文王命癘鼎

師秦宮鼎

史頙父鼎

微䜌鼎

伯姬鼎

晉姜鼎

穆公鼎

杞公匜

孟姜匜

田季加匜

伯囧父敦

雁侯敦

剌公敦

屈生敦

肇父敦

散季敦

郙敦

師愔敦

師毀敦

敔敦

[illegible]高父簋

寅簋

仲斯鬲

封比干墓銅盤

嘯堂銅盤

汝帖銅盤

卭仲盤

齊侯盤

伯索盂

卭仲盦

萬鼎

達敦

周姜敦

永通萬國錢

源

頌鼎
師奎父鼎
師趛鼎
屖伯魚父鼎
靜敦
虢叔鐘

師寰敦蓋
史頌敦
仲敦
封敦
彔伯戎敦
叔向父敦

格伯敦
函皇父敦
師趩敦
伯疑父敦蓋
量侯敦
仲惠父敦

叔彭父敦
鄭雝原父鼎
[illegible]敦
先獸鼎
伯晨鼎
[illegible]父鼎

齊侯壺
中伯壺
番君鬲
邾伯鬲
曾伯霥簠
庚羆卣

白孝朝簋
鳳卣
王婦匜
魯大司徒匜
袒伯匜
陳侯因脊敦

邾公鐘

邾公望鐘

楚公鐘

卯敦

師寰敦器

郘侯作王姞敦

史頌鬲

虢季子白盤

己侯敦

中伯壺

罍文

吳

克鼎

叔姞簋

散白敦萬字如此

王人甗

古鉥百萬金

古鉥宜有千萬

古鉥萬金

古鉥萬金

古鉥千秋萬世昌

古鉥

古鉥萬千

古鉥千萬

丁

萬頌鼎

頌敦

史頌敦

延簋

伯闢敦

兔卣

叔男父匜

姬鼎

伯田父敦

鑄公簠

穌公敦

師酉敦

無㠱敦

魯伯簠

子仲匜

遽敦

胖侯盤

公伐郐鼎

公伐郐鐘

師麻匡

交君簠

虢叔簠

叔上匜

王孫鐘

虢仲鬲

鳧叔簋

魯伯大父敦

虢叔鐘

魯邍父敦

邾伯鬲

鬱叔匡

鄀公鍼

仲自父敦

史寏敦

辛鼎

欮敦

伯芳敦

庚午盦

虢季子白盤
甾仲艾匜
白者君盤
叔皮父敦
畢鮮敦

叟季良父壺
仲師父鼎
兔盤
湯叔尊
仲卣
田盉

伯庶父簋
叔鄂父敦
㠯生敦
仲敦
齊中姜敦

鈇伯敦
豐兮敦
追敦
豆閉敦
靜敦
番君鬲

从鼎
宅敦
封敦
陳公子甗
仲叡父敦
伯其父簠

陳侯因資敦
鄂侯敦
陳侯簋
倗尊
齊侯匜

其兂句鑃
寬鼎
杞伯盨
杞伯匜
史頌匜
伯正父匜

楚公鐘
鄦口句鑃
邾公牼鐘
虢季氏敦
楷妃敦

齊侯盂
曼龔父簠
史頌鬲
叔寷敦
己侯敦

白大師簠
叔姞簠
齊侯壺
仲叀父敦
杲同敦
廣敦

叔妣敦
敃叔敦
師寰敦
庚贏卣
剌鼎
鬲攸比鼎

曾伯簠
甫人匜
匽公匜
量侯敦
稻嫼敦
伯孝䣃簠

饔遣父鼎
望敦
同敦
仲𫽕父敦
杞伯壺
王婦匜
師嫠敦
善夫克鼎
叔多父敦
秦公敦
蔡大師鼎
叔碩父鼎
彔伯敦
芾伯敦
郥省敦
單伯鬲
伯頵父鼎
大鼎
伯疑父敦
嗇敦
陳侯作嘉姬敦
函皇父敦
王人甗
先獸鼎
周夢壺
寰盤
降人敦
人伯考父鼎
德克敦
姞氏敦

敔伯 仲鑠簋 中伯壺 格伯敦 邾公釗鐘

邾公牼鐘 散伯敦 編

陸 盤 凝 墨 鄣 凝

季 鄦 凝 鐵 鐵

卷三第三十葉 後編下第十九葉 龜甲獸骨

卷二第二葉

禹

說文解字萬蟲也从厹象形不言何蟲而卜辭及古金文中等形均象蝎不从厹金文中或作石鼓文始作失初狀矣段先生云从厹蓋其蟲四足象獸依後來字形爲說失之彌遠

殷

蟲也从厹象形王矩切

古文禹

齊侯鎛鐘

齊侯鐘

源

古鉨鄭禹

古鉨

古鉨禹成禹字反文

丁

孫詒讓釋禹叔向敦

秦公敦

編

舉

待

遯

弟

徵

嘼

犍也象耳頭足厹地之形古文嘼下从厹凡嘼之屬皆从嘼許救切

獸

古嘼字郘鐘余嘼丮武
疑古文嘼與守狩通

皆散氏盤文

師寰敦

大嘼戈

王母鬲

吳

小盂鼎

師寰敦

父乙彝

古鉩嘼許氏說古文嘼下从厽

古匋羔嘼

方鼎嘼與狩通冬獵為狩
此象兩手執嘼尤合狩義

丁

嘼 師寰敦

嘼 郘鐘

盂鼎

王母鬲

父辛尊

盂鼎錫乃祖
南公旂用獸

从嘼从辵殆
亦嘼字

編

守備者从嘼
从犬舒救切

石鼓

源

古獸字許氏說守備者獸狩古通左氏襄四年傳獸臣
司原注獸臣虞人周禮獸人官名先獸鼎先姓獸名取守

備之義或以官名為人名 石鼓 員鼎

吳

來獸鼎 獸角

丁

獸从單與狩通 先獸鼎 史獸鼎 宰甾敦 父甲鼎 獸爵

編

卷一第二十九葉 第四十四葉 同上

卷四第八葉 第四十七葉 卷六第二十六葉

同上 第四十九葉 同上 藏龜第三十四

葉 第二十八葉 第二十九葉 藏龜之餘第五

葉□後編下第十二葉

說文解字獸守備者从嘼从犬又狩犬田也从犬守聲案古獸狩實一字左氏襄四年傳獸臣司原注獸臣虞人周禮獸人之職所掌皆王田之事詩車攻搏獸于敖後漢書安帝紀注引作薄狩于敖漢張遷碑帝遊上林問禽狩所有石門頌惡蟲蔽狩皆獸狩通用其文先獸鼎作戰員鼎作戰此从□从丫並與从單同古者以田狩習戰陣故字从戰省以犬助田狩故字从犬禽與獸初誼皆訓田獵此獸狩一字之證引申之而二足而羽爲禽四足而毛爲獸許君訓獸爲守備者非初誼矣 殷

東方之孟陽气萌動从木戴孚甲之象一曰人頭空爲甲甲象人頭凡

甲之屬皆从甲 古狎切

古文甲始於十見於千成於木之象

十 父甲鼎

十 父甲彝

甲子觚

源

十 古甲字母甲解

吳

虞藝甲冑干戈古甲字从衣从丅

許氏說从木戴孚甲之象

召白虎敦

丁

十 甲 甲寅角

十 杠解

十 甲爵

十 頌鼎

羅振玉據殷虛卜辭上甲考定爲甲字兮甲盤

甲鼎

甲晏敦

寧遺作

虞敦嘗孫詒讓釋甲冑从衣从甲省

源

十 卷一第五葉上

冊上

十 第一十葉

冊上

十 第二

十八葉⊞卷二第二十四葉田卷三第二十二葉⊞周上田

第二十八葉⊞第二十九葉

古金文作十說文解字甲古文作⿱冖中

祚案羅師說⊞字即小篆⿱冖中字所從出⊞外加口

固以示別與匚冋可同例（說見殷虛書契帝王篇）然疑亦用

以別于數名之十周人尚用此字兮伯吉父盤之

兮⊞即兮甲也小篆後改作⿱冖中者初以十嫌于數

名之十字（古七）而加口作⊞既又嫌于田疇之田而

稍變之秦陽陵虎符甲兵之甲作甲變口爲冂更

譌冂爲宀譌十爲丅作⿱冖中而初形全失反不如隸

書尙存古文面目也

又案漢袁敞殘碑魏石經書無逸篇天發神讖碑

甲字皆作中从十是漢魏間尙如此作也 殷

象春艸木冤曲而出陰气尚彊其出乙乙也與丨同意乙承甲象人

頸凡乙之屬皆从乙 於筆切

乙毛 鼎

乙鼎

子父 巳尊

乙酉父丁 彝

祖乙 卣

父乙 爵

亞父 乙觚

子乙父丁 觚

女乙 觚

子乙 觶

源

古乙字 且乙卣

且乙觚

䀠乙斝

子乙爵 子申且乙爵

吳

乙父乙鼎 旂鼎 父乙鬲 父乙卣

朋乙斝 散盤 㫚鼎 穴鼎 叔上匜 拍舟

䣄公華鐘 彔敦 且日句兵 亞若癸敦 父乙敦 乙且乙尊 父乙觚

編

卷一第二葉 同上 第四葉 第十葉 同上 第十

六葉 同上 卷六第二十七葉 後編上第八葉 同

上 同上 下第二十一葉 龜甲獸骨卷二第十葉 同

上□同上

殷

治也从乙乙治之也从𤔔郎段切

來獸敨蓋

來獸敨器王十□師寀□从示从□示古永字□為𤔔之變文

愚定為古亂字小篆亂从乙當為乚之誤乚流也从反厂亦即永之省不當入乙部許氏說亂治也王十亂師即王十治師

天君鼎王□酒示為示之變□為𤔔之變又亂酒即治酒孫仲容釋祼非是字見原書附錄

丁

位南方萬物成炳然陰气初起陽气將虧从一入冂一者陽也丙承乙象人肩凡丙之屬皆从丙徐鍇曰陽功成入於冂冂門也天地陰陽之門也兵永切

甚父戊尊

父丙卣
丙寅卣
祖丙爵
丙鬲
尹卣
文姬匜

丙 石鼓
源
舉父丙鼎
父丙爵
父丙爵
魚父丙爵

伯㬎鼎丙午
丙足迹形卣蓋
丙足迹形卣器
石鼓
魚父丁觶
吳

丙 古匋
丁
丙
冄丙爵
枚父丙卣
冄父丙鼎
兄日句兵
㑹且丙觶

彈且丙觶
天君鼎
丙申角
㪟鼎
敔敦
邁鼎
䣄侯鼎

鄘侯敦
子禾子釜
編
丙卷一第五葉丙同上丙同上

□卷三第八葉□第十二葉□卷四第一葉□後編上第八

葉□下第二十五葉□同上□第二十六葉□第四十一葉

□第一葉□龜甲獸骨卷一第一葉□卷二第十葉

殷

⿱丙乙

□卷七第三十九葉□同上

殷

⿱丙月

□卷六第六十二葉

殷

⿱丙目

□卷六第六十四葉

殷

夏時萬物皆丁實象形丁承丙象人心凡丁之屬皆从丁 當經切

商鐘

子父丁鼎

父丁卣

父戊丁爵

王子吳鼎

父貝觶

丁父鬲

【源】

古丁字 父丁爵

齊侯鎛

僕兒鐘

父丁告田觶

沇兒鐘

齊太僕歸父盤

立戈父丁敦

【吳】

右鉥丁 公之鉥

古鉥 魯丁

【丁】

丁 父丁鼎

戊寅鼎

甚諆鼎

乙且丁 父癸卣

善鼎

史頌敦

師嫠敦

邵鐘

國差𦉜

虢季子白盤

齊鎛

陳肪敦

王孫鐘

歸父盤

𡨦桐盂

【編】

待
鐵
鐵
樂

[徵]

□卷一第四葉

〇第二十二葉㈣第五十二葉㈠卷二第八葉㈥卷四第十

九葉〇卷八第十四葉〇後編上第七葉㈢第八葉㈢同上

乍案匠匱匩之所以知其爲乙丙丁者說見殷虛書契考釋帝王篇

[殷]

戊

中宮也象六甲五龍相拘絞也戊承丁象人脅凡戊之屬皆从戊莫候切

文戊祖丁尊

祖戊尊

甚父戊尊

父戊丁爵

散鬲

齊侯鎛鐘

伯庶父敔

師毛父敔

源

傳作父戊尊

舉戊父爵

加作父戊爵

𦉢子孫父戊角

子孫父戊觚

子作父戊觶

子負戈敦

癸𠭯作考戊爵

父戊舟爵

亦父戊舟爵

𦔻父戊爵

畢仲孫子敦

者汈鐘

吳

趩鼎

不嬰敔

丁

戊𡚸且戊卣

父戊鼎

父戊彝

冉戊父爵

戊寅鼎

人卣

且戊鼎

父戊爵

𣪘口敦

父戊敦

父戊舟爵

且戊觶

木工鼎

戊敦

杓家卣　㞢父戊爵　戈父戊觚　𠂤父戊爵　兄日句兵　癸㽙爵

傳尊　父戊觚　不𡢁敦　者汈鐘　同卣　戊辰敦

史懋壺　吳尊　趞敦　段敦　豆閉敦　陳猷釜

編

季

徵

卷一第七葉　同上　同上

同上　同上　同上第四十葉　同上　卷三第四

葉　同上　第五葉　第八葉　第十二葉　卷四第十六

成

葉玉森卷五第十葉 龜甲獸骨卷一第一葉 殷

就也从戊丁聲氏征切 古文成从午徐鍇曰戊中宮成於中也 宋公䪫鐘 齊侯鎛鐘 趠鼎

季娟鼎 穆公鼎 敔敦 秦權 秦斤 源

古成字師田父尊 頌鼎 頌敦 格伯敦 吳尊蓋 師舍敦

沇兒鐘 陳侯因資敦 齊侯鎛 呂伯孫敦 史頌敦 周公觶

大司成鉨 吴

史頌敢 召白虎敢 古鉨成師

古鈢成昌

古鈢成獏吉

古鈢成業

古鈢克成之鈢

古鈢成公□成字反文

古鈢禹成

古鈢東武成攻邘鈢成或从王

成陽戈

古匋

古匋

丁

成頌鼎

頌敦

善夫克鼎

史獸鼎

趩鼎

沇兒鐘

史頌敦

師害敦

彔卣

召伯敦

格伯敦

孟爵

虢仲簠

陳侯因資敦

旻成戾鐘

孳乳為盛叔家父匡用盛稻粱

編

盄成無

沇成鄦

成王季

獏成吉

己

凝

凝

鐵

【徵】

戊 卷五第十葉

戊 後編上

第二葉

說文解字成就也从戊丁聲古文作𢦩从午案成古金文皆从戉从丨 師田父尊 吏頌敱等皆然與此同

【殷】

中宮也象萬物辟藏詘形也巳承戊象人腹凡巳之屬皆从巳 居擬切

古文巳

子父己鼎

諫尊

己舉 爵

父己 敱

【源】

庚羆卣 己丑

兕形觚

[illegible]卣

己父觚

【吳】

己 乘鼎

人作父己卣

㠱

且己父辛卣

父己觚

且日句兵

孳乳爲紀廣雅釋言釋名釋天己紀也紀侯鐘

紀侯敦

虘鐘

大鼎

鐘伯鼎

禾敦

宴敦

編

季

徵

卷一第二十三葉

第二十四葉

同上

同上

卷三第五葉

後編上第九葉

殷

長踞也从己其聲讀若杞暨已切

杞公匜讀若杞

源

古㠱其字許氏說長踞也師寰敦蓋

師寰敦器

王婦㠱孟姜匜

無㠱敦

無㠱敦蓋

吳

中子㠱汚匜

丁

庚

㠱 師寰敦

無㠱敦

皆無㠱敦異文

貿鼎

王婦匜

編

卷二第二葉 卷二第十八葉

殷

位西方象秋時萬物庚庚有實也庚承己象人齎凡庚之屬皆从庚

古行切

庚鼎

父乙鼎

祖庚 史卣

婦庚卣

父庚爵

父庚觚

庚甗

州液鼎

文王命癘鼎

南宮中鼎

伯姬鼎

召公尊

尹卣

阤鼎

師楂敦

京姜鬲

邛仲盦

源

古庚字冊
冊父庚卣

魚作父庚卣

庚罴卣

家立戈父庚卣

子父庚觶

且辛父庚鼎

丗且庚爵

子父庚爵

豚作父庚敦

𤔲父庚尊

汞伯戎敦

兮田盤

吳

古鉨庚都右司馬鉨

古鉨日庚都萃車馬

古鉨庚都右司馬

古匋

丁

庚史父庚鼎

羊父庚鼎

陸冊父庚卣

子父庚爵

子父庚觶

家父庚卣

父庚爵

丨庚爵

女庚爵

父庚尊

丗且庚爵

豚卣

玘鼎

魚尊

且日句兵

且日庚敦

史獸鼎

庚羸卣

猒伯敦

戈叔鼎

彔伯敦

師奎父鼎

沇兒鐘

楚子簠

邻口句鑃

鄭虢仲敦

編

鄩 疑

徵

卷一第六葉 同上 同上 同上 第十二葉 第十

四葉 第十五葉 同上 第十六葉 同上 第十七葉

第十九葉 卷二第二葉 第七葉 第八葉 第

辛

十葉 同上 卷四第十一葉 第三葉 後編上第二十一

葉 第十二葉 下第一葉 第三十二葉 龜甲獸骨卷一第十六葉

殷

秋時萬物成而孰金剛味辛辛痛即泣出从一从辛辛辠也辛承庚象人股凡辛之屬皆从辛 息鄰切

辛鼎

衛父辛鼎

召夫鼎

亞人辛尊

尊

辛未父癸

孟祖辛彝

彝

子孫父辛

伊彝

世母辛卣

辛父舉卣

貝父辛卣

冀父辛卣

辛爵

秉仲爵

父辛爵

辛舉

父辛舉

子父辛觶

祖戊匜

父辛盤

趠鼎

父貝觶

源

古辛字 伯雝父敦

子且辛尊

瑟仲狂卣

父辛鼎

父辛卣器

父辛卣蓋

父辛卣

趠鼎

宰牲形父辛鼎

聿貝父辛觶

丁未伐商角

子壬乙辛爵

聿貝父辛爵

父辛爵

子執戈父辛甗

公姞敦

亞形辛子敦

[illegible]父辛敦

聿貝父辛敦

考作父辛卣

吳

古鉨辛夢

古鉨辛表

古鉨中辛信鉨

古鉨孫辛

古鉨㝡辛說文無䇂字而𨐕觲从䇂詩觲二角弓作解古鉨𨐕作𨐕觲是辛䇂古為一字

說文不載盞偶脫之爵

丁

辛父辛敦

妣辛敦

盤仲尊

父辛鼎

匽尊

彔敦

且己父辛卣

子辛卣

索諆角

舍父鼎

孟辛父鬲

趩鼎

小父辛尊

玏敦

[illegible]鼎

𠦪父辛敦

剌卣

趪卣

匽侯旨鼎

令▮父辛卣

父辛盉

辠

駁八卣

串父辛敦

鬹父辛卣

冂辛爵

父辛鼎

仲辛父敦

考卣

蕢父辛觶

〔編〕

鐵

墨

瀲

〔徵〕

卷一第十一葉 同上三 第十二葉 卷四第四十一葉

卷五第四十七葉 卷二第五葉 第十九葉 後編下

第一葉

〔殷〕

犯法也从辛从自言辠人蹙鼻苦辛之憂秦以辠似皇字改爲罪臣鉉等曰自古者以爲鼻字故从自徂賄切

牧敨

寅簋

〔源〕

辟

古鉨場辠从鼻从辛二同辛古罪字篆作辠許氏說犯法也从辛从自言辠人蹙鼻苦辛之憂秦以辠似皇字改為

罪徐鉉曰自古者以為鼻字故从自

丁

辠也从辛𡸁聲私列切

古辥字許氏說辠也大澂案辥辟皆从辛義亦相同書金縢我之弗辟釋文辟治也宗婦方壺以降大福保辥䣄國辥亦當訓治許書辟部𨐨治也引周書我之不𨐨辟乂治也引虞書有能俾辟乂疑𨐨辟乂皆辟之異文故皆訓治

宗婦敦

晉公盦保辥王國

又曰[illegible]辥爾家

克鼎

吳

辥毛公鼎王國維曰說文解字辟部辟乂治也从辟乂聲虞書曰有能俾辟乂是壁中古文乂作辟乂辟與辥形相似字本作辥後譌為辟後人又因辟讀與辥讀不同故於辟下加乂以為聲又省作乂書君奭之用乂厥辟即毛公鼎之□辥乎辟巫咸乂王家即克鼎之辥王家也康誥之用保乂民多

士君奭之保乂有殷康王之誥之保乂王家詩小雅之保艾爾後即克鼎宗婦敦吾邦盦盤之保辥也从乂說文辛之初字辠也凡古文辛辟辥辝諸字其義與辛字相關者皆从之其中直皆折而左十干之辛自為一字

曾嬰盤

克鼎

編

徵

卷六第四葉

祚家王徵君釋辥說文解字辥辠也从辛省聲此从旹省

殷

不受也从辛从受受辛宜辭之似茲切

籀文古丹切

小篆辭籀文从台齊侯鎛是辝可使辝當即嗣之異文

吳

辝从台誼與其同

齊鎛葉萬至于辝孫子

邾公牼鐘鑄辝龢鐘

編

辭

訟也从𤔔𤔔猶理辜也𤔔理也似茲切

籀文辭从司

齊侯鎛鐘

齊侯鐘

晉姜鼎

牧敦

秦權

秦斤

源

辭从司與司為一字毛公鼎司字重文

兮甲盤王命甲政辭成周四方責辭即司

編

⿰月辛

說文所無經典段薛為之詩閟宮箋在薛之旁作薛王國維曰⿰月辛音古讀如辥此字从月辛聲與薛字从艸辥聲同而⿰月辛侯匜言⿰月辛侯作口姓口媵匜則⿰月辛為任姓之國其為滕薛之薛審矣⿰月辛侯匜

⿰月辛侯盤

⿰月辛侯鼎

編

壬

位北方也陰極陽生故易曰龍戰于野戰者接也象人裹妊之形承亥

壬以子生之敍也與巫同意壬承辛象人脛脛任體也凡壬之屬皆从壬

如林切

父壬爵

子父壬爵

源

古壬字舟形父壬尊

叔宿敦

吳

古鉨壬戌兵器

古匋北里壬

丁

壬

父壬爵

木父壬鼎

步壺

兄日句兵

叔宿敦

呂鼎

無㠱敦

伯中父敦

湯叔尊

鬲攸比鼎

編

瑚鄦

徵

工卷一第九葉工同上

殷

冬時水土平可揆度也象水從四方流入地中之形癸承壬象人足凡癸之

屬皆从癸　居誄切

癸　籀文从癶从矢

癸鼎

子父癸鼎

父癸鼎

尊癸爵

癸舉

祖己甗

父癸盉

趠鼎

律管

【源】

古癸孚子孫父癸卣

匕𠭰父癸卣

格伯敦器

格伯敦蓋

癸觶

朕作父癸觶

且癸卣

【吳】

西宮敨

古鉩履侯癸

古匋楚城遷口里癸

【丁】

癸父癸鼎

戉父癸甗

癸山敦

𠬝作父癸敦

觶文

齊癸姜敦

父癸敦

癸𫹳卣

婦闌卣

甶亞兄癸斝

史獸鼎

亞黃敦

子

羅振玉曰顧命鄭注戣瞿蓋今三鋒矛今字上正象三鋒下象箸地之柄與鄭誼合爲戣之本字後人加戈耳 癸作父己鼎

趠鼎

朕尊

鄀公鍼

穌公敦

格伯敦

牧叔敦

向盦

癸口敦

編

待

鼓

徵

卷一第一葉 第八葉

卷十八第六十葉

殷

十一月陽气動萬物滋人以爲偁象形凡子之屬皆从子 李陽冰曰子在襁緥中足併也即里切

古文子从巛象髮也

籀文子囟有髮臂脛在几上也

商鐘

子鼎

父子鼎

父甲鼎

子父丁鼎

子父己鼎

子孫父丁鼎

兕父癸鼎

足跡鼎

率父辛鼎

執刀父癸尊

子冊父乙尊

甚父戊尊

丁亥父乙尊

父甲彝

子孫彝

子孫拱日彝

單父丁彝

子孫父己彝

子孫父辛彝

執干父癸卣

父丙卣

兄癸卣

子父壬爵

子父丁爵

父辛爵

甲子觚

立戈觶

子父辛觶

父癸盉

盉和鐘

齊侯鎛鐘

齊侯鐘

乙公鼎

苞生鼎

君季鼎

圓宝鼎

孔文父鼎

趠鼎

晉姜鼎

單癸卣

子乙斝

文姬匜

孟姜匜

鄀子斯簠

嘉仲盉

方宝甗

石鼓

龍虎鹿盧鐙

長宜子孫鑑

源

子爵

非子孫父乙敦

非子孫父丁觚

子立刀形觶

冏子作父丁觶

盂鼎

毛公鼎

太保敦

函皇父敦

己侯敦

伯裔父敦

封敦

杞伯父敦

沇兒鐘

齊侯鎛

小子師敦

部鐘

呂伯孫敦

簷鼎

王子申盞盂

邾討鼎

楚公鐘

壺

子孫父丁鬲

番君鬲

古子字師田父尊

名伯虎敦

亦古文子字父乙子豕觚

子執旂且乙卣

子孫角

子孫父辛尊

徐籀莊說子字作總角形嬰兒之象子孫父已卣

吳

齊侯壺

古鉢子原之鉢

古匋

丁

𦒻經典段子爲之說在巳傳卣甲𦒻

召伯敦甲𦒻

宗周鐘𦒻人名

編

季

醫

疑

郡

郭

鐵

徵

□卷二第六葉□卷二第二葉□第三葉□
同上□第四葉□同上□第七葉□同上□第九葉□第
十葉□卷四第十四葉□卷五第三十八葉□卷六第六十
一葉□卷七第十五葉□卷八第一葉□第七葉□後編上
第二十葉□第十九葉□下第一葉□同上□同上□第五
葉□第二十四葉□龜甲獸骨卷一第十五葉□第十六

葉同上

說文解字子古文作籀文作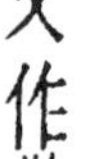卜辭中子丑之字皆作或變作以下諸形從無作子者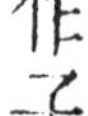與許書所載籀文子字頗近但無兩臂及几耳召伯虎敦作有臂而無几與卜辭亦畧同惟等形則亦不見於古金文蓋字之省畧急就者秦省篆書繁縟而為隸書予謂古人書體已有繁簡二者試觀書契卷三第四五諸葉可知其概矣

殷

乳也从子在宀下子亦聲疾置切

齊侯鎛鐘

源

僕兒鐘

古鉨

丁

㝅 孺 季

字 余義鐘 編

乳也从子殸聲一曰穀瞀也古候切

古穀字 虢叔作叔般穀尊

虢叔作叔般穀簠

陳子子作𢍰孟嬀穀女匜

仰敦盖

吳

召尊

古鉨穀孔信鉨

丁

穀 虢叔尊

虢叔作叔般穀簠

般穀盤

陳子匜

仰敦

召尊

編

乳子也一曰輸也輸尚小也从子需聲而遇切

寰鼎

源

少偁也从子从稚省稚亦聲居悸切

尹考鼎

師寰鼎

君季鼎

季娟鼎

月季尊

黃季舟

田季加匜

散季𣪕

源

季保敦

季娟鼎

邿季敦

虢季子白盤

無㠱敦

季念鼎

部季尊

虢季氏敦

魯大僕原父敦

古鉨文

𠟭季二古玉鉨當釋田季子

吳

古鉨季新

卯𣪕

古匋口季

丁

季 寺季敦

虢季子白盤

鄘季尊

留鼎

季良父盉

季咏父敦

季良父簠

善夫克鼎

鄭羌伯鬲

作季敦

井季卣

孟

宰桐孟
夆叔盤
魯遵父敦
季保敦

無異敦皇且釐季器文誤作年
亦無異敦文
季㚇敦
季念鼎

義仲鼎
庚午盦
編
卷五第四十葉
周上卷

七第四十一葉
後編上第九葉
殷

長也从子皿聲莫更切
古文孟
孟祖辛彝
孟孫父丁彝
孟皇父匜
孟姜匜

孟姜敦
源
齊侯壺
亦齊侯壺異文
陳子子作𢊁孟嬀匜
魯大司徒匜

王婦㚸孟姜匜

師趛父敦

孟申鼎

古鉨文

吳

許子妝簠

伯家父敦

番匊生壺

不㜸敦

古鉨孟㫐

古鉨孟相如

古鉨孟乾

古鉨孟惠

古鉨孟槊

古鉨孟明

古匋孟棠匋里口

古匋孟棠匋里人均

古匋東酷里人孟喜

古匋孟棠匋里䊶

丁

孟不㜸敦

延簋

邿伯父豆

孟上父壺

孟辛父鬲

鄧孟壺

陳侯簠

王婦匜

齊侯壺

鄦子簠

子仲匜

陳子子匜

孽 孖 疑

禾敦

鑄公簠

伯家父敦

[編]

孟

䰙

[徵]

孽 庶子也从子薛聲魚列切

晉姜鼎

師𩛥敦

[源]

孖 恤問也从子才聲徂尊切

漢始青鑑

[源]

疑 惑也从子止匕矢聲徐鍇曰止不通也矢古矢字反匕之幼子多惑也語其切

尹卣

單疑生豆

石鼓

秦權

秦斤

[源]

古疑字从牛不从子秦詔版作𠲵亦作𠲵小篆作𥏼伯疑父敦蓋

[吳]

疑 伯疑父敦

【編】卷五第二十四葉　卷十八第二十一葉

許書無此字殆即疑字象人仰首旁顧形疑之象也伯疑父敦作𠤕正从此字許君云疑从子止上矢聲語殊難解　【殷】

孨

謹也从三子凡孨之屬皆从孨讀若翦（旨兖切）

孨　許氏說孨謹也从三子讀若翦古陶器文　【吳】

孱

迮也一曰呻吟也从孨在尸下（臣鉉等曰尸者屋也士連切）

孱　古鉥封孱从𠆢之子說文孨譌為从尸古文从宀之子孨省為从𠆢疑孱即孱許氏說迮也徐鉉曰尸者屋也費解　【丁】

㬜 育

盛皃从孨从日讀若薿薿一曰若存魚紀切

籀文㬜从二子一曰㬜即奇字𣌭

許氏說㬜盛皃从孨从日籀文㬜从二子一曰㬜即奇字𣌭此𣌭即㬜字也𣪘㬜妊敦

吳

㬜从孖从口 𣪘㬜妊敦

編

養子使作善也从𠫓肉聲虞書曰教育子徐鍇曰云不順子也不順子亦教之況順者乎余六切

育或从每

呂中僕彝

丁

卷二第二十四葉 第二十五葉 同上 同

上 同上 卷十六第二十六葉 卷一第二十葉

卷四第二十八葉 第二十六葉 後編上第二十葉

□同上入叶下第二十二葉□第二十七葉□第二十一葉

□第十八葉□龜甲獸骨卷一第二十一葉□同上

□同上□同上

祚案王徵君說此字變體甚多从女从𠫓倒子形卽說文之㐬字或从母从𠫓象產子之形其从∴∴∴者則象產子時之有水液也从人與从母从女之意同以字形言此字卽說文育字之或體毓字毓从每卽母从㐬卽倒字子與此正同其作□者从㐬从子卽育之初字而□字所从之□卽說文訓女陰之

也字其意當亦爲育字也故産子爲此字之本誼又毓毓后諸形皆象倒子在人後故引申爲先後之後又引申爲繼體君之后說文后繼體君也象人之形施令以告四方故厂之从口是后字本象人形厂當即𠂤之譌變口則倒子形之譌變也后字之誼本从毓誼引申其後産子之字專用毓育二形繼體君之字專用后形遂成二字又譌后爲后而先後之後又別用一字說文遂分入三部其實毓后後三字本一字卜辭後祖乙作毓祖乙後編上第五葉及戩壽堂殷虛文字第三葉即武乙之異稱又曰乙卯卜貞王賓毓祖乙父丁卧亡尤戩壽堂第三葉后祖乙與父丁連文考殷諸帝中父名乙子名丁者般庚以後

卜辭皆般庚遷殷後物惟小乙武丁及武乙文丁而小乙卜辭稱小祖乙則后祖乙必武乙矣殷諸帝名中名乙者六除帝乙未見卜辭外皆有祖乙之稱而各加字以別之是故高祖乙者謂太乙也中宗祖乙者謂河亶甲子祖乙也小祖乙者謂小乙也武祖乙后祖乙者謂武乙也武乙在諸名乙者之後乃稱后祖乙則用爲先後之後者也卜辭此字又用爲繼體君之后屢云自上甲至于多后衣又云丁丑之于五后案書般庚云古我前后又云女曷不念我古后之聞又云子念我先神后之勞爾先又云高后丕乃崇降罪疾又云先后丕降與女罪疾詩商頌云商之先后是商人稱其先人爲后是多

后者猶書言多子多士多方也五后者猶書云三
后成功詩云三后在天也二者皆毓育二字引申
之誼故備論之
又案其从兄作者殆亦育字之變體 殷

紐也十二月萬物動用事象手之形時加丑亦舉手時也凡丑之屬皆
从丑 敕九切

蓮勺鑪
僕魚四錢
大洸
十二辰鑑
源

古丑字 庚羆卣
鄀公敦
拍盤
丑 庚嬴卣
同敦
競卣

拍舟
貉子卣
鄀公敦
又卷二二第二一葉下第

羞

三葉 同上 第四葉 同上 同上 第五葉 第十八葉

卷五第二十九葉 卷十六第九葉 卷七第十八葉 第

十九葉 第二十三葉 後編上第九葉

殷

進獻也从羊羊所進也从丑丑亦聲息流切

古羞字从又獻羊許氏說進獻也小篆从丑非是邾始鬲

齊侯壺

或从廾兩手共獻也魯伯愈父作邾姬

媵羞鬲

或从羊口與饈同意古饈字通作饈鄭叔蒦父鬲

鼎文羞字乃羞鼎也舊釋作對非是

仲姞鬲

吳

羞从又从羊鼎文

羞父乙爵

不嬰敦

邿始鬲

武生鼎

齊侯壺 仲姞鬲 伯乚鼎 魯伯鬲 从収 邿造鼎 編

卷一第二十六葉 卷二第十一葉 卷四第二十四葉 同上

从又持羊進獻之象或从𠬞亦羊字側視狀也說文解字从丑丑亦聲誤又爲丑又誤會意爲形聲矣古金文與卜辭同 殷

寅

髕也正月陽气動去黃泉欲上出陰尚彊象宀不達髕寅於下也凡

寅之屬皆从寅　徐鍇曰髕斥之意人陽气鋭而出上閡於山臼所以擯之也弋眞切

古文寅

丙寅卣

盄和鐘

齊侯鐘

大夫始鼎

南宮中鼎

伯姬鼎

文姬匜

伯庶父敦

師檍敦

牧敦

寅簋

源

古寅字師奎父鼎

師趛鼎

靜敦

彔伯戎敦

史懋壺

兮田盤

陳猷釜

陳逆簠

戊寅父丁鼎

無㠱敦

歸夆敦

吳

克鐘

獻伯彝

趩鼎

古鉥[illegible]甘寅

丁

寅　戊寅鼎

甲寅角
師奎父鼎
師趛鼎
彔伯敦
克鐘

宴敦
史懋壺
遹鼎
伯中父敦
靜敦
芮伯敦
獻伯敦

寰盤
兮甲盤
趞敦
無㠱敦
豆閉敦
陳猷釜

編

卷一第五十一葉
同上
第五十二葉

第十一葉
卷二第八葉
第五葉
第十葉
第

十一葉
同上
第二十二葉
卷二第一葉
第二葉

卯

同上□第四葉□同上□同上□同上□第十五葉□同上□第七葉□同上□第八葉□同上□第二十五葉□卷四第一葉□卷八第一葉□第十八葉□後編上第四葉□第二十一葉□龜甲獸骨卷一第十八葉

說文解字寅古文作□卜辭中寅字屢變與古金文亦全異許書所謂古文者逾遠矣 殷

冒也二月萬物冒地而出象開門之形故二月爲天門凡卯之屬皆从

辰

卯 莫鉋 切

古文 卯

伊彝

源

卯𠈌父乙敦

靜敦

畢仲孫子敦

散氏盤

卯敦蓋

吳

古鉢卯州之鉢

古鉢𦣞卯

丁

卯旂鼎

祖子鼎

𠈌父乙敦

散盤

紳敦

刺鼎

趩尊

編

季

徵

卷一第二十八葉

卷二第十葉

卷二第十八葉

卷五第二十九葉

殷

震也三月陽气動靁電振民農時也物皆生从乙匕象芒達厂聲也辰

房星天時也从二二古文上字凡辰之屬皆从辰 徐鍇曰匕音化乙艸木萌初出曲卷也臣鉉等曰三月陽气盛艸木生上徹於土故从上厂非聲疑亦象物之出植鄰切

古文辰

父乙鼎

齊侯鎛鐘

齊侯鐘

召公尊

尹卣

源

古辰字散氏盤

盂鼎

录伯戎敦

畢仲孫子敦

伯晨鼎

庚羆卣

吳

旂僕鼎

白中父敨

丁

辰盂鼎

散盤

彔伯敦

段敦

宅敦

戊辰敦

豆閉敦

楷妃敦

庚贏卣

貉侯鼎

旂鼎

伯中父敦

善鼎

編

卷一第五葉 第二十一葉 卷二第一葉 同上 同上 第三葉 同上 第五葉 同上 同上 第七葉 第十葉 第十一葉 第十二葉 同上 卷四第一葉 第四葉 同上 第二十一葉 同上 後編上第十八葉 第十八葉 下第二十二葉

龜甲獸骨卷一第十五葉

辱 巳

說文解字辰古文作𠨑

祚案卜辭干支表戊辰辰字又作𠂇 殷

恥也从寸在辰下失耕時於封畺上戮之也
辰者農之時也故房星爲辰田候也而蜀切

伯姬鼎 晉姜鼎 父乙甗 源

巳也四月陽气巳出陰气巳藏萬物見成文章故巳爲蛇象形凡巳

之屬皆从巳 詳里切

楚公鐘 十二辰鑑 源

古文巳巳爲一字許氏說巳巳也四月陽气巳出
陰气巳藏萬物見成文章故爲蛇象形 盂鼎

毛公鼎 楚公鐘 吳

巳辛巳敦殷虛卜辭中有連書干支列如表式者如己巳辛巳=皆作子遂

得確定爲巳字後人叚辰子之子爲辟丑之辟巳然之巳爲辰子之子全

文子丑作𦚏辰巳作子巳然作巳秩然不亂足正二千年來混淆之失而子孫之子乃長子之子而非𦚏丑之𦚏凡从子之字皆改隸此部廣雅釋言子巳似也二字同訓亦可爲相混之一證

奢敦 辛巳

艅尊 丁巳

穿鼎 乙巳

馭八卣 辛巳

叔上匜 乙巳

史頌敦 丁巳

格伯敦 癸巳

祖子鼎

子丁爵

爵文

子父庚爵

子亘父己觶

子且己卣

子辛卣

女子鼎

貉子卣

甲寅角

文子丁罍

子燮觥

阝子觶

諸女觥

盂鼎

頌敦

䣄侯鼎

杞伯敦

公伐郐鼎

郐口句鑃

虢季子白盤

子仲匜

剌鼎

沇兒鐘

齊鎛

姑口句鑃

鄦侯敦

國差䍤

鬳鼎

喜敦

鑄子簠

邾公華鐘

鄦伯敦

楚公鐘

己侯敦

鄀嬰敦

曾子簠

吳季子之子劍

子禧壺

邾討鼎

白者君盤

叔單鼎

己侯敦

番君鬲

上官登

已語辭書大誥已余惟小子傳發端歎辭盂鼎已女妹辰又大服

毛公鼎 已曰

編

卷一第二十

五葉 同上 第二十七葉 第二十葉 第二十一葉

第三十八葉 卷二第四葉 第三葉 第一十五葉 第二十一葉 卷四第四葉 同上 第二葉 第三葉 卷五第二十七葉 第二十三葉 卷八第一葉 第五葉 藏龜第二百六八葉 後編下第一葉 同上 同上 第四葉

卜辭中凡十二支之巳皆作子與古金文同宋以來說古金中乙子癸子諸文者異說甚多殆無一

當今得干支諸表卷三第一葉乃決是疑然觀卜辭中非無㠯字又汜妃祀改諸字並從㠯而所書甲子則無一作㠯者此疑終不能明也

祚案作㠯能確定其爲巳者僅母巳一字 卷一

第三十一葉其他雖數見既非甲子又上下闕文不能斷也

殷

用也从反巳賈侍中說巳意巳實也象形羊止切

商鐘

許子鐘

盄和鐘

齊侯鎛鐘

齊侯鐘

対夜鼎

晉姜鼎

單癸卣

牧敦

父乙甗

石鼓

源

古以字 散氏盤

中盤

頌壺

頌敦

宗婦敦

郘鐘

子璋鐘

邾公鐘

沇兒鐘

毛公鼎

石鼓

或从吕 齊侯鎛

陳侯因資敦 台下重文

簷鼎

克鼎

魯公伐郤鼎

或从吕 王孫鐘

吳

鬲攸比鼎

大史申鼎

古鉨可以口千

丁

吕 毛公鼎

不嬰敦

散盤

頌敦

頌壺

寡桐盂

沇兒鐘

虢季子白盤

公伐郤鼎

趠小子敦

大鼎

師害敦

封敦

秦公敦

鄀䙴盤

者女觥

應公鼎

㠯卲鐘

姑口句鑃

者女觥

仲盤

王孫鐘 从口

歸父盤

陳侯因資敦

邾公華鐘

舊鼎

其次句鑃

編

以 以陽 侍

徵

巳卷一第一十四葉 巳 第二十

十八葉 㠯 卷五第二十二葉

殷

啎也五月陰气午逆陽冒地而出此與矢同意凡午之屬皆从午

疑古切

父乙鼎

文王命癘鼎

卬仲盨

周琥

源

午曾伯霥簠

伯晨鼎

陳子禾子釜

午異文天君鼎丙午

叔班簠庚午如此

吳

叔氏鼎

古鉢長生午

古匋

丁

午鄦侯鼎

貿鼎

曾伯簠

陳侯午敦

罵伯盤

湯叔尊

庚午盉

賢觥

農卣

叔朕簠

鄦侯敦

子禾子釜

效卣

弭叔簠

天君鼎丙午

編

待

凝

無

徵

十卷二一第二一十葉 卷二二第四葉 第九葉 第二二葉

未

第五葉 卷五第二十八葉 同上 卷七第二十五葉

殷

味也六月滋味也五行木老於未象木重枝葉也凡未之屬皆从未 無沸

切

辛未父癸尊

高克尊

源

丁未伐商角

使夷敦

小子師敦

陳侯因資敦

御方尊蓋

吳

未 丁未角

宁未盉

史獸鼎

小子䚄敦

守敦

㳄伯敦

鄀公錳

編

卷二一第九葉 卷二二第五葉 未 第十二葉 卷五第二十

申

八葉　後編上第八葉　第十葉　下第一葉　同上　龜

甲獸骨卷一第十八葉　第十五葉　第十七葉

殷

神也七月陰气成體自申束从臼自持也吏目餔時聽事申旦政也凡申之屬皆从申失人切

古文申

籀文申

𦥔鼎

伯𦥔鼎

兄癸卣

對液鼎

尹卣

牧敦

石鼓

源

宰梳角

丙申角

申父癸觚

王子申盞盂

子申且乙爵

申卣

石鼓
古鉢文
孟申鼎
吳
不嬰敢
戜叔鼎

杜白盨
古鉢申聖
古匋
丁
申
丙申角
宰椃角

杜伯盨
不嬰敦
戜叔鼎
薵鼎

臤敦
王子申盞盂
克鼎
楚子簠
黃韋俞父盤
楚公鐘
甲申

編
郭
無
待
徵
卷一第五葉

卷一一第一十七葉
卷一二第一二葉
同上
同上
第四葉

第十八葉同上第二十四葉卷四第二十一葉第八葉卷七第四十葉後編上第十二葉同上

說文解字申古文作籀文作吳中丞因篆文作申遂謂子申且乙角之申孟鼎之均即申字今案象兩手持杵形雖不能知其爲何字其誼與舂字所从之同字亦然均非申字也坿正之于此

殷

酉

就也八月黍成可爲酎酒象古文酉之形凡酉之屬皆从酉與久切

古文丣从卯卯爲春門萬物已出酉爲秋門萬物已入一閉門象也

乙酉父丁彝

己酉戍命彝

仲酉父敨

仲酉父甗

律管

源

師遽敦 盉辛酉

師酉敦

師遽方尊丁酉

吳

來獸鼎古文酉即酒字象米在器中許氏說酉就也八月黍成可爲酎酒

古鉥右酉龍

古匋

丁

酉卣

酉父辛爵

師遽敦

師遽尊

師酉敦

編

卷一第二十七葉 卷一第一葉 第一

十二葉 第一十四葉 卷二第一葉 同上 第二葉

同上 同上 同上 第四葉 第五葉 第六葉 卷四
第二十五葉 卷六第三十九葉 藏龜第十一葉 後編
上第九葉 第十一葉 第十三葉 第十八葉 第二十
一葉 同上 第二十六葉 同上 第三十一葉 下第
十七葉 同上 龜甲獸骨卷一第十五葉 第十六葉
說文解字酉古文作丣 殷

酒

就也所以就人性之善惡从水从酉酉亦聲一曰造也吉凶所造也古者儀狄作酒醪禹嘗之而美遂疏儀狄杜康作秫酒子酉切

古文酒與酉同孟鼎

毛公鼎

中自爵 古酒字

乙亥方鼎

天君鼎

沇兒鐘飲酒龢飲

齊侯甗用實旨酒

吳

酒不从水書無逸酖于酒德哉魏三字石經古文作酉天君鼎天君饗禝酒

毛公鼎毋敢湎于酒

孟鼎

叉季良父壺用盛旨酒

沇兒鐘飲酒

宰甾簋饗酒

國差𦉜用實旨酒

二二

戊寅鼎王口𩰫㲋馬酒

三 酒尊

編

汗卷一第五葉 第一十一葉

同上 第三十五葉 卷一一第九葉 第一一十四葉 卷四

第二十四葉酒同上酒卷五第十七葉酒第二十五葉酒

第四十七葉酒後編上第八葉酒第二十葉酒同上酒同上

酒同上酒同上酒同上酒第二十三葉

从酉从彡象酒由尊中挹出之狀即許書之酒字

也卜辭所載之酒字爲祭名考古者酒熟而薦祖

廟然後天子與羣臣飲之于朝說文解字酎注三

重醇酒也从酉肘省聲明堂月令曰孟秋天子飲

酎又案左氏傳見于嘗酎襄二十二年意商之酒祭即

後世之嘗酎酒殆酎之本字說文解字酉與酒訓

畧同本爲一字故古金文酒字皆作酉惟戊寅父丁鼎有酒字作[酉彡]亦祭名與卜辭正同叚先生曰凡从酒之字當別爲酒部解曰从酒省是未知酒酉之本爲一字矣

殷

醴

酒一宿孰也从酉豊聲盧啓切

古醴字師遽方尊盉

師遽方尊器

韓仲侈壺

鄭楙叔賓父壺

大鼎

戲仲鬲醴省酉

吳

醴不从酉豊字重文 右戲仲口父作醴鬲

師遽尊

觴仲多作醴壺

大鼎

鄭楙叔賓父作醴壺

編

酎

三重醇酒也从酉从時省明堂月令曰孟秋天子飲酎除柳切

二

阮相國說从酉从彡古酎字許氏說酎三重醇酒也古文取三重酒之義故从彡戊寅父丁鼎

吳

酷

酒厚味也从酉告聲苦沃切

古酷字 古陶器

亦古陶器文

吳

古鉩東酷里

古酷□□ 古匋

古匋酷齍

丁

醰

酒味苦也从酉覃聲徒紺切

古鉥王醰信鉥

醰或从肉 集均膻肥貌又厚味也

丁

配

酒色也从酉己聲臣鉉等曰己非聲當从妃省滂佩切

齊侯鎛鐘

齊侯鎛鐘

窖磬

源

古配字从酉从卩毛公鼎配我有周膺受大命

吳

配从卩毛公鼎配我有周又云不巩先王配命

宗周鐘

拍舟

編

醆

爵也一曰酒濁而微清也从酉戔聲阻限切

王子申盞＝亦作盞本作醆許氏說爵也

丁

酳

少少飲也从酉勻聲余刃切

古鉨

丁

醻

主人進客也从酉𠷎聲市流切

醻或从州

古文以為醻字小篆从𠷎作𨡴邵鐘既𠷎[illegible]爵 壽字重文

吳

古匋吳愙齋以為醻之異文

古匋

丁

醵

會飲酒也从酉豦聲其虐切

醵或从巨

古醵字許氏說會飲酒也盂鼎無敢醵

吳

酗

醉醟也从酉句聲香遇切

古酗字周書曰淫酗肆虐小篆作酗許氏說醉醟也盂鼎無敢酗

吳

醫 莤 酢

治病工也殹惡姿也醫之性然得酒而使从酉王育說一曰殹病聲酒所以治病也周禮有醫酒古者巫彭初作醫於其切

醫 古鉥醫從 丁

禮祭束茅加于祼圭而灌鬯酒是爲莤象神歆之也一曰莤榼上塞也从酉从艸春秋傳曰爾貢包茅不入王祭不供無以莤酒所六切

卷七八第十七八葉 第五十七葉 後編下第二十二葉 第八葉

祚案王徵君說此字从酉从廾束殆即無以莤酒之莤文曰貞醻豊 即禮字後編下第八葉 說文解字莤禮祭束茅加于祼圭而灌鬯酒是爲莤像神歆之也从酉艸此象手奉束于酉 即酒 旁殆莤之初字矣 殷

醶也从酉乍聲倉故切臣鉉等曰今俗作醋在各切

酢 酢郘王義楚耑擇余吉金自酢祭耑叚爲作字 編

醬

醢也从肉从酉酒以和醬也爿聲即亮切

古文 籀文

許子鐘 [源]

古鉥 卑醬匠

酓

古鉥 計

古匋 [丁]

大徐本說文奪此字小徐本說文廣韻玉篇集韻皆有之酓味苦也伯作姬酓壺 [編]

酉

卷十八第二十九葉 [殷]

酋

繹酒也从酉水半見於上禮有大酋掌酒官也凡酋之屬皆从酋字秋切

藏龜之餘第九葉

後編下第二十八葉

龜甲

殷

酒器也从酋廾以奉之周禮六尊犧尊象尊著尊壺尊太尊山尊以待祭祀賓客之禮祖昆切

尊或从寸臣鉉等曰今俗以尊作尊卑之尊別作罇非是

夔鼎

父乙鼎

宝尊

祖戊尊

子父己尊

雌尊

辛未父癸尊

丁亥父乙尊

言父癸彝

古父丁彝

伊彝

乙酉父丁彝

己酉戍命彝

宝卣

祖乙

卣

祖辛卣

子父己卣

尊癸爵

招父丁爵

祖己甗

師寏鼎 伯鄐父鼎 南宮中鼎 公緘鼎 史頙父鼎 伯姬

鼎 晉姜鼎 伯克尊 召公尊

伯宝卣 大中卣 師淮父卣 尹卣 單癸

卣 父貝觶 冢帶彝 対宝彝 品伯彝 伯映彝

伯庶父敦 史張父敦 蒯仲敦 雁侯敦 刺公敦

対猫敦 孟姜敦 劉公簠 虢対鬲 聿遠鬲

仲父鬲 諸旅鬲 京姜鬲 其父鬲

源

古尊字 康侯鼎 董臤鼎

商作父丁尊 小子師敦 伯魚敦 伯夔尊 遽伯還敦 孫敦

叔皮父敦 伯畟卣 衛父卣盉 向卣 方尊 𣪘卣

伯矩敦 且丁父癸鼎 兄癸卣 伯鄉鼎 彪爵 封作父乙觶

頌鼎 師趛鼎 頌敦 靜敦 師虎敦 豐兮敦器

師酉敦 師𩛥父敦 𡨦卣 叔向父敦 庚姬鬲 鳳卣

作父丁敦
穴鼎
作乃父爵
趠鼎
三家敦
傳尊

瑟仲狂卣
孖庫尊
庚羆卣
曩侯敦
伯闢敦
甚諆鼎

匽侯鼎
伯魚鼎
父辛尊
嗣土敦
季保敦
魚父己尊

伯睘卣
卣
爾卣
吳尊
鼎
仲敦

義妣鬲
父辛卣
伯晨鼎
戎都鼎
鳳尊
旁庫鼎

父癸敦
名仲鬲
孟爵
父戊舟爵
匜
衛父卣盉

豐兮敦蓋 伯矩尊 王母鬲 姞氏敦 叔媿鼎 吳生鼎

挌觚 虢仲鬲 [illegible]敦 古文奇字 吳

史僕壺 不嬰敦 大敦 丁

尊 臣辰卣 寇盨卣 小臣尊 [illegible]卣 父戊爵 齊敦

旁鼎 癸口敦 陵子盤 召仲鬲 稻嫼敦 亳鼎

豐兮敦 仲義父鼎 衛父卣 美爵

盡兄癸斝
珥敦
旅鼎
集咎敦
[illegible]盤
戣敦
絅東敦
人作父戊卣
剌卣
[illegible]黃敦
般甗
婦闟卣
[illegible]盉
人作父己卣
車卣
天君鼎
伯[illegible]卣
𠂤鼎
戒鬲
䜌卣
作義妣鬲
靁甗
者女爵
康侯鼎
戓口鼎
[illegible]卣
者女觥
公史敦
堇臨鼎
大保敦
父乙鼎
師遽敦

小子䣄敦 己且丁父癸鼎 伯魚敦 叔皮父敦 犺伯卣

矩盤 𨾛尊 亞䱷 免敦 盄仲尊

嘾卣 甚諆鼎 靳尊 魯侯角 紳敦 伯中父敦

友敦 寧遺敦 趞叔敦 滕虎敦 雝嬰敦

趠鼎 彔敦 量侯敦 叔宿敦 賁尊 同卣

芮伯壺 廣敦 傳尊 龠伯卣 仲叡父敦

剌鼎
野尊
𦣝壺
戒叔敦
齊癸姜敦
書弓觥

倗白敦
叔向父敦
頌壺
頌敦
靜敦

仲師父鼎
毛公鼎
師趛鼎
師寰敦
追敦

鄧孟壺
無𠱾敦
師嫠敦
師酉敦
叔向敦
彔伯敦

鄭伯𤔲父鼎
遣伯敦
虢敦
戒者尊
周𡧊壺

南姬鬲
師虎敦
叔角父敦

應公鼎
函皇父敦
湯叔尊
叉季良父壺
同姜鬲

仲戲父敦
伯闢敦
叔我敦
買敦

伯嬰父鬲
叀卣
豚鼎
封仲敦
姞氏敦

鄭羌伯鬲
西卣
拼廷冀敦
魚尊
冋婦鼎

比敦
伯魚鼎
孟爵
伯卣
董伯鼎
鄧公敦

朕尊
[illegible]卣
不嬰敦
仲敦
呂王壺

呂王鬲　畢鮮敦　鄀公鐳　栚家卣　田敦

戎者鼎　叔狀敦

編

卷五第四葉

同上　同上　同上　卷四第三十三葉　後編

上第二十七葉　同上　下第七葉

說文解字尊酒器也从酋廾以奉之或从寸作尊

卜辭象兩手奉尊形或从自與古金文同又古金

文或从酉或从酋从酋者是許君所本矣

殷

戌

滅也九月陽气微萬物畢成陽下入地也五行土生於戊盛於戌从戊含一

凡戌之屬皆从戌辛聿切

己酉戌命彝

師毛父敦

源

頌鼎甲戌

鄦惠鼎

師虎敦

頌鼎

頌壺

頌敦甲戌或作戌古文叚借字許氏說戌滅也九月陽气微萬物畢成故古文戌字从戌得義小篆戌

吳

古鉩魯戌

古鉩長戌

丁

戌頌鼎

頌壺

頌敦

鄭號仲敦

呂鼎

休盤

師虎敦

無叀鼎

𨱆叔敦

頌敦甲戌或作戌而戌周或作戌

編

戌 □□待□

□卷一第二十八葉□同上□第五十二葉□卷三第二葉□第四葉□同上□第五葉□卷四第三葉□藏龜第五十七葉□藏龜之餘第二葉□龜甲獸骨卷一第十五葉□同上

卜辭中戌字象戉形與戉殆是一字古金文戌字亦多作□仍未失戉形說文解字作戌云从戊含一于是與戉乃離爲二矣 殷

蠥

戩卷二第二十四葉 戩第四十四葉 戩同上 戩同上 戩龜

甲骨卷二第二十八葉 殷

亥

荄也十月微陽起接盛陰从二二古文上字一人男一人女也从乙象裹子咳咳之形春秋傳曰亥有二首六身凡亥之屬皆从亥 胡改切

古文亥爲豕與豕同亥而生子復從一起

商鐘

丁亥父乙尊

許子鐘

楚卭仲南和鐘

仲𠋫父鼎

王子吳鼎

癸亥父巳鬲鼎

晉姜鼎

召仲考父壺

散季敨

尨敨

邾敨

卭仲槃

丞相府漏壺

源

古亥字乙亥方鼎

己亥鼎

陳侯鼎丁亥

趠亥鼎

邵鐘丁亥

大鼎丁亥

齊侯鎛丁亥

沇兒鐘丁亥

子璋鐘丁亥

僕兒鐘丁亥

䣄敦

君夫敦乙亥

盧鐘丁亥

師𩛥父敦丁亥

封敦丁亥

使族敦蓋丁亥

使族敦器

齊太僕歸父盤

陳子子匜丁亥

晉公盦丁亥

鄦子妝簠丁亥

吳尊丁亥

邾公牼鐘乙亥

卯敦蓋丁亥

工孫鐘

吳

古鉩瘺亥

丁

亥 乙亥鼎
乙亥 敦
吳尊
兔卣
史族 敦
卯敦
大敦

魯鼎
聃敦
現鼎
君夫 敦
利鼎
師嫠 敦
封敦

㮚伯 敦
簠鼎
王孫 鐘
邾公牼 鐘
大鼎
余義編 鐘

虘鐘
虢季子 白盤
陳侯 簠
邾公華 鐘
鐘伯 鼎
姑口句 鑃

沇兒 鐘
齊鎛
口公孫 班鎛
陳子子 匜
陳公子 甗

子璋 鐘
歸父 盤
陳侯 鼎
鄦子 簠
師兌 敦
其口句 鑃

亥部 邵鐘 亥 禾敦 亥 趙亥鼎 亥 陳肪敦 亥 善鼎 亥 寍桐盂丁亥

編 亥龢

徵 上卷二第一葉下第二葉上同上上

第五葉上第九葉上第十葉下第十四葉上同上下第二十

一葉上卷八第一葉上書契菁華第十葉下藏龜第百二十

一葉上後編上第十五葉下第二十二葉上龜甲獸骨卷一

第十五葉

說文解字亥古文作𠀅與晚周古金文畧同

殷

雩

雩

格伯敦雩谷地名

說文所無

編

女

婦人也象形王育說凡女之屬皆从女尼呂切

女乙觚

齊侯鐘

𦈢女鼎

帛女鬲

源

陶

再成丘也在濟陰从𨸏匋聲夏書曰東至于陶丘陶丘有堯城堯嘗所居故堯號陶唐氏徒刀切

定陶鼎

館陶釜

源

醬

醢也从肉从酉酒以和醬也爿聲即亮切 [古文] [籀文]

[seal forms] 許子鐘

源

梄

柞也从木酉聲古鄧切 [古文] 梄

[seal form] 尹卣

源

图书在版编目（CIP）数据

古籀汇编.全2册/徐文镜编. -北京：人民美术出版社，2012.5（2025.4重印）

ISBN 978-7-102-05994-5

Ⅰ.①古… Ⅱ.①徐… Ⅲ.①大篆-研究 Ⅳ.①H121

中国版本图书馆CIP数据核字(2012)第097344号

古籀汇编

GUZHOU HUIBIAN

编辑出版 人民美术出版社

（北京市朝阳区东三环南路甲3号 邮编：100022）

http://www.renmei.com.cn

发行部：（010）67517611

网购部：（010）67517604

编　　者 徐文镜

责任编辑 郭　妍

装帧设计 王效宓

封面题字 谷　谿

责任校对 魏平远

责任印制 胡雨竹

制　　版 人民美术出版社印制设计部

印　　刷 鑫艺佳利（天津）印刷有限公司

经　　销 全国新华书店

开　本：787mm×1092mm　1/16

印　张：118.5

字　数：590千

版　次：2012年7月　第1版

印　次：2025年4月　第3次印刷

ISBN 978-7-102-05994-5

定　价：298.00元